JN197072

慶林坊日隆教学の研究

米澤晋之助　著

山喜房佛書林

序

種々の困難な出来事が興起しても、大恩教主釈尊に対し、不退転の法華経弘通の誓願を貫徹されたのが、宗祖日蓮大聖人の生涯です。この法脈を継承する私たちも、この信仰に基づく生き方を学び、みずからの規範としなければならないのですが、容易なことではないことを実感しています。

著者米澤晋之助氏が、学問研鑽の志をもって、立正大学大学院仏教学専攻修士課程に入学したのは、平成二十年四月のことです。併せて、同大学に設置されている日蓮教学研究所の研究生を志願し、若き研究生たちとの切磋の日々がはじまりました。その折、著者は研究課題を明確にすべく、研究室を訪問されました。私が著者と具体的に会話を交わしたのは、このときがはじめてです。その光景を、今でも鮮明に記憶しています。

著者が目指した研究は、法華宗本門流（八品門流）の祖で、日蓮宗教学史上、高く評価されている慶林坊日隆聖人へ直参することです。もちろん、私の指導範囲は限られており、著者の研究目的が達成されないことを承知していました。しかし著者は、平成十六年三月成城大学法学部卒業後、同年四月より、尼崎の大本山本興寺に並置されている興隆学林専門学校に入学し、三箇年にわたる宗学研鑽を終了し、さらに一箇年京都大本山本能寺での修行を経ていました。学林においては日蓮教学研究の第一人者である大平宏龍教授、日蓮教団史研究の大家小西徹龍教授が教育と研究に当たられています。その教育を受けてきた著者の課題は、門祖の教学の特色を、明らかにすることであったのです。

著者は大学院において日隆聖人教学の研鑽に励み、二箇年ののちに「慶林坊日隆教学の研究―『法華宗本門弘経抄』を中心として―」の論文によって修士の学位を取得。この研究論文に対し、平成二十二年十一月開催の第六十三回日蓮宗教学研究発表大会において、四条学術奨励賞が授与されることになります。さらに大学院の博士後期課程へと進んで研究を重ね、博士論文「慶林坊日隆教学の研究」を完成するのです。この研究論文によって、平成二十八年三月二十日博士（文学）の学位が授与されています。

振り返りますと、著者が新たなる研究方法を見出すことは、容易なことではありませんでした。日蓮宗教学史の視点では、望月歓厚先生の『日蓮宗学説史』、執行海秀先生の『日蓮宗教学史』の著作があり、また、八品教学を中心に発表された多くの研究論文、著述が存します。ことに、苅谷日任、株橋日涌、泉日恒、大平宏龍等の先生方が存し、また、教団史の研究書として『法華宗宗門史』や、小西徹龍先生の『日隆聖人略伝』等が公刊されています。これらの研究を前提として、著者の新たなる研究方法が求められるのです。

ついに、著者は、日隆聖人の最大の著書である『法華宗本門弘経抄』全一一七巻を詳細に探訪するという方法を選び、併せて、日隆聖人の伝記、あるいは足跡を確認するという教団史的研究方法を用いることに到達したのです。

本書は、第一章において史的側面を論述し、第二章では『弘経抄』と中古天台における入門書『三百帖』との関係についての有機的関連性を指摘しています。第三章では、従来指摘されている日隆聖人の教学の特色を確認し、第四章では、日隆聖人独自の「一仏二名論」の問題にせまり、第五章では、これまで日隆教学を検証するうえで、わずかな指摘にとどまっていた「日隆にみる日本天台教学批判とその影響」を詳細に検証しています。

ここに本書の特質が存していると言えるでしょう。今後、本書が、日蓮宗教学史のみならず、日本天台教学史との連関性を考察するうえでも、重要な示唆を与えることは確かなことと思われます。

以上、乞われるままに蕪文を認めました。私の四十年余にわたる教員生活の中で、著者との出会いがあり、併せて本書が刊行される経緯に思いをいたしますと、ただ感謝の念で一杯です。

合　掌

平成三十年二月四日

立正大学大学院教授
立正大学日蓮教学研究所所長
北　川　前　肇

序

此の度、米澤晋之助（立晋）氏の課程博士論文『慶林坊日隆教学の研究』が刊行されることとなり、私にも序文を求められた。日隆聖人（一三八五～一四六四）（以下、隆師）の研究で学位を取得したのは、恐らく最初の事であり、誠に慶賀にたえない。

著者は成城大学卒業後、興隆学林専門学校に入学。宗学科・宗学研究科に学んで、一般仏教学・天台教学・日蓮教学の基礎を習得し、併せて宗祖日蓮聖人の『観心本尊抄』『開目抄』等重要御遺文の講義も受けたほか、興隆学林の特色として、日隆教学にもふれることとなった。学林での私の講義は「四帖抄講義」で、その時、私は著者と初めて出会ったのである。

著者は、学林卒業後、改めて日蓮教学研究への意欲を高め、立正大学の大学院へ進んだ。そこでは諸先生、殊に北川前肇教授の薫陶を受け、北川先生からは隆師の教学研究を中心とすることを強く指導されたようである。

本書の内容については、北川先生の御紹介があると思うので、私は一般には殆ど意識されていないと思われる日隆研究史上の問題点をあげ、著者が用いた方法と課題について考えておきたい。それは隆師研究を顧みる時、一般の先人の場合と異なる特殊な状況がつい最近まで存続し、その為に、研究領域によっては、積年の成果もあれば未開拓の分野もあり、その全体的研究はこれから、という現状にある故である。

これを具体的に述べれば、第一に、隆師の著述及び著述の用意のために書かれた文献の量が多く、三千余帖などと称されたが、最近まで厳密な文献目録も存在せず、すべての研究対象を視野に入れにくい状態があったこと。本書でも未刊の『止観見聞』一六巻や『三大部略大意抄』一七巻などが対象とされていないことは、その状況を受けてのものといえる。第二に、著述のほとんどすべてが隆師の真蹟もしくは真蹟と同じ価値の自稿本として現存していること。第三に、然しそのほとんどは厳重に格護されて今日に至った為に、書誌的・文献的研究は近年まで皆無と言ってよいほどの状態であったこと。第四に、主著『本門弘経抄』(以下『弘経抄』)などの写本は大量に存在し、一方で近代より『弘経抄』『開迹顕本宗要集』『私新抄』『四帖抄』『十三問答抄』などは活字化もなされていることなどから、教学内容については多年の研鑽蓄積があること。第五に刊本の『弘経抄』などは原文対訳となっているが、この「原文」は真正原文とはほど遠く、近年『法華宗全書』所収の著述に限り、初めてその原文の姿が公開されたこと。第六に、私見によれば、真蹟等の考察により、従来、他の著述と同様に扱われてきた『私新抄』は隆師教学の確立以前のものと考えられ、従って主題によっては先行論文の見直しが必要となり、隆師の著述全体を思想の展開に応じた分類の下に資料として扱う必要が出ていること。第七に、隆師の伝記ないしは、歴史的研究の方面も伝承と史実の考え方など検討中のことが多く、学問的にはこれからといえよう。少なくとも此等の点を必ず考慮しながら、新たに隆師の著述に向かう必要が出ているのが現状なのである。

以上のような状況の中で、書誌学・文献学的配慮の上に、重要著作の編年的展望と日隆教学の基本的梗概を、初めて学問的に示されたのが、株橋諦秀(日涌)「日隆聖人教学の序説」であった。それ故、私自身もこの論文を常に参照しつつ、まず隆師文献の全体を見定めることに主眼をおいて拙稿を発表してきたが、一往の整理の上に大まかな私論として『日隆聖人教学概論稿』をまとめることができたのは、平成二七（二〇一五）年であり、これによって日隆研究を志す人が初めて俯瞰的視野を得られるようになったと信ずる所である。

扨て、前述のように、隆師の場合、伝統教学の立場に於てその教学思想を論ずる点では多くの著述があり、日蓮門下教学史上での論及もある。然し、隆師の多量の著述がなぜ書かれたのか、どのように成立したのか、それは日蓮門下の教学思想、延いては日本仏教思想の中に於てどのような意味をもつのか、等については、従来ほとんど論及されていない。それはつまり、著述そのものの書誌的・文献的研究の不在が大きかった故であったといえよう。

本論文における著者の観点を支える方法は、既刊の刊本の上で、一佛二名や慈覚・智証・安然の著述など、まず基本となるタームを確認することを主とするものであり、いわば隆師の教学思想の思想史的研究を目指すものと思われる。重要語句をくまなく確認することは、思想研究、殊には思想史的研究の準備として重要な基礎的方法である。私も曽て隆師文献に引用された日蓮聖人遺文を検索し、その索引を作ったことがあるが、最近のＩＴ機器を駆使してその検索機能を利用する方法は、手作業の頃に比して格段に早くできるようになったものの、隆師の多量の著述に対して、限られた語句であるにせよ、刊本の上ですべてを網羅する作業は労力を要したことであろう。特に一佛二名について、隆師の既刊の著述及び先行書並びに日蓮門下の著述等における、その用例を確認したことは初めてのことで、その結果は語句の索引としても、これからの研究に多くの便宜を与えたものと評価できる。そして、そこに導き出された見解については、隆師教学の思想史的研究に於て、参照されるべき幾つかの仮説を提起したことが指摘し得る。

然し、隆師の著述は、先述の如くほとんどすべて真蹟が存在する。故に隆師研究は、従来の先師の研究成果を含めて、改めて真蹟の上に確認されることが必要であり、既に隆師研究は、その段階に入っているといえよう。

本書に於て、著者は厖大な隆師文献の既刊部分に対して、まず自らなる切り口を見出した。願わくは、研究のさらなる深化をめざして努力されるよう期待したい。その為には、隆師の著述の一々についてまずその全体を把握し、内容を確認した上で、改めて問題の語句を再考することが求められる。当然ながら、宗祖日蓮聖人の教学を深く理解し、さらに一般の思想へと視野を広げることが必要であろう。

以上、序文としては逸脱した内容となったのではないかと懸念するが、著者の真摯な研究の成果としての本書の刊行を祝い、さらなる活躍を希う故、敢えて隆師研究の現状を記したに外ならない。

著者の学位取得を誰よりも喜ばれたであろう御師匠米澤立扇上人（萬國山太平寺御開基扇行院日唱上人）は、それを見届けてすぐに霊山へ化を遷された。謹んで自受御法楽を御祈念すると共に、著者をここまで御指導下さった北川先生に対し、私共も厚く御礼を申し上げる次第である。

平成三十年一月二十五日

興隆学林専門学校校長
法華宗教学研究所所長
大平宏龍

慶林坊日隆教学の研究　目次

第四章　一仏二名論の展開

終　章

本書では次のような略号を用いた。

『正蔵』　『大正新修大蔵経』
『続蔵』　『新纂大日本続蔵経（卍続蔵経）』
『仏全』　『大日本仏教全書』
『日蔵』　『増補改訂日本大蔵経』
『天全』　『天台宗全書』
『続天』　『続天台宗全書』
『伝全』　『伝教大師全集』
『恵全』　『恵心僧都全集』
『定遺』　『昭和定本日蓮聖人遺文』
『宗全』　『日蓮宗宗学全書』
『隆全』　『原文対訳日隆聖人全集』『原文対訳法華宗本門弘経抄』
『隆教』　『日隆聖人御聖教　開迹顕本宗要集』
『宗要』　『富士宗学要集』

序章

第一節　問題の所在

日蓮聖人（一二二二―一二八二、以下尊称を略す）入滅以降、日蓮門下諸師によって形成された門流教学の展開について研究を試みる時、日蓮が日本仏教史上、どのように位置づけられ評価されているのかをまず知る必要がある。このような日本仏教教学史を近代において初めて体系的に纏めたものが、島地大等（一八七五―一九二七）『天台教学史』である。島地氏によれば、天台教学史の俎上に日蓮の思想を載せ、「その法門の内容ほとんど中古天台の思想と異ならざるものあり。[1]」と評している。すなわち、天台教学史上における日蓮の教学思想の位置づけは、中古天台本覚思想の影響下にあったと解している。こうした島地氏による研究に対し、日蓮遺文の真偽考証の必要性について提唱したのが浅井要麟氏（一八八三―一九四二）である。浅井氏は『日蓮聖人教学の研究』の中で、「かくて撰ばれたる純正遺文、還元されたる純正遺文に基いて、聖人の教義・思想・信仰・人格・歴史等の全貌を鑽仰し、これに組織体系を与へることに依つて、初めて聖人の純正教学は確立するのである。これこそ真に根本宗学と名くべきものであらう。[3]」とし、真蹟遺文を中心とする日蓮教学の検証を試みる一方、口伝法門的な中古天台本覚思想の要素のある日蓮遺文を偽書と選定し、排除するものであった。また、中古天台本覚思想と鎌倉新仏教祖師の思想との関係性について研究したのが田村芳朗氏（一九二一―一九八九）である。『鎌倉新仏教思想の研究』では、「われわれにとって、とくに注意すべきことは、かくのごとき天台本覚思想の進展が、第二次新興仏教としての親鸞・道元・日蓮の仏教の背景にひかえていたということである。[4]」とあり、親鸞（一一七三―一二六二）・道元（一二〇〇―一二五三）・日蓮の教学思想について研究する際には、中古天台本覚思想を背景に見る必要性があると提示したのである。

このように、日本仏教史上における日蓮の評価や研究方法が展開される中、日蓮滅後の門下による教学思想の変遷について初めて体系化を試みたのが望月歓厚氏（一八八一―一九六七）である。望月氏は当時、島地氏の本覚思想史や天台教学史を受講し、日蓮宗に宗学史の必要性を説いた。大正十四年（一九二五）から昭和六年（一九三一）にかけて日蓮宗学史として講義し、その全貌を書籍化したものが『日蓮宗学説史』である。その方法論は、「教学史の考察は純客観的にして、教学の史的変遷を如実に写し出すに務むるを目的とす。[5]」とあることからも、客観的・論理的考察を基とした日蓮教学史の解説を目指したものである。その後、終戦を迎え、望月氏や浅井氏の研究を基礎として、日蓮門下の教学思想を体系化したのが執行海秀（一九〇七―一九六八）『日蓮宗教学史』である。執行氏の方法論は、「本書は日蓮聖人の教学が聖人滅後、如何やうに紹述され展開したかを出来るだけ客観的に叙述し、以て思想史または教理史研究の楷梯書としたものである。[6]」とある通り、客観的に日蓮教学史の展開を論じ、真蹟を中心とした日蓮教学を根底に置き、当時の写本や版本等を縦横に駆使し、門流教学の変遷について体系化を実現したものとなっている。

これらの先行研究に示唆を受け、日蓮教学史を通覧すると、室町時代に活躍した八品門流の祖である慶林坊日隆聖人（一三八五―一四六四、以下尊称を略す）が注目できる。なぜなら日隆は、日蓮教学史上において、「日隆が独自の八品思想に依って、台当の相違を分別し、精細なる理論体系を組織したことは、当時の教学界に独歩の地位を占めるものと見るべきである。[7]」と評されることからも、本化教学に生涯を捧げた人物であると窺い知ることができるからである。一方、当時の身延門流、中山門流をはじめとする一致派教学の多くは、中古天台本覚思想の影響による観心主義教学が世を風靡し、[8]現実肯定を認め、凡夫の一念の心中に仏があるとする主張が展開されてきた。そうした観心主義教学を真っ向から否定し、日蓮遺文を基軸とした教観相資に回帰することを目指した日隆は、当時流行した中古天台本覚思想を超克することこそが最大の課題であったのではないかと推考する。

ところで、日隆の生涯を一瞥すると、応永三年（一三九六）十二歳で出家得度し、応永九年（一四〇二）四条門流の妙本寺（妙顕寺）通源院日霽（一三四九—一四〇五）の門に入ったとされる。京都では、伯叔父にあたると伝わる好学院日存（一三六九—一四二一）・精進院日道（一三八三—一四二四）とともに学び、妙本寺退出後も含めた約二〇年間、さらには日存・日道の遷化後の約一〇年間、計約三〇年間宗学研鑽に励んだ。特に永享元年（一四二九）には、日隆自身の独立宣言書として『法華天台両宗勝劣抄』（以下『四帖抄』）を日蓮門下に廻達したとされる。ただし、現在の研究において『四帖抄』は、筆跡に書痙が見られることや、『開会抄』の引用が確認できることから、『四帖抄』現存真蹟本は少なくとも永享七年（一四三五）以降のものであることが指摘されている。[9] そして、永享元年十月二十三日には、日隆が妙蓮寺に対し、日存・日道を歴代に加える必要性を説いた『妙蓮寺内証相承血脈之次第条目事』を提出したことが知られる。また、日隆の主な著述活動としては、奥書が確認できるものとして、永享八年（一四三六）五十二歳頃から長禄元年（一四五七）七十三歳頃までの二〇数年間に及び、その間に約二七四巻[10]に及ぶ著述を執筆している。これらの著述群は「御聖教（おしょうぎょう）」と呼ばれ、その分量は古来より「三千余帖」とも称されている。日隆の著述の多くは、天台法華宗と日蓮法華宗との相違、すなわち台当異目に主眼を置いて論じられ、その著述の大半は真蹟、あるいは真蹟に準ずる形で現存している。こうした日隆の学問的軌跡ばかりが注目されがちであるが、もう一つの側面として、弘教活動においても積極的に行動していることが確認できる。日隆は、生涯を通じて二〇箇寺近くに及ぶ寺院を建立・改宗・転派等を実現したと伝承されており、弘教活動の面においても刮目できよう。

このような行学二道の生涯を辿る中、日隆は永享元年頃を契機に宗学研鑽における何らかのターニングポイントを迎え、日蓮より連なる、日像門流の系譜の正統性を継承する自覚が芽生えていったと推測することもできるのではないか。特に晩年には、『法華宗本門弘経抄』[11]一一七巻（本文一一三巻、目次四巻）、『開迹顕本宗要集』[12]六六巻、『三大部略大意抄』一七巻（未完）等、大部の著述を執筆している。それと同時に、これらの著述中には、「記者既に六十九なれば廃亡の義これあるべし、悲哉々々云云」[13]等といった自身の死期を予見する記述も散見される。よって、晩年は少しでも多くの著述を遺すことを志向し、自身滅後の教団運営と発展を前知した求道者としての一端を垣間見ることができるのではないかと思うのである。

日隆の生涯は、求法面と弘教面を過分に有しており、日隆の思想変遷とその教学思想の根底には如何なるものがあったのか、ということが本研究の出発点である。従来の研究では、日隆の教学思想と日蓮遺文、天台三大部本末、中古天台本覚思想等との関係性については考究されてきた。[14]その中でも、日隆教学と中古天台本覚思想との問題については、本迹論、顕本論をはじめ多方面より論じられている。[15]特に日隆の顕本論については、八品門流以外の先学を含め研究成果が多数報告されている。なぜなら顕本論とは、一代諸経中、『法華経』のみが本門如来寿量品において明かした経説であり、久遠実成の開顕について考究する、日蓮教学中の最重要課題の一つであると言えるからである。さらに、久遠実成をどう捉えるのかについては、釈尊の永遠性、化導の長さ、仏身論等といった多角的な検討が必要であり、日隆教学と中古天台本覚思想との関係性を知る上で重要な問題であると言える。

こうした背景のもと、日隆の著述を概観すると、釈尊の本因本果について「一仏二名」という表現を用いて論が展開されていることに気づく。そもそも一仏二名という語は、日蓮遺文中には確認できない。しかし、日蓮門下のみならず、天台宗を含め諸宗派諸師の文献においてしばしば使用されていることが見受けられる。では、この一仏二名の語について、日隆と日蓮門下、天台宗諸師、並びに諸宗派諸師との解釈の相違を明らかにすることで、日隆教学の顕本義の一端に迫ると同時に、日隆教学の特徴を見出すための手掛かりとなるのではないだろうか。

さらに日隆は、中古天台本覚思想の影響を受けた諸師を批判する際、「皆在衆生。一念心中。」「貪体即覚体」等といった語を引用していることが窺える。これらの用語は、中古天台の諸師においても多用され、その起源は慈覚大師円仁（七九四―八六四）、智証大師円珍（八一四―八九一）、五大院安然（八四一―九〇三―）等ではないかと思われる。しかも、中古天台本覚思想の淵源とされる一方で、天台密教を代表する円仁・円珍・安然等といった諸師の教学と、日隆教学との関係性についての検討はあまりされていないようである。[16]

よって本研究では、日隆による天台密教諸師の著述引用がどのようになされたのかについて着目することで、台密批判とその影響について考察したい。また、日隆の教学思想を知る上で随一の眼となるのは最大の著述で『法華経』注釈書の『法華宗本門弘経抄』であると考える。そこで、『法華宗本門弘経抄』を主な研究対象とし、日隆の一仏二名論を中心とした教学思想を辿り、天台密教諸師との関係性について考察することで、日隆教学の本懐に迫っていくことが本研究の目的である。

註

（1）島地大等『天台教学史』（明治書院、一九二九年）五一四頁。
（2）日本中古天台本覚思想の時代区分については諸説あるが、本研究では、硲慈弘『日本仏教の開展とその基調』下巻（三省堂、一九四八年）一頁以下、二四頁以下、『天台本覚論　日本思想体系9』（岩波書店、一九七三年）五〇四頁以下等を参考とし、平安・院政時代から江戸中葉としておく。また、大久保良峻『天台教学と本覚思想』（法蔵館、一九九八年）八頁によれば、日本仏教における本覚思想の萌芽は、弘法大師空海（七七四―八三五）が『釈摩訶衍論』を尊重し、真言密教の教理を立てた頃ではないかと指摘している。なお、「本覚思想」の語については、中古天台の文献では天台教学が種々に論じられているが、本研究では一応、中古天台において熟成された思想の中でも、現実肯定の面を中心として扱った。
（3）浅井要麟『日蓮聖人教学の研究』（平楽寺書店、一九四五年）一六三頁。
（4）田村芳朗『鎌倉新仏教思想の研究』（平楽寺書店、一九六五年）六五四頁。
（5）望月歓厚『日蓮宗学説史』（平楽寺書店、一九六八年）五頁。

(6) 執行海秀『日蓮宗教学史』(平楽寺書店、一九五二年)自序一頁。
(7) 執行海秀『日蓮宗教学史』一二一頁。
(8) 執行海秀『日蓮宗教学史』五頁。
(9)『法華宗全書　日隆1』(東方出版、一九九九年)解題一〇頁。
(10) 日題『御聖教物目録』(『桂林学叢』第四号、一九六三年)では三八五巻を収録しているが、これは写本・重本・断簡等も含めた数であるので注意が必要である。また、大平宏龍「『本門弘経抄』考―自宝と他宝―」(『渡邊寶陽先生古稀記念論文集　日蓮教学教団史論叢』平楽寺書店、二〇〇三年)三六七頁では、日隆関係の諸文献の中、著述と考えられるものは、重本・断簡等を除けば二七四巻ほどであると指摘しており、本研究ではこの説を採用する。
(11)『隆全』(『原文対訳日隆聖人全集』御聖教刊行会、一九二五年~一九三四年初版、『原文対訳法華宗本門弘経抄』日蓮聖人御降誕奉讃会、一九七〇年~一九七一年再版)。
(12)『隆教』(『日隆聖人御聖教』日隆聖人御聖教刊行会、一九五五年~一九八二年)。
(13)『隆全』第一一巻二一九頁。その他にも、『隆教』第四巻七一頁、第五巻三五頁、一〇八頁、四七六頁等を挙げることができる。なお、『三大部略大意抄』については今後の研究課題としたい。
(14) 例えば、株橋諦秀「日隆聖人教学の序説」(『桂林学叢』第四号、一九六三年)、大平宏龍「日隆教学における中古天台義」(『印度学仏教学研究』第三二巻二号、一九八四年)、北川前肇『日蓮教学研究』(平楽寺書店、一九八七年)四九七頁以下、大平宏龍「室町時代の日蓮教学と本覚思想―慶林坊日隆について―」(浅井圓道編『本覚思想の源流と展開　法華経研究Ⅺ』平楽寺書店、一九九一年)三六九頁以下等が挙げられる。
(15) 例えば、株橋諦秀「中古天台の宗名論批判」(『隆門論叢』第一輯、一九六〇年)、松井孝純「日隆聖人と中古天台教学」(『隆門論叢』第一輯)、株橋諦秀「日隆聖人の寿量本仏観」(『大崎学報』第一一九号、一九六五年、『桂林学叢』第五号、一九六五年)、大平宏龍「日隆聖人の中古天台義批判について」(『株橋先生古稀記念　法華思想と日隆教学』東方出版、一九七九年)、北川前肇『日蓮教学研究』五四一頁以下、大平宏龍「室町時代の日蓮教学と本覚思想―慶林坊日隆について―」等が挙げられる。
(16) 日隆教学と台密教学についての先行研究として、大平宏龍「日隆聖人の中古天台義批判について」、北川前肇『日蓮教学研究』五四八頁以下等がある。

第二節　研究史概観

第一項　日隆著述刊行史

本研究を進めるにあたり、まず、日隆著述の刊行の過程について一瞥する必要があると考える。なぜなら、先行研究において日隆著述の刊行事業についての一覧はあまり見受けられない。とりわけ平成以降、新たな翻刻が多数紹介される中、日隆教学を研究する者にとって、真蹟確認は勿論のこと、刊行本を確認する作業は基礎的段階の一つであると言えるためである。[1]また、日隆著述の大多数は尼崎本興寺御聖教蔵に格護され、御聖教と称されることからも、一般にはその真蹟を目にする機会は少ない。しかし、刊行が実現することによって、法華宗内外を問わず広く日隆関係の研究が展開されていった。この日隆著述の刊行事業について一覧表を作成し、まとめたものが【表1】である。【表1】は、大平宏龍『日隆聖人教学概論　稿』、「日隆教学の方法をめぐって」[2]等を参考とし、日隆の著述・抄録・覚書について一覧にしたものである。ただし、日隆所持の法華経・書簡・法度・定書・誓状・血脈・日隆真蹟断簡・日隆所持に関わる日蓮遺文、諸写本については省略している。また、『日隆聖人教学概論　稿』を参考として推定ではあるが述作順に並べて表記した。本項では【表1】を基として、日隆著述の刊行史について発行年度順に概観してみたい。なお、それぞれの著述内容については第一章第二節に譲ることとする。

近代において刊本化された日隆著述の中で、最古のものは8『法華天台両宗勝劣抄』と思われる（『日隆上人聖教要集』は日隆著述全文を翻刻していないため除いた）。本書は大正二年（一九一三）に日隆聖人第四五〇遠忌慶讃事業、[3]日隆聖人御聖教全集第一輯として本門法華宗聖教刊行会より刊行されたが、残念ながら底本についての記載は見られない。

それから下ること八六年、平成十一年（一九九九）に東方出版より発行された『法華宗全書　日隆1』は日隆の真蹟を底本とし、原文・書き下し文、頭注には引用経典・論・疏等が施されており、本研究における『四帖抄』の記述は本書によっている。

次に4『私新抄』7『十三問答抄』は、日蓮宗宗学全書刊行会によって編集された『宗全』に収録されている。『宗全』は、日蓮門下に伝わる釈書・論策・史伝・旧記等を集成、活字化したものであり、大正十年（一九二一）より大正十五年（一九二六）の間に全一八巻が刊行された。その後、昭和三十四年（一九五九）より昭和三十七年（一九六二）にかけて初版本を写真版にして一八巻、新たに史伝旧記の史料を集めて新組版五巻を追加して全二三巻として出版された。日隆の著述は第八巻本門法華宗部一に『私新抄』『十三問答抄』を収録している。『宗全』所収の『私新抄』の底本は、京都本能寺所蔵の古写本、並びに岡宮光長寺第五十六世本立院日諒（一八五五—一九一六）の謄写本、その他古今の写本三種を対照したものである。[4]『十三問答抄』は、越前府中久成寺第十六世信行院泰山（—一九一七—）の宝暦年間の写本、並びに師子王文庫所蔵本を底本としている。[5] また、昭和三十三年（一九五八）に本門仏立宗宗務本庁より刊行された『仏立宗義書』第二巻（昭和六十二年［一九八七］に再版）においても収録されている。底本については、長松日扇（一八一七—一八九〇）感得書入本（山内良得転写本）、及び『宗全』第八巻、その他写本等を校合したものである。[6] さらに昭和三十六年（一九六一）には、五十嵐要諦氏によって『日隆聖人御聖教　十三問答抄　全』（底本不明）が発行されている。よって『十三問答抄』は、一般的に流通している『宗全』本を使用する。

続いて15『法華宗本門弘経抄』は、大正十四年（一九二五）から昭和九年（一九三四）にかけて御聖教刊行会から『原文対訳日隆聖人全集』全一一巻として刊行された。底本は①京都本能寺・尼崎本興寺（以下、両山）第百三世浄妙院日義（一八四〇—一九一六）写本、②両山第百十四世中興真珠院日昌（一八五七—一九四一）写本、③淡路地勝寺所蔵、維我日虞（生没年不明）写本、④その他数師の写本を校合し、(7) 上段には白文、下段には書き下し文が掲載されている。その後、昭和四十五年（一九七〇）から昭和四十六年（一九七一）にかけて、法華宗本門流の日蓮聖人御降誕七五〇年記念事業として、日蓮聖人御降誕奉讃会より『原文対訳法華宗本門弘経抄』全一一巻として再版されている。また昭和三十四年には、孔版として信人社より『日隆聖人全集』全三三巻として出版され、本書は『原文対訳日隆聖人全集』全一一巻を底本に据え、各巻を三分冊し書き下し文のみを掲載したものとなっている。さらに、平成二十五年（二〇一三）には『宥清寺全書』として宥清寺所蔵写本（長松日扇書入本）原色版と訓み下しを掲載したもので、第二巻までが刊行されている。本研究では、再版の『原文対訳法華宗本門弘経抄』を使用することとする。

5『御書文段集』は昭和五年（一九三〇）に『御真蹟校合　日隆聖人御文段集』(8) として大本山本興寺より出版された。具体的には、『観心本尊抄』『開目抄』『報恩抄』『本門末法初心行者位抄（四信五品抄）』『当体義抄』『如説修行抄』『法華宗内証仏法血脈』『本門取要抄（法華取要抄）』『本尊問答抄』『守護国家論』『法華題目抄』『一代大意抄（一代聖教大意）』『太田抄（曽谷入道殿許御書）』『本門治病抄（富木入道殿御返事）』『止観十章抄（十章抄）』『立正観抄』『撰時抄』の一七遺文が収録されている。また刈（苅）谷日任氏（一八八八―一九六二）により、昭和七年（一九三二）、本門法華宗感応教会より『日隆聖人御文段集　如説修行鈔講話』、昭和八年（一九三三）・昭和十年（一九三五）には、本門法華宗学林より『日隆聖人御文段集　観心本尊鈔大意』、昭和九年には、本門法華宗感応教会より『日隆聖人御文段　法華取要抄講義』がそれぞれ刊行されている。さらに昭和三十八年（一九六三）には『日隆聖人分科主要御書　乾』として『開目抄』『観心本尊抄』『撰時抄』『報恩抄』『四信五品抄』の五遺文を収録して刊行されている。そして昭和五十一年（一九七六）には、法華宗興隆学林より『日隆聖人分科主要御書　全』として上記の遺文に加え、新たに『一代聖教大意』『守護国家論』『法華題目抄』『十章抄』『法華宗内証仏法血脈』『如説修行抄』『当体義抄』『法華取要抄』『立正観抄』

『曽谷入道殿許御書』『富木入道殿御返事』『本尊問答抄』の一二遺文が加えられ、計一七遺文が収録されている。底本は日隆真蹟を基本とし、真蹟が紛失している『撰時抄』の文段については昭和五年（一九三〇）発行の謄写本と高松本覚寺所蔵、松平左近（一八〇九―一八六八）所持の写本を以て校合している。なお、『日隆聖人分科主要御書　全』は昭和六十三年（一九八八）に再版、平成十九年（二〇〇七）には第三版が出版されており、本研究では第三版を使用する。

13『六即私記』は、昭和八年に大原閣出版部より『皆久問題資料集』第五巻に収録されているが、底本については触れられていない。[9]また、『仏立教務会報』第八二・八四・八七・八九・九〇集において掲載されている『六即私記』では、[10]野口日壌所持本（妙宝寺蔵）の写本を底本として金子現脩・野崎良修氏らによって翻刻されている。[11]さらに、門祖日隆大聖人第五五〇回御遠諱記念出版として本門仏立宗より平成二十五年に出版された『門祖日隆聖人御聖教』中にも収録されている。しかし、『門祖日隆聖人御聖教』では『仏立教務会報』を底本としているため注意が必要であり、本研究では『皆久問題資料集』第五巻を採用する。

16『開迹顕本宗要集』は『日隆聖人御聖教　開迹顕本宗要集』として昭和三十年（一九五五）に第一巻、昭和三十六年（一九六一）に第二巻、昭和四十一年（一九六六）に第三巻、昭和五十三年（一九七八）に第四巻、昭和五十七年（一九八二）に第五巻がそれぞれ刊行され、昭和五十一年に第一巻が復刊されている。ただし、仏部第一の「二仏並出」の下巻は「最略本、移すべからず」と日隆が注意を促していることから、「二仏並出」下巻を除いた六五巻を収録している。この問題について大平宏龍氏は、「二仏並出」の下巻は仏部第一の重本であり、要略本であって、『開迹顕本宗要集』述作の前段階における製作意図を遺すものであるため、全六五巻とすべきではないかと指摘している。[12]また本書は、日隆の真蹟を本興寺第百十九世玄妙院日譲（一八九四―一九七二）が拝写し、書き下したものである。『仏立教務会報』第七五、七七、七八、七九集では、[13]『開迹顕本宗要集』雑部一一、四信五品について、仏立教学院所蔵写本を底本として野崎良修氏が翻刻している。なお、この部分について『隆教』では、「開迹顕本宗要集雑部十　四信五品」[14]と相違があり注意が必要である。

10『日蓮所立本門法華宗五時四教名目見聞』（以下『名目見聞』）は、両山第二十八世本妙院日顕（一六三二―一六九一）の『御聖教惣目録』[15]よると「名目見聞十巻」「五帖抄五巻」と併記しているが、同一書を分けて記したようであり、目録一巻を加えて一六巻であることが指摘されている。[16]また初めの二巻を『相伝法門抄』『二帖抄』と言われ、最後の五巻を『五帖抄』と称している。そのため刊行過程は複雑であり、『五帖抄』は昭和三十三年に本門仏立宗務本庁より『仏立宗義書』第三巻（第一三帖目の一巻は欠いている）に収録されている。底本は仏立宗義天寺所蔵の写本を底本により、仏立宗宝蔵の異本をもって校合している。[17]また昭和六十三年には、『真訓両読　五帖抄（全）』が本門仏立宗第五支庁仏立修学塾より刊行されている。本書は『仏立宗義書』第三巻を底本とし、他の写本を参照して書き下し、さらには長松日扇写本の書入れについても収録している。次いで『五帖抄』以外の部分（『二帖抄』を含む）については、昭和三十八年に本門仏立宗宗立仏立教学院発行『日蓮所立本門法華宗五時四教名目見聞』に収録している。本書は、両山第十二世金剛院日承（一五〇一―一五七九）の『南無妙法蓮華経本門円宗五時四教名目』の校訂、並びに諸写本を底本とし異本をもって校訂している。[18]また、昭和四十七年（一九七二）には、法華宗教学研究所より刊行の『法華宗名目見聞題号釈他三書』の中に『二帖抄』が収録されている。本書の底本については特に触れられていないが、株橋諦秀氏（一九〇九―一九八四）が「御真書の筆跡を拝しても」[19]と述べていることから、真蹟を底本としているものと推測できる。[20]したがって本研究では、『二帖抄』部分を『法華宗名目見聞題号釈他三書』、『五帖抄』部分を『仏立宗義書』第三巻、それ以外の部分を『日蓮所立本門法華宗五時四教名目見聞』によることとする。

11『玄義教相見聞』は、『仏立宗義書』第二巻に収録され、その底本として長松日扇真蹟本（第一段〜第七段迄）、長松日扇感得書入本（山内良得転写本）、日聞所持本、泉日恒（一九〇四―一九九二）写本、その他写本等を用いて、それらを校合している。[21] 昭和四十四年（一九六九）には、法華宗宗務院より『桂林学叢』第六号別冊として刊行されているが、底本については触れられていない。[22] また、昭和五十一年、本門仏立宗教育院より刊行された『仏立研究』Ⅳ付録では、「玄義教相見聞（教相　下）」として、吉田淳良氏によって翻刻されている。なお本書の底本については不明であるが、写本を照合したとされる。さらに平成十七年（二〇〇五）には、『日隆聖人御製作 日扇聖人御書入 玄義教相見聞（一帖抄）訓み下し文』が清雄寺日幹上人第十三回御諱奉修局より刊行されている。本書は、『真訓両読　五帖抄（全）』と同様、『仏立宗義書』第二巻を底本とし、他の写本を参照し書き下し、長松日扇の書入れも記入したものである。そして平成二十八年（二〇一六）には、東方出版より真蹟を基礎として写本や刊本等を底本とした『法華宗全書　日隆2』が刊行されたことから、本書を使用する。

18『玄義一部見聞』は、昭和三十八年（一九六三）に教学興隆会刊行『仏立教務会報』第五七集、昭和三十九年（一九六四）に『仏立教務会報』第五八集中に『玄義御見聞』として収録されている。本書は、仏立宗本山宥清寺宝蔵の写本を底本として野崎良修氏によって編纂されたものである。また、本門仏立宗より平成二十五年に門祖日隆大聖人第五五〇回御遠諱記念出版『門祖日隆聖人御聖教』の中に再録されている。『門祖日隆聖人御聖教』では、仏立宗の本山宥清寺所蔵の写本と『仏立教務会報』を底本としており、本研究では『門祖日隆聖人御聖教』を用いる。[23]

20『諸御抄立処』22『開目鈔之抄』23『四信五品鈔之抄』はいずれも、昭和四十七年、法華宗教学研究所発行『法華宗名目見聞題号釈他三書』として、その中に収録されている。これらの底本については直接触れられていないが、大平宏龍氏より日隆の真蹟を底本としていることを教示頂いた。

14『私経大意』は、昭和四十八年（一九七三）、本門仏立宗教育院より刊行された『仏立研究』Ⅱに第一帖・第二帖、昭和五十年（一九七五）『仏立研究』Ⅲに第三帖、昭和五十一年『仏立研究』Ⅳに第四帖がそれぞれ野口日壌氏が中心となり翻刻している。底本は妙宝寺蔵の写本であり、長松日扇の師である京都妙蓮寺第四十七世心光院日耀（一八〇九―一八六三）が書写したものである。

17『本門法華宗開迹顕本玄文止三大部略大意抄』（以下『三大部略大意抄』）は、昭和五十七年、本門仏立宗教育院より刊行された『仏立研究』Ⅸに一部が収録されている。『仏立研究』Ⅸでは、「門祖日隆聖人御聖教　本門法華宗開迹顕本三大部略大意抄玄義全」として、『三大部略大意抄』全一七巻（未完）中、「法華玄義一部下　第一巻　二帖之内上巻・下巻」のみ収録している。本書の底本については、仏立宗神戸仏立寺日亮、並びに岐阜妙唱寺日唱の写本である。

6『当家要伝』は、平成二年（一九九〇）に法華宗宗務院より『桂林学叢』第一五号別冊として刊行されている。本書は日隆真蹟を底本として、綿密な校訂を経て刊行されたものであることが知られる。(24)

9『本門戒体見聞』は、平成七年（一九九五）に本門仏立宗仏立研究所より、『日隆聖人　真訓両読　本門戒体見聞（全）』として刊行されており、底本は泉日恒氏所持の古写本を使用している。(25) また先述した『法華宗全書　日隆2』においても真蹟を底本として収録されており、本研究では本書の記述を採用する。

21『玄文止諸御抄出処』は、平成二十四年（二〇一二）法華宗宗務院より『桂林学叢』第二三号〈資料紹介〉として収録している。本書は、尼崎本興寺所蔵の日隆真蹟を底本として、平島盛龍氏によって翻刻されている。(26)

26『文句要伝』は、平成二十五年に法華宗宗務院より『桂林学叢』第二四号〈資料紹介〉として収録している。本書は、京都本能寺所蔵の日隆真蹟を底本として株橋祐史・平島盛龍両氏によって調査・翻刻がなされている。(27)

そして近年では、興風談所より『統合システム』と称されるソフトウェアが公開され、日隆著述をデータベースとして利用することが可能となった。その『統合システム』では、日隆著述を、『法華宗本門弘経抄』、『名目見聞』（『日蓮所立本門法華宗五時四教名目見聞』、『仏立宗義書』第三巻を収録）、『四帖抄』、『玄義教相見聞』、『十三問答抄』、『私新抄』、『開迹顕本宗要集』、『当家要伝』の順に収録している。また『統合システム』は、日隆関係の著述以外に日蓮遺文、日興門流のみならず、その他日蓮門下の著述、さらには天台典籍をデータベース化している。ただし、『統合システム』における日隆著述については、今のところ多少の誤字脱字も確認できるが、今後修正されることだろう。

以上、日隆著述における刊行史について概観してきた。日隆著述の刊行事業中、その代表的な著述は大正から昭和にかけて成されたものであることが窺える。二十一世紀に生きる我々は、先師の不断の努力による学恩を徒に受けるだけでなく、日隆教学発展のため、より一層の教学研鑽に励まなくてはならないと愚考する。

【表1】日隆の著述における刊行事業一覧

日隆の著述				
番号	著述名	刊本名	発行所・発行年	底本
1	『他宝抄』一巻	未刊		
		『日隆上人聖教要集』（一部のみ）	本妙寺・明治四十五年（一九一二年）	不明
		大平宏龍「『本門弘経抄』考―自宝と他宝―」『渡邉寶陽先生古稀記念論文集 日蓮教学教団史論叢』（一部のみ）	平楽寺書店・平成十五年（二〇〇三年）	真蹟
2	『四箇口決』一帖	未刊	未刊	
3	『六箇口決』一帖	未刊	未刊	
4	『私新抄』一三巻	『宗全』第八巻	日蓮宗宗学全書刊行会・大正二年（一九一三）、山喜房仏書林・昭和三十六年（一九六一）再版	京都本能寺所蔵の古写本、岡宮光長寺第五十六世本立院日諒の謄写本、その他古今の写本三種。
5	『御書文段集』六巻	『御真蹟校合 日隆聖人御文段集』	大本山本興寺・昭和五年（一九三〇）	真蹟
		『日隆聖人御文段集 如説修行鈔講話』	本門法華宗感応教会・昭和七年（一九三二）	不明
		『日隆聖人御文段集 観心本尊鈔大意』	本門法華宗出版部・昭和八年（一九三三）、昭和十年（一九三五）	不明
		『日隆聖人御文段 法華取要抄講義』	本門法華宗感応教会・昭和九年（一九三四）	不明
		『日隆聖人分科主要御書乾』	法華宗興隆学林・昭和三十三年（一九五八）	真蹟

		『日隆聖人分科主要御書全』	法華宗興隆学林・昭和五十一年（一九七六）再版 法華宗興隆学林・平成十九年（二〇〇七）第三版	真蹟。『撰時抄』は昭和五年発行の謄写本と高松本覚寺所蔵、松平左近所持の写本を校合。
6	『当家要伝』一巻	『桂林学叢』第一五号別冊	法華宗宗務院・平成二年（一九九〇）	真蹟
7	『十三問答抄』二巻	『宗全』第八巻	日蓮宗宗学全書刊行会・大正二年（一九一三）、山喜房仏書林・昭和三十六年（一九六一）再版	京都本能寺所蔵の古写本、岡宮光長寺第五十六世本立院日諒の謄写本、その他古今の写本三種。
		『仏立宗義書』第二巻	本門仏立宗宗務本庁・昭和三十三年（一九五八）	長松日扇感得書入本（山内良得転写本）、『宗全』第八巻、その他写本等を校合
		『日隆聖人御聖教　十三問答抄　全』	梅沢佐蔵・昭和三十六年（一九六一）	不明
8	『法華天台両宗勝劣抄』四巻	『法華天台両宗勝劣抄』	本門法華宗聖教刊行会・大正二年（一九一三）	不明
		『法華宗全書　日隆1』	東方出版・平成十一年（一九九九）	真蹟
9	『本門戒体見聞』三巻	『日隆聖人　真訓両読本門戒体見聞（全）』	本門仏立宗仏立研究所・平成七年（一九九五）	泉日恒所持の古写本
		『法華宗全書　日隆2』	東方出版・平成二十八年（二〇一六）	真蹟
10	『日蓮所立本門法華宗五時四教名目見聞』一六巻（目録共）	『仏立宗義書』第三巻（『五帖抄』の部分）	本門仏立宗宗務本庁・昭和三十三年（一九五八）	仏立宗義天寺所蔵の写本（長松日扇写本か）
		『真訓両読五帖抄（全）』	本門仏立宗第五支庁仏立修学塾・昭和六十三年（一九八八）	『仏立宗義書』第三巻を底本とし、他の写本を参照。長松日扇写本の書入も収録。

		『日蓮所立本門法華宗五時四教名目見聞』（『五帖抄』を除いた部分）	本門仏立宗宗立仏立教学院・昭和三十八年（一九六三）	金剛院日承『南無妙法蓮華経本門円宗五時四教名目』の校訂、並びに諸写本を底本とし異本をもって校訂
		『法華宗名目見聞題号釈他三書』（『二帖抄』の部分）	法華宗教学研究所・昭和四十七年（一九七二）	真蹟
11	『玄義教相見聞』一巻	『仏立宗義書』第二巻	本門仏立宗宗務本庁・昭和三十三年（一九五八）	長松日扇真蹟本（第一段～第七段迄）、長松日扇感得書入本（山内良得転写本）、日聞所持本、泉日恒写本、その他写本等を校合
		『桂林学叢』第六号別冊	法華宗宗務院・昭和四十四年（一九六九）	写本並びに真蹟か。
		『仏立研究』Ⅳ付録	本門仏立宗教育院・昭和五十一年（一九七六）	底本は不明であるが、異本を照合。
		『日隆聖人御製作日扇聖人御書入 玄義教相見聞（一帖抄）訓み下し文』	清雄寺日幹上人第十三回御諱奉修局、平成十七年（二〇〇五）	『仏立宗義書』第二巻を底本とし、他の写本を参照。長松日扇の書入れも収録。
		『法華宗全書　日隆2』	東方出版・平成二十八年（二〇一六）	真蹟
12	『止観見聞』一六巻	未刊	未刊	
13	『六即私記』三巻	『皆久問題資料集』第五巻	大原閣出版部・昭和八年（一九三三）	真蹟
		『仏立教務会報』第八二・八四・八七・八九・九〇集	教学興隆会・昭和四十三年（一九六八）四月～昭和四十四年（一九六九）八月	野口日壌所持本（妙宝寺蔵）写本
		『門祖日隆聖人御聖教』	本門仏立宗・平成二十五年（二〇一三）	『仏立教務会報』第八二・八四・八七・八九・九〇集を底本

日隆の抄録・覚書

14	『私経大意』四巻	『仏立研究』Ⅱ	本門仏立宗教育院・昭和四十八年（一九七三）	心光院日耀書写、妙宝寺蔵写本
		『仏立研究』Ⅲ	本門仏立宗教育院・昭和五十年（一九七五）	心光院日耀書写、妙宝寺蔵写本
		『仏立研究』Ⅳ	本門仏立宗教育院・昭和五十一年（一九七六）	心光院日耀書写、妙宝寺蔵写本
15	『法華宗本門弘経抄』一一七巻（本文一一三巻、目録四巻）	『原文対訳日隆聖人全集』全一一巻	御聖教刊行会・大正十四年（一九二五）〜昭和九年（一九三四）	浄妙院日義写本、真珠院日昌写本、淡路地勝寺所蔵、維我日虞写本、その他数師の写本を校合
		『日隆聖人全集』全三三巻	信人社・昭和三十四年（一九五九）	『原文対訳日隆聖人全集』
		『原文対訳法華宗本門弘経抄』全一一巻	日蓮聖人御降誕奉讃会・昭和四十五年（一九七〇）〜昭和四十六年（一九七一）	浄妙院日義写本、真珠院日昌写本、淡路地勝寺所蔵、維我日虞写本、その他数師の写本を校合
		『宥清寺全書』第一、第二巻	宥清寺・平成二十五年（二〇一三）	長松日扇写本宥清寺所蔵写本（長松日扇書入本）の原色版と訓み下しを掲載。
16	『開迹顕本宗要集』六六巻（仏部第一の最略本を除けば六五巻）	『日隆聖人御聖教　開迹顕本宗要集』全五巻	日隆聖人御聖教刊行会・昭和三十年（一九五五）〜昭和五十七年（一九八二）	真蹟を玄妙院日譲が書写したもの
		『仏立教務会報』第七五、七七、七八、七九集	教学興隆会・昭和四十二年（一九六七）〜昭和四十二年（一九六七）十月	「雑部第十　四信五品」のみ翻刻　仏立教学院所蔵写本
17	『本門法華宗開迹顕本玄文止三大部略大意抄』一七巻（未完）	『仏立研究』Ⅸ	本門仏立宗教育院・昭和五十七年（一九八二）	「法華玄義一部下　第一巻　二帖之内上巻・下巻」のみ翻刻。底本は、仏立宗神戸仏立寺日亮、並びに岐阜妙唱寺日唱の写本

18	『玄義一部見聞』（『玄義御見聞』）二巻	『仏立教務会報』第五七・五八集	教学興隆会・昭和五三十八年（一九六三）、昭和三十九年（一九六四）	宥清寺宝蔵写本
		『門祖日隆聖人御聖教』	本門仏立宗・平成二十五年（二〇一三）	『仏立教務会報』第五七・五八集
19	『文句要文』二帖二冊	未刊	未刊	
20	『諸御抄立処』二巻二帖	『法華宗名目見聞題号釈他三書』	法華宗教学研究所・昭和四十七年（一九七二）	真蹟
21	『玄文止諸御抄出処』一巻	『桂林学叢』第二三号	法華宗宗務院・平成二十四年（二〇一二）	真蹟
22	『開目鈔之抄』一巻	『法華宗名目見聞題号釈他三書』	法華宗教学研究所・昭和四十七年（一九七二）	真蹟
23	『四信五品鈔之抄』一巻	『法華宗名目見聞題号釈他三書』	法華宗教学研究所・昭和四十七年（一九七二）	真蹟
24	『守護国家論の抄』	未刊	未刊	
25	『箇条付』一巻	未刊	未刊	
26	『文句要伝』一巻	『桂林学叢』第二四号	法華宗宗務院・平成二十五年（二〇一三）	真蹟
27	『玄義一部難字集』一帖	未刊	未刊	

第二項　先行研究概観

日隆教学に関する研究は、近現代において多くの先師によってなされている。その全てをここで紹介することは困難であるが、八品門流における代表的な研究者として大正から昭和にかけて活躍した、苅谷日任・株橋日涌・泉日恒の三氏、現在では大平宏龍氏を挙げることができる。また日蓮宗では、望月歓厚・執行海秀・北川前肇の三氏等を挙げることができ、本項では特に八品門流の四氏の先行研究を中心に概観し、その研究成果について触れていくこととする。

苅谷日任氏は、株橋日涌氏と共に『本門法華宗教義綱要』(28)事件、曼荼羅国神不敬事件を一連とする、いわゆる昭和法難の被告人として命を賭して裁判で争い、無罪・免訴となった人物であることが知られる。その代表的な著述は、『法華宗教義綱要』(29)を第一に挙げられる。また、論文自体はあまり多くなく、現在においては講義録のようなものとして、「総別問題を中心にしての本宗教義」(30)「本尊抄三処四但（五但）の銘文」(31)等が提示できる。(32)苅谷日任氏の教学思想は、大平宏龍「苅谷日任上人管見―その人と信仰と教学思想―」(33)に詳説されている。まず『法華宗教義綱要』は、①名義門、②教判門、③大綱門、④宗要門、⑤信行門の五編からなり、日隆教学史上、初めて八品教学を網羅的に体系化した著述である。その研究方法は、本地本門八品を中心として『法華経』一部八巻二十八品を見るという立場を採り、日蓮遺文を正として、天台三大部本末を傍、日隆の著述を指南と定めている。また日蓮遺文の真偽問題については、当時の定本とされていた『霊艮閣版　日蓮聖人遺文』(34)の刊行等、日蓮遺文の刊行化が進められていた時代でもあり、真蹟を中心として論じている。しかし、『御義口伝』『御講聞書』については、真偽未決としつつも伝承を重んじて参照すべきとする立場を採っている。(35)次に、「総別問題を中心にしての本宗教義」では、『法華宗教義綱要』においても度々見られる総別の問題について述べられた講義録である。ここでは、仏の総別、依経の総別、南無妙法蓮華経と一念三千の総別、付嘱の総別、五義の総別等について述べられている。そして、「本尊抄三処四但（五但）の銘文」では、『観心本尊抄』にある「五十余年」の語が三箇所、「但…」の文が四ないし五箇所あることを指摘している。この「五十余年」は、迹中を示したものであり、「但…」は本地本門八品であると解釈している。すなわち、本地が表われる理由は、「但…」以下によって明かされ、本地本門八品（総名南無妙法蓮華経）とは下種であり、本門の本尊を顕すものであるとしたものである。[36]このことについて大平宏龍氏は、「『本尊抄』解釈の長い歴史において、真蹟を拠にした、この指摘は前代未聞であり、日蓮聖人教学における本迹の問題に重要な問題提起を行ったものであると言えよう」[37]と指摘している。このように、苅谷氏は本地本門八品を中心として日隆教学の体系化を試みた第一人者であり、総名南無妙法蓮華経を下種の要法とし、本尊となると主張していることが理解できる。

株橋日涌氏も苅谷日任氏と同様、昭和法難の被告人として法廷で日隆教学の正統性を貫いた人物である。代表的な著述として『観心本尊鈔講義』[38]上・下、『法華宗教学綱要』が挙げられる。『観心本尊鈔講義』は日隆の『観心本尊抄文段』を参考として一一文文に解釈を施し、その中で必要とされる重要法門について委細な検討がなされている。残念ながら下巻九七六頁を以て遷化されたため、それ以降は株橋氏の先行研究及び所蔵本の書入れによって補訂されている。[39]本書は日隆教学を研究する者にとって必須の書であり、数ある『観心本尊抄』注釈書の中においても、その詳細な分析・検討は特筆すべきものである。その中でも特に注目すべき項目として、「文段拝見の用意」[40]を挙げることができる。本項目は、近世より問題となっている日隆教学における事具一念三千と題目の関係性について考察したものである。[41]株橋氏によれば、日隆の『観心本尊抄文段』では、総名妙法蓮華経を事具一念三千とし、別体の一念三千を理具三千と規定していると指摘する。[42]一方、『法華宗本門弘経抄』等では、理具三千も事具三千も共に事行の南無妙法蓮華経に対して理具と述べられていることから、[43]日隆の法体観の変遷が見られるとしている。これを図示すれば以下のようになる。

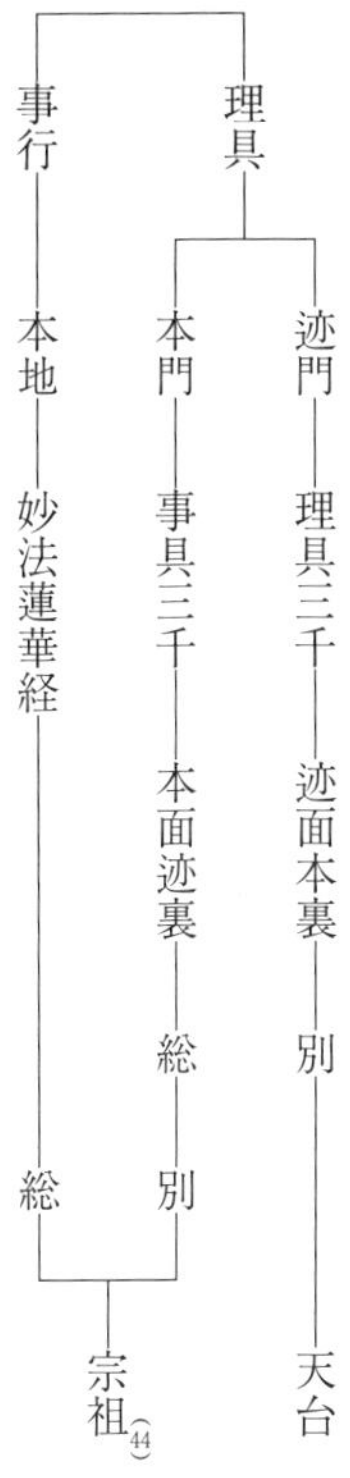

理具―迹門―理具三千―迹面本裏―別―天台
理具―本門―事具三千―本面迹裏―総―別
事行―本地―妙法蓮華経―総
―宗祖[44]

株橋氏は、『観心本尊抄文段』に見られる初期の日隆の教学思想を、『法華宗本門弘経抄』等といった中・後期の著述より会通し、日隆教学の思想的変遷を明らかにしたことが注目される。次に『法華宗教学綱要』は、昭和法難で問題となった昭和十四年（一九三九）脱稿『本門法華宗綱要草案』を、戦後法華宗興隆学林の講義用教科書『本門法華宗綱要』（昭和四十八年、謄写版刷）として書き改め、加筆訂正したものを遷化後に出版したものである。[45]その内容は、①宗名、②血脈相承、③依経および宗典、④教判、⑤教意、⑥宗旨、⑦信行の全七章からなり、日蓮教学の大綱を日隆著述を指南として解釈している。本書において株橋氏は宗学を、「教法の宣布という一大目標がある以上、一般仏教はすべて宗学に集約されなくてはならないからである。[46]」と定義していることからも、宗学を根本に置き、仏教全体を巨視的に捉える姿勢であることが窺える。さらに、株橋氏の論文はいずれも今日の我々にとって示唆に富むものばかりではあるが、ここでは「日隆聖人教学の序説[47]」「存道両聖発揮の正統教学[48]」に注目したい。「日隆聖人教学の序説」は、日隆の生涯を、修養時代二〇年（前期諸書修習時代一〇年、後期諸宗勉学時代一〇年）、研鑽時代二〇年（前期共同研鑽時代一〇年、後期独自研鑽時代一〇年）、著作時代二〇年（前期兼修著作時代一〇年、後期正修著作時代一〇年）の全三期六区分に分けている。その中で、従来あまり研究されてこなかった日隆の著述全体を、書誌学的・文献学的研究を踏まえ、初めて編年的に捉え、日隆の教学思想を論じたことで、日隆教学の研究方法を飛躍的に進めることになったことが見逃せない。また、「存道両聖発揮の正統教学」は、日存・日道の教学思想を詳細に考察した論文である。具体的には、日隆『妙蓮寺内証相承血脈之次第条目事』、常住院日学（一一四四〇―一一四八五）『妙蓮寺本能寺両門和合決』[49]に記載される法門を手掛かりとして、日隆著述中より日存・日道の教学思想の確認できる箇所を摘出し検討を試みられたものである。この論文から、八品教学は日隆独歩の成果ではなく、日存・日道を加えた三師による所産であることが再認識される。

一方、戦前は茆谷・株橋両氏と同様に本門法華宗に属し、昭和法難において逮捕後、体調不良のため釈放され、戦後本門仏立宗へと改宗した泉日恒氏の研究についても確認しておく。泉氏の代表的な著述は多岐に渡り、その数は茆谷・株橋両氏を凌駕するほどである。その全貌は『仏立教学選集　第四集　泉日恒先生の部』[50]、『泉日恒先生著作集』[51]全一二巻等として刊行されており、その中でも特に注目できるのが『本門法華宗概論』「門祖御本尊儀規の研究」『隆門教学史』等である。『本門法華宗概論』は昭和十五年（一九四〇）に道善寺学舎より刊行され、その後『泉日恒先生著作集』第八巻として復刊されている。その内容は、全二五章からなり、日隆教学の細部まで綱領されたものである。特徴としては、日隆教学全般を概観しただけでなく、本門法華宗と仏立講（本門仏立宗）の教学の相違についても検討されている。具体的には、相違点として三点を挙げ、①唱題行に関する見解の相違、②曼荼羅本尊図顕に関する見解の相違、③信行上の相違と規定している。この三点を挙げた上で泉氏は、「元来両者は同一門流の門徒に相違なければ、小異を捨て大同につき将来両者互に相寄りて、門流の繁栄に導くこそ両祖に忠実なる道にして、苟くも相剋するが如き事は絶対に避くべきなり。[52]」と論じている。泉氏は当時、本門法華宗に所属する立場から述べている可能性は否めないが、仏立講の独立に消極的であったことは興味深い。また本書では、日隆教学だけでなく、日隆門下の教団史の動向についても概観しており、さらには「本宗教義（代表的）研究資料[53]」と題し、日隆門下の著述について紹介されている点についても示唆に富む資料となっている。[54]次に『隆門教学史』は、泉氏在世中には刊行されておらず、遷化後平成十五年（二〇〇三）『泉日恒先生著作集』第一〇巻に収録されたものである。本書はまず、島地大等『天台教学史』を参考として天台大師智顗（五三八—五九七）の法華思想について概観し、日蓮教学・日隆教学について論じている。さらに日隆門下教学史について検討するに当たり、泉氏自身の写本を中心として、[55]妙蓮寺日忠（一四三八—一五〇三）、日承、両山第四十八世忍定院日憲（一六九四—一七七〇）等といった中世から近世の学匠のみならず、三途成不論について争った、いわゆる皆久論争に関係した諸師にまで及んでいる。その内容は、各項目について詳細な検討を施したものではなく、『天台教学史』に倣って概略を述べたものである。特に、皆久論争における皆成派の諸師についてはごく簡略に述べられ、皆久論争の経過について重きを置いているように見受けられる。近代における門下教学史では、日隆門下の教学思想の一端を述べたに過ぎなかったが、泉氏の試みは日隆門下教学史について初めて体系的に取り扱ったものとして注視できる。そして「門祖御本尊儀規の研究」は、昭和三十三年に権僧正提出論文として作成された論文であり、[56]『仏立研究』Ⅲ、[57]『泉日恒先生著作集』第一〇巻に収められている。本論文は日隆筆曼荼羅本尊の形態について論じたものであり、四〇幅の日隆筆曼荼羅本尊を対象に考察を加えている。泉氏は日隆筆曼荼羅本尊を略式本尊と規定しているが、この結論については疑義が残る。しかし、当時、史料的制約があった中、日隆筆曼荼羅本尊の形態についての考察は画期的なものであったと思われる。

明治以降における日蓮門下教学史は、宗学の学問的研究が目まぐるしく変貌していった時代であると言える。法華宗では、伝統宗学を踏まえつつ日隆教学を体系化したのが苅谷日任氏であり、それを補完し、より精緻な理論体系へと構築していったのが株橋日涌氏の研究であることを見逃してはならない。それと同時に、戦後本門法華宗より独立し、本門仏立宗における教学の体系化を試みたのが泉日恒氏であったことが知られよう。しかし泉氏は、本門仏立宗という立場からも、日隆の真蹟に触れることが困難であったことは容易に想像でき、写本によって考察した可能性が考えられ、誤認も多く信頼性に欠けるとの指摘もあり、[58]注意が必要である。

これらの三氏以降、現代において日隆教学の研究を推し進めている研究者が大平宏龍氏である。大平氏は、株橋日涌氏の指導の下、日隆教学の研究に邁進し多数の論文を発表している。特に重要な論著と思われるものを挙げると、「室町時代の日蓮教学と本覚思想―慶林坊日隆について―」[59]「『私新抄』新考」[60]「日隆教学の方法をめぐって」[61]『日隆聖人教学概論　稿』等である。まず「室町時代の日蓮教学と本覚思想―慶林坊日隆について―」では、日隆教学と中古天台本覚思想の関係について、当時の日蓮門下の状況から意図的に関わったものと定義している。具体的には、四重興廃・三種法華・七箇の大事等の問題について、日隆は批判しつつ、日蓮義を盛ることで用語・形式は復活していることを指摘している。その上で日隆の著述は、中古天台義の提示する問題をあえて日蓮義と対峙させることで、必要に応じてその解釈を示し、日蓮的視野を広げようとしたとしている。さらに、日隆が一度批判する中古天台義を再解釈し、中古天台本覚思想の用語を駆使する等の事についても、当時の思想的状況下では、その方がかえって日蓮義を徹底できると考えたためではなかろうかと結論づけている。[62]大平氏の指摘は、日隆教学にみる中古天台本覚思想に対する批判と展開の二つの存在に気づかされる重要な論考であると言える。また大平氏の研究は、日隆の著述について検討した論考が多数見受けられ、[63]具体的には「『私新抄』新考」において、『私新抄』は日隆教学を研究する上での重要書であるという従来の前提を保ちつつ、真蹟を検証した結果、研究ノート的存在ではないかと指摘している。この指摘は、『私新抄』の書誌学的側面において一石を投じただけでなく、『私新抄』の教学的位置づけについて再考せられる重要な論文であると思量する。そして、「日隆教学の方法をめぐって」では、先師の日隆教学研究の成果を振り返り、日隆教学の資料論・方法論・結論とキーワード、と題して論が展開されている。日隆教学の資料論では、日隆の著述を編年的に整理し、その著述内容を『法華経』・日蓮遺文・天台学と分類している。特に、日隆が披見した日蓮遺文については、従来指摘されてきた数を大幅に上回る一二二書にのぼることを提示していることが注目できる。[64]日隆教学の方法論では、日隆があえて中古天台と積極的に関わる理由として、中古天台義から日蓮義に対する批判があり、それを解決しなければ日蓮義の存在理由が主張できないと考えたためではないかとしている。その上で日隆教学のキーワードを、「無知の日蓮」と規定することで、日蓮教学の普遍性・世界性が確実なものになると推察し、宗学とは「宗とすべき学問」と捉え直すべきではないかと結論づけている。この論考は、日蓮教学及び日蓮門下教学史を研究する者にとって極めて重要な指摘であり、宗学について今一度見つめ直す必要性があると再認識されるものであると考える。さらに、最新の研究成果として『日隆聖人教学概論　稿』を平成二十七年（二〇一五）に國祐寺より刊行している。本書は興隆学林専門学校の学生用テキストとして編集され、日隆教学を学ぶ初学者にとって必須のものである。

以上、四氏の先行研究について概観してきた。本研究は、先学の築き上げてきた偉大な功績に依拠するところが大きい。これらの研究動向を踏まえつつ、新たな視点を加え、日隆教学の一端を考察していくものである。

註

（1）日隆の刊行本一覧について紹介しているものとして、「八品門流日隆教学研究主要資料」（『尼ヶ崎学叢』創刊号、一九三五年）、大平宏龍「本興寺格護の御聖教について」（『歴史と宝物』、大本山本興寺、一九八一年）三四頁、大平宏龍『日隆聖人教学概論　稿』（國祐寺、二〇一五年）一六頁以下等が挙げられる。また、日隆以降の八品門流諸師の著述については、泉智亘（日恒）『本門法華宗概論』（道善寺学舎、一九四〇年、『泉日恒先生著作集』本門仏立宗乗泉寺教務部泉日恒先生刊行会、一九九一年再録）第八巻四一一頁以下に詳しい。

（2）『桂林学叢』第二五号（二〇一四年）。

(3)『法華宗年表』(法華宗(本門流)宗務院、一九七二年)二〇九頁。
(4)『宗全』(『日蓮宗宗学全書』日蓮宗宗学全書刊行会、一九一三年初版、山喜房仏書林、一九六一年再版)第八巻一頁。
(5)『宗全』第八巻一頁以下。
(6)『仏立宗義書』第二巻(本門仏立宗務本庁、一九五八年)凡例による。
(7)『隆全』第一巻一頁。
(8)その他、『日隆聖人文段主要御書　全』凡例、『法華宗年表』二二〇頁、泉智亘(日恒)『本門法華宗概論』『泉日恒先生著作集』第八巻九二頁等において記載が見られる。
(9)本書の底本については、日隆の真蹟を基として株橋日涌先生によって翻刻されたことを大平宏龍先生より教示頂いた。
(10)第八二集は一九六八年四月、第八四集は同年八月、第八七集は一九六九年二月、第八九集は同年五月、第九〇集は同年八月にそれぞれ教学興隆会より発行されている。
(11)『門祖日隆聖人御聖教』(本門仏立宗、二〇一三年)一〇九頁。
(12)大平宏龍「『開迹顕本宗要集』考」(『興隆学林紀要』第三号、一九八九年)。
(13)第七五集は一九六七年二月、第七七集は同年三月、第七八集は同年七月、第七九集は同年一〇月にそれぞれ教学興隆会より発行されている。
(14)『隆教』第五巻二四四頁。
(15)『桂林学叢』第四号所収。
(16)大平宏龍「本興寺格護の御聖教類について」(『桂林学叢』第一三号、一九八五年)。
(17)『仏立宗義書』第三巻(本門仏立宗務庁、一九五八年)凡例による。
(18)『日蓮所立本門法華宗五時四教名目見聞』(本門仏立宗立仏立教学院、一九六三年、以下『名目見聞』)凡例による。
(19)『法華宗名目見聞題号釈他三書』(法華宗宗務院、一九七二年)一五四頁。
(20)大平宏龍先生より、『法華宗名目見聞題号釈他三書』収録の日隆の著述は、真蹟を底本としいていることを教示頂いた。
(21)『仏立宗義書』第二巻凡例による。
(22)大平宏龍先生より、本書は基本的に日隆の真蹟を底本としていることを教示頂いた。

(23)『門祖日隆聖人御聖教』あとがき。
(24)『桂林学叢』第一五号別冊（一九九〇年）二頁。
(25)『日隆聖人　真訓両読　本門戒体見聞（全）』（本門仏立宗仏立研究所、一九九五年）はしがき。
(26)『桂林学叢』第二三号（二〇一二年）一四六頁以下。
(27)『桂林学叢』第二四号（二〇一三年）二四〇頁以下。
(28)本門法華宗宗務庁、一九三六年。
(29)法華宗宗務院、一九六三年。
(30)『桂林学叢』第一号（一九六〇年）、『株橋先生古稀記念　法華思想と日隆教学』（東方出版、一九七九年再録）。
(31)『桂林学叢』第二号（一九六一年）、『法華宗研究論集』（東方出版、二〇一二年再録）。
(32)『本地の人　苅谷日任上人』（東方出版、一九九四年）二六四頁以下に詳しい。
(33)『本地の人　苅谷日任上人』二二五頁以下。
(34)一九〇四年。一九六七年に山喜房仏書林より復刊。
(35)『法華宗教義綱要』三六頁以下。
(36)『桂林学叢』第二号、『法華宗研究論集』二一頁以下。
(37)『本地の人　苅谷日任上人』二四八頁。
(38)法華宗宗務院、一九八二年、一九八七年。
(39)『観心本尊鈔講義』下巻一〇一一頁。
(40)『観心本尊鈔講義』上巻八六頁以下。なお、初出は、株橋日涌「日隆聖人の本尊抄文段拝見の用意」（『桂林学叢』第九号、一九七六年）である。
(41)両山第四十五世瑞光院日行（一六八八―一七四三）『観心本尊抄考案』が挙げられるが未見。『観心本尊鈔講義』上巻八六頁以下より確認すると、「一念三千を以て総名の所摂とするに、御文段と御聖教とは不同なり。謂く御文段は文の如く、総名所摂の理具三千の筋なり。御聖教は総名所摂の事具三千なり。」とある。
(42)『観心本尊鈔講義』上巻八九頁。

(43)『観心本尊鈔講義』上巻九二頁。
(44)『観心本尊鈔講義』上巻九二頁。
(45)株橋日涌『法華宗教学綱要』(東方出版、二〇〇六年)二七三頁。
(46)「宗徒に自宗の教学習得を希望する」『中外日報』(一九八三年一月五日付)、株橋日涌『法華宗教学綱要』一頁以下。
(47)『桂林学叢』第四号、『法華宗研究論集』四九頁。
(48)『桂林学叢』第八号(一九七四年)。
(49)『宗門史談』第四号(一九八二年)所収。
(50)本門仏立宗宗務本庁教育院、一九八二年。
(51)本門仏立宗乗泉寺教務部泉日恒先生著作集刊行会、一九八七年―二〇〇三年。
(52)『本門法華宗概論』『泉日恒先生著作集』第八巻三七〇頁。
(53)『本門法華宗概論』『泉日恒先生著作集』第八巻四一一頁以下。
(54)その他には「八品門流日隆教学研究主要資料」(『尼崎学叢』、一九三五年)等が挙げられる。
(55)『泉日恒先生著作集』第一〇巻、刊行会報一頁。
(56)『泉日恒先生著作集』第一〇巻、刊行会報一頁。
(57)本門仏立宗教育院、一九七五年。
(58)大平宏龍『日隆聖人教学概論　稿』一二頁。
(59)『本覚思想の源流と展開　法華経研究XI』三六九頁。
(60)『興隆学林紀要』第一三号(二〇一三年)。
(61)『桂林学叢』第二五号(二〇一四年)。
(62)『本覚思想の源流と展開　法華経研究XI』三九〇頁以下。
(63)例えば、「日隆聖人著『名目見聞』の一考察」(『桂林学叢』第一〇号、一九七八年)、「『開迹顕本宗要集』考」(『興隆学林紀要』第三号、一九八九年)等が挙げられる。詳しくは第一章第二節において確認する。
(64)浅井圓道「法体勝劣論の考察」(『大崎学報』第一一一号、一九六〇年)三五頁では、「それで実際には日隆はどの程度の御遺文を駆使していたかを研べると、録内収録のもの五十余通、録外収録のもの十余通、録内外にないもの一通、それに祈禱経となっている。」と指摘している。

第三節　本書の構成

本研究は全五章で構成する。第一章「日隆の生涯と門流意識及び教学研鑽の方法」は三節からなり、本研究の導入部として日隆の生涯と教学研鑽の方法等について様相を探る。第一節「日隆の生涯」では、従来研究されてきた成果を再度辿り考察する。特に日隆の教化活動として、現存する史料を手掛かりとして、日隆の教線拡張について辿っていく。また、日隆著述に関しては、先行研究を踏まえ、永享八年以前の著述とそれ以降の著述に分類し、各内容を概観していく。第二節「日隆の門流意識」では、日隆著述中には、門流に対する意識を強く持った表現が散見されるため、著述中に見える門流の表記を集約し、日隆の門流意識のあり方について考察する。さらに、牛窓本蓮寺所蔵日像筆曼荼羅本尊中に見える日隆筆極書に着目し、弘教活動の視点からも日隆の門流意識について検討を加える。第三節「日隆の教学研鑽の方法」では、日隆の教学思想を知る上で重要課題である教学研鑽の態度について概観する。日隆の教学研鑽の態度については先行研究において多く論じられており、[1]本研究では先行研究を参考としつつ、第一項「広学主義の否定」、第二項「日蓮遺文中心主義」、第三項「『観心本尊抄』を中心とする立場」、第四項「天台三大部本末と日本中古天台」に分け考察を加えるものである。特に、第二項「日蓮遺文中心主義」では、日蓮遺文と天台三大部本末、及び日蓮遺文と日本中古天台の関係性について峻別して検討する。なぜなら、日隆の天台三大部本末の扱いと、日本中古天台文献の扱いの相違を明確にすることにより、日隆の教学研鑽の独自性をより一層引き立たせるものであると考えるからである。

第二章「『法華宗本門弘経抄』述作と『三百帖』との連関性」では、日隆著述中、『法華宗本門弘経抄』を視座に考察を進める。そもそも日隆の著述数は膨大で教学思想の変遷も指摘されることから、どの著述を中心に据え教学思想に迫っていくかが一つの問題である。本書では、日隆の教学思想を知る上で特筆すべき著述は、『法華宗本門弘経抄』が必須の資料であると考える。なぜなら『法華宗本門弘経抄』は、日隆最大の著述で『法華経』注釈書であること、また、六十九歳頃の晩年の著述であり、日隆の教学思想が完成された、いわゆる教学応用期の著述であるためである。[2]そこで第一節「述作次第をめぐる問題」では、『法華宗本門弘経抄』の述作次第と、従来指摘される日承『広経抄』との関係性について概観する。また、『法華宗本門弘経抄』に引用される日隆の他の著述についても随時確認する。第二節「『法華宗本門弘経抄』と『三百帖』との連関性」では、日隆が引用する『三百帖』（『法華十軸鈔』等異称多数）について検討を加える。そもそも『三百帖』とは、天台宗において『法華経』の要点を問答形式で示した概説書であり、[3]触れた先行研究では、尾上寛仲「『三百帖』について」[4]等僅かで、従来謎の多い書物である。[5]それが平成二十一年（二〇〇九）天台宗典編纂所より刊行の『続天台宗全書　顕教7　三百帖 法華十軸鈔』に『三百帖』の写本三本を校訂、翻刻が収録されたことで『三百帖』の一端が明らかとなった。そこで、『法華宗本門弘経抄』『開迹顕本宗要集』に引用の多い『三百帖』について、引用箇所を抽出することにより、日隆の『三百帖』の引用について考察する。

第三章「日隆の教学思想概観」は五節からなる。日隆の教学思想の特徴は、本門八品正意とも言われる通り、『法華経』本門八品に主眼を置き、『法華経』一部八巻二八品のみならず、一代諸経をも包摂するものである。第一節「本門八品正意論」では、一品二半と本門八品との関係について、日隆はどのように定義していたのかについて見ていく。第二節「付嘱論」では、本門八品において中心課題の一つとされる上行付嘱について、釈尊の経説を我々衆生がどのように享受するのか、上行付嘱・総付嘱・付嘱の要法の三つの面から省察する。第三節「機根論」では、釈尊が衆生を成仏に導く機根について、本已有善と本未有善に分け、二者の機根による成仏の相違について日隆の主張を確認するものである。第四節「三益論」では、釈尊が衆生教化を行う三段階（下種益・熟益・脱益）の三益について、日隆がどのように定義しているのか検討していく。第五節「時間論」では、釈尊の時間論について三千塵点劫・五百億塵点劫の説示に着目し、妙楽大師湛然（七一一―七八二）の十双歎、日蓮の二十の大事を概観し、日隆の塵点劫解釈に迫っていく。

第四章「一仏二名論の展開」では、久遠実成を語る上で日隆教学の独自性を発揮したものとして、「一仏二名」という教義解釈に着目する。従来、顕本論や釈尊の本因本果論の研究については散見されるが、一仏二名についての先行研究はあまり見られない。第一節「日隆著述にみる「一仏二名」の表記」では、日隆が一仏二名を解釈する際、①天台宗の義、②日存・日道の口伝、③日隆の義、④一仏二名と類似する表記について論じられていることに気づく。よって、一仏二名を四つの視点より検討を加えることで、顕本論の一端に迫ることを目的とする。第二節「日隆以前の日蓮門下にみる「一仏二名」の表記」、第三節「日隆以降の日蓮門下にみる「一仏二名」の表記」では、日蓮門下諸師にみる一仏二名の解釈について、日隆活躍以前と以後に分類し考察する。なぜなら一仏二名の語は、日蓮門下諸師の著述においても散見され、日隆以前と以後において、その教学思想の相違が見られるのか否かを精査することで、日隆教学が日蓮門下に及ぼした影響について確認できるからである。特に日興門流では、日隆教学の影響を受けたことが知られ、日興門流諸師にみる一仏二名の教義解釈を考察することで、日隆教学の独自性をより鮮明にすることができるのではないかとも思量する。ところで、日隆が久遠実成を一仏二名と規定し、本因本果一体の釈尊と主張する背景には、日隆以前の諸宗派諸師も同様の解釈をしていたか否かが問題となる。そこで第四節「天台宗諸師の著述にみる「一仏二名」の表記」、第五節「諸宗派諸師の著述にみる「一仏二名」の表記」では、天台宗及び諸宗派の学匠が使用する一仏二名の解釈について確認し、日隆の教学思想と比較検討する。

第五章「日隆にみる日本天台教学批判とその影響」では、日隆が本門八品思想を主張する上で、天台三大部本末の引用は勿論のこと、種々の天台宗諸師の著述引用が確認でき、かつ積極的に研鑽している。本章では特に、天台密教の教学者である円仁・円珍・安然の著述について、どのように引用・解釈がなされてきたのかを見ていく。第一節「慈覚大師円仁の著述引用」、第二節「智証大師円珍の著述引用」、第三節「五大院安然の著述引用」では、前段階として、近代以降の日本天台教学史研究における円仁・円珍・安然の評価について辿っていく。円仁・円珍・安然は天台密教形成・体系化を実現した先駆者であり、三師の教学思想についての研究成果は膨大である。よって本研究では、独自に日本天台教学史上における三師の評価については踏み込まず、先行研究を軸に検討する。次いで、日隆が円仁・円珍・安然の著述を引用した箇所について抽出を試み、その引用箇所が批判目的での引用なのか、日蓮教学を理解する上で享受すべきものとして引用したのか、さらには門下教育のための要素として引用したのか等の問題について省察する。

以上、本研究は全五章を立て、『法華宗本門弘経抄』を基礎に据え、日隆の教学思想を考察する。その中心課題は、日隆教学において、釈尊の本因本果を一仏二名と規定した一仏二名論について検討することである。さらには、天台三大部本末だけでなく、従来あまり指摘されてこなかった天台密教を構築したとされる円仁・円珍・安然の三師を視座に、日隆の教学思想の本質に迫ることを目的とするものである。

註

（1）株橋諦秀「日隆聖人教学の序説」では、日隆の学問的態度として、①広学よりも要学、②御書・本書拝見の心得、③御書と天台三大部に対する研究態度、④天台三大部における文面と文裏との両義、⑤宗祖の御書に対する態度、の五つに分けている。また北川前肇『日蓮教学研究』四九七頁以下では、①広学主義の否定、②祖書中心主義、③日蓮聖人遺文と天台典籍の位置づけ、④本門法華からの天台三大部解釈、⑤観心主義教学の否定の五つに分類している。そして、大平宏龍「日隆教学の方法をめぐって」では、①日蓮遺文の集輯と理解、②日蓮遺文と原始天台、③原始天台と日本中古天台、④日蓮遺文と日本中古天台の四つに分けて考察している。

（2）大平宏龍「日隆教学の方法をめぐって」八頁。

（3）『続天』顕教第七巻（『続天台宗全書　顕教7　三百帖法華十軸鈔』春秋社、二〇〇九年）解題一頁。

（4）『印度学仏教学研究』第一七巻二号（一九六九年）。

（5）その他には、大平宏龍「『本門弘経抄』考」（法華宗教学研究所第二六回総会、一九八八年）発表資料、渡辺麻里子「『鷲林拾葉鈔』と『轍塵鈔』―関東天台の学僧における学問の形成―」（『印度学仏教学研究』第五二巻二号、二〇〇四年）、大平宏龍「『弘経抄』研究ノート」（『桂林学叢』第二六号、二〇一五年）等が挙げられる。

第一章　日隆の生涯と門流意識及び教学研鑽の方法

第一節　日隆の生涯

日隆の生涯について検討するに当たり、研究史を概観する必要があると考える。そこでまず、近世以降日隆の生涯について著した著述について一覧表【表2】を作成した。近世の著述中、現在活字化されているものについては所収本名を記載し、活字化されていない著述については、参考となる論著を明記した。近代・現代における日隆の伝記については、著述名・著者名・発行所・発行年を記載した。なお、辞典類、雑誌、web関係に記載される日隆の伝記については、【表2】のいずれかを参考とした可能性が高いため除外した。(1)

【表2】先師による日隆の伝記一覧

近世に著された日隆の伝記			
番号	著述名	著者	所収本（未刊の場合は手掛かりとなる論著）
1	『開祖略縁記』『隆師御縁起略録』	両山第十八世、本成院日庸（一五六一－一六二七）	元和九年（一六二三）二月十三日 『興隆学林紀要』第五号（一九九一年）
2	『開祖略伝縁起』 （『隆師御伝記か』）	両山第二十一世又は妙蓮寺第十六世か、日感（一五九〇－一六六四）	不明 『興隆学林紀要』第四号（一九九〇年）
3	『日隆徳行記』	両山第二十六世、光長寺第十九世本光院日深（一六一〇－一六七七）	延宝五年（一六七七）以前 未刊、『法華宗年表』（法華宗（本門流）宗務院、一九七二年）、小西徹龍『日隆聖人略伝』（東方出版、一九八五年）
4	『隆師尊縁記・開徳行記』	光長寺第二十四世、日寛（－一七〇二－一七〇五）	元禄十五年（一七〇二） 増田宏雄『御開山縁起』（大阪府寝屋川市本厳寺、一九六三年）

No.	書名	著者	成立・所収
5	「京兆本能寺開山　日隆上人」『本化別頭仏祖統紀』	身延山久遠寺第三十六世、六牙院日潮（一六七四—一七四八）	享保十六年（一七三一） 『本化別頭仏祖統紀』（東京日蓮宗全書出版会、一九一一年）、『本化別頭仏祖統紀』（本山本満寺、一九七三年）として復刊
6	『開基日隆大聖人縁起』	本光寺第十四世、嘉伝院日諄（—一七六二—）	宝暦十二年（一七六二）か 『興隆学林紀要』創刊号（一九八六年）
7	『宝暦年中開版御縁起』	両山第四十八世、忍定院日憲（一六九四—一七七〇）	宝暦十三年（一七六三） 未刊、小西徹龍『日隆聖人略伝』
8	『両寺開基日隆大上人略縁起』（『両山歴譜』の一部か）	両山第五十八世、報智院日心（一七一九—一七九〇）	天明三年（一七八三）—天明七年（一七八七）頃。 『両山歴譜』『本能寺史料　古記録篇』（思文閣出版、二〇〇三年）
9	『京都本能寺尼崎本興寺開祖日隆大聖人略縁起』	蓮屋登羅	寛政十二年（一八〇〇）九月か 『興隆学林紀要』第三号（一九八九年）
10	『開祖徳行記試評』	両山第六十四世、本立院日芳（一七六一—一八三九）	文化八年（一八一一） 『興隆学林紀要』第二号（一九八八年）
11	『日隆聖人徳行記』（『開祖尊聖略伝記』）	尼崎学室第二十三世、寂光院日韓（—一八〇八—一八一九）	文政二年（一八一九）以前 未刊、『日蓮宗学章疏目録　改訂版』（東方出版、一九七九年）、三浦成雄「御伝記類にみえる日隆聖人像の変遷」（『株橋先生古稀記念法華思想と日隆教学』法華宗興隆学林、一九七九年）、小西徹龍『日隆聖人略伝』
12	『日隆大聖人御一代徳行講演抄』	両山第六十四世、本立院日芳	文政十三年（一八三〇） 未刊、三浦成雄「御伝記類にみえる日隆聖人像の変遷」、小西徹龍『日隆聖人略伝』
13	『開基日隆大聖人募縁誌』（上・下）	江戸八品講祖、舜竜院日蒼（一七七六—一八三八）	天保九年（一八三八） 『興隆学林紀要』第六号（一九九六年）・第八号（一九九六年）
14	『日隆聖人略縁起』	妙蓮寺第四十七世、心光院日耀（一八一一—一八六三）	不明 未刊、『日蓮宗学章疏目録　改訂版』、小西徹龍『日隆聖人略伝』

番号	著述名	著者	所収本
15	『開祖徳行略縁起』（一）	仏立開導、長松日扇（一八一七―一八九〇）	安政四年（一八五七）『日扇聖人全集』第一巻（日扇聖人全集刊行会、一九五七年）
16	『隆師年譜』（上・下）	仏立開導、長松日扇	文久二年（一八六二）『日扇聖人全集』第一巻
近代・現代に著された日隆の伝記			
17	『日隆大聖人徳行記』（上・中）	本性寺第二十世、石濱日勇（不明―一八八九―）	明治二十二年（一八八九）（下巻は未刊）
18	『法脈相承五聖伝』	本性寺第二十世、石濱日勇	不明『法脈相承五聖伝』（本性寺住職士族石濱日勇）
19	『日宗哲学序論』	井上円了（一八五八―一九一九）	哲学書院、明治二十八年（一八九五）
20	『射水郡誌』	富山県射水郡役所	富山県射水郡役所、明治四十二年（一九〇九）
21	『本門法華宗再興唱導師日隆大聖人御伝記』	本興寺第百十世、事妙院日秀（信隆日秀）（一八六一―一九三〇）	大本山本興寺施本伝道部、大正二年（一九一三）
22	『日隆聖人』	鷲山寺第九十世、精翁院日確（三浦精翁）（―一九一三―一九七一―）	大本山本能寺報恩伝道施本部、大正二年（一九一三）
23	『偉人日隆』	藤丸哲哉（与吉郎）（―一九二九―）	大獅子吼会出版部、大正二年（一九一三）
24	『宗全』第八巻	日蓮宗宗学全書刊行会	日蓮宗宗学全書刊行会、大正十二年（一九二三）、山喜房仏書林、昭和三十六年（一九六一）再版
25	『日隆聖人御一代記』	藤丸哲哉（与吉郎）	大獅子吼会、昭和四年（一九二九）

26	『尼崎志』	尼崎市編纂	尼崎市市役所、昭和五年（一九三〇）、昭和四十九年（一九七四）復刊
27	『日蓮宗学説史』	望月歓厚（一八八一―一九六七）	平楽寺書店、昭和四十三年（一九六八）
28	『日蓮門下高僧列伝』	馬田行啓（不明）	大東出版社、昭和十二年（一九三七）
29	『本門法華宗概論』	泉智亘（日恒）（一九〇四―一九九二）	道善寺学舎、昭和十五年（一九四〇）、『泉日恒先生著作集』第八巻、泉日恒先生著作集刊行会、平成三年（一九九一年）再録
30	『越中之先賢』	富山県教育翼賛会	富山県教育翼賛会、昭和十七年（一九四二）
31	『越中志徴』	石川県図書館協会編	富山新聞社、昭和二十六年（一九五一）
32	『日蓮宗教学史』	執行海秀（一九〇七―一九六八）	平楽寺書店、昭和二十七年（一九五二）
33	『日蓮教団史概説』	影山堯雄（一八八六―一九八三）	平楽寺書店、昭和三十四年（一九五九）
34	『日蓮宗隆門教団史』	泉日恒	仏立教学講座刊行会、昭和三十七年（一九六二）、『泉日恒先生著作集』第一〇巻、泉日恒先生著作集刊行会、平成十五年（二〇〇〇）再録
35	「日隆聖人教学の序説」	本興寺第百二十六世、株橋諦秀（日涌）（一九〇九―一九八四）	『桂林学叢』第四号（一九六三年）
36	『日蓮教団全史』上	立正大学日蓮教学研究所	平楽寺書店、昭和四十一年（一九六六）
37	『寝屋川市誌』	寝屋川市役所編	寝屋川市役所、昭和四十一年（一九六六）
38	『河南町誌』	河南町誌編纂委員会編	近鉄百貨店、昭和四十三年（一九六八）
39	『法華宗年表』	本能寺第第百二十七世、浄正院日宏（松井日宏）（一八九三―一九八五）編	法華宗（本門流）宗務院、昭和四十七年（一九七二年）
40	『尼崎市史』第十巻	渡辺久雄編	尼崎市役所、昭和四十九年（一九七四）

41	『隆門讃仰』	泉日恒	私家版、昭和五十三年（一九七八）、『泉日恒先生著作集』第九巻、泉日恒先生著作集刊行会、平成二年（一九九〇）再録
42	『富山文庫11　越中の人物』	奥田淳爾・米原寛	富山文庫、昭和五十三年（一九七八）
43	『歴史と宝物』	豊島正典・三浦成雄・円成淳龍・小西徹龍・大平宏龍編	大本山本興寺、昭和五十六年（一九八一）
44	『仏立教学選集』[2]第四集	泉日恒	本門仏立宗宗務本庁教育院、昭和五十七年（一九八二）
45	『日隆聖人略伝』	小西徹龍（日遶）	東方出版、昭和六十年（一九八五）
46	『門祖日隆聖人　伝記・教えと遺徳』	増田宏雄	本門法華宗宗務院、昭和六十年（一九八五）
47	『日蓮教学研究』	北川前肇	平楽寺書店、昭和六十二年（一九八七）
48	『法華宗宗門史』	法華宗宗門史編纂委員会	法華宗宗務院、昭和六十三年（一九八八）
49	『日隆聖人への旅』	三浦日脩（成雄）	東方出版、平成二十三年（二〇一一）
50	『門祖日隆聖人のすべて』	伊藤日学編	大放光社、平成二十四年（二〇一二）
51	『久遠の水脈』	仏立研究所教学研究部門編	仏立研究所、平成二十五年（二〇一三）

【表2】を通覧すると、代表的なものとして先師による日隆の伝記が五一本著されていることが看取できる。また、日隆の教学研鑽の業績面については、現存する著述より確認することができるが、その生涯を辿ろうとする時、日隆の消息文も少なく伝承に拠る所が少なくない。江戸時代に著され現在までに確認できるものとして、【表2】1～16までの資料が参考となるが、その資料についても伝承が多く、歴史的考証に耐える部分は少ないとの指摘もある。[3]また、明治から戦前にかけて刊行された著述では、従来の伝記の延長的なものでしかなかった。そうした中、日隆の生涯に

ついて一石を投じたのが45小西徹龍（日遶）『日隆聖人略伝』である。本書は、近世から昭和における日隆の諸伝記類についてまとめられ、確実な資料を基に確認できる日隆の軌跡について検討し、伝承部分を補完している。『日隆聖人略伝』では、これまでなされなかった日隆に関する資料の整理と再検討がなされたものとして注目できる。よって本節では、『日隆聖人略伝』を参考としつつ、『日隆聖人略伝』以降の論文や書物についても視野に入れ、日隆の生涯と教化活動について検討することにする。

法華宗（本門流）、本門法華宗、本門仏立宗の祖とされる日隆は、越中国射水郡浅井郷に、父桃井右馬頭尚儀、母斯波義将の娘益子の次男として生誕し、幼名を長一丸と称した。日隆の生誕日については、至徳元年（一三八四）説と至徳二年（一三八五）説がある。しかし、『開迹顕本宗要集』に、「享徳二年八月下旬より宗要を書き初むるなり　記者六十九訪ぬべし訪ぬべし。[4]」とあることから、至徳二年十月十四日説を採用する。

至徳二年に現在の富山県射水の地に生誕した日隆は、遠成寺の慶寿院を師と仰ぎ出家得度したと伝わっている。日隆の出家得度の年齢についても、九歳、十歳、十一歳、十二歳等の諸説が見られるが、[5]ここでは『日隆聖人略伝』を参考とし、十二歳説を採ることにする。また遠成寺は現在不明であるが、その寺号について、株橋諦秀氏は「遠成寺は「久遠実成」によった寺号であろう[6]」と指摘している。さらに出家後の僧名について、「深円」「日立」「日隆」の三種確認でき、それぞれの名の使用時期について小西徹龍氏は、

> 妙本寺を退出して、独立して一派を立てられて以後、日隆と名乗られたことは間違いないが、それまでの間は、日立と深円を併用し、独立後も深円の名は、時として使用されたことが知られる。[7]

と指摘しており、深円、日立、日隆の僧名が存在していたことも確認できる。特に深円の由来として、「法華玄義七の利益妙の下、流通の利益を明す中にある「深覚二円理一名レ之為レ仏」の八字に依つて名けられたと見られる」[8]と株橋諦

秀氏は推察している。

遠成寺で出家した後、日隆は修行と学問研鑽に励み、その後、京都妙本寺（妙顕寺）に上洛したとされている。日隆が上洛した時期についても諸説あるが、『両山歴譜』[9]及び『三七日忌法則』に従って十八歳としておきたい。[10]妙本寺に入寺した日隆は、応永九年妙本寺第六世通源院日霽（一三四九—一四〇五）の門に入り、以後伯叔父とされる日存・日道について宗義を学んだとされている。この日存・日道について日隆は、

此の法門は日存日道師弟より日隆相承申す御法門なり[11]

とあるように、日隆の著述の中には度々、日存・日道の説を紹介しており、両師が日隆の宗義伝授の師であることが看取できる。

日隆が上洛してから三年後、二十一歳の応永十二年（一四〇五）十一月四日、日霽が五十七歳で遷化する。[12]日霽の後を受けて、太政大臣三条実冬の四男である、具覚月明（一三八六—一四四〇）が二十歳の若さで妙本寺の貫首についた。[13]月明は名誉権勢に強い執着をもち、しかも貫首としては若く、宗義の研鑽も不十分であった。事実、後に月明は二十五歳の時には権大僧都に叙せられ、応永二十年（一四一三）には、二十八歳の若さで僧正に昇任している。[14]しかし、月明の化儀、化法の乱れが目立ち、日隆はその乱れた宗風を責め改めるように諫言したが受け入れられず、日存・日道、並びに仏性院日慶（—一四〇五—一四七八）等と共に、五条坊門西洞院の柳酒屋の外護を受け、妙本寺を退出するに至った。この五条坊門の像師室に最初は七人であったが、その後二十数名がその付近に坊舎を建てて集まったようである。

また『両山歴譜』報智院日心（一七一九—一七九〇）本には、

自此師出寺而遊学ス、都テ三井・山門・南都・高野等偏歴セル事殆ト十余年也[15]

とあり、妙本寺退出後、日隆は比叡山、三井園城寺、高野山等へ遊学の旅に出たことを記している。一方、日隆が退

出した時期についても諸説あり、『両山歴譜』『法華宗年表』では応永十二年に退出したとしている。[16] また小西徹龍氏は『日像門家分散之由来記』より、日隆二十七歳頃の応永十七（一四一〇）、十八年（一四一一）頃ではないかと推察している。[17]

その後、応永二十年六月二十五日、妙本寺は比叡山の僧徒によって破却され、月明は丹波の知見に難を逃れた。この事件を聞いた日存・日道は、勧持品の「遠離於塔寺」の経文を身に読んだ行為であるとし、[18] 応永二十一年（一四一四）十月二十五日に起請文を提出したとされる。[19] そして、妙本寺再興を目指し、妙光坊が中心となって、柳酒屋・小袖屋経意等の援助で一寺を建立し、それを「四条櫛笥の寺」と呼んだようである。[20] この起請文について小西徹龍氏は、日存・日道直筆と比較して、資料が少ないので速断することは困難であるとしつつ、真筆ではなく写しの可能性があることを示唆している。[21]

一方、日隆は日存・日道とは行動を共にしなかったようである。小西徹龍氏によれば、尼崎本興寺所蔵の『法命集』の奥書を基に、応永二十二年（一四一五）には美濃国の勧学院である下宮談義所にいたことを指摘している。[22] また、株橋諦秀氏は、『開迹顕本宗要集』を引用し、

　記者の愚老天台宗の室に入り形の如く二八帖疏の教重の上に行証の二重を極むと雖も終に三千の実体を了せず、当宗に還つて日存日道の両師に値ひ奉りて観心本尊抄、開目抄相伝の時意得奉る者なり。[23]

とあることからも、天台宗の学室において学問研鑽をしていた事実が窺えるとしている。さらに『法華宗本門弘経抄』の、

　知んぬ「菩薩道時」と云ふ故に因位の寿と聞へたり、山門法華堂の大師御自筆の御経にも「時」の字これあり、又伝教大師梵釈寺（志賀）の経を勘へ玉ふにも、「時」の字これあり、守護章に之を引き玉へり[24]

を引用し、日隆は延暦寺（山門）・園城寺（寺門）で学んだ可能性を指摘している。[25]さらに日隆は、天台宗の談義所で学問研鑽をした後、高辻油小路と五条坊門との間の東の頰、仏光寺通りに寺院を建立し、これを本応寺と呼んだとされる。この本応寺建立時期についても諸説あり、『徳行講演抄』では応永二十二年とし、『隆師尊縁記』『開基日隆大聖人縁起』『日隆大上人略縁起』『開基日隆大聖人募縁誌』等では、永享元年としている。[26]また応永二十五年（一四一八）、日隆は起請文を提出し、本応寺の建物を妙本寺再興の本応寺に寄進したとされる。しかし同年、月明の舎弟具円を住持と仰ぐことに反対する一派が、本仏寺を建立して本応寺と対立し、本仏寺は妙本寺と改称して月明が住することになった。そこで再興の本応寺は具円を仰いだが、そこでも化儀・化法の面で対立があったようであり、日存・日道・日隆・日慶・久成院・大法坊・乗林坊の七人は妙本寺を退出した。[27]その後、日存・日道は京都北西内野に草庵を結んだとされるが、『徳行講演抄』では、日隆は妙本寺退出後、内野ではなく、油小路高辻の本応寺に入ったが、月明の追手を受けて五条西洞院に再興された妙蓮寺に移ったと伝えている。[28]この一連の流れについて、『日隆聖人略伝』では【図1】のように図示している。

さらに小西徹龍氏は、『徳行講演抄』では下宮談義所への遊学から本応寺建立、妙本寺への帰山の間について、父桃井尚儀が死去したと述べられているが、母益子については応永四年（一三九七）逝去と見え、尚儀が応永二十二年に逝去した資料は現存しておらず、推測の域を出ないと指摘している。[29]また越中国では、応永二十三年（一四一六）に同族間で争乱が勃発し、それを鎮めるために日隆自身の童形を旧臣の中村元成に与えたと伝わる。その後、旧臣の中村元成が後に出家して、越中に元成寺を建立したとの伝があるが、この問題についても資料はない。[30]

一方、『両山歴譜』や『徳行講演抄』等の諸伝記には、日隆が再度の妙本寺離山後、月明によって六人の刺客に狙われるという危機に遭遇したと伝えられている。[31]しかし、不思議な奇瑞を見て感激した刺客は改心し、日隆を河内国三

【図1】妙本寺再興の動きと本応寺の関係（小西徹龍『日隆聖人略伝』九七頁より転載）

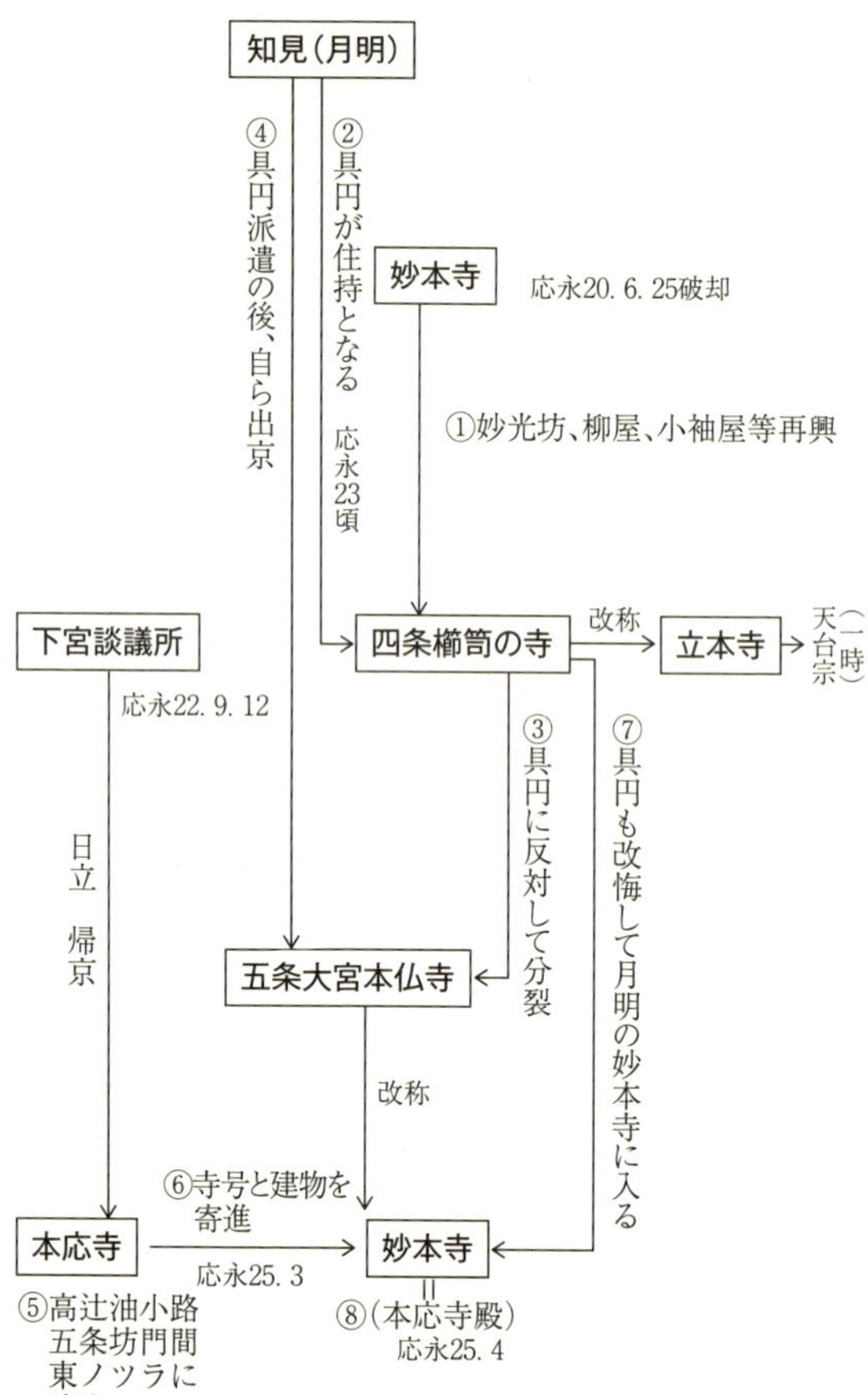

井村に案内し、本厳寺を建立したと伝わる。また、応永二十七年（一四二〇）三十六歳の時、細川満元の外護を得て、尼崎に本興寺を建立するが、日隆の教化活動の詳細については後述することにする。(32)

応永二十八年（一四二一）三月二十六日には、日存が五十三歳で遷化し、(33)次いで三年後の応永三十一年（一四二四）二月十七日に日道が四十二歳をもって遷化した。(34)その当時の日隆の行動については明らかではないが、『両山歴譜』によれば、応永三十三年（一四二六）夏、越中国浅井に赴き、父の遺跡を改めて本光寺を創建し、初秋には、越前国色浜の地で疫病平癒を祈り、村民の帰依を得て本隆寺を建立している。さらに敦賀において真言宗大正寺を改宗させて本勝寺とし、寺主の円海に正法院日従という名を贈ったという。(35)

永享元年には、日隆の上洛常住を願っていた京都六角室町の豪商小袖屋宗句の外護により、内野の日道の草庵跡に本応寺を建立した。(36)また十月二十三日には、『妙蓮寺内証相承血脈之次第条目事』を妙蓮寺日慶に送り、日存・日道を妙蓮寺の歴世に加えるように提言した。しかし日慶はこれを断り、以後日隆門下と妙蓮寺は五十五年間、義絶状態が続いた。さらに、この年には『四帖抄』を著して本迹勝劣を明らかにし、妙本寺をはじめ、京都諸山に回達したと伝えられている。しかし、この事跡については先師が疑義を呈しており、(37)この問題に関しては後述したい。

永享五年（一四三三）五月二日、「永代売放申敷地之事」(38)によると、如意王丸という人物より六角以南、四条坊門以北、櫛笥以東、大宮以西、広さ四町の土地を寄進され寺号も本能寺と改めたことが記されている。また、文明十八年（一四八六）八月十七日、「当寺敷地永代買得相伝之次第事」によると、寄進された頃には建物は少なく、そのために空き地を他人に使用されていたとされている。(39)本能寺の敷地をめぐる争いについては、京都本能寺、尼崎本興寺第六世金剛院日与（一四二六―一四九一）の貫首時代に、将軍家の祈願所、祈祷所になることによって解決をみたようである。(40)

次いで永享六年（一四三四）正月朔日には、日隆は願文入り曼荼羅本尊を書写し、永享七年（一四三五）十月二十六日付けの逆修石塔が本能寺歴代墓碑の中に現存している。また同年には、『両山歴譜』日心本によると、

一、永享七年乙卯年、師五十一才、在本能寺、時ニ来一僧、打鰐口、唱テ曰、本門八品上行所伝ノ南〇(ママ)経ト、師聞此唱声、歓未曽有也、走リ出テ、自ラ解草鞋ノ紐、饗応シ、即問住処、対テ曰、吾ハ駿州岡宮光長寺ノ日朝ト云者也、伝聞師在洛陽再興本門八品之立義、作曇花開敷之思、千里ヲ不遠、以テ来此矣、法問往復数条、今之十三問答抄上下二巻是也(41)

とあり、永享七年、岡宮光長寺東之坊、本果院日朝（一三九四―一四六六）が本能寺を訪ね、本門八品の法門を聴聞して感激し、一味法水の盟約を結んだことが伝えられている。なお、両師が対面の後、日朝より十三箇条の質疑に対して答えた回答書が日隆の『十三問答抄』であると伝わっており、この点に関しても後述する。こうした日隆の足跡に

ついて小西徹龍氏は、

しかし永享になってからの師の行動をふりかえってみると、永享七年以後に著述と布教活動が活発となることから、布教の道場としての本能寺に自分の逆修塔を建立することによって、決意を新たにしたものか、と考えるのである。[42]

と述べ、永享七年前後を日隆の教学研鑽、並びに布教活動の分岐点であったのではないかと推察している。なぜなら、永享八年以降に見える日隆の行動は、数々の寺院の転派・開創及び、三千余帖と呼ばれるほどの膨大な著述活動の足跡が窺えるからである。これら日隆の教化活動・著述活動については後述することとして、本節ではその他の事跡について確認すると、『両山歴譜』日心本には以下の記述がある。

一、永享一二年庚申年ノ此ロ、三井寺ノ学頭常住院ト云僧本能寺へ来リ、聞師ノ説法、帰伏シ、為弟子、専ラ学宗門ノ奥義、授名ヲ日学云云[43]

『両山歴譜』日心本によれば、永享十二年（一四四〇）、妙蓮寺日忠の実兄で三井園城寺の学頭、日学が日隆の弟子となったことが記されている。

また、この時期には法度類を出していることも確認できる。具体的には、①文安元年（一四四四）十二月十二日付「日隆聖人未来遺言の事」、②宝徳三年（一四五一）二月一日付「本能寺篠々法度本尊勧請起請文の事」、③「信心法度の事」、④寛正四年（一四六三）五月十三日付「本能寺之法度」[44]である。①「本能寺篠々法度本尊勧請起請文の事」は、「大衆信心戒条目」ともいわれ、僧侶が犯してはならない三箇条を掲げて、その罪を犯せば教団より追放すること等を定め、末尾に二七名の署名と花押がある。[45]②「日隆聖人未来遺言の事」は、「本興寺嗣法職の式」ともいわれ、その内容は法度ではなく本興寺の貫首職について定めている。[46]これは、日隆が宝徳二年（一四五〇）に好学院日信（一四二二

―一四五五）に本能寺貫首を譲る際、その嗣法の儀式を定めた可能性が窺える。さらに、二年後の享徳元年（一四五二）には、精進院日登（一四二二―一四五九）に本興寺の貫首職を譲っていることも注目できる。③「信心法度の事」は、全十三条からなり、法華宗の信者が守るべき規則で、内容は他宗謗法の社寺への参詣、他宗信徒との交流について、家庭における信仰上の心得、同信者間の謗法行為の禁止等の項目について定めている。[47] ④「本能寺之法度」は、本能寺貫首並びに衆徒中に出された法度である。内容は、本能寺・本興寺両寺は尽未来までも比翼両輪の関係を保つべきこと、本興寺貫首には学匠器用の人を選ぶべきこと、僧侶が守るべき三箇条を厳重に守ること、朝勤経についての規定、争いを企てたり刀杖を帯することに対する処罰、寺内や信者宅において守るべきこと等が定められている。[48] これらの法度類は、日隆が子弟の教育にあたった頃と一致しており、門流教団を永く維持するための方策の一つとして出されたものではないだろうかと推察する。

ところで日隆在世の室町時代では、執行海秀氏によると、「室町時代は日本中古天台心酔時代であったと言へよう。[49]」と定義している。すなわち、日蓮門下の学僧達は天台宗の談義所で学び、そのために中古天台教学の影響を受けざるを得なかったことも頷ける。そこで日隆は、著述によって教義研究の成果を残すとともに、若い僧侶の教育機関である勧学院を創立した。正確な創立時期ははっきりしていないが、『両山歴譜』日心本では、享徳三年（一四五四）、日隆七十歳の頃であるとしている。[50] また小西徹龍氏は、直弟とされる智本が書写した『四帖抄』の奥書には、

摂州尼崎本興観学院東面において、これを書し了んぬ、（中略）文安四年丁卯閏二月廿八日智本花押[51]

とあることから、この「本興観学院」が勧学院のこととすれば文安四年（一四四七）以前の創立となるであろうと推察している。[52]

また同時期には、自身の木像を彫刻させるという出来事があったと伝わっており、『両山歴譜』日心本には以下の記

述が見える。

一、享徳三甲戌季、師七十才、時ニ仏工浄伝清浄潔白ニシテ而、数旬ニ功ヲ成ス、師自ラ開眼供養セリ、世ニ是ヲ云七十歳ノ尊像、尼崎御文庫堂ノ御木像是也、没后ノ霊験奇瑞不可称計(53)

『両山歴譜』日心本によると、仏師浄伝に自身の木像を彫らせ、日隆自ら開眼供養をした記述が見える。また、小西徹龍氏は『徳行講演抄』の記述を紹介しており、それによると、本興寺本堂東北にある榎木の下で、日隆は以前より要文を読誦し榎木をなでていたという。享徳二年（一四五三）八月十五日夜、日隆が月見をしていた際、急に身体に痛みが走り侍者に榎木の確認に向かわせた。すると、榎木の一枝を一人の僧侶が剪定し、さらにもう一枝を剪定するのを止めた所、身体の痛みが消えたという。人々は榎木に日隆の魂が入っていたのだと驚き、弟子の日登らが大阪・堺の仏師浄伝を呼び、日隆の木像を彫ることを依頼した。そして、享徳三年に完成し、日隆自らが開眼したとしている。また、なぜ自身の木像を彫らせることになったのかについては、『開迹顕本宗要集』等の奥書から、日隆の健康状態の悪化が一要因としてあったのではないかとの指摘がある。(54)なお、この木像は現在も尼崎本興寺開山堂に安置されている。

その後、京都本能寺・尼崎本興寺両山第二世日信が康正元年（一四五五）三十四歳で遷化したため、本能寺の後継に好学院日明（一四二五―一四七四）(55)、長禄三年（一四五九）には、両山第三世日登の遷化に伴い、精進院日禎（一四三〇―一四六五）を本興寺の後継にそれぞれ指名した。(56)また、長禄二年（一四五八）五月中旬には備前牛窓本蓮寺(57)・長遠寺に寺号を授与し、九月中旬には本教寺住持日忠に曼荼羅本尊を授与している。(58)さらに寛正四年五月十三日には、先に述べた「本能寺之法度」を定めている。

そして寛正五年（一四六四）一月二十五日には、義乗に隆勝坊の坊号を授与した後(59)、二月二十五日、尼崎本興寺にて八十歳をもって入寂した。

第一項　日隆の弘教活動

次に、日隆の弘教活動により、建立・転派・改宗等、関係があったとされる寺院について検討していくこととする。(60)日隆による建立・転派・改宗等、関係があったと現在に伝わる寺院については多数確認できるが、それら寺院の由緒については不明な点も多く、日隆の教化活動の範囲についても諸説ある。そこで、先行研究を基に関係寺院をまとめたものが【図2】である。本項では、【図2】に沿いながら日隆の教化活動を辿っていきたい。

【図2】日隆関係寺院分布図

	寺院名	建立・転派・改宗等の年次
①	京都本応寺(本能寺)	応永22年(1415)～永享元年(1429)
②	尼崎本興寺	応永27年(1420)
③	三井本厳寺	応永28年(1421)
④	高岡本光寺(元成寺)	応永31年(1424)以前
⑤	色浜本隆寺	応永33年(1426)
⑥	敦賀本勝寺	応永33年(1426)
⑦	加納法華寺	永享11年(1439)
⑧	釜口妙勝寺	嘉吉２年(1442)
⑨	堺顕本寺	宝徳２年(1450)
⑩	撫養安立寺	宝徳２年(1450)
⑪	備中本隆寺	享徳元年(1452)
⑫	宇多津本妙寺	享徳元年(1452)
⑬	兵庫久遠寺	享徳２年(1453)
⑭	一宮妙京寺	享徳３年(1454)
⑮	牛窓本蓮寺	長禄２年(1458)
⑯	備前長遠寺	長禄２年(1458)
⑰	尾道妙宣寺	不明
⑱	山口本圀寺	不明

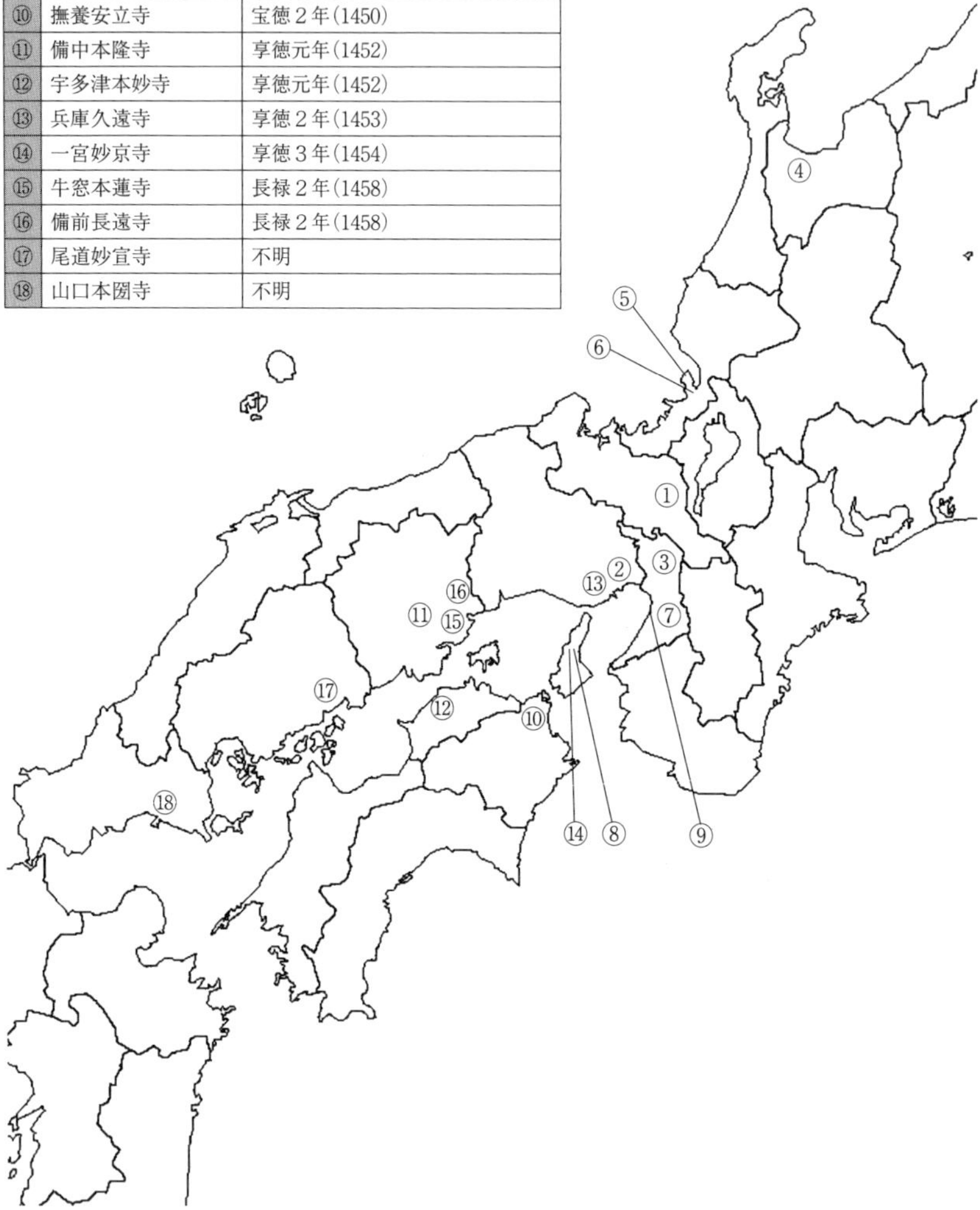

①京都本能寺

京都本能寺は、日隆が妙本寺退出後、天台宗の談義所で学問研鑽し、高辻油小路と五条坊門との間の東の頬、仏光寺通りに寺院を建立し、これを本応寺と呼んだと伝わっている。この本応寺建立時期についても諸説あり、『徳行講演抄』では応永二十二年とし、『隆師尊縁記』『開基日隆大聖人縁起』『日隆大上人略縁起』『開基日隆大聖人募縁誌』等には永享元年としている。(61) また応永二十五年、日隆は起請文（写本の可能性もあり）を提出し、本応寺の建物を妙本寺再興の本応寺に寄進したと伝わる。しかし同年、月明の舎弟具円を住持と仰ぐことに反対する一派が、本仏寺を建立して本応寺と対立し、本仏寺は妙本寺と改称して月明が住することになった。そこで再興の本応寺は具円を仰いだが、そこでも化儀・化法の面で対立によって、日存・日道・日隆・日慶・久成院・大法坊・乗林坊の七人は妙本寺を退出した。(62)

この本応寺建立の問題について、小西徹龍氏は日隆所持の『法命集』に注目し、その奥書には応永二十二年九月十二日に、美濃国安八郡平野庄北方保下宮において、勧学法印善深より日隆に授けられたことが記されており、応永二十二年説には無理があるのではないかと問題提起している。(63) その上で小西氏は、『日隆、妙本寺と問答遊バサレシ状』(64)、『妙蓮寺内証相承血脈之次第条目事』、『妙蓮寺本能寺両門和合決』を検討し、永享元年以前に本応寺が創建されたであろうと推察し、永享元年説では創建後の本応寺が一度破却され、破却後に再興された年次であると推察している。(65)

よって永享元年には、日隆の上洛常住を願っていた京都六角室町の豪商小袖屋宗句の外護により、日隆は内野の日道の草庵跡に再び本応寺を建立したと思われる。そして、永享五年五月二日、「永代売放申敷地之事」(66) によると、如意王丸より六角以南、四条坊門以北、櫛笥以東、大宮以西、広さ四町の土地を寄進され寺号も本能寺と改めたことが記されている。

②尼崎本興寺

尼崎本興寺は、応永二十七年日隆三十六歳の時、日道の命に従って摂津国尼崎に赴き、巽浜に住む米屋二郎五郎宅を布教の拠点を求めたことに始まる。尼崎での布教中に、領主細川満元との縁が生じたようである。『両山歴譜』日心本によると、細川満元の夫人が懐妊するが、胎児が女子であれば母子共に危ないと占いが出て、日隆が変成男子の祈祷を行い、その結果無事に男子が生まれ、寺地を得て本興寺を建立したと伝わっている。[67]また『徳行講演抄』によると、細川満元の夫人が流産のため子どもを授からず、そのため安産祈願を日隆に依頼した所、今の胎児は女子のために生まれても育たない。しかしもう一度祈祷すれば無事に育つ子どもが生まれるであろうと伝え、再度祈祷をすることで、無事に男子を得たと伝承されている。[68]ただ、領主細川満元が日隆に帰依したことが事実であるか否かについては実証はできない。しかし、祈祷の証明は困難でも、日隆には何らかの外護者がいたことは否定できないと思われる。そして三年後の応永三十年（一四二三）、本興寺の諸堂が完成したようである。[69]

③三井本厳寺

三井本厳寺は『両山歴譜』日心本によると、日隆が再度の妙本寺離山後、月明によって六人の刺客に狙われるという危機に遭遇したと伝えられ、その際に、不思議な奇瑞を見て感激した刺客は改心し、日隆を河内国三井村に案内したとされている。その後、日隆はこの地で教化にあたり、三井村の外護により本厳寺を建立したと伝わる。[70]また『徳行講演抄』によると、刺客に河内国三井村に案内された後、当時三井村は火災が多い所であったため、日隆はこの地で火伏の符を与えられ、それ以後は火災も少なくなり、一村ことごとく帰依して一寺を建立するに至ったとしている。(71)さらに『三井本厳寺由緒書』『法華宗年表』では、三井村にあった天台宗五台山本法寺座主円澄との法論により、応永二十八年に円澄は仙林房日慶とし、寺号を本厳寺としたとの説が伝わっている。(72)

④高岡本光寺

北陸地方で日隆が建立・改宗した寺院として、④高岡本光寺、⑤色浜本隆寺、⑥敦賀本勝寺等が挙げられる。まず、④高岡本光寺について概観すると、『両山歴譜』日心本に以下の記述が確認できる。

応永三三年夏師発向越中浅井、即到彼地、論一族旧臣曰ク、家運既ニ尽タリ、不可如何、遂ニ改父ノ遺跡、為寺、号本光寺、亦本丸ニ建塔廟、今ノ誕生院是也（俗云是ヲ番神）、元成剃髪シテ住本光寺（后ニ移高岡ト金沢、為二ケ寺）(73)

『両山歴譜』日心本では、応永三十三年日隆が越中浅井の地に赴き、そこで桃井家の旧臣中村元成の屋敷を寄進されたのが創立の始まりであるとされる。日隆の来郷と同時に元成は出家し、日永と称したと伝わっている。この中村元成とは、日隆の父尚儀の家臣として仕え、応永元年（一三九四）尚儀逝去の後、その嫡子直之を護って射水郷にいたが、その直之が応永二十三年に没した後の桃井家を護っていた人物であるとされている。(74)そして、日永の屋敷は、その後本成寺とも本紹寺とも号したが、(75)本光寺となって現存し、後に中村元成の一族によって金沢と大聖寺の各地に同寺号の本光寺が創立されていったようである。(76)しかし、この事跡については現存する資料が存在しないため、伝承の域を出ないことは注意が必要である。また、『大聖寺本光寺由緒書』では、日隆開山の時期については不明としつつ、「二世日永上人　応永三十一年五月廿六日」(77)とあることからも、応永三十一年以前の開創と見ていることが理解できる。

⑤色浜本隆寺

色浜本隆寺は、『両山歴譜』日心本によると、以下のように述べられている。

一、応永三三年初秋帰洛ノ船泊越前色浜、此里ト疫病ル〔流カ〕行シテ而、死スル者甚多シ、師坐大石ノ上、祈誦勇猛也、病者一時皆癒、村翁相議シテ村中捨禅宗而、皆帰法花宗、師示シテ曰、自今此里ニ不可有疫病・難産・火災・信心口唱セヨト（今ニ三災ナシ、妙也）、頓而建一寺、号本隆寺、寺号及ヒ坊号ノ補任師ノ直筆今ニ在リ云云[78]

これによると、応永三十三年、日隆が京都に帰京する際、その船が越前色浜に泊まることになった。当時、この地は疫病が流行して死者が多数出ており、日隆はこの地において大石の上に座り、祈願の経を読誦すると病人は一時病気が癒えた。この奇瑞を得て、その村は当時禅宗であったが、皆法華宗に改宗し、本隆寺を建立するに至ったとされている。

一方『徳行講演抄』では、応永三十一年五月二十六日に日永が入寂し、応永三十三年日隆が第三回忌のために、越中に赴いたと記されている。[79]日永の三回忌と先祖供養をすませた日隆は、帰路の途中、同族とされている桃井幸若丸に会い懐旧の思いに浸ったようである。その後、京都へ帰途の間に乗った船が暴風雨に遭遇し、色浜に流されたとされている。色浜では疫病が流行しており、日隆は疾病平癒の祈祷をした結果、村民の帰依を得て後の本隆寺の建立に至ったと伝わっている。[80]なお、本隆寺の開山堂には、大石の上に須弥壇が設けられており、この伝承を現在に伝える証差の一つとなっている。

⑥敦賀本勝寺

敦賀本勝寺は色浜で布教の後、敦賀に向かい、そこで真言宗大正寺を改宗させて本勝寺とすることがあったとされている。『両山歴譜』日心本によれば、

自此浮船、到敦賀ノ浦、舎紺屋五郎右衛門宅、主真言宗タリ、師教化訓導セリ、宿善開発ノ故歟、挙家内而授戒矣云云、時ニ宅主到檀那寺大正寺真言宗気比宮ノ社僧也、謁円海法印云、依客僧ノ教化而今日ヨリ改宗シテ成法ケ宗、中々非可及真言所、難有教示也ト云云、法印曰、其客僧ヲ誘引シテ来レ、（中略）法論決択問答往復及三日三夜、（中略）時ニ法印忽ニ帰伏シ、永ク捨真言、（中略）師則改大正寺、為本勝寺、改円海法印、為正法院日従上人此時七十八オナリ(81)

とあり、紺屋五郎右衛門宅に滞在し、主人は真言宗であったが日隆に教化された。そして、主人が帰依していた気比神社の社僧大正寺の円海法印と三日三夜法論した結果、円海は屈し弟子となって寺号を本勝寺と改め、円海に正法院日従と名を贈ったと伝わっている。

⑦加納法華寺

加納法華寺は、『両山歴譜』によると、永享十一年（一四三九）に日隆の俗縁者が、去る明徳年間の戦乱において、河内の金剛山周辺で戦死したとされ、さらにその縁者が同地方に住んでいることを日隆が聞いたとされている。日隆は、戦死者の供養と縁者に会うために石川郡加納村に至り、休息した一軒の家で雑談し、その相手が前管領斯波義将の子で日隆の母親の弟、すなわち叔父にあたる斯波刑部義盛であったと伝わっている。そこで日隆は、義盛をはじめ一村の老若男女を教化し、その地にあった薬師堂を改めて本門の霊場とし、取要山法華寺と名付けたようである。(82)

⑧釜口妙勝寺

釜口妙勝寺は、『両山歴譜』日心本によると、以下の記述が確認できる。

嘉吉二壬戌年、師五十八才、淡州釜口妙勝寺ハ大覚大僧正開基之寺也、時哉、寺旦一統慕師ノ於徳、帰伏シテ而為末寺(83)

『両山歴譜』日心本では、日隆五十八歳の嘉吉二年（一四四二）、大覚妙実（一二九七―一三六四）開基の寺院であった妙勝寺を、妙顕寺末から日隆門流に転派したと伝承されている。また『徳行講演抄』によると、

嘉吉二年、茲に淡島釜口村妙勝寺は元来真言宗にて大覚大僧正西国弘通の時、改宗帰伏して妙顕寺末にてありしなり、時なる哉、今年寺檀一統師の高徳を慕って末寺となる(84)

とあり、日隆が修行していた妙本寺（妙顕寺）末から日隆門流に転派したようである。しかし、日隆が淡路島に渡ったという記録は現存していないため、小西徹龍氏は弟子達の弘通活動の結果ではないかと推察している。(85)

⑨堺顕本寺

堺顕本寺は『両山歴譜』日心本によると、

一、同年泉州堺顕本寺建立也、元来堺へ趣[赴]き給ヒ、初於教化、其后不怠弘通シ玉ヘリ、依之宗門信仰ノ者数多出来シ、就中錺屋・木屋ノ両家成大信者転各〳〵自宅、立等、故以日浄上人、令為開祖云云(86)

とあり、日隆が加納村より堺に赴き教化を始め、錺屋、木屋といった篤信者の帰依を受け建立したようである。その後、本成院日浄（一四二〇―一四八一）を常住させ教線の拡充を計ったと伝承されている。また『徳行講演抄』でも同

様の記述があるが、年号は宝徳二年と記載している。[87] さらに『大阪府堺顕本寺明細帳』では、宝徳三年（一四五一）に本能寺より日浄を派遣したとしている。[88]

⑩撫養安立寺

徳島県鳴門市林崎にある安立寺は、現在本門法華宗に所属する岩畳山安立寺であると思われる。安立寺の縁起については諸説あり、『板野郡誌』によれば、

宝徳二年二月当宗開基日隆上人住職義山は帰依し改築し日全と改名す素と禅宗なり天正十年長宗我部氏兵火に罹り記録寺宝悉く焼失せり[89]

とし、宝徳二年に日隆が禅宗であった義山を帰伏し要法院日全と改名したとある。また、『阿波誌』では、

亦林崎浦に在り延宝五年置く本能本興両寺に隷す[90]

とあり、延宝五年（一六七七）に京都本能寺・尼崎本興寺両山に属したとしている。この問題について三好昭一郎氏は、『板野郡誌』の宝徳二年の日隆改宗説を採用せず、延宝五年日隆改宗説を主張している。さらに三好氏は、円隆寺建立について、

日隆はこの円隆庵を寛永元年（1624）に、武家が去った南殿町に移転し、円隆寺として林崎浦に移住して商工業を営むようになった郷町人を檀家とすることによって、急速に寺院経営を軌道に乗せていったのであろう。[91]

と指摘している。三好氏は、寛永元年（一六二四）に日隆が円隆庵を移転し円隆寺として寺院経営を軌道に乗せていったとしている。さらに安立寺改宗に関しては、以下のように述べている。

この円隆寺に対して禅宗の安立寺は寺勢を著しく衰えさせていた。新たに林崎に移り住むようになった商工業者

を檀家に迎え入れようとすれば、改宗することが当然求められたのであろう。改宗するに当たって師と仰いだのが日隆であった。安立寺の義山は日隆に頼ることによって法華宗に改宗したことは、そのようにして判然としてきた。前述したように安立寺の改宗年次は延宝5年であると断定することができるが、円隆寺の開基年次とも関連させて考察することによって、撫養城が破却されたのは寛永元年より遥かに早く、元和元年の一国一城令が蜂須賀至鎮に命じられ、その直後に城の破却が執行されたことはほぼ間違いないといえる。(92)

三好氏によれば、禅宗であった安立寺は、林崎に新たに移り住む商工業者を檀家にすることを目的として、延宝五年に義山が日隆を頼ることによって法華宗に改宗したと主張している。三好氏の指摘する円隆庵を移転し円隆寺を建立した日隆と、安立寺を改宗したとする日隆は、どの日隆を指しているのかは不明であるが、法華宗に改宗したと述べていることからも、八品門流の日隆を指していると考えて差し支えないと思われる。そう考えるならば、三好氏の主張には疑問が残る。周知の通り、日隆は寛正五年に入寂しており、寛永元年に円隆庵を移転し円隆寺を建立し、延宝五年に義山より依頼を受けて安立寺を改宗することは不可能である。安立寺・円隆寺に関係する日隆が八品門流の日隆であるとするならば、三好氏の主張は問題なしと言えない。

そうした中、『徳島県林崎村安立寺明細調書』では以下の記述が看取できる。

創立　永正六辰歳禅宗住持義山、改宗シテ要法院日全ト改名ス(93)

『徳島県林崎村安立寺明細調書』によれば、永正六年（一五〇九）に禅宗であった義山が帰伏し、要法院日全として改宗したとある。また『法華宗年表』には、文正元年（一四六六）の項において、

徳島安立寺檀家磯右衛門発心し法経と改名自力にて立正庵を創立安立寺末とす（寺記）(94)

とあり、日隆滅後二年には安立寺の末寺として立正庵の存在が窺える。

このように、安立寺の改宗については諸説あることが理解できる。日隆は宝徳二年に⑫宇多津本妙寺に五ケ条の法度を送り、享徳元年には宇多津本妙寺へ寺号を与えた事実が確認できることから、[95]徳島布教についても完全には否定できないが、その足跡については伝承の域を出ない。

⑪備中本隆寺

備中本隆寺は、『両山歴譜』によると享徳元年七月頃、日隆が備中高松新庄村に着いた頃、盂蘭盆会の時期であったため、通行人に接待供養をしており、日隆も茶の供養を受けたとされる。その際に、川上道蓮、江本蓮光という二人が日隆に話しを乞い、自宅に招かれて法話をするうちに二人は心伏し、やがて村人が寄り集まって草堂を造り、本隆寺の号を贈られたとされている。[96]また小西徹龍氏は、本隆寺の過去帳（文化四年以降）を調査し、十六日条に「当寺草創大檀那一乗院江本蓮光日實　応永卅四未二月江本氏先祖」とあり、二十五日条に「当寺草創大檀那本隆院川上道蓮日称　文明十五夘二月川上氏先祖」と見えるとしている。よって、この記述を採るならば、日隆が当地に着いた頃には江本蓮光は既に没していたことになると指摘している。さらに、本隆寺は内陸部であるため、交通の要所という点からは離れているが、日隆が大覚の足跡を辿り一寺建立に至ったのではないかと推察している。[97]また近年の研究では、合田憲隆氏が日隆の西国布教について、陸路・海路の両面より考察を加え、本隆寺のある地へは海路で入った可能性を示唆している。[98]

⑫宇多津本妙寺

宇多津本妙寺は、『両山歴譜』日心本の享徳元年の項において、以下の記述が見られる。

次ニ赴讃州、於宇多津而、大ニ振宗風、周ク撃毒鼓、創於一寺、号本妙寺(99)

『両山歴譜』日心本では、備中高松の布教の後、讃州に至り教化活動を行い本妙寺を建立したとされている。また『徳行講演抄』によれば、備前から海を渡り、宇多津の浜に着いたが、当地は真言宗が多く、中々教化できるような様子ではなかった。ところが海辺のため人々は水に不自由しており、これを聞いた日隆が、弘通の手掛かりとして、人々に経力によって水を得させることを約束した。そして、周りの桐の木の下に杖を立てて祈願して掘らせたところ清水が涌き出し、鳳凰水と呼んで人々の帰依を得て一堂を造り、世間では法華堂というも院号を弘経院と呼んだとされている。(100)

さらにこの呼称について小西徹龍氏は、宇多津本妙寺に現存する宝徳二年二月の『讃州宇多津弘経院法度条々事』には「弘経院」とみえ、二年後の宝徳四年七月より「本妙寺」の寺号を授けられた寺号補任があることからも知ることができるとしている。(101)

⑬兵庫久遠寺

兵庫久遠寺について、『両山歴譜』日心本では以下のように述べられている。

一、享徳二癸酉年夏、欲還于尼ヶ崎、又旅宿兵庫津、宅主大ニ喜ビ、出預ノ一物、呈于座前、師曰、丈夫自今ハ可云正直屋、此ヨリ改正木屋、云正直屋也、一類挙テ信宗義、終ニ草創一寺、号久遠寺(102)

『両山歴譜』日心本においては、享徳二年の夏、尼崎への帰路の途中兵庫に至り、行きと同じく正木屋という宅に一泊した。主人は喜び、日隆が行きに預けていた荷物を出してきた。そこで日隆は正直屋の名を贈ったとされている。そして一族挙げて信仰し、久遠寺を創建するに至ったと伝わる。

また『徳行講演抄』には、久遠寺はもと真言宗であったが大覚によって法華に改宗した寺院であったと見える。すなわち、日隆が宝徳元年（一四四九）西国弘通のために兵庫に至り、正木屋という宅に一泊した。翌朝出発に際し、不用の荷物を預け西国より戻る途中、正木屋に再び立ち寄った所、以前に預けた荷物を忘れなかったため、正直屋の名を贈ったとされている。そして主人の菩提寺である久遠寺に赴き、定林房日祐と会談したところ、日隆に帰伏して妙顕寺（妙本寺）末から日隆門流に転派したとされる。(103)

さらに小西徹龍氏によれば、永正十四年（一五一七）八月付の『久遠寺略縁起』を基に、当時は大覚の草創にかかり、日隆が西国から戻る途中、宿を求めて定林房日祐と会談の間に帰依したとされている。また檀越に信心深い正直屋がおり、日隆が西国弘通の途中、常宿にしたため教化を受け「正直者方便」の文より正直屋の号を与えたとも伝わると指摘している。(104)

⑭一宮妙京寺

淡路一宮妙京寺は『両山歴譜』には記載がない。また小西徹龍氏は『妙京寺誌』を引用し、当時は奈良時代に津名郡司の建立した私寺であったが、桓武朝の寺院整理策に対して、淳仁天皇の御座所であったことを申し立てて破却を免れ、そのために後に淳仁天皇建立と言われるようになったようであるとしている。また、初めは法相宗であったが、延文三年（一三五八）頃、大覚によって法華宗に改宗し、さらに享徳三年、第四世日旺の時に日隆門流に帰したと伝えられている。(105)

⑮牛窓本蓮寺

牛窓本蓮寺は、『両山歴譜』によると、大覚が開創した寺院であるとしており、そこに日隆の弟子である日澄によって日隆門下に転派し、「本蓮寺」という寺号を日隆が授けたことを記載している。(106)一方、『徳行講演抄』によると、日隆が備前牛窓村に着いた頃、そこに天台宗の寺院があり、その中の一院の住僧と法論し改宗したと伝承している。そして、後に日暁を推して本蓮寺の開山としているようである。(107)また、小西徹龍氏は『経王山略史』の、

伝教大師の創建にして桓武帝勅願の道場なり（中略）僧正大覚弘通す（中略）当山は即ち是れ其の一にして初度の行化なり、時に領主石原但馬守道高法華堂日暁師檀共受訓辱く此に於て蓮祖の法流に帰依す(108)

の文に着目し、最澄創建の「法華堂」と呼ばれる寺院を、大覚が石原但馬守と日暁を教化し、改宗していることを紹介している。さらに本蓮寺改宗後の寺院の名称について小西氏は、現存する本蓮寺文書から長禄二年五月に日隆より「本蓮寺」の寺号を授けられるまでは、人々からは「法華堂」と呼ばれたことを指摘している。(109)また糸久宝賢氏は「本蓮寺」と呼ばれるようになった時期として、日暁から日澄へと住持が代わる文明十七年（一四八五）頃ではないかと推察している。(110)

⑯備前長遠寺

備前長遠寺は、長禄二年五月中旬に日隆より寺号授与が確認できる。(111)しかし、現在日蓮宗に所属する長命山長遠寺は、文亀元年（一五〇一）、第二世大法院日従が大覚を開基として創立したと伝わる。(112)そのため、日隆が寺号授与した

長遠寺が大覚開基の長命山長遠寺か否かについては不明である。

⑰尾道妙宣寺

尾道妙宣寺は、現在日蓮宗に属し、過去には京都本能寺・尼崎本興寺の末寺であったことが知られる。[113]妙宣寺は文和三年（一三五四）八月、大覚が法華堂を建立して百座説法をなし、文和四年（一三五五）に開創し、裏山の巨岩に妙の一字を大書したと伝承される。[114]妙宣寺と日隆の関係について小西徹龍氏は、本能寺の末寺であるとともに、『妙顕寺末寺帳』中にも妙宣寺が末寺としての記載が見られるとしている。そのため、日隆に関係のある寺院の可能性があると指摘するに留まっている。[115]

⑱山口本圀寺

山口本圀寺は、現在本門法華宗に属する圓満山本圀寺であると思われる。その縁起については『山口本国寺由緒書』によると、草創は文和年中（一三五二―一三五六）、願主は大内修理太夫、開山は大覚であるとしている。本圀寺建立の年月日については焼失につき不明であるとし、第四世金剛院日了（不明―一四六五）の代に転派したと記してある。[116]次に、『注進案』によれば、文和年間に妙顕寺大覚により、法華宗西国弘通の最初の寺院として建立されたと伝えている。[117]また『日蓮宗寺院大鑑』では、正平十七年（一三六二）の創立とされる。具体的には、正平十年（一三五五）大内家中興の大内弘世が周防一円を征服したことで山口を開府し、弘世は大内家の武運長久の祈願所として寺院を建立し、大覚を迎えて開山したのが縁由である。八品門流に転派した時期については、本圀寺第四世日了の代に転派したと伝わる。[118]そして『門祖日隆大聖人・開山大覚大僧正大遠忌記念』では、正平十五年（一三六〇）に大覚を開山として建立

し、第四世日了の代に転派したとある。(119)

そうした中、大平宏龍氏は京都本能寺所蔵、日隆真蹟『他宝抄』を調査し、原表紙の次葉に記された日弘の識語に注目し、以下のように述べている。

> 本抄において特に興味深いことは、原表紙の次葉に記された日弘師（伝未詳）の識語で、これによれば直弟南照坊日忠師（伝未詳）が『弘経抄』助筆の功により隆師から与えられたもので、それを日弘師が文明十四年（一四八二）七月十日に、山口本圀寺で忠師より譲られたというのである。隆師は本抄を忠師に与えるに際して『他宝抄』なる名称であることを告げ、「此ノ一筋可キレ得キレ意事也」と注意されたという。この識語について疑点はないようであり、さすれば、隆師の布教範囲は、中国地方に於ては、山口まで視野に入れねばならないのではないであろうか。(120)

日弘・日忠については、文安元年十二月十二日「本能寺條々法度本尊勧請起請文之事」(121)に日忠・日弘の名が確認できるが同一人物か否かについては不明である。また大平宏龍氏は、『他宝抄』の記事を疑う理由はなく、本圀寺はおそらく日隆在世中に八品門流に転派したと思われ、瀬戸内沿岸における日隆の弘通範囲は山口まで視野に入れるべきではないかと指摘している。(122)

以上のように、日隆が創立・改宗・転派等、関係があったと伝わる寺院は一八箇所にも及ぶことが確認できた。これら全てが日隆によるものではないにしろ、日隆の弘教活動の一端を知る上で重要な手掛かりとなるものであると考える。

第二項　日隆の著述概観

本項では、日隆著述について考察を加えていく。日隆の著述は古来より御聖教と呼ばれ、その数は三千余帖と称される。両山第二十八世本妙院日顕の『御聖教物目録』[123]によると三八五巻を収録しているが、本書は写本・重本・断簡等も含めた数を提示している。そのため日隆関係の諸文献中、著述と考えられるものは、重本・断簡等を除けば二七四巻ほどであると指摘されている。[124]具体的には、①『他宝抄』一巻、②『四箇口決』一巻、③『六箇口決』一巻、④『私新抄』一三巻、⑤『当家要伝』一巻、⑥『御書文段集』六巻、⑦『十三問答抄』二巻、⑧『法華天台両宗勝劣抄（四帖抄）』三巻、⑨『本門戒体見聞』三巻、⑩『玄義教相見聞』一巻、⑪『日蓮所立本門法華宗五時四教名目見聞』一六巻、⑫『止観見聞』一六巻、⑬『六即私記』三巻、⑭『私経大意』四巻、⑮『法華宗本門弘経抄』一一七巻、⑯『開迹顕本宗要集』六六巻、⑰『玄義一部見聞』二巻、⑱『本門法華宗開迹顕本玄文止三大部略大意抄』一七巻等が挙げられる。

そうした中、日隆の著述において奥書が確認できる最初期のものとして、『本尊問答抄文段』[125]の永享八年、晩年では『三大部略大意抄』の長禄元年の存在が確認できる。[126]すなわち日隆の著述期間は、少なくとも五十二歳頃から七十三歳頃までの二十数年間に及んでいることが看取できる。また、株橋諦秀「日隆聖人教学の序説」では、日隆の生涯を、修養時代二〇年（前期諸書修習時代一〇年、後期諸宗勉学時代一〇年）、研鑽時代二〇年（前期共同研鑽時代一〇年、後期独自研鑽時代一〇年）、著作時代二〇年（前期兼修著作時代一〇年、後期正修著作時代一〇年）の全三期六区分に分けていることが知られる。その中で、従来の研究ではなされなかった日隆の著述全体を初めて編年的に捉え、教学思想の変遷についても暗に示したことで、日隆教学の研究方法を一歩進めることになったことが見逃せない。さらに大平宏龍氏は、日隆の成立史的分類として、①教学形成期（前期・後期）、②教学確立期、③教学応用期と分類している。[127]そして、小西徹龍氏は、

しかし永享になってからの師の行動をふりかえってみると、永享七年以後に著述と布教活動が活発となることか

ら、布教の道場としての本能寺に自分の逆修塔を建立することによって、決意を新たにしたものか、と考えるのである。(128)

と指摘していることからも、永享七年前後を日隆の教学研鑽、並びに布教活動の分岐点であったのではないかと推察することができる。(129) 本項ではこれらの先行研究に示唆を受け、日隆の著述を永享八年以前の著述とそれ以降の著述に分類し、日隆の著述における思想的変遷について検討していくこととする。なお、日隆の著述の刊行事業については序章第二節第一項「日隆著述刊行史」において概観しており、本項では省略する。

(一)　永享八年以前の著述

永享八年以前の日隆の著述として、奥書が見られるものとしては『御書文段集』以外、管見の限り確認できない。永享八年前後は本能寺再建を含め、日隆にとって激動の時代であったことは想像に難くない。また永享七年には、岡宮光長寺東之坊、本果院日朝が本能寺を訪ね、本門八品の法門を聴聞して感激し、一味法水の盟約を結んだことが伝承されている。永享八年以前の著述について大平宏龍氏は、教学形成期（前期）の著述として『他宝抄』、教学形成期（後期）の著述として『私新抄』『観心本尊抄文段』を挙げている。(130) よって本項では、これらの著述に加え、『私新抄』と関係が深いとされる『四箇口決』『六箇口決』『当家要伝』について概観していくこととする。

①　『他宝抄』

『他宝抄』一巻は、現在翻刻されておらず、本抄の手掛かりとしては、『日隆上人聖教要集』(131)、大平宏龍「『本門弘経抄』考―自宝と他宝―」(132) 等によってその内容の一端を知ることができる。本抄は京都本能寺に所蔵され、日隆の真蹟であり、大平宏龍氏によれば、その筆跡は速筆であるため最初期の著述であると見られるが、削除訂正や破損箇所も多くその全貌を知ることは困難であると指摘している。(133) また、日隆の教相論で論じられる「五味主の教相」に注目し、『私新抄』『四帖抄』『法華宗本門弘経抄』等において五味主＝本地本門とする一方、『他宝抄』では、超八醍醐の『法華経』を以て五味主とするのは不可解であり、『私新抄』以前の著述ではないかと推察している。(134) さらに、『開迹顕本宗要集』には、

記者の愚老天台宗の室に入り形の如く二八帖疏の教重の上に行証の二重を極むと雖も終に三千の実体を了せず、当宗に還つて日存日道の両師に値ひ奉りて観心本尊抄、開目抄相伝の時意得奉る者なり。(135)

とあることからも、『他宝抄』は日隆が天台宗の談義所で遊学して自ら修得したところに関係するものであり、それが、日存・日道の研鑽を受けて、改めて日蓮遺文に向かった結果、『私新抄』から、更に『四帖抄』へと結実したのではないかと想像される所であるとしている。(136) その上で、『他宝抄』の著述時期については、応永二十二、三年頃ではないかと推定している。(137)

『他宝抄』の内容としては、『法華経』を解釈したものであるとされ、大平宏龍氏は『他宝抄』と『法華宗本門弘経抄』の方便品釈と如来寿量品釈を比較検討している。その結果、『他宝抄』は理具三千、事具三千、総名の区別は意識はされてはいるものの、総名は事具と同次元と捉えており、己心に観ずる法理に関しては、本覚思想的解釈であることが明らかであると指摘している。(138)

②『四箇口決』

『四箇口決』一巻は、両山第十二世日承によって付けられた題名である。本書は、京都本能寺に所蔵されており、現

在の所、翻刻されていない。また、日隆による標題は「私」とあるのみであり、その内容は、「天真独朗止観口決、一塔二仏口決、三身分身、生仏一体」となっている。この文言は日本天台で特に問題となっているが、日隆は日蓮遺文を引用しつつ当家の意を述べた形となっている。(139)『四箇口決』の著述時期については不明であるが、大平宏龍氏によれば、『六箇口決』と一対をなし、『私新抄』を含めた研究ノートの一群ではないかと推察している。(140)よって、一応永享八年以前の著述としておくこととする。

③『六箇口決』

『六箇口決』一巻は『四箇口決』と同様、日承によって付けられた題名であり、日隆は「私」とのみ書かれている。本書は、某所蔵のため翻刻されておらず、その内容は、「舎利事、五字秘決、公方所出御抄、迹本観心三妙、龍女仏号、草木成仏」であることが指摘されている。(141)本書の著述時期についても『四箇口決』と同様、不明であるが、『私新抄』との関係性が深いと指摘されており、(142)永享八年以前の著述に区分しておく。

④『私新抄』

『私新抄』一三巻は、京都本能寺に所蔵されており、『御聖教惣目録』によると、両山第十二世日承の写本が尼崎本興寺に所蔵されていることが明記されている。また本抄は、教学の綱要書として知られており、一三三の条目によって問答体の形式で構成されている。内容としては、条目を見ても分かる通り、教相論、顕本論、成仏論、本尊論、付嘱論等の教義の解釈がなされている。その解釈は主に、日像門流の口伝や秘伝、日存・日道からの相承法門によって構成されている。

本書の述作時期については、株橋諦秀氏は筆跡から見て比較的早期のものではないかと提示し、『四帖抄』以前の著述であると推察している。[143] また大平宏龍氏は、『私新抄』に見える日隆の教学的立場について検討を加え、『私新抄』では総名所摂の理具三千の立場であるため、教学形成期の著述と位置づけている。[144] さらに『私新抄』の真蹟についても調査を試み、『四箇口決』『六箇口決』との関係性を見出している。[145] 具体的には、『四箇口決』『六箇口決』『私新抄』には、日隆が「私」と記した一群の文献であり、一種の研究ノートの類ではないかと仮説を立てている。また『当家要伝』についても、「私」の語は確認できないが、その系譜に乗るものであるのではないかと指摘している。[146] その上で、日存・日道の遷化後、教学の確立を一往見たからこそ、永享元年に『妙蓮寺内証相承血脈之次第条目事』を提起したものではないかとし、『私新抄』の述作時期を永享元年頃ではないかと推定している。[147]

⑤『当家要伝』

『当家要伝』は尼崎本興寺に格護されており、名称についても日顕の命名である。内容としては、それぞれ日蓮教学上の基本的な立場に関わる重要な問題について日隆が解説している。また、大平宏龍氏は、本抄だけを以て直ちに日隆の法義のすべてと考えてはならないと注意を促している。[148]

述作時期については、記載は見られないが、筆跡の上からか株橋諦秀氏は永享八年より文安三年の間の著述に分類している。[149] また大平宏龍氏は、先に述べた『四箇口決』『六箇口決』『私新抄』の関係より、『当家要伝』についても、「私」の語は確認できないが、内容からすれば、日隆の研究ノートの感があると指摘している。[150] これらの先行研究より、『当家要伝』も一応、永享八年以前の著述としておきたい。

⑥『御書文段集』

『御書文段集』は、日蓮遺文一七篇に対する科文を記載したものであり、現在尼崎本興寺に格護されている。日顕の『御聖教惣目録』によると、以下のような記載が見られる。（番号と『』は筆者が付与）

①『太田抄』『治病抄』『十章抄』『立正観抄』一巻
②『開目抄』『報恩抄』一巻
③『法華取要抄』『本尊問答抄』『守護国家論』『法華題目抄』『一代大意抄』一巻
④『末法行者経抄』『当体義抄』『如説修行抄』『血脈抄』一巻
⑤『観心本尊抄』一巻

①～④については日隆の直筆として現存しているが、⑤『観心本尊抄』文段については、日隆の直弟である両山第二世日信の筆であると伝わっている。[151] また③にある『守護国家論』文段は、日蓮聖人自作の科文をそのまま挙げられたものであるとされる。[152] この『守護国家論』文段において、大平宏龍氏は末尾に付された日隆の文章について、覚え書きとしながらも翻刻していることが注目できるとしている。[153] そして、『御聖教惣目録』には記載されていないが、『撰時抄』については、中古に紛失したとされており、現在は写本が残っている。[154] この写本を合わせるならば、『御書文段集』は六巻ということになる。

ところで、『御書文段集』において日隆が記した日蓮遺文の名は、『定遺』中に見える遺文名と相違がある。そこで『定遺』と『御書文段集』中の日蓮遺文名とを比較したものが【表3】である。【表3】では、日蓮遺文を『定遺』の掲載順に並び換えている。また「『御書文段集』に見える日蓮遺文名」では、『日隆聖人文段主要御書　全』第三版を参考とし、「外題」「題号」の順に記載し、各抄の本文一行目に記されている文を「科文」として記載した。なお、これらが不明の場合には不明と記した。

【表3】『定遺』『御書文段集』における日蓮遺文名比較表

番号	『定遺』の日蓮遺文名	『御書文段集』に見える日蓮遺文名	『御書文段集』該当頁
1	一代聖教大意（日目写本）	（外題）不明 （題号）一代大意抄 （科文）一代四教五時大意	二八五頁
2	守護国家論（真蹟曽存）	（題号）守護国家論	三一九頁
3	法華題目鈔（真蹟・断片）	（外題）法華題目抄文段 （題号）法華題目抄 （科文）本門易行題目抄文段	三七七頁
4	十章鈔（真蹟・断片）	（外題）止観十章抄文段 （題号）不明 （科文）止観十章抄文段	三九九頁
5	開目鈔（真蹟曽存）	（外題）不明 （題号）開目抄 （科文）仏滅後々五百歳本門上行要付末法唱導主師親開目抄	三頁
6	法華宗内証仏法血脈（真蹟なし）	（外題）法華宗内証仏法血脈抄文段 （題号）不明 （科文）法華宗内証仏法血脈	四一一頁
7	如来滅後五五百歳始観心本尊抄（真蹟・完）	（外題）観心本尊抄文段 （題号）観心本尊抄 （科文）久遠本覚独尊三界慈父釈尊常住不退滅後末法悪人下種本門易行観心本尊	一〇一頁

8	9	10	11	12	13	14	15	16
如説修行鈔（日尊写本）	當体義鈔（真蹟なし）	法華取要抄（真蹟・完）	立正観抄（日進写本）	曽谷入道殿許御書（真蹟・完）	撰時抄（真蹟）	報恩抄（真蹟断片・曽存）	四信五品鈔（真蹟・完）	富木入道殿御返事（真蹟・完）
（外題）如説修行抄文段 （題号）本門円宗末法相応如説修行抄 （科文）本門円宗滅後末法上行唱導唯付一人要法流化不軽折伏如説修行抄文段	（外題）當体義抄文段 （題号）當体義抄 （科文）本門南無妙法蓮華経當体義抄	（外題）本門取要抄文段 （題号）本門取要抄 （科文）法華本門易信易行愚人取要抄	（外題）不明 （題号）不明 （科文）立正観抄	（外題）大田抄文段 （題号）上行付属抄、大田抄、 （科文）本門要法上行付属末法流化	（外題）不明 （題号）不明 （科文）本門久遠本覚三世常住撰時抄	（外題）報恩抄文段 （題号）報恩抄 （科文）本門一大事円先代未聞知恩報恩	（外題）本門末法初心行者位抄文段 （題号）本門末法初心行者位抄文段 （科文）本門末法初心行者位抄	（外題）本門治病抄文段 （題号）不明 （科文）本門良薬治病抄
四二七頁	四四一頁	四六一頁	四七九頁	四九五頁	一四一頁	二〇五頁	二六九頁	五二三頁

17	本尊問答鈔（日興写本）	（外題）本尊問答抄文段 （題号）不明 （科文）本門本尊問答抄	五三七頁

これらを確認すると、『御書文段集』において科文を付されている一七遺文中、一三遺文が『定遺』の遺文名より詳細に命名していることが分かる。また日隆は、科文を付す際に「本門」を強調していることが看取でき、さらには「悪人」「末法」「下種」と付していることからも、日隆は自身が凡夫であるという自覚に立ち、室町時代という末法の時代観、下種という衆生成仏のための仏種を常に意識しているように思える。

さらに、日隆が施した科文の特徴として、株橋諦秀氏は、

> 隆師は宗祖の簡潔な御文について文裏の深意を明らかならしめんが為に此の如き長文の科文を施されたのであって、ここに隆師の慎重さと親切さとが伺われてまことに忝い限りである。[155]

と指摘していることから、日隆の遺文名よりも、日隆の記した科文の題の方が多く字数を割いており、日蓮遺文を詳しく分析していると考えられる。

本書の述作時期については明らかではないが、『本尊問答抄』文段の奥書に「永享八年九月下旬[156]」とあることから、日隆五十二歳頃の著述であると思われる。なお、本書は事具一念三千と題目との関係性について、総名妙法蓮華経を事具一念三千と定義していることから、教学形成期の著述であるとの指摘もある。[157]

⑦『十三問答抄』

『十三問答抄』二巻は、日隆の真蹟が尼崎本興寺に格護されている。本書は、本果院日朝の十三ヶ条の質疑に対する

回答書であると伝えられている。[158] そうした中、大平宏龍氏は真蹟を検討し、『十三問答抄』の奥書に署名・花押が記されており、これは『四帖抄』第一巻奥書以外には見られないとして注目している。また、『十三問答抄』では、推敲の跡が非常に多くの箇所で認められ、字句の加筆・訂正はもとより数行に亘っての削除もあると指摘している。[159] そのことから、もし『十三問答抄』を本果院日朝の質問に答えることを目的として著述したならば、本書を清書して送ったのではないかと推察している。これら十三箇条の条目を『日蓮宗宗学全書』を参考に挙げると以下のようになる。なお日隆の真蹟には、これらの条目が目次として列挙されていないので注意が必要である。

上巻

一、在世下種之事
　下種亘本因本果耶事
二、迹門顕妙法五字耶事
三、四重三種法華事
四、此経唯論二妙事
　本迹待絶二妙形事
　本迹正宗流通二妙不同事
　末代当時上二妙形事
五、不軽本迹兼備耶事
六、兼得迹門法釈事
　玄七云増道損生益迹門之釈事

上行体内権迹付嘱事
七、文句十云或用舎利釈事
八、序品首題之事
　下山抄迹門半分妙法義云云
下巻
九、安楽行品於後末世文事
十、勧発品後五百歳普賢行事
十一、随喜品五十展転最後人位事
十二、定業亦能転事
　尋云上妙法下普門之法不同事
　尋云観音念力還不転定業事
十三、当宗受戒作法事
　尋云本門円戒事
　尋云本門意戒体亘色心耶事
　尋云本門円戒機信入慧入何耶事
　尋云本門戒伝受時何以二心地一発二戒体一耶事
　尋云於二本門戒体一如何論二持犯相一耶事

尋云本門円戒功用事

尋云受持法華理戒体初信許事戒耶事(160)

『十三問答抄』の内容としては、十三の条目に対し解釈を加えたものであり、日蓮教学を体系的に網羅したものではなく、本迹の教相と末法の行相について述べられている。また株橋諦秀氏は、最後の第十三問答において、「当家受戒作法事」を詳しく解釈していることから、これが『本門戒体見聞』の底本となり、さらに『法華宗本門弘経抄』如来神力品全五帖中の第四、五帖の円戒についての再述になったのではないかと推察している。(161)

『十三問答抄』の述作時期であるが、本書は本果院日朝の質疑に対する回答書と伝わることから、日朝が日隆を初めて訪ねた永享七年以降とされている。また、『四帖抄』『五帖抄』の中に本抄の引用が認められることからも、『四帖抄』以前の著述であることが推定される。(162)この問題について、大平宏龍氏は、

本抄が誰かの質問に対する解答として生まれたかどうかは別として、教学形成の過程で研究が積み重ねられた結果があればこその『私新抄』であり『十三問答抄』であろう。(163)

と述べ、さらには、

日存・日道・日隆三師の「三代三十余年之間」の研究はまず日隆教学の綱要書としての『私新抄』に結実したが、基礎的研究の一部は、質問に答える契機を得たことによって更に検討が加えられ『十三問答抄』となったものであろう。(164)

と結論づけている。大平宏龍氏は具体的に『十三問答抄』の述作時期には触れられてはいないものの、ここでは一応、『四帖抄』以前の教学形成期の著述と分類しておきたい。

また近年、広蔵院日辰（一五〇八―一五七六）写本『十三問答抄』（京都要法寺現存）についての研究成果が報告されて

いる。そこでは、日辰写本の成立は、奥書の記載から天文八年（一五三九）十二月十一日であり、底本は日増（日辰の同門か）が天文六年（一五三七）冬頃に日郷門流末、堺本伝寺の住持より借用した本を書写したものであるとしている。さらに奥書には、天文八年十二月二十四日、師日在が出雲遊歴の折に手に入れた日勢写本を基に、自身の本へ校訂を加えた旨が記録されていることを指摘している。(165) この日辰写本からも、当時、京都を中心とした日蓮門下にとって、日隆教学の存在は一目置かれていたことは想像に難くない。なお、日隆の写本研究については未だ十分になされておらず、今後の研究課題としたい。

(二)　永享八年以降の著述

永享八年以降の著述において、奥書が認められるものとしては『法華宗本門弘経抄』、『開迹顕本宗要集』等の存在が確認できる。当時の日隆の足跡については、積極的に弘教活動を展開し、多数の寺院を開創・改宗・転派等を行っていることは第一項において確認してきた。永享八年以降の著述としては、『四帖抄』、『法華宗本門弘経抄』等を始めとする、いわゆる教学確立期、教学応用期の著述を中心として大部の著述を執筆していったことが知られる。そこで、これらの著述について具体的に概観していくことにしたい。

⑧『法華天台両宗勝劣抄』

『法華天台両宗勝劣抄』四巻は『四帖抄』とも呼ばれており、現在は尼崎本興寺に格護されている。『四帖抄』は題号や条目が示すように、天台家と当家との教義の相違を分別し、当家独自の教学を表明することを目的としていると思われる。

本抄の述作時期については、両山第六十四世本立院日芳（一七六一―一八三九）が文政十三年（一八三〇）に著した『日隆大聖人御一代徳行講演抄』において、永享元年に日隆が、本迹勝劣義を主眼として『四帖抄』を著し、妙本寺をはじめ京都の諸本山へ廻達したことを記している。(166) これに対し、泉日恒氏は『四帖抄』を永享元年の執筆とすること、本書を洛中諸山に廻達したことに対して疑義を呈している。すなわち、永享元年十月二十三日に日隆が著した『妙蓮寺内証相承血脈之次第条目之事』や、日隆直筆の本尊（永享元年六月十日宗久与之）と、『四帖抄』との筆跡を比較すると、『四帖抄』を永享元年と定めることには無理があると主張している。(167) また『十三問答抄』で先述したが、『十三問答抄』の書名が『四帖抄』『五帖抄』に確認できることからも、『四帖抄』は永享七年以降、『五帖抄』以前とすべきであると考えられる。さらに株橋諦秀氏は、

本興寺に現存する原本を拝すると、その筆跡は永享元年位の早期のものではなく、それよりもはるかに後年のものである。(168)

と述べ、『四帖抄』中に見える日隆の筆跡には書痙が認められることを指摘している。その上で、

永享元年に諸山に回達したというのは四帖抄ではなくて、法華天台両宗の不同を記したものであったのであろう。(169)

として、永享元年に諸山に廻達したのは『四帖抄』の草稿本的要素のあるものではないかと推察している。

これらの説に加えて大平宏龍氏は、真間弘法寺宗明の『開会抄』（永享六年）を引用する点からも少なくとも永享七年以降の著作であると推定している。(170) そして、日隆の法華経観については、迹門を理具三千、本門を事具三千、本地本門を事行の題目とした、いわゆる法体三重説が『四帖抄』において確立したとし、本抄を教学確立期の著述であると指摘している。

⑨『法華宗本門戒体見聞』

『法華宗本門戒体見聞』三巻は、『本門戒体見聞』『三帖抄』『戒抄』『本門戒壇見聞』『本門円戒抄』『開基戒抄』とも呼ばれ、[171]尼崎本興寺に格護され、第三帖の各題号の真蹟が香川県國祐寺に現存している。[172]しかし、真筆は現存せず、直弟子と思われる写本が現存しており、五箇所の日隆の加筆が確認されていることから、当初からそのような形で形成されたのではないかとも指摘されている。[173]

内容は当家の戒について示されたものであるとされており、大平宏龍氏は、『戒体即身成仏義』『本門戒体抄』の内容について、『観心本尊抄』等の主要遺文の内容から検討を試みたものであり、日蓮門下の教学史上において、本門円戒を主題とする著述として貴重なものであるとしている。[174]また、『本門戒体見聞』の述作時期については、『十三問答抄』最後の第十三問答において、「当家受戒作法事」が『本門戒体見聞』の底本となったとされている。さらに『法華宗本門弘経抄』では、如来神力品全五帖中の第四、五帖の円戒についての再述になったのではないかと指摘されることからも、本抄は『私新抄』と『四帖抄』の間に書かれたとする説もある。[175]さらに大平宏龍氏は、『名目見聞』第十二帖には『三帖抄』としての引用が散見でき、[176]『法華宗本門弘経抄』では『本門戒体見聞』[177]『戒抄』[178]、『開迹顕本宗要集』では『本門円戒抄』[179]『本門戒壇見聞』[180]としての引用が確認できるとしている。その上で、具体的な成立年については言及していないが、『本門戒体見聞』は、『十三問答抄』以降、『名目見聞』『法華宗本門弘経抄』『開迹顕本宗要集』以前の成立であると推定している。[181]

⑩『玄義教相見聞』

『玄義教相見聞』一巻は、『玄義教相下』『一帖抄』『十五段抄』(182)とも呼ばれており、現在は尼崎本興寺に格護されている。内容としては、天台三大部の玄義所説の教判について解釈したように見受けられるが、外宜迹面の天台の教相を解釈したものではなく、内鑑本密の天台である当家の本迹の問題を述べたものであるとされている。(183)

また述作時期については、『玄義教相見聞』解説では、『名目見聞』に『一帖抄』の引用が確認できることから『名目見聞』以前の著述であることが分かる。また株橋諦秀氏は、

名目見聞執筆中の著にして、名目見聞の第五巻の後、後五巻の前の著述と拝するのが至当である。(184)

と指摘しており、文安三年日隆六十三歳頃であると推定している。さらに大平宏龍氏は、文安三年頃の著述であることにほぼ異義はないとしつつ、『名目見聞』に引用される『一帖抄』について、『玄義教相見聞』であるとする説に疑義を呈している。すなわち『五帖抄』の、

尋云、迹与ノ本。案位昇進相如何。

答、此事委如二一帖抄五時ノ下一以上。(185)

天台宗義云、十界案位昇進有之以上。観心案位昇進沙二汰之一以上。委ハ一帖五時見聞法花下有レ之可レ見レ之以上。(186)

の文を挙げ、『玄義教相見聞』には「五時の下」とする箇所が見受けられないことを指摘している。さらに、

私云　此三重ノ理ノ事五時一帖見聞ニ有リレ之レ可シレ見ル合セレ之ヲ云々。(187)

尋云、大和ノ荘ノ御義ニ一代ヲ四ケノ三諦ト習フ事如何。

答　阿含円融三諦。方等覆疎三諦。般若双非双照三諦。無量義経不思議三諦也。玄義云々。五時一帖見聞有之可
見合之云々。[188]

等の文を挙げ、『五帖抄』『名目見聞』中に引用される『一帖抄』とは、その多くが天台宗の義を述べる場合に引用する書物であって、『名目見聞』に『玄義教相見聞』の引用はないと指摘している。[189] また『玄義教相見聞』には、

次に四教をもって五時に収め、五時をもって面となして一代諸経を判ずる時の法華経は、妙法蓮華経をもって主となす。故に、本迹勝劣をもって経旨となして、しかも一部共に本門の意なり。委しくは名目見聞にあり云云。[190]

とあることからも、『名目見聞』の引用が認められる。よって『玄義教相見聞』の述作時期をおよそ六十歳を過ぎた頃の教学確立期の著述ではないかと推察している。[191]

⑪『日蓮所立本門法華宗五時四教名目見聞』

『日蓮所立本門法華宗五時四教名目見聞』一六巻（未完）は『名目見聞』とも呼ばれ、『御聖教惣目録』によると「名目見聞十巻」「五帖抄五巻」「名目見聞条箇一巻」と併記しているが、同一書を分けて記したようであり、一六巻本であることが指摘されている。[192] また、初めの二巻を『相伝法門抄』と称し、『二帖抄』ともいい、また最後の五巻を、『五帖抄』と称し、現在は尼崎本興寺に格護されている。内容としては、天台教学における四教五時判を当宗の立場より解説したものであるとされる。[193]

述作時期については、本文中に『十三問答抄』『四帖抄』『一帖抄』の引用が確認できることから、それらの著述以降の執筆であり、『法華宗本門弘経抄』以前の著述であるとしている。[194] さらに株橋諦秀氏は、本抄の『五帖抄』部分の内容が『法華宗本門弘経抄』の大意の十巻の内容とほとんど同じであることから、おそらく『五帖抄』は『法華宗本

門弘経抄』大意の草案となったものであると推察している。[196]

この説に加えて、大平宏龍氏は『名目見聞』の諸本を調査し、本抄が近江国柏原成菩提院円乗寺の開基である宝幢院貞舜（一三三四―一四二二）『天台名目類聚鈔』（『七帖見聞』とも称す）の構成に負っていると指摘している。[196] また、『五帖抄』部分である「法華の下」は、当初「序の下」の一部であった可能性を示唆し、後に独立したものであるため、『五帖抄』が『名目見聞』と別本であると伝承されてきたのではないかと推定している。[197] なお、述作時期については、文安三、四年、日隆六十二、三歳頃の教学応用期の作ではないかとしている。[198]

⑫『止観見聞』

『止観見聞』は一六巻からなり、尼崎本興寺に格護されている。本抄は翻刻されておらず、『御聖教物目録』には『止観見聞』とあるが、『法華宗本門弘経抄』には『止観大綱抄』としての引用が一箇所確認できる。[199] また大平宏龍氏によれば、具名は『本門法華宗摩訶止観一部見聞』であることを紹介し、『御聖教物目録』に記される『止観見聞』には調巻の誤りがあり、正しくは以下のような調巻であるとしている。

第一　止一　縁起、序分
第二　止一　大綱、四種三昧
第三　止一　法下、三種止観
第四　止一　発大心
第五　止二　常坐三昧
第六　止二　常行三昧

第七　止二　半行半坐三昧
第八　止二　非行非坐三昧
第九　止三　感大果〜帰大処
第十　止四　具五縁
第十一　止四　呵五欲〜行五法
第十二　止五〜六　起慈悲心〜破法遍
第十三　止七　識通塞〜知次位
第十四　止七　能安忍〜無法愛
第十五　止八　煩悩境〜病患境
第十六　止九〜十　禅定境〜諸見境[200]

『止観見聞』の内容については、『摩訶止観』を日蓮義を以て解釈を試みたものであり、『三大部略大意抄』（その内『摩訶止観』分は二巻）に匹敵する分量であることからも、『摩訶止観』解釈において重要な資料であることを指摘している。また、『止観見聞』には『私新抄』の引用が確認でき、『法華宗本門弘経抄』に『止観大綱抄』としての引用が見られることからも、『私新抄』以降『法華宗本門弘経抄』以前の著述であると推察している。[201]

⑬『六即私記』

『六即私記』三巻は、尼崎本興寺に格護されている。内容としては、智顗が創立した法華円教の六即位について台当両家の異目を明らかにし、当宗の成仏は六即一即の名字信位の下種即成にあることを解釈したものであるとされている。[202]また、本抄は幕末の皆成派・久遠派の論争において両派が共に盛んに引用されたようである。[203]本抄の述作時期については、株橋諦秀・泉日恒両氏とも上巻の初めに、

委は四帖抄二帖抄名目見聞法華下の如也云々[204]

とあることから、『四帖抄』、『名目見聞』より後、『法華宗本門弘経抄』以前の著であると推定している。[205]

⑭『私経大意』

『私経大意』は四巻からなり、尼崎本興寺に格護されている。内容としては、『法華経』を基礎として、一念三千・顕本論・下種論等といった種々の問題を採り上げて解釈を加えたものである。『私経大意』では特に、『法華経』解釈における、本迹一致の起因を中心として説かれており、最終的には本迹勝劣・本門八品の思想こそが正意であると結論づけられている。しかし、一瞥しただけでは、日隆が本迹一致を容認しているようにも見受けられるため注意が必要である。そのため、『法華宗本門弘経抄』等といった著述とは、教義解釈の上では同じであるが、他の著述に散見される日道・日存の口伝等は引用されていないことが注目できる。また大平宏龍氏は、「内容的には『弘経抄』の基本構想、特にその「大意」の構想の前段階のものかと考えるが、改めて『私経大意』の筆跡を検討することも必要である。[206]」と述べ、述作時期については『私新抄』の後であると推定している。

⑮『法華宗本門弘経抄』

『法華宗本門弘経抄』一一七巻（本文一一三巻、目録四巻）は、尼崎本興寺に格護されている。内容としては、『法華経』を文文句句について解釈したものであり、特徴としては当家の立場、すなわち本地本門の立場（法体三重説）から

天台三大部本末、及び中古天台の義に対して日蓮義を以て解釈を目指したものである。よって、日蓮遺文を規範として、天台教学、さらには一切の経典を解明しようとしたものである。[207]

構成内容は、大意一〇巻、通序一〇巻、別序四巻、方便品九巻、譬喩品五巻、信解品五巻、薬草喩品三巻、授記品一巻、化城喩品六巻、五百弟子受記品三巻、授学無学人記品一巻、法師品四巻、宝塔品二巻、提婆品三巻、勧持品一巻、安楽行品五巻、涌出品四巻、寿量品一三巻、分別功徳品四巻、随喜功徳品一巻、法師功徳品二巻、常不軽品二巻、神力品五巻、嘱累品一巻、薬王品二巻、妙音品一巻、観音品二巻、陀羅尼品一巻、妙荘厳王品一巻、普賢品二巻からなることが確認でき、迹門部分は計六二巻、本門部分は計四一巻となっている。特に本門八品については計三二巻から構成されており、本門部分の約八割を占めている。。また、『名目見聞』の項で触れた通り、『五帖抄』は『法華宗本門弘経抄』大意の草案となったとされる。[208]さらに、神力品釈の第一〇二帖、一〇三帖では、『本門戒体見聞』の大部分が用いられている。

そして、本抄の述作時期については、第一〇四巻嘱累品釈の末に、

記者既に六十九なれば廃亡の義これあるべし、悲哉々々云云[209]

とあり、株橋諦秀氏は文安三、四年頃、[210]泉日恒氏によると宝徳元年頃から執筆されたと推定している。[211]

ところで、『法華宗本門弘経抄』述作に当り、日隆はどの『法華経』の版本を基礎としたのであろうか。この問題について大平寛龍氏は、『科註妙法蓮華経』に注目し、『科註妙法蓮華経』が『心空嘉慶版妙法蓮華経』によって校合がなされたことを提示している。その上で、『法華宗本門弘経抄』には「科註」「科注」「妙科」として記された箇所が三一箇所あることから、『科注妙法蓮華経』を引用ないし参照したと指摘している。[212]

なお、『法華宗本門弘経抄』の述作次第と、『法華宗本門弘経抄』中に引用される天台典籍の中でも、特に多用され

る『三百帖』との関係性については第二章において考察することにする。

⑯『開迹顕本宗要集』

『開迹顕本宗要集』は題号にあるように、当時の天台教学において論議された宗要集を算題に従って本地本門の立場より解説されたものである。日隆は宗要集を解説するに当り、その算題を、①仏部一三巻（仏部「二仏並出」の上下巻中、下巻については上巻とほぼ同意であり、日隆自身「最略本、移すべからず」と断わっていることからも、翻刻されていない）[213]、②菩薩部七巻、③二乗部八巻、④五時部一二巻、⑤教相部一〇巻、⑥雑部一六巻に区分している。

『開迹顕本宗要集』は、日隆の著述中、唯一奥書によってその述作の経緯を知ることができる。本抄は、『法華宗本門弘経抄』の奥書に見える享徳二年の八月下旬頃から、康正二年（一四五六）十一月頃にかけての著述であることが推定でき、日隆六十九歳頃から七十二歳頃までの約四年間に執筆されていると思われる。また、『開迹顕本宗要集』の奥書について、年代順に並び換えたものが【表4】である。【表4】を概観すると、日隆は各算題について順を追って執筆したのではないことが理解できる。この問題について大平宏龍氏は、各算題の重要度を「上上品」「上品」等の語をもって判断し、①享徳二、三年の著述は「上」にランクされる算題のみであること。②享徳四年（一四五五）前半も「上」が多数を占め、後半から「中」が混じり、「下」は康正二年になって現れる。③このランクづけは日隆教学上においてどうかということが基準となり、公場対決も考慮している。④享徳三年（一四五四）にのみ、「満」という年齢表現が見られる。⑤「可訪」の語は享徳四年以降に多いとして論をまとめている[214]。そして、日隆の大部の著述の成立については、草稿→再治→定稿の如く、次第に叙述が整えられてゆく過程が窺えると指摘している[215]。すなわち、『開迹顕本宗要集』の各算題や『法華宗本門弘経抄』を含め、同時進行的に作成されていった可能性が示唆されるのである。

また日隆自身、奥書において確認できるように、体調が芳しくないことは当然のことであり、死期が近いことを自覚していたのではないだろうか。さらに、当時の社会情勢や自身滅後の教団の維持・発展等といった諸問題に対し、苦慮していたのではないかとも推察する。

ところで、『開迹顕本宗要集』はどのような天台宗の宗要集に、当家の立場から解釈を加えたのであろうか。この問題について泉日恒氏は、

本抄は天台恵心流の算題集たる「宗要抄」に準じて、此れを開迹顕本して当宗の宗要を明かせしもの、故に開迹顕本宗要と名付くるなり。[216]

と指摘し、天台恵心流の『宗要抄』を応用して当家の立場から解釈を加えたとしている。また株橋諦秀氏は、

此の隆師の仏・菩薩・二乗・五時・教相・雑と列次するところが本宗独自の立場である。[217]

と述べ、『開迹顕本宗要集』の算題の列次は日隆の独自の立場であるとしている。さらに北川前肇氏は、

日隆は、恵心の略頌口伝の次第を、法華本門流通の立場から強固に意義づけ、『開迹顕本宗要集』を執筆したものと思われる。[218]

と主張し、恵心流の略頌口伝の宗要集から当家の解釈を加えていると提起している。そして大平宏龍氏は、『開迹顕本宗要集』に六〇箇所以上の引用が見える『類聚抄』に注目し、

隆師が、『宗要』述作に当って、本算の内容についての論究点、つまり「尋ね」について、必ず「天台宗の尋ねの分」と「当宗の尋ねの分」を別けて記し、日蓮義としての強調点を明らかにしようとするのであるが、その「天台宗の尋ねの分」は、『類聚抄』に拠っていることが明らかであり、そのことをたどってゆけば、『類聚抄』とは『政海類聚鈔』であることが明白になるようである。[219]

と結論づけている。さらに、この説を補強するために『類聚抄』と『政海類聚抄』（大谷大学所蔵本）を対照し検討している。

【表4】『開迹顕本宗要集』年代順別奥書一覧

番号	年号	年齢	巻数	算題	論題	奥書
1	享徳二年	六九	第一巻	仏部第一	二仏並出	享徳二年八月下旬より宗要を書き初むるなり　記者六十九　訪ぬべし訪ぬべし
2				仏部第二	前後自受用	享徳二年九月末記し竟んぬ
3				仏部第九	自受用有所居	記者六十九云云
4				仏部第一二	開三顕一	享徳二年十一月九日に之を記し訖んぬ記者六十九云云
5			第四巻	教相部第六	四教八相	享徳二年末　本興寺述記
6	享徳三年	七〇	第四巻	教相部第九	一生入妙覚	享徳三年卯月十五日　記者七十歳
7			第二巻	二乗部第二	帯権二乗	記者七十歳
8			第四巻	教相部第一	四経四門実理	述記七十歳
9			第五巻	雑部第十	四信五品	記者七十歳
10				雑部第十四	決定業転	記者七十歳
11				雑部第十二	無性有情	享徳三年極月十二日記し竟んぬ　記者満七十歳
12			第二巻	二乗部第八	三周在座	記者満七十歳
13			第三巻	五時部第六	説五時次第	記者満七十歳
14				五時部第九	二経勝劣	記者満七十歳

番号	年	年齢	巻	部	題	奥書
15			第二巻	二乗部第四	定性証拠	述記満七十歳邪
16	享徳四年	七一	第三巻	五時部第二	爾前分身	享徳四年（乙亥）正月一九日竟んぬ　記者七十一歳　訪ぬべし〳〵
17				五時部第三	三身即一	享徳四年二月五日記し竟んぬ　記者七十一歳
18				五時部第十一	爾前記悪	享徳四年四月中旬　記者七十一歳
19			第四巻	雑部第二	法華授記	享徳四年四月上旬末　記者七十一歳
20			第五巻	雑部第四	十界互具	享徳四年閏四月二十九日記し竟んぬ　七十一歳述
21				雑部第三	十界性真	享徳四年五月上旬　七十一歳述　訪ぬべし〳〵
22				雑部第六	二界増減	享徳四年五月廿二日記し竟んぬ　記者七十一歳なり　病中之を記す　訪ぬべし〳〵
23				雑部第五	六根外境	享徳四年六月十六日記し竟んぬ　記者七十一歳なり　訪ぬべし〳〵
24			第二巻	二乗部第三	法華二乗	享徳四年七月下旬記し竟んぬ　記者七十一歳　悲しむべし悲しむべし
25				二乗部第五	住果声聞	享徳四年七月下旬記し畢んぬ　記者七十一歳　悲しむべし悲しむべし
26	康正元年			二乗部第六	三周証人	康正元年八月末之を記し竟んぬ　尼崎本興寺常住
27				二乗部第一	住果縁覚	康正元年九月の初に記し竟んぬ　尼崎本興寺述記
28				二乗部第七	二乗智断	康正元年（乙亥）九月中旬記し畢んぬ　尼崎本興寺　七十一歳述記
29			第四巻	教相部第七	三惑前後	康正元年十月上旬竟んぬ　記者七十一歳　訪ぬべし〳〵云云　本興寺常住
30				教相部第二	初住寿命	康正元年十月二十三日　本興寺述記
31				教相部第四	初住証入	康正元年十二月上旬　七十一歳　之を記す　本興寺常住
32			第三巻	五時部第七	分身説法	求法沙門　七十一歳述記
33	康正二年か		第四巻	教相部第八	四教証拠	康正元年正月　日　本興寺記

番号	年	年齢	巻	部	題	記
34	康正二年	七二	第五巻	雑部第七	九識証拠	康正二年正月十三日記し竟んぬ　記者七十二歳　訪ぬべし〱　尼崎本興寺述記
35				雑部第十五	三感同体	康正二年正月二十四日記し竟んぬ　本興寺述記　記者七十二歳　訪ぬべし〱
36				雑部第一	二種相即	康正二年二月中旬記し竟る　記者七十二歳　訪ぬべし〱　本興寺述
37				雑部第十一	人天感仏	康正二年二月下旬　本興寺述記
38				雑部第八	人天小善	康正二年三月上旬記し竟る　本興寺　記者七十二歳
39				雑部第十六	涅槃四依	康正二年三月下旬　本興寺　記者七十二歳　訪ぬべし〱
40			第二巻	菩薩部第一	四依供仏	康正二年卯月上旬　本興寺述記
41				菩薩部第四	前三教実行	康正二年卯月十三日　本興寺述記
42				菩薩部第三	三教不退	康正二年卯月下旬　本興寺述記
43				菩薩部第二	補処住天	康正二年五月一日　本興寺述記　七十二歳
44			第三巻	五時部第一	兼但対帯	康正二年五月　日　本興寺述記　七十二歳
45				五時部第十二	五時証拠	康正二年六月八日　本興寺述記　七十二歳　訪ぬべし〱
46				五時部第八	浄穢涅槃	康正二年六月下旬　本興寺述記
47				五時部第四	後番五味	康正二年七月　日　本興寺記
48				五時部第十	涅槃四依	康正二年七月下旬　本興寺述記　七十二歳　訪ぬべし〱
49			第四巻	教相部第三	住上超次	康正二年九月日　本興寺述記　七十二歳
50				教相部第十	三種四教	康正二年十一月　日　本興寺述記

⑰『玄義一部見聞』

『玄義一部見聞』二巻は、尼崎本興寺に格護されており、本門仏立宗においては『玄義御見聞』と呼ばれているようである。(220)『玄義一部見聞』は、後の『三大部略大意抄』の『法華玄義』分の草稿本として述されたと思われるが、『三大部略大意抄』の全体については翻刻されておらず、その詳細は不明である。大平宏龍氏によれば、『三大部略大意抄』の草稿の感が強いとする一方、内容的には『三大部略大意抄』と相補的な箇所も存在すると指摘しており、(221)本項では、『三大部略大意抄』の前に置くこととする。

⑱『本門法華宗開迹顕本玄文止三大部略大意抄』

『本門法華宗開迹顕本玄文止三大部略大意抄』一七巻（未完）は、『三大部略大意抄』とも呼ばれており、尼崎本興寺に格護されている。当初は、『本門法華宗玄文止三大部大意抄』から『本門法華宗開迹顕本玄文止三大部大意抄』となり、『本門法華宗開迹顕本玄文止三大部略大意抄』となったようである。(222)その内容としては、天台三大部の『法華玄義』『法華文句』『摩訶止観』の大意を述べたものであり、一文一句の注釈ではないとの指摘がある。(223)また大平宏龍氏は、日隆の三大部研鑽は玄・文・止それぞれに対する著述が次第に詳細に記される流れの中で、最終的に『三大部略大意抄』として構想されたものであると推察している。(224)

本抄の述作時期については、『止観大意』の下に「康正三年六月上旬、尼崎本興寺述記」とあることから、日隆の晩年の著述であり、七十三歳頃の著であると指摘している。(225)さらに株橋諦秀氏は、

一巻でも多く遺したいという念願から記述されたものがこの一七巻となったのであろう。若し体力と健康が許す

ならばこれよりもつと多くなつていたであろう。(226)
とし、未完で終わっていると推察している。

小結

以上、日隆の生涯と教化活動について概観してきた。日隆はその生涯において、建立・改宗・転派等、関係したと伝承する寺院は約一八箇所を挙げることができ、弘法者の一端を垣間見ることができる。それと同時に、三〇〇巻近くに及ぶ著述を著したことからも、求法者の一面をも知ることができる。日蓮滅後、日蓮門下において日隆以外にも学匠として知られる僧侶や、弘法者として著名な僧侶も多数存在する。しかし、日隆の場合、行学二道を実践し、求法者・弘法者としての両面を両面を兼ね備え、現在においてもなお、これだけの功績が伝承されていることからも刮目できよう。

なお、これら日隆の足跡についてまとめたものとして【表5】(227)を作成した。【表5】では、日隆の主な事跡と、著述関係の活動を二段に分けて提示することで、日隆の弘教活動と著述活動について比較できるようにした。

【表5】日隆の足跡・著述関係略年譜

年号	年齢	日隆事跡	日隆著述関係
至徳二年 元中二年 （一三八五年）	一	一〇月一四日、越中国射水郡に桃井右馬頭尚儀・益子の次男として誕生、長一丸と呼ばれる（『両山歴譜』、『開迹顕本宗要集』奥書より逆算）	

年	年齢	事項
明徳二年 元中八年 （一三九一年）	七	学芸を習い始める（『両山歴譜』）
応永三年 （一三九六年）	一二	遠成寺に入り慶寿院を師として出家（『徳行講演抄』）
応永三年 （一三九七年）	一二	九月二六日、母益子逝去（『徳行講演抄』）
応永九年 （一四〇二年）	一八	上洛し妙本寺日霽の門に入り、日存・日道に就学（『両山歴譜』・諸伝記）
応永一二年 （一四〇五年）	二一	二月四日、日霽遷化（五七歳）、月明が妙本寺を継承（二〇歳）、法儀の乱れのため非を責めるも改めず（諸伝記）
応永一六年 （一四〇九年）	二五	一二月二三日、日善（日道）本成寺に日陣を訪問（『童矇』） 三月一日、日立『観心本尊得意抄』書写（本興寺蔵） 一一月四日、日善（日道）『開目抄』書写（本興寺蔵）
応永一七年 （一四一〇年）	二六	日存・日道・日隆、妙本寺退出後、諸方遊学 四月八日、日存・日隆、日陣法門 六月、日道・日隆その他五師、日陣を訪問（『童矇』）
応永二〇年 （一四一三年）	二九	五月三日、月明僧正に任ぜられる 六月二五日、妙本寺は比叡山衆徒に破却。月明は若狭に非難
応永二一年 （一四一四年）	三〇	七月八日、月明口宣召返される 妙本寺諸堂諸方に寄せられる 一〇月二五日、日存・日道、妙本寺の乱れを正すため起請文を入れて帰山（『妙顕寺文書』）
応永二二年 （一四一五年）	三一	油小路高辻と五条坊門との間に本応寺建立。 九月一二日、下宮談義所勧学法印善深より『法命集』を贈られる。（奥書）

年	年齢	事項
応永二三年（一四一六年）	三二	旧臣中村元成、叛臣元助を討って所領を回復せんことを請う。童形の自像を与える（『徳行講演抄』） 七月一七日、日存『開目抄』書写（本興寺蔵） 『他宝抄』述作か（『教学概論』）
応永二四年（一四一七年）	三三	一一月四日、日存・日道、日霽一三回忌に起請文提出（『徳行講演抄』）
応永二五年（一四一八年）	三四	三月二八日、日隆起請文提出。本応寺を寄進して妙本寺に帰山（『妙顕寺文書』） 月明を相容れず再度三師妙本寺を退出（『両山歴譜』） 日隆河内三井村に布教、後に本厳寺建立（『両山歴譜』・諸伝記）
応永二六年（一四一九年）	三五	一〇月一五日、日存、賢従に戒を授ける（『本能寺文書』）
応永二七年（一四二〇年）	三六	細川満元の外護を得て、尼崎に本興寺を建立（『両山歴譜』・諸伝記）
応永二八年（一四二一年）	三七	3月26日、日存遷化、五三歳（『両山歴譜』）
応永三〇年（一四二三年）	三九	今年迄四ヶ年の間に本興寺堂宇完成（『徳行講演抄』）
応永三一年（一四二四年）	四〇	二月一七日、日道遷化、四二歳（『両山歴譜』） 五月二六日、越中元成寺中村元成入道永寂（『徳行講演抄』）
応永三三年（一四二六年）	四二	日永三回忌と先祖供養の為、越中に下向。色ヶ浜にて祈祷し、禅宗金泉庵住持義乗改宗。後に本隆寺建立。敦賀大正寺円海を帰伏せしめて本勝寺とし、名を日従と与える（『徳行講演抄』）
応永三四年（一四二七年）	四三	四月二九日、京都深円（日隆）四貫五百文にて尼崎の土地を買得（本興寺蔵）

年	年齢	事蹟	著作
正長元年（一四二八年）	四四		一〇月一三日『三種教相見聞』書写（真蹟確認）
永享元年（一四二九年）	四五	京都に本応寺再建。	一〇月二三日、『妙蓮寺内証相承血脈之次第条目事』を著す（『本興寺文書』） 『四帖抄』（草稿本か）を著し、門下に回達（『両山歴譜』） 『私新抄』『本尊抄文段』述作か（『教学概論』）
永享五年（一四三三年）	四九	本応寺を六角大宮に移転、本能寺と改める（『両山歴譜』・諸伝記）	
永享六年（一四三四年）	五〇	一月一日、願文入曼荼羅本尊を著す（本能寺蔵）	
永享七年（一四三五年）	五一	光長寺日朝、本能寺に日隆と会談、一味法水の盟約を結ぶ（『両山歴譜』・諸伝記） 一〇月二六日、本能寺に逆修石塔建立（本能寺蔵）	『四箇口決』『六箇口決』『当家要伝』（永享八年以前か） 『十三問答抄』（『四帖抄』以前か） 『四帖抄』（永享七年以降）
永享八年（一四三六年）	五二		『御書文段集』（『本尊問答抄』奥書、永享八年前後か）
永享一一年（一四三九年）	五五	河内古戦場を巡化、加納付近にて薬師堂を改めて法華寺とする（『両山歴譜』・諸伝記）	
嘉吉二年（一四四二年）	五八	淡路妙勝寺、転派して日隆門流に帰す（『両山歴譜』）	
文安一年（一四四四年）	六〇		『玄義教相見聞』（六〇歳前後か） 一二月一二日『本能寺條々法度本尊勧請起請文之事』を記し、衆徒に連署させる（『本能寺文書』）
文安三年（一四四六年）	六二		九月二三日、智本、久遠立正寺で『富木入道御書』書写（奥書） →『名目見聞』（文安三、四年頃か）

年	年齢	事績	著述
文安四年（一四四七年）	六三		一月二六日、智本、久遠立正寺で『観心本尊抄副状』書写（奥書）
宝徳一年（一四四九年）	六五	西国に布教、牛窓本蓮寺を改宗 備中高松川上道蓮を教化して本隆寺建立 宇多津に本妙寺建立 兵庫久遠寺を末寺とする（以上『徳行講演抄』）	
宝徳二年（一四五〇年）	六六	日信、本能寺住職となる（『両山歴譜』） 二月一日、本興寺嗣法職の式を定める（『本能寺文書』）	二月下旬、『宇多津弘経院法度』を著す（『本妙寺文書』）
宝徳三年（一四五一年）	六七	堺顕本寺建立（『両山歴譜』） 日典が弟子となる（『両山歴譜』）	二月一日、『信心法度一三ケ条』を定む（『妙蓮寺文書』） 『日隆聖人未来遺言之事』を著す（『本能寺文書』）
享徳一年（一四五二年）	六八	日登を本興寺住職とする。 三井学頭常住院帰伏して日学となる（『両山歴譜』） 七月下旬、宇多津本妙寺に寺号授与	
享徳二年（一四五三年）	六九		『法華宗本門弘経抄』（『薬王菩薩本事品』奥書、文安三・四年～享徳二年頃）、 八月、『開迹顕本宗要集』を著述し始める（奥書、享徳二年～康正二年頃）
享徳三年（一四五四年）	七〇	堺の仏師浄伝に日隆像を彫刻せしむ（『両山歴譜』） 勧学院創立（『両山歴譜』）	
康正一年（一四五五年）	七一	日澄に僧名授与（本興寺蔵） 四月～五月、日隆発病（『開迹顕本宗要集』） 五月三十日、本能寺日信遷化、三四歳（『両山歴譜』）	
康正二年（一四五六年）	七二	日明、本能寺住職となる（『両山歴譜』）	
康正三年 長禄元年（一四五七年）	七三		六月上旬、『三大部略大意抄』（『止観大意』奥書、長禄元年前後か『教学概論』）

長禄二年（一四五八年）	七四	五月中旬、牛窓本蓮寺に寺号授与（『法華宗経王山本蓮寺　寺宝と歴史』） 五月中旬、長遠寺に寺号授与（『本能寺文書・什宝等目録』） 九月上旬、本教寺住持日忠に本尊授与（『大本山本興寺寺宝目録』）	←
長禄三年（一四五九年）	七五	六月一八日、本興寺日登遷化、三八歳（『両山歴譜』）	
寛正一年（一四六〇年）	七六	日禎、本興寺住職となる（『両山歴譜』） 日与、一条兼良に要品を講じ讃辞を得る（『両山歴譜』）	
寛正四年（一四六三年）	七九	四月二一日、日典遷化	五月十三日、『本能寺法度』七ケ条を定む（『本能寺文書』）
寛正五年（一四六四年）	八〇	一月二五日、義乗に隆勝坊の坊号授与（本隆寺蔵） 二月二五日、日隆遷化、八〇歳	

註

（1）【表2】は小西徹龍『日隆聖人略伝』（東方出版、一九八五年）二二八頁以下、大平寛龍編「慶林日隆聖人関係研究文献目録」等を参考とした。

（2）本書は、『大獅子吼』『大放光』『仏立教務』等といった大正から昭和期において発行された雑誌に掲載されたものを纏めたものである。

（3）小西徹龍『日隆聖人略伝』三頁。

（4）『隆教』第一巻四四頁。

（5）近世の著述では、十歳説として【表2】4、6、7、8、13、十一歳説として【表2】1、2、十二歳説として【表2】12

等が挙げられる。

(6) 株橋諦秀「日隆聖人教学の序説」。

(7) 小西徹龍『日隆聖人略伝』三六頁以下。

(8) 「日隆聖人教学の序説」五七頁。

(9) 藤井学・波多野郁夫編『本能寺史料　古記録篇』(法華宗大本山本能寺・思文閣出版、二〇〇二年) 所収。『両山歴譜』日心本は尼崎本興寺に所蔵されているため、本能寺蔵写本の翻刻である。

(10) 『本能寺史料　古記録篇』四〇九頁、五五〇頁。また、日隆が上洛した年齢について、『徳行講演抄』では十四歳としている。さらに小西徹龍氏は、『三七日忌法則』より十八歳説を採用している。

(11) 『隆全』第八巻六〇一頁。

(12) 『龍華秘書』『宗全』第一九巻一二四頁。

(13) 『龍華秘書』『宗全』第一九巻六三頁。

(14) 辻善之助『日本仏教史』(岩波書店、一九四四年〜一九六一年) 第五巻三七七頁以下、立正大学日蓮教学研究所編『日蓮教団全史　上』(平楽寺書店、一九六四年) 二三二頁。

(15) 『本能寺史料　古記録篇』五五一頁。また光顕院日唱 (一七三八—一七八四) 本についても『本能寺史料　古記録篇』四一〇頁に同様の記載が見られる。

(16) 『本能寺史料　古記録篇』四〇九頁、五五一頁、『法華宗年表』(法華宗宗務院、一九七二年) 五四頁。

(17) 小西徹龍『日隆聖人略伝』六八頁。

(18) 『隆全』第七巻二三〇頁以下。

(19) 『龍華秘書』『宗全』第一九巻七七頁。

(20) 小西徹龍『日隆聖人略伝』八五頁以下。

(21) 小西徹龍『日隆聖人略伝』九九頁以下。

(22) 小西徹龍『日隆聖人略伝』七八頁以下。

(23) 『隆教』第一巻三〇七頁。

(24)『隆全』第九巻三一四頁。
(25)株橋諦秀「日隆聖人教学の序説」五八頁。
(26)小西徹龍『日隆聖人略伝』九一頁以下。
(27)小西徹龍『日隆聖人略伝』一二一頁。
(28)小西徹龍『日隆聖人略伝』一二〇頁以下。
(29)小西徹龍『日隆聖人略伝』一一四頁以下。
(30)小西徹龍『日隆聖人略伝』一一六頁。
(31)『本能寺史料　古記録篇』四一〇頁、五五二頁、小西徹龍『日隆聖人略伝』一二二頁以下。
(32)『法華宗年表』五八頁。
(33)『法華宗年表』五八頁。
(34)『法華宗年表』五九頁。
(35)『本能寺史料　古記録篇』四一二頁、五六四頁。
(36)日隆の外護者の中において、有徳人と呼ばれる人々の存在については、小西徹龍「慶林日隆と有徳人について」(『日蓮教学研究所紀要』第三〇号、二〇〇三年)に詳しい。
(37)先行研究として、株橋諦秀「日隆聖人教学の序説」、『泉日恒先生著作集』第八巻八五頁等が挙げられる。
(38)『本能寺文書』『宗全』第二〇巻二三三頁。
(39)『本能寺文書』『宗全』第二〇巻二三七頁。
(40)糸久宝賢「室町時代における京都本能寺の展開」(『日蓮教学研究所紀要』第八号、一九八一年)、糸久宝賢『京都日蓮教団門流史の研究』(平楽寺書店、一九九〇年)八四頁以下。
(41)『本能寺史料　古記録篇』五五五頁。また日唱本についても『本能寺史料　古記録篇』四一三頁に同様の記載が見られる。
(42)小西徹龍『日隆聖人略伝』一七八頁。
(43)『本能寺史料　古記録篇』五五五頁。また日唱本についても『本能寺史料　古記録篇』四一五頁に同様の記載が見られる。
(44)『宗全』第二〇巻二八三頁。

(45) 小西徹龍『日隆聖人略伝』二〇八頁。
(46)『本能寺文書』『宗全』第二〇巻二八二頁。
(47) 小西徹龍『日隆聖人略伝』二〇八頁。
(48)『本能寺文書』『宗全』第二〇巻二八三頁。
(49)『日蓮宗教学史』五頁。
(50)『本能寺史料　古記録篇』五五九頁。
(51) 小西徹龍『日隆聖人略伝』二〇五頁。
(52) 小西徹龍『日隆聖人略伝』二〇五頁。
(53)『本能寺史料　古記録篇』五五八頁。
(54) 小西徹龍『日隆聖人略伝』二一〇頁以下。
(55)『法華宗年表』六七頁。
(56)『法華宗年表』六八頁。
(57)『法華宗経王山本蓮寺　寺宝と歴史』(宗教法人本蓮寺、二〇一一年) 一二一頁、一六一頁。
(58)『大本山本興寺寺宝目録』(大本山本興寺、一九九一年) 二頁。
(59)『本隆寺文書』、小西徹龍『日隆聖人略伝』二五三頁。
(60)『法華宗年表』、小西徹龍『日隆聖人略伝』、『法華宗宗門史』(一九八八年、法華宗宗務院)、『本能寺史料　古記録篇』等に拠った。
(61) 小西徹龍『日隆聖人略伝』九一頁以下。
(62) 小西徹龍『日隆聖人略伝』一二一頁。
(63) 小西徹龍『日隆聖人略伝』九四頁。
(64)『本能寺文書』『宗全』第二〇巻二八四頁。
(65) 小西徹龍『日隆聖人略伝』九一頁以下。
(66)『本能寺文書』『宗全』第二〇巻二三三頁。

(67)『本能寺史料　古記録篇』四一一頁、五五三頁。
(68)小西徹龍『日隆聖人略伝』一四一頁以下。
(69)『法華宗年表』五九頁。
(70)『本能寺史料　古記録篇』四一〇頁、五五二頁。
(71)小西徹龍『日隆聖人略伝』一二二頁以下。
(72)藤井学・波多野郁夫編『本能寺史料　畿内東国末寺篇』(思文閣出版、一九九二年)六六頁以下、『法華宗年表』五八頁。
(73)『本能寺史料　古記録篇』五五四頁。また日唱本についても『本能寺史料　古記録篇』四一一頁に同様の記載が見られる。
(74)『法華宗宗門史』九三頁。
(75)小西徹龍『日隆聖人略伝』一一七頁では元成寺としている。
(76)『法華宗宗門史』九三頁。
(77)『本能寺史料　畿内東国末寺篇』四二九頁。
(78)『本能寺史料　古記録篇』五五四頁。また日唱本についても『本能寺史料　古記録篇』四一二頁に同様の記載が見られる。
(79)小西徹龍『日隆聖人略伝』一五九頁。
(80)小西徹龍『日隆聖人略伝』一六一頁。
(81)『本能寺史料　古記録篇』五五四頁。また日唱本についても『本能寺史料　古記録篇』四一二頁に同様の記載が見られる。
(82)『本能寺史料　古記録篇』四一三頁、五五五頁。
(83)『本能寺史料　古記録篇』五五六頁。また日唱本についても『本能寺史料　古記録篇』四一四頁に同様の記載が見られる。
(84)小西徹龍『日隆聖人略伝』一九三頁。
(85)小西徹龍『日隆聖人略伝』一九四頁。
(86)『本能寺史料　古記録篇』五五六頁。また日唱本では、『本能寺史料　古記録篇』四一四頁に「同年頃年間遊泉州堺、累年説法教化」との記載がある。
(87)小西徹龍『日隆聖人略伝』一九二頁。
(88)『本能寺史料　畿内東国末寺篇』一〇六頁。

(89) 板野郡教育会編『板野郡誌』下巻（徳島県板野郡教育会、一九二六年、名著出版、一九七二年）七六六頁。
(90) 佐野之憲編、笠井藍水訳『阿波誌』（歴史図書社、一九七六年）一九二頁。
(91) 三好昭一郎「近世地方寺院の成立事情について―浄土・法華・臨済宗の場合を中心として―」（『市民研究者フォーラム紀要』第三号、二〇〇五年）。
(92) 三好昭一郎「近世地方寺院の成立事情について―浄土・法華・臨済宗の場合を中心として―」。
(93) 藤井学・波多野郁夫編『本能寺史料　西国末寺篇』（大本山本能寺、一九九三年）四一六頁。
(94)『法華宗年表』七〇頁。
(95)『法華宗年表』六六頁。
(96)『本能寺史料　古記録篇』五五八頁。また日唱本では、『本能寺史料　古記録篇』四一五頁に「備中州帝釈山依師教僧俗、授戒、立一字、号本隆寺」との記載がある。
(97) 小西徹龍『日隆聖人略伝』一八五頁以下。
(98) 合田憲隆「日隆聖人の備中本隆寺への弘通―地理的見地からの一考察―」（『興隆学林紀要』第一一号、二〇〇六年）、合田憲隆「備中本隆寺と庚申山」（『桂林学叢』第二一号、二〇〇九年）。
(99)『本能寺史料　古記録篇』五五八頁。また日唱本では、『本能寺史料　古記録篇』四一五頁に「于讃州宇多津本妙寺為末寺」の記述が見える。
(100) 小西徹龍『日隆聖人略伝』一八六頁。
(101) 小西徹龍『日隆聖人略伝』一八六頁。
(102)『本能寺史料　古記録篇』五五八頁。また日唱本についても『本能寺史料　古記録篇』四一六頁に同様の記載が見られる。
(103) 小西徹龍『日隆聖人略伝』一八二頁。
(104) 小西徹龍『日隆聖人略伝』一八二頁。
(105) 小西徹龍『日隆聖人略伝』一九四頁。
(106)『本能寺史料　古記録篇』四一五頁、五五六頁。
(107) 小西徹龍『日隆聖人略伝』一八三頁

(108) 小西徹龍『日隆聖人略伝』一八三頁、糸久宝賢『京都日蓮教団門流史の研究』一三四頁。
(109) 小西徹龍『日隆聖人略伝』一八三頁。
(110) 『京都日蓮教団門流史の研究』一三九頁以下。
(111) 『本能寺文書・什宝等目録』(法華宗大本山本能寺、一九八七年)三四頁。
(112) 『日蓮宗寺院大鑑』(大本山池上本門寺、一九八一年)八七九頁、『第六百五十遠忌記念　大覚大僧正』(京都像門本山会、二〇一三年)一四八頁。
(113) 『本能寺史料　西国末寺篇』二五三頁以下。
(114) 『第六百五十遠忌記念　大覚大僧正』一五一頁。また都守基一先生より、妙宣寺の宗宝調査の結果、日隆筆曼荼羅本尊や書状等といったものは確認できなかったことを教示頂いた。
(115) 小西徹龍「日隆聖人の瀬戸内沿岸布教についての一試論」(『桂林学叢』第一四号、一九八九年)。
(116) 『本能寺史料　西国末寺篇』。
(117) 『日本歴史地名大系　三六巻　山口県の地名』(平凡社、一九八〇年)三一九頁。
(118) 『日蓮宗寺院大鑑』一一三三頁以下。
(119) 『門祖日隆大聖人・開山大覚大僧正大遠忌記念』(本圀寺、一九六五年)。
(120) 大平宏龍「本能寺格護の御聖教類について」(『桂林学叢』第一四号、一九八九年)、大平宏龍「『本門弘経抄』考―自宝と他宝―」においても同様の検討が見られる。
(121) 小西顕一郎「慶林坊日隆教学の研究―「法度」を中心として―」(『日蓮教学研究所紀要』第二九号、二〇〇二年)。
(122) 大平宏龍「『本門弘経抄』考―自宝と他宝―」。
(123) 『桂林学叢』第四号所収。
(124) 大平宏龍「『本門弘経抄』考―自宝と他宝―」。
(125) 『日隆聖人文段主要御書　全』第三版(法華宗(本門流)宗務院、二〇〇七年)五五五頁。
(126) 株橋諦秀「日隆聖人教学の序説」。
(127) 「日隆教学の方法をめぐって」。

(128) 小西徹龍『日隆聖人略伝』一七八頁。
(129) 株橋諦秀「日隆聖人教学の序説」では、永享八年を日隆の独自研鑽時代から著作時代への節目と指摘している。
(130) 大平宏龍「日隆教学の方法をめぐって」。
(131) 本妙寺、一九一二年。本書は『他宝抄』の一節を紹介したにすぎない。
(132) 『渡邉寶陽先生古稀記念論文集　日蓮教学教団史論叢』所収。
(133) 大平宏龍「『本門弘経抄』考―自宝と他宝―」。
(134) 「『本門弘経抄』考―自宝と他宝―」。
(135) 『隆教』第一巻三〇七頁。
(136) 大平宏龍「『本門弘経抄』考―自宝と他宝―」。
(137) 大平宏龍「『私新抄』新考」（『興隆学林紀要』第一三号、二〇一三年）。
(138) 大平宏龍「『本門弘経抄』考―自宝と他宝―」。
(139) 大平宏龍「本能寺格護の御聖教類について」。
(140) 大平宏龍「『私新抄』新考」。
(141) 大平宏龍「『私新抄』新考」。
(142) 大平宏龍「『私新抄』新考」。
(143) 株橋諦秀「日隆聖人教学の序説」。また、泉日恒『本門法華宗概論』六六頁（『泉日恒先生著作集』第八巻八四頁）では、比較的早期のものであると推察している。
(144) 大平宏龍「日隆聖人文献における『私新抄』の位置―事具三千をめぐって―」（『興隆学林紀要』第一〇号、二〇〇〇年）。
(145) 大平宏龍「『私新抄』新考」。
(146) 大平宏龍「『私新抄』新考」。
(147) 大平宏龍「『私新抄』新考」。
(148) 『当家要伝』解題（『桂林学叢』第一五号別冊、一九九〇年）。
(149) 株橋諦秀「日隆聖人教学の序説」。

(150) 大平宏龍「『私新抄』新考」。
(151) 『日隆聖人文段主要御書　全』第三版凡例。また大平宏龍氏は、『日隆聖人教学概論　稿』二二頁以下において、『観心本尊抄』文段は、その内容から著作年代に疑問が残るとしつつ、教学形成期後期の著述ではないかと推察している。
(152) 『日隆聖人文段主要御書　全』第三版凡例。
(153) 大平宏龍「日隆聖人著『御書文段』私考」(『興隆学林紀要』第四号、一九九〇年)。
(154) 『日隆聖人文段主要御書　全』第三版凡例、大平宏龍「日隆聖人著『御書文段』私考」。
(155) 株橋諦秀「日隆聖人教学の序説」四二頁。
(156) 『日隆聖人文段主要御書　全』第三版五五五頁。
(157) 株橋日涌『観心本尊鈔講義』上巻八六頁以下、株橋日涌「日隆聖人の本尊抄文段拝見の用意」。大平宏龍「日隆教学の方法をめぐって」。
(158) 株橋諦秀「日隆聖人教学の序説」、泉日恒『泉日恒先生著作集』第八巻九二頁。
(159) 大平宏龍「『十三問答抄』管見」(『桂林学叢』第一九号、二〇〇五年)。
(160) 『宗全』第八巻目次七頁以下。
(161) 株橋諦秀「日隆聖人教学の序説」。
(162) 株橋諦秀「日隆聖人教学の序説」、泉日恒『泉日恒先生著作集』第八巻八七頁。
(163) 大平宏龍「『十三問答抄』管見」一一四頁。
(164) 大平宏龍「『十三問答抄』管見」一一六頁。
(165) 神田大輝「広蔵院日辰教学の一考察―慶林日隆著『十三問答抄』の書写をめぐって」(第六十九回日蓮宗教学研究発表大会レジュメ、二〇一六年)。
(166) 小西徹龍『日隆聖人略伝』一七〇頁。
(167) 泉日恒『泉日恒先生著作集』第八巻八五頁。
(168) 株橋諦秀「日隆聖人教学の序説」四五頁。
(169) 株橋諦秀「日隆聖人教学の序説」四六頁。

(170) 大平宏龍「本興寺格護の御聖教について」(『歴史と宝物』大本山本興寺、一九八一年)。
(171) 『法華宗全書　日隆2』(東方出版、二〇一六年) 別冊一〇頁。
(172) 『法華宗全書　日隆2』別冊一〇頁。
(173) 大平宏龍「『本門戒体見聞』について」(『日蓮教学研究所紀要』第二〇号、一九九三年)。
(174) 大平宏龍「『本門戒体見聞』について」『法華宗全書　日隆2』別冊一〇頁。
(175) 株橋諦秀「日隆聖人教学の序説」。
(176) 『名目見聞』四九六頁、四九七頁二箇所、四九八頁二箇所、四九九頁、五〇〇頁。
(177) 『隆全』第二巻一五七頁。
(178) 『隆全』第三巻一三七頁。
(179) 『隆教』第二巻一五二頁、第五巻四〇八頁。
(180) 『隆教』第五巻二九七頁。
(181) 大平宏龍「『本門戒体見聞』について」。
(182) 『法華宗全書　日隆2』別冊九頁。なお、『玄義教相見聞』の十五箇条の解釈については、平島盛龍「『玄義教相見聞』に関する一考察—「十五ヶ条」の解釈をめぐって」(『桂林学叢』第二七号、二〇一七年) に詳しい。
(183) 『桂林学叢』第六号別冊 (一九六九年)、玄義教相見聞解説。
(184) 『桂林学叢』第六号別冊、玄義教相見聞解説。
(185) 『仏立宗義書』第三巻六六頁。
(186) 『仏立宗義書』第三巻六九頁。
(187) 『名目見聞』二六六頁。
(188) 『名目見聞』二六六頁。
(189) 大平宏龍「慶林日隆著『玄義教相見聞』について」(『日蓮教学研究所紀要』第三〇号、二〇〇三年)。
(190) 『法華宗全書　日隆2』六八頁。
(191) 大平宏龍「日隆教学の方法をめぐって」。

(192) 大平宏龍「本興寺格護の御聖教について」。
(193) 株橋諦秀「日隆聖人教学の序説」。
(194) 株橋諦秀「日隆聖人教学の序説」。
(195) 株橋諦秀「日隆聖人教学の序説」。
(196) 大平宏龍「日隆聖人著『名目見聞』の一考察」(『桂林学叢』第一〇号、一九七八年)、大平宏龍『日隆聖人教学概論　稿』二八頁以下。
(197) 大平宏龍「日隆聖人著『名目見聞』の一考察」。
(198) 大平宏龍「慶林坊日隆聖人著『名目見聞』について」(『印度学仏教学研究』第二四巻一号、一九七五年)、大平宏龍「日隆聖人著『名目見聞』の一考察」。
(199) 『隆全』第二巻二〇六頁。
(200) 大平宏龍「日隆聖人の法華三大部研鑽について」(第五十三回法華宗教学研究所総会レジュメ、二〇一五年)。
(201) 大平宏龍『日隆聖人教学概論　稿』三〇頁以下。
(202) 大平宏龍『日隆聖人教学概論　稿』三一頁。
(203) 株橋諦秀「日隆聖人教学の序説」、大平宏龍『日隆聖人教学概論　稿』三一頁。
(204) 『皆久問題資料集』第五巻(大原閣出版部、一九三三年)一三〇頁、『門祖日隆聖人御聖教』(本門仏立宗、二〇一三年)八頁。
(205) 株橋諦秀「日隆聖人教学の序説」、泉日恒『泉日恒先生著作集』第八巻八八頁。
(206) 大平宏龍「『弘経抄』研究ノート」(『桂林学叢』第二六号、二〇一五年)。
(207) 株橋諦秀「日隆聖人教学の序説」。
(208) 大平宏龍「『弘経抄』研究ノート」では、『法華宗本門弘経抄』と『五帖抄』の目次を提示し、『五帖抄』と『法華宗本門弘経抄』では同じ結論でありながら、証文のとり方が一見、異なっているかのように見える所があり、注意を要すると指摘している。
(209) 『隆全』第一一巻二一九頁。

(210)「日隆聖人教学の序説」。
(211)『泉日恒先生著作集』第八巻七〇頁。
(212)大平寛龍「日隆聖人所持『心空嘉慶版妙法蓮華経』『科註妙法蓮華経』小考」（『桂林学叢』第二五号、二〇一四年）、大平寛龍「日隆聖人所持『科註妙法蓮華経』の経文部分に関する書込について―御所持本『心空嘉慶版妙法蓮華経』と『本門弘経抄』とのつながりを示すもの―」（『桂林学叢』第二六号、二〇一五年）。
(213)『隆教』第一巻序一頁。
(214)大平宏龍「『開迹顕本宗要集』考」。
(215)大平宏龍「『本門弘経抄』考―自宝と他宝―」。
(216)泉日恒『泉日恒先生著作集』第八巻七二頁。
(217)株橋諦秀「日隆聖人教学の序説」五二頁。
(218)北川前肇『日蓮教学研究』四九二頁。
(219)大平宏龍「『開迹顕本宗要集』考」四六頁。
(220)『門祖日隆聖人御聖教』一一三頁。
(221)大平宏龍『日隆聖人教学概論　稿』三五頁。
(222)大平宏龍『日隆聖人教学概論　稿』三六頁。
(223)株橋諦秀「日隆聖人教学の序説」、泉日恒『泉日恒先生著作集』第八巻八〇頁。
(224)大平宏龍「日隆聖人の法華三大部研鑽について」、大平宏龍『日隆聖人教学概論　稿』三六頁。
(225)株橋諦秀「日隆聖人教学の序説」、泉日恒『泉日恒先生著作集』第八巻八一頁。
(226)株橋諦秀「日隆聖人教学の序説」五七頁。
(227)【表5】は小西徹龍『日隆聖人略伝』二四六頁以下、大平宏龍『日隆聖人教学概論　稿』八五頁以下等を参考とした。

第二節　日隆の門流意識

前節では、日隆の生涯と著述活動について概観してきた。その中で特筆すべき事跡として、永享元年に自身の独立宣言書を日蓮門下に廻達したことが挙げられる。日隆が京都本能寺・尼崎本興寺を創建し、教学の正統性を日蓮門下に標榜したことは、自身の門流意識の変化があったのではないだろうかとも推察できる。

また、牛窓本蓮寺所蔵、日像筆曼荼羅本尊中に、「備州牛窓住人石原但馬守沙弥妙道相伝御本尊、余致拝覧宗祖第三尊筆無疑而已、門流第九日隆（花押）」[1]（節末【図版】参照）と添付される極書が存在する。この極書の年次は不明であるが、[2]推察できることとしては、自身が日蓮から続く系譜の第九番目の相承者であると意識していたのではないだろうか。この極書に示唆を受け、本節では日隆がどのような門流意識を持っていたたのかについて検討していきたい。そのための方法として、日隆の著述より門流についての具体的記述を適宜確認し、弘教活動についても視野に入れ考察していく。

第一項　日朗門流

日隆の門流意識について検討を加える時、それぞれの著述においてどのような門流の語が使用されているのかを探る必要がある。そこで日隆の著述を概観すると管見の限り、（一）「日朗門流」、（二）「日像門流」、（三）「日存・日道門流」（四）「尼崎（門）流」（五）「本興寺（門）流」等といった表記が計一一八箇所確認できる。これらの記述箇所を、門流名ごとに列記し整理を試みたのが【表6】である。さらに、著述別に門流名の引用回数を列記し整理したのが【表7】であり、節末にまとめた。

また、(一)～(五)の門流表記以外に「四条門流」「妙本寺(妙顕寺)門流」「八品門流」「日隆門流」等の表記が推測されるが、管見の限り確認できない。さらに、「門流の義」「門流に云く」等といった表記については、多岐に渡るため今後の研究課題としたい。本節では、これらの五つの門流名の表記、及びその他の表記について【表6】【表7】を確認しながら日隆の門流意識について検討していく。さらに、著述ではないが、法脈について述べられる『妙蓮寺内証相承血脈之次第条目事』についても視野に入れ考察を加えていきたい。なお、引用文の番号は【表6】の番号を示し、門流名については太字・傍線を施している。

まず、「日朗門流」の表記の使用は管見の限り、『法華宗本門弘経抄』大意第八帖に三箇所確認できる。

1**日朗門流**に此経難持を誦するも本門遠序の心なり(3)

2此の外に此経難持の誦文此れは**日朗門流**の儀式なり(4)

3　尋ねて云く、此経難持の誦文其の意如何
答、此の文は**日朗門流**に之を用ふる等と聞き及ぶなり(5)

1～3はいずれも『法華経』見宝塔品に説かれる「此経難持」の読誦について書かれたものであることが分かる。日隆は本門八品正意を主張する一方、見宝塔品「此経難持」を読誦する必要性がある理由として日朗門流の流れを汲むためであるとしている。

第二項　日像門流

「日像門流」の表記は、『当家要伝』三箇所、『私新抄』一一箇所、『本門戒体見聞』四箇所、『名目見聞』(『五帖抄』

分を含む）二箇所、『法華宗本門弘経抄』一〇箇所、『開迹顕本宗要集』一箇所、の計三一箇所が確認できる。特徴的なこととして、『当家要伝』『私新抄』等といった教学形成期の著述、並びに教学応用期の著述である『法華宗本門弘経抄』等に多数の使用が見られる。そこで、教学形成期の著述と教学応用期の著述との使用に差異があるのかについて見ていくこととする。

まず、『当家要伝』では以下の記述が確認できる。

4一義に云く、本因本果の二文と非如非異の一と三文合して一念三千首題の立処なり。蓮師は在々処々に本因本果の二文、之を引きたまへり。天台は非如非異の文を引きたまへり。玄の一の如し。其の外、如来秘密神通之力等の文、此等を証拠に備ふべし云云。此は日像門流の練磨の一義なり。(6)

5日像門流秘伝の義に云く、本門寿量品の南無妙法蓮華経とは、文・義の口伝これあり。(7)

6されば爾前・迹門・本門の円教の仏意は本地甚深の妙法の功徳なり。蔵・通・別は迹門の功徳なり。六十巻の中に釈したまへる約教の釈還て本門の意と日像門流に相伝したまへる、此の意なり。(8)

4では、『法華経』如来寿量品の「我本行二菩薩道一所レ成寿命。今猶未レ尽復倍二上数一。」(9)（本因）、「我実成仏已来。無量無辺百千万億那由他劫。」(10)（本果）の二文と「非如非異」(11)の文を合わせて一念三千の首題を立てる所である。日蓮遺文ではこの本因本果の文の引用が散見され、智顗は「非如非異」の文を『法華玄義』巻第一に引用している。(12)また、如来寿量品の「如来秘密神通之力。」(13)等の文も一念三千の証拠として備えるべきであり、日像門流の義として紹介している。5では、本門寿量品の南無妙法蓮華経について、6では『法華経』の仏意について、天台三大部本末に解釈される約教釈は還って本門の意となることは、日像門流の相伝であるとし、それぞれ重要法門について述べる場合に用いられていることが分かる。

次に『私新抄』における引用について確認していきたい。『私新抄』は日隆の初期の著述、いわゆる教学研鑽期の著述であることが知られ、昨今では研究ノートの類いではないかとする指摘もある。(14)『私新抄』における日像門流の文は一一箇所確認でき、日隆の著述中最多である。『私新抄』を概観すると、代表的な記述として以下の文を挙げることができる。

7口伝仰云以テ種熟脱ヲ在世滅後ノ判スル教相ヲ事、**日像門流**ノ随分ノ相承也(15)

10尋云、滅後三時本尊実体各別ニ有ル之耶、

仰云、以ノ外ノ大事也、**日像門流**最秘口伝也、正像末三時倶ニ本門流通ト相承セリ(16)

13私云**日像門流**秘伝ニハ権実ハ約シ機ノ得脱ニ本迹ハ顕スト得脱ノ種子ヲ相伝セリ(17)

7では、口伝として種熟脱三益の重要性について述べ、このことは日像門流より続く相承であることを提示している。10についても同様に、正・像・末の本尊について述べる際、最極の口伝であるとして日像門流の教義であることを主張している。13は、権実判と本迹判について、日像門流の秘伝として述べている。これらのことからも、『当家要伝』『私新抄』といった初期の著述では、日隆は日像門流としての意識が強い傾向があると推察できる。また、重要法門を述べる際には自身の学説としてではなく、日像門流の秘伝として紹介していることが注目できる。

一方、教学応用期の著述に見える日像門流の表記は、『本門戒体見聞』『名目見聞』『法華宗本門弘経抄』『開迹顕本宗要集』等を挙げることができる。『名目見聞』では、

23ヘ尋云。**日像門流**本興寺日存日道御義ハ以テ何ノ品ヲ為スヤ詮要ト耶。(18)

と述べ、日像門流の本興寺であり、日存・日道の義であると規定していることが分かる。また『法華宗本門弘経抄』では、一〇箇所の使用が見え、その半数は大意第八帖において確認できる。第八帖では代表的な箇所を挙げると、

27十四、**日像門流**独り序品を以て要品に用ふる事(19)

とあるように、大意では表記の多くが『法華経』の要品について解説したものである。また、その他『法華宗本門弘経抄』、及び『開迹顕本宗要集』では以下の記述が見える。

31諸門流並に目録に入れざる**日像門流**秘伝の八宗違目抄に、開目抄の意を略して之を釈し玉へり(20)

34又**日像門流**の重宝たる八宗違目抄にも此の弘五の十法既是乃至若約本門指我本行菩薩道時以為積劫云云等の文之を引て天台内鑑の本仏行因の相たる事の三千末法下種の止観を定判したまへり。(21)

31、34では、『八宗違目抄』について述べられており、ここで表記される日像門流とは、『八宗違目抄』を所蔵する妙顕寺を指したものであると考えられる。よって、教学応用期の著述における日像門流の表記は、初期の著述と比較して重要法門について解釈を加えた箇所は少ない傾向が窺える。

第三項　日存・日道門流

日隆の著述中、「日存・日道門流」としての使用は少なく、管見の限り35『名目見聞』の『二帖抄』部分に「存道の門流」として一箇所が確認できた。また類似する箇所として116「日存日道尼崎流」、118「尼崎本興寺日存日道門流」等が看取できるがこの文については、第六項「その他の門流表記」において少しく考察していきたい。

35此の時は日蓮と申す名字も上行菩薩体内の人界の名として本来の名字なり。何ぞ滅後に限ると云ふ可けん耶。さ

れば**存道の門流**には釈尊所具の菩薩界上行、上行菩薩界所具の人界日蓮と相伝するなり。幸に一処の御抄にも、
一切衆生被ㇾ責㆓謗法之苦㆒南無日蓮可ㇾ唱云云。天下広宣流布の時は南無日蓮大菩薩と唱ふ可し、何の疑かこれあらん耶。(22)

『名目見聞』は、教学応用期の著述であると言われ、35では日蓮を上行菩薩体内の人界の名であるとして主張する箇所である。ここでは、存道の門流の義としての表記がなされ、釈尊に具わる所においては上行菩薩であり、上行菩薩に具わる所においては日蓮であると相伝し、『撰時抄』(23)を引用していることが分かる。この表記は、日存・日道が日隆の学問の師であったというだけでなく、日蓮より続く法脈に日存・日道を加えることを前提とすることで、四条門流における正統な継承者であることを主張したものであると推察される。

第四項　尼崎門流

日隆が使用する門流の語について、最多を数えるのが「尼崎（門）流」である。しかし、「尼崎門流」としての語が確認できるものは57のみであり、その他は「尼崎流（義）」等といった語であることは注意が必要である。「尼崎（門）流（義）」の表記が確認できる著述として、『四帖抄』一箇所、『名目見聞』四九箇所（その内『五帖抄』部分一三箇所）、『玄義教相見聞』一六箇所、『法華宗本門弘経抄』一箇所の計六七箇所である。これらの表記について主な文を見ていくと以下のようになる。

36法華には一念三千を明かさず、止観計りこれを明かす等と云うなり。これ大なる謬りなり。**尼崎流**にはかくの如く云うべきなり。(24)

57体外ノ一代五時ノ対判ノ華厳方等ナントニ作ル二己心ノ三千ノ観心釈ヲ一事大ハニタハケタル法門也　**尼崎門流**ニシテ好々ク不ルレ可カレ用フレ之ヲ也。(25)

71唯ダ**尼崎流**ノ法門併ハセテ奉テルレ任セ二御抄ニ一云々。以テ二諸御抄ヲ一為シ二能開能照ト一以テ二玄文止ヲ一為ス二有余不了ノ所開ト一(26)

90疑って云く、天台の文句等の如くんば、本門は一品二半をもって正説となすなり。この一品二半の妙法蓮華経をもって、日蓮宗の宗旨の至極となすや。答う、この法門は諸門流に絶え已りたる**尼崎流**最秘の口伝なり。委しくは別紙の如し云云。(27)

102此の故に**尼崎流**には払迹顕本の本に三身の顕本を分けて、法応体用の顕本不思議一は迹中之本の意にて還て爾前と同異を論じて止観に移り約教教妙に還つて本迹一致を示し下種を失して熟益を成ずるなり、十章抄の末の如く末代には日本国の謗法起るなり云云。(28)

36『四帖抄』では、一念三千は『摩訶止観』の明かした教えであり、『法華経』には説かれないとする主張に対して、これは大きな誤りであると論断する。ここで日隆は、自身の立場としては尼崎流であるとし、以下自説を展開していく箇所である。57『名目見聞』に見える尼崎門流の表記は、一代五時の対判にある『華厳経』『方等経』において己心の三千が存するとする主張に対し、用いるべきではないと批判を加えている。71『名目見聞』では、尼崎流の法門としては日蓮遺文を能開能照、『法華玄義』・『法華文句』・『摩訶止観』を所開であるとする。90『玄義教相見聞』は、『法華文句』では『法華経』本門中、一品二半を正説とする立場に対し、日隆は尼崎流最秘の口伝として、詳しい解釈は別紙に譲るとしつつも、本門八品正意の正統性を掲げている。なお『玄義教相見聞』は、『尼崎門流仮字十五段抄』との異称があることも注目できる。(29)そして、102『法華宗本門弘経抄』では、尼崎流としては、払迹顕本（発迹顕本）によって明かす本仏を法・報・応の三身に分け、法身・応身の関係は体用の顕本不思議一とし、迹門の中の本門であるとする。このことは、かえって爾前諸経と『法華経』との同異を論じることで、本迹一致を明かし、下種益を亡失し熟益を成ずるとするが、この主張は『十章抄』に謗法の教えであるとして批判していることを提示する。これらの表記からも、日隆は自身の教学の正統性を主張するための要素として「尼崎（門）流」を名乗ったものと思われる。

第五項　本興寺門流

「本興寺門流」も「尼崎門流」と同様に、「本興寺（門）流（義）」の語が多数を占めている。「本興寺門流」としての語が確認できるものは111であり、その他は「本興寺流（義）」等といった表記であることは注意が必要である。これら「本興寺（門）流（義）」の使用は、『名目見聞』に三箇所（『二帖抄』部分に一箇所、『五帖抄』以外に二箇所）、『法華宗本門弘経抄』に一〇箇所確認できる。

103仏種子とは本因妙なり。故に久遠の異はこれありと雖も本因妙下種の実体に於ては全く同じきなり。久遠の本因妙も名字信位、末法当時の下種の位も名字信位、相倶に名字凡人の上の観心信行なり。故に久遠五味主の本因妙を沙汰すれば自ら末代衆生の身の上と成る間、更に他の宝を数ふるに非ざるなり。五味主の法門は即ち末代我等が観心の法門なり。此の事本興寺流随分の相承なり。之を秘す可し之を秘す可し云云。(30)

111　示して云く、仏滅後二千二百二十余年未だ此の書の心あらず○云云
仍て本興寺門流には本門八品を以て殊の外に賞翫し奉る者なり、八品の中にも涌出、寿量、神力の三品は最要なり又三品の中には寿量の一品最要なり(31)

112仍て釈尊出世して爾前迹門の聖道門を以て方便と為し、本門本因妙名字易行の信行観を顕して、八品を説ひて上行に付し末代の信者に授く、是れ出世の本懐なり、故に諸御抄に本門は一向滅後の為め等と判じ玉ふなり、此のこと本興寺流の最極無上の秘密なり、堅く口外すべからざるものなり云云(32)

103『名目見聞』では、本因妙の下種について説かれた箇所である。ここでは久遠下種は名字即の凡夫に下されたものであり、末法下種についても同様であると主張している。よって久遠五味主の本因妙に従えば、本因妙自らが末法の衆生の身となる間は、『法華経』以外の釈尊の教えには靡かないとする。すなわち五味主の法門は、末法の衆生のための法門であり、本興寺流の相承であると定義している。111『法華宗本門弘経抄』では、本興寺門流としての使用が確認でき、本門八品の中でも従地涌出品・如来寿量品・如来神力品の三品が重要であるとし、その中でも如来寿量品が最重要であると結論づけている。112は、釈尊が出世して本門八品を説き、上行菩薩に付嘱し末法の衆生に要法を下種することこそが、釈尊出世の本懐であるとする。よって、日蓮遺文に本門は一向に滅後のためと判じているとし、このことは本興寺流の最上秘密の口伝であるとしている。これら本興寺（門）流の表記は、日隆教学が日蓮遺文より解釈を施した唯一無二の教えであることを主張するためのものであると推察される。

第六項　その他の門流表記

ここではその他の門流表記として、「日存・日道門流」「尼崎門流」「本興寺門流」等といった表記が混成されたものについて検討していく。具体的には、116「日存日道尼崎流」、117「尼崎本興寺流」、118「尼崎本興寺日存日道門流」等を挙げることができ、これらを通覧すると以下の通りである。

116　尋云。以テ二本門八品ヲ一為ス二最要品ト一其意如何。

答。余門流分絶当宗一大事不可過此法門也。サレハ諸門徒中曽夢不知観心本尊抄最極無上甚深秘蔵也。日存日道尼崎流外絶久法門也。(33)

117上件の天台末学の種々の大僻見を、尼崎本興寺流に会通して云く、但し、委悉には立正観抄に御会通これあり、私の才覚に及ぶべからざるか。さりながら存・道両師の伝付に任せて、小々会通を加うべし。(34)

118　次於記小久成一念三千日蓮宗相承正義有之。所謂開目抄観心本尊抄委悉也。当宗正法華正宗深義此法門顕也。先代未曽有法門云此等法門也。恐正像未弘也。止観有余不了正法也。取当宗之内諸門流夢不知之大法也。恐尼崎本興寺日存日道門流相承深法也。但法門高祖公方物也。大口伝也。(35)

この三文はそれぞれ、116「日存日道尼崎流」、117「尼崎本興寺流」、118「尼崎本興寺日存日道門流」との表記が見られ、116、118が『名目見聞』（『五帖抄』部分）、117が『四帖抄』の一節である。116では、『法華経』本門八品を以て最重要品である理由を答える箇所である。日隆によれば、本門八品正意は当宗の最重要法門であり、諸門流の者には想像すら叶わず、『観心本尊抄』に説かれた最極この上ない甚深の秘蔵であるとする。このことは、他門流には絶えて久しくなってしまった法門であるとして、日存日道尼崎流のみが受け継いた教えであるとしている。117では『四帖抄』において、天台宗の学者が主張する誤りについて、日隆は尼崎本興寺流の教えとして会通を加えている。その詳細として、『立正観抄』（真偽未決）を提示し、日存・日道の口伝を根拠として批判している。118では、二乗作仏・久遠実成・一念三千の法門において、日蓮に相承された証拠として、『開目抄』『観心本尊抄』において詳述している。また、当宗における重要教学はこれらの法門に顕現された前代未聞の法門であり、正法・像法時代においてこの教えが広まらない理由として、止観行は像法時代の機根（二乗）にとっての正法であるためである。このことは日蓮門下において、当宗以外では夢にも思わない大法であり、尼崎本興寺日存・日道門流のみが相承した深い教えであるとしての使用が確認できる。

これら混成された表記の特徴として、117では天台宗の学者が主張する誤りを糾弾する際に使用し、116、118では本門八品正意・二乗作仏・久遠実成・一念三千等といった重要教学について、当宗の正統性を主張する際に使用していることが分かる。

第七項　『妙蓮寺内証相承血脈之次第条目事』

これまで日隆の著述中にみえる門流表記について概観してきた。ここでは、門流表記とは一線を画するが、『妙蓮寺内証相承血脈之次第条目事』(36)について検討していきたい。『妙蓮寺内証相承血脈之次第条目事』とは、永享元年（一四二九）十月二十三日、日隆が妙蓮寺に対して日存・日道を歴代に加える必要性を説いたものである。具体的には、日蓮より日霽まで続いてきた法脈が月明によって断絶したこと、妙本寺（妙顕寺）退出以降、化義・化法を日存・日道によって再興されたことなどが記されている。門流表記としては「当（門）流」等といった表現に限定されるが、日隆の門流意識を考察する上で重要なものであると言える。なお、算用数字は私に付した。

①一　於二当流血脈一者　蓮師大士日朗日像大覚朗源日霽云云　至二此伝付一者　雖レ経二尽未来際一不レ可レ為二改転一歟事

②一　初妙本寺義絶之後　自二本応寺一已来　当門流化義化法之再興限二日存日道一耶否事

日道自筆在レ之

①は、八品門流の血脈とは、日蓮、日朗、日像、大覚、朗源、日霽より付嘱されたものであり、未来永劫まで改転すべきではないと主張している。②では、妙本寺を退出し、本応寺を創建して以降、八品門流の化義・化法を再興し

たのは、日存・日道であることから、八品門流の系譜において日存・日道の重要性を明らかにしていることが看取できる。すなわち、八品門流は日存・日道の教学研鑽の精励が無くしては存在しえないことを明示したものであると言えよう。

第八項　弘教活動よりみる門流意識

これまで七項の項目を立て、日隆の門流意識を著述や『妙蓮寺内証相承血脈之次第條目事』を基に考察してきた。そもそも、日隆の門流意識について着目する契機となったのは、牛窓本蓮寺所蔵日像筆曼荼羅本尊の存在である。この曼陀羅本尊中には、「備州牛窓住人石原但馬守沙弥妙道相伝御本尊、余致拝覧宗祖第三尊筆無疑而已、門流第九日隆（花押）[37]」（【図版】参照）と添付される極書が現存する。この極書によれば、日隆が「門流第九日隆（花押）」と記したことで、日隆自身が日蓮から続く系譜の第九番目の相承者であると表明していることが分かる。この極書に示唆を受け、本項では弘教活動に視点を当てることによって日隆の門流意識について検討する。

日隆の生涯については第一章第一節において省察した結果、日隆の教化活動は近畿地方のみならず、北陸・中国・四国地方への弘教活動の足跡が見てとれ、現在においても建立・転派・改宗等、関係があったと伝わる寺院は多数確認できた。しかし、それら寺院の由緒については不明な点も多く、日隆の教化活動の範囲についても諸説存在するが、先行研究を基に纏めたものが第一章第一節第一項「日隆の弘教活動」で提示した【図2】である。【図2】は、日隆が建立・転派・改宗等、関係があった寺院を示したものであり、これらの弘教活動について概観すると、類似した特徴を持つ人物として大覚を挙げることができる。大覚は、鎌倉時代から南北朝時代にかけて活躍した僧侶であり、法華宗では日蓮—日朗—日像—大覚、と続く法脈の第四祖となっている。大覚は若くして妙顕寺日像（一二六九—一三四二）

の下で学び、日像滅後、妙顕寺第二世の法灯を継いだ。また、延文二、三年（一三五七、一三五八）頃には、干魃に際し、雨乞いの祈祷を修した結果、効験を得たことで後光厳天皇（一三三八―一三七四）より日蓮に大菩薩号、日朗・日像に菩薩号を賜り、自身は僧正を賜った。さらに翌年には、三千万部法華経読誦祈願の祈祷を成就して「四海唱導」の綸旨を賜り、大僧正に昇進したことが知られる。さらに、弘教面では西国弘教に尽力し、「備前法華の祖」とも称され、その数は約七〇ヶ寺を越えるとされる。(38)

こうした大覚の弘教活動と日隆の足跡を対照すると、七ヶ寺（【図2】⑧⑬⑭⑮⑯⑰⑱）の一致が確認できる。これは、日隆が妙顕寺退出後、京都本能寺・尼崎本興寺を創建し、さらなる弘教活動の一端として西国地方において大覚の足跡を辿り、種々の寺院を建立・転派・改宗等を行ったのではないかと思われる。また、大覚開創の各寺院においては、当時、妙顕寺末に属していたとも推察でき、日隆が大覚の足跡を辿るだけでなく、改宗を目的とするために巡った可能性も否定できない。⑮本蓮寺もまさしく大覚が開創、または改宗したとされる寺院である。(39)よって、日隆がこのような極書を認めたのは、自身を八品門流第九番目の相承者として主張するだけでなく、日隆滅後以降も退転することなく法灯を継承し、教団を維持していくことを意識していたためではないだろうか。

小　結

以上、日隆の門流意識について概観してきた。これらをまとめると以下のようになる。

（一）「日朗門流」の表記は、『法華宗本門弘経抄』に確認でき、この語を使用する場合、『法華経』見宝塔品に説く「此経難持」の読誦について、日朗門流の儀式として読誦すべきであるとする。また日隆は、本門八品正意を主張する一方、見宝塔品「此経難持」を読誦する必要性がある理由として日朗門流の流れを汲むためであるとしている。

（二）「日像門流」の語を使用する場合、『当家要伝』『私新抄』といった教学形成期の著述では、日像門流としての意識が強い傾向がある。なぜなら、重要法門を解説する際には、自身の学説としてではなく日像門流の秘伝として紹介する箇所が散見するからである。また、教学応用期の著述に見える日像門流の使用の多数は、『法華経』の要品について解説、及び『八宗違目抄』について書かれた箇所の使用に留まっており、初期の著述と比較して重要法門について解釈を加えた箇所は少ない。

（三）「日存・日道門流」の表記は、『名目見聞』（『二帖抄』部分）に「存道の門流」として一箇所確認できる。具体的には、釈尊と上行菩薩、上行菩薩と日蓮の関係性について触れ、これは日隆の独自の説ではなく、日存・日道の学問研鑽による成果として表記がなされたと思量する。

（四）「尼崎（門）流」の表記では、日隆の門流表記中最多を占めており、過半が「尼崎流（義）」としての使用であることが注目できる。その使用方法は、主に天台宗や日蓮門下に対する八品門流の正統性を主張する際に使用される場合が多い。

（五）「本興寺（門）流」の表記は、「本興寺流（義）」としての使用が多数を占める。また、「尼崎（門）流」と同様に、「流義」としての使用が多いことからも日隆教学について記した箇所が多く、自身の正統性を強調する際に使用される傾向がある。

（六）その他の表記において、「日存日道尼崎流」「尼崎本興寺日存日道門流」では、本門八品正意・二乗作仏・久遠実成・一念三千等といった重要教学について、当宗の正統性を主張する時に使用されていることが理解できる。また「尼崎本興寺流」では、天台宗の学者の対し、誤りを糾弾する際に使用していることが分かった。

（七）『妙蓮寺内証相承血脈之次第条目事』では、「当（門）流」といった表記に限られるが、日蓮より日霽へと続く血脈に日存・日道を加えてこそ、八品門流の系譜が実現されるのであると主張している。なお、当時の四条門流では、「本師久遠実成釈迦牟尼如来、上行、無辺行、浄行、安立行等、久本大士―垂迹日蓮大菩薩―日朗菩薩―日像菩薩―大覚僧正―朗源僧都―日霽上人―具覚僧正―日明上人　応永二一暦霜月四日　権僧正具覚　花押」[40]等といった記述も確認できることからも、六条門流に対し正嫡意識を競っていたことも推察できる。

これら門流の表記は、日隆教学が発展途中の教学形成期の著述では、「日像門流」という語を以て日隆教学の主張を述べていることが理解できる。また、教学確立期・教学応用期の著述では、「日存・日道門流」「尼崎（門）流（義）」、「本興寺（門）流（義）」の表記を用いていることが分かる。しかし、「日存・日道門流」は一箇所、「尼崎（門）流（義）」の使用のほとんどは、『名目見聞』『玄義教相見聞』に限られ、「本興寺（門）流（義）」は『法華宗本門弘経抄』に偏っている。このことからも、日隆は尼崎門流・本興寺門流として日蓮門下に対外的に宣言するのではなく、日隆教学の正統性を著述中において主張するために用いられたのではないだろうか。さらに、教学応用期の著述で特に分量の多い『法華宗本門弘経抄』『開迹顕本宗要集』において、他の著述と比較して門流の表記が少ないことも確認できた。しかし、両書は「門流の義」「当宗の義」等といった表記が散見されるためではないかとも思われる。ただ、両書の特色として、『法華宗本門弘経抄』では『三百帖』、『開迹顕本宗要集』では『宗要類聚抄』等といった、特定の著述や問題について解釈を試みた性質とも関係性を有すると推察する。

一方、弘教活動よりみる日隆の門流意識は、大覚の教化活動と日隆の足跡を対照することで、伝承を含め七ヶ寺の一致を知ることができた。これは、日隆が西国布教を実践すると同時に、大覚の足跡を辿ることで、当時妙顕寺末であったであろう大覚開創寺院を八品門流へと改宗することを目的としていたのではないか。その一端として、大覚開創寺院の一つである牛窓本蓮寺所蔵、日像筆曼荼羅本尊に見える日隆の極書は、日像門流の正統な継承者としての自覚を有していることが窺える。

日隆は、日蓮より日朗・日像へと続く系譜を、妙本寺（妙顕寺）日霽より日存・日道へと相承することを重要課題として意識していた。なぜなら、日存・日道を系譜に加えることは、両師を学問の師として仰ぐだけでなく、当時の日

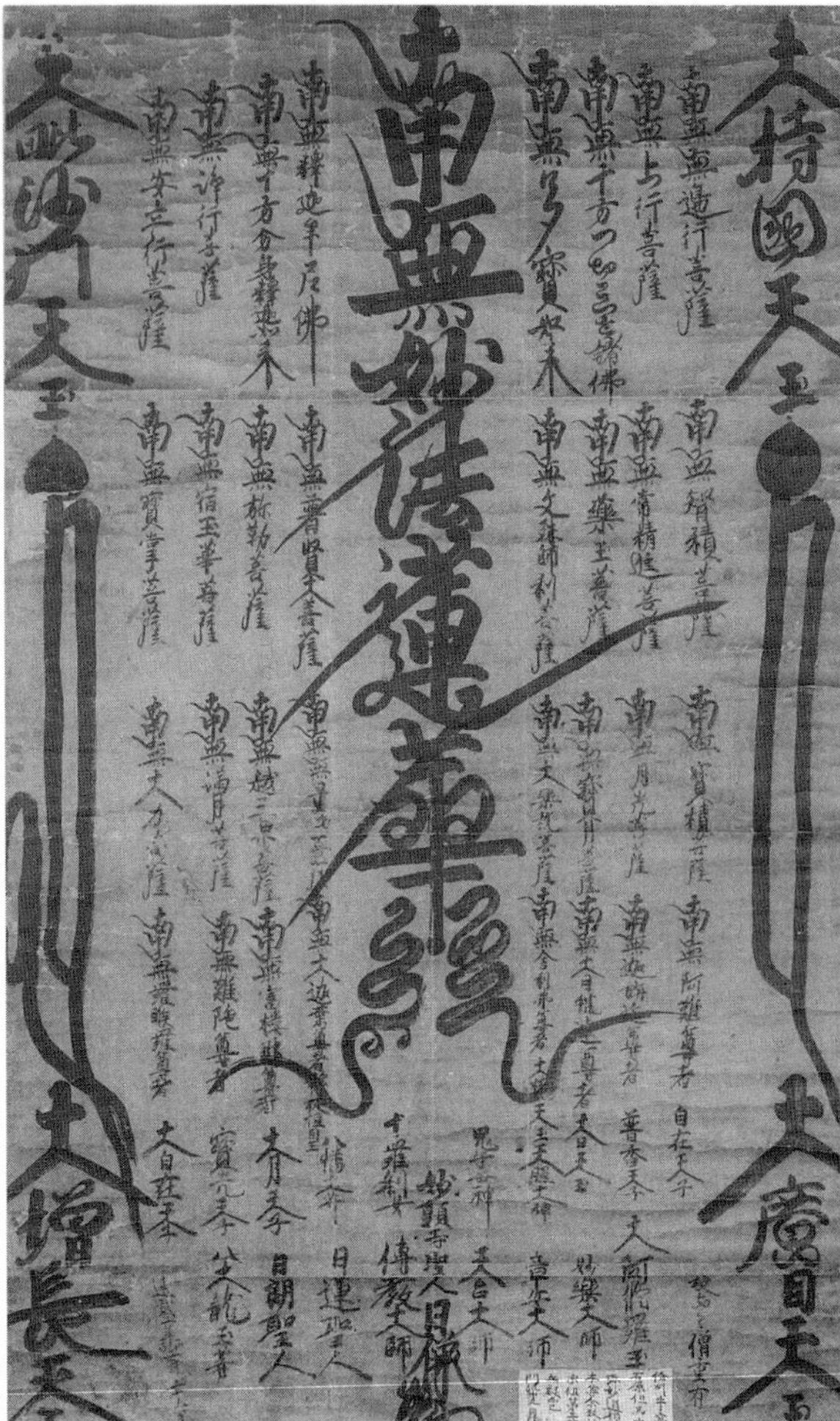

【図版】日像曼荼羅本尊（牛窓本蓮寺蔵、日隆極書あり）『法華宗経王山本蓮寺寺宝と歴史』より転載

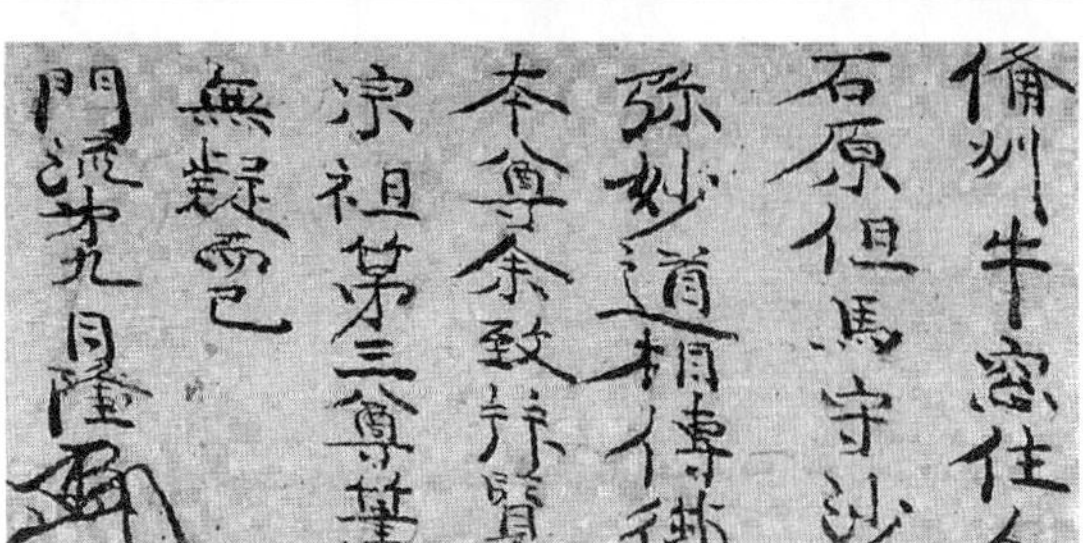

【拡大】日隆極書

蓮門下の教学が観心主義教学に傾斜していたことに対し、教観相資に基づく本化教学への回帰を実現しようとする立場を示すものである。また日隆の著述中には、日存・日道の口伝が縦横に駆使されることからも、日隆教学の淵底をなすものと言える。こうした継承者としての意識の下、日隆は上古及び中古天台教学、並びに他の日蓮門下の教義問題に対し、本門八品を中心とした日蓮義を以て解釈を加えている。そして、自身滅後の教団維持をも視野に入れることで、大部の著述を執筆した動機の一要因となったのではないかとも愚考する。

なお、日隆の門流意識を知る上で、曼荼羅本尊[41]や宗名論、日蓮門下諸師との門流意識の比較検討[42]等といった問題についても今後の研究課題としたい。

【表6】日隆著述にみる門流表記一覧

番号	著述名	該当頁	引用文
日朗門流			
1	『法華宗本門弘経抄』	『隆全』1・533	**日朗門流**に此経難持を誦するも本門遠序の心なり
2		『隆全』1・539	此の外に此経難持の誦文此れは**日朗門流**の儀式なり
3		『隆全』1・543	尋ねて云く、此経難持の誦文其の意如何 答、此の文は**日朗門流**に之を用ふる等と聞き及ぶなり
日像門流（像門）			
4	『当家要伝』	『桂林学叢』15号別冊24	一義に云く、本因本果の二文と非如非異の一と三文合して一念三千首題の立処なり。蓮師は在々処々に本因本果の二文、之を引きたまへり。天台は非如非異の文を引きたまへり。玄の一の如し。其の外、如来秘密神通之力等の文、此等を証拠に備ふべし云云。此は**日像門流**の練磨の一義なり。

No.	出典	典拠	本文
5		『桂林学叢』15 別冊24	**日像門流**秘伝の義に云く、本門寿量品の南無妙法蓮華経とは、文・義の口伝これあり。
6		『桂林学叢』15 別冊28以下	されば爾前・迹門・本門の円教の仏意は本地甚深の妙法の功徳なり。蔵・通・別は迹門の功徳なり。六十巻の中に釈したまへる約教の釈還て本門の意と**日像門流**に相伝したまへる、此の意なり。
7	『私新抄』	『宗全』8・12	口伝仰云以種熟脱在世滅後判教相事、**日像門流**随分相承也
8		『宗全』8・33	サテ第二第四約脱益意也、但第四半与半奪ノ意ト見ヘタリ、此**日像門流**随分相伝也、此上於本門豹教約部ヲ沙汰スル子細有之口伝云云
9		『宗全』8・36	故ニ助行ニハ大品仁王梵網等ノ経経ヲ用玉ヘリ、是皆権実双用余深法中示教利喜ノ意也、又此上本迹相対約部約教可有之、此**日像門流**随分相伝也云云
10		『宗全』8・137以下	尋云、滅後三時本尊実体各別有之耶、仰云、以外大事也、**日像門流**最秘口伝也、正像末三時倶本門流通相承セリ
11		『宗全』8・243	本迹教相ヲ判ズルハ必ス種熟脱ノ法門有之、此等ノ趣ハ**日像門流**ノ最極ノ口伝也可秘之、可秘之云云
12		『宗全』8・288	**日像門流**口伝云、上ノ三重ノ自受用倶ニ迹門ノ意也、正直ノ妙法ヲスリマギラカシタル開権理円ノ分斉ナルベシ、本門円宗ノ実義ハ十界三千ノ万法ノ当体本来南無妙法蓮華経ノ法相也
13		『宗全』8・292	私云**日像門流**秘伝ニハ権実約機得脱本迹顕得脱種子相伝セリ
14		『宗全』8・322	義云当宗意開結二経用不事高祖既用之玉ヘリ、殊**日像門流**三十日ヲ三部ニ相配センガ為メニ毎月読誦之
15		『宗全』8・333	**日像門流**義云迹門一縁者在世現在ノ三乗也、本門一縁者略開近顕遠ハ在世得脱是一縁、広開近顕遠為滅後是一縁ナレバ都合在世滅後ノ二縁也
16		『宗全』8・338	他師既仏慧開会ヲ爾前法華教相ニ迷乱シテ爾前法華仏慧同ノ方計ヲ見テ今経開権顕実ノ会帰ヲ不知、一家天台破之玉ヘリ、何況当世自他宗学者迷謬不遑述之云云、此等趣**日像門流**趣也

番号	書名	出典	本文
17		『宗全』8・377	爾前迹門ニ此無二実義一、華厳真言等諸宗学者等今経本門寿量品ヲ不レ知故ニ一切衆生最初下種主師親父ヲ不レ知破玉フ御抄意也、此抄ハ**日像門流**ヨリ外ニハ他本不レ可レ有レ之当流代代内証相承血脈ノ御抄也、本迹法門玄旨事ヲ尽セリ
18	『本門戒体見聞』	『法華宗全書 日隆2』237	かくの如く分別することは、本門の開迹顕本の教相が顕われて談ずる所の法門なり。**像門流**の最秘口伝はこのことにあり云云。
19		『法華宗全書 日隆2』243	口伝の仰せに云く、三学に付いて即身成仏を論ずることは**像門流**の相伝なり。
20		『法華宗全書 日隆2』296	存師の口伝に云く、先ず本門三箇秘法とは、一には本門の本尊、二には本門の戒壇、三には本門事行の妙法蓮華経これなり。この三箇秘法において、流々の稟承不同なるべし云云。先ず、**日像門流**の相承これを明かすべし。
21		『法華宗全書 日隆2』309	かくの如く意得て、久遠已前に本仏ありと云うも、又なしと云うも、両義は何れも相違なし。しかも、法相は甚深にして、本因本果の当体は無始無終にして常住本有なり。かくの如き相伝は、**像門流**随分の口伝なり云云。
22	『名目見聞』	『名目見聞』294	日蓮宗義ニ云　**像門流**奉レ号二日蓮大士一事非二私義一自二公方一依レ被レ成二下倫旨一也。
23	『名目見聞』(『五帖抄』)	『仏立宗義書』3・200	〽尋云。**日像門流**本興寺日存日道御義以二何品一為二詮要一耶。
24	『法華宗本門弘経抄』	『隆全』1・512	茲れに因て**日像門流**に朝夕要品に序品を取り神力品を取る事は諸流超過の宗義なり
25		『隆全』1・538	九、**日像門流**の要品の事
26		『隆全』1・539	或は欲令衆生等の四品四所の要文之れ有り此れは**日像門流**に限るなり云云
27		『隆全』1・545	十四、**日像門流**独り序品を以て要品に用ふる事
28		『隆全』1・545	尋ねて云く、諸門流に序品を以て要品と為さず何ぞ**日像門流**に限て之を用ふるや
29		『隆全』1・548	此の如是の一句より通序の五義は起こるなり云云　此等の意を以て**日像門流**に要品に之を用ふるなり

番号	典籍	出典	本文
30		『隆全』3・72	抑も、上に四要品を沙汰する時、唐土の人師序品を以て要品に取り、又**像門流**に要品に取り朝夕勤行に致す
31		『隆全』4・391	諸門流並に目録に入れざる**日像門流**秘伝の八宗違目抄に、開目抄の意を略して之を釈し玉へり
32		『隆全』11・1	此の三箇の秘法に於て流々稟承不同なるべし云云　先づ**日像門流**の相承之を明すべし、所以に本門の本尊と、事行の題目と云云
33		『隆全』11・121	此くの如く意得て久遠已前に本仏ありと云ふも、又無しと云ふも、両義何れも相違なし、而も法相甚深にして本因本果の当体無始無終にして常住本有なり、此くの如き相伝は**像門流**随分の口伝なり云云
34	『開迹顕本宗要集』	『隆教』3・212	又**日像門流**の重宝たる八宗違目抄にも此の弘五の十法既是乃至若約本門指我本行菩薩道時以為積劫云云等の文之を引て天台内鑑の本仏行因の相たる事の三千末法下種の止観を定判したまへり。
日存・日道門流			
35	『名目見聞』（『二帖抄』）	『法華宗名目見聞題号釈他三書』20	此の時は日蓮と申す名字も上行菩薩体内の人界の名として本来の名字なり。何ぞ滅後に限ると云ふ可けん耶。されば**存道の門流**には釈尊所具の菩薩界上行、上行菩薩界所具の人界日蓮と相伝するなり。幸に一処の御抄にも、一切衆生被責謗法之苦南無日蓮可唱云。天下広宣流布の時は南無日蓮大菩薩と唱ふ可し、何の疑かこれあらん耶。
尼崎（門）流			
36	『法華天台両宗勝劣抄』	『法華宗全書 日隆1』131	法華には一念三千を明かさず、止観計りこれを明かす等と云うなり。これ大なる謬りなり。**尼崎流**にはかくの如く云うべきなり。
37	『名目見聞』	『名目見聞』74	日蓮宗義云　**尼崎流**　於テ此法門深秘口伝有之。謂以法花円摂爾前八教中円云摂今経相待妙辺不摂絶対妙辺故不苦事也
38		『名目見聞』84	**尼崎義**云　約教釈時、此妙彼妙妙義殊相対妙辺也、玄・籤二釈意也、又唱法花題目抄意也。
39		『名目見聞』92	**尼崎流**口伝云　以漸為正以頓為傍時唯約此土此座成顕露不定頓為面漸為裏日此座十方相対成秘密不定也。
40		『名目見聞』97	取夫**尼崎流**意不定者偏前四味釈共亘四味家之頓漸五味約仏之化儀ノ威神力判之

No.	出典	本文
41	『名目見聞』103	問　日蓮宗意秘密不定由来如何。答　**尼崎流義**云　釈尊出世正機三周声聞也、為此声聞爾前四味間顕三蔵密経通別都合蔵通別也
42	『名目見聞』106	**尼崎流**義云　上古口伝　雖可有其仔細余飛　口伝也
43	『名目見聞』110	**尼崎流**相伝云　法華経迹本両門此界他方十方通同如一仏土　深義最初成道華厳三重本末朽木書　台上表本門葉上葉中表迹門云々。
44	『名目見聞』127	爰知日蓮宗立信心位間可居諸宗之頂上、諸宗悉立解行証上為末代聖道門也、日蓮宗独易行経力宗也、此一ヶ条**尼崎流**随分己証也可秘之云々。
45	『名目見聞』128	**尼崎流**最極甚深口伝三世諸仏名字即信心成道習上其所説五時名字信心家五時可云也。
46	『名目見聞』138	故爾前迹門教相也本門今昔観心也、此事**尼崎流**己証也可秘之云々。
47	『名目見聞』157	**尼崎義**云　華厳教主当分・跨節二意可有之、当分辺華厳三重本末儀式四大士等菩薩知見台上凡夫大根性者知見葉上機分二乗等知見葉中応仏
48	『名目見聞』162	**尼崎流義**云　華厳当体漸教漸部也云へトモ依法華経根本一乗功用被云頓部也
49	『名目見聞』166	**尼崎流義**云　如来一代説教以三乗為正機正機隔不共二乗別教也
50	『名目見聞』168	**尼崎流義**云　諸部円教常習去蔵通別興円円意取前別得道又取前之通円別通同時也
51	『名目見聞』169	**尼崎流義**云　華厳時二乗乳味益者機分二乗故面人天機也、此人天機者三蔵外凡賢位分斉　間華厳教主葉中同居劣応丈六一辺可感見故同居人天機分可乳味益云事也
52	『名目見聞』170	**尼崎義**云　三照譬以菩薩転入辺為正意、此約教釈一筋顕也、日仏日円理同辺也、故以一平地譬方等般若法華也
53	『名目見聞』171	**尼崎義**云　華厳頓機四大士並凡夫大根性等人以過去下種照之二乗同輩類也
54	『名目見聞』192	**尼崎義**云　提謂波利聞五戒十善有漏法得大乗不起法忍益事全非五戒十善力依過去三五下種之金剛寿力久遠種子毒忽発得不起法忍益也。
55	『名目見聞』194	**尼崎義**云　此二仙人者開目抄所説之儒外内中外道也。

No.	出典	本文
56	『名目見聞』199	**尼崎義**云　事方等約部意、理方等約教釈意成也。謂前三為麁後一為妙又以後之円取前教証道乃至通教含中、通別三被摂摂円可属方等也。是皆爾前迹門同異対判教門也
57	『名目見聞』200	体外一代五時対判華厳方等ナントニ作己心三千観心釈事大タハケタル法門也　**尼崎門流**好々不可用之也。
58	『名目見聞』227	何日蓮宗**尼崎流**分斉　以般若非三千本覚根本法華云古今秘密一大事甚深口伝可為誹謗耶。
59	『名目見聞』231	疑云　**尼崎流**分斉　背天台学者明匠義不通得道夜並実相般若法華云事、還無智至歟如何。
60	『名目見聞』255	尋云　上出処止観等皆帰三徳会通**尼崎流**如何可会之耶。 答　止観一部迹門開権之妙観故章々段々以開権顕実判之而以理観為所詮
61	『名目見聞』255	尋云　**尼崎流**　法華涅槃勝劣如何可得意耶。 答　上沙汰処諸天台宗義当流義引合成義勢也。
62	『名目見聞』263	尋云　**尼崎流**　諸御抄教観一言口伝事有之如何。 答　口伝云教諸教五味、法華経五味主観自迹門本門摂下機教弥実位弥下云々是也。
63	『名目見聞』265	二三　尋云　迹門理本門理涅槃理不同事 答　**尼崎流義**云迹門理云無様不変真如理也。本門理随縁真如理也。
64	『名目見聞』267以下	**尼崎流義**云先法華涅槃五重玄論勝劣云事法華三説超過、涅槃当説一分也。
65	『名目見聞』276	**尼崎流義**云　成仏云雖易脱益下種一大事物也。サレバ脱益通諸部円教下種限法華
66	『名目見聞』277	**尼崎流義**云　総涅槃経雖説涅槃不明涅槃意意法華本門十妙中涅槃妙在之
67	『名目見聞』278	**尼崎義**云　法華純円、涅槃帯権有定判事無疑者也。
68	『名目見聞』323	重云　尋云末代本門流通不軽折伏砌名字初心信者初為成下種可相当有門云事如何。 答　此事**尼崎流**秘蔵義也。大旨如向云々。

番号	書名	出典	本文
69		『名目見聞』382以下	仍下種用事教相熟脱用理実教相下種時以父之仏菩薩為面以実相理母為裏熟益時以理母為面以近成仏菩薩父為裏卜口伝也。此法門**尼崎流**唯授一人相伝不可口外云々。
70		『名目見聞』395	**尼崎流**口伝云　於仏性在仏母・仏父之仏性爾前円教・今経迹門仏母実相法身仏性明之此非真実仏種子也。法華経本門独仏父仏性明之
71		『名目見聞』396	唯**尼崎流**法門併奉任御抄云々。以諸御抄為能開能照以玄文止為有余不了所開
72		『名目見聞』399	**尼崎流**口伝云　此法身仏雖居三身頂上無姓　通一代諸経並別円結句蔵通五分法身冥薫也。
73	『名目見聞』（『五帖抄』）	『仏立宗義書』3・8	此三種法華実体近来学者習損自顕説勝根本習。結句根本隠密明開会等一八帖抄書散、師資相承大僻見也。 **尼崎流**不可用之。委如十三問答抄以上。
74		『仏立宗義書』3・60以下	但**尼崎流義**本書御抄共爾前有相待妙無絶待妙法華此経唯論一妙相待絶待二妙共明之此二妙共明開会也。然爾前相待妙曽不明開会也。
75		『仏立宗義書』3・65	四一相対約部意間。総名妙法蓮花経開権之上相待妙間可明開会也。此事**尼崎流**随分己証也。能々可思案之以上。
76		『仏立宗義書』3・121	但一品二半在世正説也。為末法不成下種也。一品二半外。末代相応下種深法在所有之**尼崎流**唯授一人秘伝也。可秘之以上。
77		『仏立宗義書』3・127	又此法門**尼崎流**元祖日存。日道之分斉　取伝沙汰　存道両師無智之至歟如何。
78		『仏立宗義書』3・147	**尼崎流**口伝云。日蓮大士。所弘之妙◯経不寄権実約教釈用約部釈而以本迹釈判之。終二令廃迹立本也。
79		『仏立宗義書』3・171	但正像権者四依、天台妙楽体内雖経之。実者所化衆歴体外成謗法也。此事**尼崎流**随分己証也。可秘之々々々。
80		『仏立宗義書』3・173	（本興寺）**尼崎流**何本門也法身通爾前故秘密三身法中論三身也。故通爾前云通諸味釈之故。通釈法身教主深行正在報身賞翫也。

番号		出典	本文
81		『仏立宗義書』3・188	故望本門土民父。母上臈下種属熟益迹門無得道云迹門大通下種非真実下種云也云々。可秘之云々。**尼崎流**秘蔵法門也。
82		『仏立宗義書』3・194	尋云。上件迹門無得道。本門有得道云。猶教相他宝也。末代我等得分如何。答。此事**尼崎流**随分己証也。謂本門者。約報仏時以本因妙為根本種子也。
83		『仏立宗義書』3・195以下	当時日蓮宗貴賤上下。不弁是字非字愚人任口任南〇経唱是即久遠本覚観心也。四信五品抄能々可拝之云々。此法門**尼崎流**唯授一人口伝也。可秘之云々
84		『仏立宗義書』3・211	但存道両師並至日隆三代世余年間。指置在俗等折伏弘通集諸御抄伺六十巻淵底明当流教観談処法門也。若有謬解者。置露後学速可希添削云々。乍去**尼崎流**随分己証也。
85		『仏立宗義書』3・222	サテ薬王已下六品上行要付体内薬王乃至普賢也得意。法華経一部悉上行要付之法門也。此事穴賢々々可秘之。**尼崎流**一大事也不可口外云々。
86	『玄義教相見聞』	『法華宗全書日隆2』15	されば**尼崎流**には、止観に本迹釈なく、玄義に権実釈なしと口伝するなり。他人の云く、浅々と思いて笑うべき法門なり云々。
87		『法華宗全書日隆2』17	されば**尼崎流**には、玄義一部は本迹釈に限り、止観一部は権実釈に限ると相伝するなり云々。
88		『法華宗全書日隆2』21	問う、日蓮宗の教観一致の形は如何。答う、このことは**尼崎流**唯授一人の秘曲なり。観心本尊抄と開目抄にこれあり。口伝に云々。
89		『法華宗全書日隆2』25	尋ねて云く、**尼崎流**の義は如何、答う、一代の約教釈は熟脱の筋なり。この上に過去の大通下種を顕わせば、今日諸経の円機の得脱の種子は大通にあり。即ち下種に随えば、大通の法華経の得道なり。
90		『法華宗全書日隆2』34	疑って云く、天台の文句等の如くんば、本門は一品二半をもって正説となすなり。この一品二半の妙法蓮華経をもって、日蓮宗の宗旨の至極となすや。答う、この法門は諸門流に絶え已りたる**尼崎流**最秘の口伝なり。委しくは別紙の如し云々。

番号	出典	本文
91	『法華宗全書 日隆2』38	**尼崎流**の日蓮宗の義は、仏父と種子とをもって成仏の虚実を定むる間、迹門・尓前共に無得道なり。此の法門は、恐らくは天台・妙楽未弘の法門なり。玄文止の三部に有余不了の法門なり。初めて日蓮大士が諸御抄に書き顕わし給う未曾有の法門なり。諸法華宗は悉く謬って謗法と成り畢んぬ。
92	『法華宗全書 日隆2』42	**尼崎流**の日存・日道等の御義は唯だ諸御抄の如く、末代下種の時機には本門三五下種の教観が即ち相応すと心得る。本門の得道と云うは、父の種子下種を本となして成仏の有無を論ずること、玄文止並びに諸御抄に分明なり。
93	『法華宗全書 日隆2』50	**尼崎流**には、この一文と四信五品抄の「四味三教より円教は下機を摂し、尓前の円より法華経は下機を摂し、迹門より本門は下機を摂するなり。教弥実位弥下云云」、この一文との二文をもって、在世・滅後の教相を習う分なり云云。
94	『法華宗全書 日隆2』58	尋ねて云く、日蓮宗の意、名字信行の人、五味主を沙汰して何なる巨益を得るや。答う、このことはもっての外の**尼崎流**最密の口伝なり云云。
95	『法華宗全書 日隆2』65	**尼崎流**の口伝に云く、観心抄の如く、一品二半の辺は、本果妙の顕本なり。これは、在世脱益なり。これは、五重玄の中には体玄義の分なり。これは、迹中之本の本門なり。これは、三密の中には身密の意なり。これは、事理の中には理実・理教なり。これは、即ち難行なり。
96	『法華宗全書 日隆2』66	私に云く、**尼崎流**の義として、一品二半と八品とを相望して種々の義を論ずるに付き、末代の愚人はまた見計を起こし、実に底より義理各別なりと思うべし。口惜しき次第なり。末代に一切経を披見の学者はあり難し。その上、当宗としては無益なり。既に、広学を捨て要学を取る易行の日蓮宗なり。
97	『法華宗全書 日隆2』66以下	恐らくは、**尼崎流**の御抄・本書の義味は先代未聞、希有の正義なり云云。仍って、観心本尊抄に一品二半と八品との意を釈し給う時、「在世の本門と末法の初めとは一同に純円なり」と云云。
98	『法華宗全書 日隆2』83	私に云く、近来の諸天台宗乃至諸法華宗に沙汰する処の本迹と、諸御抄・**尼崎流**の本迹とは、その姿は大いに異なるなり。
99	『法華宗全書 日隆2』85	当流の義に云く、世に流布せる天台家には、法体・理観に約して前に云うが如く沙汰するなり。但し**尼崎流**の義は、諸御抄に既に「本門は一向に滅後の為なり」・「教弥実なれば位弥下し」等と定判する日は、不二而二の「不二」は「教弥実」の意、「而二」は「位弥下」の意なり。

番号	典拠	出典	本文
100		『法華宗全書 日隆2』87	尋ねて云く、今の問題に本門八品をもって出世の本懐となすやは、希有にして甚深なり。先代未聞なり。諸法華宗の中に曾て知らず、云わず、思いも依らざる法門なり。今は何ぞ、**尼崎流**に加様の法門を沙汰するや。
101		『法華宗全書 日隆2』91	尋ねて云く、**尼崎流**の意・諸御抄の意は、本門の事の三千をもって種子下種に定むる時の一念三千をば、本因本果をもってこれを作る。その意は、本果は釈尊、本因は上行と覚えたり。もししかれば、釈尊と上行と相望して下種を論ぜば、親疎を存すと云うべきや。答う、この法門は日存・日道唯授一人の口決相承の一大事なり。さりながら、三世常恒の儀式として、一切衆生の開悟得脱の時は本果の釈尊と顕われ、釈尊なれども一切衆生最初下種の時国には本因妙の上行菩薩と顕われ、偏に下種の教主と成りて一向に滅後を領し已んぬ。
102	『法華宗本門弘経抄』	『隆全』1・360	此の故に**尼崎流**には払迹顕本の本に三身の顕本を分けて、法応体用の顕本不思議一は迹中之本の意にて還て爾前と同異を論じて止観に移り約教教妙に還つて本迹一致を示し下種を失して熟益を成ずるなり
本興寺（門）流			
103	『名目見聞』（『二帖抄』）	『法華宗名目見聞題号釈他三書』57	仏種子とは本因妙なり。故に久遠の異はこれありと雖も本因妙下種の実体に於ては全く同じきなり。故に久遠の本因妙も名字信位、末法当時の下種の位も名字信位、相倶に名字凡人の上の観心信行なり。故に久遠五味主の本因妙を沙汰すれば自ら末代衆生の身の上と成る間、更に他の宝を数ふるに非ざるなり。五味主の法門は即ち末代我等が観心の法門なり。此の事**本興寺流**随分の相承なり。之を秘す可し之を秘す可し云云。
104	『名目見聞』	『名目見聞』275	次**本興寺流義**迹本二意可レ之。先迹門与二涅槃一相望時法華迹門有二過現一中以二過去大通下種一為二経旨一涅槃以二現在熟脱一計為二経旨一
105		『名目見聞』350	四十七　尋云　**本興寺流義**五住三惑之所以如何可二取置一耶。答　本迹不同也。所以五住配立以二二乗成仏一為レ正或顕二迹門体用本迹意一
106	『法華宗本門弘経抄』	『隆全』1・144	仍て**本興寺流**口伝に本門顕本に於て正宗顕本と本涅槃妙滅後流通上行弘経の顕本之れ有り本門八品上行要付の辺は本涅槃妙流通の意なり、故に正宗顕本は現脱を以て本因妙下種に還へるなり

107	『隆全』1・165	然るに天台宗の学者一の巻をば仏意略釈とて高尚に之れを談じ二の巻已下をば機情広釈と定めたり、依つて**本興寺流義**には序は天台の内鑑本密本門流通の意なり
108	『隆全』1・330以下	次に**本興寺流**の口伝には玄文止並に諸御抄に顕本々々と遊ばさるゝは本門の元始と為す処の本因妙を以て面と為し本果を以て裏と成して本国土に住して依正互融事の三千の妙法を顕本すと云へば本因妙名字即種子下種に即して三千の妙法蓮華経を顕はす故に此の本因妙は永く爾前迹門に通ぜず爾前迹門に通せざれば種子下種を明かさず
109	『隆全』1・528	但四五六の難を日蓮大士御出世已後に約せば恐くは当門流計りに限るべきなり、仍て自開悟とは日存日道なり、聞師講とは日隆等の諸弟子なり、一遍記とは**本興寺流**自作の諸聖教なり云云
110	『隆全』1・538	九、日像門流の要品の事 **本興寺流義**に云く、上の如く諸御抄に方便、寿量、陀羅尼、普賢を以て要品と為す事は門流の義も仔細無き事なり去り乍ら名は同く義は殊なり其の外に序品神力品を以て要品に取る事之れ有り此の二品を取る事は門流秘蔵の相伝之れ有り此れ等の外に本門八品を以て要品と為す唯授一人の深秘之れ有り云云
111	『隆全』1・553	示して云く、仏滅後二千二百二十余年未だ此の書の心あらず○云云 仍て**本興寺門流**には本門八品を以て殊の外に賞翫し奉る者なり、八品の中にも涌出、寿量、神力の三品は最要なり又三品の中には寿量の一品最要なり
112	『隆全』4・143以下	仍て釈尊出世して爾前迹門の聖道門を以て方便と為し、本門本因妙名字易行の信行観を顕して、八品を説ひて上行に付し末代の信者に授く、是れ出世の本懐なり、故に諸御抄に本門は一向滅後の為め等と判じ玉ふなり、此のこと**本興寺流**の最極無上の秘密なり、堅く口外すべからざるものなり云云
113	『隆全』8・492以下	**本興寺流義**に云く、本門寿量の顕本に於て通釈の意あり、別釈の意あり、謂く通釈の教主は法中論三の無作三身なり、是れを「如来秘密」と云ふ
114	『隆全』9・690	付たり**本興寺流義**には、本迹は一往同、再往勝劣の事

番号	著述名	出典	内容
115		『隆全』9・690	次に**本興寺の流義**には、本迹は一往同、再往勝劣なり、一往同と云ふは体玄義の辺なり、是れ末法相応本面迹裏の迹裏の意なり、同と云ふは摂受の意なり、本迹同と云へば爾前諸部の円に同ずる故に摂受の心と云ふなり
日存日道尼崎流			
116	『名目見聞』（『五帖抄』）	『仏立宗義書』3・210	尋云。以本門八品為最要品其意如何。答。余門流分絶当宗一大事不可過此法門也。サレハ諸門徒中曽夢不知観心本尊抄最極無上甚深秘蔵也。**日存日道尼崎流**外絶久法門也。
尼崎本興寺流			
117	『法華天台両宗勝劣抄』	『法華宗全書 日隆1』124	上件の天台末学の種々の大僻見を、**尼崎本興寺流**に会通して云く、但し、委悉には立正観抄に御会通これあり、私の才覚に及ぶべからざるか。さりながら存・道両師の伝付に任せて、小々会通を加うべし。
尼崎本興寺日存日道門流			
118	『名目見聞』（『五帖抄』）	『仏立宗義書』3・184	次於記小久成一念三千日蓮宗相承正義有之。所謂開目抄観心本尊抄委悉也。当宗正法華正宗深義此法門顕也。先代未曽有法門云此等法門也。恐正像未弘也。止観有余不了正法也。取当宗之内諸門流夢不知之大法也。恐**尼崎本興寺日存日道門流**相承深法也。但法門高祖公方物也。大口伝也。

【表7】日隆著述にみる門流名の引用回数一覧

番号	著述名	日朗門流	日像門流	日存・日道門流	尼崎門流	本興寺門流	その他
1	『当家要伝』	0	3	0	0	0	0
2	『私新抄』	0	11	0	0	0	0
3	『十三問答抄』	0	0	0	0	0	0
4	『法華天台両宗勝劣抄』	0	0	0	1	0	1

5	『本門戒体見聞』	0	4	0	0	0	0
6	『名目見聞』(『三帖抄』)	0	0	1	0	1	0
7	『名目見聞』	0	1	0	36	2	0
8	『名目見聞』(『五帖抄』)	0	1	0	13	0	2
9	『玄義教相見聞』	0	0	0	16	0	0
10	『私経大意』	0	0	0	0	0	0
11	『法華宗本門弘経抄』	3	10	0	1	10	0
12	『開迹顕本宗要集』	0	1	0	0	0	0
合計		3	31	1	67	13	3

註

(1)『法華宗経王山本蓮寺　寺宝と歴史』一一二頁、一五八頁。なお、牛窓本蓮寺住職圓成昭龍上人には、日像筆曼荼羅本尊、及び日隆筆極書の写真掲載を御許可頂いた。厚くお礼申し上げます。

(2)糸久宝賢『京都日蓮教団門流史の研究』一三七頁によると、極書の年次については不明としつつも、「日隆が本蓮寺寺号授与をしたのは授与状によれば長禄二年であり入寂の寛正五年に先立つ四年前である。従ってこの極書は寺号授与の直後か、寺号授与以前に記されたことになる。」と指摘している。

(3)『隆全』第一巻五三三頁。

(4)『隆全』第一巻五三九頁。

(5)『隆全』第一巻五四三頁。

(6)『桂林学叢』第一五号別冊二四頁。

(7)『桂林学叢』第一五号別冊二四頁。

(8)『桂林学叢』第一五号別冊二八頁以下。
(9)『正蔵』(『大正新修大蔵経』大正新修大蔵経刊行会、一九二四年～一九三二年)第九巻四二頁c。
(10)『正蔵』第九巻四二頁b。
(11)『正蔵』第九巻四二頁c。
(12)『正蔵』第三三巻六八二頁b。
(13)『正蔵』第九巻四二頁b。
(14)大平宏龍「『私新抄』新考」。
(15)『宗全』第八巻一二頁。
(16)『宗全』第八巻一三七頁以下。
(17)『宗全』第八巻二九二頁。
(18)『仏立宗義書』第三巻(本門仏立宗宗務庁、一九五八年)二〇〇頁。
(19)『隆全』第一巻五四五頁。
(20)『隆全』第四巻三九一頁。
(21)『隆教』第三巻二一二頁。
(22)『法華宗名目見聞題号釈他三書』二〇頁。
(23)『定遺』(『昭和定本日蓮聖人遺文』身延山久遠寺、一九五二年初版、二〇〇〇年改訂増補第三刷)第二巻一〇五二頁趣意。
(24)『法華宗全書　日隆1』一三一頁。
(25)『名目見聞』二〇〇頁。
(26)『名目見聞』三九六頁。
(27)『法華宗全書　日隆2』三四頁。
(28)『隆全』第一巻三六〇頁。
(29)大平宏龍『日隆聖人教学概論　稿』二七頁以下。
(30)『法華宗名目見聞題号釈他三書』五七頁。

(31)『隆全』第一巻五五三頁。
(32)『隆全』第四巻一四三頁以下。
(33)『仏立宗義書』第三巻二一〇頁。
(34)『法華宗全書　日隆1』一二四頁。
(35)『仏立宗義書』第三巻一八四頁。
(36)『妙蓮寺内証相承血脈之次第条目事』については、大本山本興寺貫首小西日遶猊下より資料を賜った。
(37)『法華宗経王山本蓮寺　寺宝と歴史』一一二頁、一五八頁。
(38)大覚の生涯については多数の研究報告があるが、ここでは『第六百五十遠忌記念　大覚大僧正』（京都像門本山会、二〇一三年）三頁以下、一四一頁以下を参考にした。
(39)小西徹龍『日隆聖人略伝』一八三頁、糸久宝賢『京都日蓮教団門流史の研究』一三四頁、『本能寺史料　古記録篇』四一五頁、五五六頁。
(40)『宗全』第一九巻六三頁。
(41)日隆の曼荼羅本尊についての先行研究は、泉日恒「門祖御本尊儀規の研究」（『仏立研究』Ⅲ、『泉日恒先生著作集』第一〇巻に再録）、寺尾英智「諸門流先師の曼荼羅本尊について」（『興風』第二六号、二〇一四年）、大平宏龍『日隆聖人教学概論　稿』五九頁以下、寺尾英智『日蓮信仰の歴史を探る』（山喜房仏書林、二〇一六年）等がある。
(42)日蓮門下諸師における門流の正統性を主張した著述として、久遠成院日親（一四〇七―一四八八）『伝灯鈔』（『宗全』第一八巻所収）等が挙げられる。

第三節　日隆の教学研鑽の方法

日隆はその生涯において三〇〇巻近くに及ぶ著述を遺す中、自身が日蓮より連なる系譜の相承者であると意識していることが確認できた。では、日隆が著述を執筆する上で、どのような教学研鑽の方法を用いて論を展開していったのであろうか。そこで日隆の教学研鑽の方法を理解するに当たり、先行研究を基礎に、(1) ①広学主義の否定、②日蓮遺文中心主義、③『観心本尊抄』を中心とする立場、④天台三大部本末と日本中古天台の四点に視座を置き、考察を進めていく。

第一項　広学主義の否定

日隆は教学を研鑽する上で、どのように経典を紐解いていったのであろうか。この問題について日隆の著述を確認すると、以下の記述を列挙することができる。

①当宗ノ諸抄但ダ取二大綱一不レ判二網目一、網目ハ末代ノ不レ当レ機根勢鈍ナルガ故也、捨二広略一取レ要蓮師定メ置キ玉フ、時機ヲ鑑ミテ被レ仰也、相構ヘ相構ヘテ広学多聞ヲ不レ可レ好、所詮タル肝心ノ至理ニ懸レ目心地ノ解了ヲ深ク致シテ一代ノ判教権実本迹ノ大意ヲ直ニ入二天台妙楽本末釈義一可レ見レ之(2)

②殊当宗宗旨ハ以二捨邪帰正一為二宗要一、以二無智信者一為二正機一也、所レ謂去二広略一取レ要自レ要起レ信自レ信信ガ家ノ起二解恵一成二折伏一、何無用ナル好二広学多聞一徒数二他宝一妨二末代初心始行之随力演説一失二当宗処中釈一耶、(3)

③諸御抄に広略を捨て、要を取ると示し玉ふは、末代の愚者には一部を読ざれども自然に一部を誦する易行を授け

んが為めなり(4)

④　当宗は此の義に共許して広学多聞を好むべからず、広学多聞は末世の正意にあらず、末世の正意は広略を捨て、要を取り、要の信行、要の説法、要の修学、要の御抄本書、要の論義なり、末世は最極の初心始行なり、広学を示せば還つて正行を失ふ故に、仏「以要言之」して総じては本門八品、殊には分別品の半品より広学多聞の六度三学を以て妙法蓮華経の要法に収め、廃事存理して初心を益するなり。(5)

⑤当宗は何にも網目の枝葉をば略して大綱の宗要を取つて論談すべきなり。広学多聞は宗旨にあらず、智者の解行にして末代の為には他の宝と成るなり、是れ諸御抄の大意なり云云。(6)

⑥天台宗は智者の解行、広学多聞を宗旨と為す、末代の為に難行道の宗なり。

日蓮宗は本門流通の信行を末代に移し広説を捨て略要を取り、而も猶を略を助行と為し要を正行と為して易行を示す故に、広学を斥け詮要を取りて下機の聞を本と為す。(7)

①『私新抄』では、日蓮遺文の大綱を採り、網目については末法の衆生の機根が低いため、細目については一一に優劣をつけることはしていない。また、日蓮遺文『法華取要抄』の「日蓮捨テ二広略ヲ一好ム二肝要ヲ一。所謂上行菩薩所伝ノ妙法蓮華経ノ五字也。(8)」の文を挙げ、その証拠を提示している。日隆は時機を鑑み、広学多聞を否定し、五時の説教や権実判、本迹判の大意について智顗や湛然の三大部本末の釈義を以て見る必要性があると主張している。

②『十三問答抄』によれば、末法においては無知の信者を正機であると規定し、広略を捨てて肝要を採り、肝要より信心を起こすことが重要であると述べている。そのため、無用である広学多聞を好んで研鑽することは他宝を数え

て、末法の初心始行の随力演説（みずからの理解力に従って法義を説くこと）を妨げてしまい、当宗の教えを失ってしまうと危惧していることが分かる。

③、④は、『法華宗本門弘経抄』に見える記述である。③では①と同様に、『法華取要抄』の一文に注目し、末法の愚者には一部の経典を読誦せずとも、自然に一部の経典を読誦するに等しい易行を授けるためであるとしている。④では、広学多聞は末法においては正意ではないため、極力広学多聞を排斥して唯大綱を存し、肝要を取る方法を採用している。具体的には、要の信行、要の説法、要の修学、要の日蓮遺文、要の論義等を勧奨している。なぜなら、滅後末法に生を受けた衆生は凡夫であり、初心始行の位であるという自覚に基づいていると思われる。そのため、広学多聞を好むことで、日蓮の真意を誤って解釈するおそれがあると考えていたと思考する。

さらに⑤、⑥では、『開迹顕本宗要集』からの引用である。⑤において日隆は、当宗はいずれも綱目を省略して、大綱を見ることによって論談すべきであるとしている。よって広学多聞は宗旨にはなり得ず、あくまで智者の解行によるものであり、末法の衆生にとっては他宝であり、日蓮遺文の大意を述べたものである。そして⑥では、天台宗は智者の解行として広学多聞を宗旨と規定しているが、末法の衆生にとっては難行であるとしている。一方、当宗では本門流通の信行を末法の衆生に移すことで広説を捨てて略要を採る。また、略はいまだ助行であって肝要を正行とすることで易行であると規定し、広学を捨てて詮要を採用することは下機下根の衆生の本意であるとする。

これらの記述より、日隆が広学多聞を否定する根拠として『法華取要抄』を重視していることが看取でき、日蓮が上行所伝の『法華経』を肝要と定義することで、日隆もそれに倣い広学多聞を排除し、『法華経』こそが末法においては重視されるべきであると考えていたと思われる。なお、広学多聞を否定する問題に関しては、日隆の教学思想の変遷においてその変化は見られないと思量する。

第二項　日蓮遺文中心主義

次に日隆は、日蓮遺文を中心として経典解釈をすべきであることを標榜している。

①願ハ捨二偏執一帰二正義一、蓮師ノ御判釈ヲ心ニ入テ蓮師ヲ勧請シ奉テ致二祈誓一何ゾ不レ得二正理一耶、習ソコナヒノ天台家以二消息一蓮師ノ文体ヲイヤシク思テ深理ノ含メル事ヲ不レ知、文字ニツケテ大都ヲハスレタリ、ハヤク捨二邪義一可レ帰二蓮師正義一[9]

②何ニモ日蓮聖人ノ御判釈ニ信心ヲ強盛ニ致シテ願力ヲ発シテ日夜朝暮ニ拝二見之一、カナガキアテ字下リガキ文体ノ不定ナル事ヲ不レ懸レ目、法門ノ大都カウカイヲ見テ取ルベシ、全ク非二自讃毀他一道理ノ令レ然処也、末代ニハ蓮師ノ所釈天台妙楽ノ六十巻ニ相順セリ、発二菩提心一玄文止三大章疏ヲ能能可レ見レ之[10]

③末法に入つて日蓮大士之を弘め、正像迹門の諸宗を破つて本門の本尊の三大秘法を顕し、折伏を行じて不軽の如く毒鼓の縁を結び、本門法華宗を顕すべき処に、学者謬乱して本迹一致と云つて本門の本尊を滅亡せしめて悉く謗法と成り畢んぬ、乞ひ願くは情執を捨て、御抄本書を正直に拝見すべし[11]

①、②は『私新抄』、③は『法華宗本門弘経抄』に見える記述である。①〜③の文に見られるように、日隆は日蓮遺文を以て解釈の中心とすべきであることを示していることが分かる。ところで、室町時代当時の日蓮門下の教学は、執行海秀氏によると、「室町時代は日本中古天台心酔時代であったと言えよう」[12]と指摘している。すなわち当時、中古天台本覚思想の影響下による教義解釈、口伝などが重要視されることによって、日蓮遺文が軽視され、中古天台本覚思想の立場を以て日蓮遺文を解釈することで日蓮遺文の真意を歪曲するという状況が存在していたと思われる。それ

を危惧した日隆は、中古天台本覚思想の意を以て日蓮遺文を解釈することを否定としたと考えられる。特に②『私新抄』では、日蓮遺文を理解するに当っては、仮名書き、当て字等の文体が一定していない点にはこだわらず、遺文の概要を素直に拝見すれば、法門の概要が天台三大部本末の意図に準じていることが理解できることを指摘している。

そして③『法華宗本門弘経抄』では、日蓮遺文を拝見することで、日蓮遺文に示される本門を重視した『法華経』解釈の継承を高く掲げる一方、日蓮遺文に明言のない本迹一致を主張したことに対し、本門の本尊を滅亡させたと批判している。さらに、多くの日蓮門下の学者が感情的執着を捨てて、日蓮遺文を正直に拝見すべきことを願い、主張していることからも、日隆はあくまで日蓮遺文を基礎に置いた法華経信仰を実践すべきであることを提示している。

（一）日蓮遺文と天台三大部本末

日隆が日蓮遺文を教義解釈の第一に据えていることは理解できた。では、日蓮遺文と天台三大部本末との関係について、日隆がどのように捉えていたのであろうか。そこで日隆の著述を概観すると、代表的なものとして以下の記述を挙げることができる。

①仰云天台ノ玄文止六十巻ト高祖ノ諸御抄ト相対シテ判スレハレ之ヲ種種ノ差別有リレ之、（中略）玄文止六十巻ノ面ト高祖ノ判釈ノ面ト相対スレハ如シ二天地一、玄文止ノ裏ト与二御書面一ノ相望スレバ御抄本書同レ之是レ内鑑冷然ノ辺也(13)

② 当門流には久年の間諸方に法理を求め恐くは諸御抄を極むる数百遍に及び玄文止六十巻を極め、内鑑外宜迹本流通を分つて諸御抄を以て能開能眼と為し、玄文止等を以て所開所照と為して、開迹顕本の上に本門法華宗を立て、天台宗の諸聖教に於て真偽を加へ、捨邪帰正して之を用ひて助縁と為す(14)

③　当門流両師の仰には、天台妙楽の玄文止六十巻に、内鑑冷然の辺と、外適時宜の辺との二筋之れあり、其の中に内鑑の辺は本門の意を宣ぶる故に諸御抄に同じ、吾師天台伝教と記し玉ふは此の意なり、此の内鑑本門流通の玄文止は、玄文止六十巻の裏の文底に之れあり、此の内鑑の玄文止等は諸御抄と之れ同じ(15)

①『私新抄』では、天台三大部本末と日蓮遺文を相対すれば天地の相違があるとしているが、天台三大部本末の内鑑冷然の意は日蓮遺文と相違がないとしている。また、②、③『法華宗本門弘経抄』の記述においても、天台三大部本末の表と裏について、文のままに理解することは智顗・湛然の面であり、像法流通の迹門法華経の意味を示している。そして、天台三大部本末の裏は智顗・湛然の内鑑冷然の辺、すなわち末法流通の本門法華経を顕しているものであると考えられる。また、日蓮遺文と天台三大部本末に対する見方は、日蓮遺文を以て能開能照とし、天台三大部本末を所開所照と定義することで、日蓮遺文の立場から天台三大部本末を解釈していかなければならないと主張している。よって、この立場から天台宗の諸聖教に真偽の判断を加え、用いるべきものは用いて、捨てるべきものは捨てると結論づけている。すなわち、日隆は末法に生きる我々凡夫にとって、日蓮遺文を以て天台三大部本末を解釈することで、初めて智顗・湛然の内鑑冷然の辺である末法流通の本門法華経の深意が見えてくると標榜している。

(二)　日蓮遺文と日本中古天台

日蓮遺文を面とし天台三大部本末を裏とする見方は、日隆の著述中において散見されることが看取できた。なぜなら日隆の著述は、台当異目の立場を強調せんがためのものであると同時に、当時、中古天台本覚思想の影響を受けた日蓮門下の存在に危惧を呈していたとも推察できる。では、日蓮遺文と日本中古天台本覚思想の関係について、日隆はどのように捉えていたのであろうか。

①深く信心の功を積み諸御抄を拝す即ち御抄を以て能照の智と為し、玄文止を以て所照の境と為して、玄文止の裏に有る天台内鑑本門密意の辺を取て之を拝せば、天台宗中古の学匠已来の謬解は諸聖教に顕然なり、其れより習ひ伝ふる諸法華宗は本書に違ひ御抄を乱すなり、偏へに本迹一致の見を捨てゝ廃迹顕本の正旨に移らは本門流通の講経は宗旨に叶ふ可き者なり(16)

②之に依て四信五品抄に云く迹門より本門は下機を摂するなり教弥実位弥下と云云此の御抄を以て玄の二、四重興廃を消すれば「観心の大教興れば本門の大教を廃す」と云ふは所廃の本門は一品二半脱益正宗の本門なり、能廃観心の大教は末法の初の為の本門八品上行要付本因妙名字信行観心の事なりと交すべきなり云云(17)

③元より門流の大法は諸御抄と玄文止内鑑の辺とを以て能開と為し、天台外宜の辺の玄文止を以て所照所開と為して、慈覚智証已下中古已来の法門の謬解を破失して、五味主本門第三の法門の正義を顕すなり、委しくは諸聖教の如し云云(18)

④宗旨無案内の諸談所経歴習ひ損ひの諸門流、止観を以て能開能照と為し、諸御抄を以て所開所照と為して、本迹一致の邪見に堕し、謗法を起す小智の末学、一天に充満せり、不便不便云云(19)

⑤示して云く、当門流の法門は諸御抄の能眼を以て天台内鑑密本の玄文止六十巻に合し、中古已来の天台の学者の法門に真偽を加へ、捨邪取正開迹顕本せしめ、本門八品上行要付の本尊の三大秘法を建立し奉るものなり、此の故に品々の文々句々の記、皆悉く諸御抄の意を以て之を記す云云(20)

①〜⑤はいずれも『法華宗本門弘経抄』の記述である。①では、信心を持って日蓮遺文を見ることで日蓮遺文は能

照の智となり、天台三大部本末を所照の境となると規定する。このような立場から、中古天台本覚思想の影響を受けた学匠の著述を見れば誤った記述ばかりであり、他の日蓮門下においても同様の影響を受け、日蓮遺文を正しく理解できていないと主張している。②は、『四信五品抄』を引用し、『法華玄義』巻第二に基づいた四重興廃について述べる箇所である。そこで日隆は、所廃は一品二半脱益正宗の本門であり、能廃は本門八品上行要付本因妙名字信行観心の事を指すとして、四重興廃判を日蓮義より解釈していることが注目できる。③は、日隆の考えとして日蓮遺文と天台三大部本末の内鑑冷然の辺を以て能開と規定し、天台外宜の辺を以て所照所開と定義している。その上で、円仁・円珍等といった中古天台本覚思想の影響を受けた法門について激しく批判を加えることは、五味主の法門や第三の法門の正統性を明らかにするためであるとしている。④によれば、諸門流では『摩訶止観』を以て能開能照とし、諸御抄を以て所開所照となして本迹一致の邪見に堕ち、謗法を起こす小智が充満しているとしている。このことからも、日隆在世当時は日蓮遺文を中心とせず、『摩訶止観』を中心とした観心主義教学が蔓延していることが看取できる。⑤では、日隆の著述中において散見される文言であり、日蓮遺文をもって天台三大部本末を見ることは、中古天台本覚思想の影響を受けた学匠の法門について真偽を加え、邪法を捨てて正法を取ることを目的としている。またその意図としては、本門八品上行要付を本尊とする三大秘法を立てるためであり、『法華宗本門弘経抄』は『法華文句』『法華文句記』を日蓮遺文の意を以て解釈したものであると結論づけている。

日隆は、中古天台本覚思想の影響を受けた法門に対し、積極的に活用・及び批判していることが理解できる。また中古天台期においては、盛んに偽書が作成された時期でもあり、日隆は正しい目を以て偽書を排除すべきとする立場であることが分かる。さらに注意すべきこととして、中古天台の法門に真偽を加え捨邪帰正することを喚起する上で、中古天台期の著述において散見される「四重興廃」や「本覚」等といった語について、日蓮義を以て解釈していることが窺えるが、この問題については第五章で触れることとする。

第三項　『観心本尊抄』を中心とする立場

日隆は、日蓮遺文による教義解釈を以て天台三大部本末を捉えていることは理解できた。では日蓮遺文中、どの遺文を中心に据えていたのであろうか。一般的に、日蓮門下において最重要遺文とされるものは『観心本尊抄』であり、古来より法開顕の書とも称される。では日隆の場合、『観心本尊抄』をどのような位置に置いていたのであろうか。

①観心本尊抄には、八品と一品二半と種脱相対して、一往分別して再往は序正流通倶に滅後のためなりと釈し玉へり、此の心を以て法華取要抄を思ふに、再往は略広顕本共に滅後の為めなり[21]

②諸御抄の法門は第三の教相の上に只肝要を取る大綱の一筋なり、是れ末法下種の本門の本尊の教相なり、此の本門の本尊の出処は涌出品已下八品なり、是の上行付嘱の本尊は釈尊出世の本懐なり、されば諸御抄の中には観心本尊抄を以て総の肝要と為す、既に八品を以て滅後の本尊と為して下種結縁を成ずるなり、総じては観心抄一巻此の意なり[22]

①、②はいずれも『法華宗本門弘経抄』の記述である。①によると、『観心本尊抄』には本門八品と一品二半を種脱相対すれば、序分・正宗分・流通分はともに滅後のためであると解釈している。この立場から『法華取要抄』を見れば、略・広の顕本は滅後のためであるとし、『観心本尊抄』の眼を以て日蓮遺文を見るべきであると主張している。また②の文では、日隆は滅後下種の本門の本尊は、本門八品に説き顕されていると考えていた。従地涌出品では、上行菩薩を召し出して末法の唱導師を定め、如来寿量品では付嘱すべき所付の『法華経』が顕されている。また如来神力

品において、本仏釈尊は要法を末法の『法華経』弘通のため上行菩薩に付嘱されるが、この付嘱された南無妙法蓮華経を下種・唱題することで、成仏への道が開かれると考えていた。そして、このことを解説立証するものが日蓮遺文の中でも特に『観心本尊抄』であると定義している。よって、『観心本尊抄』を中心として他の日蓮遺文を見、加えてこの立場から天台三大部本末を用いることで、日蓮の真意を導き出すことを試みたのではないかと推察する。このように考えると、日隆は、日蓮自らが「日蓮当身ノ大事」[23]と言われた『観心本尊抄』を教義解釈の中心に置いていることが理解できよう。さらに『観心本尊抄』より導き出される、本門八品に説く久遠実成の開顕より上行付嘱、及びこの付嘱された南無妙法蓮華経を下種・唱題し信心することこそが唯一の成仏への道であると考えられたのではないだろうか。

また大平宏龍氏によれば、『法華宗本門弘経抄』における『観心本尊抄』の引用箇所は計五八九箇所にのぼり、三大部とされる『立正安国論』四九箇所、『開目抄』二九八箇所を大きく上回っていることを指摘している。[24]このことからも、日隆は『観心本尊抄』を最重要遺文と規定し、教義解釈の中心として据えていたと推察できる。

第四項　天台三大部本末と日本中古天台

日隆は日蓮遺文を面として天台三大部本末を解釈することを基調としていたことが理解できた。では、日隆の著述に見る天台三大部本末と日本中古天台の関係性について概観すると以下の記述が窺える。

①　疑って云く、諸天台宗並びに諸法華宗に、かくの如く三種教相を談ぜざるや。答う、天台・妙楽の玄文止の三部には分明にこれを釈すと云えども、中古の明匠以来悉く習い損じて三種教相を沙汰せり。委しくは諸見聞の如し云云。この天台学者の謬解を諸法華宗は相伝して弘通する故に、三種教相の意得を謬りたるなり。恐らくは、尼

崎の室に入りてこれを習うべきか云云。(25)

②此の経王の義は五百塵数を以て証拠と為して沙汰する事は、玄文止殊に玄義、殊に玄の一、七、九、十に分明なり。中古より学者習ひ損じて結句五百塵数は仮説なりと云ひ、事成の本は実本にあらずと云て経王の法命を断ち、悉く謗法と成り畢りて、結句我本行菩薩道時の其の本師の仏は阿弥陀なりと云ふ謗法を申出すなり。(26)

『玄義教相見聞』に見える①は、天台宗と日蓮門下において論じられる三種教相について述べている。そこで日隆は、天台三大部本末において三種教相を分明に解釈されている。しかし、中古天台本覚思想の影響を受けた学者の三種教相は、智顗や湛然の解釈を歪曲したと指摘し、この解釈を日蓮門下が相伝し弘通することで誤りが拡大したとしている。よって、日隆は三種教相の解釈を巡って、天台三大部本末の立場より中古天台を批判していることが分かる。

②では、『開迹顕本宗要集』中において五百億塵点劫の顕本について論じている。日隆は、『法華経』の義として五百億塵点劫を以て久遠実成の証拠とすることは、天台三大部本末においても明らかであるとする。しかし、中古天台の学者は、五百億塵点劫を仮説とし、事成顕本は真実の顕本でないとして、『法華経』の教えを断ち、謗法を起こしていると批判している。よって、塵点劫解釈の問題についても天台三大部本末の立場より中古天台本覚思想を批判していることが分かる。なお、日隆教学に見える中古天台本覚思想の影響について、大平宏龍氏は四重興廃に注目し、

中古天台の四重興廃は、『玄義』（原始天台）の本来の義から批判し、また『玄義』の義も日蓮義から批判を行っている。その上で内容は異なると断りながら、思考形式は日蓮義として認めている。(27)

と述べ、日隆の主張する原始天台と日本中古天台の関係性について、日蓮義を用いて四重興廃判に捌きを加えていると主張している。

小　結

以上、日隆の教学研鑽の方法について概観してきた。日隆は、広学主義を否定し、日蓮遺文を以て天台三大部本末の解釈を試みていたことが確認できた。また、『観心本尊抄』にある思想を以て日蓮遺文の拝読を進め、中古天台の文献に関しては、正しい目を以て偽書を排除すべきとする立場であることが理解できる。ただし日隆は、『立正観抄』『当体義抄』等といった真偽未決の日蓮遺文も採用しており、この問題については今後の研究課題としたい。

このような日隆の教学研鑽の方法について執行海秀氏は、

日隆が独自の八品思想に依つて、台当の相違を分別し、精細なる理論体系を組織したことは、当時の教学界に独歩の地位を占めるものと見るべきである。(28)

と宗学史上における日隆の評価をしている。(29) このことからも、日隆は当時の中古天台本覚思想の影響を受けたとする日蓮門下の教義・教学の理解を否定し、教観相資の日蓮教学の構築を目指した学匠であったことが窺える。

ところで、昨今、本覚思想の要素のある日蓮遺文が見直す潮流が存在する。具体的には、末木文美士氏はこの問題について以下のように述べている。

この観点から日蓮遺文を検証し、はじめて本格的な日蓮遺文の近代的な真偽考証をなし得たのである。その具体的な方法は、このような前提に立って、それに合致するものを日蓮の真撰と認め、それに反し、口伝法門的な本覚思想の要素のある文献を偽撰として分けていくというものである。(中略)

この批判的な文献考証に立つ成果はきわめて大きく、その後、執行海秀らを通して、立正大学のいわゆる大崎教学が確立することになった。その成果は、『昭和定本日蓮聖人遺文』などに結実する。戦後の田村芳朗などの成果（田村、一九六五）も、それを引き継ぐものである。それが今日、花野充道らによって見直しが進められつつある（花野、二〇一〇）[30]。

さらに、

このように見てくるならば、『御義口伝』には、偽書ということで排除することのできない豊かな思想を含んでいることが知られる。それは『御義口伝』だけに限らず、近代の文献批判で否定されてきた偽書類を、もう一度思想面から捉え直す必要を求めるものである。[31]

と結論づけている。この主張は、日隆の教学研鑽の側面より見れば相容れないものである。なぜなら、日蓮遺文を再検討し、『御義口伝』を含む本覚思想の影響を受け、偽書として扱われてきた日蓮遺文を肯定的に捉えることは、日隆在世中に流行した観心主義教学の時代へと舞い戻る要素を多分に含んでいる。この流れは、日隆が生涯を賭して目指した宗学を根底から覆すと同時に、先師が築き上げてきた宗学を中世へと回帰するものであると危惧する。

註

（1）株橋諦秀「日隆聖人教学の序説」では、日隆の学問的態度として、①広学よりも要学、②御書・本書拝見の心得、③御書と天台三大部に対する研究態度、④天台三大部における文面と文裏との両義、⑤宗祖の御書に対する態度、の五つに分けている。また北川前肇『日蓮教学研究』四九七頁以下では、①広学主義の否定、②祖書中心主義、③日蓮聖人遺文と天台典籍の位置づけ、④本門法華からの天台三大部解釈、⑤観心主義教学の否定の五つに分類している。そして、大平宏龍「日隆教学の方法をめぐって」では、①日蓮遺文の集輯と全体的把握の努力、②日蓮遺文と原始天台との対比研究、③原始天台と日本中古天台との対比研究、④日蓮遺文と日本中古天台との対比研究の四つに分けて考察している。

（2）『宗全』第八巻二一八頁。

(3)『宗全』第八巻四四一頁以下。
(4)『隆全』第九巻六九三頁。
(5)『隆全』第一一巻八二一頁以下。
(6)『隆教』第一巻二一四頁。
(7)『隆教』第四巻三一頁。
(8)『定遺』第一巻八一六頁。
(9)『宗全』第八巻一七七頁。
(10)『宗全』第八巻二一八頁。
(11)『隆全』第一〇巻四六一頁。
(12)『日蓮宗教学史』五頁。
(13)『宗全』第八巻二五二頁。
(14)『隆全』第一〇巻四四九頁以下。
(15)『隆全』第一〇巻五三六頁。
(16)『隆全』第一巻三頁。
(17)『隆全』第一巻五頁。
(18)『隆全』第三巻三一四頁。
(19)『隆全』第五巻五六〇頁。
(20)『隆全』第一〇巻三二七頁。
(21)『隆全』第八巻二〇九頁。
(22)『隆全』第八巻二〇七頁。
(23)『観心本尊抄副状』『定遺』第一巻七二一頁。
(24)大平宏龍「日隆聖人御聖教所引御書索引」(『桂林学叢』第九号、一九七六年)。
(25)『法華宗全書　日隆2』一八頁。

(26)『隆教』第一巻四一三頁。
(27)大平宏龍「日隆教学の方法をめぐって」二〇頁。
(28)『日蓮宗教学史』一二一頁。
(29)宗学史上における日隆教学の評価を巡っては、望月歓厚「日隆聖人の顕本論について」(『大崎学報』第三三号、一九一四年)では、「隆師は常に像門の復古論者であった如く、この教観表裏の争論も龍華以来の教道を重んずる思想に復たらしめんとした、復古主義者であったのである。即ち前節には天台の復古論者といった如く、今も像門の復古論者であったのである。」と評している。また、茂田井教亨「中世における日蓮教学の成立と展開」(影山堯雄編『中世法華仏教の展開　法華経研究V』、平楽寺書店、一九七四年)において、「分流諸師のうち、その著述の規模、大系の整備からみて、宗学の名に値するものは慶林日隆である。」としている。そして、北川前肇『日蓮教学研究』四九七頁では、「日隆の業績は、宗学史上、不朽のものであることは間違いない」とし、それぞれ宗学史上における日隆教学の評価を行っている。
(30)末木文美士「世俗化と日蓮仏教―松戸行雄の「凡夫本仏論」をめぐって」『シリーズ日蓮5　現代世界と日蓮』(春秋社、二〇一五年)一〇二頁以下。
(31)末木文美士「世俗化と日蓮仏教―松戸行雄の「凡夫本仏論」をめぐって」『シリーズ日蓮5　現代世界と日蓮』一〇六頁。

第二章　『法華宗本門弘経抄』述作と『三百帖』との連関性

第一節　述作次第をめぐる問題

日隆の教学思想について研究を試みる時、その教学変遷、及び著述量において最も充実したものとして『法華宗本門弘経抄』一一七巻（本文一一三巻、目録四巻）を挙げることができる。『法華宗本門弘経抄』は現在、尼崎本興寺に格護されている。内容としては、『法華経』を『法華文句』の次第に準じて文文句句について解釈したものである。特徴としては、当家の立場、すなわち『法華経』の中でも本門八品を中心に据え、その立場より天台三大部本末、及び中古天台の義に対して日蓮義を以て解釈を試みている。よって『法華宗本門弘経抄』から窺える日隆の教学研鑽の姿勢は、日蓮遺文を規範として、天台教学、さらには一切の経典を解明しようとしたものであると言える。

また、『法華宗本門弘経抄』の構成内容を再説すると、大意一〇巻、通序一〇巻、別序四巻、方便品九巻、譬喩品五巻、信解品五巻、薬草喩品三巻、授記品一巻、化城喩品六巻、五百弟子受記品三巻、授学無学人記品一巻、法師品四巻、見宝塔品二巻、提婆達多品三巻、勧持品一巻、安楽行品五巻、従地涌出品四巻、如来寿量品一三巻、分別功徳品四巻、随喜功徳品一巻、法師功徳品二巻、常不軽菩薩品二巻、如来神力品五巻、嘱累品一巻、薬王菩薩本事品二巻、妙音菩薩品一巻、観世音菩薩普門品二巻、陀羅尼品一巻、妙荘厳王本事品一巻、普賢菩薩勧発品二巻からなり、迹門部分は六二巻、本門部分は四一巻となっている。特に本門八品については三二巻から構成され、本門部分の約八割を占め、しかも大意を除いた全体の三割強の割合を占めていることが確認できる。

さらに、本抄の述作時期について、株橋諦秀氏は文安三、四年（一四四六、一四四七）頃、[1] 泉日恒氏は宝徳元年（一四四九）頃の執筆と推定している。[2] また、『法華宗本門弘経抄』の述作順序について、一般的には『法華経』の構成の通り、序品から順次に執筆されるものと考えられる。この考え方からすれば、『法華経』の最終品である、普賢菩薩勧発

品に奥書が記されるべきであろう。しかし、『法華宗本門弘経抄』においては、第一〇四巻嘱累品釈の末に、

記者既に六十九なれば廃亡の義これあるべし、悲哉々々云云[3]

と、一箇所のみ奥書の存在が認められ、この奥書の存在について、どのように解釈すべきであろうかということが問題となる。そこで本節では、日隆が『法華宗本門弘経抄』を執筆するにあたり、どういった順序で書き綴ってったのかについて考察していきたい。

第一項　金剛院日承『広経抄』の検討

『法華宗本門弘経抄』の述作次第を検討するに当り、先行研究を概観すると、泉日恒氏は、『法華宗本門弘経抄』の述作次第について、薬王菩薩本事品から筆が起こされて経末に至り、さらに序品に還って、嘱累品で終わったのではないかと推察している。[4]また、それを援証するものとして、両山第十二世日承『広経抄』四四巻を挙げ、『両山歴譜』日心本の中に示される、『広経抄』の箇所を引用している。『両山歴譜』日心本には、『広経抄』について以下の記述が見られる。

永禄十一戊辰年、承師六十八才、欲記妙経全部ノ経抄、秋八月ニ従薬王品始至経末、又其ヨリ序品・方便品等ト次第シテ属累品ニテ畢ル也、何者薬王品ノ末ニ永禄十一年八月廿五日ニ記之アリ、普賢品ノ終ニ永禄十二年八月廿日ニ記之アリ、サテ序品ノ初帖ノ終ニ永禄十二年九月十四日記之有、夫ヨリ次第ニ年月延行テ、属累品ノ終ニ元亀三年六月十八日記之畢、七十二才、日承判トアリ、然ハ壱部四十四帖永禄十一年辰ノ八月ニ始テ、元亀三年申ノ六月マテ五ヶ年間ニ功成玉ヘリ、則是ヲ云広ノ経抄也[5]

『両山歴譜』日心本によると、日承は『法華宗本門弘経抄』の撮要を試みたとされる『広経抄』四四巻を約五年の歳

月を費やして著し、その順序は薬王菩薩本事品から筆が起こされて経末に至り、さらに序品に帰って嘱累品で終わったと記していることが確認できる。

一方、株橋祐史氏は、京都本能寺蔵『広経抄』の真蹟本、尼崎本興寺にある写本を披見し、奥書を整理して以下のように紹介している。

薬王品		永禄十一年八月二十五日
妙音品		永禄十二年五月九日
普門品		永禄十二年六月十三日
陀羅尼品・厳王品		永禄十二年八月十二日
普賢品		永禄十二年八月二十日
序品	一	永禄十二年九月十八日
	二	永禄十二年十月七日
	三	永禄十二年十一月四日
	四	永禄十二年十一月二十七日
方便品	上	永禄十三年四月二十五日
	中	永禄十三年五月二十五日
	下	永禄十三年六月十二日
譬喩品	上	元亀元年六月二十八日
	中	元亀元年七月十三日

品	巻	日付
	下	元亀元年七月二十八日
信解品	上	元亀二年四月二十五日
	下	元亀二年五月八日
法師品	上	元亀二年五月二十八日
	下	元亀二年六月二十一日
宝塔品	上	元亀二年七月七日
	下	元亀二年七月二十二日
提婆達多品	上	元亀二年八月十二日
	下	元亀二年八月二十八日
従地涌出品	上	元亀二年十月二十八日
	下	元亀二年十一月三十日
如来寿量品	一	元亀三年閏正月二十五日
	二	元亀三年三月十一日
	三	元亀三年四月七日
	四	元亀三年四月十七日
分別功徳品		元亀三年四月三十日
随喜功徳品		元亀三年五月四日
法師功徳品		元亀三年五月十一日

不軽品		元亀三年五月二十五日
神力品	上	元亀三年六月一日
	下	元亀三年六月十一日
嘱累品		元亀三年六月十八日
薬草喩品	上	元亀三年七月二日
	中	元亀三年七月十一日
薬草喩品	下　授記品	元亀三年七月二十八日
化城品	上	元亀三年八月十七日
五百弟子受記品		元亀三年九月五日
授学無学人記品		元亀三年九月十二日
勧持品		元亀三年九月十八日
安楽行品	上	元亀三年九月二十一日
	下	元亀三年十月六日(6)

これを確認すると、『広経抄』では薬王菩薩本事品に始まり経末に至り、次いで序品に返っていることが分かる。しかし、嘱累品の後に薬草喩品、化城喩品、五百弟子受記品、授学無学人記品、勧持品、安楽行品の奥書が認められ、『広経抄』が嘱累品で終わるとする先行研究の諸説とは異なるものであることが分かる。

ではなぜ、『両山歴譜』日心本に記されている『広経抄』の箇所と、『広経抄』の奥書との相違が見られるのであろうか。このことについて株橋祐史氏は、『両山歴譜』日心本の記載は、両山第四十一世英住院日升（一六七五―一七三九）が、享保八年（一七二三）十一月九日に尼崎本興寺にある『広経抄』写本の内、三四冊の表紙替えを行った際に記したものに影響を受けたのではないかと推察している。(7) これを確認すると、以下の記述が見られる。

一、升私云日承上人当経抄御作ノ次第薬王品ヨリ始テ至二経末一又其ヨリ序品・方便品等ト次第シテ属累品ニテ
畢レリ何トナレバ薬王品ノ末永禄十一年八月廿五日ニ記ト之有リ普賢品ノ終ニ永禄十二年八月廿日記レ之有サテ
序品ノ初帖ノ終ニ永禄十二年九月十四日記ト之アッテ、夫ヨリ次第シテ年月延ビ行テ属累品ノ終ニ元亀三年六月
十八日記之畢七十二才日承判アリ尓レハ一部四十四帖永禄十一年辰ノ八月ニ始テ元亀三年申ノ六月迄功畢下ヘリ
承師六十八才ヨリ七十二才ノ御時迄也。(8)

この文によると、『両山歴譜』日心本の記載と酷似しており、『広経抄』の述作順序は薬王品より書き始め経末に至り、序品に返って嘱累品で終わる記載が見られる。また日升が写本に記したとされる年月日は、享保八年（一七二三）十一月九日のようであり、日心が尼崎本興寺の貫首となった天明三年(9)（一七八三）の六十年前であることが分かる。このことからも、『両山歴譜』日心本が、日升の記述に影響を受けた可能性は否定できない。

一方、『両山歴譜』日唱本では、以下の記述が確認できる。

①是年□□□承公于時六十八、造妙経一部経抄、云広経抄、七月八日此染筆始、元亀三壬申年成、調巻四十四冊(10)

②三癸酉十月、承公経抄成、于時七十二才(11)

①、②によれば、『広経抄』の述作過程は触れておらず、完成を元亀三年（一五七二）十月としており、株橋氏は『広経抄』の奥書にある安楽行品を想定していたのではないかと推察している。(12)

さらに、『法華宗宗門史』では、以下の記載が見られる。

即ち永禄十一年（一五六八）八月二十五日『薬王品』より始まり、元亀三年（一五七二）十月十六日『安楽行品』

下をもって終っている。その奥書に

元亀三壬申暦十月十六日記畢　七十二才日承花押(13)

『法華宗宗門史』では、薬王品より始まり、安楽行品で終わっていることが確認できる。よって日承『広経抄』の述作順序については、薬王品から筆が起こされて経末に至り、さらに序品に還って嘱累品で終わったとする説と、薬王品より始まり安楽行品で終わるとする二説があることが先行研究より確認できた。次に、『法華宗本門弘経抄』の述作について、具体的に論じられている先行研究を見ていきたい。

第二項　『法華宗本門弘経抄』に引用の日隆の著述

『法華宗本門弘経抄』の述作について先行研究を概観すると、株橋諦秀氏は、『法華宗本門弘経抄』如来神力品釈について、神力品五帖中の第四帖、第五帖の円戒の部分は、『十三問答抄』最後の十三問答において、「当家受戒作法事」が『本門戒体見聞』の底本となり、さらに『法華宗本門弘経抄』において再述されたのではないかと指摘している。また、『名目見聞』の最後五巻の内容が『法華宗本門弘経抄』の大意一〇巻の内容とほとんど同じであることから、おそらく『五帖抄』は『法華宗本門弘経抄』大意の草案となったものであると推察している。(14)続いて大平宏龍氏は、『法華宗本門弘経抄』の述作について、尼崎本興寺現存の真蹟本を確認し、『御聖教惣目録』には、「一、本門弘経抄　全部　百十三帖」と記されている中の「大意　十巻」の内の八巻は、実は草稿本と見られるのであり、同目録に「一、弘経抄　重本　大意下　八巻　但代筆也所々隆師御筆有之」とあるのが、定稿であると指摘している。またこの部分（第一巻より第八巻まで）は、日隆が草稿本に加筆訂正した再治本を、直弟子が清書し、更に日隆が所々に加筆訂正したものであるとしている。このことから、本抄の述作過程は、厳密には必ずしも大意、通序、別序と順次に成立したとは言えず、同時進行的に定稿が作成されていた部分もあると見なしている。(15) さらに大平宏龍氏は、株橋諦秀氏の説を補強し、『法華宗本門弘経抄』と『五帖抄』の目次の類似性を提示している。その上で、『五帖抄』と『法華宗本門弘経抄』では、同じ結論でありながら、証文の取り方が一見、異なっているかのように見える箇所もあるとして、注意を促している。(16)

そこで再度、日隆の奥書を確認してみると、『法華宗本門弘経抄』第一〇四巻嘱累品釈の末には、

記者既に六十九なれば廃亡の義これあるべし、悲哉々々云云(17)

とある。続いて『法華宗本門弘経抄』の次の著作とされる『開迹顕本宗要集』第一巻の奥書には、以下の奥書が見られる。

享徳二年八月下旬より宗要を書き初むるなり　記者六十九訪ぬべし訪ぬべし。(18)

『開迹顕本宗要集』の奥書は、『法華宗本門弘経抄』の奥書と同年であることが分かる。しかし、『法華宗本門弘経抄』の奥書は日隆六十九歳とあるだけで、月日については不明である。『開迹顕本宗要集』の奥書は多数存在することは先述したが、両書の奥書から導き出される日隆の執筆速度を推定したとしても、『法華宗本門弘経抄』の述作次第を決定することは困難である。

では、その他の手掛かりについて思いを巡らすと、『法華宗本門弘経抄』の各品解釈中において、『法華宗本門弘経抄』の他の品を引用する記述に着目することで、述作次第を知る要素の一つとなるのではないだろうか。そこで、それらを列挙したものが【表8】になる。

【表8】『法華宗本門弘経抄』中に見える同書の引用

番号	品名	該当頁	引用内容
1	方便品	『隆全』3・230	猶ほ本門本国土妙の娑婆三界を顕し、三千の妙法蓮華経を成ずれば易行の上の易行なり、委くは上の大意釈名の記の如し云云
2		『隆全』3・235	此くの如く心得て序正の次第を講ぜば、本門流通の日蓮宗の宗要なり、委くは上の大意釈名の記の如し云云
3		『隆全』3・328	仍て本門流通末代相応の教観は上の大意釈名の下に委く之を記す、故に今略を存す云云
4		『隆全』4・88	此の迹本流通開会の相を弁へざる諸法華宗、思はざるに謗法に同じて過時の開会を談ずること哀むべし、哀むべし委くは大意釈名の下の如し云云
5	如来寿量品	『隆全』8・347	此の意を以て次に出す処の如来寿量の下の本末の釈を交合すべきなり云云
6		『隆全』8・643以下	此の本門の観心の重は当流唯授一人の秘伝なり、口外すべからざるものなり、委くは上の大意釈名の下の如し云云
7		『隆全』9・301以下	然りと雖も上の如来寿量の下に委しく之を記す、当品の内第四帖目に之を記す、之を見るべし
8	薬王菩薩本事品	『隆全』11・297	故に経に大梵天王を一切衆生の父と云ふなり、父とは主なり、此の故に梵王三界に大自在を得ると云ふなり、委くは通序の下第二十帖の如し云云
9		『隆全』11・323	又五百品の下の第三帖目の下に、安養界の下品生の人の論議之を記す云云
10	観世音菩薩普門品	『隆全』11・463	示して云く、四要品、二要品のことは上の序品方便品の下に委悉に之を記す云云
11		『隆全』11・506	此れは欲界の頂他化自在天所居の魔王なり、委くは序品の如し云云
12	陀羅尼品	『隆全』11・595	此の薬王のこと委くは上の通序の下の如し云云
13		『隆全』11・601	勇施菩薩のことは委くは通序の如し云云
14		『隆全』11・605	此の持国のことは上みの通序の下に委しく之を記す云云

15		『隆全』11・606	此の文段の下をも迹本流通の意を以て之を消すべし、而るに上みの薬王品の下の歎の文段の意を取つて今の歎の文を消すべきなり、故に重ねて之を消せざるなり云云
16	妙荘厳王本事品	『隆全』11・653	委くは不軽品の初め、並に薬王品の下に記するが如し云云

【表8】を概観すると以下のようにまとめることができる。

・方便品釈では、1、2、3、4いずれも大意釈名を引用している。

・如来寿量品釈では、5において同じ如来寿量品釈第七八帖と思われる箇所を提示している。6では大意釈名の引用が見られ、7では第八〇帖の引用が確認できる。

・薬王菩薩本事品釈では、8において第二〇帖通序釈の引用、9では五百弟子受記品釈の引用が見られる。

・観世音菩薩普門品釈では、10において序品釈・方便品釈、11では序品釈の引用が確認できる。

・陀羅尼品釈では、12、13、14の文言は、いずれも通序釈に詳しい内容が記されていることを示すものであることが分かる。また15では、薬王菩薩本事品釈の引用が窺える。

・妙荘厳王本事品釈では、16において常不軽菩薩菩薩品・薬王菩薩本事品釈の引用が確認できる。

これら『法華宗本門弘経抄』の各品における他の品の引用を通覧すると、大意の引用が多数確認できる。また、如来寿量品釈を除けば、いずれも『法華経』各品の順序より前の品を引用していることが分かる。

次に、日隆が『法華宗本門弘経抄』において自身の他の著述を引用するか否かについて確認すると、『開迹顕本宗要集』『五帖抄』『名目見聞』『本門戒体見聞』等を引用していることが分かる。(19) これらを確認していくと、まず『法華宗本門弘経抄』第一〇九帖観世音菩薩普門品釈では、以下の記述が確認できる。

次に常行三昧の釈は、般舟三昧経の十住毘婆娑の権門の説を引く、是れ附文の意なり、次に般若経の文は是れ又帯権不了の説なり、委くは宗要集雑部の如し云云[20]

ここでは、『宗要集』雑部の引用が見られ、『開迹顕本宗要集』雑部第一四では、

附文の辺は依経、多分は爾前の方等・般若の権経に依り、行相の辺は四三昧は即有空両亦双非の一心三観の約部絶待妙の法華三昧なり。今の文の常行三昧は附文、依経は般舟三昧経・十住毘婆沙論なり。是れ既に権経なり。故に所依に附して爾か釈するなり。[21]

と説明が付され、その奥書には「記者　七十歳[22]」とある。また『法華宗本門弘経抄』第一一帖では、

此の下の雲雷音王仏の菩提樹の法華は開会の法華歟、仏恵の法華歟と云ふこと、宗要五時帖の説五時教の算の下にて沙汰あることなり云云[23]

とあり、『開迹顕本宗要集』五時部第六には「雲雷音王仏所説の法華は開会か仏恵か。[24]」の算題が見え、「記者満　七十歳[25]」とした奥書が確認できる。しかし、これらの引用を根拠としても、『法華宗本門弘経抄』第一〇九帖・第一一一帖の述作は、草稿本や弟子による執筆した関係から、直ちに享徳三年（一四五四）頃に執筆されたと規定することについても困難であると言える。[26]

なお、『開迹顕本宗要集』仏部第五、雑部第一四において『法華宗本門弘経抄』如来神力品釈の引用が看取できるので記しておきたい。

①此の三ヶ大事の口伝は当門流唯授一人の秘伝なり。委しくは弘経抄の神力品の下の見聞の如し云云　之を秘すべし　之を秘すべし。[27]

②　円頓戒に持犯を論ずるやのこと。

此のことは本門円戒抄と神力品の下の本門弘経抄とに委しく之を記す云云[28]

①②は、いずれも『法華宗本門弘経抄』如来神力品釈を引用していることが分かる。①『開迹顕本宗要集』仏部第五には奥書は確認できない。しかし、②『開迹顕本宗要集』雑部第一四には奥書として「記者　七十歳[29]」との記述がある。しかし、これらの記述を以て直ちに如来神力品釈は享徳三年（一四五四）頃に記された可能性とすることも無理がある。

さらに、『法華宗本門弘経抄』中に見える『五帖抄』の引用について纏めたものが【表9】になる。【表9】では最初に『法華宗本門弘経抄』の該当箇所を挙げ、次いで『名目見聞』（『五帖抄』『二帖抄』を含む）該当箇所を挙げている。【表9】では、『五帖抄』を引用する箇所は、『法華宗本門弘経抄』1第一一帖、2第一二帖の二箇所認められる。また、『五帖抄』部分以外の『名目見聞』を引用する箇所は、『法華宗本門弘経抄』3第一三帖、4同第一三帖、5第九三帖、6第一〇六帖の四箇所確認できる。

しかし、残念ながらこれらの引用からも、『名目見聞』と『法華宗本門弘経抄』の関係性について窺い知ることはできたとしても、述作次第を確定する要素とはなり得ないことが理解できる。

【表9】『法華宗本門弘経抄』中に見える『名目見聞』の書名引用

番号	品名	該当頁	内容	『名目見聞』該当頁	内容
1	通序	『隆全』2・20	今経の教主に於ては天台の学者異義を存せり委しくは名目見聞の如し云云	『五帖抄』第一（『仏立宗義書』3・7以下）	本門法華宗五時四教名目見聞法華下五帖之内第一第五時法華下
2		『隆全』2・84	此の法華の教主のことは名目見聞法華の下に委悉なり云云	『五帖抄』第一（『仏立宗義書』3・7以下）	本門法華宗五時四教名目見聞法華下五帖之内第一第五時法華下
3		『隆全』2・127	門流名目見聞三乗の下の声聞の下に委悉なり之を見合はすべし云云	『名目見聞』第九（『名目見聞』279以下）	三乗下 卅五　三乗開合ノ事
4		『隆全』2・134以下	但し此の三念処共に煩悩を断すと云ふは一家天台の意なり、倶舎性相の意は性念処、縁念処は煩悩を断ぜず共念処は定慧均等なる故に煩悩を断ずと云ふなり、之に依て倶舎に云く、三ノ中ニ相雑ハ能ク断スレトモ煩悩ヲ余ノ二ハ非スレ断スルニ大増減ノ故ニ云云　委くは名目見聞の如し云云	『名目見聞』第一二（『名目見聞』550以下）	七十二　問云　三種念処ノ相如何
5	分別功徳品	『隆全』10・128	次に本門流通末法相応の四信五品総在の信行第五品の行者と云ふは日蓮大士なり、其の徳行とは委くは名目見聞の如し云云	『二帖抄』第二（『法華宗名目見聞題号釈他三書』45以下）	尋て云く、天台と日蓮との徳行の不同如何
6	薬王菩薩本事品	『隆全』11・300	次に辟支仏の事云云　委くは名目見聞の如し云云	『名目見聞』第九（『名目見聞』283以下）	二　縁覚ノ下 義云　辟支仏ハ梵語此ニハ縁覚トモ独覚トモ云フ也。

小結

以上、日隆の最大の著述である、『法華宗本門弘経抄』を先行研究を手掛かりとして、述作の次第に着目し考察を進めてきた。『法華宗本門弘経抄』における述作次第の問題は、日隆の奥書が第一〇四巻嘱累品の末にのみに記されていることである。先行研究では、日承『広経抄』四四巻の述作過程を考察しており、その中においても薬王菩薩本事品から筆が起こされて経末に至り、さらに序品に還り嘱累品で終わったとする説と、薬王菩薩本事品より始まり安楽行品で終わるとする説があることが分かった。

また、『法華宗本門弘経抄』述作関係の先行研究では、『法華宗本門弘経抄』如来神力品釈全五帖中の第四帖、第五帖の円戒部分については、『十三問答抄』第十三問答「当家受戒作法事」が『本門戒体見聞』の底本となり、『法華宗本門弘経抄』において再述されたのではないかとの指摘がある。さらに『法華宗本門弘経抄』大意は、『五帖抄』が底本となり、執筆する上で日隆が加筆訂正し、同時進行的に定稿が作成されていった部分もあるのではないかとも指摘されている。

そうした中、『法華宗本門弘経抄』各品の解釈中に見える他の品名の引用を検討した結果、大意釈名の引用が多数確認でき、如来寿量品釈を除けば、いずれも『法華経』各品の順序より前の品名の解釈を引用していることが看取できる。さらに、『法華宗本門弘経抄』中に見える日隆の他の著述引用では、『四帖抄』『名目見聞』（『五帖抄』『二帖抄』を含む）『本門戒体見聞』『開迹顕本宗要集』が確認できた。しかし、これらの引用についても直ちに採用するのではなく、日隆が『法華宗本門弘経抄』の執筆を終えた後に加筆された可能性についても視野に入れる必要がある。この問題について大平宏龍氏は、以下のように指摘している。

以上の中でも前後関係を示す可能性はあるが、該当する箇所が清書されていなくとも草稿があり、大きく変更がなければ、指示通り定稿に残ることが考えられる。故に、これらは『弘経抄』の成立過程を考える直接史料とはならず、他の史料がない以上、内容上の関係を示すに止まるものと言えよう。[30]よって、『法華宗本門弘経抄』各品の解釈中に見える他の品名、及び日隆の他の著述を検討したが、述作次第についての確証が得られる説示は存在せず、確定することは困難であると考える。そして、『法華宗本門弘経抄』の述作過程は、厳密には必ずしも大意、通序、別序と順次に成立したとは言えず、同時進行的に定稿が作成されていた部分もあるとする説[31]に依りたい。なお、『法華宗本門弘経抄』中に見える日隆の他の著述から、『法華宗本門弘経抄』『開迹顕本宗要集』『名目見聞』等が同時に作成されていった可能性もあると思われるが、この点については今後の研究課題としたい。

註

（1）「日隆聖人教学の序説」。
（2）『泉日恒先生著作集』第八巻七〇頁。
（3）『隆全』第一一巻二一九頁。
（4）泉日恒『泉日恒先生著作集』第八巻六九頁。また、株橋諦秀「日隆聖人教学の序説」では、結論は泉氏と同様であるが、根拠としては、日承『広経抄』の引用のみに留めており、『両山歴譜』日心本については触れていない。さらに北川前肇『日蓮教学研究』四七五頁では、泉氏同様に推察している。
（5）『本能寺史料　古記録篇』五六八頁。
（6）株橋祐史「日承聖人著『広経抄』について―書誌をめぐる問題点―」（『桂林学叢』第二〇号、二〇〇八年）一二八頁以下。
（7）「日承聖人著『広経抄』について―書誌をめぐる問題点―」。

(8) 株橋祐史「日承聖人著『広経抄』について―書誌をめぐる問題点―」一二五頁。
(9) 『法華宗年表』一六五頁、『本能寺史料　古記録篇』六〇六頁。
(10) 『本能寺史料　古記録篇』四五一頁。
(11) 『本能寺史料　古記録篇』四五二頁。
(12) 株橋祐史「日承聖人著『広経抄』について―書誌をめぐる問題点―」一二七頁。
(13) 『法華宗宗門史』二五五頁。
(14) 株橋諦秀「日隆聖人教学の序説」。
(15) 大平宏龍「『本門弘経抄』考―自宝と他宝―」三六七頁以下。
(16) 大平宏龍「『弘経抄』研究ノート」一二頁以下。
(17) 『隆全』第一一巻二一九頁。
(18) 『隆教』第一巻四四頁。
(19) なお、『隆全』第五巻二八五頁に『四帖抄』の引用が見られるが、本抄を基に『法華宗本門弘経抄』の述作期を特定することは困難であるため紹介に留めておく。
(20) 『隆全』第一一巻五七二頁。
(21) 『隆教』第五巻三九六頁。
(22) 『隆教』第五巻四一八頁。
(23) 『隆全』第一一巻六七八頁。
(24) 『隆教』第三巻二三三頁。
(25) 『隆教』第三巻二五三頁。
(26) 『名目見聞』二八四頁には、「答　住果縁覚ノ来ハル二仏世ニ一耶ハノ一疑也。委ハシ如二宗要集ノ一云々。」とあり、『隆教』第二巻一五四頁以下には、「住果縁覚　問ふ、住果の縁覚、仏世に来るや。」といった問いを設け、住果縁覚について述べている箇所が確認できる。さらに『隆教』第二巻一七五頁には、「康正元年九月之初に記し竟る　尼崎本興寺述記」とあり、『名目見聞』第九帖に関しては、康正元年（一四五五）九月初旬にはその存在が窺える。また、この文に近い記述が『名目見聞』二九二頁「此事ノハ宗要集雑部唯ニダ有二人天機一感二仏出世一耶云算同レ之委如レ彼云々。」とあり、『隆教』第五巻三〇二頁「問ふ、唯だ人天の機のみありて、仏の出世を感ずるや。」以下の部分に解釈を委ねていると思われる。そして、『開迹顕本宗要集』雑部第一一奥書（『隆教』第五巻三一三頁）には、「康正二年二月下旬　本興寺述記。」とあり、康正二年（一四五六）二月下旬には『名目見聞』の存在が推定できる。

(27)『隆教』第一巻一七四頁。

(28)『隆教』第五巻四〇八頁。

(29)『隆教』第五巻四一八頁。

(30) 大平宏龍「『弘経抄』研究ノート」二二二頁。

(31) 大平宏龍「『本門弘経抄』考―自宝と他宝―」三六八頁。

第二節　『法華宗本門弘経抄』と『三百帖』との連関性

『法華宗本門弘経抄』を通覧する時、種々の経典群や論疏の引用が窺い知れる。その中でも、特に多くの引用が見られるのが『三百帖』（『法華十軸抄』等名称多数）である。では、その引用に関して、『法華宗本門弘経抄』に見える『三百帖』の引用意図と、他の著述に見える『三百帖』の引用について相違があるか否かが問題となろう。本節では、『法華宗本門弘経抄』とその他の著述中に見える『三百帖』の引用について検討していくこととする。

第一項　『法華宗本門弘経抄』にみる『三百帖』の引用

そもそも『三百帖』は、天台宗において『法華経』の要点を論議問答形式で示した概説書であり、法華論議の入門書である。[1] また先行研究は、尾上寛仲「『三百帖』について」[2]等僅かで従来謎の多い書物である。[3] それが平成二十一年（二〇〇九）、天台宗典編纂所より刊行の『続天台宗全書　顕教7　三百帖 法華十軸鈔』に、『三百帖』の写本三本を校訂、翻刻が収録されたことで『三百帖』の一端が明らかとなった。また、『法華宗本門弘経抄』と『三百帖』の関係性について大平宏龍氏は、

> 故に、『弘経抄』の内容を隆師の方法からみるならば、『三百帖』は叙述の為の重要な役割を担っているといえ、この点で『弘経抄』は『名目見聞』『宗要集』等と共に、成立史的には教学の応用篇の一と考えられるのである。[4]

と主張している。さらに、『法華宗本門弘経抄』に見える『三百帖』の引用箇所について、第二巻四箇所、第三巻七箇所、第四巻三箇所、第五巻一一箇所、第六巻二五箇所、第七巻九箇所、第一〇巻三〇箇所、第一一巻九〇箇所であることを指摘しており、[5]『法華宗本門弘経抄』と『三百帖』との密接な連関性を提示している。

これらの先行研究に示唆を受け、本項では『法華宗本門弘経抄』のみならず、『十三問答抄』『開迹顕本宗要集』等に見られる『三百帖』の引用について、引用箇所を抽出することにより、日隆の『三百帖』引用について検討する。

まず、『法華宗本門弘経抄』中に『三百帖』の名が見える箇所について【表10】を作成した。【表10】中、「『続天台宗全書　顕教7　三百帖 法華十軸鈔』該当頁」の項では、『続天台宗全書　顕教7　三百帖 法華十軸鈔』の掲載頁を明記し、その上に（　）として本書目次に記載される『三百帖』の通し番号を割り振っている。なお、【表10】中に見える『三百帖』等の語句については太字にした。

【表10】より見える『法華宗本門弘経抄』の『三百帖』引用を概観すると、通序八箇所、別序四箇所、方便品四箇所、譬喩品一二箇所、信解品二箇所、薬草喩品六箇所、授記品二箇所、化城喩品五箇所、五百弟子受記品七箇所、授学無学人記品五箇所、法師品九箇所、見宝塔品七箇所、提婆達多品三箇所、勧持品五箇所、安楽行品三箇所、従地涌出品一一箇所、如来寿量品八箇所、分別功徳品六箇所、随喜功徳品九箇所、法師功徳品一一箇所、常不軽菩薩品六箇所、如来神力品五箇所、嘱累品六箇所、薬王菩薩本事品一二箇所、妙音菩薩品一一箇所、観世音菩薩普門品二一箇所、陀羅尼品一〇箇所、妙荘厳王本事品一五箇所、普賢菩薩勧発品一六箇所の計二二九箇所確認でき、『法華宗本門弘経抄』中において、『法華経』二十八品に渡って『三百帖』が引用されていることが分かる。また、刊本別にまとめると、第二巻七箇所、第三巻九箇所、第四巻一二箇所、第五巻一五箇所、第六巻二八箇所、第七巻一一箇所、第八巻一五箇所、第九巻一〇箇所、第一〇巻箇三一所、第一一巻九一箇所となり、先行研究とは異なる結果となった。[6] また、『三百帖』という名称ではなく、『十軸抄』の類としての引用が通序一箇所、譬喩品九箇所、信解品一箇所、薬草喩品三箇所にそれぞれ確認でき、それらについても【表10】中に収録しておいた。具体的には17、18（引用文の頭には【表10】中の番号を付し、『三百帖』等の箇所は太字傍線を施した）において、

17　問、（三百帖）云ふ所の所因とは唯法華を指す歟如何。[7]

18　答、委くは十軸抄の如し云云[8]

と記しており、『三百帖』と『十軸抄』を明確には区別していないように推察する。いずれにしろ、通序・譬喩品・信解品・薬草喩品に『十軸抄』の類としての引用が見られることは興味深い。また、薬王菩薩本事品第二十三から普賢菩薩勧発品第二十八の間に八四箇所の引用が確認でき、いわゆる『法華経』本門八品以降の解釈において引用の多さが目立つことが分かる。その理由としては、『法華宗本門弘経抄』薬王菩薩本事品釈以降では、各品解釈の前半部分に『三百帖』の問いを設置し、後半部分に再度『三百帖』の問いと、それに対する答えを詳説するといった叙述方法が確立されたためではないかと推考する。この著述方法は、『開迹顕本宗要集』において、各算題の目次部分に『三百帖』の問いを設け、後述していく流れと軌を一にする。しかし、『三百帖』引用の一連の流れをもって、『法華宗本門弘経抄』の執筆順序を確定することについては困難である。

次に実際に日隆著述に見える『三百帖』の引用方法について確認していく。

100　我本行菩薩道所成寿命の寿命とは果位の寿命を説く歟の事（三百帖）

問、経文に我本行菩薩道所成寿命文　言ふ所の寿命とは果位の寿命を説く歟。

答、大師因位の寿命と釈し玉へり。[9]

100では、我本行菩薩道所成寿命の寿命とは果位の寿命を説いたものかという『三百帖』の問いに対し、その答えとして因位の寿命を説いたものであるとしている。その上で天台宗の義として、

天台宗の義に云く、寿命に二あり、一には連持の寿命、謂る「此死生彼」の命なり、二には恵命なり、而も初住已上は中道の双非双照を恵命と為すなり[10]

と述べ、仏の寿命には連持の寿命と恵命の二種があることを提示している。さらに当宗の義（日道の口伝）として、

> 日道聖人仰に云く、此の我本行菩薩道等の文本因妙なることは玄の七并に当処の釈義明鏡なり(11)

と定義し、我本行菩薩道所成寿命の寿命とは因位の寿命を説いたものであると結論づけている。この記述の流れを示すと、『三百帖』の問い→『三百帖』の答え→天台宗の義→当宗の義、とした経過を辿っている。『三百帖』引用の全てがこれに該当する訳ではないが、日隆は『三百帖』の問いを教義解釈を試みるための一要素として引用していると思われる。

一方、94では、この流れを採らない『三百帖』引用が見られる。

> 94仍て一家天台の意は法華論の意に依て寿量品を以て正宗と為し、分別已去勝妙力無上の余残の修多羅を流通と取るなり、委くは三百帖の如し云云(12)

94では、「他師寿量品を以て流通に属する事」(13)と題して論じた箇所である。日隆はここで、天台宗の義の根拠として天親『法華論』を挙げ、如来寿量品を正宗分、分別功徳品以降を流通分とし、その解釈の詳細については『三百帖』にあるとしている。ここでの『三百帖』の引用は、天台宗の義を考究する際において、『三百帖』を確認することを示唆した記述であると言える。

また、薬王菩薩本事品釈以降では、各品解釈の前半部分に『三百帖』の問いを設置し、後半部分にその答えを詳説していることを指摘してきたが、具体的な記述として145、156を挙げることができる。

> 145此の下に薬王菩薩の本事を説くに付ひて、爾れば薬王菩薩幾くの時節を経て現一切色身三昧を得と云ふべしやと云ふ、三百帖に論議之れあり、委しくは下の如し云云(14)
>
> 156問、(三百帖)経文に薬王菩薩の本事を説くに付ひて、爾れば薬王菩薩幾くの時節を経て現一切色身三昧を得たりと云ふべしや。

答、経文を見るに満二万二千歳一已得テ二現一切色身三昧一文(15)

まず145において、薬王菩薩本事品釈の前半に、『三百帖』の問いを設けている。その後に、再度156『三百帖』の問いを引用し、論が展開されている。『法華宗本門弘経抄』中、薬王菩薩本事品以降に見える『三百帖』引用の多数がこの形式を採用している。よって、日隆はまず、『三百帖』引用による問題提起を行い、後にこの問題について再説するという一連の流れが形成されていったのではないかと思量する。

これらの引用方法から、日隆は『三百帖』が天台宗の談義所において基礎的文献であったことを踏まえ、『三百帖』をあえて『法華宗本門弘経抄』中に引用することで、自身の教学研鑽だけでなく、門下教育のための一資料として使用したのではないだろうか。なぜなら、『法華宗本門弘経抄』中には、「是れ初学の為めなりと表すべし云云(16)」等といった文言が散見されることからも窺い知ることができる。

【表10】『法華宗本門弘経抄』中に見える『三百帖』の引用

番号	品名	『隆全』	『続天』	引用文
1	通序	2・85	(31)・67	浄住即三果已去の事〈**三百帖**〉(9) 義に云く、通序五義の中の第四仏住処の住処は王舎城に住するなり
2		2・128	(32)・69	記の一の阿難「共ナル二彼ノ万二千人一」の事 **三百帖**に経文の与大比丘衆と云へる与の字を共の義なりと釈する故に経文の如きんは「仏与万二千人倶」と云ふ間、仏を以て能与と為し、阿難等の万二千人の比丘衆を以て所与と為すと云ふべきなり
3		2・128以下	(32)・69	所詮在世の意は経文の意に准ぜば釈の意は滅後証信序の儀式を釈し顕すと意得て更に相違無きものなり諸文は**伊賀十軸抄見聞**に之あり云云

4		2・184	(33)・70	法華論の上上起門の事(5) **三百帖**に委悉なり上に大旨顕われ畢んぬ、此の上上起門とは法華論の三門を以て十六句を釈するなり
5		2・348	(35)・73	彼の両経には継母を挙げ、今経には所生の実母を挙ぐと得意れば相違なきものなり、**三百帖**に委悉なり。
6		2・491	(36)・75	示して云く、此の本末の釈に於て天台の学者種々に料簡を致して、**三百帖本帖見聞**並に本書見聞或は宝地私記等に委悉に之を記す云云
7		2・527	(37)・78	尸棄大梵は初二禅の中には何れの禅の王なるやの事〈**三百帖**〉 尋ねて云く、経文の相を見るに、娑婆世界の主は梵天王、尸棄大梵、光明大梵等と云つて上に娑婆世界の主は梵天王と云ふ外に下に尸棄大梵と云えるは上の梵天王は初禅、下の尸棄大梵は第二禅の王なりと見えたり
8	別序	3・66	(39)・82	問、放光所照の国土は東方に限る歟如何　**三百帖** 答、東方に限らず十方を照すと云ふべきなり
9		3・68	(40)・85	問、放光所照の万八千土は皆悉く有仏国歟将将た如何　**三百帖** 答、常の如し云云 流義に云く、法華論の有世界有仏、有世界無仏の文、会通常の如し
10		3・69	(41)・86	問、放光所照の万八千の国土は何人の所住なりや 答、**三百帖抄**の如し云云
11		3・69	(41)・86	流義に云く、法華論の「無煩悩衆生住処」の文の事、如来の光明に照らされて厳浄の土と為る故に所居より「無煩悩衆生」と云ふ歟、此れは**三百帖**答の義なり云云
12		3・97	(42)・87	今家の意は「又覩二諸仏一」より已下「各於二世界一講二説正法一」等を以て華厳に属し「若人遭レ苦」より已去を判じて阿含に属するなり委しくは**三百帖**の如し云云
13	方便品	3・256	(46)・97	問、三種方便の中の法用方便四教に亘るや〈**三百帖**〉。 答、此のこと但々約束の不同に依るべきなり

番号	品	巻・頁	（頁）・頁	本文
14		3・260以下	（47）・99	爰に知んぬ今経跨節の心を以て能通の名を与ふと見へたり、**三百帖**に能通方便は今経の意歟と疑ふことも、上件の如く心得れば相違なきものなり
15		3・268	（48）・102	問、宗師今品の題に於て三種の方便を立て玉へり、爾れば今経何の譬を引ひて秘妙方便を証するや〈**三百帖**〉 答、大師の解釈を見るに三譬を引ひて之を釈せり
16		3・619	（56）・112	故に「如二我昔所願一今者已満足」の文は迹門に在れども、義は本門に限るなり、此の事**三百帖**の問答なり云云
17	譬喩品	4・161	（63）・126	問、（**三百帖**）云ふ所の所因とは唯法華を指す歟如何。
18		4・161	（63）・126	答、委くは**十軸抄**の如し云云
19		4・162以下	（64）・127	問、（**三百帖**）記の待説所因（記の本文引待所因）の文を釈して仏性論の三種の因を引き玉へり其の中の円満因とは唯々因に約する歟 答、記の文並に**十軸抄**に委悉なり
20		4・163	（64）・127	仏性論の三に云く、**三百帖**に之を引く云云
21		4・169	（65）・128	此の日夜の事、**十軸抄**の疑なり、之を見合すべし云云
22		4・171	（66）・129	疏の五に云く、聞二五仏道同一解二魔非レ魔一文 此れ等の経釈一同して略開三の時と見へたり。委くは**十軸抄**の如し云云
23		4・187	（70）・136	「十力等功徳」と云へるは、記五に云く、経云二十力等一者即指二仏果一方名為レ力初住分得名為二功徳一所レ言等者非二唯供仏一兼二浄土行一。或可三由レ得二十力功徳分一故成二初住記一文　此の事**十軸抄**の疑なり。
24		4・284	（73）・141	仍て此の中に其心泰然歓喜踊躍と云ふは長者の歓喜歟諸子の歓喜歟**十軸抄**の一の疑なり、但し経釈の意は長者諸子に亘るべしと見へたり
25		4・286	（74）・142	二に諸子索車の事 三蔵の菩薩に索車の義有りや　**三百帖**索車義算

26		4・290	(74)・142	上件の諸文の中に先づ初に疏と記との本末釈を心得べきなり、文の意は三蔵の菩薩の索車の有無なり、**十軸抄**に委悉なり、之に就ひて索車に於て機索、情索、口索之れあり
27		4・318	(75)・144	流義に云く、「言一国者寂光土也」の釈に就ひては**十軸抄**に問答あり、妙楽の釈に寂光土と釈することは、理性の寂光に約して化縁広きことを顕す間更に究竟の寂光を指すに非ずと云ふなり
28		4・372以下	(76)・145	故に知んぬ事理釈の中の理釈をば元初の一念に約すべきなり、此の分は当宗の宗義本門流通跨節の意なり、迹門当分の意は**十軸抄の伊賀見聞**に委悉なり、之を見合すべし云云
29	信解品	5・8	(88)・163	次に記の文の「掉挙等ノ三雖二復通一下不レ能レ牽レ下故云二上分一」等の釈に不審之れあり、委しくは**十軸抄**の如し云云
30		5・46	(89)・165	自ら方等般若の円は別教に摂せられて無得道と成る故に、「金即別教理」と釈して円とは云はざるなり、一代大意抄、観心抄、之を拝すべし云云　此の本末釈の事は**三百帖**に委悉なり云云
31	薬草喩品	5・221	(99)・183	尋ねて云く、別教の意、種類種を明すと云ふべしや（**三百帖**） 答、種類相対の開会は、源と広略開三より出でたる故に法華円教の勝用なり
32		5・222	(99)・183	別教の意は三諦隔歴して善悪の性各別の上に正因の種類の一辺計りを取つて縁了を取らず、故に虚無の種類種なり、故に有名無実の種類種なり、委くは**十軸抄見聞**の如し云云
33		5・223	(99)・183	問ふて云く、無始より已来、一句の結縁なき衆生之れありや（**三百帖**） 答、今種類種相対種の意は無始已来一切衆生皆悉く修性の仏因を具足して無辺の生死を送る間に必ず聞法結縁の義之れあり
34		5・225	(99)・183	故に三世の一切衆生の最初下種は久遠遠々毎に本因妙名字信行なり、此くの如く心得て**十軸抄**をも講ずべきなり。
35		5・254	(101)・188	尋ねて云く、本末釈の如きんば、須扇多仏は大小乗共に之を説かずと云ふべしや（**三百帖**） 答、応身仏と云ふは「八相成道転妙法輪即応身如来也」と云つて必ず八相を唱ふ、八相の中の転法輪無き仏は之れ有るべからず

番号	品	巻・頁	三百帖	本文
36		5・256	(101)・188	私に云く、此の須扇多、多宝、説不説の事は**十軸抄**並に宗要集の応身八相の下に委悉に之れあり云云
37	授記品	5・299以下	(107)・203	首楞厳経の四種の記の事 抑々(三百帖)、首楞厳経の四種の記とは一に「未発心与記」とは、輔正記に云く、「如常不軽」者下経云我深敬二汝等一不三敢軽慢一。所以者何汝等皆行二菩薩道一当得二作仏一云云
38		5・301	(108)・208	瓔珞経の八種の記の事 次に(三百帖)瓔珞経の八種の授記とは、先づ前に四句、後に四句、合して八なり、其の数上の如し、疏の文に委悉なり
39	化城喩品	5・419	(115)・225	五に請転法輪の事「爾時十六」の下 問、経文に、勧三請世尊転二於法輪一文 是れは十六王子請転法輪の言なり、爾れば五時の中には何れの時の法輪を請するや(**三百帖**)。 答、経釈は華厳の初転法輪を請すると見へたり
40		5・511	(116)・227	尋ねて云く、十六王子が法華の請ひを説くことは方等般若の後なりと云ふべしや(**三百帖**) 答、経文の如く方等般若は前なり
41		5・536	(117)・228	問(三百帖)、中間逢値の三類の中の第三類の人は大通結縁の者なりと云ふべしや。 答、爾るべきなり。
42		5・578	か(218)・447	尋ねて云く、記の文に如二常不軽々毀之衆一只経二四千億仏一皆悉得度文 爾れば此の文は今経長遠の義を証すと云ふべしや(**三百帖**) 答、異義なりといへども、速疾の義を証すと云ふべきなり。
43		5・589	(119)・234	問、十六王子八方の作仏は分極に亘るや(**三百帖**) 記に云く、今八方作仏唯在二極果一文 之に付き、成道分極に亘り、作仏因果に通ず

44	五百弟子受記品	6・112以下	(122)・240	問経文に「亦常歎二其種種功徳一」と云へり、是れは富楼那尊者の迹の功徳を歎ずる歟。答、云云 此の疑は**三百帖**にあるなり、文段の大旨既に富楼那の本迹の功徳を述し、標し、釈する其の中に、本迹を標する下に、先づ迹を標し、次に本を標す
45		6・125	(123)・242	問、文に「亦於二七仏説法人中一而得二第一一」と云へり、爾れば釈尊は過去七仏の内なりと云ふべしや（七仏の事もあり）答、**三百帖**の如し云云 釈尊は七仏の内なり
46		6・132	(124)・245	問、富楼那の顕本は授記後歟如何 答、委しくは**三百帖**の如し云云
47		6・157	(125)・246	問、法明如来は胎生仏なりと云ふべしや（**三百帖**）答、爾るべきなり、之に付ひて進退に疑あり、若し胎生仏なりと云はゞ、経文に「亦無二女人一一切衆生皆以化生」と宣べたり
48		6・166	(126)・248	問、安養界下品生の人、蓮華未開敷の前に弥陀観音の説法を聞くや **三百帖** 九品往生義三節観経の疏 答、観無量寿経の説に任せば、之を聞くべからず
49		6・215	(127)・250	問ふて云く、文に一切智願猶在不失文 爾れば云ふ所の智願とは修得了因を説く歟 **三百帖** 答、修得了因なるべきなり
50		6・219	(128)・251	問ふて云く、文に其家甚大富具設諸肴饍文 爾れば三教の肴饍は王子の所説なりとせんや将た如何 疏に云ふが如く、「家即大乗教為レ家也」文 委しくは**三百帖**、**本帖見聞**の如し、見るべし云云 日存仰せに云く、「其家」の家既に大乗なり、故に「甚大富」と云ふ、故に知んぬ三教の肴饍は「即実而権」して是れ体内の三教なり
51	授学無学人記品	6・234	(130)・256	問、（**三百帖**）七百三ヲ 疏の文に若重若勝応レ同二上流一文 爾れば云ふ所の「上流」とは下周の中の上輩を指す歟。答、記の文に「問意何不レ同二上周一」と判じ玉へり、文の意は下周の上輩を指さずと見へたり。
52		6・234	(130)・256	義に云く、此の問答釈、**三百帖見聞**、**本書の伊賀抄**に委悉なり云云

No.	品	出典	頁	本文
53		6・239	(131)・258	問、文に阿難尊者の授当作仏記の事を説くに付ひて、爾れば山海恵自在通王仏の寿命無量なることは何の故あるや（三百帖）答、所化の衆生多きが故なり。之に依て経に「以レ愍二衆生一故」と云へり。
54		6・247	(133)・261	（三百帖）問、阿難空王仏の所において阿耨菩提心を発すと云ふは、阿難の実本歟。答、記の一に云く、若於二阿難一或未二是実本一文　委しくは三百帖の如し云云
55		6・251	(135)・264	問、此の阿難羅云の二人の授記に供養仏を明すと云ふべしや（三百帖）答、経文には供養仏を明すと見へたり、（進）五百問論に云く、阿難羅云並不レ云二供仏一文
56	法師品	6・335	(136)・266	問、文に「乃至一念随喜者我皆与授記」文　爾れば此の授記の文を以て正宗に属すと云ふべしや（三百帖）答、疏に云く、此下五品是迹門流通文
57		6・356	(137)・268	全く他経権門の別時意趣には同ずべからざるなり、輔記の文委細なり、委くは三百帖見聞の如し云云
58		6・371	(138)・270	問、文に生二悪世一広演二此経一文　爾れば四種の眷属の中には何ぞや（三百帖）答、云云　前に委しく之を記す云云　私に云く、「生於悪世」と云ふ悪世は、迹門正意たる一経三段門の本迹未分の辺は、安楽品等の如く「悪世末法時」なるべし
59		6・398	(139)・273	問、文に、即為三如来肩所二荷担一文　爾れば此の文において事釈を作る歟（三百帖）
60		6・398	(139)・273	流義に云く、三百帖の答の義も意得難きものなり、何れにも附文の意趣を得意ふべきものなり
61		6・401	(139)・273	三百帖に難じて云く、彼の鳩摩羅衍三蔵仏像を迎ふ善光昼は仏を負ひ夜は仏が善光を負ふ如何。答、総じては事に依て一切に亘る事理の釈あるべし
62		6・402	(139)・273	但し三百帖の難に至つては、此れは別段別時意趣の事なり、此れは常の義理の外なり、其の故は衆生深く仏を念じ、仏来つて事に衆生を助くる時は、三悪四趣に入つて肩背荷担するは、是れ仏菩薩の護持利生なり

63		6・418	(140)・274	問、文に已説今説当説文　爾れば法華は三説の内歟将た如何（三百帖） 答、外なりと釈し玉へり、上に出す本末の釈是れなり。
64		6・571以下	(143)・278	問、経文に、我爾時為現二清浄光明身一文　爾れば此れは三身の中には何ぞや。（三百帖） 答、応化身なるべし、進んで云く、輔記に云く、「清浄光明身」者即法身也文
65	見宝塔品	6・607	(144)・280	問、今経の時多宝涌現の事は釈尊の光りに由る歟。（三百帖） 答、経文には見へざるなり。
66		6・608以下	(145)・282	問、文に「種々宝物而荘二校之一」と云へり、爾るに今経の宝塔荘厳は性徳修徳の中には何れぞや。（三百帖） 答、進んで云く、疏に云く「七宝為塔」者明三法身之地以二性得七覚七聖財宝一文 之に付ひて、既に性徳とは無始本有に名けたり、今此の宝塔は宝浄世界に於て初めて造作せり、尤も修徳に約して之を釈すべし
67		6・615	(146)・283	問、法華論の十七種の異名の中に平等大会を取ると云ふべしや（三百帖） 答、論文に之を取らざるなり
68		6・621以下	(147)・284	私に云く、此の因果発願の事、三百帖見聞に委悉なり。之を合すべし云云
69		6・625	(148)・288	問、経文に分身の相を説くに付ひて、爾れば黄金世界白銀世界の分身来るや（三百帖） 答、学者の異義なり、然るに来ると云ふべきなり。
70		6・661以下	(150)・292	問、宗師宝塔品の説に依て釈尊の久成を証し玉へり爾れば何事を引ひて此の義を証するや。（三百帖） 答、玄の九に云く、分身皆集二八方一不レ可二称数一分身既多当レ知成仏久矣如二荷満積レ池之喩一文
71		6・670	(151)・293	問、三変浄土の席に凡聖共に会坐ありと云ふべしや（三百帖） 答、既に二界八番の雑衆乃至結縁衆の名字観行相似の人之に居し、三周末座の聞少解浅の記の凡人名字観行等の四衆も、「皆在虚空」する間、三変浄土に凡聖共に居すべしと云ふこと疑ひなきものなり

番号	品	巻・頁	頁	本文
72	提婆達多品	7・32	(152)・295	問、世に流布する提婆品は羅什の所訳歟如何（三百帖）。答、計り難しと雖も什公の所訳なるべき歟と答え申べし、両方若し爾なりと云はゞ、此の品の文体多く余処と異なるなり
73		7・37	(152)・295	本書の二師は満法師、南岳なり、此の外種種の義は委くは三百帖見聞並びに伊賀抄の如し云云
74		7・147以下	(158)・310	問、解釈の中に「深達罪福相」の文を釈するに付ひて、且く是れは龍女釈尊を歎ずと云ふべしや（三百帖）答、疏に云く、初半行ニ明ハス二持経得解ヲ一文　自身を歎じて釈するなり。
75	勧持品	7・203	(160)・312	或は一義に云く、「爾時薬王菩薩摩訶薩及大楽説菩薩摩訶薩与ト二二万菩薩眷属ノト一倶ナリキ」と読むべきなり、委くは三百帖の如し
76		7・204	(161)・316	尋ねて云く、此の五百八千の新得記の菩薩は、実に此の土の弘経に堪へずして、他土の弘経を申す歟如何（三百帖）答、此等の声聞は無明を断じて法性を証し、初住無生の位に至り、忍力成就して実には生身自在なり
77		7・208	(162)・318	問、（三百帖）経文に於二異国土一広説二此経一文　爾れば生身得忍の菩薩、界外の土に往ひて弘経するや。答、学者の異義なり、一義に任せば弘経すべき歟。
78		7・212	(163)・320	問、（三百帖）経文何カ故ソ憂ヘノ色ニシテ而視ル二如来ヲ一文　是れは誰れ人の相を説くや。答、憍曇弥の相を説くなり。
79		7・232	(164)・321	問ふ、（三百帖）経文念ニ二仏ノ告勅ヲ一故皆当ニレ忍ニ二是ノ事ヲ一文　爾れば念仏とは三身の中には何れぞや。答、既に告勅と云へば応身なるべきなり。
80	安楽行品	7・520	(171)・334	二に如来に於て慈父心を起して軽罵に違する事「於諸如来」の下「此則未来如来也」の三百帖の事
81		7・547	(167)・327	問、他人第四の安楽行を以て慈悲と名く、宗師之を許すや。（三百帖）答、之を許さゞるなり。記に云く、第四ノ慈悲ハ而濫セリ二向ノ三行ニ一文　此の如く破し玉ふなり。

82		7・648	(172)・336	問、諸仏身金色百福相荘厳文　爾れば此の文は等覚の位を頌する歟（三百帖） 答、疏に云く、「諸仏身金色」下六五行夢入妙覚文　仍て次上の「若於夢中」の下の三行は十信、「又見諸仏」の下の六行半は十住、「又見自身」の下の三句は十行、「証諸実相」の一句は十回向、「深入禅定」の下の二句は十地等と配当して、今の文をば妙覚に支配せり
83	従地涌出品	8・53	(173)・339	尋ねて云く、此の過八恒沙の菩薩は深位の大士歟（三百帖） 答、深位の大士なるべきか、両方若し深位なりと云はゞ、此の土の弘経を申ふるに仏之を許し玉はずして、「若住此土廃彼利益」と云へり
84		8・59	(174)・341	問、衆生の開悟得脱〈初住〉は必ず最初下種の仏菩薩に従ふと云ふべしや（三百帖） 答、爾るべきなり、両方若し所答の如きんば、衆生の根性不定なり
85		8・119	(175)・343	西塔恵心の義は本末の釈に違ひ、迹本の大旨に背く故に大僻見なり、当体義抄に堅く破し玉ふなり、之を用ふべからず、経文に背く大悪義なり、委しくは三百帖にあり云云
86		8・157	(176)・345	経に「上首諸大菩薩」とは、上行等の四導師なり、又「汝等能於如来発随喜心」とは、地涌の菩薩なり。如来は云云（三百帖）
87		8・160	(176)・345	問、文に、汝等能於如来発随喜心文　爾れば「如来」とは釈尊を指す歟（三百帖） 答、疏の九に云く、華厳の四大士、法華の身子と云へり。之に付ひて、既に如来と云ふは教主釈尊を指すと覚へたり
88		8・165以下	(177)・348	問、疑問の序の相貌如何 答、此の疑問の序の下より三百帖宗要の論義出でたり云云
89		8・185	(177)・348	問、文に「我於此衆中乃至不識一人」文　何事を説けるや。（三百帖） 答、此れは弥勒地涌に於て一人も知らずと説くなり。
90		8・234	(178)・350	問、地涌の菩薩は釈尊本実成の時の下種なりとやせん、将た本因の時にも亘る歟（三百帖） 答、経文に任せば本果の時下種に限ると説けり、但し本因の種に亘る亘らざるは計り難きものなり。

No.	品	出典	頁	本文
91		8・245以下	(179)・352	問、我従二久遠一来教二化是等衆一文 仏弥勒に対し何なる問に答ふるや（**三百帖**） 答、解釈に任せば地涌の住処を答ふるなり。
92		8・257	(180)・354	（三百帖）問、経文に善入出住百千三昧を説くに付ひて、宗師「獅子奮迅是善出」と釈し玉へり、爾れば獅子奮迅三昧は禅より禅に入つて散心を経ると云ふべしや。 答、妙楽大師は散心を経ると釈し玉へり。
93		8・262以下	(181)・356	（三百帖）問、経文に、善入出住百千三昧文　宗師此の文を釈せんとして「入重玄門是善出」と云へり、何をか重玄門と名くるや。 答、疏に云く、入二重玄門一倒修二凡夫事一文
94	如来寿量品	8・369	(190)・383	仍て一家天台の意は法華論の意に依て寿量品を以て正宗と為し、分別已去勝妙力無上の余残の修多羅を流通と取るなり、委くは**三百帖**の如し云云
95		8・490	(183)・362	（三身の義二算）問、爾前諸部の円教に皆三身相即の旨を明すや。（宗要五時帖、**三百帖**用レ之） 答、天台宗の義に云く、爾前には無作三身をば明さず、当分には円教の三身相即をば之を明すべしと云ふなり。
96		8・674	(184)・364	是の故に応生の菩薩は多く執近の謂ひ無き事（甚深の義門） （三百帖）問、経文に付ひて開迹顕本の相を説く、爾れば応生の菩薩に執近の思ひありと云ふべしや。
97		8・677	(184)・364	**三百帖見聞**に云く、今疏文菩薩有二三種一云下方云無作三身妙覚体具支分本覚菩薩　無二執近之謂一云也次始得無生忍菩薩不レ聞二遠本一不レ知咸有二此謂一云　也。サテ応生菩薩地生已上断二無明一証二中道一雖レ得二法身常住一猶等覚　始覚情之れありされども始得無生程無レ之「多無」云　也云云
98		9・154	(182)・359	問、寿量品の意は久遠実成の旨を説くなり爾れば本実成の国土は浄穢二土の中には何れぞや（十妙の義一算**三百帖**） 答、玄の七に云く、義推本仏必是浄土浄機文
99		9・166	(185)・367	此の文の下にて経に我説燃灯仏等と云へるは、釈尊昔燃灯仏と現ずと説く歟と云ふ**三百帖**の問題これあり

番号	品	巻・頁	頁	内容
100		9・313	(186)・369	我本行菩薩道所成寿命の寿命とは果位の寿命を説く歟の事（三百帖） 問、経文に我本行菩薩道所成寿命文 言ふ所の寿命とは果位の寿命を説く歟。 答、大師因位の寿命と釈し玉へり。
101		9・531	(189)・377	問（三百帖）、文に、常在霊鷲山文 是れは四種仏土の中には何ぞや。 答、「此謂実報土也」と釈し玉へり
102	分別功徳品	9・615以下	(190)・383	問（三百帖）、宗師法華論の心は分別品の初めより流通に属すと判じ玉へり、此れは論の何れの文を指すや。 答、記の九に云く、当レ知論意指二分別品去一為二余残修多羅一即正経之残流通也文
103		9・618	(190)・383	問（三百帖）、法華論に十無上を立つ、且く第十の勝妙力無上は唯々流通に限る歟将た如何。 答、流通に限るなり、進んで云く、問、論に云く乃兼二本正一文 之に付ひて法華論の文を見るに勝妙力無上と云ふは本迹流通の諸品を合して之を立つ
104		9・620	(191)・385	問（三百帖）、宗師分別品の題を釈せんとして、「二世弟子得二種々益一」文 爾れば二世とは現在未来を指すか。 答、記に云く、二世者地涌過去、霊山現在文
105		9・641	(192)・387	問（三百帖）、天親論主の意、八世界微塵数の衆生の発心を以て、真位似位の中には何れに属するや。 答、論文を見るに信門に属す、故に似位の発心と云ふべきなり
106		9・644以下	(193)・388	問（三百帖）、円教の意は十住の位に無生忍を得て八相を現ずと云ふことは、何れの経論に出でたりと云ふべしや。 答、華厳経に「初発心時便成二正覚一」と説く是れなり
107		9・647以下	(194)・391	問（三百帖）、本門寿量の説を聞ひて得益する人をば、諸経の得益に望むるに、何れか多しとか云ふべきや。 答、疏に云く、本門得道数倍二衆経一文
108	随喜功徳品	10・163	(199)・402	此の分は天台の内鑑に之れあり、其の旨諸御抄に分明なり、問答の重は委くは三百帖の如し云云
109		10・165	(198)・401	問（三百帖）、妙楽大師随喜已下の三品に付ひて能弘の師の不同を釈し玉へり、爾れば随喜品の能弘の師は何人なるかと釈し玉ふや。 答、滅後弘経の人を能弘の人と云ふべきなり。

No.	品	巻・頁	三百帖	本文
110		10・165	(198)・401	難じて云く、此の事を釈せんとして「問論云此品是仏」と云へり如何 答、此の事天台の宗義は**三百帖及び見聞**に委恣なり、之を見るべし云云
111		10・167	(199)・402	問(三百帖)、随喜品の疏の中に、「此与二大品随喜一云何」と問ふて、「此法、彼人」と答へたり、爾れば是れと大品の随喜品と相対して其の同異を問答する歟、又大品何れの文に対して同異を問答するぞや。答。記に云く「彼人」者大品云若声聞人能発心者我亦随喜と云へり、此れは天主品の文なり云云
112		10・187	(200)・407	問(三百帖)、文に、「如是展転至第五十」文 爾れば此の第五十転の随喜は品位に入るとやせん、将た如何 答、疏に云く、第五十人是品之初文
113		10・209	(200)・407	云う所の章安の五十の功徳に、人相具足まで之を取つて見仏聞法を取らざることを、**三百帖**に進んでこれを疑ふ。然るに次下の六根の功徳と五十の功徳とは総別開合等の異にして其の意之れ同じ
114		10・211	(202)・410	問(三百帖)、疏の文に、「前是相似位功徳、今是相似位前功徳」文 爾れば「前是相似位功徳」とは、妙楽大師上の品の何れの功徳とか釈し玉ふや。
115		10・213	(202)・410	此の意を以て本末の相違を会せば、共に天台の内鑑の意を顕すなり、天台学者の**三百帖**の難答の分は外宜の意なり。
116		10・211	(203)・412	問(三百帖)、文に「是福因縁得二釈梵転輪座一」文 爾れば何人の功徳を説くや。 答、是れは分座聴経の人の功徳を説くなり。
117	法師功徳品	10・257	(204)・414	問(三百帖)、疏の文に若六根等云何判二上中下強弱用一耶文 此れは上に挙ぐる所の光宅有人(嘉祥)の義倶に之を破する歟 答、二人倶に之を破す歟、進んで云く、記に云く、破二前次師一文 有人の義を破すと釈するなり。
118		10・258	(205)・415	問(三百帖)、疏の文に六根の功徳を釈せんとして能盈(千二百)能縮(八百)能等(一千)の義ありと判じ玉へり、爾れば正法華に依らば何れの義を判ずるや 答、疏に云く、正法華整束具二六千功徳一不レ論二上中下一文
119		10・261	(206)・418	問(三百帖)、疏の文に若依二四輪一即鉄輪位文 爾れば何れの経に依ると云ふべしや

120		10・263	(206)・418	（三百帖）問、疏の文の若依四輪即鉄輪位他 文 云ふ所の鉄輪は四輪の内歟、答、爾なり、両方若し外なりと云はゞ、疏の文に四輪の内と釈し玉へり
121		10・265	(207)・422	（三百帖）問、疏の文に今対常精進者即十信之第三心 文 云ふ所の第三心とは妙楽如何が釈し玉ふや。答、十信の中の精進心とや釈すらん。
122		10・273以下	(208)・424	（三百帖）問、疏の文に二乗の天眼を釈するに付ひて、爾れば辟支仏の天眼幾くの世界を見るや（宗要）答、此の事先徳難義として決を異朝に求め、更に一決し難し、然るに常途性相の意は、倶舎論の二十七に云く声聞、麟喩、仏、二、三千、無数、と云つて、此れ等の性相の定むる処は、辟支仏は三千界を縁すと見へたり。是れ性相一途の説なり 云云
123		10・279	(209)・427	（三百帖宗要）問、六根浄の人三千界の外を縁するや。答、縁不縁は学者の異義なり、上古の長豪時代までは三千界の外境を縁ずと云へり
124		10・293	(210)・429	（三百帖）問、法華已前の諸経の中に相似の六根浄を明すと云ふべしや。答、分には之を明すべし、法華の如く之を明すべからず。
125		10・302以下	(211)・431	（本三百帖）問、宗師、凡夫、大聖の為めに説法することを証せんとして法師功徳品の文を引く、何れの文ぞや。答、「諸仏常楽見之」の文歟、進んで云く、玄の六に「諸仏皆向其所説法」の文を引く。
126		10・314	(209)・427	（三百帖）問、六根浄の人の所説を経と名くと云ふべしや。答、是れは与奪の意之れ有るべし
127		10・318	(209)・427	（三百帖）問、六根浄の人所化の衆をして秘密の益を得せしむるや。答、弘の一に云く、六根浄位雖無三輪口密之益能伝妙音遍大千界不同仏化故云能伝稟教之人仍無密益 文
128	常不軽菩薩品	10・372	(213)・435	（三百帖）問、文に獲大罪報如前所説 文 「如前」とは何れの品を指すや。答、疏の文の如きんば法師品を指すと判じ玉ふなり。

番号	品	本門弘経抄	三百帖	内容
129		10・381	(215)・439	〔三百帖〕問、文に「如レ是次第有二二万億仏一」文　爾れば不軽菩薩二万億の威音王仏の滅後像法の時出世して皆同じく不軽行を修すと云ふべしや。 答、経文には最初の威音王仏の滅後像法の中に出づると見へたり。
130		10・384以下	(214)・437	〔三百帖〕問、教主釈尊昔し威音王仏の滅後像法の中に於て不軽の行を立つるは、本実成の前とやせん将た如何。 答、本実成の後と釈し玉へり。
131		10・395	(216)・441	此の本末の釈の下の「若弘若聞皆双及二本迹一」等より、三百帖に不軽菩薩は本迹二門倶に弘むるやと云ふ論議之れあり、下に至つて之を記すべし云云
132		10・396	(217)・444	此の判位の下に、三百帖に不軽菩薩礼拝を行ずる時は円教の何れの位なりやと云ふ論議之れあり、下に之を書すべし云云
133		10・426	(218)・447	〔三百帖〕問、妙楽大師円頓速疾の義を証せんとして不軽品の文を引く、何れの文ぞや。 答、疾得阿耨菩提の文を引くをや。
134	如来神力品	10・486	(220)・452	〔三百帖〕問、宗師「法愛不生」の義を証せんとして、神力品の文を引く、何れの文ぞや。 答、「我自欲得真浄大法」の文なり。
135		10・489	(221)・453	〔三百帖〕問、文に「一切衆前現大神力」文　爾れば一切とは上に挙ぐる所の総じて一会の衆を指す歟。 答、爾るべきなり、進んで云く、疏に云く、「一切者他方来者及従二分身仏一来者也」文
136		10・507	(222)・455	〔三百帖〕問、文に「現二神力一時満二百千歳一」文　之を以て別の神力を立つと云ふべしや。 答、釈には之を立てず。
137		10・510	(223)・456	〔三百帖〕問、文に「一時謦欬倶共弾指」文　宗師、此の弾指の声何れの処に至ると云ふべしや。 答、答う、「遍至十方」とや釈し玉ふらん。
138		10・513	(224)・457	〔三百帖〕問、宗師釈尊の外に余仏あり、余仏に又分身あることを証せんとして神力品の文を引く、何れの文ぞや。 答、玄の七に、「是二音声遍至二十方諸仏世界一」の文を引けり。

139	嘱累品	11・177	(225)・459	問、(三百帖)仏は今経を以て阿難に別付属するや。答、経には其の旨は見へず。之に付ひて釈尊の遺法を滅後に伝ふることは阿難結集の力なり、此の経を何ぞ阿難に付属せざらんや
140		11・178	(225)・459	三百帖見聞に云く、阿難に付属せずと云ふは、二乗自度の面なる辺なり、「汝等所行是菩薩道」と開顕する時は、軈て他方の土に於て作仏弘経利物これあり
141		11・181	(226)・461	問、(三百帖)仏諸菩薩に此の経を付嘱して滅後弘経の旨を勅し玉ふ時、菩薩に権智を加ふと云ふべしや。答、然るべし
142		11・184	(227)・463	問、(三百帖)経文に「我於二無量百千万億阿僧祇劫一修二習是難レ得阿耨菩提一」文とは何事を説くや。答、今経難得のことを説くなり。
143		11・189	(229)・468	問、(三百帖)経文に「多宝仏塔還可レ如レ故」文是れは多宝仏本土に還り玉へと請する歟。答、記の十に云く「如故」只是依レ初還閉と云へり、此の釈は本土に還り玉へとは請はずと云ふなり。
144		11・191以下	(228)・466	問、(三百帖)宗師、不定止観を証するに属累品の文を引くは何れの文ぞや。答、止の一に云く、不レ信二此法一於二余深法中一示教利喜　此証二不定一也文
145	薬王菩薩本事品	11・252	(230)・472	此の下に薬王菩薩の本事を説くに付ひて、爾れば薬王菩薩幾くの時節を経て現一切色身三昧を得と云ふべしやと云ふ、三百帖に論議之れあり、委しくは下の如し云云
146		11・281	(231)・474	此の下に月天子の譬は分喩歟全喩歟と云ふこと、三百帖にこれあり、品の末に委しく之を記す云云
147		11・297	(232)・476	次に此の譬の下に、大梵王を以て今経に譬ふる梵王は初禅の王歟と云ふこと三百帖にこれあり、品の末に至つて委しく之を書すべきなり云云
148		11・323	(233)・478	私に云く、此の下の「見七百万二千億」の文の下に、如説修行の人、安養界に生じ無生忍を得て後に諸仏を見るに斉限あるべしやと云ふ三百帖と、身毛孔中常出二牛頭栴檀之香一文
149		11・323	(234)・480	此の文は現報を説く歟と云ふ三百帖にこれあり、品々の末に委しく之を記す云云

No.	品	巻・頁	頁	本文
150		11・324	(235)・483	此の下の「病即消滅不老不死」の事理の釈のことは**三百帖**なり、品の末に之を書すべし云云
151		11・329	(235)・483	(三百帖)問、文に「病即消滅不老不死」云云　大師此の文に於て事釈を作る歟 答、事釈をも用ふべき歟
152		11・331以下	(234)・480	(三百帖)問、経文に聞品の功徳を説ひて、身毛孔中常出二牛頭栴檀之香一文 此れは現報を説く歟 答、経文に任せば現報なり、両方若し現報なりと云はゞ、疏に云く、口出レ香是現報　余是後報文
153		11・333	(233)・478	(三百帖)問、如説修行の人、安養界に生じ無生忍を得て後、諸仏を見るに、斉限有るべしや。 答、斉限有るべからず
154		11・335	(232)・476	(三百帖)問、経文に大梵王を以て今経に譬ふ、爾れば言ふ所の梵王は初禅の王歟。 答、爾なり、両方若し初禅の王なりと云はば、玄の一に云く、大梵於二三界一自在文
155		11・337	(231)・474	(三百帖)問、大師薬王の十喩に付ひて分論全を分別す、爾れば月天子の論は分論と為すや 答、玄の一に全喩と釈せり
156		11・341	(230)・472	(三百帖)問、経文に薬王菩薩の本事を説くに付ひて、爾れば薬王菩薩幾くの時節を経て現一切色身三昧を得たりと云ふべしや。 答、経文を見るに満二万二千歳一已得三現一切色身三昧二文
157	妙音菩薩品	11・363	(236)・484	此の文段のことは**三百帖**に、疏の文の「此相業者」と云へる「此相」とは、肉髻白毫の中には何れぞや云ふ論議これあり
158		11・364	(237)・487	爾り妙音大士は久本の弟子なりと云ふべしやと云ふ**三百帖**にこれあり、品の末に委しく之を書すべし云云
159		11・373	(238)・489	是れは妙音菩薩を誡むる歟と云ふ**三百帖**にこれあり。品の末に之を記すべし云云
160		11・375	(239)・492	「此会」とは霊山を指す歟と云ふ**三百帖**にこれあり。品の末に之を記すべし云云
161		11・380	(240)・493	此の本末釈の問は妙音文殊の二人を相対して位の高下を論ずれば何れか高しとか云ふべきやと云ふ**三百帖**にこれあり、品の末に委しく之を記すべし云云

番号	品	弘経抄	三百帖	本文
162		11・399以下	(241)・499	問、(三百帖)天親論主法華論の中に、妙音品に於て何なる法門を立つるや。 答、行苦行力を立つると見へたり。
163		11・401	(240)・493	問、(三百帖)妙音と文殊とを相対して位の高下を論ぜば何れか高しと云ふべしや。
164		11・406	(239)・492	問、(三百帖)疏の文に「不動此会遊化十方」と云へり、爾れば「此会」とは霊山を指す歟。 答、記の十に云く、「此会」者彼土文
165		11・408	(238)・489	問、(三百帖)文に「汝莫軽彼国生下劣想」文　爾れば是れは実に妙音菩薩を誡むる歟。 答、疏の十に云く、然法身大士故不粛　而成所将眷属或未達者故寄彼而規　此耳と云へり、此の釈は妙音に寄せて所将の衆を誡むと見へたり。
166		11・409以下	(237)・487	問、(三百帖)疏の文に「召本弟子使弘中道之経」と云へり、爾れば妙音大士は久本の弟子なりと云ふべしや。 答、記に云く、名昔為本末必久本と云へり。
167		11・412以下	(236)・484	問、(三百帖)疏の文に「此相業者従孝順師頂長起」と云へり、爾れば此の相は肉髻白毫の中には何れぞや。
168	観世音菩薩普門品	11・470	(242)・501	此の文を進めんとして、妙楽大師此の「有人興皇師義」に於て如何が是非を判ぜんやと云ふ**三百帖**にこれあり、品の末に別に之を記す云云
169		11・470	(243)・503	此の文を進めんとして、観音称念の人決定業を転ずるやと云ふ**三百帖**にこれあり、品の末に之を記す云云
170		11・475	(245)・508	問、宗師二十五三昧を以て水火難を救ふことを判ぜり、爾れば修因の難を破するに幾くの三昧を用ふと釈し玉ふや、此の**三百帖**は品の末に之を記すべし云云
171		11・412	(244)・507	問、経の文に観世音を念ずる人、水火等の難を離るゝことを説くに付ひて、爾れば水難を説き大水を説くと云ふべしや云云　此の**三百帖**をば品の末に之を記すべし云云
172		11・489以下	(246)・511	問、経文に観音を念ずる人、三毒を離るゝことを説くに付ひて、爾れば散心称念の人、三毒を離ると云ふべしや。(**三百帖**)

173	11・490	(247)・514	問、経文　如レ上　宗師此の三毒に約して逆順の釈を作り玉へり、爾れば此の逆順は分段の三毒に約する歟。（三百帖）
174	11・490	(246)・511 (247)・514	此の二の三百帖をば品の末に之を記すべし云云
175	11・494以下	(248)・516	問、経文に観音の功徳を校量するに、六十二億の恒沙の菩薩を挙げたり、爾れば論条経文に菩薩と云はず恒沙の諸仏と云へるをば、妙楽大師如何が之を釈するや云云 此の三百帖は品の末に之を書すべし云云
176	11・505	(249)・520	問、経文に、応下以二仏身一得度上者　即現二仏身一文　爾れば仏身とは応化二身に亘るや云云 此の三百帖は品の末に之を記すべし云云
177	11・505	(250)・523	問、爾れば声聞支仏の身を現じて何なる法を説くと云ふべしや云云此の三百帖をば品の末に之を記すべし云云
178	11・516	(251)・516	問、経文に仁者受二此法施珍宝瓔珞一文　爾れば法施とは何物ぞや云云　此の三百帖品の末に之を記すべし云云
179	11・546	(252)・528	（三百帖）問、経文に聞品の得益を説くに「八万四千衆生皆発二阿耨菩提心一」文　爾れば云ふ所の発心とは真位似位の中には何れぞや。 答、両巻疏に云く、此の発心は是れ真位の発心なりと釈し玉へり。
180	11・549	(250)・523	（三百帖）問、経文に観音の現身説法の相を説くに付ひて、爾れば声聞支仏を現しては何なる法を説くと云ふべしや。 答、所現の身に約して所応の法を説くべし、故に四諦縁生等の法を説く歟爾かなり。
181	11・553	(249)・520	（三百帖）問、経文に「応下以二仏身一得度上者　即現二仏身一」文　爾れば云ふ所の仏身とは、応化二身に亘ると云ふべしや。 答、両巻疏に云く「若尋二此文一明二於応義一」と釈し玉へり、然りと雖も化身に亘ることをも遮すべからざる歟。

182		11・556	(248)・516	問、(三百帖)経文に観世音の功徳を校量するに六十二億恒河沙の菩薩を挙げたり、爾れば論条経文に菩薩と云はずして恒河沙の諸仏と云へるをば妙楽大師如何が之を釈するや。答、記の十に云く「乃是増レ句釈レ義」と釈し玉へり、爾なり。
183		11・561	(247)・514	問、(三百帖)経文に観音を念ずる人貪瞋痴の三毒を離ると説くに付ひて、宗師此の三毒に約して逆順の釈を作り玉へり、爾れば此の逆順の釈は分段の三毒に約すと云ふべしや。答、両巻疏の下に云く、今但順逆両釈約二界外一作者不レ取二分段三毒相一文
184		11・562	(246)・511	問、(三百帖)経文に観音を念ずる人、貪等の三毒を離ると説くに付ひて、爾れば散心称念の人三毒を離ると云ふべしや。答、爾る意もあるべきなり。
185		11・565	(245)・508	問、(三百帖)宗師二十五三昧を以て水火等の難を救ふと判じ玉へり、爾れば修因の難を破するに幾くの三昧を用ふとか釈し玉ふや。答、二十五三昧を用ふるなり、進んで云く、両巻疏の上に云く、二十四三昧を用ひて修因の難を救ふ云云
186		11・569以下	(244)・507	問、(三百帖)経文に観世音を念ずる人、水火等の難を離る丶ことを説くに就ひて、爾れば水難を説くに大水と説くと云ふべしや。答う、経には大水を説くと見へたり、進んで云く、両巻疏に云く、不レ言二大水一云云
187		11・571	(243)・503	問、(三百帖)経文に観世音菩薩の冥顕の両益を説くに付ひて、爾れば観音称念の人決定業を転ずと云ふべしや。(宗要)答、記の十に云く、若其機感厚定業亦能転云云 此の文転ずべしと見へたり、爾かなり。
188		11・575以下	(242)・501	問、(三百帖)経文に「一心称名観世音菩薩」等と説くに付ひて、有る人は観世音の三字を以て下の句の上に著き、興皇は上の句の末に著く、爾れば妙楽大師如何が此の二師の義に於て是非を判じ玉ふや。
189	陀羅尼品	11・599	(253)・530	問、法護三蔵陀羅尼を翻訳せり、爾れば宗師之を許し玉ふや、此の三百帖品の末に之を記すべし云云
190		11・599	(254)・532	問、今経の時仏自ら神呪を説ひて持経者を擁護し玉ふや、此れ三百帖品の末にこれを注すべし云云

番号	品	巻・頁	三百帖	本文
191		11・602	(256)・534	問、二乗の聖者陀羅尼を得と云ふべしや、此れ**三百帖品**の末に之を書すべし云云
192		11・607	(255)・533	当宗の意は、此の毘沙門持国の中には猶ほ詮すれば持国天王を以て正と為すべきなり、此の持国とは本門十妙の中の本国土妙の本時の娑婆国土の護国持国安民なり云云　其の余種々の義は品の末**三百帖**を記する下にこれを注すべし云云
193		11・616	(257)・536	仍て此の破僧罪は五篇七聚の中には何れぞやと云ふ**三百帖**これあり、委くは下に之を記すべし云云
194		11・624以下	(257)・536	（三百帖）問、経文に調達破僧罪文　爾れば破僧罪は五篇七聚の中には何れぞや。答、律蔵の文に任せば、七聚の中には偸蘭遮、五篇の中には波羅夷の摂なりと見へたり
195		11・632	(256)・534	（三百帖）問、二乗の聖者陀羅尼を得ると云ふべしや。答う、名疏の一に云く、既是入滅　故不須也文
196		11・636	(255)・533	（三百帖）問、今経の時四天王倶に陀羅尼を説ひて持経者を擁護するや。答、経文には多聞持国の二天のみ之れを説くと見へたり。爾かなり。
197		11・637以下	(254)・532	（三百帖）問、今経の時仏自ら神呪を説ひて持経者を擁護し玉ふや。答、経文には見へざるなり。
198		11・639	(253)・530	（三百帖）問、法護三蔵陀羅尼を翻訳し玉へり、爾れば宗家之を許し玉ふや。答、之を許さず。
199	妙荘厳王本事品	11・652	(258)・538	問、経文に四聖の前縁を説くにひいて、爾れば昔しの浄徳夫人は今は何人なるかと云ふべきや、此の下に此の**三百帖**あり、品の末にこれを記すべし云云
200		11・652	(259)・541	問、妙荘厳王は実者なりとやせん、将た如何、此の**三百帖**も品の末に之を記す云云
201		11・670	(260)・544	（三百帖）問う、疏の文に、余経指此為十波羅密文　爾れば是れは何物を指して十波羅密と為すと釈し玉ふや。
202		11・670	(259)・541	（三百帖）問う、妙荘厳王は実者なりとやせん。将た如何。
203		11・670	(258)・538	（三百帖）問う、経文に四聖の前縁を説くに付ひて、爾れば昔の浄徳婦人は今何人なりとか云ふべきや。

204			205	206	207	208	209	210	211	212
11・670			11・678	11・683	11・683	11・698	11・700	11・701	11・706	11・708以下
(258)・538	(259)・541	(260)・544	(261)・547	(262)・549	(262)・549	(263)・551	(262)・549	(261)・547	(260)・544	(259)・541
此の三の**三百帖**をば品の末に之を記すべし云云			問、経文に　天人衆中広説法華経云云　爾れば是れは開会の法華とやせん、将た仏恵の法華とやせん歟、此の**三百帖**、品の末に之を記す云云	(三百帖)問う、経文に妙荘厳王八万四千歳の間法華経を修行すと説けり、爾れば此の修行は受記の前とやせん、将た後とやせん歟	此の**三百帖**、品の末に之を記す云云	(三百帖)問、経文に「於諸法中得法眼浄」文　爾れば法眼浄とは円の位に対せば何れの位ぞや。 答、記の十に七信已上と判じ玉へり。	(三百帖)問、経文に妙荘厳王八万四千歳の間法華経を修行すと説けり、爾れば此の修行は授記前とやせん、将た後歟。 答、一義に任せば修行を経ることは授記前なり、進んで云く、南岳大師の解釈の中に授記前と釈し玉へり。	(三百帖)問、経文に「天人衆中広説法華経」文　爾れば開会の法華なりとやせん、将た仏恵の法華歟。 答う、開会の法華なるべきなり。	(三百帖)問、疏の文に「余経指此為十波羅密」文　爾れば是れは何物を以て十波羅密と為して釈し玉ふや。 答、疏の十に云く、別顕二子福恵六度、四弘、余経指此為十波羅密文	(三百帖)問、妙荘厳王は実者なりとやせん、将た如何 答、記の十に云く、今従示迹及従後説故設化之時一凡三聖、若準仏云為欲引導妙荘厳王及一切衆生故説是法華経王宮八万四千皆任受持二子四万二千倶至仏所則王及能化一切悉権也。従本為言四倶大聖文　爾かなり。

番号	品	巻・頁	三百帖	本文
213		11・710	(258)・538	問、(三百帖)経文に四聖の前縁を説くに付ひて、爾れば昔の浄徳夫人は今は何人なりとか云ふべきや。 答、疏の十に云く、婦者妙音菩薩是也文
214	普賢菩薩勧発品	11・733	(265)・554	問、円教の第十地に、幾くの無明を断ずと云ふべしや、此の**三百帖**は品の末に之を記すべし云云
215		11・751	(264)・552	問、今品の時普賢大士は余方より来りて此の経を勧発す、爾れば何れの方より来り玉ふと云ふべしや、此れ**三百帖**、品の末にこれを記すべし云云
216		11・752	(266)・555	問、普賢所将の眷属の中に、生身未達(住前)の者ありと云ふべしやと云ふ**三百帖**これあり、品の末にこれを記すべし云云
217		11・755	(267)・557	此の下に、問、普賢品の意化他に約して流通を勧むと云ふべしやと云ふ**三百帖**これあり。品の末に之を記す云云
218		11・765	(268)・558	此の下に問、経文に「成就四法人如来滅後応得法華経」と説けり、爾れば手に経巻を取るをも経を得たりと云ふべしやと云ふ**三百帖**これあり。品の末に之を記す云云
219		11・772	(269)・561	此の下に問、宗師安楽行に付ひて有相無相の二行を分別し玉へり、爾れば勧発品の中に二行共に明すと云ふべしやと云ふ**三百帖**これあり、品の末に之を記すべし云云
220		11・778	(270)・563	此の下に問、経文に「皆是普賢威神之力」文　爾れば何ことを説くやと云ふ**三百帖**これあり、品の末に之を記す云云
221		11・791	(271)・565	此の文に「普賢」と云ふは、上の釈の如きんば等覚の位なるべき処に第十地と釈し玉ふは、十地と等覚とは開合の異なる故に、等覚を以て十地に合する意にて「十地」と釈する歟、或は又「具普賢道」と云ふ「道」は、是れ因の義なり、十地は是れ等覚の因なりと云ふ意にて「道」の字に意を付けて十地と釈する歟、此のこと**三百帖**の疑なり云云
222		11・800	(271)・565	問、(三百帖)経文に微塵等諸菩薩具普賢道文　爾れば普賢道とは何れの位ぞや。 答、疏に云く、「具普賢道」是十地位文
223		11・802	(270)・563	問、(三百帖)経文に皆是普賢威神之力文　爾れば何ことを説くや。 答、今経の閻浮に流布することを説くなり。

224		11・805	(269)・561	問（三百帖）、宗師安楽行に付ひて有相無相の二行を分別し玉へり、爾れば勧発品の中に二行倶に明すと云ふべしや。答、共に明すと云ふ意もあるべきなり、進んで云く、南岳大師の云く、勧発品には有相行を明すと判じ玉へり。
225		11・808	(268)・558	問（三百帖）、経文に成二就セル四法ヲ一人ノ如来滅後ニ当ニレ得二法華経一と説けり、爾れば手に経巻を取るをも経を得ると云ふべしや。答う、爾るべきなり、進んで云く、疏の十に云く、法華之ノ正体ナリ能クシテ行二四法ヲ一必ス得二此ノ解ヲ一名テレ解ヲ為スレ経ト文
226		11・812	(267)・557	問（三百帖）、普賢品の意は化他に約して流通を勧むと云ふべしや。答、自行化他に亘るべき歟。
227		11・815	(266)・555	問（三百帖）、普賢菩薩東方より来つて此の経を勧発する時、所将の眷属中に生身未達の者ありと云ふべしや。答、記の十に云く、当レ知所随皆法身ナリ也。主伴並ニ具ス二四徳ヲ一故ニ云フレ各ト也文
228		11・817	(265)・554	問（三百帖）、円教の第十地に幾くの無明を断ずと云ふべしや。答、総じて已前の所断を論ぜば四十品なるべし、当地の所断は一品なり
229		11・824以下	(258)・538	問（三百帖）、今品の時普賢大士余方より来つて此の経を勧発す、爾れば何れの方より来り玉ふと云ふべしや。答、今経には東方より来たると説けり、進んで云く、疏の十に云く、自リレ東自レ西ユクニモテ而来勧発ス文

第二項　他の著述にみる『三百帖』の引用

前項では、『法華宗本門弘経抄』中に見える『三百帖』引用について概観してきた。本項では、『法華宗本門弘経抄』以外の著述において『三百帖』の引用が確認できる箇所について考察する。そのための前段階として、『法華宗本門弘経抄』以外の著述に見える『三百帖』引用について概観すると、『十三問答抄』『開迹顕本宗要集』に『三百帖』の引用が看取できる。これらの著述について、『三百帖』引用が見える箇所についてまとめたものが【表11】である。また、【表11】中、「『続天』該当頁」の項では、『続天台宗全書　顕教7　三百帖 法華十軸鈔』の掲載頁を明記し、その上に（）として本書目次に記載される『三百帖』の通し番号を割り振っている。さらに、『開迹顕本宗要集』中の引用では、各算題ごとに破線で区切っている。

まず、『法華宗本門弘経抄』以外の著述に見える『三百帖』引用は管見の限り、『十三問答抄』一箇所、『開迹顕本宗要集』一六箇所確認できる。両書の引用は、『法華宗本門弘経抄』のように、『法華経』二十八品に渡って『三百帖』が引用されるのではなく、重要課題について『三百帖』を引用しているようである。具体的には、『十三問答抄』では従地涌出品一箇所、『開迹顕本宗要集』では、化城喩品一箇所、見宝塔品四箇所、従地涌出品四箇所、如来寿量品四箇所、法師功徳品二箇所、妙荘厳王本事品一箇所の引用である。これらの引用について概観すると、『十三問答抄』では、『三百帖』従地涌出品釈についての引用である。なお、引用文の頭には【表11】中の番号を付し、『三百帖』の語には太字傍線を施している。

1難(シテ)云文句第一本末釈(ノハ)大旨雖レ聞(ヘタリト)　猶以不審重也、此義委悉成(ニシ)レ之可レ被レ散二朦昧(ヲ)一者也如何、答天台宗学者(ノ)義勢ヲバ前(ニ)加二会通一畢、委(ヌ)細疏記一本末(ノノ)見聞并(ニ)**三百帖**涌出品下本帖(ノノ)見聞有(ニ)レ之可レ見レ之云云(17)

『十三問答抄』では、久遠下種が本因・本果に渡るのか否かの問題について、湛然『法華文句記』「本因果種」(18)について検討を加えている。日隆は、天台宗の学者の義は会通を加えたものであるとし、その詳細は『三百帖』に譲るとした引用が確認できる。『十三問答抄』では、『三百帖』を直接的に引用するのではなく、天台宗の学者の義を知る上での参考文献として『三百帖』を用いていることが分かる。

次いで『開迹顕本宗要集』では、『法華宗本門弘経抄』薬王菩薩本事品釈以降における執筆過程と類似しており、まず各算題の目次部分に『三百帖』の問いを設け、後に『三百帖』の問いを再説し詳述していく流れである。そこで、代表的な記述を提示すると以下のようになる。

10我本行菩薩道所成寿命文。是れは果位の寿命か。三百帖(19)

11　我本行菩薩道所成寿命文、是れは果位の寿命か。三百帖

天台宗の義に云く、解釈に因位の寿命と釈したまへり。所以に経文に上に我成仏已来甚大久遠寿命無量等と云て本果の果位を挙げ、次に我本行菩薩道所成寿命今猶未尽と云て本因の因寿を挙ぐ。既に上には成仏と云ひ、果位の寿と聞えたり、下には菩薩道と云ひ、因位の寿と聞えたり。(20)

10では、『三百帖』如来寿量品釈に明示された問いを『開迹顕本宗要集』目次に記載し、後の11にあるように、本文中において詳述していることが見てとれる。10では、『法華経』如来寿量品に明かす経説「我もと菩薩の道を行じて成ぜし所の寿命」について、果位の寿命か否かという『三百帖』の問いを引用する。その答えとして、日隆はまず天台宗の義として因位の寿命であることを指摘し、当宗の義としては、

されば経文も先に本果妙を挙げ次に我本行菩薩道所成寿命今猶未尽復倍上数と云て、不尽の因寿を以て不尽の果寿を況して、本果を以て所況と為し本因を以て能況と為す処は、本果より本因妙を以て尚を正と為すと見えたり。是れと云ふも一品二半の脱は専ら本果を尚び、八品上行要付の下種の辺は本因妙を以て正と為す故なり。此等の大旨を以て之を思へば我本行菩薩道乃至今猶未尽の文は因位の寿命を説くと云ふべきなり。(21)

と述べ、天台宗と同様、因位の寿命を説いたものであるとした上で、その根拠としては相違があるとする。日隆の場合、一品二半の脱益では本果を重んじるが、本門八品上行要付の下種の辺では本因妙を正意とするため、因位の寿命

であると主張している。すなわち天台宗と当宗では、結論としては因位の寿命であるとしつつも、その結論に至るまでの教義解釈に相違があることを標榜している。

一方、『開迹顕本宗要集』では、これら一連の流れを汲まない記述も存在する。具体的な記述としては、2の文を挙げることができる。

2然るに此の如く釈する事は、余りに第三類の人は大通結縁微薄なる故に、小は無に属すと云ふ心にて大縁これなしと云ふなり。今経に三周の開顕顕れ已れば今日得脱の決定性は、皆悉く大通結縁の者なり。委しくは三百帖の如し云云。(22)

2の文の直前には、「決定性の声聞は昔大乗の縁ある者か。(23)」という標題を設け、天台宗の義として2の文を結語とし、次いで当宗の義が展開されている。この「決定性の声聞は昔大乗の縁ある者か。」という問いは、『三百帖』には確認できない。しかし、内容的には【表11】2『三百帖』(117)(24)化城喩品釈を指していると思われる。日隆は天台宗の義として、今日得脱の決定性の声聞は大通結縁の者であると定義していることが理解でき、当宗の義として以下のように述べる。

当宗の義に云く、今経の経旨とは五味主なり。五味主とは三五の遠化たる化道の始終種熟脱の三世の化道なり。其の中に決定性の声聞と成る事は今日爾前鹿苑に熟益を成ずる時の事なり。必ず熟益の衆生には過去遠々の昔に下種あり。下種は権乗に亘らず下種は必ず法華経にあり。故に今経には三五の下種を明し又終りの脱益を明し、其の中間の熟益をば爾前の諸経に明す。(25)

日隆によれば、当宗では『法華経』の経旨を五味主であるとし、五味主とは、三千塵点劫・五百億塵点劫の過去を明かした、化導の始終・種熟脱の三世に渡る化導であると定義している。その上で、決定性の声聞（二乗になることが決まっている種姓）は熟益の衆生であり、過去において『法華経』による久遠下種がなされた者であると結論づけている。日隆は、『法華経』の経旨を五味主であるとし、決定性の声聞の成仏は、あくまで過去の『法華経』による久遠下種の利益であると主張していることが分かる。

【表11】『十三問答抄』『開迹顕本宗要集』中に見える『三百帖』の引用

番号	著述名	『御聖教』	『続天』	引用文
1	『十三問答抄』	『宗全』8・409	(178)・350	難云文句第一本末釈大旨雖レ聞猶以不審重也。此義委悉成レ之可レ被レ散二朦昧一者也。如何、答天台宗学者義勢ヲバ前加二会通一畢、委細疏記一本末見聞并**三百帖**涌出品下本帖見聞有レ之可レ見レ之云云
2	『開迹顕本宗要集』二乗部第八	『隆教』2・370	(117)・228	然るに此の如く釈する事は、余りに第三類の人は大通結縁微薄なる故に、小は無に属すと云ふ心にて大縁これなしと云ふなり。今経に三周の開顕顕れ已れば今日得脱の決定性は、皆悉く大通結縁の者なり。委しくは**三百帖**の如し云云。
3	五時部第一	『隆教』3・13以下	(263)・551	此れをば観音品の記に云く、故厳王品雖レ言二法眼一名同体異定非二初果一須三判為二六根清浄法眼浄一耳、即七信已上若聞二法華一令レ得二初果一即法華一部文義俱壊 文。此の釈は慈恩の玄賛に得二法眼浄一証二初果一也と釈するを破したまふなり。委しくは**三百帖見聞**の如し云云。
4		『隆教』3・31	(148)・288	今経の時、黄金世界、白銀世界の分身来ると云ふべきや。**三百帖**
5	五時部第二	『隆教』3・72	(148)・288	今経の時、黄金世界、白銀世界の分身来ると云ふべきや。**三百帖** 答ふ、此の事は先徳遺唐の疑なり。仍て学者異義なり。彼の唐決の意は来るべしと見えたり。
6	五時部第五	『隆教』3・152	(178)・350	久遠下種は本因本果に亘ると云ふべしや。**三百帖**

番号	部	出典	頁	本文
7		『隆教』3・206	(178)・350	総じて之を論ずれば中間今日未来までも発迹顕本して久遠下種を顕せば、十界皆成して十界久遠、如我等無異の上行なり。此等の意は正在報身の一筋なり。是れ観心本尊抄・開目抄等の意なり。天台宗の義は**三百帖見聞**に委悉なり云云。
8	五時部第七	『隆教』3・254	(148)・288	三変土田の時、黄金世界・白銀世界の分身来るや。　**三百帖**
9		『隆教』3・262	(148)・288	三変土田の時、黄金世界・白銀世界の分身来るや。　**三百帖** 天台宗の義に云く、此の事は恵心遺唐の疑問なり。彼の疑に云く、来集分身は皆頗梨を以て地と為し又各々菩薩を以て侍者と為す。然るに黄金・白銀世界は頗梨の地にあらず、又所化は二乗なり。何ぞ分身来ると云ふべけんや云云。
10	教相部第二	『隆教』4・61	(186)・369	我本行菩薩道所成寿命文。是れは果位の寿命か。　**三百帖**
11		『隆教』4・74	(186)・369	我本行菩薩道所成寿命文、是れは果位の寿命か。　**三百帖** 天台宗の義に云く、解釈に因位の寿命と釈したまへり。所以に経文に上に我成仏已来甚大久遠寿命無量等と云て本果の果位を挙げ、次に我本行菩薩道所成寿命今猶未尽と云て本因の因寿を挙ぐ。既に上には成仏と云ひ、果位の寿と聞えたり。下には菩薩道と云ひ、因位の寿と聞えたり。
12	教相部第四	『隆教』4・187	(178)・350	天台宗の尋ね。 久遠下種は本因・本果に亘るや。　**三百帖**
13		『隆教』4・197	(178)・350	天台宗の尋ね。 久遠下種は本因・本果に亘るや。　**三百帖** 天台宗の義に云く、之に付て学者の異義不同なり。一義に云く、経文は「我於伽耶城乃至而乃教二化之一令三初発二道心一」、等と云て本果下種と見えたり。而るに解釈に本因果種と釈する事は、地涌の下種、本因・本果に亘ると云ふ事にはあらず。唯是れ久遠下種の流類多ければ、地涌の外の人、本因の時下種して、地涌の菩薩は本果の時の下種なり。此れを取合せて本因果種と釈したまふなり云云。
14	雑部第一	『隆教』4・483	(187)・372	煩悩即菩提、生死即涅槃と計する二の上慢に浅深ありや。　**三百帖**

番号	部	『隆教』	頁	本文
15		『隆教』4・508	(187)・372	煩悩即菩提、生死即涅槃と計する二の上慢に浅深ありや。三百帖 天台宗の義に云く、記の九（末三二ヲ）に云く「然ニ上慢不レ無ニ浅深一謂レ如乃成ニ大無慚人一謂レ智猶知ニ須レ智照一レ惑」と判ぜり。此の文既に煩悩即菩提と計するは心法の智なる故に、計し乍らも惑を照す義これあり、故に其の過浅し。さて生死即涅槃と計するは色法にして果縛の依身なる故に、無分別にして照用の義これなし、故に其の過深し。此の如き等の不同はこれあるべきなり。
16		『隆教』5・37	(209)・427	法華已前に似位の六根浄を明すや。三百帖 一乗義末算
17	雑部第五	『隆教』5・66	(209)・427	法華已前に似位の六根浄を明すや。三百帖 一乗義末算 天台宗の義に云く、法華已前の諸経の中に円教を説く。円人は六根浄を得るなり。されば華厳経・大品・文殊問・方等陀羅尼経等に之を説くなり云云。

小　結

以上、日隆著述に見える『三百帖』引用について概観してきた。管見の限り、日隆は『三百帖』を『法華宗本門弘経抄』で二二九箇所、『十三問答抄』一箇所、『開迹顕本宗要集』一六箇所引用している。また『法華宗本門弘経抄』では、『十軸抄』としての引用も確認できた。さらに、『法華宗本門弘経抄』薬王菩薩本事品以降の解釈においては、『三百帖』引用による問題提起が行われ、この問題について後に詳細に検討を加えていくという、一連の流れが形成されていったのではないかと思われる。

『三百帖』は、当時の天台宗の談義所において基礎的文献であったことが指摘され、『法華宗本門弘経抄』中には、「初学者のために この問題を論じる」等と類する記述が散見される。よって日隆は、『三百帖』をあえて『法華宗本門弘経抄』中に引用することで、自身の教学研鑽のみならず、門下教育のための一資料として使用したのではないかと推考する。

次いで『十三問答抄』では、一箇所の引用があり、『三百帖』を直接的に引用するのではなく、天台宗の学者の義を知る上での参考文献として『三百帖』を引用していることが分かる。

そして『開迹顕本宗要集』では、『三百帖』を全体的に用いず、三変土田、久遠下種等といった重要課題について述べる際に引用するに留まっている。なぜなら、『開迹顕本宗要集』は『政海類聚鈔』等の算題を当家の立場より解釈を加えたものであり、成立背景が『法華宗本門弘経抄』と異なるため、『三百帖』の引用が多く見受けられないのではないだろうか。

日隆は、『法華宗本門弘経抄』中において『三百帖』を二〇〇箇所以上も引用することからも、『三百帖』を徹底的に研究していたと考えられる。日隆の教学思想の根本は、日蓮遺文を以て『法華経』のみならず、天台三大部本末、及び一切の経典の解釈を試みる姿勢である。よって、『三百帖』を自身の著述においてあえて引用し、解釈を加えることで、当時の天台宗の談義所で学ぶ日蓮門下諸師が主張する中古天台本覚思想の影響を受けた日蓮教学を打破しようとしたのではないだろうか。

註

（1）『続天』顕教第七巻解題一頁。
（2）『印度学仏教学研究』第一七巻二号。
（3）その他には、大平宏龍「『本門弘経抄』考」（法華宗教学研究所第二六回総会レジュメ、一九八八年）、渡辺麻里子「『鷲林拾葉鈔』と『輸塵鈔』―関東天台の学僧における学問の形成―」、大平宏龍「『弘経抄』研究ノート」等が挙げられる。

（4）大平宏龍「『弘経抄』研究ノート」二六頁。
（5）大平宏龍「『弘経抄』研究ノート」三六頁以下。
（6）『法華宗本門弘経抄』に見える『三百帖』の引用箇所を検討するに当たり、『隆全』を底本としたため、先行研究とは異なる結果となった可能性もある。
（7）『隆全』第四巻一六一頁。
（8）『隆全』第四巻一六一頁。
（9）『隆全』第九巻三一三頁。
（10）『隆全』第九巻三一五頁。
（11）『隆全』第九巻三一六頁。
（12）『隆全』第八巻三六九頁。
（13）『隆全』第八巻三六八頁。
（14）『隆全』第一一巻二五二頁。
（15）『隆全』第一一巻三四一頁。
（16）『隆全』第三巻二五二頁。
（17）『宗全』第八巻四〇九頁。
（18）『正蔵』第三四巻一五七頁a。
（19）『隆教』第四巻六一頁。
（20）『隆教』第四巻七四頁。
（21）『隆教』第四巻七五頁。
（22）『隆教』第二巻三七〇頁。
（23）『隆教』第二巻三七〇頁。
（24）『続天』顕教第七巻二二八頁以下。
（25）『隆教』第二巻三七〇頁。

第三章　日隆の教学思想概観

第一節　本門八品正意論

第一章・第二章では、日隆の生涯と教学研鑽の方法について省察し、特に日隆最大の著述である『法華宗本門弘経抄』について考察を加えてきた。日隆が著述を執筆する根本の態度は、『法華経』本門八品を主軸とし、天台教学と日蓮教学との相違、すなわち台当異目を明確にしようとしたことが理解できた。本章では、日隆が主張する本門八品思想について一瞥し、次いで付嘱論・機根論・三益論・時間論に焦点を当て検討していきたい。

そもそも本門八品とは、『法華経』従地涌出品から嘱累品までの八品を指し、日隆は本門八品を釈尊出世の本懐と規定し、本門八品の思想を以て『法華経』のみならず、一切の経典解釈を目指した。また、本門八品正意を標榜する上で、一品二半をどのように捉えていたのであろうか、ということも問題となる。一品二半とは、本門三段（『法華経』本門を三段に分科したもの）の正宗分にあたり、『法華経』従地涌出品後半より分別功徳品前半までを指し、釈尊の久遠実成開顕を中心のテーマとしており、三益論・在末論・種脱論等の問題が介在している。そこで、日隆の本門八品思想を検討するに当り、第一項「本門八品正意の説示」、第二項「一品二半を脱益の教えとする説示」、第三項「本門八品の中で一品二半も開会される説示」に着目し、その問題を考えたい。[1]

第一項　本門八品正意の説示

日隆が『法華経』中、釈尊出世の本懐を本門八品としたことは周知のことであるが、実際に著述中において種々の記述が確認できる。

宗義に云く三世十方微塵の諸経乃至今日一代諸経の中には法華経を以て能開の経王と為し法華経の中にも迹門

より本門を以て能開の経王と為す、本門の中にも一品二半の脱益より本門八品上行要付を以て釈尊出世の本懐と為すなり(2)

この文は、『法華宗本門弘経抄』大意に述べられ、本門の一品二半と八品とを相対する時、一品二半を脱益、本門八品を上行菩薩への要法付嘱、末法下種と規定している。つまり日隆は、釈尊出世の本懐は『法華経』本門八品を説いて上行菩薩に要法を付嘱したことにあると受けとめているものと思われる。さらに日隆は、釈尊の一大事因縁が本門八品にあることを記している。

既に慈父釈尊は老ひて寂光の王宮に帰住して太子上行に滅後の遺付を定め置く間之に過ぎたる一大事有る可らず、故に本門八品上行要付を以て唯以一大事因縁故出現於世とは説くなり、所以に涌出品の初に過入恒沙の迹化他方は仏意を知らずして滅後の唱導を望む間止善男子〇護持此経と云云 此の文に付て前三後三の六釈之れ有り云云迹化他方の諸菩薩は此の仏説を聞き奉て競望永く絶へて本化の地涌を以つて滅後の教主に治定して其の所属の法たる妙法蓮華経を寿量品に説き顕はし分別品の時、微塵数の菩薩之を聞ひて増損の益を得たり、仍て人は脱益、法は上行要付なり云云 随喜品には滅後流通上行要付の本因妙を明し、法師功徳品には本果妙を明し、不軽品には其の因果所修の証人を出し、神力品の時向きの六品に約束する如く要法を以て上行に付するなり、経に云く以要言之云云 次に属累品に三摩付属の時、開迹顕本従多帰一の妙法蓮華経と釈尊と上行なり、仍て釈尊は妙法蓮華経を以て上行に付属し已んぬ、此の付属は能開の付属なり、総体の付属なり、根本一乗の付属なり、是れ末法悪人救助の付属なり云云(3)

この文を要約すると、釈尊は上行菩薩に対し、滅後末法のために遺した教えを付嘱するために、本門八品を説いているとする。従地涌出品では、滅後の教主を本化地涌の上行菩薩と定め、如来寿量品では付嘱される教えである要法を説き顕している。分別功徳品では、仏道を増進することで生死を離れることを顕し、一品二半によって、在世の衆生は解脱益を得ることができ、その要法は上行菩薩に付嘱されていることを明かしている。随喜功徳品では、滅後流通に上行菩薩に付嘱された本因妙（一念随喜［わずか一瞬でも喜びの心を生じること］の菩薩行）を明かし、法師功徳品には、本果妙（六根清浄）を示した上で、常不軽菩薩品ではこれらの因果を修行した証人（不軽菩薩＝釈尊＝上行）を提示する。如来神力品では、要の教えを以て上行菩薩に付嘱することを明かし、嘱累品において開迹顕本・従多帰一の『法華経』を、釈尊は上行菩薩に付嘱し終えることを説いている。また、この付嘱は全ての教えを開会する付嘱であり、末法の悪人を成仏へと導くための付嘱であると結論づけている。この文は、本門八品の各品における役割と、その重要性について詳述していることが理解できる。

　ところで日隆は、本門八品の中でどの品を中心と見るのであろうか。『法華宗本門弘経抄』では、付嘱について説かれる如来神力品と嘱累品の関係について、以下のような記述が確認できる。

> 神力品は上行付属、属累品は一切の総付属と簡別する一筋を引き取つて、末法下種を成ずるなり、又神力品は上行付属にして直授上行の今師祖承本門の直機顕れて諸宗の頂上に立つ、是れ折伏の意なり、属累品は総付属にして広略二門の付属の時、帯権の付属これあり、謂く「余深法中示教利喜」の「以レ偏助レ円」の付属是れなり、故に属累の付属は摂受の意を兼用せり、故に当宗は属累品より神力品を以て正と為すなり云云[4]

『法華宗本門弘経抄』によると、如来神力品には上行付嘱、嘱累品には総付嘱として分けて説くことは末法下種を成ずるためであるとしている。上行付嘱は本仏釈尊から上行菩薩、さらには日蓮へと受け継がれた真実の教えであるとして、諸宗の頂点に立つ折伏の意であるとする。一方、嘱累品は総付嘱を説いており、摂受の意を兼用することから、日隆は嘱累品より神力品を正意とみなしている。

次いで、従地涌出品と如来寿量品の関係については、以下の記述が見られる。

但し八品の中にも総別の意之有り総すれば八品、別すれば涌出寿量なり詮すれば寿量の一品なり(5)

この記述では、本門八品の中でも如来寿量品を最重要であると定めているようである。さらに、

此の如く心得れば本門八品は皆悉く滅後末法下種の為なり此の事観心本尊抄一部の大事なり示して云く、仏滅後二千二百三十余年未だ此の書の心あらず○云云

仍て本興寺門流には本門八品を以て殊の外に賞翫し奉る者なり、八品の中にも涌出、寿量、神力の三品は最要なり又三品の中には寿量の一品最要なり(6)

と日隆は主張を展開し、本門八品は滅後末法下種のためであるとする理由として、『観心本尊抄』に説かれる一部の大事であると規定する。また本門八品中、従地涌出品、如来寿量品、如来神力品を重要視しており、その中においても如来寿量品を最要であると提示していることが窺える。

日隆にとって本門八品は、衆生成仏のための必須要件であることが理解できた。では、本門八品と題目との関係性について、如何なる意義を有するのであろうか。この問題について『法華宗本門弘経抄』では、

○但し彼れは脱、此れは種なり、彼れは一品二半、此れは但題目の五字なりと云云此の文の初めに八品と云ひ次に本門は序正流通と云へる序正流通は八品までなり、その次に但し彼れは脱と云ふは、此の向きに一品二半を出して八品を相対する其の一品二半の辺を彼は脱と云ひ、又八品の辺を此れは種なりと釈し、其の下に此れは但だ題目の五字なりと釈するも八品上行要付の辺なり、故に知ぬ日蓮宗の本意は本門の本尊南無妙法蓮華経の立処は本門八品なり云云(7)

と述べ、日蓮の『観心本尊抄』(8)を引用し、この文の前には「八品に限る」と言い、次いで「本門は序正流通」と記さ

れることとは、本門八品の中に序分・正宗分・流通分が帰結されると主張している。また、「但し彼は脱」と言う場合、一品二半を出すことは、本門八品と相対するための一品二半の辺であることを指摘する。さらに本門八品の辺においては、「此れは種なり」「此れは但だ題目の五字なり」の二文を解せば、本門八品中において、特に上行要付の辺を示したものであるとしている。よって、日蓮法華宗の本意は本尊南無妙法蓮華経の立処が本門八品であると規定していることが分かる。

しかし、日蓮遺文には「寿量品の南無妙法蓮華経」(9)と記される箇所も存在する。この問題について日隆は、

重ねて疑ふて云く、在々所々の諸御抄に本門寿量品の妙法蓮華経と遊さるるなり此の相違如何(10)

と問いを設け、以下のように答えている。

次に本門上行要付の所付の妙法蓮華経の法体は寿量品に説き尽し手渡しは神力属累なる故に所付の法の立所をば寿量品と云ふなり、所以に妙法蓮華経を以て総名と名け、三千を以て別の体と為す故に、観心抄の末に妙法蓮華経を以て能裏と為し、三千を以て所裏と為して、名体一如の妙法蓮華経を釈するなり(11)

日隆によれば、上行要付の所付の法体は如来寿量品に説き尽くしており、手渡しは如来神力品・嘱累品であり、付嘱する所の法の立所を指して日蓮は如来寿量品と述べているとする。よって、『法華経』を総名、一念三千を別体、『観心本尊抄』の末では本門八品所顕の『法華経』を能裏、如来寿量品所顕の一念三千を所裏とすることで、名体一如の『法華経』であると定義している。さらに日隆はこの文の最後に以下のように記している。

次に本門八品の中に八品を総すれば寿量品の三世益物なり、此の三世益物の意を分別すれば八品なり、故に総在する辺に約して寿量品の妙法蓮華経と云ふなり、次に本門正意顕寿長遠の長寿をは寿量品に広く之を説ひて永異諸経の長寿報身所証の妙法蓮華経至極する故に寿量品の妙法蓮華経と云ふなり(12)

この文は、本門八品の中にさらに八品を総じて見た時、如来寿量品中における三世益物（仏が過去・現在・未来の三世を通して衆生を教化して利益すること。『法華経』本門に説かれる久遠実成已来の釈尊の化導）があるとしており、この三世益物の意を分別すれば本門八品になるとする。よって、総在する辺に約すならば、如来寿量品の『法華経』と言い、『法華玄義釈籤』には、「本門の正意は釈尊の寿命の長遠を顕す」[13]とある。このことからも日隆は、如来寿量品では、永く諸経に異なる長寿の報身が証得した『法華経』が至極する故に、日蓮は「寿量品の妙法蓮華経」と標榜したのではないかと推察している。

日隆は、如来寿量品の久遠実成開顕の重要性と、三世益物について注目していることが分かる。では、本門八品に見る三世益物について、如何なる解釈がなされるのであろうか。この問題について、『法華宗本門弘経抄』を確認すると以下の記述が窺える。

仍て涌出品に上行等を召して要法を付すべき事を約束して寿量品に所付の妙法蓮華経を説き顕はし、分別品に在世の機に之を聞いて横に脱益を得たり、所聞の法に従へば上行要付の益なり、随つて四信五品を説いて本門流通本因本果を定め一念信解初随喜の功徳を随喜品に之を明し一念信解は即ち是れ本門立行の首めと云へる是れなり、次に法師功徳品に流通の果妙を明し、不軽品に其の証人を出し、神力品に以要言之と云云。要法を以て上行に譲り、属累品にして上行の頂きを三摩し要法を以て之を付す、其の時機をば末法と定め、其の行者の位をば名字信位と定め、末代の凡夫悪人は一念の信心を以て経力に依り浄土に至らん事疑ふ可らざるなり、経に云く我が滅度の後に於て斯の経を受持すべし是の人仏道に於て決定して疑ひ有ること無しと云云是れ本門弘経の大意なり[14]

この文を要約すると、従地涌出品に上行等の地涌の菩薩を召し、要法を付嘱することを約束し、如来寿量品では付嘱される法である『法華経』を顕し、分別功徳品では、在世の機根がこれを聞いて脱益を得たことを述べる。分別功徳品では、四信五品（『法華経』分別功徳品の本門流通分に説かれる法華経修行者の四階級の信行状態と、五種の部類のこと。四信とは、一念信解・略解言趣・広為他説・深信観成、五品とは、随喜品・読誦品・説法品・兼行六度品・正行六度品を指す）を説いて本因本果を定め、一念信解初随喜の功徳を随喜功徳品に明かし、法師功徳品では流通の果妙（妙なる果報）を明かしている。常不軽菩薩品では、その因果具足の修行者を証人として出し、如来神力品において要法の題目に結んで上行菩薩に譲り、嘱累品では釈尊が菩薩の頂を三度摩でて法を付嘱する要法付嘱を明かす。そして、末法の下機・下根・名字即の衆生は、一念の信心を以て経力に依ることが成仏の道であると主張している。この文からも、日隆は本門八品を上行菩薩への要法付嘱の儀式として重視し、それを末法の衆生の成仏問題へと関連づけている。そして日隆は、末法の衆生における成仏について以下のように標榜する。

此くの如く釈尊上行等の十法界の本尊聖衆の久遠下種本因妙名字信行の御口より南無妙法蓮華経と唱え出す故に、総名と云ふ名は口密なり、故に其の行位を名字即と云う名字は口業なり、此の位は口業の仏事を以て下機を助く、下種は聞法受持して口に移し読誦して下種を成ず、故に口業の所作なり、故に名字即を以て下種の位と為し、総名口密の南無妙法蓮華経を以て下種の法と為す、過去も今日の本門八品も上行付属の総名を以て易行の中の易行と為して末世の下機に授けるなり。(15)

『法華宗本門弘経抄』において日隆は、本門八品に開顕され上行菩薩に付嘱される本因妙名字信行の南無妙法蓮華経を以て、下種の法としている。さらに、過去も今日の本門八品も、上行付嘱の総名（南無妙法蓮華経）を信心口唱することこそが易行の中の易行であるとし、悪世末法における下機下根の衆生の成仏を実現するために授けられた教えであると結論づけている。

以上、日隆著述より確認できたこととして、日隆が本門八品を中心とする根底には、滅後末法という時代認識が強くあり、その機根は下機・下根の凡夫であるという自覚があるということである。日隆は、このような滅後末法、下機・下根の衆生が、『法華経』によって成仏が実現されるとするならば、それは如来寿量品において説き顕された久遠本地の妙法蓮華経（総名・久遠下種の要法）を、如来神力品・嘱累品において付嘱された世界であると考えたのではないだろうか。つまり日隆は、自身が滅後末法の衆生であることを強く認識し、上行菩薩が久遠実成からの付嘱を受けた本門八品の世界こそが重要な意味を持つと思考したと思われる。

第二項　一品二半を脱益の教えとする説示

日隆は、久遠実成より上行菩薩へと付嘱された要法を下種することを成仏実現の道であると規定していることが理解できた。では、『法華経』本門八品と一品二半についてはどのように捉えていたのであろうか。日隆の本門八品と一品二半の関係性について考察するにあたり、まず経文の枠組みに沿った説示を確認していく。

二、本門妙法蓮華経の立所に一品二半と八品との不同の事

尋ねて云く、向（さき）に妙法蓮華経の立所は本門にありと云云　爾れば一品二半と八品の中には何れぞや

答、迹門流通天台妙楽の定判は文句に委悉なり謂く一経三段二経六段と支配するに本門一品二半を以て正宗と為す、其の中にも寿量の一品を以て最要と為す時、総して之を論ぜば一品二半は妙法蓮華経の正説なり、別して之を云へは寿量品の妙法蓮華経なり、此の分を至極と為すは天台妙楽は迹化にして迹門を流通する故に勧持の流通計りを書き顕はして付属は本化を恐るゝ故に付属の法門をば委細にせず、故に神力属累に妙法蓮華経の至極する事を釈し顕はさゞるなり、天台己心中の法門は止観にあれども止観に之れ無し、是の故に玄文止は有余不了の説とは日蓮宗に申すなり云云　次に本門流通日蓮宗の意は天台の文句に一品二半を以て正宗と為す事は在世脱益

の一辺なり、此の脱益の辺を止観に移し依経に定めて依経立行するなり、日蓮宗の宗旨は本門八品上行要付の本尊を以て宗要と為す間涌出品より属累品に至る八品を滅後末法の為の正説なりと宗旨を定むる間妙法蓮華経の立所は本門八品なり、此れは本化上行の手取りの付属の辺を本意と為す故なり、謂く本門の序は上行付属の序なり、一品二半の正宗は上行付属所付の法の正説なり、流通は因果修行の相なり神力属累は上行要付の手渡しなり、新池抄に神力属累に事極むと判じ給へり、仍て本門妙法蓮華経立所の極目は神力属累と覚へたり、此の故に本門八品は上行要付の序正流通なり[16]

『法華宗本門弘経抄』ではまず、「本門妙法蓮華経の立所に一品二半と八品との不同の事」という標題を掲げている。日隆は、「妙法蓮華経の依って立つ根拠は、本門一品二半と本門八品のどちらになるのか」という問いを設けている。

これに対し、智顗・妙楽の定判では、『法華文句』本末に詳しく説かれているとしている。智顗・妙楽は一経三段（『法華経』一経を序・正・流通に三分し、序品を序分、方便品より分別品十九行の偈を正宗分、分別品後半より普賢菩薩勧発品を流通分とする）・二経六段（二経とは『法華経』の迹門と本門を言い、本迹二門に序・正・流通の三段を分けたものである。迹門三段は序品を序分、方便品から授学無学人記品までを正宗分、法師品から安楽行品までを流通分とし、本門三段は、従地涌出品の前半を序分、従地涌出品後半から分別功徳品の前半十九行の偈までの一品二半を正宗分、分別功徳品後半から普賢菩薩勧発品までを流通分とする。一方、日蓮の場合、迹門三段は『無量義経』と『法華経』序品を序分、方便品から授学無学人記品を正宗分、法師品から安楽行品を流通分とする。本門三段は、従地涌出品の前半を序分、従地涌出品後半より分別功徳品の前半の一品二半を正宗分、分別功徳品の後半から普賢菩薩勧発品に『観普賢経』を加えて流通分とする）を立て、本門一品二半を以て正宗分とする時、総じて言うならば、一品二半は『法華経』の正説であり、別して言うならば如来寿量品による『法華経』であるとする。しかし、智顗・妙楽は迹門を流通する故に、勧持流通（『法華経』を持ち流通することを勧める）を中心に書き記し、付嘱の法門に関しては詳述していない。そのため、『法華経』が如来神力品・嘱累品に至極することをいまだ明らかにしていないと指摘する。また、智顗の己心中の法門は『摩訶止観』であるが、『摩訶止観』にはこれらのことが明示されておらず、日蓮法華宗では、『法華玄義』『法華文句』『摩訶止観』は有余不了（まだ説き残しがあり不十分）の説であるとしている。

次いで、本門を流通する日蓮法華宗の正意は、本門八品にあると示し、『法華文句』に一品二半を以て正宗分とする事は、在世脱益の一辺倒の不十分な解釈であると指摘する。この在世脱益の一面的な『法華経』を天台宗では『摩訶止観』に移し、依経に定め『法華経』によって行を立てている。これに対し、日蓮法華宗の宗旨では、本門八品上行要付の本尊を以て宗要となす。すなわち、従地涌出品より嘱累品に至る本門八品を滅後末法のための正説とする宗旨を定めることからも、日隆は『法華経』の立所はあくまで本門八品であると主張している。

さらに日隆は、本門八品を上行菩薩への要法付嘱という視点から見るならば、序分・正宗分・流通分の全てを具備すると提唱する。つまり、従地涌出品の前半は本化上行菩薩の出現を示す序分であり、一品二半の正宗分は、上行菩薩に付嘱される法の正説に該当し、以後の流通分は因果修行の相であることからも、如来神力品・嘱累品は上行菩薩への要法付嘱の手渡しであると解する。その証拠として『新池抄』[17]の文を引用し、本門妙法蓮華経の拠って立つ極目は、如来神力品・嘱累品であると結論づけている。この引用文を図示すると以下のようになる。

┌一品二半─本門正説───本果妙・脱益─法身‖実相→円体無殊（本迹不思議一）の円───止観行
└本門八品─本門序正流通─本因妙・下種─報身‖本因（上行＝十界衆生）と本果（久遠釈尊）の一体─唱題易行

そもそも、日隆が一品二半と本門八品とを対判していることは、日蓮『観心本尊抄』において、「本門は序正流通倶に末法の始めを以て詮となす。在世の本門と末法の初めは一同に純円なり。但し彼れは脱、此れは種なり。彼れは一品二半、此れは但だ題目の五字なり。[18]」として、一品二半を在世脱益、題目の妙法五字を滅後の下種とすることによるものと考えられる。その中で日隆は一品二半を脱益、本門八品を下種の教えであるとし、本門八品を以て末法相応の教えとする説示が注目できる。

> 一品二半正宗脱益の辺は、顕本の教主法中論三の無作三身にて極理を以て命と為す、故に権迹に通ず、故に「迹中之本」の本の分斉の眼にては知るべからずと云ふことなり、仍て八品下種顕本の辺には知るべしと云ふことなり[19]

日隆は、一品二半は本門正宗分にあたり、脱益の役割を有し、顕本の教主は法中論三の無作三身（法華円教の三身仏）、すなわち法身中心の法・報・応の三身具足の法華円教の真実の仏であり、極理を以て命となすとしている。つまり、本因本果の智慧を命とする報身中心の三身仏ではないということになる。一品二半は極理を中心とするため、爾前権教・迹門にも通じていると説く。一方、「迹中之本（迹門の中の本門）」という捉え方をすれば、真実はいまだ知るに至っていないと定義できる。よって、本門八品における下種の教主の顕本の段階で、初めて一品二半の真実の意味も知ることができる。日隆は、一品二半を本門の正宗分であり脱益の教えであるとし、法身中心の無作三身の顕本がなされ、その極理は爾前・迹門にも通じるとすることが分かる。しかし、この一品二半の顕本は完全な顕本ではなく、本門八品に至って真実の顕本がなされ、一品二半も本門八品の下で価値づけられると示していることが理解できる。また同様の内容の文言が『法華宗本門弘経抄』に多数確認できる。[20]

> 本門に於て一品二半と八品と、法身の本と久遠報身の本と、脱と下種と、総名と体妙と上行と迹化との不同之れあり今の玄、籤の釈意は一品二半の法身の本と脱益と体妙実相と迹化の益の辺との本門は名は本門、義は迹門な

り、其の故は一品二半は在世脱益なる故に体理実相の法身を以て主と為して顕本して迹中迹化の巨益を以て正意とする間迹中の諸経と通同して顕本の義を明さゞる故に迹中之本と云ふなり(21)

この文では、本門における一品二半と本門八品との関係性について、法身仏と報身仏、脱益と下種、総名（五重玄義を統一する総名の名玄義）と体妙（五重玄義中の体玄義）、上行菩薩（本化）と迹化の菩薩との不同をそれぞれ提示している。これについて、『法華玄義』や『法華玄義釈籤』の意では、一品二半の法身の本と脱益と実相・体玄義と迹化の菩薩の利益の範疇である本門は、名は本門ではあるが、義は迹門であるとする。その理由として、一品二半は『観心本尊抄』によれば、釈尊在世脱益の教えであるためであるとし、体玄義の理である諸法実相の法身仏を以て主とし、顕本して迹中迹化の巨益を以て正意とする。そのため、迹仏の説く爾前迹門中の諸経と通同して、報身仏中心の真実の久遠の顕本の義を明かさない故に「迹中之本」と称するとしている。これらの説示を図示すると以下のようになる。

┌一品二半—法身（法中論三）—脱益—体妙（体玄義）—迹化—名は本門、義は迹門—極理は爾前・迹門に通じる
└本門八品—報身（報中論三）—脱益—総名（名玄義）—本化————上行菩薩

さらに、『法華宗本門弘経抄』では以下の記述が見られる。

次に「以㆓本門㆒論㆑之一向以㆓末法之初㆒」より「此但題目五字也」までは、一品二半正宗の脱と、八品本因妙下種の妙法蓮華経と、相対して之を釈す、一往は一品二半と、八品と、在世滅後の異を存し、再往は八品、総じては滅後末法の為めなりと釈して、「在世本門」と云ふよりは、八品上行要付と云ふ体内にて、種脱の功能を釈するなり、謂く「在世本門」と「彼脱」と、「彼一品二半」と云ふとは同じものなり、又、「末法之初」と云ふと「此種」と云ふと、「此但題目五字」と云ふは、本門八品上行要付の信行観心の本尊の事なり(22)

ここでは、『観心本尊抄』の「本門を以て之を論ずれば一向に末法の初めを以て正機となす」[23]の文より「此は但だ題目の五字なり」までは、一品二半正宗の脱益と、本門八品本因妙下種の『法華経』とを相対し、解釈するとしている。その中で一往は、一品二半と本門八品とは、在世と滅後の相異を存しているが、再往は本門八品、総じては滅後末法のための教えであると解釈して、「在世の本門」と限定するより、本門八品上行要付という大きな範疇の中において、下種益と脱益の功能を解釈すべきであるとしている。また、「在世の本門」と「彼れは脱」「彼れは一品二半」という文は同様の意であり、「末法の初め」と、「此れは種」「此れは但だ題目の五字」は、本門八品上行要付の信行観心の本尊であると定義している。以上の説示を図示すると、次のようになる。

一品二半――在世の本門――脱（脱益）――如来寿量品経文
本門八品――末法の初――種（下種益）――題目の五字

これらの記述から、日隆は一品二半を在世脱益の教えであるために、迹仏の説く爾前権経や『法華経』迹門に通ずると解したと思われる。日隆において一品二半は、本門八品に至るまでの過渡的な顕本が示され、本門八品より浅い法門であると主張していることが分かる。

第三項　本門八品の下での一品二半開会の説示

前項において、一品二半は本門八品に至るまでの過渡的な顕本が示された法門であることが確認できた。しかし、日隆はさらに本門八品の下で一品二半を開会し、一品二半を本門八品と同化させて生かしていく姿勢も窺える。そこで実際に、一品二半が本門八品の下で開会される説示について考察していきたい。

一往は一品二半と八品を分ち、再往は現脱を以て久遠の種に会して悉く上行要付の利益妙と成す事

疑ふて云く、今の本末の釈何ぞ一品二半の正説増道損生の脱益を以て迹の益と釈するや

答、「増道損生皆是迹中益也」「約経雖是本門迹中指本」の本末の釈の意は、観心本尊抄の如く、種脱相対の一往の意なり、再往は脱を会して久遠下種に還帰して十界久遠の上行と成せば増損の益即本地の益なり、大田抄の初に引証し玉ふ記の一の「雖脱在現具騰本種」の釈此の意なり、本門の成仏と云ふは現世の脱計りをば実の成仏とは云はざるなり、教主の慈父土民なる故なり、脱益の悲母の妃を以て久遠下種父大王に合する時、十界久遠の上行と成る時、真の二乗成仏三五七九の作仏も顕れ、三千の妙法も極まるなり(24)

この文は、「一往は一品二半と本門八品を分け、再往は現前の脱益を以て久遠の下種益の中に開会して悉く上行菩薩の付される要法（題目）による利益妙とする事」という標題を立てている。ここで日隆は、『法華玄義』『法華玄義釈籤』における、一品二半正宗分中の分別功徳品に説く増道損生（道を増し生を損ずるの意で、中道の智慧を増して変易の生死を漸次に損減すること）の脱益を迹門の範疇の利益と判断している。これに対し、なぜ本門一品二半の利益である増道損生の脱益を以て迹門の利益と釈するのか、という疑問を投げかけている。すなわち、『法華玄義』には、「道を増して生を損するは皆是れ迹中の益なり」(25)と釈せられ、『法華玄義釈籤』には、「経に約すれば是れ本門なりと雖も迹の中に本を指す」(26)と説かれている。つまり、菩薩が衆生教化を進め、仏道を増進していく中で徐々に生死の迷海を離れて悟りの世界へ入り進んで行く状態（増道損生）を、智顗は迹仏の範疇の利益としていると思われる。智顗と同様に湛然も、経文の中で見れば分別功徳品の増道損生は本門ではあるが、迹仏の範疇の本門を指すと解説している。日隆によれば、この『法華玄義』本末の解釈の意味は、『観心本尊抄』の如く、種脱相対の一往の意であり、再往は脱益を開会し久遠下種に還帰することで、衆生を十界久遠の上行と開会することとなり、増道損生の利益は本地の利益として

生かされると主張している。そして、『大田抄（曽谷入道殿許御書）』[27]の初めに引く『法華文句記』「脱は現に在りと雖も具に本種をあぐ」[28]の文はこれらの意味であるとしている。

また本門の成仏とは、現世の脱益ばかりを実の成仏と言うのではなく、教主である慈父の釈尊が一品二半の段階ではまだ土民である（王になっていない）ためである。しかし、本門八品に至ると、教主である慈父釈尊は土民ではなく大王となり、一品二半を脱益の悲母の妃に配する。すなわち、一品二半の脱益の悲母の妃が、本門八品久遠下種の父大王と合して、衆生も十界久遠の上行として生かされ開会されるとし、ここに真実の二乗の成仏、三乗・五乗・七方便・九法界の全ての衆生の作仏も顕れ、一念三千の妙法も極まるとしている。

日隆は、『法華宗本門弘経抄』において、一品二半は脱益の教えであるが、その根本の久遠下種の利益に還るならば、本門八品のもとに生かされると主張していることが分かる。

七、廃迹立本の本に一品二半と八品との不同を分つ事

答、当流の伝に顕本に於て一品二半の脱と八品の本因下種と不同を存ずる事之れあり先づ玄文止に定むる処は一品二半を以て本門の正説と為す之を以て本門の至極と為し本極法身を以て顕本の主と為す此の法身実相と方便品の十如実相と体同せしめ結句華厳諸部の円まで引具して止観に移し円頓止観を成じ体具の四教を取り出して助行に漸次不定を立て丶正助相ひ並べて正修止観の十法成乗の観を成じ四種三昧を立て丶四安楽行を示し実相観を修す、此の実相観は本極法身を以て実体と為して極理を好む故に法中論三の三身を詮じ出して久成の報仏を以て本極法身に成じて本迹雖殊不思議一して一品二半を説ひて廃迹立本して迹中諸衆の脱益を成ずる間但だ是れ本果法身の顕本なり此れをば迹門流通の天台妙楽深く賞翫して玄文止の大体と為して宗旨を顕すなり

次に此の一品二半の顕本の上に脱を以て本因妙名字の下種に還れば皆悉く本眷属上行と成る時釈尊本果を以て

本因に摂し教弥実位弥下して妙覚即名字の易行を顕して名字信行久遠金剛の口密より南無妙法蓮華経と唱へ出して十界久遠上行の御口に受持せしめ聽て本門八品を説ひて十界久遠の下種の本尊を顕はし世界悉壇を設けて上行等を召し出して以要言之して上行に付して滅後の唱導師に定む、嘱累品の上行要付の裏なる広略体妙体具の小権迹を以て一品二半の時脱を以て本因上行の種に還つて上行体内に有る所の小権迹の人に付して正像の利生に預る、上行冥に迹化の後座に立ちて熟益を成せしむ、能開の総導師上行は顕に末法に出でて下種を成じ廃迹立本して小権迹の人法を破して本門の本尊を顕はす(29)

ここでは「廃迹立本の本に一品二半と八品との不同を分つ事」と題し、当流の伝える所として、顕本において一品二半の脱益と本門八品の本因下種とに不同があるとする。智顗の解釈では、『法華玄義』『法華文句』『摩訶止観』に定める所によれば、一品二半を以て本門の正説とし、本門の至極として、本極法身を以て顕本の主となすとしている。この法身＝実相と、方便品の十如実相とを体玄義として同一視することで、華厳部等の爾前の諸部の中の円教まで引き上げることで、『摩訶止観』に移して円頓止観を成し、円教の本体に備わる四教を取り出して助行として漸次止観（『次第禅門』）・不定止観（『六妙門』）を立てる。また、正行と助行を並べて正修止観の十乗観法を成し、この止観行を修する形式として四種三昧を立て、四安楽行（身安楽行・口安楽行・意安楽行・誓願安楽行）を示して実相観を修すと規定している。この実相観（法性を観ずる円観）は、本極法身を以て実体とし、極理を好むために法中論三（法身中心）の三身を顕すことで、久遠実成の報身仏を転じて本極法身と成して、「本迹殊なりと雖も不思議一(30)」として本迹を一体化して一品二半を説く。この一品二半は、廃迹立本（迹仏を廃して本仏を立てる）して迹化の衆の脱益を成ずることで、一品二半の顕本は本果法身の顕本に限るとする。智顗・湛然は、迹門流通の役割を担う迹化の菩薩を深く尊重して、『法華玄義』『法華文句』『摩訶止観』の大いなる本体として宗旨を顕していることが理解できよう。

一方当宗では、智顗・湛然が提唱した一品二半の顕本の上に脱益を以て本因妙名字即の下種に還帰させ、迹化衆や一切衆生も皆な悉く久遠実成の本眷属である上行菩薩と定義する。また、釈尊は本果を以て本因に摂し（久遠の仏が久遠の上行菩薩を包摂する）、教弥実位弥下（真実の教えであるほど成仏の位は下がる）して、妙覚即名字即の易行を顕して、名字即・信行位・久遠の本果仏釈尊の金剛の口密より南無妙法蓮華経と唱え、十界久遠上行（十界の衆生全てが久遠の本因上行菩薩に収束する）の御口に受持させる。そして、本門八品を説いて十界久遠の下種の本尊を顕し、衆生を歓喜させる世界悉檀を設けて上行菩薩等を召し出し、「以要言之」して上行菩薩に付嘱することで滅後の唱導師に定めると規定する。

また、如来神力品の上行要付の裏にあたる嘱累品において釈尊は、一品二半の脱益によって本因妙上行菩薩の体内に生かされた小乗・権教・迹門の衆に『法華経』の広略・体玄義を付嘱し、釈尊滅後、正法・像法時の衆生利益の役割を預けている。そして、上行菩薩は秘かに迹化の菩薩の後座に立ち熟益をなし、衆生を開会する主体である唱導師・上行菩薩（＝日蓮）は、末法に出現して下種を成じ、廃迹立本して小乗・権経・迹門の仏と教えを破り、本門の本尊を顕現すると結論づけている。

これらをまとめると、天台宗では一品二半において、脱益の教主である法身中心の釈尊の顕本が行われると解釈する。一方日隆の場合、一品二半の脱益もその根本は久遠下種・本門八品に還るとし、下種の本尊（本因本果の釈尊・上行）を顕すためであるとしている。以上のように、日隆は一品二半を一旦は在世脱益の教えであるとしながらも、下種の教えである本門八品の下に開会していることが看取できる。以上の説示を略して図示すると、以下のようになる。

一品二半（脱益）→雖脱在現具騰本種（開会）→本門八品（下種）・題目

なお、『観心本尊抄』に脱益と下種の関係性において「一同に純円なり」[31]と述べられている箇所がある。この問題について日隆は、

之依て観心抄に本門八品上行要付の辺と一品二半の辺とを相対して之を判ずる時、在世の本門と末法の初めは一同に純円なり、但し彼れは脱此れは種なり、彼れは一品二半此れは但題目の五字なりと云云　此の在世の本門と云ひ、但し彼れは脱と云ふと彼れは一品二半と云ふとは、同じく在世本門正宗脱益一品二半の辺なり、又末法の初めと云ふと、此れは種なりと云うと、此れは但だ題目の五字なりと云ふは同じく末法本門流通八品上行要付の辺なり、故に妙法蓮華経を以て下種と為すと云ふ総名は上行付属なる故に上行は是れ本因妙の菩薩なり[32]

と述べ、在世の本門において「彼」とは一品二半脱益の辺を示し、末法の初めでは、「下種」を「題目の五字」とすることは、本門八品上行要付の辺であるとしている。このことからも、日隆は『法華経』を下種の辺として、種脱を勝劣したものではなく、種脱一双として説き、在世と末法という時機において種脱を相対していると考えられる。この問題について、株橋日涌氏は以下のように述べている。

「純円」とは、純正なる円ということで、前に爾前の円・迹門の円・本門の円・観心の円の四重の円を挙げたが、その中の本門の円・観心の円に当る。本門の円とは、本門一品二半所詮の一念三千の法体、観心の円とは一念三千を実体とする本門八品所詮の大法たる妙法蓮華経である。「彼ハ一品二半、此ハ但題目ノ二字ナリ」とは前に述べた如く、影略互顕の表現にて、「彼ハ一品二半」と挙げて「此ハ本門八品」というを略し、「彼ハ一念三千」というべきを略して「此ハ但ダ題目の五字ナリ」と挙げたのである。[33]

「一同に純円」の問題について株橋氏は、「彼は一品二半、此は但だ題目五字なり。[34]」とあるのは、詳しくは「彼は一品二半」「此れは本門八品」、「彼は一念三千」「此れはただ題目なり」と指摘している。これを図示すれば以下のよう

になる。

一同に純円──┬─彼─在世本門─脱益─一品二半─一念三千─┬─異(35)
　　　　　　└─此─末法本門─下種─本門八品─妙法蓮華経─┘

小　結

　以上、日隆の本門八品正意の説示と一品二半との関係について検討してきた。日隆は本門八品を重要視する根拠として、如来寿量品において説き顕された久遠本時の『法華経』(総名)を、如来神力品・嘱累品において付嘱された世界であると考えたためであると思われる。また、本門八品と一品二半の関係性については、智顗・湛然が主張する一品二半を本果法身の顕本と規定し、一品二半は在世脱益の教えであるために、迹仏の説く爾前権経や迹門に通じていると定義している。その上で、本門八品を通して一品二半を開会すると、一品二半は脱益の教えであるが、その根本の久遠下種の利益に還り、本門八品の下に生かされる。すなわち、一品二半正宗分は上行菩薩に付嘱される法の正説にあたり、以後の流通分は因果修行の相であり、如来神力品・嘱累品は上行菩薩への要法付嘱の手渡しであると主張している。そして、一品二半脱益と本門八品の久遠下種が合することで、衆生が十界久遠の上行として開会され、真実の二乗作仏、及び三乗・五乗・七方便・九法界の全ての衆生の作仏が実現し、一念三千の妙法も極まると結論づけている。

　このように日隆は、一品二半は在世脱益であるため不十分であるとする視点と、本門八品の下に一品二半も価値づける視点があることが看取できる。この日隆の一品二半の見方は、本門八品を以て全ての経文を解釈していこうとする、後者の視点が本意であると首肯する。この本門八品を中心とする根底には、滅後末法という時代認識が強くあり、我々末法の衆生のために上行菩薩に要法付嘱がなされているということ。さらには、下種の要法が我々衆生に与えられているという認識が存在しているからであると推察する。

註

（1）この問題についての先行研究として、執行海秀『日蓮宗教学史』一一五頁以下、苅谷日任『法華宗教義綱要』六一四頁以下、浅井圓道「法体勝劣論の考察」（『大崎学報』第一一一号、一九六〇年）、浅井圓道「法体勝劣論の考察（再）」（『大崎学報』第一一五号、一九六二年）、望月歓厚『日蓮宗学説史』一七三頁以下、株橋日涌『観心本尊鈔講義』下巻七三九頁以下、七七七頁以下、北川前肇『日蓮教学研究』五三六頁以下等が挙げられる。

（2）『隆全』第一巻八頁。

（3）『隆全』第一巻八頁以下。

（4）『隆全』第一一巻一五三頁。

（5）『隆全』第一巻五五一頁。

（6）『隆全』第一巻五五三頁。

（7）『隆全』第一巻一一八頁以下。

（8）『定遺』第一巻七一五頁。

（9）『定遺』第二巻一〇四八頁。また真蹟現存・真蹟曽存・断片・断簡・直弟写本以外のものとしては、『教行証御書』『定遺』第二巻一四八〇頁等が挙げられる。

（10）『隆全』第一巻一一九頁。

（11）『隆全』第一巻一一九頁以下。

(12)『隆全』第一巻一二〇頁以下。
(13)『正蔵』第三三巻八二〇頁c。
(14)『隆全』第一巻四六頁以下。
(15)『隆全』第一〇巻六三二頁。
(16)『隆全』第一巻一一七頁以下。
(17)『新尼御前御返事』『定遺』第一巻八六七頁。
(18)『定遺』第一巻七一五頁。
(19)『隆全』第八巻一八八頁。
(20)『隆全』第一巻四一一頁以下、第六巻五二四頁以下、第八巻一八八頁等が挙げられる。
(21)『隆全』第一巻四一一頁以下。
(22)『隆全』第六巻五二四頁以下。
(23)『定遺』第一巻七一五頁。
(24)『隆全』第九巻九七頁以下。
(25)『正蔵』第三三巻七六九頁b。
(26)『正蔵』第三三巻九二〇頁c。
(27)『定遺』第一巻八九六頁。
(28)『正蔵』第三四巻一五六頁c。
(29)『隆全』第一巻四二二頁以下。
(30)『正蔵』第三三巻七六四頁b。
(31)『定遺』第一巻七一五頁。
(32)『隆全』第一巻一二四頁。
(33)株橋日涌『観心本尊鈔講義』下巻八二八頁。
(34)『定遺』第一巻七一五頁。

(35) 株橋日涌『観心本尊鈔講義』下巻八二八頁。

第二節　付嘱論

日隆が本門八品を中心とする根底には、自身が末法の衆生という自覚に基づき、上行菩薩に付嘱がなされた下種の要法を信行することこそが、成仏へと導く教えであると拝察される。では、日隆が主張する上行付嘱（別付嘱・結要付嘱）とは具体的にはどのようなものなのか、ということが課題となる。通常、付嘱論について検討する場合、上行付嘱と総付嘱（三摩付嘱・摩頂付嘱）について考究される。しかし日隆の場合、本門八品正意を提唱することもあり、上行菩薩によって付嘱される要法とは一体如何なるものであるのか、ということも問題となる。そこで付嘱論を検討するに当り、第一項「上行付嘱」、第二項「総付嘱」、第三項「付嘱の要法」と銘打って、日隆の著述中に見える付嘱の解釈についてを考察していきたい。

第一項　上行付嘱

まず、付嘱について検討するに当り、最重要課題の一つとして上行付嘱を挙げることができる。そもそも上行付嘱とは、『法華経』従地涌出品によって初めて明かされる地涌の菩薩衆について、その上首である上行菩薩が、『法華経』如来神力品において釈尊より妙法五字の付嘱を受け、滅後末法における弘経を委ねられたことである。そこで日隆は、著述中において、上行付嘱をどのように定義しているのかを具体的に確認していきたい。

一代諸経の中には本門計り法華最第一なり、総しては三世十方微塵の諸経の中には、本門上行付属の妙法蓮華経計り第一なり、薬王の十喩法師の三説是れなり、此の本門上行付属の妙法蓮華経は教弥実位弥下の易行一切衆生最初下種無上の大法なり故に本門を以て第一と為すなり。(1)

この文によると、一代諸経中に及ばず、三世十方微塵の諸経中においても、『法華経』本門に説かれる上行菩薩に付嘱された『法華経』こそが第一であるとしている。このことは、『法華経』薬王菩薩本事品において『法華経』と諸経とを比較校量して、『法華経』の超勝性を示す十種の譬喩（水喩・山喩・衆星喩・日光喩・輪王喩・帝釈喩・大梵王喩・四果辟支仏喩・菩薩喩・仏喩）や、法師品の已・今・当の三説超過において例示されている。また、上行付嘱が説かれる『法華経』は、『摩訶止観輔行伝弘決』第六に示される「教弥実位弥下」(2)の易行、並びに一切衆生最初下種無上の大法であるとしており、日隆は上行付嘱が説かれる『法華経』本門を最重要視していたと考えられる。ではなぜ、日隆は上行付嘱に重きを置いているのであろうか。この問題について、『法華宗本門弘経抄』では以下のような記述が窺える。

> 謂く四味三教の方便よりは円教の方便は下機を助け、爾前の円よりは迹門の円は下愚を助け、迹門より本門八品上行付属の極円は下々の凡愚を助くる教弥実位弥下の易行方便なり(3)

『法華宗本門弘経抄』によると、爾前諸経・『法華経』迹門では、一応、下機・下根を助けることができるが、本門八品において上行付嘱が明かされる『法華経』本門は、爾前諸経・『法華経』迹門以上に下機・下根を成仏へと導く教えであるとしている。このことから、日隆は上行付嘱を下機・下根にとって重要な位置づけをしていると考えられる。

また、この根拠として日隆は、日蓮『観心本尊抄』を引用し解釈している。

> 此の妙法蓮華経は本門八品上行付属の要法なり、故に八品の総体は即妙法蓮華経なり観心抄に云く此の本門の肝心南無妙法蓮華経の五字に於ては○但だ地涌千界を召して八品を説て之を付属し給ふ○等と釈し畢て次下に在世の本門と末法の初とは○但し彼れは脱此れは種なり彼れは一品二半此れは但だ題目の五字なりと云云 此の文の「在世の本門」と「但し彼れは脱」と「彼れは一品二半」と三重に書き給ふは同く在世脱益、一品二半、正説の辺なり此の分は従多帰一の絶待妙の重なり、又「末法の初め」と云ひ「此れは種なり」と云ひ「此れは但だ題目の五

字なり」と三重に釈するは末法下種本門八品上行付属の妙法蓮華経なり、此の八品総在の妙法蓮華経の体内に本化迹化の付属、正像末迹本教機時国宛然と之を存せり(4)

この記述によれば、『法華経』は本門八品上行付嘱の要法であり、本門八品の総体は『法華経』であるとしている。その根拠として『観心本尊抄』の、「此の本門の肝心南無妙法蓮華経の五字に於ては、仏猶文殊薬王等にもこれを付属したまはず。何に況や其の已下をや。但地涌千界を召して八品を説いてこれを付属したまふ。(5)」の文、及びその次下に、「在世の本門と末法の初めは一同に純円なり。但し彼れは脱、此れは種なり。彼れは一品二半、此れは但だ題目の五字なり。(6)」の文を引用する。そこで日隆は、「在世の本門」「但し彼れは脱」「彼れは一品二半」と三重に説かれるのは、在世脱益・一品二半正説の辺であり、これらは従多帰一の絶待妙の重であるとする。一方、「末法の初め」「此れは種なり」「此れは但だ題目の五字なり」と三重に釈している箇所については、末法下種本門八品上行付嘱の『法華経』であるとしている。この本門八品が総在する『法華経』の体内には、本化・迹化の付嘱や正法・像法・末法・迹門・本門・教・機・時・国が総在すると結論づけている。すなわち、本門八品上行付嘱の『法華経』には、全ての教えが総在するため、末法における衆生成仏に必要な要素を包含していると言える。

以上のことから、日隆は末法の下機・下根において成仏が実現可能とされる教えとして、全ての教えが総在される上行付嘱がなされた『法華経』でなければならないと主張していることが理解できる。

第二項　総付嘱

ここでは、上行付嘱の他に本門八品中、嘱累品に説かれる総付嘱（三摩付嘱・摩頂付嘱）と上行付嘱との関係性について考察していきたい。そこでまず、如来神力品と嘱累品の関係について、以下のような記述が確認できる。

神力品は上行付属、属累品は一切の総付属と簡別する一筋を引き取つて、末法下種を成ずるなり、又神力品は上行別付属にして直授上行の今師祖承本門の直機顕れて諸宗の頂上に立つ、是れ折伏の意なり、属累品は総付属にして広略二門の付属の時、帯権の付属これあり、謂く「余深法中示教利喜」の「以レ偏助レ円」の付属是れなり、故に属累の付属は摂受の意を兼用せり、故に当宗は属累品より神力品を以て正と為すなり云云(7)

この文によると、日隆は如来神力品には上行付嘱、嘱累品には総付嘱を分けて説くことで、末法下種を成ずるとしている。また、上行付嘱は本仏釈尊から上行菩薩・日蓮へと受け継がれた真実の教えであるとして、諸宗の頂点に立つ折伏の意であるとしている。また、嘱累品は総付嘱が説かれるため、摂受の意を兼用しており、当宗では嘱累品より如来神力品を正意とすると主張している。

その一方で、如来神力品と嘱累品は相離れることのできない関係であるとの説示も確認できる。

故に涌出寿量已後神力品に至るまで悉く上行要付を宣べ、「以要言之」して口業意業の付属これあり、総じては神力属累共に三業付属に通ずべしと雖も、且く表裏を存せば、総名と云ふは口業なり、故に「以要言之」の「言」は口業の南無妙法蓮華経なり、信心は意業なり、意業の信心を以て口密の妙法蓮華経を受取る、是れ神力品の上行要付の分なり、此の上に身業の三摩付属を属累品にて之を付す、故に神力属累は上行要付を以て之を云へば唯々同時なり、更に相離るべからず、既に前の神力品にて上行要付を為す故に其の次でに属累すべし、故に神力品の次に属累品を置く(8)

日隆によれば、従地涌出品・如来寿量品以後、如来神力品に至るまでは悉く上行要付を述べたものであり、「以要言之」して口業・意業の付嘱があるとする。このことを総合して述べるならば、如来神力品・嘱累品は共に三業（身・口・意）の付嘱に通じていると言えるが、その本質においては表裏が存在しており、総名を言うのは口業のことであるとしている。よって、「以要言之」の「言」とは口業の南無妙法蓮華経であると主張し、信心は意業であり、意業の信心を以て口密の『法華経』を受け取ることで、如来神力品の上行菩薩の要法付嘱の辺になるとしている。また、この上に身業の三摩付嘱を嘱累品において付嘱することで、如来神力品・嘱累品は上行要付の立場より見れば同時であり、離れるものではないと規定している。よって、如来神力品においては上行要付が実現され、それを補強するために総付嘱があるとすることから、如来神力品の次に嘱累品を置いていると結論づけている。この如来神力品と嘱累品の関係性についてさらに見ていくと、『法華宗本門弘経抄』如来神力品釈において「総別付属の事」と題し、以下の記述が看取できる。

総別付属の事

抑々総別付属の事、諸流に常に沙汰あることなり、夫れは様もなく神力属累計りを取る神力結要付属は上行等の本化衆計りに別して付属する故に別付属と云ふなり、属累の広略付属は総じて迹化他方の菩薩二乗人天四衆八部衆等の三五七九の十法界に総じて之を付する故に、広略体妙体内の小権迹の万法を小権迹の人に一々に悉く之を付する故に総付属と云ふなり云云

此の総別付属を当流の仰には、別付属は総付属なり、総付属は別付属なりと御口伝之れあり、其の故は先づ初めに本門八品上行要付する時は、悉く一会の諸大衆も発迹顕本して我々の昔の久遠下種を顕し、悉く上行の本種に共同して、而も上行体内の末座に居し、十界久遠して本化の眷属と成り已つて、而も上行は能開の上の面に居し、十界久遠一会の諸大衆は所具の下の裏に居して、能開所具悉く久遠下種の王子と成つて、万法総持総名の要法を以て、上行は面、一会の聖衆は裏なる総大衆に之を付するが故に、還つて総付嘱なり、此の総付嘱の儀式を以て末法下種の本尊と為す、故に迹化他方の小権迹の諸衆属累品に至り、外宜の辺は広略付属を受けて正像に行

じ、外には権迹を弘むと雖も、内鑑の辺は本門八品要法総付の心地に有つて末法の広布を待ち、内鑑冷然鎮へなり(9)

『法華宗本門弘経抄』如来神力品釈では、総・別付嘱についてては諸門流によって常に是非があり、その上で日隆は、如来神力品で明かされる結要付嘱は、上行等の本化衆を別に付嘱するため別付嘱であるという。一方、嘱累品の広略付嘱は迹化・他方の菩薩・二乗・人天・四衆（比丘・比丘尼・優婆塞・優婆夷）・八部衆（天・龍・夜叉・乾闥婆・阿修羅・迦楼羅・緊那羅・摩睺羅伽）等、三乗・五乗・七方便・九法界の十法界に付嘱するため、小乗・権経・『法華経』迹門の人に付嘱することを総付嘱と定義している。

また当宗では、総・別の付嘱について、別付嘱は総付嘱であり、総付嘱は別付嘱であるという口伝が存在することを指摘している。具体的には、本門八品において上行菩薩に要法を付嘱する時は、悉く一会の諸大衆も発迹顕本して昔の久遠下種を顕し、上行菩薩の本種に共同し上行体内の末座に座るためであるとしている。そのため、十界久遠一会の諸大衆は所具の下の裏に座り、能開・所具は悉く久遠下種の王子となって、一切の諸経が総持・総名する要法を以て見るならば、上行は面となり、一会の聖衆は裏となることで一切衆生に要法を付嘱するため、還って総付嘱と言うとしている。この総付嘱の儀式を以て末法下種の本尊となすために、迹化・他方の小権迹の諸衆は嘱累品に至り、外宜の辺としては広略付嘱を受けて正法・像法において行じ、外には権迹を広めるとしている。しかしその内鑑の辺は、本門八品の要法を総付嘱する心地にあって末法の広布を待つため、総付嘱はあくまで内鑑冷然の辺であると結論づけている。

ところで日隆は、『正法華経』『添品法華経』がそれぞれ嘱累品を経末に置かれていることに対し、『妙法蓮華経』のみが経中に嘱累品が置かれることについて、付嘱の視点から以下のように指摘していることが知られる。

然るに此の品の中には三摩付属を明す、三摩付属とは久遠の如来の御手を以て先づ本化上行の衆の頂を三たび摩で丶之を授け玉へり、此の付属三業に亘るべしと雖も、身業を以て面と為す、此の時上行要付竟つて上行体内十界久遠の聖衆も体内にしては要法の冥付これあり、故に神力品の次に属累品を置く、故に知んぬ、羅什属累品を経中に置き玉ふは経旨に叶ふものなり(10)

日隆によれは、嘱累品では三摩付嘱を明かしており、三摩付嘱は久遠実成の御手を本化の菩薩衆の頂を三度撫でて授けられた。また、三摩付嘱は身・口・意三業に渡るが、身業を以て面となし、この時に上行菩薩に要法を付嘱する儀式が終わり、上行菩薩体内の十界久遠の聖衆もその体内において同時に要法を付嘱される。そのため、如来神力品の次に嘱累品を置く鳩摩羅什訳『妙法蓮華経』は経旨に叶うものであると主張しており、上行要付という視点から『法華経』を解釈していることが分かる。

以上のことから、日隆は嘱累品は総付嘱が説かれ摂受の意を兼用するため、嘱累品より如来神力品を正意と定義する一方、上行要付を以て如来神力品・嘱累品を見れば、相離れるものではないとしている。また付嘱の視点から嘱累品を見れば、嘱累品は経末に置かれるものではなく、経中に置くことが経旨に叶うものであるとしている。

第三項　付嘱の要法

『法華宗本門弘経抄』を中心に、上行付嘱・総付嘱について検討してきた。日隆は、末法の衆生は下機・下根のため、本仏釈尊より上行菩薩に付嘱された要法によってのみ、成仏が実現されると主張している。では、上行菩薩による付嘱された要法とは、一体どのようなものであろうか。そこで、付嘱の要法について日隆の著述を具体的に見ていくと、『法華宗本門弘経抄』には以下の記述が確認できる。

此の如く心得れば本門八品は皆悉く滅後末法下種の為なり此の事観心本尊抄一部の大事なり示して云く、仏滅後二千二百三十余年未だ此の書の心あらず〇云云[11]

『法華宗本門弘経抄』大意では、本門八品は滅後末法下種のためであるとしており、このことは『観心本尊抄』における一部の大事であるとしている。さらに、

されば日蓮宗には本因妙の南無妙法蓮華経の外に観心を立てず唯だ凡愚の輩口に任せて南無妙法蓮華経と唱ふれば自然に釈尊上行の観心に冥合するなり[12]

と述べ、日蓮『観心本尊抄』のいわゆる三十三字自然譲与段、「釈尊の因行果徳の二法は妙法蓮華経の五字に具足す。我等此の五字を受持すれば、自然に彼の因果の功徳を譲り与えたまふ。[13]」の文を基軸として、本因妙の南無妙法蓮華経の外に観心を立てず、凡夫である我々は南無妙法蓮華経と口唱すれば自然と釈尊と上行菩薩の観心に冥合すると主張している。また、日隆は本因妙について以下の記述が確認できる。

次に本因妙とは名字信位なる間三業の中には口業を以て仏事を成す娑婆界に応じて声塵修行を用ひて口に南無妙法蓮華経と唱へて末法下種を成ずる故に之を敬ふなり、次に本因妙の時は釈尊上行師弟名字信行に住して「聞法為種」する時口に南無妙法蓮華経と唱ふる故に本因妙は声塵口唱を以て実体と為すなり故に末代にも之を移して南無妙法蓮華経と唱ふるを以て宗旨と為すなり[14]

日隆によれば、本因妙とは仏縁に叶い、これを信ずる初心の位である名字即の位を指し、南無妙法蓮華経を口唱することで末法下種と成るとしている。また、釈尊・上行菩薩の一体の師弟が本因妙の時（上行菩薩を表として現れる時）には、名字即の信行位に住して「聞法為種（仏種である題目を聞法させ下種すること）」するという。そして、本因妙である上行菩薩の時においては、口に南無妙法蓮華経を唱えることで、本因妙は声塵口唱を以て実体となると定義してい

る。よって、末法においても、本因妙の修行を移して南無妙法蓮華経と唱えることを宗旨とすると論じている。さらに日隆は、『法華経』の大意として以下のように述べている。

此の経の大意は開権顕実を以て心符と為し顕本遠寿を以つて其の命と為し、五味主を以つて宗旨と為し、久遠の南無妙法蓮華経を以つて一切衆生の根本下種と為すなり、仍て諸仏は此の経を以つて出世の本懐と為し、一切衆生は此の経を以つて浄土参拝の最要と為すなり(15)

『法華経』の大意とは、開権顕実（爾前方便の権経を開して『法華経』が真実の教えを顕すこと）がその心であり、久遠実成の開顕を以てその命となし、五味主（『法華経』本門八品を以て一代五時の一切経を生み出す主の教えとすること）の『法華経』こそが宗旨となり、久遠の南無妙法蓮華経（総名）が一切衆生の根本下種となると説いている。よって、諸仏は『法華経』本門八品こそが出世の本懐とし、一切衆生も『法華経』本門八品を以て浄土参拝の最要とすると結論づけている。

これらの記述から窺えることは、日隆は末法の衆生が成仏を実現するためには、『法華経』本門八品において説き明かされる、久遠実成から上行菩薩へと付嘱された南無妙法蓮華経を口唱することで末法下種を実現し、この利益を享受することが唯一の成仏の道であると思量したものと思われる。こうした下種の要法である南無妙法蓮華経と、その要法を付嘱される上行菩薩の関係性について、日隆は「所付の法」と「所付の人」という語を使用し、解釈していることが注目できる。

謂く「不信其諸」の諸とは広略二門の本迹なり、「但信法性」とは本地元意の要の妙法蓮華経なり、此の信行の要法を以て三世本有として滅後末法の下種と為す故に、釈尊、本門八品を説ひて要を以て上行に付す、所付の要法とは「但信法性不信其諸」の信行なり、故に広略の本迹を信ぜずして本迹総持の唯本本妙の要の法性を信ずと云ふ故に、所付の法、所付の人の上行、既に「永異諸経」の唯本本門の結要付属なる故に、大田抄、観心本尊抄の御意は、唯本の意にて上行要付を釈するなり(16)

日隆は、「其の諸を信ぜず」の「諸」とは、『法華経』広略二門における本迹釈を述べたものであり、「ただ法性を信ず」とは、本地の元意である要の『法華経』であるとしている。この信行の要法を以て、過去・現在・未来の本有（本来具えているもの）として滅後末法下種とするために、釈尊は本門八品を説いて要法を上行菩薩に付嘱している。また所付の要法とは、『摩訶止観』に「ただ法性を信じ其の諸を信ぜず(17)」とあるように、広略の本迹を採用せず、本迹を納め持って失わない唯本本妙（本地）の要法の真実なる本性を信じるとする。そのため、「所付の法」「所付の人」とした上行菩薩は、「永く諸経とは異なる」として、唯本本門（本地）の結要付嘱であるために、『曽谷入道殿許御書』『観心本尊抄』の意は唯本（本地）の意を以て上行要付を解釈したものであるとしている。また、総付嘱・別付嘱の関係性については、

此の総別付属を当流の仰には、別付属は総付属なり、総付属は別付属なりと御口伝之れあり(18)

と記されるように、日隆は如来神力品を別付嘱、嘱累品を総付嘱とする場合、「所付の人」として捉えているように思われる。このように考えると、如来神力品を総付嘱、嘱累品を別付嘱として捉える場合には、「所付の法」を論じる立場で解釈しているように推察される。

なお、日隆が度々主張する「本地」という概念については、

爰に知んぬ、本地と云ふは本因妙、本因妙と云ふは名字観行相似分真なり、流通は本果を以て本因妙に収めて一念信解の行を明す故に、本因妙の正意は名字信行なり、故に妙法蓮華経は本地真因の名字信行より出生すと云ふこと、此れ等の解釈分明なり、故に人来つて妙法蓮華経の実体如何と問はゞ、信智信行是れなりと答ふべきなり(19)

とあることからも、本地とは、久遠実成の釈尊が本因妙の時に修行せられた要法であり、その実体は『法華経』本門八品を中心として見た『法華経』観であり、上行所伝の立場で解釈せられたものであると思量する。換言すれば、末法の衆生が成仏を実現すべき下種の根本である、南無妙法蓮華経の根源にある所ではないかと思考する。

小結

以上、『法華宗本門弘経抄』を中心として日隆の本門八品思想について付嘱に注目し考察を進めてきた。日隆は、末法の衆生が成仏を実現するためには、全ての教えが総在される上行付嘱が説かれた『法華経』でなければならないと主張している。また、嘱累品において説かれた総付嘱と、如来神力品の上行付嘱との関係では、如来神力品を正意とする一方で、上行要付を以て如来神力品・嘱累品を見れば、相離れるものではない。なぜなら、如来神力品においてすでに上行要付が実現され、それを補完するために総付嘱があり、内鑑冷然の辺は、本門八品の要法を総付嘱する心地にあって末法の広布を待つためである。さらに付嘱の視点から嘱累品を見れば、嘱累品は経末に置かれるものではなく、経中に置くことが経旨に叶うものであるとしている。日隆はこのことを、「所付の人」「所付の法」としての解釈を施していることが理解でき、「所付の人」として捉える場合、如来神力品を別付嘱、嘱累品を総付嘱と規定し、「所付の法」として論じる場合、如来神力品を総付嘱、嘱累品を別付嘱と定義しているように考えられる。

このように、日隆が『法華経』本門八品を中心とする根底には、末法の衆生における修行のあり方は、法行という観心修行ではなく、教法に随順する信行を重要視していると思われる。なぜなら、日隆には滅後末法という時代認識が強くあり、末法の衆生は下機・下根の機であるという自覚を強く有しているからである。そして、このような下機・下根の衆生の成仏が叶うには、『法華経』でもなかんずく、如来寿量品において説き顕され、如来神力品・嘱累品において付嘱された南無妙法蓮華経を下種することでしか実現できないと考えたのではないだろうか。

註

(1)『隆全』第一巻二頁。
(2)『正蔵』第四六巻三五三頁b。
(3)『隆全』第三巻二八四頁。
(4)『隆全』第一巻二四〇頁以下。
(5)『定遺』第一巻七一二頁。
(6)『定遺』第一巻七一五頁。
(7)『隆全』第一一巻一五三頁。
(8)『隆全』第一〇巻六二五頁以下。
(9)『隆全』第一〇巻六一二頁以下。
(10)『隆全』第一一巻一二九頁以下。
(11)『隆全』第一巻五五三頁。
(12)『隆全』第一巻六五〇頁。
(13)『定遺』第一巻七一一頁。
(14)『隆全』第一巻六五七頁。
(15)『隆全』第一巻五四頁。
(16)『隆全』第一〇巻五三九頁。
(17)『正蔵』第四六巻一〇頁b。
(18)『隆全』第一〇巻六一三頁。
(19)『隆全』第七巻四一五頁以下。

第三節　機根論

日隆が『法華経』の中において、とりわけ本門八品を中心とする根底には、末法の衆生における修行のあり方は法行という観心修行ではなく、教法に随順するという信行を根幹としていることが理解できた。なぜなら、日隆の根底には滅後末法という時代認識のもと、我々衆生は、下機・下根の機であるという意識が強く存在しているためである。また、下機・下根の衆生が成仏するためには、『法華経』の中でも、如来寿量品において説き顕され、如来神力品・嘱累品において付嘱された南無妙法蓮華経を下種することでのみ実現し得ることが確認できた。では、下機・下根の衆生とは具体的はどのような衆生を指すのであろうか、ということが問題提起される。そこで本節では、日隆の機根観に際し、本已有善と本未有善に着目することで日隆の著述を辿っていくこととする。

第一項　本已有善の機

そもそも本已有善（もとすでに善あり）とは、『法華文句』巻第十の「本と未だ善有らざれば、不軽は大を以て強いて之を毒す[1]」の文を依拠としている。日隆の著述において、この『法華文句』の文は散見され、代表的なものとして以下の記述が挙げられる。

尋ねて云く、何なる時機のために順化を設け、何なる時機の時、逆化を示すや。

答う、下種の時機には逆化を設け、熟・脱の時機には順化を示す。その故は三世諸仏・釈尊は、三五下種を脱せしめんがために順化を示す。天台は過去並に在世下種の者、像法に来りし者を調熟せしめんがため、順化を設くるなり。昔の不軽と今の日蓮とは、同じく下種の時機なる故、本未有善の悪人に初めて下種を成ずる間、「直ちに法華に入らしむ」の逆化を示すなり。疏の十に云く、「問う、釈迦は出世して踟躕して説かず。常不軽は一たび見て造次に而も言うは何ぞや。答う、本已に善あれば、釈迦小をもってこれを将護す。本未だ善あらざれば、不軽大をもって強いてこれを毒す」と判じたまえり。本已有善とは、過去三五に下種を成じ、現在に脱を成じ、像法に熟を成ずる機なり。(2)

この『四帖抄』の文は、順化と逆化について時機の相違を述べる箇所である。日隆は下種の時機には逆化を採り、熟脱の時機には順化を採る理由として、三世の諸仏や始成正覚は、三五下種を受けた衆生を得脱するために順化を示したものであるとする。智顗によると、過去や釈尊在世において下種を受けた者は、像法において調熟するために順化と定義している。また、過去の不軽菩薩と末法の日蓮は下種の時機であるため、本未有善の悪人に初めて下種を下し、法華の信心に入らすために逆化を示している。その証文として日隆は、『法華文句』の文を引用し、本已有善とは、三千塵点劫・五百億塵点劫の過去に下種を受け、現在に脱益を実現し、像法に調熟を得る機根を指すと標榜している。また『法華宗本門弘経抄』では、以下の記述が窺える。

爰に知んぬ、在世と正法一千年像法までも本已有善の機性にして過去久遠下種の者これある故に、在世小乗三蔵の二乗等、二百五百等の諸戒を持つ、其の当座は小乗の力と思へり、然るに顕本してこれを見れば、二乗三五七の久遠下種金剛智冥発して諸戒を持つ、諸戒の功徳これあり、更に当分の力にあらざるなり(3)

ここでは、在世及び正法・像法時代の衆生は本已有善の機根であるとし、過去において久遠下種を蒙られた者であると規定している。そのために、在世の衆生や小乗を行ずる者・三蔵に深く通暁した者等は、二百五十戒・五百戒等といった諸の戒を持っている。これは一見、小乗の利益であると思われるが、顕本してこれを見れば、二乗・三乗・五乗・七方便が久遠下種や金剛智冥発の影響によって諸の戒を持つ功徳であり、小乗の修行の成果ではないことを喚起している。

これらの記述より、日隆は三五下種を受けた者を本已有善の機であるとし、釈尊在世・正法・像法の衆生における成仏は久遠下種によるものであると主張する。また、その中には智顗も含まれるとする一方、日蓮は含まれないとしており、智顗と日蓮の機根の相違について『名目見聞』では以下のように述べている。

一　就二慈悲一天台与二日蓮一論二勝劣一事。
天台有縁慈悲、日蓮大士無縁慈悲也。所以天台出世像法機過去宿習有レ之故号二本已有善機一也。此機過去聞法種子縁有レ之向二此機一施二利生慈悲一故有縁慈悲也。有縁機　故陳隋両代徴出為レ師、或対二国王一講二仁王般若一、或主上三礼、或道俗讃歎等徳有レ之也。是皆有縁機有縁慈悲也。故天台劣也。[4]

『名目見聞』によれば、智顗と日蓮の慈悲について勝劣を判じ、智顗は有縁の慈悲であるが、日蓮は無縁の慈悲であると定義する。その理由として、智顗が出世した時代は像法であり、その機根は過去に宿習（教法を聞いて仏種を受けたこと等を言う）があるために本已有善の機であり、過去において聞法下種の縁（修得の種子）を持ち、本已有善の機根に対して仏・菩薩が慈悲心を施すために、有縁の慈悲であるとしている。その例として、智顗は陳や隋の王朝に仕え、国王に対し『仁王般若経』を講じる等といった徳を明示し、これらは全て有縁の機であり、有縁の慈悲によるものであるとしている。一方、末法においては、この智顗の教えは劣ったものであり、『法華宗本門弘経抄』では以下の文が見られる。

仍て時機を知り機を鑑み衆生に随従して、望みに随つて権と実とを授け、熟益を成す、何ぞ怨嫉あらんや、次に末代は悪世悪国破国破法の時分にて、戒定慧の行人更に之れなし、只信心ばかり相残れり、更に前世宿習の者一人も之れなし、正像二千年までは三五下種の者在世に漏れて正像に来る、在世の如く本已有善の衆生なり、故に

之を調熟せしめんが為めに小権迹を説けば、伏、断、証の者あり(5)

『法華宗本門弘経抄』では、時機を知ることや機根を鑑みて、衆生の望みに従って釈尊は、権教と実教をあえて授けることで衆生の熟益を成じている。さらに、末法は悪世・悪国・破国・破法の時代であって、戒・定・慧を行ずる人もおらず、ただ信心だけが残る時代であり、前世において宿習を受けた者もいない。一方、正像二千年までは、三五下種を受けた者が釈尊在世中にその教えから漏れて正像に至る。これらの衆生は、釈尊在世の衆生と同様に本已有善の機であり、調熟させるために釈尊はあえて小乗・『法華経』迹門等を説くことで、迷いを断じて悟りを得ると解釈している。

以上のことにより、日隆は、本已有善の機を三千塵点劫・五百億塵点劫の過去において下種を受けたものであると規定していることが理解できる。具体的には、釈尊在世に脱益を得る者や像法に調熟を得る者を指し、智顗もそこに含まれるとしている。しかし末法においては、智顗の主張する『法華経』迹門や止観行では、下種を受けていない衆生は成仏できないとして劣った教えであると解している。

第二項　本未有善の機

次いで、本已有善の機と対をなす本未有善の機について、日隆がどのように捉えていたのかについて見ていくこととする。

仍て本門流通末法の機は悪人なり悪人の故に戒定慧を捨てヽ信を取りて信者と号す信者は信行の機なり信行の機は下種の機なり下種の機は本門の直機なり是れ又本未有善の機なり是れ逆化折伏の機なり此等の本門流通の機とは但だ是れ信行の機なり此の故に本門流通分別品の半分より神力品に至る四品半は広略を捨てヽ要を取りて信行

観を立つるなり四信五品抄は悉く信行観を宣るなり疏の九に云く「廃事存理」云云　玄の一に云く「観心即聞即行」云云　籤云「観心者随聞一句摂事成理」云云　此の本末の釈は妙法蓮華経に約して信行観を釈するなり(6)

『法華宗本門弘経抄』では、末法の衆生の機根は悪人であるとしており、悪人である故に戒・定・慧の三学を捨て信を取ることで信者となすとする。この信者とは信行の機根であり、信行の機根とは下種の機根であると定義している。また下種の機根とは、本門の直機であり、このことを本未有善（もといまだ善あらず）の機根であるとし、これは逆化折伏・本門流通の機、すなわち信心を行ずる機根であるとする。日隆は、末法における衆生について本未有善の機であると主張していることが理解できる。そこでさらに、本未有善について説かれている箇所について確認すると以下の記述が見られる。

末法は本未有善の衆生なる故に苦に墜つべし、若し爾らば下種を成すべき機なる故に強ひて妙法を聞かしめて謗を成し逆縁を結び当来を助くるなり、記の十に云く、問若因レ謗堕レ苦菩薩何故為レ作二苦因一、答其無二善因一不レ謗亦堕　因レ謗堕レ悪必由得レ益如二人倒レ地還従レ地起一故以二正謗一接二於邪堕一　文(7)

この記述では、本未有善の衆生とは、末法において苦に堕ちた存在のことを示している。具体的に『法華文句記』釈常不軽菩薩品を引用し、「問う、若し謗ずるに因って苦に堕せば、菩薩は何が故のために苦の因を作るや。答う、其れ善の因なければ謗ぜずとも亦堕すべし。謗ずるに因って悪に堕せば必ずよって益を得る。人が地に倒れて還って地に従って起つがごとし。故に正謗を以て邪堕を接す文(8)」の文と同様であることを提示する。すなわち、末法において本未有善の衆生は、すでに苦の世界に堕ちているために、末法下種を行ずる必要性があるが、妙法を聞かせることによって逆に謗法を起こしてしまう。しかし、そこで逆縁を結ぶことで、未来世において成仏が実現するとしていることが分かる。

では、この本未有善の衆生成仏を実現するための法、すなわち『法華経』について日隆はどのように捉えているのであろうか。

法華経は愚者悪人の為めなり、但し経文に至つては一経の内に過現種熟脱の意之れあり、且く現在熟脱の辺に随つて智者と云わるゝなり、仍て今の譬説正宗に「智者」と云ふは脱益の智者なり、下の勧信の下の「智者」は安楽品止観等の如く熟益の智者なり、此の両智者は三五下種の者なる故に強ひて法華を授けず下種調熟を待つ故に「随宜為説」して先づ権を示し後に法華を授く、故に「無智人中莫説此経」等と云ふなり、此の熟脱の両機をば本已有善の機と名づくるなり、然るに本門は過去下種本因妙を上行に付して末法下種を成ずる間、此の下種の時機には不軽弘経の如く強直に法華を授く、故に余経を用ひず、余経を用ひざることは下種は権乗に亘らず本門の天子の種子の限る故なり、此の下種の機をば本未有善の機と云ふなり、此の両機両説、一経の内に之れあり、迹門は正宗流通共に本已有善の智者を以て正意と為し、本門は正宗流通共に本未有善の悪人を以て正機と為すなり、其の証如何、答、撰時抄の初め大田抄の初めに文句の十を引ひて委しく之を釈す云云(9)

日隆によれば、『法華経』は愚者悪人のためにあり、『法華経』一経の中に過去・現在、種・熟・脱の意味が包含している。その中でも、釈尊在世は熟益・脱益の辺に従えば智者と言う。よって『法華経』迹門正宗分の三周説法（法説周・譬説周・因縁周の三説法をいう。釈尊の弟子である声聞衆は、個々の能力や機根に相違があり、仏はそれを上・中・下の三根に分類し、それぞれの機根に応じた三段階の法門を説いて未来成仏の記別を授けたこと）中、譬説周における智者とは、脱益の智者であるとしている。また勧信（衆生の信心を勧めること）の下にある智者とは、『法華経』安楽行品・『摩訶止観』等に見られる熟益の智者を指している。この両者は、三五下種を受けた者であるために強いて『法華経』を授けることはなく、下種調熟を待つために信解品の「よろしきに随って為に説きたもう」(10)として権経を示した後に、『法華経』を授けるため、「無智の人の中にして此経を説くことなかれ」[11]の文を根拠として、熟益・脱益の両機根を本已有善と名付けている。

一方、『法華経』本門では、過去下種本因妙を上行菩薩に付嘱して末法下種をなす間、この下種の時機には不軽菩薩が弘通した時のように、強直に『法華経』を授けなければならず、『法華経』以外の諸経を用いることはない。なぜなら、下種は権大乗の教えには渡っておらず、本門の仏の種子に限るためであるとし、この下種を受ける機根のことを本未有善の機と規定している。また、本已有善・本未有善の両機はそれぞれ『法華経』中に説かれており、『法華経』迹門三段の分科では、方便品から授学無学人記品までの正宗分、法師品より安楽行品までの流通分ともに本已有善の智者を以て正意とする。さらに、『法華経』本門三段の分科では、従地涌出品後半より分別功徳品前半までの一品二半の正宗分と、分別功徳品後半より普賢菩薩勧発品までの流通分は、本未有善の悪人の機根を正意としている。そして、このことを示した日蓮遺文として、『撰時抄』『曽谷入道殿許御書』等を挙げ、その中で『法華文句』釈常不軽菩薩品の「問う。釈迦は出世して踟蹰して説かず。常不軽は一たび見て造次にして言うは何ぞや。答う。本と已に善有り。釈迦は小を以て之を将護す。本と未だ善有らざれば、不軽は大を以て強いて之を毒す」[12]の文を引用する。この本已有善・本未有善の関係について、日隆は『開迹顕本宗要集』に、

但し本已有善・本未有善と云ふことは、修得の下種に就て之を論ず。[13]

と端的に明かし、本已有善・本未有善の機を分ける根拠として、三五下種の有無、すなわち修得（仏道修行によって証得すること）の下種の有無であることが理解できる。

これらの記述から、日隆は末法の衆生の機根は本未有善の機であるとし、本未有善の機とは、悪人であるために、戒・定・慧の三学を捨てて信を取る機根であり、修得の種子が未下種である状態であるため、下種の機根でもあると

している。そして、本末有善の衆生の成仏を実現するためには、『法華経』に明かされる仏の種子を下すことに限ると結論づけている。

ところで日隆は、本末有善の成仏の根拠を『法華経』による下種と捉える時、釈尊の出世の本懐をどのように考えていたのであろうか。この問題について日隆の著述を概観すると以下の記述を列記することができる。（番号は私的に付した）

①　二、本門上行要付を以て釈尊出世の本懐と為す事

宗義に云く今経の大意とは本より迹を垂れ迹に依て本を顕はし上行を召して八品を説て本地の妙法蓮華経を付し末代下種の唱導を譲り、教弥実位弥下の易行を立つる事釈尊出世の本懐なり(14)

②　門流の口伝に云く、釈尊出世して一代八万の教門を宣ぶ、権実本迹五時の法輪を以て本因本果の因果不二の妙法蓮華経を顕し、本果妙より本因妙名字信行の貪体即覚体の教弥実位弥下の本覚の位に会帰して果因不二の本覚易行の南無妙法蓮華経を以て本門八品を説ひて釈尊体具本因妙上行に付して末法下種に備ふること是れ釈尊出世の本懐なり、故に諸御抄に本門は一向滅後の為め等と記し玉ふ此の意なり。(15)

③久遠成道本一の釈尊ばかり久遠長寿にして常住不滅なり。故に迹中の諸仏は本の為に破廃せらるれども、本地一仏の釈尊には其の前に過上の仏之れなき故に破廃せられざる間久遠なり常住なり。故に本と云ひ、於一仏乗と云ひ、定教と云ひ、九法界の真実慈父と云ふ。慈父仏界、王子九法界互具して真実の一念三千の妙法蓮華経を顕し、十界皆成十界久遠を顕し出世本懐を遂げ、本門法華経を以て諸経中の経王大王と為す事は、過去遠々五百塵点久遠成道唯有一仏の本仏を明す故なり。華厳、真言、阿弥陀経等に三千塵点とも五百塵点成道とも曽て之を説かず(16)

①は、『法華宗本門弘経抄』大意にある記述である。ここでは、「本門上行要付を以て釈尊の出世の本懐と為す事」と題し、宗義として本仏釈尊が上行菩薩を召し出して、本門八品を説くことによって本地の『法華経』を上行菩薩に付嘱し、末法の衆生に下種の教化を譲るとした教弥実位弥下の易行を立てている。

②では、門流の義として、釈尊が出世して一代において八万の教経を明かしたが、権教・実教・迹門・本門といった五時の法輪を以て、本因本果の因果不二の『法華経』を顕したとしている。また釈尊は、本果妙より本因妙名字信行の貪体即覚体の教弥実位弥下の本覚の位に会帰するとする。そして、因果不二の本覚易行の南無妙法蓮華経を以て『法華経』本門八品を説き、その妙法を釈尊が体具する本因妙上行菩薩に付嘱して末法下種に備えることこそが釈尊出世の本懐であるとしている。このことは、日蓮遺文に「一向に滅後のため」[17]等と散見されることからも、この意を示したものであると標榜している。

そして③『開迹顕本宗要集』では、久遠実成の釈尊は久遠長寿であり常住不滅であるため、迹門の中に顕現する諸仏は、久遠本仏のために破り廃される。また久遠実成は、本仏以前に成道した仏はおらず常住であるため、「本」や「於一仏乗」「定教」「九法界の真実慈父」等と呼ばれたりする。さらに、慈父仏界と王子九界が互具して真実の一念三千の『法華経』を顕し、十界皆成十界久遠を顕すことで出世の本懐を遂げ、『法華経』本門を以て諸経の中の経王となる。特に、『法華経』本門を経王とする理由としては、五百億塵点劫の過去において成道した唯一の仏である久遠実成を明かす所以であり、このことは、華厳・真言・阿弥陀経等には三千塵点劫や五百億塵点劫の成道をいまだかつて説かれていないためであると結論づけている。

これらをまとめると、釈尊出世の本懐は、『法華経』本門に明かされる過去の五百億塵点劫の久遠において成道した唯一の仏である久遠実成を開顕し、南無妙法蓮華経を以て本門八品を説いて、釈尊が体具する本因妙上行菩薩に付嘱し、末法下種を実践することで成仏へと導くことであると考えられる。

小　結

以上、日隆著述に見える本已有善・本未有善の機について考察してきた。日隆は本已有善の機を三千塵点劫・五百億塵点劫の下種（修得の種子）を受けたものであると定義し、具体的には、釈尊在世に脱益を得る者や像法に調熟を得る者を指していることが確認できた。

また本未有善の機とは、末法の衆生を指し、末法の衆生は悪人であって戒・定・慧の三学を捨てて信を取る機根であり、修得の種子が存在しないため題目を下種する機根であることが分かる。その下種の機根は、『法華経』本門八品による仏種子を下す（修得の下種）ことによって成仏が実現されると規定している。さらに日隆は、『法華経』本門八品の中において、五百億塵点劫の久遠において成道した唯一の仏である久遠実成を明かし、南無妙法蓮華経を以て本門八品を説き、釈尊が体具する本因妙上行菩薩に付嘱し、末法下種することが釈尊出世の本懐であると主張している。

日隆が、これほどまでに末法の衆生成仏について論を展開しなければならなかったのかについては、日隆の著述に述される通り、当時の日蓮門下において、釈尊の教説に顕れる三五塵点を仮説とするといった、教相を軽視する風潮が存在していたため、日隆は強く教観相資を打ち出したと考えられる。さらに、五百億塵点劫における久遠実成の存在を明かさない、『大日経』『浄土経』等といった教えで成仏可能とする仏教受容が存在していたためではないかとも推察する。

註

（1）『正蔵』第三四巻一四一頁ａ以下。
（2）『法華宗全書　日隆1』二四頁。
（3）『隆全』第一一巻六三一頁。
（4）『名目見聞』二五頁。
（5）『隆全』第六巻四六〇頁以下。
（6）『隆全』第一巻五六九頁。
（7）『隆全』第四巻九六頁以下。
（8）『正蔵』第三四巻三四九頁ｂ以下。
（9）『隆全』第四巻二二三頁以下。
（10）『正蔵』第九巻一九頁ａ。
（11）『正蔵』第九巻一六頁ａ。また『唱法華題目鈔』『定遺』第一巻二〇四頁、『曽谷入道殿許御書』『定遺』第一巻八九五頁、『撰時抄』『定遺』第二巻一〇〇四頁等においても同様の引用が見られる。
（12）『正蔵』第三四巻一四一頁ａ。
（13）『隆教』第五巻三四一頁。
（14）『隆全』第一巻四五頁。
（15）『隆全』第四巻五七九頁以下。
（16）『隆教』第一巻四一二頁以下。
（17）『観心本尊抄』『定遺』第一巻七一八頁、『法華取要抄』『定遺』第一巻八一三頁。

第四節　三益論

日隆は、末法における衆生は本未有善の機と定義し、この衆生の成仏が実現されるためには南無妙法蓮華経を下種する必要性があることが分かった。

ところで、天台教学・日蓮教学において、仏・菩薩の衆生教化を論ずる上で、その根本的法門として種・熟・脱を説いた三益論を提示することができる。そもそも種熟脱三益とは、下種益・調熟益・解脱益の三を指し、仏が衆生を教化し成仏へと導く上で施される三つの利益・功徳を表示するものであって、智顗が『法華経』の超勝性を示す法門として提唱した成仏論である。本節では、智顗の三益論を概観し、[1]次いで日蓮に至って展開された末法の衆生成仏のための三益論を押さえ、日隆の三益論の考察に移りたい。なぜなら、三者の三益論を検討することで、種熟益三益のいずれに重きを置いていたのかを比較でき、それぞれの成仏論の相違を明確にできると考えるからである。

第一項　天台大師智顗にみる三益論

智顗の著述中に見える三益論を概観すると、『法華玄義』巻第一上において三種教相を立て、釈尊一代所説の教経を判釈し、『法華経』が最も勝れている点を三つの側面から述べている。

> 教相為レ三。一根性融不融相。二化道始終不始終相。三師弟遠近不遠近相。教者聖人被レ下之言也。相者分二別同異一也。[2]

『法華玄義』によると、『法華経』の超勝性を示す教相判釈が三つあることが分かる。すなわち、『法華経』方便品・譬喩品・信解品中に見える、衆生の機根が仏の真実の教法を受け入れる状態にあるか否かを判じた「根性の融不融の相」、『法華経』化城喩品に基づいて、仏による衆生教化を始めから終わりまでを説いているか否かを判じた「化導の始終不始終の相」、『法華経』如来寿量品に説かれる、仏と弟子の師弟関係が久遠以来であるか否かを判じた「師弟の遠近不遠近の相」である。智顗は、これらの三種教相を挙げて『法華経』の超勝性を主張しており、その中でも化導の始終不始終について『法華玄義』巻第一上に、以下のように述べている。

又異者。余教当機益物。不レ説二如来施化之意一。此経明下仏設レ教元始巧為二衆生一。作中頓漸不定顕密種子上。中間以二頓漸五味一。調伏長養而成二熟之一。又以二頓漸五味一而度二脱之一。並脱並熟並種番番不レ息。大勢威猛三世益レ物。具如二信解品中説一。与二余経一異也。(3)

智顗によれば、『法華経』と諸経との相違として、余教（『法華経』以外の爾前諸経）は当機益物、すなわちその場その場で対告となるそれぞれの衆生の機根に応じて説かれた教えであり、釈尊が衆生に教化を施す根本的な意義・意図を説き明かしていないとする。これに対し、『法華経』は釈尊が衆生を教化した元始以来、仏種を用いて下種益・熟益・脱益を重ね、世々番々に渡って三世に益物（衆生利益・教化）していることを明かした経典である。よって、『法華経』はこの点において余経とは全く異なる教えであると示している（釈尊が衆生教化の過程において、頓教・漸教・不定教、顕露教・秘密教、及び五味、すなわち四教五時を用いて教化したことは、つぶさには信解品に説示される通りである）。すなわち、『法華経』化城喩品に沿って言えば、三千塵点劫の過去において大通智勝仏の第十六王子であった釈尊が、娑婆世界の衆生に初めて仏種を下種し、その仏種が調熟されて今の『法華経』迹門において成就されることで脱益に至った意が説かれている。かかる視点に立てば、『法華経』は三千塵点劫以来の仏と衆生の因縁を示し、仏の化導の始終を明かすゆえに、諸経より勝れていることとなる。(4)

さらに、より具体的には、『法華文句』巻第一上において因縁釈を定義する中で、仏と衆生との因縁を論じ、種熟脱三益による仏の衆生教化の様相を、以下のように示している。

衆生久遠蒙三仏善巧。令レ種二仏道因縁一。中間相値。更以二異方便一。助二顕第一義一。而成二熟之一。今日雨花動地。以二如来滅度一而滅二度之一。復次久遠為レ種。過去為レ熟。近世為レ脱。地涌等是也。復次中間為レ種。四味為レ熟。王城為レ脱。今之開示悟入者也。復次今世為レ種。次世為レ熟。後世為レ脱。未来得度者是也。雖レ未二是本門一。取レ意説耳。其間節節。作二三世九世一。為レ種為レ熟為レ脱。亦応レ無レ妨。何以故。如来自在神通之力。師子奮迅大勢威猛之力。自在説也。(5)

『法華文句』によると、釈尊の種熟脱三益の教化は、過去・現在・未来に亘り自由自在に展開されること（三世益物）が窺えるが、その代表例として、四種の三益を挙げている。具体的には、①久遠下種（五百塵点劫において下種）・中間熟益（久遠以後、今日以前の過去世において熟益）・今日脱益（今番の法華会座において脱益）の三益で、法華会座にて作仏する衆生への教化がこれに該当する。②久遠下種・過去世熟益（久遠以後の遠い過去世において熟益）・近世脱益（近しい過去世において脱益）の三益で、地涌の菩薩への教化を指す。③中間下種（久遠から今日に至る中間において下種）・四味熟益（今番の爾前四味において熟益）・王城脱益（今番の王舎城すなわち法華会座において脱益）の三益で、今日の法華会座（迹門）で開示悟入する衆生への教化にあたる。④今世下種（今番の法華説法等における下種）・次世熟益・後世脱益の三益で、未来に度脱する者への教化がこれに該当する。

この内、①、②が久遠下種（五百塵点劫久遠本時における下種。如来寿量品に根拠する）、③が大通下種（三千塵点劫大通時における下種。化城喩品に根拠する）にあたる。また本門の視点からは、③、④も迹仏の三益にあたると思われる。

この智顗の種熟脱三益に関する見解をまとめると、次の通りである。

（一）『法華経』の超勝性を示す三種教相の第二、化導の始終不始終の相に、種熟脱三益が示されること。

(二) 釈尊の衆生教化は下種益に始まり、熟益を経て、脱益に至って終了すること。
(三) 種熟脱三益の経文上の根拠は、『法華経』迹門の信解品・化城喩品、および本門の如来寿量品における三世益物がこれにあたること。
(四) 釈尊の種熟脱三益の教化は、過去・現在・未来に亘り自由自在に展開されることが窺えるが、その代表例として、四種の三益が挙げられていること。
(五) 四種の三益の内、第一は久遠下種・中間熟益・今日脱益の三益であり、今番の法華会座にて作仏する衆生への教化がこれにあたること。
(六) 第二の三益は、久遠下種・過去世熟益・近世脱益であり、地涌の菩薩への教化を指すこと。
(七) 第三の三益は、中間下種・四味熟益・王城脱益で、今日の法華会座(迹門)で開示悟入する衆生への教化にあたること。
(八) 第四の三益は、今世下種・次世熟益・後世脱益で、未来に度脱する者への教化にあたること。
(九) 四種の三益の内、第一・第二が久遠下種、第三が大通下種にあたり、本門の視点からは、第三・第四は迹仏の三益にあたること。

以上により、智顗における種熟脱三益は、釈尊(および仏・菩薩)の衆生教化の始終の段階を示しており、それは仏種を介した衆生教化であり、主に『法華玄義』三種教相中の化導の始終不始終の相、及び『法華文句』の四節三益に説かれ、その中心は本門の久遠下種を根拠としていること等が確認できた。

第二項　日蓮にみる三益論

次に、日蓮における三益について確認していきたい。まず、日蓮遺文中、三益を説くものとして真蹟現存・真蹟曽存・断片・断簡・直弟写本に限定して確認すると、佐前の遺文として『守護国家論』[6]『南条兵衛七郎殿御書』[7]『法華題目抄』[8]等を挙げることができる。また佐後の遺文として、『八宗違目抄』[9]『開目抄』[10]『観心本尊抄』[11]『小乗大乗分別鈔』[12]『法華取要抄』[13]『曽谷入道殿許御書』[14]『兄弟鈔』[15]『法蓮鈔』[16]『忘持経事』[17]『上野殿御返事』[18]『千日尼御前御返事』[19]『富木入道殿御返事』[20]『諫暁八幡抄』[21]『断簡七』[22]等が提示でき、三益について説かれる遺文の大半は佐後の遺文であることが分かる。その中で日蓮が、三益の中における仏種・下種・題目を強調された遺文を通覧すると、『観心本尊抄』に以下の記述が窺える。

> 以本門論之一向以末法之初為正機。所謂一往見之時以久種為下種大通・前四味・迹門為熟至本門令登等妙。再往見之不似迹門。本門序正流通倶以末法之始為詮。在世本門末法之初一同純円也。但彼脱此種也。彼一品二半此但題目五字也。[23]

『観心本尊抄』では、末法においては本門こそが正機であることから、久遠を下種の時と規定し、大通・前四味・迹門を熟益、本門の一品二半を脱益としている。そして題目の五字を種とすることで、下種を中心に据えていると思われる。このことは、智顗の三益論を、末法為正に応用したものと考えられる。次に、爾前諸経と『法華経』の成仏の相違について『曽谷入道殿許御書』において、以下のように示している。

> 問曰華厳之時別円大菩薩乃至観経等之諸凡夫得道如何。答曰彼等衆者以時論之其経似得道以実勘之三五下種輩也。問曰其証拠如何。答曰法華経第五巻涌出品云是諸衆生世々已来成就我化。乃至此諸衆生始見我身

聞二我所説一即皆信受入二如来慧一等云云。天台釈云衆生久遠等云云。妙楽大師云雖二脱在一レ現具騰二本種一。又云故知。今日逗会赴二昔成就之機一等云云。経釈顕然之上私不レ待二料簡一。[24]

『曽谷入道殿許御書』では、爾前経において得脱した衆生は、得道した時点を視点にして考えれば、爾前経による利益のようである。しかし、深く考えればこの衆生は、三千塵点劫・五百億塵点劫における久遠の過去に仏種を下種した衆生であり、その仏種を成就して成仏した者達であるとしている。その証拠として、湛然の「脱は現に在りと雖も具に本種をあぐ。[25]（脱益が現前で行われたとしても、その根拠を具さに求めていくと、根本の仏種［教化の一番始めに下種した仏種］を成就したものである）」の証文を挙げ、今日の釈尊の説法は過去世に『法華経』の仏種を下した人々のためであるとしている。このことから日蓮は、智顗の久遠下種の説示を肯定的に受容していることが確認でき、『観心本尊抄』に照らし合わせると、久遠下種の仏種を題目として受けとめているように拝察する。

さらに『曽谷入道殿許御書』では、末法において題目を下種すべきであると述べていることが確認できる。

此等因論於二仏滅後一有二三時一。正像二千余年猶有二下種者一。例如二在世四十余年一。不レ知二機根一無二左右一不レ可レ与二実経一。今既入二末法一在世結縁者漸々衰微権実二機皆悉尽。彼不軽菩薩出二現於末世一令レ撃二毒鼓一之時也。而今時学者迷二惑於時機一或弘二通於小乗一或授二与権大乗一或演二説於一乗一以二題目之五字一可レ為二下種一之由来不レ知歟。[26]

ここでは、仏滅後において正法・像法・末法の三時があり、正法・像法の二千年では、仏在世の四十余年（『法華経』説法以前）に下種をされた者がいたことから、機根を見分けず、むやみに真実の教えである『法華経』を説いてはならないとしている。しかし、今はすでに末法に入っており、仏在世に『法華経』に縁を結んだ者は少なくなり、権教や実教の機根は悉くいなくなっている。そのため、不軽菩薩が末法の世に出現して毒鼓の縁を持つことで、強いて『法華経』の仏種を下す時であるとも示している。しかし、末法の世の学者達は時と機根について迷い、ある者は小乗教を弘め、ある者は権大乗教を与え、ある者は一乗の『法華経』を説くが、題目の五字を以て下種とすることの理由を知らないとして、日蓮は批判を加えている。すなわち末法においては、下種された者が微少なため、題目の五字を下種することが最重要課題であると考えられる。

よって、これらの日蓮遺文は、いずれも仏種・下種・題目を強調したものであり、日蓮の宗教的立脚点は久遠下種による題目を信行することで、末法における衆生成仏の実現を思考したのではないかと思量する。

第三項　日隆にみる三益論

これまで、智顗と日蓮の三益論について概観してきた。智顗は久遠下種に依拠しながらも様々な三益を提示し、化導の始終不始終の相を用いて迹門を表に出す三益論を展開した。一方、日蓮の場合、末法相応の三益論に集約し、特に本門の題目妙法五字を仏種とする下種を重要視していたことを確認した。これらを受けて本項では、日隆の三益論について検討したい。

(一)　迹門の三益

日隆の三益論について考えるに当り、実際に種熟脱の三益が述べられる箇所について、特に『法華経』の超勝性を明かす説示に注目し、確認していきたい。

此の本末釈は既に弥陀には三世の施化種熟脱の恩徳全く之れなし、釈尊には五仏の章三世益物の如く三五下種より已来、化導の始終、種熟脱の生養の縁、父子の恩徳之れありと云つて他師を破す、他師を破す意、当時の念

仏等の諸宗を破すに当れり(27)

まず、『法華宗本門弘経抄』信解品釈においては、阿弥陀仏には過去・現在・未来の三世に亘り、仏種を施して教え導く種熟脱の恩徳が全くないと断ずる。しかしながら、釈尊には五仏章（方便品の説示で、全ての諸仏・過去仏・未来仏・現在仏・釈迦仏の五仏が、みな権教を先に説き、最後に実教の『法華経』を説いて三乗を会して一仏乗に帰入させる教化の方法が同じであることを説く）、三世益物（如来寿量品の説示で、過去・現在・未来の三世にわたる本仏釈尊の教化の利益、救いと恵みがあること）等のように、三千塵点劫下種・五百億塵点劫下種より以来、衆生教化の始終、種熟脱三益により衆生を生み養う縁、父子関係の恩徳があるとする。このことは、日蓮遺文に他師を破すための要素として用いており、日蓮が他師を破すという意味は、当時の念仏等の諸宗を破すことに該当すると説いている。

この文によれば、釈尊と娑婆の衆生との間には仏種が媒介としてあり、『法華経』によって種熟脱三益の化導・三世益物が完結するが、他仏と娑婆の衆生との間には仏種が介在せず、三益も成り立たない意が示されている。そしてここに、『法華経』の超勝性が表明されていることが窺えるのである。

余経の意は凡身を捨てゝ仏果を得ると云ふなり、今経の意は三五の遠塵過去常を明して化導の始終種熟脱を以て経の大意と為し、三五下種初発菩提心の信行を以て滅後悪人に示して逆即是順せしむ、故に法華経一会の大衆は皆悉く凡夫即極の名字信行の即身成仏なり、此のこと全く私にあらず、諸御抄の意なり、証文等は雑雑抄の如し云云(28)

次に提婆達多品釈では、『法華経』以外の経典の成仏論の意図は、凡夫の身体を捨てて仏果を得ることにあるとする。それに対し『法華経』の意図は、三千塵点劫・五百億塵点劫に基づく過去の久遠常住を明かし、化導の始終・種熟脱三益を以て『法華経』の大意としている。さらに、釈尊は提婆達多品において、三五下種による初発心の信行を滅後末法の悪人に示し、逆縁を順縁に転化させていると説く。故に『法華経』を聞いた一会の大衆は、みな悉く凡夫そのままにして極位に到る名字即・信行の即身成仏であるとしている。日隆によれば、このことは全く私的見解ではなく、多数の日蓮遺文の意であり、その証文の抜粋があることを提示している。(29)

すなわちここでは、化導の始終・種熟脱三益が『法華経』の大意であるとし、『法華経』は凡夫が即身成仏する教えであると示されることからも、種熟脱という三段階の教化が、即身成仏に集約されていることが窺える。

さらに、『法華経』と『華厳経』『真言経』とを比較したものとして以下の記述が確認できる。

> 唯偏に化導の始終種熟脱を明し好んで仏菩薩一切衆生の最初下種を明す御経に定つて即身成仏を明すべし、其の生仏の過去遠遠の下種結縁を明す御経には、過去常及び三五の遠塵を明すべし、真言華厳には曽て之を明さず、涅槃経に之れなし、能く能く一切経を尋ぬれば法華経に之れあり(30)

日隆は、化導の始終・種熟脱を明かし好んで、仏・菩薩・一切衆生の最初の下種を明かしているのは『法華経』であるとし、定まって即身成仏を明かすとしている。その衆生と仏の過去遠遠（三千塵点劫・五百億塵点劫の久遠）の下種結縁を明かす『法華経』には、過去常住及び三千塵点劫・五百億塵点劫の久遠の塵点劫を明かしていると述べる。しかし、真言系の経典や『華厳経』にはいまだかつてこれらを明かさず、さらに『涅槃経』にも明かしていないとする。ところが、よくよく一切経を尋ねれば『法華経』にこそ種熟脱三益・最初下種が示されているとしている。

これらの説示により日隆は、真言・華厳には明かされていない、三五塵点の過去に久遠下種を説くことを、『法華経』の超勝性の根拠として示していることが分かる。また、種熟脱の三益を以て『法華経』の超勝性を主張することは、種熟脱三益を即身成仏に集約して述べているようにも察せられる。

ところで、種熟脱の三益について、大通智勝仏の出世が久遠の昔であることを示した迹門の化城喩品（化導の始終不始終の相）と、釈尊が成仏してから久遠の時間を経たことを説いた本門の如来寿量品（師弟の遠近不遠近の相）との関係について、日隆はどのように捉えていたのであろうか。そこでまず、化城喩品に説かれる化導の始終不始終の相について、以下の記述が確認できる。

然るに上の化城品の時、三千塵点の往事を宣べ、化城宝所の譬を以て大通覆講已来の化導の始終種熟脱を顕し、而も中間今日「分別説三」の熟脱を置ひて大通流通の覆講下種の「於一仏乗」を賞翫して、聽て此の易行の妙法を以て流通利生に擬す、仍て下周の声聞、此の五味主の根本一乗を聞ひて、無明を断じ中道を証す、是れ下周の正説段なり(31)

この文によると、化城喩品において釈尊は三千塵点劫の過去を説き、化城宝処の譬を以て大通智勝仏の第十六王子としての釈尊の覆講法華以来の化導の始終・種熟脱を顕した。また、中間及び今日の爾前経では、「分別説三（一乗を分けて三乗とする）」の熟益・脱益を置いて、大通流通の覆講下種の「於一仏乗」の真実の教えを尊重し、この易行の妙法を以て流通・利益衆生に擬すとする。そして、下根の声聞衆が、五味主（五味の主、すなわち一切経を出生する根本の主、総名）の『法華経』の根本一乗を聞いて無明を断じ、中道の真実を証明することを、下周の正説段としている。ここでは、『法華経』迹門である化城喩品に説かれる大通覆講以来の化導の始終・種熟脱による声聞衆の成仏について述べ、一仏乗の易行の妙法が迹門の仏種であり、これによって無明を断じ中道を証得することが下根の利益であるとする。

次に日隆は、「種熟脱の事」と題し、以下のように指摘している。

四節種熟脱の事

日道仰に云く、四節の種熟脱に於て初二は久遠下種なり、三四は迹門開顕の下種なり、中間為種と云ふは大通下種なり、此の迹中下種の父は土民なる故に真実の下種にあらず、初二の下種は父長寿の国王なり、故に三四下種と云うは調停種なり云云　再往之を論ぜば、下種と云ふ名は爾前迹本に通ずと雖も、実義は本門に限るなり、故に三四下種と云ふも中間今日顕本の下種なり(32)

日隆は、日道の口伝として『法華文句』に説かれる四節の種熟脱（第三章第四節第一項参照）の内、第一節と第二節は久遠下種であるとする。一方、第三・第四節は迹門開顕の下種であり、その中でも第三節「中間為種」と言うのは三千塵点劫大通下種であるとし、この迹中下種の父は、土民（迹仏）である故に真実の下種ではないとしている。これに対し、第一・第二節における下種の父は、久遠長寿の国王（本仏）であるため真実の下種（五百億塵点劫久遠下種）であると定義する。そのため、第三・第四節の下種は、久遠下種を受けた衆生の内で大乗を退いた者達のために再度下す種であり、調停種（調整的な種）であるとしている。よって、二重に論じると、下種という名称は爾前経・迹門・本門に通じるものではあるが、実義は本門の久遠下種に限るとし、第三・第四節の下種は、中間・今日顕本の下種（久遠の顕本に至っていない仮の段階的な下種）であり、久遠下種に劣ると主張していることが分かる。ここで日隆は、大通下種は迹門開顕の下種であり、久遠下種を受けながら大乗を退転した者を対象とした下種であるため真実の下種ではなく、あくまで中間・今日在世の衆生のための下種であるとしている。

さらに、久遠下種・大通下種と諸経との関係については以下の記述が見られる。

然るに迹門に分に大通下種を明して流通に移す、是れ易行なり、本門に久遠下種を明して即ち上行に付し末代下種を成ず、是れ最勝易行なり、仍て迹門には大通覆講下種已来の化導の始終種熟脱之を明す、覆講法華下種は易行なり、中間今日熟脱の諸経は難行道なり、又本門の三世益物に、久遠本因妙下種より已来中間前四味は熟益なり、迹門の三周の正説及び本門一品二半は脱益なり、此の中に本因妙久遠下種の凡益は易行なり、中間今日の諸経華厳真言念仏等の熟益は聖道門の益なり、今経迹門の三周の脱益は大通下種を顕して其の過去下種を流通に移せば凡益にして易行なり、本門一品二半の脱益は脱益を以て久遠下種に還へし父大王の種子を顕せば十法界悉く本因妙名字信位に居して信行の益を得る、是れ最上の易行なり(33)

この文をまとめると、迹門では久遠下種を明かさず、化城喩品において部分的に大通下種を明かし、その種を流通分に移しており、下種を易行としている。しかし本門では、久遠下種を明かして上行菩薩に付嘱し末法下種を成り立たせており、この本門の下種こそ最勝易行であるとする。よって、迹門では大通時已来の化導の始終・種熟脱を明かすことは、大通時の覆講法華下種は易行であるとするが、中間及び今日の熟益・脱益に用いられる諸経は、難行道であるとしている。

一方、本門の三世益物を見てみると、久遠本因妙下種（久遠実成の釈尊が成道以前に本因妙上行菩薩であった時の下種）より始まり、それ以来、中間・今番の前四味（爾前）は熟益に当り、迹門の三周説法の正説段（方便品中心）、及び本門一品二半は脱益であるとする。その中でも、本因妙久遠下種による凡夫の利益は易行であるが、中間・今日の諸経である華厳・真言・念仏等の熟益は、聖道門（難行道）の利益であるとしている。また、『法華経』迹門の三周説法による脱益は大通下種を示し、その過去の下種を流通に移すことは凡夫の利益であり易行であると定義する。そして、本門一品二半の脱益は、脱益を以て久遠下種に還して父大王（久遠実成の釈尊）の種子を顕すことで、『開目抄』(34)に記されるように、本因本果が顕れて十法界は全て本因妙名字即の信位に居して信行の利益を得ることができるとし、これを最上の易行であると述べている。

すなわち、華厳・真言・念仏等の諸経は熟益・脱益の教えであり下種を説かず、長い修行の道のりを経て悟りを目指す聖道門の利益の範疇であるため、難行道であるとしている。一方、『法華経』迹門は大通下種が明かされるため、諸経に比べると易行ではあるが、久遠下種を説く本門が最易行とされる。

また、日隆が易行を強調する際の根拠の一つとして、『摩訶止観輔行伝弘決』「教弥実位弥下」(35)の文を多用していることが知られる。なぜなら、智顗・湛然は、教えが真実であればあるほど下根下機を救済することが可能であると説き、この文は日蓮の『四信五品鈔』(36)においても引用され、唱題の意義に集約されていく。つまり、日隆においては、真実の教えであるほど易行であり、易行である故に下根下機を成仏へと導くものである、という論理につながっていくものと拝察する。

(二)　本門の三益

日隆によると、迹門の三益は大通下種が明かされることで、爾前諸経と比較すれば易行とされていることが確認できた。ここでは、久遠下種を明かす本門の三益について確認していきたい。まず、『法華宗本門弘経抄』如来寿量品釈において日隆は、南無妙法蓮華経は種熟脱に通じるかどうか、という問いを設け以下のように述べている。

本門の妙法蓮華経は三世益物の根本下種を成ずる事

尋ねて云く、諸御抄に本門寿量品の南無妙法蓮華経等云云種熟脱に通ずと云ふべしや。

答、妙法五字の法体は「妙法ノ両字通ハシテ詮ス二本迹ヲ一」にて、三世種熟脱倶時に之を具足す、謂く開三顕一は迹中の熟脱なり、開近顕遠は久遠本地の下種なり、此の本迹の三世種熟脱を妙法蓮華経に之を具す、然りと雖も此の妙法の常恒の御座処は過去なり、故に玄の一に本地と云ふ、故に知んぬ種子無上の久遠下種の妙法蓮華経なり、此の旨を三世益物に約して寿量品に之を宣ぶ、故に寿量品の妙法蓮華経と云ふ法体は種熟脱を具すと雖も、上行要付の辺は偏に下種の辺を取るなり、若し爾らば本門八品には下種を明し、殊に寿量品は専ら過去久遠下種を宣べて、

爾前迹門有教無人無得道の義を顕すなり[37]

『法華宗本門弘経抄』如来寿量品釈によると、「本門の妙法蓮華経は三世益物の根本下種を成ずる事」と題し、種々の日蓮遺文に「本門寿量品の南無妙法蓮華経」等と説かれているが[38]、「この題目は種熟脱に通じるのか」という問いに対し論を展開する。すなわち、妙法五字の法体は「妙法の両字は通じて本迹を詮す」[39]とし、過去・現在・未来の種熟脱を同時に具足しているという。つまり、開三顕一（釈尊が四十余年間に方便として説いた三乗の差別的教えを開いて、平等の真実一仏乗に帰入せしめること）は迹中の熟益・脱益であり、開近顕遠（始成正覚を方便とし、久遠実成を明かすこと）は久遠本地の下種であって、この本迹の三世の種熟脱は『法華経』に具わるとする。しかしながら、この妙法の常住永遠の本拠は過去であり、そのことを『法華玄義』巻第一には「本地」[40]と言っていると述べる。よって、天親菩薩が『法華論』に説くように、「種子無上」[41]の久遠下種の『法華経』であり、この旨を三世益物に集約して如来寿量品に述べているという。故に、「寿量品の妙法蓮華経」の法体は種熟脱を具足しているが、上行要付の側面では、ただ下種の辺のみを取る。そうであるならば、『法華経』本門八品には末法下種までを明かすが、如来寿量品のみでは、専ら過去久遠下種を述べたに過ぎず、爾前迹門有教無人（教えはあるが仏は実質いない）無得道（成仏できないこと）の義を顕したものであると論断している。

日隆は、妙法五字には迹門・本門の種熟脱三益を具足しているが、本門八品の範疇で如来寿量品を見るならば、その本拠は久遠下種の仏種の『法華経』であると説く。したがって、如来寿量品より見る『法華経』の法体は、種熟脱を具足した久遠下種を中心としたものである。しかし、その実は上行菩薩に付嘱した要法はあくまで本門八品であると規定している。この如来寿量品の『法華経』と本門八品の中の如来寿量品の相違については、在世と末法という時機判を根拠としていると思われる。すなわち、根本は同じであると捉え、末法は下機下根のため如来寿量品だけでは証得することは叶わず、本門八品の上行要付を以て見なければ末法下種へと導くことはできないと主張したものであると思量する。このことは、

当流の口伝に云く、寿量品の釈尊上行は三世本有として三五下種と末法下種との一切衆生最初下種の教主なり、故に滅後唱導をば観音勢至等に付せず、偏に上行に付するなり、故に寿量品の三世益物は化導の始終種熟脱を明し、釈尊上行を以て最初下種の慈父と為し、弥陀等の分身の諸仏を以て熟益調養の養父と為す意を顕すなり(42)

と述べることからも、如来寿量品で明かされる釈尊・上行菩薩は、過去・現在・未来に亘って根元的に存在し、三五下種と末法下種を行う一切衆生の最初下種の教主であるとする。ゆえに釈尊は、滅後の唱導を観音菩薩や勢至菩薩等には付嘱せず、偏に上行菩薩に付嘱した。よって、如来寿量品の三世益物は化導の始終・種熟脱を明かし、釈尊・上行菩薩を以て最初下種の慈父とすると説く。さらに釈尊・上行菩薩を慈父とすることで、その利益により阿弥陀仏等の分身の諸仏は、過去に下種した仏種を成熟させ、調え養う養父となる意を顕している。すなわち日隆は、三世益物・種熟脱三益は下種に収束され、全ての下種は慈父である釈尊・上行菩薩に集約されると示していると思われる。

そして、三大秘法と三益との関係性について日隆は以下のように述べている。

此くの如く三箇の秘法をば、三益を以て種子を顕すは末代我等が信心を成就せしめんが為めなり、三箇は但々題目の一箇なるべし、是れ則ち用迹顕本して本地の三箇を以て末法の衆生を利益せしめんが為めなり、此の三箇の秘法を以て万法の本地一代聖教の大綱とすべきなり、一代聖教の大綱は是れ法華経、法華経の大綱は三箇の秘法なるべし、高祖大士の御法門は第三本門の法門なる故に種子を顕すを以て肝要と為すものなり、之を秘すべし。(43)

ここで日隆は、三大秘法を三益を総在した仏種に集約し、三益に仏種を顕すことは、末法の我々の信心を成就するためであるとしている。この三大秘法は、ただ題目の一大秘法であり、用迹顕本（仏が垂迹身を用いて本地身を顕すこと）

して本地の三大秘法を以て末法の衆生を利益するため、三大秘法を万法の本地、一代聖教の大綱とすべきであると示す。つまり、一代聖教の大綱は『法華経』であり、『法華経』の大綱は三大秘法であると解している。そして、日蓮の法門は第三の法門であるゆえに、師・父である釈尊と弟子である上行菩薩を繋ぐ種子を顕すことが肝要となると結論づけている。

日隆は三益論のみならず、一代聖教を語る上で、第三の法門を重要視していることが理解できる。この第三の法門とは、『富木入道殿御返事』（真蹟）の、「日蓮が法門は第三の法門也。[44]」を指しており、三種教相中の第三、本門如来寿量品の久遠実成に基づく、師弟の遠近不遠近の相の教えである。この第三の法門について日隆は、

日蓮が法門は第三の法門なりと判じ給ふ初重の教相は　今日熟脱、第二は大通下種、第三は真実の久遠下種なり、此の下種を以て爾前迹門の得道を第三の下種に随へば皆本門の得道なり、故に今八万の菩薩十八菩薩も久遠下種に随へば本門の得道なりと云ふ終りの意を取つて、「本門得道数倍ニ諸経ニ」とは釈するなり。[45]

と定義し、日蓮の本意は第三の法門であって、三種教相中、初重教相は釈尊の今日熟益、第二教相は大通下種をそれぞれ明かしたものであり、真実の教えとしては第三教相の久遠下種であることを表明している。この久遠下種による成仏は、爾前迹門の得道を明示したのみならず、諸菩薩の成仏も久遠下種に随えば全て『法華経』本門八品による成仏であると標榜していることが看取できる。

小結

以上、智顗・日蓮の三益論について概観し、『法華宗本門弘経抄』を中心として日隆の種熟脱の三益について考察を加えてきた。

智顗における種熟脱三益は、主に『法華玄義』三種教相中の化導の始終不始終の相、及び『法華文句』の四節三益に説かれ、その中心は本門の久遠下種を根拠としていること等が確認できた。

日蓮の場合、遺文中ではいずれも仏種・下種・題目を強調したものであり、智顗と同様、久遠下種を宗教的立脚点に置き、それを発展させ、題目を信行（末法下種）することで末法における衆生成仏の実現を目指したと思量する。

日隆は、日蓮の宗教的立脚点を踏襲し、三益の中でも特に下種益を中心に据え、『法華経』と他の爾前諸経とを比較検討することで、『法華経』の超勝性をより一層鮮明にしようとしたと考えられる。また、本迹間における三益の関係としては、大通下種も爾前諸経と比較すれば易行であり優れてはいるが、本門の久遠下種に還れば及ばないとし、無得道であると論断している。そして、如来寿量品を中心とした『法華経』と、本門八品を中心とした『法華経』との関係については、如来寿量品には種熟脱が具足するため、久遠下種に集約された『法華経』観とも言える。一方、本門八品では久遠下種のみならず末法下種を開顕するため、末法の衆生は本門八品において上行菩薩に付嘱された妙法蓮華経（久遠下種の要法）を信心信行することで、成仏が実現すると思考したのではないだろうか。

では、久遠下種の説かれる世界、すなわち五百億塵点劫の過去の久遠本時とは、一体如何なる世界であるのかということを検討する必要があろう。次節では、五百億塵点劫や三千塵点劫等といった時間論の解釈について考察していきたい。

註

（1）智顗の三益論については、浅井圓道「種・熟・脱の法門」（『天台大師研究』祖師讃仰大法会事務局天台学会、一九九七年、浅井圓道『日蓮聖人と天台宗』山喜房仏書林、一九九九年再録）等を参考とした。

(2)『正蔵』第三三巻六八三頁b。
(3)『正蔵』第三三巻六八四頁a。
(4)『正蔵』三三巻八二五頁c。
(5)『正蔵』第三四巻二頁c。
(6)『定遺』第一巻一一二頁。
(7)『定遺』第一巻三二六頁。
(8)『定遺』第一巻四〇二頁。
(9)『定遺』第一巻五二六頁。
(10)『定遺』第一巻五四四頁以下、五五二頁、五七八頁以下、六〇一頁、六〇四頁。
(11)『定遺』第一巻七〇六頁以下、七一一頁、七一四頁、七一五頁。
(12)『定遺』第一巻七七五頁以下。
(13)『定遺』第一巻八一一頁、八一二頁。
(14)『定遺』第一巻八九六頁、八九七頁。
(15)『定遺』第一巻九二〇頁以下。
(16)『定遺』第一巻九五〇頁。
(17)『定遺』第二巻一一五〇頁。
(18)『定遺』第二巻一七〇八頁以下。
(19)『定遺』第二巻一五四三頁。
(20)『定遺』第二巻一五八九頁。
(21)『定遺』第二巻一八四六頁。
(22)『定遺』第三巻二四七八頁。
(23)『定遺』第一巻七一五頁。
(24)『定遺』第一巻八九六頁。

(25)『正蔵』第三四巻一五六頁c。
(26)『定遺』第一巻八九七頁。
(27)『隆全』第四巻四七四頁。
(28)『隆全』第七巻一一七頁以下。
(29)また、日本天台の文献の中に『雑雑抄』が確認できるが、この問題については今後の課題としたい。
(30)『隆全』第九巻三七四頁。
(31)『隆全』第六巻七三頁。
(32)『隆全』第八巻二四三頁。
(33)『隆全』第九巻一二四頁以下。
(34)『定遺』第一巻五五二頁。
(35)『正蔵』第四六巻三五三頁b。
(36)『定遺』第二巻一二九五頁、一二九六頁。
(37)『隆全』第九巻五六五頁以下。
(38)『定遺』第二巻一〇四八頁、一三一六頁、一四七九頁等。
(39)『正蔵』第三三巻八一八頁b。
(40)『正蔵』第三三巻六八一頁c。
(41)『正蔵』第二六巻九頁b。
(42)『隆全』第八巻三四二頁。
(43)『隆全』第一一巻八頁以下。
(44)『定遺』第二巻一五八九頁。
(45)『隆全』第二巻三六四頁。

第五節　時間論（三五の二法）

これまで日隆の教学思想について、本門八品正意論・付嘱論・機根論・三益論について考察し、その中で五百億塵点劫という過去の時間をどう捉えるのかという問題が浮かび上がった。本節では、時間論を検討するに当り、釈尊が過去について明かした、『法華経』化城喩品に説かれる三千塵点劫、及び如来寿量品に明かされる五百億塵点劫の説示について検証する。そのためにはまず、『法華経』の超勝性を二十種の法門として抽出した、湛然の十双歎について概観し、次いで日蓮遺文に見える三五の二法について確認する。そして、日隆の著述中に見える三五の二法がどのように受容・展開されていったのかについて考察したい。

第一項　妙楽大師湛然の十双歎

天台宗第六祖湛然は、『法華文句記』巻第四下において『法華経』にのみに備わる勝れた法門を二十の項目として挙げている。(1) これを十双歎として古来より称しており、提示すると以下の文になる。

今依レ義附レ文略。有二十双一。以弁二異相一。①与二二乗近記一開二②如来遠本一。③随喜歎二第五十人一。④聞益至二一生補処一。⑤釈迦指二五逆調達一為二本師一。⑥文殊以二八歳龍女一為二所化一。⑦凡聞二一句一咸与二授記一。⑧守二護経名一功不レ可レ量。⑨聞品受持永辞二女質一。若⑩聞読誦不レ老不レ死。⑪五種法師現獲二相似一。⑫四安楽行夢入二銅輪一。若⑬悩乱者頭破二七分一。⑭有二供養一者福過二十号一。況⑮已今当説一代所レ絶。⑯歎二其教法一七喩称揚。⑰従レ地涌出阿逸多不レ識二一人一。⑱東方蓮華龍尊王未レ知二相本一。況⑲迹化挙二三千墨点一。⑳本成喩二五百微塵一。本迹事希諸教不レ説。(2)

※番号・傍線は筆者が付加した。

この文を解釈し、十双歎を各項目ごとに整理すると以下のようになる。

①「二乗に近記を与う」

「二乗に近記を与う」とは、声聞と縁覚の二乗に対し、釈尊自ら授記されることである。『法華経』譬喩品では、釈尊の弟子である舎利弗への授記を以下のように説いている。

舎利弗。汝於二未来世一過二無量無辺不可思議劫一。供二養若干千万億仏一。奉二持正法一。具二足菩薩所行之道一。当得二作仏一。号曰二華光如来応供正遍知明行足善逝世間解無上士調御丈夫天人師仏世尊一。[3]

ここでは、舎利弗が未来世において千万億の仏を供養し、正法を奉持し菩薩の修行を具足することで仏となり、その名を華光如来・応供等、十種の名で呼ぶ（十号）とし、成仏の保証を示す箇所である。また、二乗作仏の法門は、迹門正宗分（『法華経』方便品から授学無学人記品）において包括しており、それぞれの機根に応じた三段階の法門（法説周・譬説周・因縁周の三周説法）を説いている。具体的には、法説周で記別を授けた上根の舎利弗以外に、譬説周では譬喩品で三車火宅の譬え（衆生が住する苦しみの絶えない三界を火と燃える家に喩え、その生死の迷いの生活に執着する二乗・三乗の人々を子供に、そして長者を仏に喩えている）において、中根の四大声聞（迦葉・迦旃延・須菩提・目犍連）を開悟させ、信解品の長者窮子の譬え（四大声聞がそれを了義した旨を譬喩の形で述べたもので、長者は仏、窮子は声聞・縁覚の二乗、財産は成仏の記別を表している）、薬草喩品の三草二木の譬え（一味平等の仏説に対して衆生の根性に差別のあることを、草木の大小によって喩えたもの）を以て開三顕一（釈尊が四十余年の諸経において方便として説いた声聞・縁覚・菩薩の三乗の差別的な教えを開いて、平等真実たる一切衆生皆成仏道の法華一仏乗に帰入せしめるというもの）を説き、授記品に至って摩訶迦旃延に光明如来等の記別を授けている。そして、因縁周では、下根の富楼那等の声聞のために、化城喩品で大通智勝仏の因縁を説いて仏縁を明かし、五百弟子受記品・授学無学人記品で記別を授けている。

②「如来の遠本を開く」

「如来の遠本を開く」とは、『法華経』如来寿量品に説かれる経説で、

我実成仏已来。無量無辺百千万億那由他劫。譬如下五百千万億那由他阿僧祇三千大千世界。仮使有レ人末為二微塵一。(4)

とあり、釈尊は無量無辺百千万億那由他劫（五百億塵点劫）の過去においてすでに成仏していることを明かしている。この法門は、有限的な歴史上の釈尊が、自らの久遠の成道を説くことにより、釈尊の寿命が長遠であることを『法華経』にのみ説いていることが分かる。

③「随喜は第五十の人を歎ず」

「随喜は第五十の人を歎ず」とは、『法華経』随喜功徳品に説かれたもので、以下のように示している。

不レ如下是第五十人。聞二法華経一偈一随喜功徳上。百分千分百千万億分不レ及二其一一。乃至算数譬喩所レ不レ能レ知。(5)

この経説によると、『法華経』の教えを聞いて喜んだ者（初随喜）が、『法華経』の教えを他の人に伝え、その人がまた他の人に語るように、回り回って五十人目に至り、その第五十番目の人が得る功徳も無量であることから、返って最初に聞いて随喜した功徳の莫大さを示したものである。

④「聞益は一生補処に至る」

「聞益は一生補処に至る」とは、『法華経』分別功徳品の説示である。

復有二一四天下微塵数菩薩摩訶薩一。一生当レ得二阿耨多羅三藐三菩提一。(6)

この経説では、釈尊の久遠の寿命長遠の功徳を聴聞することにより、菩提心を起こして修行を始め、功徳が次第に成就して仏果に達するまでの五十二の階位（十信・十住・十行・十廻向・十地・等覚・妙覚）の中でも、一生のみ生死の迷いの世界に縛られるが、次の世には仏となることが約束されている菩薩の位（等覚・一生補処）に至ることを明かしている。

⑤「釈迦は五逆の調達を指して本師となす」

「釈迦は五逆の調達を指して本師となす」とは、『法華経』提婆達多品において明かしたものである。

爾時王者。則我身是。時仙人者。今提婆達多是。由二提婆達多善知識一故。令下我具二足六波羅蜜一(7)

この文によると、五逆罪（殺父・殺母・殺阿羅漢・破和合僧・出仏身血）を犯した提婆達多が天王如来という仏名を授けられ、成仏したことが説かれている。それは、ある国王が仏教の悟りの境地を求め阿私仙人と出会い、阿私仙人の教えを国王が守ることで仏になることができたとされる。また、その時の国王とは釈尊であり、阿私仙人は提婆達多であると表明する。釈尊は提婆達多という善知識によって悟りを得ることができたことを理由として、提婆達多に対し無量劫という永い時間を経たのち天王如来に成るという記別を授けられた。この提婆達多の成仏（悪人成仏）が説かれたとして、湛然は『法華経』のみに備わる勝れた法門の一つであると規定していることが分かる。

⑥「文殊は八歳龍女を以て所化となす」

「文殊は八歳龍女を以て所化となす」も、『法華経』提婆達多品に説かれた経説である。

文殊師利言。有㆓娑竭羅龍王女㆒。年始八歳㆒。智慧利根善知㆓衆生諸根行業㆒。得㆓陀羅尼㆒。諸仏所説甚深秘蔵悉能受持。深入㆓禅定㆒了㆓達諸法㆒。於㆓刹那頃㆒発㆓菩提心㆒。得㆓不退転㆒弁才無礙。慈㆓念衆生㆒猶如㆓赤子㆒。功徳具足心念口演。微妙広大慈悲仁譲。志意和雅能至㆓菩提㆒。(8)

この経文では、八歳の龍女（娑竭羅龍王の娘）の作仏を指し、従来、女人は五障（女性が生れながら持っていると説かれる五つの障害で、梵天・帝釈・魔王・転輪王・仏のそれぞれになることが出来ない障りのこと、煩悩障・業障・生障・法障・所知障）を有するため成仏できないとされていた。しかし、提婆達多品において、龍女が龍宮において文殊師利菩薩の説法を聴聞して菩提心を起こして開悟し、霊鷲山の会座において釈尊に宝珠を呈上して即座に成仏の相を示したことが明かされる。これは女人成仏の根拠として重要な意義を持ち、同じ提婆品前半に説かれる提婆達多の悪人成仏と共に、『法華経』が一切皆成の教えを説く経典であることを示す法門である。

⑦「一句を聞くにも咸く授記を与う」

「一句を聞くにも咸く授記を与う」とは、『法華経』法師品に説かれている。

聞㆓妙法華経一偈一句㆒。乃至一念随喜者。我皆与授㆑記。当㆑得㆓阿耨多羅三藐三菩提㆒。仏告㆓薬王㆒。又如来滅度之後。若有㆑人聞㆓妙法華経乃至一偈一句㆒一念随喜者。我亦与㆓授阿耨多羅三藐三菩提記㆒。(9)

この経文によると、薬王菩薩を代表とする八万の菩薩に向かって、仏の在世であれ滅後であれ、『法華経』の一偈一句を聞いて一念でも随喜する者には、成仏の保証を与えられるということが説かれている。

⑧「経の名を守護するに功量るべからず」

「経の名を守護するに功量るべからず」とは、『法華経』陀羅尼品の経説である。

汝等但能擁下護受持法華名上者。福不レ可レ量。[10]

陀羅尼品では、経名を守護する人、つまり『法華経』の法師となる人の功徳は計り知ることができないと示されている。

⑨「聞品受持すれば永く女質を辞す」

「聞品受持すれば永く女質を辞す」とは、『法華経』薬王菩薩本事品に明かしたものである。

若有二女人一聞二是薬王菩薩本事品一。能受持者。尽二是女身一後不二復受一。[11]

この経説によると、『法華経』を聞いて受持すれば永遠に五障のある女性に生まれないことが説かれている。

⑩「聞いて読誦すれば老せず死せず」

「聞いて読誦すれば老せず死せず」とは、⑨と同様、『法華経』薬王菩薩本事品において示されたものである。

若人有レ病。得レ聞二是経一病即消滅。不老不死。[12]

薬王菩薩本事品では、病を患っている者が『法華経』を聞いて読誦すれば、『法華経』は娑婆世界（閻浮提）の人々の良薬であるため、病は忽ち消滅し、不老不死の功徳が得られることを説いている。

⑪「五種の法師は現に相似を獲る」

「五種の法師は現に相似を獲る」とは、『法華経』法師功徳品に説かれている。

若読若誦若解説若書写。是人当レ得二八百眼功徳。千二百耳功徳。八百鼻功徳。千二百舌功徳。八百身功徳。千二百意功徳一。以二是功徳一荘二厳六根一皆令二清浄一。(13)

この経文によれば、『法華経』を受持・読・誦・解説・書写の五種の修行をする人（五種法師）は、今身に六即（理即・名字即・観行即・相似即・分真即・究竟即）の第四位である相似即の位に至り、眼・耳・鼻・舌・身・意の六根の汚れが払われて、心身ともに清らかになる（六根清浄）位を得ることができると明かしている。

⑫「四安楽行は夢に銅輪に入る」

「四安楽行は夢に銅輪に入る」とは、『法華経』安楽行品に示された経説である。

又見二自身一　在二山林中一　修二習善法一　証二諸実相一　深入二禅定一　見二十方仏一
諸仏身金色　百福相荘厳　聞レ法為レ人説　常有二是好夢一　又夢作二国王一　捨二宮殿眷属　及上妙五欲一　行二詣於道場一　在二菩提樹下一　而処二師子座一　求レ道過二七日一　得二諸仏之智一(14)

この文を確認すると、仏滅後の悪世に『法華経』を弘めようとする初心の菩薩が心掛けるべき四種の行法として、①行処（法華行者のとるべき行動・ふるまい）と親近処（法華行者の行動・交際の範囲、修行観法の肝心）に安住することで、諸法実相を観じて権力者や女人等に親近しないこと（身安楽行）、②悪口を誡め、求法者には大乗を説くこと（口安楽行）、③嫉妬や軽慢等を捨てて、一切衆生に対して平等に法を説くこと（意安楽行）、④一切衆生を一仏乗に入らしめんと誓願すること（誓願安楽行）、の四安楽行が挙げられる。そして、この四安楽行を修する者は、夢に銅輪、つまり菩薩が仏となるまでの五十二の修行階位（五十二位）の内、円教十住（発心住・治地住・修行住・生貴住・具足方便住・正住・不退住・童真住・法王子住・灌頂住）の位に登ることが説かれている。

⑬「悩乱する者は頭七分に破る」

「悩乱する者は頭七分に破る」とは、『法華経』陀羅尼品に説かれている。

若不レ順ニ我呪一　悩ニ乱説法者一　頭破作ニ七分一　如ニ阿梨樹枝一[15]

この文によれば、『法華経』の行者を悩ます者は、頭が阿梨樹の枝のように七つに割れてしまうとして、『法華経』の行者の守護が示されている。

⑭「供養すること有る者は福十号に過ぎたり」

「供養すること有る者は福十号に過ぎたり」とは、『法華経』法師品に説かれる経説である。

有レ人求ニ仏道一　而於ニ一劫中一　合掌在ニ我前一　以ニ無数偈一讃　由ニ是讃仏一故　得ニ無量功徳一　歎ニ美持経者一　其福復過レ彼[16]

法師品によれば、『法華経』を信受・供養する者の福徳は、如来の十号（如来・応供・正遍知・明行足・善逝・世間解・無上士・調御丈夫・天人師・仏世尊）で表される仏の功徳に勝ると説かれている。

⑮「已今当説一代に絶する」

「已今当説一代に絶する」とは、⑭と同じく『法華経』法師品に明かされる法門である。

薬王今告レ汝　我所説諸経　而於二此経中一　法華最第一

爾時仏復告二薬王菩薩摩訶薩一。我所説経典無量千万億。已説今説当説。而於二其中一。此法華経最為二難レ信難一レ解。(17)

ここでは、薬王菩薩に対し、釈尊の説く経典は無数あるが分類すると、経説には爾前の諸経（已説）、無量義経（今説）、涅槃経（当説）の三説があり、『法華経』は他経に超過して最も勝れている大法（三説超過）であることを明かしている。

⑯「其の教法を歎ずるに七喩を称揚す」

「其の教法を歎ずるに七喩を称揚す」とは、『法華経』薬王菩薩本事品に説かれた法門として、湛然は「七喩称揚」としている。また日蓮は、『注法華経』において「十喩称揚」(18)と示されていることが注目できる。

譬如三一切川流江河諸水之中。海為二第一一。此法華経亦復如レ是。於二諸如来所説経中一。最為二深大一。又如三土山黒山小鐵囲山大鐵囲山及十宝山。衆山之中須弥山為二第一一。此法華経亦復如レ是。於二諸経中一最為二其上一。又如三衆星之中。月天子最為二第一一。此法華経亦復如レ是。於二千万億種諸経法中一。最為二照明一。又如三日天子能除二諸闇一。此経亦復如レ是。能破二一切不善之闇一。又如三諸小王中。転輪聖王最為二第一一。此経亦復如レ是。於二衆経中一最為二其尊一。又如下帝釈。於二三十三天中一王上。此経亦復如レ是。諸経中王。又如二大梵天王。一切衆生之父一。此経亦復如レ是。一切賢聖学無学。及発二菩薩心一者之父。又如三一切凡夫人中。須陀洹斯陀含阿那含阿羅漢辟支仏為二第一一。

此経亦復如レ是。一切如来所説。若菩薩所説。若声聞所説。諸経法中最為二第一一。有三能受二持是経典一者。亦復如レ是。於二一切衆生中一亦為二第一一。一切声聞辟支仏中菩薩為二第一一。此経亦復如レ是。於二一切諸経法中一最為二第一一。如三仏為二諸法王一。此経亦復如レ是。諸経中王。(19)

この経文によると、『法華経』が諸経の中で最も偉大な教えであることを十の喩えで明かしている。これらをまとめると以下のようになる。

（一）諸水の中で海が第一であると同様、『法華経』も諸経の中で最も深大であること（水喩）。
（二）諸山の中で須弥山が第一であると同様、『法華経』も諸経の中で最上であること（山喩）。
（三）諸星の中で月天子が第一であると同様、『法華経』も諸経の中で最も明るく教えを照らしていること（衆星喩）。
（四）日天子が諸の闇を除くと同様、『法華経』も一切の不善の闇を破すこと（日光喩）。
（五）諸王の中で転輪聖王が第一であると同様、『法華経』も諸経の中で最も尊い教えであること（輪王喩）。
（六）帝釈天が三十三天の王であると同様、『法華経』も諸経の王に位置すること（帝釈喩）。
（七）大梵天王が一切衆生の父であると同様、『法華経』も一切の賢聖や学無学の菩提心を起こす者の父であること（梵王喩）。
（八）一切の凡夫の中で、須陀洹・斯陀含・阿那含・阿羅漢・辟支仏が第一であると同様、『法華経』も一切の教えの中で第一であること（四果辟支仏喩）。
（九）一切の声聞・辟支仏の中で菩薩が第一であると同様、『法華経』も諸経の中で第一であること（菩薩喩）。
（十）仏が諸法の王であると同様、『法華経』も一切諸経の中の王であること（仏喩）。

湛然は七喩、日蓮は十喩を以て権実の相異を明らかにし、『法華経』が一切諸経中の経王であることを示している。

そしてこの『法華経』を受持する者も、一切衆生の中の第一であると受持者を称歎していることが分かる。

⑰「地より涌出せるを阿逸多一人をも識らず」

「地より涌出せるを阿逸多一人をも識らず」とは、『法華経』従地涌出品に説かれている。

四方地震裂　皆従レ中涌出　世尊我昔来　未三曾見二是事一　願説二其所従　国土之名号一　我常遊二諸国一　未三曾見二是衆一　我於二此衆中一　乃不レ識二一人一　忽然従レ地出　願説二其因縁一[20]

従地涌出品では、釈尊が『法華経』を娑婆世界で唱導する者達として、上行菩薩を上首とする地涌千界の菩薩を明かしたが、弥勒菩薩を始めとする迹化の菩薩衆は地涌の菩薩の存在を知らないため、疑問を持つとしている。このことは、次品の如来寿量品において久遠実成が開顕される伏線となるものであり、まず本化の菩薩衆たちが久遠であることを明かしている。

⑱「東方の蓮華をば龍尊王未だ相の本を知らず」

「東方の蓮華をば龍尊王未だ相の本を知らず」とは、『法華経』妙音菩薩品の経説である。

妙音菩薩。不レ起二于座一身不二動揺一。而入二三昧一。以二三昧力一。於二耆闍崛山一去二法座一不レ遠。化二作八万四千衆宝蓮華一。閻浮檀金為レ茎。白銀為レ葉。金剛為レ鬚。甄叔迦宝以為二其台一。爾時文殊師利法王子。見二是蓮華一而白レ仏言。世尊。是何因縁先現二此瑞一。有二若干千万蓮華一。閻浮檀金為レ茎。白銀為レ葉。金剛為レ鬚。甄叔迦宝以為二其台一。爾時釈迦牟尼仏告二文殊師利一。是妙音菩薩摩訶薩。欲戊従二浄華宿王智仏国一。与二八万四千菩薩一囲繞。而来丁至此娑婆世界一。供乙養親丙近礼丁拝於我甲。亦欲三供養聴二法華経一。[21]

この経説では、妙音菩薩は座に坐ったまま三昧に入り、娑婆国土の霊鷲山の近くに八万四千の宝玉の蓮華を現出した。それらは閻浮提で採れる金の茎、白銀の葉、金剛の鬚、甄叔華宝（キンシュカの花、又は赤宝という宝石）の台からなり、文殊師利菩薩は蓮華を見て、釈尊にこの奇譚の理由を尋ねた。すると釈尊は、妙音菩薩が浄華宿王智仏の国土から、八万四千の菩薩達を引き連れてここへやってきて、釈尊を礼拝・親近・供養し、『法華経』を聴聞しようとしているのだと説いたことで、『法華経』の超勝性を示している。

⑲「迹化には三千の墨点を挙ぐ」

「迹化には三千の墨点を挙ぐ」とは、『法華経』化城喩品に明かされた法門である。

譬如下三千大千世界所有地種。仮使有レ人磨以為レ墨。過二於東方千国土一乃下二一点一。大如二微塵一。又過二千国土一復下二一点一。如レ是展転尽中地種墨上。於二汝等意一云何。是諸国土。若算師若算師弟子。能得二辺際一知二其数一不。不也世尊。諸比丘。是人所レ経国土。若点不レ点。尽末為レ塵一塵一劫。彼仏滅度已来復過二是数一。[22]

化城喩品では、大通智勝仏の出世が久遠なることを明かす譬喩であり、この大通智勝仏には十六人の王子がおり、第十六番目の王子を釈尊であると明かすことで、霊山会上の人々を始め、この娑婆世界の衆生はみな釈尊の結縁の人たることを証明している。またこのことは、大通智勝仏の第十六王子の『法華経』を聴聞することで、成仏得脱の種が下され（下種益）、その中間において調熟（熟益）がなされ、その結果、今の得脱（脱益）があると説かれている（化道の始終不始終の相）。

⑳「本成をば五百の微塵に喩えたり」

「本成をば五百の微塵に喩えたり」とは、『法華経』如来寿量品において説かれた経説である。

我実成仏已来。無量無辺百千万億那由他劫。譬如下五百千万億那由他阿僧祇三千大千世界。仮使有レ人末為二微塵一。過二於東方五百千万億那由他阿僧祇国一。乃下二一塵一。如レ是東行尽中是微塵上。諸善男子。於レ意云何。是諸世界。可レ得三思惟校計知二其数一不。弥勒菩薩等倶白レ仏言。世尊。是諸世界無量無辺非二算数所一レ知。亦非二心力所一レ及。一切声聞辟支仏。以二無漏智一。不レ能三思惟知二其限数一。我等住二阿惟越致地一。於二是事中一亦所レ不レ達。世尊。如レ是諸世界無量無辺。爾時仏告二大菩薩衆一。諸善男子。今当三分明宣二語汝等一。是諸世界。若著二微塵一及不レ著者。尽以為レ塵一塵一劫。(23)

如来寿量品では、釈尊が自らの成道が菩提樹下における成道ではなく、久遠の昔、つまり五百億塵点劫の過去において成道していたことを明かし、同時にそれ以来、常に衆生を説法教化してきた釈尊の寿命長遠を明かしている（師弟の遠近不遠近の相）。

以上、湛然が『法華経』独自の法門を摘出している十双歎について概観してきた。その中でも特に注目できるのは、⑲「迹化には三千の墨点を挙ぐ」、⑳「本成をば五百の微塵に喩えたり」、の法門であると考えられる。なぜなら智顗は、『法華玄義』巻第一上において、

教相為レ三。一根性融不融相。二化道始終不始終相。三師弟遠近不遠近相。教者聖人被レ下之言也。相者分別同異也。(24)

と示し、三種教相（根性の融不融の相・化導の始終不始終の相・師弟の遠近不遠近の相）を明かすためでもあると主張するこ

とからも理解できる。三種教相は、釈尊御一代の聖教を爾前諸経と『法華経』とに分別し、『法華経』の勝れている法門を三種挙げたものであり、湛然が第二・第三教相を十双歎の最後の項目として置いていることは大いに注目できる。そこで次に、日蓮はこの十双歎、特に「三五の二法」についてどのように受容し、展開しているのかについて確認していきたい。

第二項　日蓮にみる二十の大事

本項では、日蓮遺文に見える二十の大事（十双歎）の説示について概観していきたい。日蓮遺文（真蹟現存・真蹟曽存・断片・断簡・直弟写本）を通覧すると、「十双歎」という単語では確認することができず、「二十の大事」として記されていることが分かる。また、二十の大事の個々の項目について述べられた日蓮遺文は散見されるが、「二十の大事」として直接的に提示された遺文は、管見の限り、『開目抄』『法蓮鈔』『法華取要抄』『兄弟鈔』の四遺文を挙げることができる。そこでこれらの日蓮遺文を確認し、日蓮が二十の大事をどのように捉えていたのかを見ていきたい。

> 但此経に二十の大事あり。倶舎宗・成実宗・律宗・法相宗・三論宗等は名をもしらず。華厳宗真言宗との二宗は偸に盗で自宗の骨目とせり。一念三千の法門は但法華経の本門寿量品の文の底にしづめたり。龍樹天親知て、しかもいまだひろいいださず。但我が天台智者のみこれをいだけり。[25]

まず『開目抄』では、『法華経』には二十の大事があることを示し、『法華経』以外の教えである倶舎宗・成実宗・律宗・法相宗・三論宗等はその名前、すなわち一念三千という名前さえ知らないと主張していることが分かる。特に華厳宗と真言宗に対しては、『法華経』の教えである一念三千という教義を盗み出し、自宗の教えの重要教義としていると論断している。そして、一念三千の法門は龍樹や天親はそれを知りながらあえて取り出さず（内鑑冷然）、ただ智顗だけがこの一念三千の教えを心に抱いていたとしている。

心ざしなくとも末代の法華経の行者を讃供養せん功徳は、彼三業相応の信心にて、一劫が間生身の仏を供養し奉るには、百千万億倍すぐべしと説給て候。これを妙楽大師は福過十号とは書れて候なり。十号と申は仏の十の御名なり。十号を供養せんよりも、末代の法華経の行者を供養せん功徳は勝とかかれたり。妙楽大師は法華経の一切経に勝たる事を二十あつむる其一也。(26)

次に、『法蓮鈔』においては、心からでなくとも末法の『法華経』の行者を讃えたり、供養したりする功徳は、身・口・意三業が揃って信心をなし、一劫の間、生身の仏を供養する功徳より百千万億倍勝れていると述べており、湛然の二十の大事中、⑧の内容であることが分かる。

今法華経与相対諸経超過一代廿種有之。其中最要有二。所謂三五二法也。(27)

さらに、『法華取要抄』では、『法華経』と爾前諸経を相対すれば、『法華経』が諸経よりも勝れた教えであることを証明したものとして、二十の大事という法門があるとしている。その中でも最も重要な法門として、湛然が示した⑲、⑳の三五の二法を挙げていることが確認できる。

別して経文に入て此を見奉れば二十の大事あり。第一第二の大事は三千塵点劫、五百塵点劫と申二の法門也。(28)

そして、『兄弟鈔』では、『法華経』と諸経を相対すると、『法華経』が諸経に超過する要因として二十種の大事があるとしている。その中でも一番の中心課題として湛然が提示した、⑲化城喩品に説かれる下種益・熟益・脱益の三益に渡る化導の始終を明かした（化導の始終不始終の相）三千塵点劫、及び⑳如来寿量品において明かされる、釈尊の本因妙・本果妙を顕した（師弟の遠近不遠近の相）五百億塵点劫の経説が最も重要であると述べている。

これらの遺文より日蓮は、二十の大事の中でも特に、三千塵点劫・五百億塵点劫の問題が最重要課題であると考えていたと思われる。また、日蓮は本門を重視する立場からも、三五の二法中、五百億塵点劫の過去の教えこそが真実の教えであると捉えていることは以下の遺文からも承知できる。

以本門疑之教主釈尊五百塵点已前仏也。因位又如是。自其已来分身十方世界演説一代聖教教化　塵数衆生。以本門所化比校　迹門所化一渧与大海一塵与大山也。[29]

法華経迹門過去演説三千塵点劫。一代超過是也。本門五百塵点劫・過去遠遠劫演説之又宣伝未来無数劫事。[30]

日蓮は『観心本尊抄』において、『法華経』本門は五百億塵点劫の過去における久遠実成を明かすことを根拠として、迹門と比較すれば、一滴の水と大海、一粒の砂と大きな山のように大きな差があることを提示している。また、『聖人知三世事』では、化城喩品に説く三千塵点劫の過去を明かすことは、一代諸経に対する『法華経』の超勝性を示す上では重要である。しかし、本門の五百億塵点劫の久遠の因果を説くことで、未来の成仏までも約束されることとなり、末法では本門を重要視する所以であると主張する。

なお、日隆は、『御書文段集』において、『開目抄』『法華取要抄』について科文を付している。『開目抄』では、二十の大事の箇所について、「一、二箇の教門を標示して破立の意を顕す」[31]と科文を付し、二乗作仏・久遠実成の教門を表明したものであるとしている。また『法華取要抄』では、「今法華経与相対諸経超過一代廿種有之。」[32]の箇所には、「第一、総ジテ余経不共ノ今経ノ二十ノ大事ヲ出ス。」[33]とし、「其中最要有二。所謂三五二法也。」[34]には「第二、別シテ二箇ノ大事ヲ撰出ス。二ト為ス。」[35]と付している。日隆は、二十の大事が説かれる日蓮遺文について、いずれも二乗作仏・久遠実成を明かす箇所であると解釈している。すなわち、二箇の大法が明かされるには、塵点劫解釈が重要な課題となっているのではないかと推察する。そこで次項では、塵点劫の問題について、日隆はどのように捉えているのかを日隆の著述より辿っていきたい。

第三項　日隆にみる塵点劫の説示

日隆の塵点劫解釈について考察するに先立って、日蓮の塵点劫解釈の先行研究を確認すると、茂田井教亨『日蓮教学の根本問題』[36]、大平宏龍「宗祖の教相論に関する一視点」[37]、北川前肇『日蓮教学研究』[38]等が挙げられる。[39]その中で茂田井教亨氏は、三五の二法を①「一代超過」と言う、比較論として教相的に表現されたもの、②釈尊の因位・果位に約して論及されたもの、③罪業意識から扱われたもの、の三つに分類し、宗教的関係において仏と衆生との関わりを指摘する所にその特徴が窺える。また大平宏龍氏は、三五の二法を久遠の開顕に関連して、①仏身論、②成仏論、③教相論等があると指摘した上で、特に教相論の視点から論じている。さらに北川前肇氏は、①教相論、②下種・結縁の説示、③罪業観、④因位と果位、という四つの概念に分けて論を展開している。

また、日隆の塵点劫解釈についての先行研究としては、茢谷日任『法華宗教義綱要』[40]、株橋日涌『観心本尊鈔講義』[41]等が挙げられる。[42]茢谷日任氏はその著書の中で、「久遠五百塵点本地の宗旨」と題し、①法説顕本・理成顕本、②譬説顕本・事成顕本、③総名顕本・信心顕本、といった顕本論の視点から考察している。そして株橋日涌氏は、「三五の遠化」と題し、①三五塵点は実説、②三五下種の種子、という二つの視点から考察を加えている。

そこで本項では、これらの先行研究に示唆を受け、塵点劫を解釈する上で、①法華経の超勝性、②下種の説示、③罪業の説示、④釈尊の因位・果位、に加え、日隆が台当異目を主張するために重要であったであろうと思われる、⑤塵点劫実説の説示と、⑥塵点劫仮説の説示、の六つの視点を基軸として、日隆の著述に基づいて考証していきたい。

（一）　法華経の超勝性

これまで、湛然が『法華文句記』巻第四下において『法華経』のみに備わる勝れた法門として十双歎を取り上げてきた。その中で三千塵点劫とは、⑲「迹化には三千の墨点を挙ぐ」とあるように、『法華経』迹門の化城喩品に明かされた法門で、化城喩品は三周説法中、因縁周の正説段にあたるとされる。この因縁周が説かれる意図としては、法説周、譬説周では領解できなかった仏弟子のために、過去から『法華経』との必然的関わりを持っている事が語られることにあり、その過去を明かすために三千塵点劫が明かされると考えられる。また五百億塵点劫とは、湛然によれば、⑳「本成をば五百の微塵に喩えたり」と示しており、『法華経』本門の如来寿量品に明かされた釈尊と弟子との関わりを、永遠という宗教的な時間概念で裏付けようと試みた法門であると思われる。

この二つの法門について、日隆は釈尊と衆生との必然的な関わりを日蓮遺文を通じてどのように捉え、受容していったのであろうか。そこで日隆の著述より、三五塵点劫に見る『法華経』の超勝性の説示について確認していきたい。

其の次には迹門の三千塵数は五百より塵数少し、故に第二と為す、此の三千塵数も爾前諸経に対すれば諸経の中の根本なり、経王なり、其の故は華厳経真言三部経の中に、過去常の三五遠事之を説かざる故に、垂迹所開の経と成り、今経迹門の過去大通王子の三宝は根本と成り、其れより猶ほ本門は根本と成るなり、此くの如き根本経王の義は三五遠事あるに依て、真言経等の頂上に居し、本門独り経王と成るなり。[43]

『法華宗本門弘経抄』では、『法華経』迹門の三千塵点劫は五百億塵点劫より塵数が少ないために第二番目であるが、三千塵点劫は爾前諸経に対すれば諸経の中の根本であり、経王となるとしている。その理由として、『華厳経』や『真言三部経（大日経・金剛頂経・蘇悉地経）』の中には過去の三五の遠化を説かないために、垂迹仏が明かす所の経説に留まり、『法華経』迹門の大通王子の三宝は根本となり、本門はこれらの経説以上の根本となる。この根本経王の義は、三五の遠化を明かすことを根拠とすることで、『真言経』等といった諸経の頂点に立つ教えとは『法華経』本門のみであるとしている。つまり、三千塵点劫は爾前諸経より見れば諸経中、迹門の経王にはなりうるが、さらにその根本として本門の開顕が必要であることが分かる。ではなぜ、迹門では真実の経王となりえないのであろうか。その事を窺うと以下の記述が看取できる。

爾前諸経と今経迹門とを相対するに、爾前諸経には近々の過去の事を明し、迹門には過去の往事を三千塵点まで之を明し、三千塵点の間に化道の始終種熟脱を明す故に、化道の始めの下種は大通覆講法華にこれあり、故に根本経王と為す。熟脱は中間今日前四味の華厳・大日経・阿弥陀経等の諸経は化道の終りなる故に枝末の経と為し所開の経と為す。故に三千塵点の遠事を以て迹門経王の証拠と為すなり。此れは初二重の教相に約して経々の権実を顕す勝劣なり。未だ釈尊と諸仏との勝劣は顕れず(44)

『開迹顕本宗要集』では、爾前諸経と『法華経』迹門を相対すると、爾前諸経では過去を明かすが、その過去は近いものである。一方、『法華経』迹門では過去を三千塵点劫まで遡って明かし、この三千塵点劫の間に化導の始終、種熟脱を明かすために、化導の始めの下種は大通覆講法華にあるため、根本経王の義となると規定する。また熟脱として、中間今日前四味である『華厳経』『大日経』『阿弥陀経』等の諸経は、化導の終りであるために枝末の経であり、所開の経であるとしている。つまり、三千塵点劫の遠化を以て迹門経王の証拠とし、第二教相に約すれば『法華経』と諸経との権実を勝劣したに過ぎず、迹門だけでは未だ釈尊と諸仏との勝劣は顕れておらず、真実の経王とはならないとしていることが分かる。

今経は大慈大悲深重の御経なる故に之を信得せば無上の大悲を発す、故に三周の声聞は権行利生の為め三千塵劫を経るなり、本門の五百塵劫も釈尊上行五百の大願を起して、此の界の悪人、乃至他界の悪人、殊に上行は此界他方の滅後の悪人を化度し尽すべしと、尽生界の願を起す故に、釈尊上行は長寿なり、故に今経の三五塵劫を以て経旨と為し経の神と為し経王第一と為すなり、之に依て

　記の四五十ウに云く、迹化ニハ挙二三千ノ墨点ヲ一本成ニハ喩二五百ノ微塵ニ一本迹ノ事希ナリ諸教ニ不レ説 文(45)

また『法華宗本門弘経抄』では、『法華経』は大慈大悲深重の経であるためこれを信行すれば無上の大悲を発すと言う。よって（法説周・譬説周・因縁説周による）記別を授けられた上根の舎利弗・中根の迦葉等四大声聞・下根の富楼那等の声聞が爾前権経の修行を行い利益を得ることができたのは、三千塵点劫の過去の下種を経たためであると定義する。また、本門の五百億塵点劫も釈尊・上行の因位の際、五百種の大願（釈尊が因位の宝海梵志として修行していた時に起こした五百種の誓願で、『悲華経』巻七(46)に説かれる）を起こして此界の悪人や他界の悪人、特に上行は此界・他方の滅後悪人を救済し尽くすと尽生界の願（無量の衆生を一人も漏らさず生死の苦しみから救度しようという誓いのこと）を起こすため、釈尊・上行は長寿であるとしている。よって、『法華経』の三五塵点劫を以て『法華経』の経旨とし、経典の神（たましい）であり、経王第一となすとする。その証拠として、『法華文句記』巻第四釈方便品第二の、「迹化には三千の墨点を挙げ、本成には五百の微塵に喩う。本迹の事は希なり。諸教には説かず。」の文を引用している。

以上の説示より、化城喩品において三千塵点劫の過去を明かすだけでは、『法華経』が諸経との権実を勝劣したに過ぎず、釈尊と諸仏との勝劣はいまだ開顕されていないと主張していることが分かる。そして、如来寿量品に明かされる五百億塵点劫を以て、釈尊・上行の長寿を明かし、釈尊・上行は悪人を救済し尽くすために長寿であり、諸仏の根本になるとしている。よって『法華経』は、三五塵点劫を説いた経典の魂であり、経王とも言え、諸経より勝れていると主張していることが理解できる。

（二）下種の説示

日隆は、諸経と『法華経』を相対し、三五の遠化を以て『法華経』の超勝性を主張していることが分かった。では次に、三千塵点劫・五百億塵点劫の過去に明かされる下種の説示について確認していきたい。

> 知ヌ今日一代五味ノ脱益ノ根本ハ大通ノ元旨ナル故ニ、迹中ノ五味ノ主ハ今経ノ大通結縁ノ所也、機ノ下種ヲウヘタル事ハ実ナレドモ、其ノ種子ヲ尋ヌレバ本地久遠ニ有リレ之、故ニ迹ヲバ破廃スル也、所詮釈尊ノ妙法下種ハ久遠五百塵点劫也、今日一代得脱ノ衆生ノ下種ハ三千塵点大通覆講法華ノ時也、釈尊ノ下種ノ所ト今日二乗等下種ノ所トヲ取リ合セテ三五塵点ト今経ニ説ク也、此ノ旨ヲ一代諸経ニ不レ説カレ之ヲ、今経ノ迹門ニハ明シ二二乗作仏ヲ一本門ニハ明ス二如来久遠成道ヲ一ト云ハ是也、此ノ二ヶ五味ノ主也、是レ本門ノ法門也、本門ノ意也、如クレ此ノ迹門本門倶ニ顕シ二種子ヲ一一切衆生成仏ノ諸経得道ハ今経ノ成仏也ト開会スル故ニ、本迹倶ニ約シテレ種ニ論スルレ開ヲ辺ハ可キ二本門ノ意ナル一者也、此等ノ趣ハ蓮師御判釈分明也、焼米抄太田抄兄弟抄観心本尊得意抄等皆法華経ハ五味主ト云意ヲ判ジ玉フ也(47)

『私新抄』では、今日の一代五味（乳味・酪味・生蘇味・熟蘇味・醍醐味。華厳・阿含・方等・般若・法華涅槃）における脱益の根本は、大通智勝仏の時に第十六王子から『法華経』の説法を聞いて成仏すべき縁を結んでいたために、迹中の五味の主は『法華経』における大通結縁によるものだという。大通下種は衆生に下種したことは偽りでないが、その種子の根本を尋ねてみると久遠本地にまで遡るため、迹門を破棄するとしている。よって、釈尊による妙法の下種は久遠五百億塵点劫の過去に存在するとし、今日一代において脱益を得た衆生の下種とは、三千塵点劫の過去における大通覆講法華の時に受けた下種である。よって、釈尊による久遠五百億塵点劫の下種と、今日二乗等が下種を受けた大通下種とを取り合わせて三五塵点と『法華経』に説いているとしている。また、これらの内容は一代諸経には説かれておらず、『法華経』迹門には二乗作仏、本門には久遠実成を明かすことが五味主たる所以であり、本門の意であると結論づけている。さらに、一切衆生の成仏や諸経においての成仏は、『法華経』による成仏であると明らかにするために、本門・迹門ともに種子に約して開会を論じることは本門の意であるとする。そしてこのことは、日蓮遺文においても明白であり、『焼米抄（曽谷殿御返事）』『太田抄（曽谷入道殿許御書）』『兄弟鈔』『観心本尊得意抄』等において、『法華経』は五味主という意を論じたものであるとしている。

つまり、一代諸経における得脱は、全て大通下種による功徳であり、諸経の功徳による成仏ではないと否定していることが分かる。しかも、この大通下種も顧みれば、根本は久遠下種にまで遡り（五味主）、そのことで迹門は廃棄されると解していることが分かる。そこで次に、久遠下種の説示について確認していきたい。

下種の立処の事

抑々脱益は三周の座、本門の一品二半なり、此の脱益は現在を以て正と為す、下種は過去にあり、故に法華経には種子無上を明す、故に過去遠々の三五の遠本を明して三五下種を論ずる故に、法華経は現在を以て仮宿と為し過去を以て本住処と為す、されば涌出寿量の三世益物をば過去が家の三世と定め玉へり、諸経には現未常住を明し、法華経には過去常を明す故に、法華には過去の根本本地を明す故に能開と為し、過去の三五下種を明す故に成仏を論ずるなり、諸経には現未枝葉を明して熟脱を論ずる故に所開と成す、故に無得道と云ふなり、華厳真言には三五の遠本を明さざる故に所開と為し、法華迹本を以て能開と為すなり、又三五下種の中に前に記するが如く大通下種は真実の下種にあらず、久遠下種を以て真の下種と為す故に、一代諸経の中には本門八品上行要付の本尊を以て下種の立処と為すなり、其の中にも根源を尋ぬれば涌出寿量、涌出寿量の中にも寿量品の正在報身の本因本果本国土総在の本因妙初住相似観行名字の名字信心の口唱の南無妙法蓮華経是れなり(48)

『法華宗本門弘経抄』如来神力品釈では、「下種の立処の事」と題し、下種について述べる箇所である。この文によると、脱益は三周説法の座と本門の一品二半で示され、脱益は釈尊在世では正とみなしている。しかし、下種は過去にあるために、『法華経』によって下された仏の種子（成仏の因）が無上であることを明かす。よって、過去の三五の二法を明かして三五下種を論じるために、『法華経』は現在を仮の宿とみなし、過去を以て本当の教えが住む所であるとする。そうであるならば、従地涌出品・如来寿量品に示される三世益物は、過去が基となった三世であると規定している。また、諸経には現在・未来の常住を明かしているが、『法華経』には過去常を明かし、根本の本地をも明かすために能開（権を開して実に会入する開会をはたらきかける立場）となり、過去の三五下種による成仏を論じたものである。一方、諸経には現在・未来の些細な教えを明かして熟益を論じるために、所開（権を開して実に会入する開会を蒙る立場）となり、成仏することができない教えであるとしている。さらに、華厳・真言には三五の二法を明かさないために所開となり、『法華経』迹門・本門を以て能開となす。そして、三五下種の中でも大通下種は真実の下種にはならず、久遠下種を以て真実の下種とするために、一代諸経の中には本門八品上行要付の本尊が下種の立処となると主張している。なぜなら、本門八品の中において下種の根源を尋ねると、如来寿量品に明かされる正在報身（『法華経』の教主である釈尊は法身・報身・応身の三身を具足する仏であるが、報身を中心とした仏格）の本因本果本国土を総在した、本因妙時に修行する六即の中でも名字即（善知識に従って初めて三諦の名を聞き、一切法はみな仏法であると領解・信順する位）の信心による口唱の南無妙法蓮華経こそが下種の根源であるとしている。

すなわち日隆は、爾前諸経における得脱は、その淵源において三千塵点・五百億塵点劫の過去における下種によるものだと主張していることが分かる。そしてその中でも、久遠下種が成仏の源であり、釈尊が本因妙時に唱えた信心による口唱の南無妙法蓮華経こそが下種の根源であると結論づけている。

これまで、爾前諸経における得脱は三五下種によるものだということが理解できた。こうした釈尊の久遠下種という救いがあるにも関わらず、末法の衆生は華厳・真言等といった諸経の教えに退転しているという認識が、日隆の罪業意識を形成することになったと思われる。ここでは、三千塵点劫・五百億塵点劫を基礎として、日隆の罪業や謗法といった説示に着目し確認していきたい。

(三)　罪業の説示

私に云く、当文に十四誹謗の悪因に依て悪果を感ずべしと云ふは、大通下種退大取小已来の事なり、諸御抄、唱法華題目抄等は退大取小の謗罪に、三悪四趣に堕する等と定判し玉へり、知んぬ今の謗罪堕獄も大通以来のことなり、故に此の悪人も下種は大通なり、謗法堕獄は中間熟の時分なり、何ぞ今日脱益の座に来たらざらんや、五千の慢人は謗罪を相ひ残して涅槃に漏れ、正像に移さるゝ者是れなり、故に今悪人と云ふも善人の如く、其の性は三五下種の物なり、故に本已有善の内の悪人なり、此れ等の善悪の機の為め、釈迦は出世して踟蹰して之を通ぜず、文句十の問答云云[49]

この文は『法華宗本門弘経抄』譬喩品釈における十四誹謗について説かれた箇所である。日隆は、十四誹謗（『法華経』に対する誹謗。憍慢・懈怠・計我・浅識・著欲・不解・不信・顰蹙・疑惑・誹謗・軽善・憎善・嫉善・恨善）の悪因によって悪果を感じるべきであると主張する背景には、大通下種を退転し、大乗を退いて小乗を取るためであるとしている。また、日蓮『唱法華題目抄』[50]には、大乗の教えを退いて小乗の教えを取るという謗法罪は、三悪（地獄・餓鬼・畜生）四趣（地獄・餓鬼・畜生・修羅）に堕ちる等と述べられる。よって、今の謗法罪による堕獄も大通以来のことであり、この堕獄した悪人も大通下種から退転したものである。さらに、謗法罪により堕獄した者は、中間熟益を経て今日脱益の座において釈尊が、『法華経』方便品で広開三顕一の法門を説く際、五千人の増上慢の四衆が座を立って退出（五千起去）することで謗法罪を残し、涅槃の捃拾に漏れて正法・像法に至った者である。すなわち、今悪人と記している者は、末法の衆生より見れば善人であり、本来三五下種を受けた者であると規定している。またこの悪人は、本已有善の内の悪人であり、その機根は高いために釈尊は今日応現したが、躊躇してすぐには『法華経』の真実の教えを説かなかったと『法華文句』巻第十の問答を引用している。つまり、大通下種を退転し大乗を退いて小乗を取る謗法者は、今日得脱、正法・像法において得道に至ることができた者であり、末法の衆生より見れば善人に該当する。なぜなら、この謗法者は三五下種を受けた者であるため、日隆は本已有善の内の悪人であると定義するからである。

当宗の義に云く、本門の意は久成本因本果の本仏界の慈父より上行等九界の王子を出生せり。此の慈父釈尊、従果向因して本因妙に垂下し、仏身を変じて地涌菩薩身と成て衆生に仏種を下すに信・謗あり。信者は上行等と成り、下種退失の謗者は退本取迹の迹化菩薩衆と成り、退大取小して二乗界に落ち下り、猶を見思未断の戒善の人天に落ち下り、猶を四重五逆三悪四趣に落ち下る。故に九界あり。此の九界は謗法罪より出生せり。譬喩品の十四誹謗段の意も六道輪廻の根源は謗法罪より起ると見えたり。故に謗法罪に依て地涌菩薩界を退して小権迹の九界に堕落すと云へども、久遠下種の種子、第八識の心田に染み付きて更に失はず。故に悉是吾子と云ひ、一切衆生悉有二仏性一と云ひ、諸法実相と宣べ、当体蓮華と云ふ。此の故に不軽菩薩は衆生の仏性を礼す。仏性とは本有の三因なり、久遠下種退転余残の信心の種子なり。(51)

『開迹顕本宗要集』において、本門は久遠実成本因本果の本仏界の慈父より、上行等九界の王子を出生するとしている。この釈尊は本果の境界（仏界）から本因の境界（九界）へと向かい、仏身を変化させて地涌菩薩の身となって衆生に仏種を下す中に、信者と謗法者の存在があることを提示する。また、信者は上行等となるが、下種を退いて失った謗法者は本門を退き、迹門を取ることで迹化の菩薩衆となる。すなわち、大乗を退いて小乗を採ることで、二乗界に下ってしまう。さらには、見思惑を断じ尽くさず、戒律を守ることで得る善を求め人・天界に落ち、四重（殺生・偸盗・邪淫・妄語）五逆（殺父・殺母・殺阿羅漢・破和合僧侶・出仏身血）三悪四趣の世界に堕ちてしまう。これらの理由により九界が生じ、この九界は謗法罪より起こるとする。なお、譬喩品の十四誹謗段の意味も、六道（地獄・餓鬼・畜生・修羅・人・天）輪廻の根源も、謗法罪を起因とするものである。よって、謗法罪を犯すことは、地涌の菩薩界を退いて小乗・権教の九界に堕落してしまうとする一方、久遠下種の種子は、第八識の心田において染みついて失うことはないとする。このことは、「悉く是れ吾が子なり」や、「一切衆生悉く仏性有り」と言い、諸法実相と述べて当体蓮華（妙法蓮華経の蓮華は妙法に対する譬喩ではなく、妙法の当体の名称であるという義）という。以上のことから、不軽菩薩は衆生の仏性に感応することで礼拝し、その仏性とは本来備わっている三因（正因仏性・縁因仏性・了因仏性）があり、久遠下種を退転しても残る信心の種子であるとしている。

これらの説示から窺えることは、一切衆生は久遠下種を受けることで信者となり、信心をすれば上行菩薩となると考えていたと推察する。しかし、久遠下種を退転した者は謗法者となり、本門を退いて迹門を取り、大乗を退いて小乗を取り、さらには六道の世界へと堕ちてしまうことで、九界を生じさせるきっかけとなってしまう。すなわち日隆は、謗法罪によって九界が起こると規定し、久遠下種の退転こそが最大の謗法行為であり、九界全ての根源であるとまで考えていたと思われる。

㈣　釈尊の因位・果位

日隆にとって、久遠下種の退転こそが最大の謗法行為であると認識していることが看取できた。では、久遠下種の教主である久遠実成は、娑婆世界にあって釈尊の因位と果位とにわたり、どのように衆生との関わりがあると考えていたのであろうか。そこで、釈尊の因位・果位について見ていくと、『開迹顕本宗要集』には次のような文が確認できる。

　仍て当宗の意五百塵点の当初（そのかみ）本行菩薩道時は本師の仏は之れなしと云ふべきか。

答ふ、之れあるなり。其の本師の仏と云ふも釈尊なり。其の故は本行菩薩道時より已前過去の過去五百塵点の五百塵点無量無辺の無量無辺不可説の不可説の釈尊、上行の出世之れあり。是れ皆本時自行唯与円合の自行成道なる故に、釈尊上行の外の余の仏菩薩更に之れなく、唯釈尊、上行ばかりなり。故に無量無辺の釈尊を以て本果釈尊一仏と為し、不可説無量の上行等を以て本因妙上行等と為す。故に釈尊も本行菩薩道の本因妙の時は地涌の菩薩上行等なり。本果に至れば釈迦牟尼仏なり。故に上行菩薩は十界久遠の九法界なり。此の九法界惣持の上行本因妙を以つて本果釈尊に合すれば、父子和合因果倶時十界具足方名円仏の釈尊なり。故に釈尊の自性同体の父子師弟なるを三世本有として、本因の時は本行菩薩道の上行尊形を以て本化九法界を益し、本果の時は釈尊の尊形を以て上行無辺行等を益す故に我本行菩薩道時の本師の仏は釈尊なり。故に本因本果成道と云ふも、一因一切因一果一切果して無量無辺の遠々の本因本果なり。五百塵点と云ふも東方より四方乃至十方の五百塵点不可説を譬ふる五百なり。然るを一箇の五百塵点の初なる間寿量品には東方五百塵点を挙げて本因本果を譬ふるなり。本行菩薩道已前の本師釈尊より前々無数劫の本因本果成道をば四方十方の五百塵数を以て譬と為すべきなり。之に依て玄の七に云く、若久成仏如二釈迦之例一以二東方一為レ譬若久レ此者即以二四方一為レ譬又久者十方為レ譬と釈し給ふ文義明了なり。習ひ損じの学者の云ふが如きんば今文に釈尊已前四方十方の譬ふる処に余仏を出すべし。爾らざるを以て知んぬ、今云ふ如く本行菩薩道已前の遠々は自行成道なる故に、釈尊上行十界久遠無作三身一円の成道なり。故に五百塵点即無量無辺にして無始無終なり。故に此の事成の本を以て経王の義を顕し滅後の謗法を対治せしむ、不軽行是れなり。[52]

この文は長文であるが、釈尊の因位・果位について詳しく示されているため、丁寧に確認していきたい。まず、釈尊の因位・果位の説示として、五百億塵点劫の当初である「本行菩薩道」の時には本師仏は存在するのか否かという疑義を呈し、その答えとして本師仏は存在し、それは釈尊であるとしている。日隆によれば、「本行菩薩道」時より已前の過去の過去、五百億塵点劫、無量無辺の無量無辺、不可説の不可説に釈尊・上行菩薩の出世があるとする。このことは、『法華文句記』巻第一の「本時の自行は唯円と合す」[53]とあることからも、自行の成道は、唯釈尊・上行菩薩ばかりであるとしている。よって、無量無辺の釈尊を以て本果は釈尊一仏となり、不可説無量の上行菩薩を以て本因妙上行等とすることで、釈尊も「本行菩薩道」の本因妙の時は地涌の上行菩薩等であるとし、本果に至れば釈迦牟尼仏になるとする。また上行菩薩は十界久遠の九法界を指し、九法界総持の上行菩薩の本因妙を以て本果釈尊に合すれば、父と子が和合し・因と果が倶に備わる時、「十界具足方名円仏」の釈尊となる。さらに、釈尊の自性同体である父と子が師弟であることが三世にわたり本来備わっているとして、本因の時は「本行菩薩道」の上行菩薩の尊形を以て本化の九法界を利益し、本果の時は釈尊の尊形を以て上行・無辺行等の菩薩を利益するために、「我本行菩薩道」時の本師の仏は釈尊であると論じている。

よって、本因本果成道とは、一因一切因・一果一切果として無量無辺の遠遠の本因本果であるとし、五百億塵点劫は東方より四方、乃至十方の五百億塵点劫不可説を譬えた五百であるとする。その中で一つの五百億塵点劫が初めになる時、如来寿量品には東方の五百億塵点劫を挙げて本因本果を譬えており、「本行菩薩道」已前の釈尊より、前々無数劫の本因本果成道を四方十方の五百億塵点劫を以て譬えている。このことは、『法華玄義』巻第七に、「若し久成の仏は釈迦の例の如く東方を以て譬となす。若し此れよりも久しきは即ち四方を以て譬となす。又久しきは十方を譬となす」[54]と釈する文からも明瞭である。一方、習い損ないの学者は、この文に釈尊已前の四方十方の譬えの所に、釈尊ではなく他の仏を出していることを提示している。こうした解釈がある中、日隆は「本行菩薩道」已前の遠々は、自行成道であるために釈尊上行・十界久遠・無作三身一円の成道であるゆえに、五百億塵点劫は無量無辺にして無始無終であるとしている。よって、この事成の本を以て経王の義を顕し、滅後の謗法を消滅させる不軽の行であると結論づけている。

以上の説示から、日隆は無量無辺の五百億塵点劫を以て久遠を解釈しているように見受けられる。無量無辺の五百億塵点劫とは、無量無辺の本因本果があり、無量無辺の釈尊を以て本果は釈尊一仏となり、無量無辺の上行菩薩を以て本因妙上行菩薩と解される。また、釈尊も「本行菩薩道」の時は、本因上行等であるとし、本果に至れば釈迦牟尼仏になるとしている（一仏二名）[55]。この本因上行とは、十界久遠の九法界を指し、九法界総持の上行本因妙を以て本果釈尊に合すること、すなわち因果が共に備わる時「十界具足方名円仏」の釈尊（本仏釈尊）となると示していることが分かる。

（五）塵点劫実説の説示

（四）では、釈尊の因位・果位の関係について検討してきたが、その中で日隆は、無量無辺の五百億塵点劫に無量無辺の本因上行・本果釈尊があると規定することで、釈尊の永遠性を体現していると推察できる。では、この無量無辺の五百億塵点劫とは実説・仮説、何れに定義されるのであろうか。そこで実際に、塵点実説の説示・塵点仮説の説示について確認していきたい。

若し迹門三千塵点を仮説なりと云はば、本門五百塵点も仮説なりと云ふべきか、如何。

答ふ、元より答へ申す所。此の事、遺唐の疑として学者難義に及ぶと云へども、諸御抄の大旨に任せて実事なりと存ずる処は、凡そ今経は諸経に異にして起教の元始を明し、過去常を以て最要と為す。故に三五遠事を明すに依て諸経の頂上に居し、能開と成り経王の義を顕す故に、三千塵点は実事なり。(56)

『開迹顕本宗要集』によると、「もし『法華経』迹門に明かされる三千塵点を仮説とするならば、本門の五百億塵点劫も仮説というべきか」という問いを設けている。その答えとして、この問題は遺唐の疑問（日本天台宗より中国天台宗に対して使いを派遣して回答を求めた法門上の疑問のことで、それに対する中国側の解答を『唐決』という）として学者が苦慮する難問であり、日蓮遺文の大旨に任せて解釈すれば実説であると解釈している。なぜなら、『法華経』は諸経とは異なり、教えを説いて衆生を導くために元始を明かすため、過去常住を最要としている。よって、結果的に三五の遠化を明かすことで、諸経の頂点に位置し能開となり、経王の義を顕すために三千塵点劫は実説であると主張している。この文から、日隆は三千塵点劫について実説であると定義しているが、その一方で、『法華経』は三五の二法を明かすことで、諸経の中の経王を顕すためとする文も窺える。

所以ニ迹中ノ諸経ノ根本ハ従二本地一起、能生ノ久遠仮説ナラバ所生ノ迹中ノ諸経妄語ナルベシ、次ニ一切衆生ノ成仏モ又仮説ナルベシ、三世十方ノ衆生成仏ノ下種ハ久遠五百塵点劫ノ当初ニ有レ之、久遠ノ種子仮説ナラバ得脱ノ益モ虚言ナルベシ、疏一因縁下ニ四節増進約二三世一二益ヲ判ズル時、多分ハ久遠下種ノ者也、次ニ久遠成道仮説ナラバ三世十方ノ諸仏不二相即一仏仏可二各別一、其ノ故ハ開迹顕本ノ後三世諸仏本地ノ実仏ト顕レ玉ヘリ、無二久遠ノ成道一者諸仏皆可二無常一、次ニ久遠ニ五時四教迹中ニ五時四教説レ之、然遠近前後ヲ論ズレバ、前ノ久遠ノ五時四教ハ一円ノ妙法ニシテ本実也、後ノ迹中ノ五時四教ハ諸仏所説不同ニシテ不定ナレバ迹権也、久遠仮説ナラバ爾前法華ノ大小権実ノ可シ三無カル二不同一、次ニ五百塵点仮説ナラバ多宝ノ涌現分身ノ来集三変浄土地涌ノ大士モ仮説歟、若シ爾ラバ法華本迹二経仮説ナルベシ、次ニ今経ノ肝心タル神力品ノ結要付嘱モ仮説トナルベシ、久遠ノ薩埵ニ久遠ノ法ヲ付嘱スル故也、次ニ久遠成道不ンバレ顕レ者在世滅後ノ衆生悉ク破法罪業ノ因縁ヲ可シレ成ス(57)

『私新抄』では、塵点劫を仮説と見立てた論証が試みられている。この説示では、諸経の根本は本地より起こるため、能生の久遠が仮説であるならば、所生の迹中諸経も妄語となり、一切衆生の成仏も仮説となってしまう。また、一切衆生が成仏するための下種は五百億塵点劫の最初にあり、久遠の種子が仮説ならば得脱の利益も虚言になる。『法華文句』巻第一の因縁釈の下に、四節三益の増進を過去・現在・未来の三世に約して種・熟・脱の三益に判ずる時、多くは久遠下種の者であるとしている。また久遠成道が仮説ならば、三世十方の諸仏も一体として存在せず、諸仏は各々分かれてしまう。なぜなら、開迹顕本の後に三世の諸仏の本地である本仏釈尊が顕れる所以であるとし、もし久遠成道がないと、諸仏は無常になってしまうと懸念している。

次に、久遠に五時四教、迹中に五時四教をそれぞれ説き、遠近前後を論じると、久遠の五時四教は一円の妙法にして本実であるが、迹中の五時四教は諸仏が説く教えには不同があり、権教・迹門であるとする。もし久遠が仮説ならば、爾前諸経と『法華経』との大小権実の相違はなくなり、五百億塵点劫も仮説となることで、多宝仏の涌現・分身諸仏の来集・三変土田・地涌の菩薩も仮説となる。よって、『法華経』迹門・本門も仮説となり、『法華経』の肝心である如来神力品の結要付嘱も仮説になると主張している。なぜなら、久遠の菩薩（上行菩薩）に久遠の法を付嘱する所以のため、久遠成道が顕れなければ、在世と滅後の衆生は法を破り罪業の因縁を生じてしまうと結論づけている。

すなわち『私新抄』の説示では、衆生の成仏の源は久遠下種にあり、久遠下種は五百億塵点劫の当初にあるとし、五百億塵点劫実説の必然性として久遠下種による衆生成仏を前提としていることが理解できる。そして、五百億塵点劫を仮説とするならば、全ての教えが仮説となってしまい、我々衆生を成仏へと導く教えではなくなってしまうと、日隆は厳しく批判していることが分かる。

（六）塵点劫仮説の説示

日隆は、塵点劫を実説とすることを強く主張していることが看取できる。その一方で、日隆が批判する塵点仮説を提唱する立場について具体的に見ていくと、天台宗の学者に対する批判が展開されていることに気づく。

> 次に台家の学者の義の如く、三五塵点共に仮説なるべしと云ふ難に至ては、迹門三千塵点を開迹顕本すれば本門体具と成て、五百塵点の方は本仏の寿命長遠の功徳と顕れ、三千塵点の方は覚他応用の化道の始終・種熟・三世益物無縁大悲の長遠なる相なり。若し仮説ならば無作三身の仏於テ三世ニ等ク有リ三身の永異諸教の勝用も仮説と成るべきなり。台家学者の相伝に、表示なり、仮説なり、と云ふは謗法なり。(58)

『開迹顕本宗要集』によると、天台宗の学者の義として、三五塵点は三千塵点劫・五百億塵点劫が共に仮説とする説に対し問題提起をしている。日隆によれば、『法華経』迹門三千塵点劫を開迹顕本すると、本門の中に三千塵点劫の功徳は具足し、五百億塵点劫を開顕することで、本仏釈尊の寿命が長遠であるという功徳を示されるため実説であると主張している。また、三千塵点劫の過去では衆生成仏の働きとして、化導の始終・熟益・脱益・三世益物・無縁者への慈悲心等といったものが長遠であるという相を示している。もし、天台宗の学者が主張するように、塵点劫が仮説であるならば、無作三身の「仏は三世において等しく三身あり」(59)や、「永く諸経とは異なる」(60)等の教説を明かす『法華経』の超勝性が仮説となってしまうことを危惧している。このように日隆は、天台宗の学者の相伝にいう、塵点劫をただの表示であったり、仮説とすべきという主張は謗法であると論断していることが分かる。

二　天台の学者は、三五墨点をもって仮説となして経旨を失う。法華宗は実説となして経旨を顕す事。

問うて云く、この仮説・実説の義如何（いかん）。

答う、大旨上の如し云云。然りと雖も、三五の塵数は仮説と云う事を近来の学者云い出だして謗法を起こす事、不便の次第なり。若し仮説と云って塵数を失うは、諸経並びに迹門にも久遠と云う言はこれありと雖も、但だ久遠と云えば、諸経と法華経とこれ同じ。故にこの久遠に事相の譬を相い副えて、久しく遠き数量を事（じ）に数え立て、迹門大通の久遠なるを、事に数うれば三千墨点なり。過去本地法華経の久遠なるを譬をもって、事に数え顕わさば五百微塵なり。華厳・浄名等の諸経には一劫・二劫・十劫・百劫・千劫・万劫・三祇・動逾塵劫、一々の位の中に無量の多倶胝劫をも同じく久遠久遠と説いて、その劫の長短の数量を事の譬を挙げて久遠と説く事、今経の三五の塵数に過ぎたるはこれなし。この塵数程に釈尊の成道は久遠なる間、余の弥陀・大日等の諸仏はこれより近し。故に寿量品の釈尊は諸仏の本地なり。諸仏は釈尊の垂迹なりと云う事を顕して、諸経・諸仏・諸菩薩の本と末とを顕すは、能開・所開を定めんがためなり。仍って、この三五の塵数をもって諸経と法華経とを校量するに、真言・華厳・念仏の諸経にはこれを説かざる故に、垂迹・所開なり。法華経にはこれを説く故に本地なり、能開なり。かくの如く甚深の経旨を顕す故に、三五の塵数は法華経の寿命なり、重宝なり。(61)

そして『四帖抄』では、「天台の学者は三五塵点を仮説といい『法華経』の経旨を失っている。法華宗は塵点劫実説と解釈して『法華経』の経旨を顕す事」と題し、塵点仮説・塵点実説について問いを設けている。その答えとして日隆は、三五塵点を仮説とする旨を最近の天台の学者が主張して、謗法を起こしていることは大変不憫であるとしている。もし、塵点劫を仮説と主張し塵数を失うことは、諸経や迹門にも久遠があることになり、久遠を以て爾前諸経と『法華経』との勝劣ができなくなってしまう。よって、久遠という過去の譬えを以て、久遠の数量を具体的な数字として数えるならば、『法華経』迹門では大通という久遠であって、実際に数えれば三千塵点劫であり、過去の本地の『法華経』が久遠であるという譬えで数えると五百億塵点劫になる。このことは、『華厳経』『浄名経（維摩経）』等の諸経では、一劫・二劫・十劫・百劫・千劫・万劫・三大阿僧祇劫・動逾塵劫等と言い、それぞれの位の中に無量の多倶胝劫（極めて長い時間のこと）が同様に示され、それらは久遠であると説いている。しかし、塵数の長短の数量を具体的な譬えとして久遠として説くことは、『法華経』の三五塵点劫には遠く及ばず、釈尊の成道は久遠の過去であるために、阿弥陀仏や大日如来等の諸仏は釈尊の久遠よりも近いと考えられる。よって、如来寿量品に開顕される久遠の釈尊は、諸仏の本地となり、諸仏は釈尊の垂迹仏であることを顕す意味は、諸経・諸仏・諸菩薩の本・末の関係として表すと、能開・所開と定められる。つまり、三千塵点劫・五百億塵点劫を以て諸経と『法華経』とを比較すると、真言・華厳・念仏等の諸経には、三五塵点劫の過去を明かさないために垂迹・所開の教えであるとしている。そして、『法華経』には三五塵点劫を説くために諸仏諸経の本地となり、能開であるとしている。このように、仏の教えや智慧等が極めて奥深い経旨を明かすゆえに、三千塵点劫・五百億塵点劫の経説は『法華経』の命であり、貴重な価値のある宝物であると結論づけている。

小　結

以上、湛然の十双歎、日蓮遺文における二十の大事、日隆の塵点劫解釈について検討を加えてきた。湛然は『法華経』のみに備わる法門として二十項目（十双歎）を挙げ、その中でも日蓮は特に、三五の二法を重要視していることが確認できた。また、日隆の塵点劫解釈については先行研究を基として、六つの視点より考察を試みた。

日隆は、衆生成仏の根源は『法華経』に説かれる久遠下種によるものであると捉え、釈尊が本因妙時に唱えた南無妙法蓮華経が下種の根源であると主張していることが看取できる。そして、久遠下種が説かれる『法華経』本門が、諸経の王であると規定している。そのため、久遠下種からの退転は最大の謗法行為であり、謗法罪を犯すことで九界が起こるとし、末法の衆生は悪人であるという認識に立っていることが理解できる。

また、久遠下種は五百億塵点劫の過去にあり、この仏種を下す本仏釈尊とは、五百億塵点劫の過去に成道し、釈尊の「本行菩薩道」、すなわち因位の時には上行菩薩となり、本果に至れば釈尊になるとしている。そして無量無辺の五百億塵点劫には、無量無辺の釈尊・上行（本因本果）があり、これを以て五百億塵点劫と釈尊の永遠性を主張したと思われる。

このように理解すると、釈尊の経説は実説でなければならず、もしこれを仮説とするならば、全ての教えが仮説となり、『法華経』と諸経との勝劣も不可能となるため、我々衆生を成仏へと導く教えではなくなってしまうと考えられる。

ところで、五百億塵点劫の過去において成仏した久遠実成の本因・本果について、日隆は「一仏二名」という語を用いて論が展開されていることに気づかされる。そもそも一仏二名という語は、日蓮遺文には確認できず、先行研究においてもあまり論究されていない。そこで次章では、一仏二名という視点から日隆の釈尊観について考察していきたい。

註

（1）本節では、浅井圓道「法華文句の有する独創性」（『野村耀昌博士古稀記念論文集　仏教史仏教学論集』春秋社、一九八七年、浅井圓道『日蓮聖人と天台宗』再録）等を参考にした。

（2）『正蔵』第三四巻二三四頁a。
（3）『正蔵』第九巻一一頁b。
（4）『正蔵』第九巻四二頁b。
（5）『正蔵』第九巻四六頁c。
（6）『正蔵』第九巻四四頁a。
（7）『正蔵』第九巻三四頁c。
（8）『正蔵』第九巻三五頁b。
（9）『正蔵』第九巻三〇頁c。
（10）『正蔵』第九巻五九頁b。
（11）『正蔵』第九巻五四頁b。
（12）『正蔵』第九巻五四頁c。
（13）『正蔵』第九巻四七頁c。
（14）『正蔵』第九巻三九頁c。
（15）『正蔵』第九巻五九頁b。
（16）『正蔵』第九巻三一頁b。
（17）『正蔵』第九巻三一頁b。
（18）山中喜八編『定本注法華経』下巻（法蔵館、一九八〇年）五一五頁、五四七頁。
（19）『正蔵』第九巻五四頁a以下。
（20）『正蔵』第九巻四〇頁c。
（21）『正蔵』第九巻五五頁b。
（22）『正蔵』第九巻二二頁a。
（23）『正蔵』第九巻四二頁b。
（24）『正蔵』第三三巻六八三頁b。

(25)『定遺』第一巻五三九頁。
(26)『定遺』第一巻九四一頁。
(27)『定遺』第一巻八一一頁。
(28)『定遺』第一巻九一九頁。
(29)『定遺』第一巻七〇七頁。
(30)『定遺』第一巻八四二頁。
(31)『日隆聖人文段主要御書　全』一一頁。
(32)『定遺』第一巻八一一頁。
(33)『日隆聖人文段主要御書　全』四六四頁。
(34)『定遺』第一巻八一一頁。
(35)『日隆聖人文段主要御書　全』四六四頁。
(36)『日蓮教学の根本問題』（平楽寺書店、一九八一年）六一頁以下。
(37)『桂林学叢』第一一号（一九八二年）。
(38)『日蓮教学研究』二二四頁以下。
(39)その他に、望月歓厚「寿量所顕本覚三身論（一）（二）（三）」（『大崎学報』第一三号・第一四号・第一五号、一九一〇年）、浅井要麟『日蓮聖人教学の研究』（平楽寺書店、一九四五年）二八七頁以下、北川前肇「日蓮聖人における塵点義について」（『大崎学報』第一三一号、一九七八年）、北川前肇「日蓮聖人の「三五の二法」について」（『大崎学報』第一三三号、一九七九年）、北川前肇「日蓮教学における時間論の展開」（渡辺宝陽編『法華仏教の仏陀論と衆生論　法華経研究X』平楽寺書店、一九八五年）、町田是正「日蓮の時間論」（渡辺宝陽編『法華仏教の仏陀論と衆生論　法華経研究X』）、植木雅俊「日蓮の時間意識」（『印度学仏教学研究』第四四巻第一号、一九九五年）、原愼定『日蓮教学における罪の研究』（平楽寺書店、一九九九年）三一一頁以下、平島盛龍「『法華取要抄』における法華経の正機について―「第一菩薩、第二二乗、第三凡夫」の解釈をめぐって―」『法華宗研究論集』等が挙げられる。
(40)『法華宗教義綱要』六九〇頁以下。

(41)『観心本尊鈔講義』上巻五二七頁以下。
(42)なお、他の先行研究として、望月歓厚「日隆聖人の顕本論について」(『大崎学報』第三〇号・第三三号、一九一三年・一九一四年)、執行海秀『日蓮宗教学史』一一九頁以下、望月歓厚『日蓮教学の研究』三八六頁以下、望月歓厚『日蓮宗学説史』一七六頁以下、石田智清「日隆聖人研究ノート(一)―五百塵点について―」(『桂林学叢』第二号、一九六一年)、株橋諦秀「日隆聖人の寿量本仏観」(『桂林学叢』第五号、一九六五年)、北川前肇「慶林院日隆の顕本論について」(『大崎学報』第一二九号、一九七六年)、北川前肇「慶林院日隆の顕本論(一)」(『仏教学論集』第一二号、一九七六年)、芹沢一男「慶林坊日隆の時間論―五百塵点実説論について」(『仏教学論集』第一五号、一九八〇年)、北川前肇『日蓮教学研究』五四一頁以下、北川前肇「慶林坊日隆における顕本論の問題点―新成顕本を視点として―」(『日蓮教学研究所紀要』第一五号、一九八八年)等が挙げられる。
(43)『隆全』第八巻五七六頁。
(44)『隆教』第三巻一六三頁。
(45)『隆全』第五巻五七一頁以下。
(46)『正蔵』第三巻二〇九頁a以下。
(47)『宗全』第八巻二九三頁以下。
(48)『隆全』第一〇巻五八二頁以下。
(49)『隆全』第四巻四二五頁以下。
(50)『定遺』第一巻一八六頁以下。
(51)『隆教』第四巻五八三頁。
(52)『隆教』第一巻四一五頁以下。
(53)『正蔵』第三四巻一六二頁b。
(54)『正蔵』第三三巻七六九頁c。
(55)株橋日涌『法華宗教学綱要』一二六頁以下。なお、一仏二名のについては第四章において考察していく。
(56)『隆教』第四巻二〇八頁。

(57)『宗全』第八巻一九三頁以下。
(58)『隆教』第四巻二一五頁。
(59)『正蔵』第三四巻一二九頁ｃ。
(60)『正蔵』第三四巻一二八頁ｂ、二八五頁ａ。
(61)『法華宗全書　日隆1』一〇六頁以下。

第四章　一仏二名論の展開

第一節　日隆著述にみる「一仏二名」の表記

日隆の著述は、そのほとんどが台当異目を主眼としていることがこれまでに確認できた。特に、日隆が主張する教学思想の背景には、日蓮教学の研鑽のみならず、智顗や湛然等をはじめとして、日本中古天台で活躍した諸師の教学研鑽の姿勢が見逃せない。また、日隆教学と天台本覚思想との問題については、本迹論、顕本論をはじめ多方面より論じられている。その中でも日隆の顕本論については、日隆門下以外の先師を含め研究成果が多数確認できる。なぜなら久遠実成の開顕は、一代諸経中、『法華経』如来寿量品のみに明かした経説であり、重要法門の一つであると考えられるからである。さらに、久遠実成をどう捉えるのかについては、釈尊の永遠性、化導の長さ等といった多方面の検討が必要であり、日隆教学と天台本覚思想との関係性を知る上で重要な課題であると言える。これらの課題について考える時、日隆著述では釈尊の本因本果について一瞥すると、「一仏二名（異名）」という表現を用いて論が展開されていることに気づく。そもそも一仏二名という語は、管見の限り日蓮遺文では確認できない。[1]しかし、天台宗を含め諸宗派諸師の文献においては、しばしば使用されていることが看取できる。では、この一仏二名の語について、日隆と天台宗諸師、並びに諸宗派の諸師との解釈の相違があるのか否かということが問題となる。[2]

そこで本章では、一仏二名の語を解釈するに当り、日隆の著述中に確認できる一仏二名の表記について考察することで、日隆教学の顕本論の一端に迫っていくと同時に、なぜ釈尊の本因本果を一仏二名として捉える必要性があったのかについて見ていきたい。具体的には、日隆の著述に見られる一仏二名の解釈について、㈠天台宗の立場より引用する一仏二名、㈡日存・日道口伝にみる一仏二名、㈢当宗の義としての一仏二名、㈣一仏二名と類似する説示、の四点に着目し考察したい。

また、日蓮門下においても一仏二名の表記が散見されるが、それが日隆活躍以前と以降においてどのような展開がなされているのかについても検討する。そして、天台宗諸師、及び諸宗派諸師の著述中に確認できる一仏二名の表記についても通覧し、一仏二名における日隆教学の独自性について迫っていく。なお、日蓮門下・天台宗・諸宗派各諸師の教学思想の考察については今後の研究課題とし、先行研究に委ねるものとする。

まず、日隆の著述中、一仏二名（異名）等の語が表記される箇所は管見の限り、『法華宗本門弘経抄』『開迹顕本宗要集』の二書、計一八箇所確認できた。『法華宗本門弘経抄』では、従地涌出品釈に一仏二名の語が三箇所、一仏異名が一箇所、普賢菩薩勧発品釈に一仏二名が一箇所、一仏異名が一箇所見られる。『法華宗本門弘経抄』では主に、一仏二名を釈尊と上行菩薩との関係性について論じるために、従地涌出品釈に多く引用されているのではないかとも推察できる。なお、二重の仏名・二重の称名の表記が如来神力品釈に各一箇所見られる。

次に『開迹顕本宗要集』では、一仏異名の表記が仏部一箇所、一仏二名の表記が菩薩部四箇所、二乗部一箇所、五時部一箇所、教相部一箇所、雑部二箇所にそれぞれ確認できる。『開迹顕本宗要集』においても、菩薩部に最多の四箇所の引用が見られるが、『法華宗本門弘経抄』と比較して、広範囲に引用する傾向が窺える。両書はいずれも、日隆晩年の教学応用期に分類される著述であり、『法華宗本門弘経抄』では『三百帖』、『開迹顕本宗要集』では『宗要類聚抄』等といった特定の著述や問題について、日隆教学を以て解釈したものである。また、一仏二名（異名）は、『私新抄』『十三問答抄』等の教学形成期の著述や、『四帖抄』等といった教学完成期の著述において引用されておらず、一見、日隆独自の解釈方法であると思われがちである。しかし、『法華宗本門弘経抄』『開迹顕本宗要集』の文中には、日存・日道の口伝として一仏二名を表記する箇所も存在するため一概には言えない。また、教学応用期の著述はいずれも大部のものであり、日隆が教義解釈の対象を拡大していったことと関係性を有するかもしれないが、この点についても推測の域を出ない。いずれにしろ、両書において一仏二名（異名）の語が表記されていることは興味深い。

このような背景のもと、日隆は一仏二名（異名）を種々の立場より使用していることが看取でき、その引用箇所について【表12】を作成した。本研究ではこれを基に、一仏二名（異名）等の解釈について検討を加えていくこととする。

なお、【表12】「日隆著述中にみる一仏二名の表記一覧」中、一仏二名（異名）等の表記については太字を施した。

【表12】日隆著述中にみる一仏二名の表記一覧

一仏二名		
番号	日隆の著述・該当頁	日隆著述中の表記
1	『法華宗本門弘経抄』（『隆全』8・68以下）	本門の三世益物、化導の始終、種熟脱と打ち顕して、中間今日頓漸五味の熟脱までも、本仏分身の応用と照了して、本門体内の三世益物なれば、三世本有として釈尊一仏の種熟脱なり、故に三世常恒に下種の時は上行の尊形なり、得脱の時は釈尊の尊形なり、是れ**一仏二名**の師弟なり、謂る「其菩薩界常修常証無始無終、報仏如来常満常顕無始無終」と云へる此の意なり。
2	『法華宗本門弘経抄』（『隆全』8・86以下）	要法の益は名字妙覚一体なる故に、別して妙覚の益を挙げず、名字妙覚発心畢竟二不別の益の教主は地涌なり、其の余の迹化の諸大衆は、久遠下種の要法を末法下種のため上行に付するを、現脱の本種の辺を以て横に押さへ取つて、地涌の体内に流入して而も法爾の本化迹化を顕し、迹化は広く二住等の等覚に居し、本化地涌は「破執故来」応同の辺は等覚に居し、本門八品上行要付の辺は等妙二覚**一仏二名**と会して、妙覚を以て本因妙名字信行に下し、「発心畢竟二不別」の本因妙の地涌として、末法の唱導を請取つて、教弥実位弥下の易行の教主と成り玉ふ、故に落居は妙覚界の本因妙の一念信解の信行の位なり、此の分は観心本尊抄に、一品二半と八品とを相望して、「彼脱此種」と云ひ、「題目五字」と云ふ一筋なり、之を思ふべし云云

3	4	5	6	7
『法華宗本門弘経抄』（『隆全』8・97以下）	『法華宗本門弘経抄』（『隆全』11・733）	『開迹顕本宗要集』（『隆教』2・119）	『開迹顕本宗要集』（『隆教』2・132）	『開迹顕本宗要集』（『隆教』2・133）
而るに地涌上行は爾らず、但〻三世常恒に下種の一役者にして自身小権迹の座に入らざる故に、弥勒は「乃不識一人」と云へり、但し第二番已下の迹中に、自身の名体を替へて、冥密に久遠の金剛智を迹化薬王観音等身子等の九法界に冥加して智力を副ふるなり、又本果釈尊と顕れ現在にして五味を以て熟脱せしめ、脱の終りに本を説き、自身を密に二身に分つて上行と号し、又滅後下種の役を請取つて上行の尊形を示し、本因妙の菩薩界と顕れ、下種の顕益を成ずるなり、是れ**一仏二名**の上行なり。	普賢を以て法華経の本尊と為すやの事 天台学者の義に云く、総じて云ふ時は、「一切衆生は皆如来蔵普賢菩薩自体遍故」と云ふ時は、観音薬王等の一切の菩薩、法身同体の辺は皆普賢の体なり、此の法身同体より普門示現する時、薬王観音等の事用縁起して諸菩薩と顕る丶なり、此の時は菩薩のみならず、妙覚遍照の仏も、自体法身三千周遍して応用益物の辺は、妙覚海会の普賢なり、故に**一仏二名**の等覚と云ふは普賢のことなり	一は本門の意は本因本果倶時なり。謂ゆる妙覚界内の本果は釈尊なり本因は九法界なり是れ上行菩薩なり。此の本因妙の内に名字乃至等覚までもこれあり。故に上行即釈尊、釈尊即上行なれば本因妙等覚の上行即本果妙覚の釈尊と一体なる故に、等妙二覚は**一仏二名**の義なり。故に等覚智断と云ふも妙覚智断と云ふも何れも相違なきものなり云云。然りと雖も常には妙覚智断の義を用ひて論談すべきなり。委しくは下に記するが如し云云。	天台宗の義に云く、常に十地等覚の開合を云はば、何れも同じく因位なれば等覚を以て十地に合して子細なき事なり。而るに等妙二覚は因果大いに不同なり、故に思ひ難き処なり。然りと雖も浄名妙記の中に等覚を以て妙覚仏と為すと判じたまへり。之に付て多義これあり。一義には従因至果の等覚をば妙覚には合せず、従果向因権現出没の等覚をば妙覚に合する義これあるべし。されば仁王等に依て等妙二覚**一仏二名**の義を釈したまへり。上古の学者も皆此の義を存したまへり。	何ぞ等覚を以て妙覚に合せざらんや。其の上前に云ふが如く久成妙覚の釈尊と等覚の上行は父子師弟一体にして、而も三世の衆生脱益の時は、等覚の上行御身を妙覚の釈尊の尊形と成して脱益を成じ、又一切衆生下種の時分には、従果向因して妙覚の釈尊御身を等覚の上行の尊形と成して下種を成ず。是れ即ち其菩薩常修常証無始無終報仏如来常満常顕無始無終の本有常恒本因本果のことはざなり。故に等妙二覚は**一仏二名**なり。但し彼の仁王、瓔珞等の権経の義には大いに別なり。

番号	出典	本文
8	『開迹顕本宗要集』（『隆教』2・138）	さりながら迹門の智妙の下、別教の下に等覚智を取らざるは、仁王、瓔珞等の別門に明す等妙二覚**一仏二名**の意にて、妙覚に等覚を兼ねる心か。総じて之を云はゞ迹門の開権四教の能化所化の智は、境は妙、智は別、境は常住、智は無常なる境智冥合の智なれば、妙覚智と云ふも果頭未開の智なれば智力弱くして無明を断ぜざるなり。断と云ふは有名無実なり。
9	『開迹顕本宗要集』（『隆教』2・285以下）	両師の御口伝に云く、本門八品上行要付の辺と一品二半の辺と不同なり。一品二半は仏世当機の脱益にして、法身実相を以て一経の主と為して本迹一致せしむる間、本門と云へども迹中之本の本門にして、名は本、義は迹なり。故に妙覚の益を挙げずして等妙二覚**一仏二名**して等覚の所に引具して妙覚を挙ぐるなり。是れと云ふも現在の脱益を以て面と為して下種を正とせざる故なり。
10	『開迹顕本宗要集』（『隆教』3・47）	籤の七に大論を引く中に云く、既云二化身一即是分身と判じたまひて既に多宝に化身ありと云ふを、今経の意にては化身即分身なり。聽て大論に化身即分身なりと宣べたり。故に多宝に分身ありと云ふ事分明なり。其の上釈迦多宝の二仏境智冥合して**一仏二名**して、而も一身多身一多自在の徳これありと云はん時多宝に分身なしと云ふべけんや。
11	『開迹顕本宗要集』（『隆教』4・443）	計り知んぬ、此の迂廻の機、空仮の二辺妙覚まで開き行くと云ふも、猶を等覚に属すべきなり。是れ等妙二覚は**一仏二名**の約束これある間、妙覚なりとも空仮の権智の方をば等覚に取るべきなり。此の如く心得れば既是今世迹中指本の脱益の辺も一生入妙覚の義にはあらざるなり。但し今世の脱を以て久遠下種に立還れば、三世一念にして五百微塵も一刹那と成り、色心都滅も凡肉の生身と成て即身成仏して即生入妙覚の実義を顕す。観心本尊抄・開目抄の記小久成の本因本果事三千の下種の妙法、此の意なり。
12	『開迹顕本宗要集』（『隆教』5・163）	九法界悉く久遠にして地涌菩薩なれば、九法界の地涌即本因妙にして釈尊の本果妙に合して十界具足方名二円仏一の本地釈尊と顕れたまへば、釈尊体具の上行にして上行即釈尊、釈尊即地涌にして釈尊に本因本果を具し、本果の方は釈尊、本因の方は上行九法界にして、本因本果不二すれば妙法蓮華経なり。故に釈尊・上行は同じく妙覚界の仏・菩薩にして、九識の菩薩なり。故に一切衆生の熟脱の時は上行即釈尊と顕れ、下種の時分には本果の釈尊、本因に下りて上行と顕れ、而も父子師弟と名乗りして下種を成ずる**一仏二名**の法則は三世本有の儀式なり。

13	『開迹顕本宗要集』 （『隆教』5・308）	此の如く依正相順の地涌上行の示九道身・和光同塵の調熟已て結縁の愛子を一国土に集め、八相成道・転妙法輪して脱益を成ずる時は釈尊と号し奉る。是れ即ち**一仏二名**の師弟・父子の釈尊上行なり云云。此の如く心得れば此の算は本門の意と成るなり。
その他類似する説示		
14	『法華宗本門弘経抄』 （『隆全』8・170）	恵檀両流異義の事 天台の宗義に云く、檀那流の義は大旨「可知」と云ふなり、其の意は補処の弥勒と云ふは、等覚の最後に纔に元品の無明計りの明昧なり、実には妙覚所具の菩薩界にして等妙二覚**一仏の異名**の弥勒なり、何ぞ之を知らざらんやと云ふなり、恵心流の義は多分「不可知」と云ふなり、所以に補処に於て権教の補処、実教迹門の補処、本門の補処之あり、縦ひ実教なりとも迹門の補処と云ふ日は久遠の事を知るべからず、正しく知る事は本門の補処はこれを知るべきなり云云
15	『法華宗本門弘経抄』 （『隆全』11・823以下）	迹中の意は十地等覚は開合の異と云ひ、等妙二覚は**一仏異名**と云ふ故に、十地等妙は同体の辺これあり、故に十地の内に等妙ある故に、十地に十品を断ずれば自ら二品が断ぜらるゝなり、本門の意は妙覚の報仏と等覚の上行とは「永異諸経」なり、故に本の等覚を以て迹中の妙覚を破するなり、此くの如く心得れば相違なきものなり、能く能く心腑に染めて講談すべきなり。
16	『開迹顕本宗要集』 （『隆教』1・264）	問ふ、弗沙、底沙、毘婆尸の三仏は三祇百劫の中には何時出世するや。 答ふ、経論常途の説に任せば弗沙、底沙は三祇の中の仏、毘婆尸仏は三祇満百劫の初めに出づと答へ申すべし。 学者の一義に云く、此の三仏の出世は経論の説不同なり。小乗の意は弗沙、底沙をば**一仏の異名**と云つて多分、毘婆尸仏をば明さず。大乗の意にては三仏を明し而も各別の仏なりと云ふなり云云。
17	『法華宗本門弘経抄』 （『隆全』10・521）	上行は是れ本因妙、本因妙は即本果妙の釈尊、此の本因本果同体の南無釈迦牟尼仏南無釈迦牟尼仏と之を唱へ、前の教一の「名妙法蓮華」と教人合すれば、南無釈迦牟尼仏南無釈迦牟尼仏、南無妙法蓮華経南無妙法蓮華経と之を唱ふるに成るなり云云 日道仰に云く、此の**二重の仏名**は、初の南無釈迦牟尼仏は本果妙の釈迦なり、後の南無釈迦牟尼仏は本因妙の釈迦なり、

18	『法華宗本門弘経抄』（『隆全』10・521）	是れ即ち本門の意は教弥実位弥下して従果向因し玉ふ故に、釈尊も上行要付の会場には本果妙より本因妙に出でて末代易行の本尊と成るなり、故に**二重の称名**これあり云云

第一項　天台宗の立場より引用する一仏二名

日隆の著述中、一仏二名の語が認められるものとして『法華宗本門弘経抄』四箇所、『開迹顕本宗要集』に九箇所確認でき、一仏異名と表記したものは、『法華宗本門弘経抄』に三箇所見られた。そうした中、天台宗の義として一仏二名の解釈を試みた文が四箇所看取できる。それらを紹介すると以下のようになる。

また、引用文の番号については**【表12】**の番号を記し、一仏二名（異名）等の表記については太字・傍線を施し、それぞれの解釈について図示した。なお、以下の引用は**【表12】**中で表記した前後の分脈も追って引用したものもある。

4　　普賢を以て法華経の本尊と為すやの事

天台学者の義に云く、総じて云ふ時は、「一切衆生は皆如来蔵普賢菩薩自体遍故」と云ふ時は、観音薬王等の一切の菩薩、法身同体の辺は皆普賢の体なり、此の法身同体より普門示現する時、薬王観音等の事用縁起して諸菩薩と顕るゝなり、此の時は菩薩のみならず、妙覚遍照の仏も、自体法身三千周遍して応用益物の辺は、妙覚海会の普賢なり、故に**一仏二名**の等覚と云ふは普賢のことなり(3)

6　　等覚を以て十地に合するが如く、妙覚に合する義あるべきや。

天台宗の義に云く、常に十地等覚の開合を云はば、何れも同じく因位なれば等覚を以て十地に合して子細なき事なり。而るに等妙二覚は因果大いに不同なり、故に思ひ難き処なり。然りと雖も浄名妙記の中に等覚を以て妙覚仏と為すと判じたまへり。之に付て多義これあり。一義には従因至果の等覚をば妙覚には合せず、従果向因権現出没の等覚をば妙覚に合する義これあるべし。されば仁王等に依て等妙二覚一仏二名の義を釈したまへり。上古の学者も皆此の義を存したまへり。[4]

8さりながら迹門の智妙の下、別教の下に等覚智を取らざるは、仁王、瓔珞等の別門に明す等妙二覚一仏二名の意にて、妙覚に等覚を兼ねる心か。総じて之を云はゞ迹門の開権四教の能化所化の智は、境は妙、智は別、境は常住、智は無常なる境智冥合の智なれば、妙覚智と云ふも果頭未開の智なれば智力弱くして無明を断ぜざるなり。断と云ふは有名無実なり。[5]

10　多宝仏に於て分身ありと云ふべきや。

天台宗の義に云く、此の事経文を見るに多宝の別に分身ありとは見えず、而るに諸仏に分身ありと云ふ、何ぞ多宝仏に分身なからんや。分身とは一身多身一多自在の義なり。多宝の全身舎利に於て何ぞ一身多身の徳を備へざらんや。されば経文に、在々処々説二法華経一処我之塔廟涌二現其前一と宣べて、十方世界分身国土の五時法輪説法華の御前に涌現すと云ふ、是れ多宝分身の義にあらずや。されば玄の七に問答釈を作りて大論を引き、多宝に分身ありと釈したまへり。籤の七に大論を引く中に云く、既云二化身一即是分身と判じたまひて既に多宝に化身ありと云ふを、今経の意にては化身即分身なり。驤て大論に化身即分身なりと宣べたり。故に多宝に分身ありと云ふ事分明なり。其の上釈迦多宝の二仏境智冥合して一仏二名して、而も一身多身一多自在の徳これありと云はん時多宝に分身なしと云ふべけんや。[6]

まず4では、『法華宗本門弘経抄』普賢菩薩勧発品釈の文である。ここでは、普賢菩薩を以て『法華経』の本尊となるのかという問いを設けている。その答えとして、天台宗の学者の義として総じて述べるならば、一切衆生は全て如来蔵（一切衆生の心中に本来的に宿されている悟りの種、人々の心に存在する仏の因とされ、仏性・自性清浄心のこと）の普賢菩薩自体に行き渡るとしている。これは、観世音菩薩や薬王菩薩等の一切の菩薩も法身が同体として見るならば、普賢菩薩の体である。この法身同体より観世音菩薩が示現する時、薬王菩薩等といった諸菩薩に縁起して顕現する。さらに、菩薩のみならず、菩薩の修行階位である五十二位の最高位である妙覚を遍く照らす仏でさえも、仏・菩薩が全ての衆生に応じた自在の救いの働きを顕現する辺においては、妙覚を開会すれば普賢菩薩であるとする。よって、天台宗の義においては、これらの事柄を一仏二名の等覚といい、それは普賢菩薩のことであると規定している。なお、普賢菩薩を一仏二名の対象としている表記としては、第四章第五節第一項、成賢『遍口抄』中においても確認できる。その内容は、顕教の普賢菩薩と密教の金剛薩埵において一仏二名であると解釈しており、日隆の天台義解釈とは相違が見られる。

次に6『開迹顕本宗要集』では、等覚は十地（歓喜地・離垢地・発光地・焔恵地・離勝地・現前地・遠行地・不動地・善恵地・法雲地）に合するが、妙覚に十地が合する義はあるのかと問うている。その答えとして、天台宗の義では、等覚・妙覚いずれも因位であれば等覚を以て十地に合して差し支えがないとする。また、等覚と妙覚の二覚は因果に大きな違いがあり注意が必要である。しかしながら、『浄名妙記』(7)の中に「等覚を以て妙覚仏となす」と判じられることは多数の解釈が可能となり、一つの義として、従因至果（因の境界［九界］から果の境界［仏界］へと至ること）の等覚を妙覚には合しないとする一方、従果向因（果の境界［仏界］から因の境界［九界］へと再び向かうこと）による仏・菩薩が衆生を成仏へと導くために仮の姿でこの世に現れる等覚の場合、妙覚に合するとしている。日隆によるとこの説は、『仁王経』等によって「等妙二覚一仏二名」の義を解釈されたものであり、上古の天台宗の学者もこの解釈を採用しているとある。この日隆の文は、第四章第四節第十一項、貞舜『天台名目類聚鈔』と類似性が見られ、貞舜の場合、『瓔珞経』を根拠として論が展開される。

8は、本文の直前に天台宗の義として、等覚智断について述べる箇所である。(8) 8では、迹門十妙の智妙の下と別教の下に等覚の智を採用しないことは、『仁王経』『瓔珞経』等の別門に明かしている等覚と妙覚が一仏二名であるという意であって、妙覚に等覚を兼ねるという意味であるのかと問うている。その答えとして、迹門の仮りの教えである権経を打ち開くことで、四教の能化所化の智は、境は妙であり智は別、境は常住であり智は無常である境智冥合（観じられる対象の境とそれを観ずる智とが不知不覚の内に合一すること）の智であるため妙覚智と言う。これは四教のうち、仏果に至るのは円教の教えだけであって、それ以外の三教では仏果に至る人がいない未開の智であるため、智力も弱く無明（全ての煩悩の生ずる根源）を断ずることはできないとする。そして、断じるということは、名ばかりで実質を伴わないと結論づけている。

10では、多宝仏は分身するのかという問いに対し、天台宗の義を紹介し、天台宗では多宝仏は分身せず、諸仏において分身が起こるとすることに対し、日隆は疑義を呈している。その理由として、分身とは一身多身（一つの身体に他の一切の身体が円融相即しているという義）、一多自在（一つのものと多くのものが相互に溶け合って自由自在であること）の義であり、天台宗の立場では、多宝仏の全身の舎利は一身多身の功徳を備えていないことになってしまう。また、『法華経』見宝塔品において多宝仏は、十方世界分身国土の五時の法輪である『法華経』を説くために涌現すると言い、これこそ多宝仏の分身の義ではないのかと日隆は主張している。さらに、智顗が『法華玄義』巻第七に問答釈を作り、『大智度論』を引用することは、多宝仏には分身があると解釈すべき証拠を提示している。そして、『法華玄義釈籤』

において、『大智度論』では多宝仏に化身があるとし、『法華経』の意を以て解釈すれば化身即分身であるとする。よって、多宝仏には分身があると結論づけ、釈尊と多宝仏の二仏が境智冥合することが一仏二名であり、それは一身多身一多自在の徳であるため、多宝仏に分身はないとする天台宗の義を批判していることが分かる。

これら天台宗の義としての一仏二名の解釈をまとめると、4では、普賢菩薩を『法華経』の本尊となりうるのかについて考える場合、法身同体の立場より見ることで普賢菩薩を一仏二名の等覚と規定している。6は、等覚と妙覚において、因果の相違について考慮する必要性があり、従果向因権現出没の等覚は妙覚に合するとして、等妙二覚一仏二名の文を使用している。8は、『仁王経』『瓔珞経』等の別門に明かしている等覚妙覚一仏二名の意について、等覚智断は無明を断ずることはできないとする。10では、多宝仏の分身の有無について、天台宗の義を批判し、多宝仏と釈尊が境智冥合することが一仏二名であると日隆は標榜している。

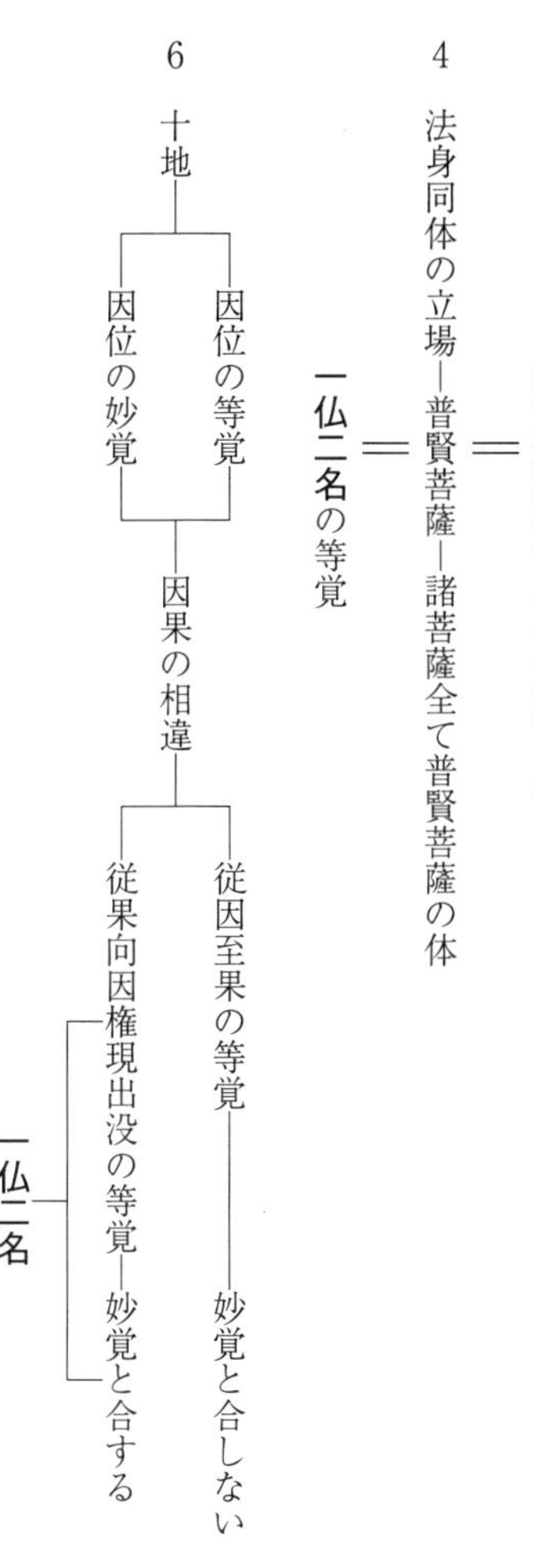

8

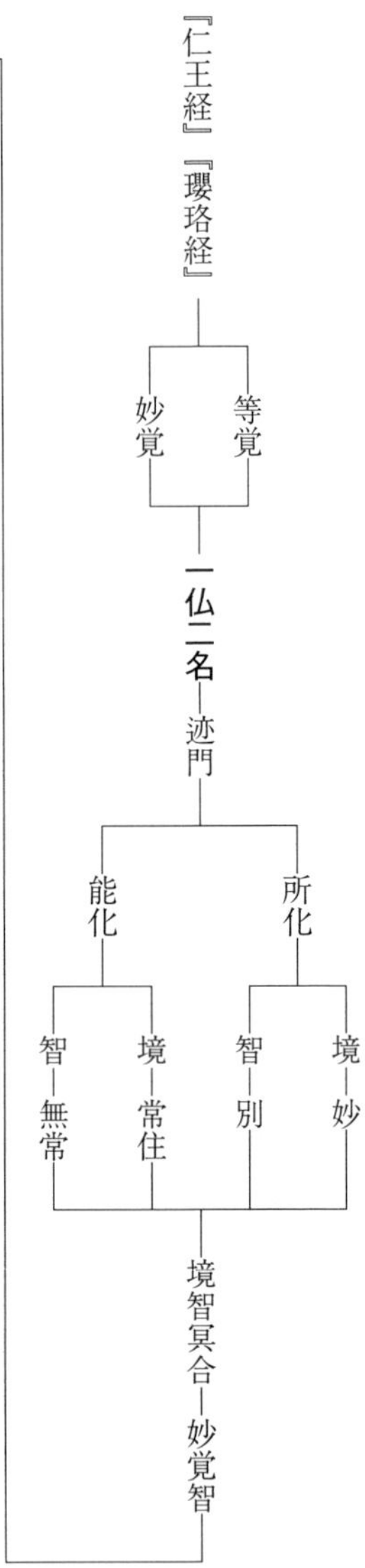

『仁王経』『瓔珞経』—等覚／妙覚—一仏二名—迹門—所化（境—妙、智—別）／能化（境—常住、智—無常）—境智冥合—妙覚智

果頭未顕の智—無明を断ぜず—有名無実

10

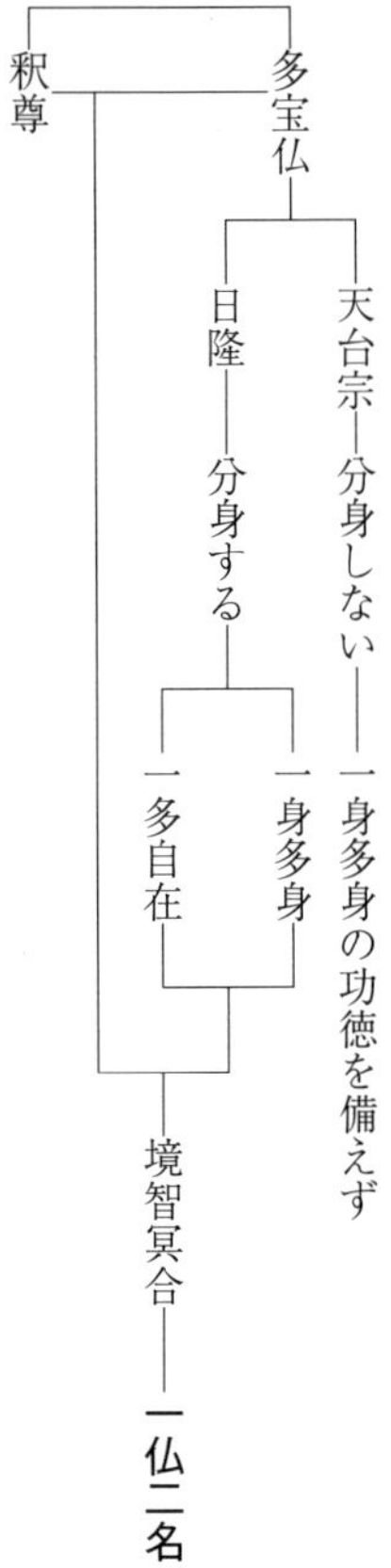

多宝仏／釈尊

多宝仏—天台宗—分身しない—一身多身の功徳を備えず

多宝仏—日隆—分身する—一身多身／一多自在—境智冥合—一仏二名

第二項　日存・日道口伝より引用する一仏二名

日隆著述に見える天台宗の義としての一仏二名の解釈では、釈尊と上行菩薩との関係について触れたものではないことが確認できた。ここでは、日隆が本化教学の立場を以て一仏二名を解釈する文について検討するに先立ち、日存・日道の口伝として一仏二名を解釈する箇所について見ていきたい。そもそも、日隆が主張する一仏二名とは、株橋日

涌『観心本尊鈔講義』によれば、釈尊と地涌の菩薩との関係について、「要するに釈尊と上行とは行菩薩道の自行の辺においては両者一体であり、説法覚他の面においては両界各異にして師弟の関係にあるのである。(9)」と端的に解釈を加えている。そこで、実際に日存・日道の口伝としての一仏二名を概観すると、【表12】2、9の文が確認できる。

2　日道仰に云く、分別品の本末の釈の事は彼の二住以上等覚の益を見れば、涌出品の末の弥勒の疑請は未来流通の為めなり、寿量品等の広開近顕遠の正説を請するを以て分別品の増損の益を見れば、上行要付の要法の益なり、要法の益は名字妙覚一体なる故に、別して妙覚の益を挙げず、名字妙覚発心畢竟二不別の益の教主は地涌なり、其の余の迹化の諸大衆は、久遠下種の要法を末法下種のため上行に付するを、現脱の本種の辺を以て横に押さへ取つて、地涌の体内に流入して而も法爾の本化迹化を顕し、迹化は広く二住等の等覚に居し、本化地涌は「破執故来」応同の辺は等覚に居し、本門八品上行要付の辺は等妙二覚一仏二名と会して、妙覚を以て本因妙名字信行に下し、「発心畢竟二不別」の本因妙の地涌として、末法の唱導を請取つて、教弥実位弥下の易行の教主と成り玉ふ、故に落居は妙覚界の本因妙の一念信解の信行の位なり、此の分は観心本尊抄に、一品二半と八品とを相望して、「彼脱此種」と云ひ、「題目五字」と云ふ一筋なり、之を思ふべし云云(10)

2では、その冒頭に「地涌の菩薩は等覚歟初住以上歟の事(11)」と題し本化の菩薩についての問いを設けている。その答えとして日隆は、「答、文義の大旨に任せば等覚なるべし云云(12)」と述べ、一端、自説を展開し、次いで日道の解釈を紹介していることが分かる。そこでまず、日隆の主張を提示すると以下のようになる。

答、地涌の菩薩は釈尊妙覚界体具の本有の菩薩界にして、且く釈尊本果妙より大悲心を起して位弥下する本因妙九界総在の大悲闡提の菩薩の尊形を地涌と云ふなり、故に釈尊十界具足の九界総持の菩薩なる故に自性所生の支分本有の菩薩なり、所詮本果釈尊の滅後下種の尊形を地涌と云ふ故に、唯々是れ釈尊の御名を替へて果より因に下るまでなり、其の身体は全く同じきなり、故に妙覚界の「其菩薩界常修常証無始無終」する報仏如来体具の菩薩界なり、且く父子師弟を顕さんが為め、妙覚が家の等覚に居する歟、此の等覚は其の実体名字即なり、故に地涌を以て本因妙の菩薩滅後下種の唱導と定め玉ふなり、然るを且く一品二半の脱の機に応同する時、等覚と云ふなり(13)

日隆によれば、地涌の菩薩は、釈尊妙覚に体具する本有の菩薩であり、釈尊の本果妙より大悲心を起こした、本因妙の九界を総在した菩薩の尊形であるとする。よって、釈尊は十界を具足する中において九界を総在した菩薩であるために、自性より生じた本有の菩薩であると定義している。また、本果釈尊と滅後末法下種の尊形を地涌の菩薩とすることは、釈尊の名を変えて果より因へ下った結果であり、その身体は同一である。すなわち、三身中、報身仏体具の菩薩とも言えることから、妙覚が家の等覚であり、その実体は名字即であり、地涌の菩薩を以て本因妙の菩薩が末法下種の教主であると定めている。また、一品二半の脱益の機に合わせて対応するならば、等覚と言うと規定している。

続いて日隆は、自身の説の基礎となった2日道の解釈を紹介し、『法華経』分別功徳品の本末釈について第二住（治地心住）以上から等覚の利益を見れば、『法華経』従地涌出品の末に説かれる弥勒菩薩の疑請（聴衆に疑義の心を起こさせて、仏の説法を請い願わせること）は未来の流通のためであるとしている。また、疑請の目的とは、如来寿量品において始成正覚を方便とし久遠五百億塵点劫の過去から仏であったという久遠実成を明かすことである。この久遠実成開顕の立場より、分別功徳品の増道損生（初住の位から妙覚仏果に至るまでの四十二位の間に、中道の智慧が明白になって行くのを増道といい、その智慧によって無明が断ぜられ変易生死が減少して行くことを損生という）の利益を見れば、上行菩薩へ要法を付嘱することによる利益である。また、要法の利益は、名字即と妙覚が一体となるために、別に妙覚の利益を挙げることはせず、名字即と妙覚は、仏因である初発心と仏果である菩提が別々でなく同義であり、利益の教主は地涌の菩薩であると主張する。さらに、迹化の諸の大衆については、久遠下種の要法を末法下種のために上行菩薩に付嘱することを、あくまで現在脱益の成仏の種子の辺をもって表している。そして、地涌の菩薩の体内に流入して一切の事象の本来あるがままの本化と迹化を顕現し、迹化は第二住等の等覚に住すと定義する。

一方、本化地涌の菩薩は、「破執故来（大衆は釈尊を始成と執すが、この執心を破せんがための故に来たるものである）」として、相手の能力や素質に合わせて同じ位に対応する場合では等覚に居す。また、本門八品上行要付の辺を以て見れば、等覚と妙覚は一仏二名であると開会して、妙覚を以て本因妙名字即の信行の位に居し、本因妙の地涌の菩薩として、末法における唱導を請け教弥実位弥下の易行の教主となる。よって、妙覚界（仏界）の本因妙の一念信解（四信の第一、如来寿量品で明かされた釈尊の久遠実成を聞いて、ほんのわずかな一瞬でも信解することをいう）の信行の位であるとする。その証拠として、『観心本尊抄』を提示し、一品二半と本門八品とを相対して、「彼は脱、此れは種」といい、「題目の五字」という一筋であると結論づけている。

9　両師の御口伝に云く、本門八品上行要付の辺と一品二半の辺と不同なり。一品二半は仏世当機の脱益にして、法身実相を以て一経の主と為して本迹一致せしむる間、本門と云へども迹中之本の本門にして、名は本、義は迹なり。故に妙覚の益を挙げずして等妙二覚一仏二名して等覚の所に引具して妙覚を挙ぐるなり。是れと云ふも現在の脱益を以て面と為して下種を正とせざる故なり。さて八品上行要付の辺は久遠下種、末法下種を以て正と為し、従果向因の妙覚界の上行菩薩に妙覚界の妙法蓮華経を以て之を付す、上行に九界を具すれば九界に付すに成る故に、九界上行体内に在て十法界悉く覚らず知らず妙覚の位に居す。故に三周の声聞も上行体内に在て妙覚体具に居して、上行要付の冥薫に預り、属累品に至て広略の付を蒙るなり云云。(14)

次いで9は、日存・日道の口伝では、本門八品上行要付の辺と一品二半には相違があり、一品二半は、釈尊在世における説法の会座において聴聞し、脱益する者を中心とした教えであると主張している。この立場は、法身実相を以て『法華経』の主とする本迹一致の教えであり、『法華経』本門といっても迹門中においての本門の意であるとして、名は本門ではあるが、その義は迹門であるとする。なぜなら、妙覚の利益を挙げず、等覚と妙覚が一仏二名として等覚の所に引き合わせて妙覚の利益を挙げていることは、在世脱益を正として下種を傍とするためである。

一方、本門八品上行要付の立場から解釈すると、久遠下種・末法下種を正として、従果向因の妙覚界の上行菩薩に妙覚界の『法華経』を以て付嘱すると捉える。そう捉えるならば、上行菩薩に九界を具すれば、九界に付嘱することになり、九界の上行菩薩の体内にあって十法界は悉く覚らず知らずに妙覚の位に居すことができる。よって、三周の声聞（法説周・譬説周・因縁説周）も、上行体内にあることで妙覚の体内に具足され、上行菩薩の要法付嘱によって成仏を求める心を起こし、嘱累品に至って広略付嘱を蒙ることができるとしている。この文では、日存・日道の口伝として、一仏二名を一品二半在世脱益の側面から論じられていることが理解できよう。

以上、日存・日道の口伝として引用する一仏二名について考察してきた。その中で日隆は、自身の説の基礎となる日存・日道の説を提示することで、より精緻な解釈を目指したのではないだろうかと推察する。なお、9では一仏二名を一品二半在世脱益の側面から論じられており、注意が必要である。

（日隆の見解）

2　地涌菩薩＝釈尊妙覚に体具―本有の菩薩―本因妙九界総在の菩薩―釈尊の末法下種の教主―

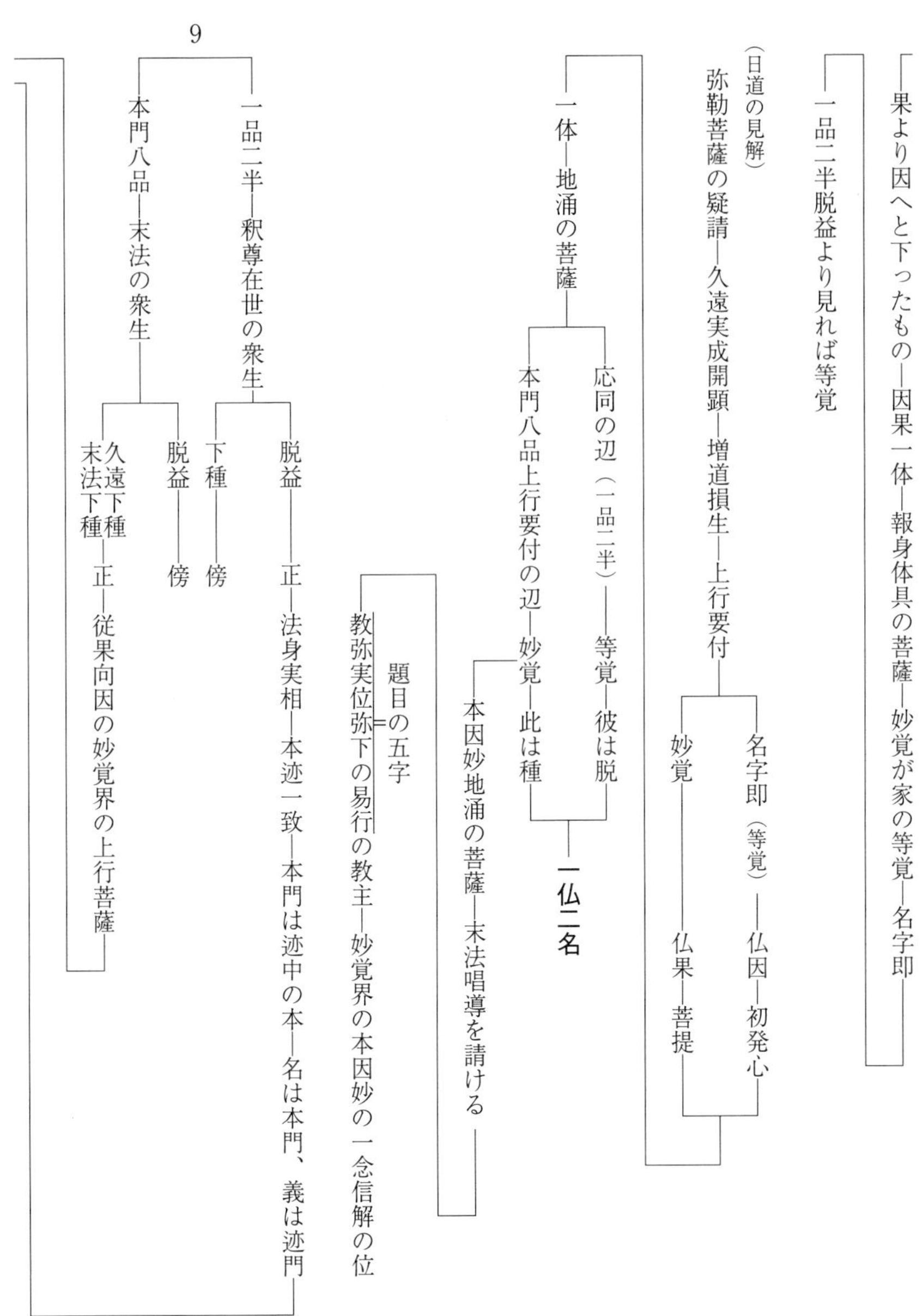
果より因へと下ったもの―因果一体―報身体具の菩薩―妙覚が家の等覚―名字即
一品二半脱益より見れば等覚
（日道の見解）
弥勒菩薩の疑請―久遠実成開顕―増道損生―上行要付
名字即（等覚）―仏因―初発心
妙覚―仏果―菩提
一体―地涌の菩薩
応同の辺（一品二半）―等覚―彼は脱
本門八品上行要付の辺―妙覚―此は種
一仏二名
本因妙地涌の菩薩―末法唱導を請ける
題目の五字
教弥実位弥下の易行の教主―妙覚界の本因妙の一念信解の位
9
一品二半―釈尊在世の衆生
脱益―正―法身実相―本迹一致―本門は迹中の本―名は本門、義は迹門
下種―傍
本門八品―末法の衆生
脱益―傍
久遠下種
末法下種―正―従果向因の妙覚界の上行菩薩

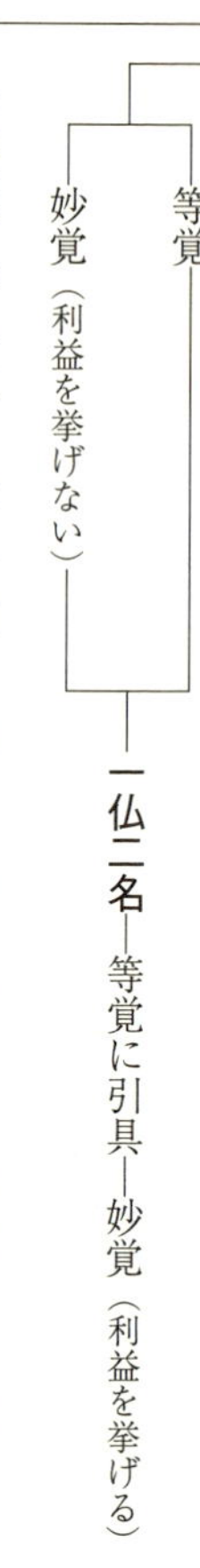

第三項　日隆の義として論じる一仏二名

本項では、日隆自身の説として一仏二名を解釈する箇所について考察したい。日隆の著述中、一仏二名としての引用が見られる箇所を確認すると、【表12】1、3、5、7、11、12、13を挙げることができる。そこで実際に、日隆が一仏二名をどのように定義しているのか代表的な記述について見ていくこととする。

1故に発迹顕本して久遠下種の父大王報中論三無作三身の釈尊を顕し、十方応用土民の弥陀薬師は破廃されて悉く滅尽し畢んぬ、久遠本地唯我一人の独尊の父大王釈尊計り久遠常住にして、十方諸土の諸仏諸九界と、父大王釈尊と久遠本来の父子天性顕本して十界久遠を顕し、化導の始終種熟脱する一仏の始終を顕し已れば、迹門大通以来の化導の三益は悉く壊し畢んぬ、本門の三世益物、化導の始終、種熟脱と打ち顕して、中間今日頓漸五味の熟脱までも、本仏分身の応用と照了して、本門体内の三世益物なれば、三世本有として釈尊一仏の種熟脱なり、故に三世常恒に下種の時は上行の尊形なり、得脱の時は釈尊の尊形なり、是れ一仏二名の師弟なり、謂る「其菩薩界常修常証無始無終、報仏如来常満常顕無始無終」と云へる此の意なり。(15)

1は、『法華宗本門弘経抄』従地涌出品釈の文である。ここでは、迹仏を開いて本仏を開顕すれば、久遠下種の父で大王である報中論三（報身を表として仏身を論じること）無作三身（常住不滅の三身具足の仏）の釈尊が顕現され、阿弥陀仏や薬師仏等といった十方諸仏は破り廃し滅尽する。なぜなら、久遠実成は久遠常住にして、十方諸土の諸仏や諸九界と、久遠本来から天性の父子の関係を持ち、顕本することで十界久遠を顕すからである。また、化導の始終を説くことで種熟脱三益を明かし、一仏の始終を顕すことで、迹門の大通仏以来の化導の三益を破す。さらに、本門の三世益物・化導の始終・種熟脱を明かすことで、中間・今日・頓・漸・五味に説かれる熟益・脱益までも本仏の分身であり、仏・菩薩が全ての衆生に応じた自在の救いの働きを現すものである。よって、本門の教説の中に説く三世益物は、過去・現在・未来を本来的に具えた釈尊一仏の種熟脱であるため、三世が常恒で下種の時には上行の尊形をしており、得脱の時には釈尊の尊形であるとし、このことを一仏二名であると結論づけている。日隆は、釈尊と上行菩薩との関係性について、「其菩薩界常修常証無始無終、報仏如来常満常顕無始無終」と示しているが、この一文は安然の『真言宗教時義』等に見られることからも、当宗の立場より会通を試みたと思われる。なおこの問題については、第五章第三節において詳述する。

5問ふ、最後品の無明を断ずるは等覚智を用ふと為さん妙覚智を用ふと為さんや。　六即義の一算

　天台宗の義に云く、先徳の異義不同なり。或は等覚智或は妙覚智、或ひは位は等覚に在りて妙覚智を用ふるなり云云。仍て妙覚智断と云ふ義は通漫多分の義なり云云。

　当宗の義に云く、天台宗の三の義は其の意経論釈義に見えたる上は、当宗としても異義なしと云へども其の中にも妙覚智断と云ふ義を用ふべきなり。此の外に両重の口伝これあり。一は等覚智にあらず妙覚智にあらず、従果向因本因妙名字の信心を以て元品の無明を断じ、一念の間に相似初住已上の用の三惑を頓断するなり。一は本門の意は本因本果倶時なり。謂ゆる妙覚界内の本果は釈尊なり本因は九法界なり是れ上行菩薩なり。此の本因妙

の内に名字乃至等覚までもこれあり。故に上行即釈尊、釈尊即上行なれば本因妙等覚の上行即本果妙覚の釈尊と一体なる故に、等妙二覚は一仏二名の義なり。故に等覚智断と云ふも妙覚智断と云ふも何れも相違なきものなり云云。然りと雖も常には妙覚智断の義を用ひて論談すべきなり。委しくは下に記するが如し云云[16]。

5では、元品の無明（天台所立の五十二位の内、最初の十信を除いた四十二位のそれぞれにおいて無明を断ずるが、四十一品を除いても、最後の一品を除くことで仏果を得る時のこと）を断じるのは、等覚の智慧を用いるのか、妙覚の智慧を用いるのかという題を掲げている。その答えとして天台宗では、①等覚の智慧で断ずる、②妙覚の智慧によって断ずる、③等覚の位にあって妙覚の智慧を用いる、等といった種々の解釈がなされている。一方、当宗の義としては異義はないものの、その中でも特に妙覚の智慧によって元品の無明を断ずる義を用いるべきであると主張している。その他にも、④等覚・妙覚の智慧ではなく、従果向因本因妙名字の信心を以て元品の無明を断じることは、一念の間に相似即・初住以上の三惑（見思惑・塵沙惑・無明惑）を断じることでもある。このことを本門の立場より見れば、本因本果がともにある時であると考えられ、妙覚界内の本果は釈尊であり、本因は九法界の上行菩薩であるため、本因妙の中に名字即（十信）から等覚（究竟即）までを包含する。すなわち、上行菩薩即釈尊・釈尊即上行菩薩となるため、本因妙等覚より見れば、上行菩薩即本果妙覚の釈尊と一体となるために、等覚・妙覚は一仏二名であると主張している。よって、等覚智断や妙覚智断というものは相違がないものであるが、妙覚の智慧によって元品の無明を断ずる立場を用いて論談すべきであると結論づけている。

6　等覚を以て十地に合するが如く、妙覚に合する義あるべきや。

天台宗の義に云く、常に十地等覚の開合を云はば、何れも同じく因位なれば等覚を以て十地に合して子細なき事なり。而るに等妙二覚は因果大いに不同なり、故に思ひ難き処なり。然りと雖も浄名妙記の中に等覚を以て妙覚仏と為すと判じたまへり。之に付て多義これあり。一義には従因至果の等覚をば妙覚には合せず、従果向因権現出没の等覚をば妙覚に合する義これあるべし。されば仁王等に依て等妙二覚一仏二名の義を釈したまへり。上古の学者も皆此の義を存したまへり。(17)

7　当宗の義に云く、等覚を以て妙覚に合せずと云ふは七位門の意なり。六即門の時は六六三十六始中終平等と云ふ時は何ぞ等覚を以て妙覚に合せざらんや。既に今経の意は三千十法界の因果倶時の当体蓮華の妙法と云て阿鼻の依正尚ほ極聖の自心に処すと云ふ、何ぞ等覚を以て妙覚に合せざらんや。其の上前に云ふが如く久成妙覚の釈尊と等覚の上行は父子師弟一体にして、而も三世の衆生脱益の時は、等覚の上行御身を妙覚の釈尊の尊形と成して脱益を成じ、又一切衆生下種の時分には、従果向因して妙覚の釈尊御身を等覚の上行の尊形と成して下種を成ず。是れ即ち其^ノ菩薩常^ハ修常証^ニシテ無始無終^ナリ報仏如来常^ハ満常顕^ニシテ無始無終^ナリの本有常恒本因本果のことはざなり。故に等妙二覚は一仏二名なり。但し彼の仁王、瓔珞等の権経の義には大いに別なり。(18)

6の天台宗の義は、第一項において先述した、『仁王経』等によって「等妙二覚一仏二名」の義を解釈したものである。ここでは、後半部分において当宗の義として論じられる7について見ていきたい。7では、日隆の義として、等覚を以て妙覚に合しないとする見解は七位門（別教の五十二位である、十信・十住・十行・十廻向・十地・等覚・妙覚）の意であるとする。六即の六六三十六始中終平等と言う時は、等覚を以て妙覚に合すべきであると主張している。また、『法華経』の意としては、三千十法界の因果が倶にある時の当体蓮華（『法華経』の蓮華は妙法に対する譬喩ではなく、妙法の当体の名称であるという義）の妙法といって、阿鼻地獄の依報と正報（生を受けたものが、みずからの過去の行為の報いとして得た身心を正報といい、その身の依りどころである一切の環境・国土を依報という）はなお、至極の聖者としての仏の自心に処するとしている。その上で、再度等覚と妙覚の関係について考えると、久遠実成妙覚の釈尊と等覚の上行菩薩とは、父子・師弟一体にして過去・現在・未来の衆生が脱益する時は、等覚の上行菩薩の身から妙覚の釈尊の尊形となって脱益を成じる。さらに、一切衆生下種の時には、従果向因して妙覚の釈尊の身を等覚の上行菩薩の尊形として下種を成じる。このことは、菩薩は常修常証にして無始無終であり、報身仏は常満常顕にして無始無終である本有常恒本因本果を提示したものであるとしている。よって、等覚妙覚は一仏二名であるとし、『仁王経』『瓔珞経』といった権経の義として論じられる一仏二名とは一線を画するものであると付記していることが注目できる。

12九法界悉く久遠にして地涌菩薩なれば、九法界の地涌即本因妙にして釈尊の本果妙に合して十界具足方名$_{二}$円仏$_{一}$の本地釈尊と顕れたまへば、釈尊体具の上行にして上行即釈尊、釈尊即地涌にして釈尊に本因本果を具し、本果の方は釈尊、本因の方は上行九法界にして、本因本果不二すれば妙法蓮華経なり。故に釈尊・上行は同じく妙覚界の仏・菩薩にして、九識の菩薩なり。故に一切衆生の熟脱の時は上行即釈尊と顕れ、下種の時分には本果の釈尊、本因に下りて上行と顕れ、而も父子師弟と名乗りして下種を成ずる**一仏二名**の法則は三世本有の儀式なり。[20]

12では、「地涌上行等は九識の菩薩か、八識の菩薩と云ふ意もこれあるべきか。[21]」と題して論じられる箇所である。この文では、九法界とは久遠であって地涌の菩薩のことを指すとしている。この九法界の地涌の菩薩は本因妙にして、釈尊の本果妙に合して十界が具足することは、まさに円仏と名付けられた本地の釈尊（久遠実成）を顕したものである。また本果は釈尊、本因は上行菩薩であって、上行菩薩即釈尊・釈尊即上行菩薩であることから、釈尊は本因本果を具足している。そのため、本果は釈尊・本因は上行菩薩の九法界とも言え、本因本果を一体とすれば妙法蓮華経であるとする。したがって、釈尊と上行菩薩は、妙覚界の仏・菩薩であって、九識の菩薩であると定義している。さらに、一切衆生が熟益・脱益する時には、上行菩薩即釈尊として顕現し、下種の時には本果の釈尊は本因に下って上行菩薩として顕れ、父子であり師弟でもあると名乗ることで下種を成就することは一仏二名であり、三世において本来から具わっている儀式であると結論づける。

以上、これらの文から窺える日隆の標榜する一仏二名とは、釈尊を本果、上行菩薩を本因と規定し、釈尊即上行・上行即釈尊であるため一仏二名と称することが看取できる。また、一仏二名の真実性を証明するために、三益論や顕本論、さらには九識の問題まで提示することで委細に検討がなされている。しかし、その証文として『観心本尊抄』のいわゆる四十五字段や、『開目抄』の本因本果の法門に直接的に触れていないことが疑問として残る。そこで、『観心本尊抄』四十五字段と『開目抄』本因本果の法門についての日隆の解釈を見ていくと以下の文が挙げられる。

> 之に依て開目抄に云く是れ即ち本因本果の法門なり、九界も無始の仏界に具し仏界も無始の九界に備りて、真の十界互具百界千如一念三千なるべし云云　下の巻に云く爾前迹門にして十方を浄土と号し此の土を穢土と説かれしを、打ち還して此の土は本土なり、十方の浄土は垂迹の穢土なり云云　観心抄に云く、夫始自二寂滅道場華蔵世界一乃至今本時ノ娑婆世界離ハレ三災ヲ一出テタル二四劫ヲ一常住ノ浄土也ナリ仏既ニ過去ニモ不レ滅未来ニモ不レ生シ玉ハ所化以テ同体ナリ此レ即チ己心ノ三千具足三種ノ世間也云云　謂く本時の娑婆世界とは国土世間なり、仏と所化とは十界なり、陰生二世間なり、仍て所化以て同体とは、爾前迹門の三五七九乗、涌出品に至つて本因妙上行体内に流入して本因妙の菩薩九法界と成り、本果の釈尊と互融して十界久遠の上行菩薩にて之れあるを、所化以て同体なりとは釈し玉うなり、本果の釈尊も衆生下種の時は本因妙上行菩薩となるなり。(22)

この文は、「本門流通の妙法蓮華経の事」(23)と題し論が展開される箇所である。日隆は、『開目抄』の本因本果の法門、並びに『観心本尊抄』四十五字段を引用し、三乗・五乗・七方便・九法界の衆生が本因妙上行菩薩の体内に流入することで菩薩の九法界となり、本果の釈尊と互融して十界久遠の上行菩薩となることを、「所化以て同体」と解釈している。また、本果の釈尊も、衆生に下種する時は本因妙上行菩薩であると定義することから、『観心本尊抄』四十五字段、『開目抄』本因本果の法門の解釈においても一仏二名と同様、本因上行、本果釈尊と主張していることが理解できる。すなわち日隆の一仏二名の解釈は、天台義の解釈とは異なり、『法華経』や日蓮遺文を根本とした独自の解釈を施したものであると言える。なお、日隆が使用する一仏二名の語について、どの文献を参考にしたものであるのかについては言及されていない。ただ、日隆の著述中において、「南岳」「『四十二字門』」等の語は散見されるが、慧思の文としての一仏二名の直接的な引用は見られない。唯一確認できるものとして、【表12】2の直前に、

> 又南岳四十二字門の中に、地涌の事を釈せんとして、「本初発心唯期二等覚一」文 但し分別品の疏と、記との文に至つては、言総して多くの菩薩の中に地涌を入れ、別しては過去の菩薩と云ふべきなり、是れ天台宗の会通なり云云(24)

とあり、地涌の菩薩について解釈した「本初発心して唯だ等覚を期す」の文を引用しているに留まっている。そのため、日隆が慧思の『四十二字門』を以て一仏二名の語を引用し独自の解釈を展開したのか、何らかの形で先師より一仏二名という語を相伝されたのかについては不明である。さらに、日隆在世当時において『四十二字門』が現存していたかについても不明であり、天台典籍の孫引きの可能性についても否定できないため、この問題については今後の研究課題としたい。

1　発迹顕本
- 久遠下種の父大王報中論三無作三身の釈尊―久遠常住―大王釈尊―父
- 十方応用土民の弥陀・薬師―破廃―十方諸土―諸仏諸九界―子

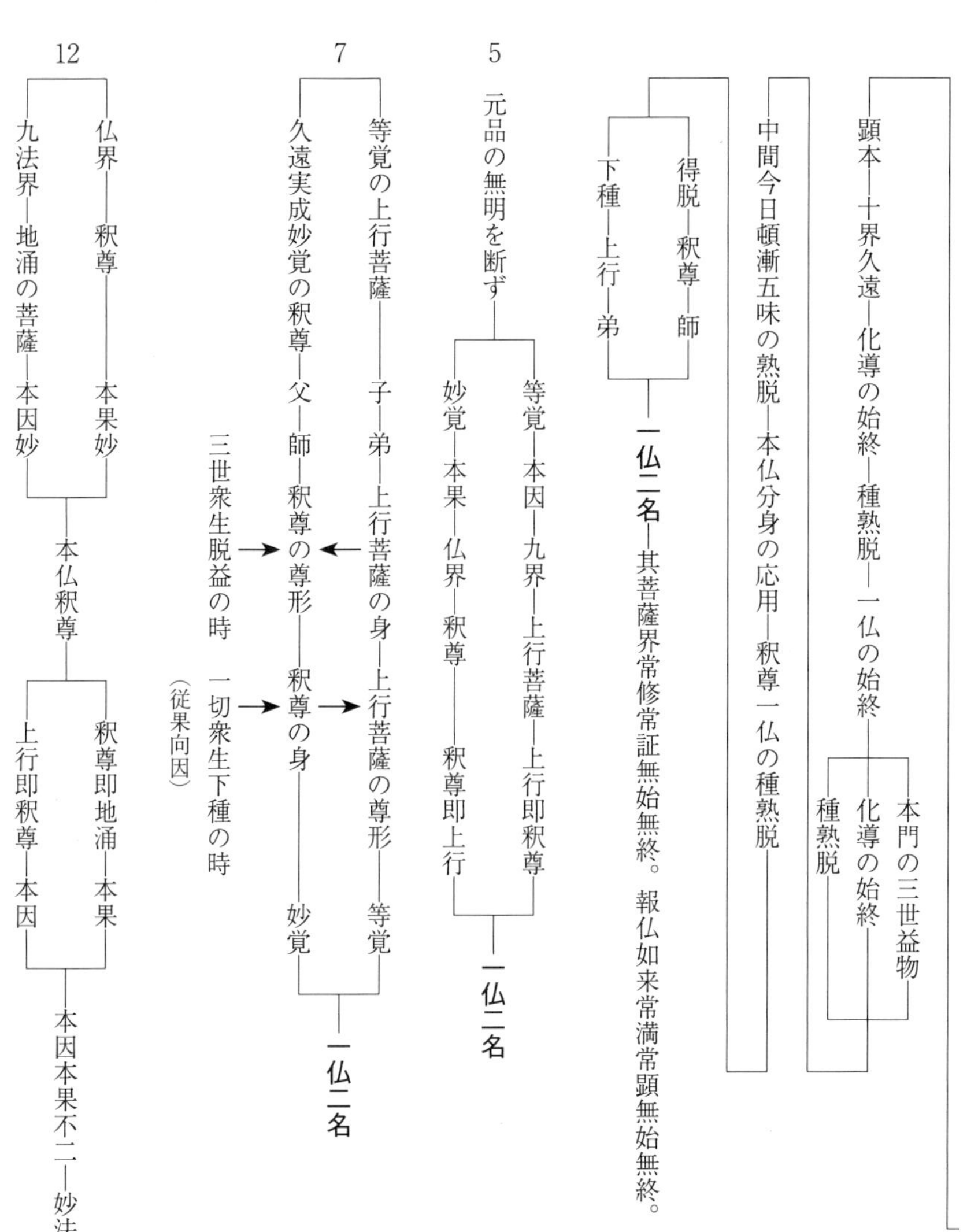
顕本—十界久遠—化導の始終—種熟脱—一仏の始終
本門の三世益物
化導の始終
種熟脱
中間今日頓漸五味の熟脱—本仏分身の応用—釈尊一仏の種熟脱
得脱—釈尊—師
下種—上行—弟
一仏二名—其菩薩界常修常証無始無終。報仏如来常満常顕無始無終。
5
元品の無明を断ず
等覚—本因—九界—上行菩薩—上行即釈尊
妙覚—本果—仏界—釈尊—釈尊即上行
一仏二名
7
等覚の上行菩薩—子—弟—上行菩薩の身—上行菩薩の尊形—等覚
久遠実成妙覚の釈尊—父—師—釈尊の尊形—釈尊の身—妙覚
三世衆生脱益の時
一切衆生下種の時
（従果向因）
一仏二名
12
仏界—釈尊—本果妙
九法界—地涌の菩薩—本因妙
本仏釈尊
釈尊即地涌—本果
上行即釈尊—本因
本因本果不二—妙法蓮華経

第四項　一仏二名と類似する表記

これまで、日隆著述にみる一仏二名の解釈について考察してきた。本項では特に、一仏二名に類似する表記について検討を加えていく。(25) 日隆の著述中、一仏二名と相応する語としては、一仏異名・二重の仏名・二重の称名等を提示することができる。その中で、一仏異名の表記としては、【表12】14、15、16の三箇所、二重の仏名・二重の称名については【表12】17、18がそれぞれ確認できた。そこでまず、一仏異名としての表記を挙げると以下のようになる。

14　恵檀両流異義の事

天台の宗義に云く、檀那流の義は大旨「可知」と云ふなり、其の意は補処の弥勒と云ふは、等覚の最後に纔に元品の無明計りの明昧なり、実には妙覚所具の菩薩界にして等妙二覚**一仏の異名**の弥勒なり、何ぞ之を知らざらんやと云ふなり、恵心流の義は多分「不可知」と云ふなり、所以に補処に於て権教の補処、実教迹門の補処、本門の補処之あり、縦ひ実教なりとも迹門の補処と云ふ日は久遠の事を知るべからず、正しく知る事は本門の補処はこれを知るべきなり云云(26)

15　迹中の意は十地等覚は開合の異と云ひ、等妙二覚は一仏異名と云ふ故に、十地等妙は同体の辺これあり、故に十地の内に等妙ある故に、十地に十品を断ずれば自ら二品が断ぜらるゝなり、本門の意は妙覚の報仏と等覚の上行とは「永異諸経」なり、故に本の等覚を以て迹中の妙覚を破するなり、此くの如く心得れば相違なきものなり、能く能く心腑に染めて講談すべきなり。(27)

16　問ふ、弗沙、底沙、毘婆戸の三仏は三祇百劫の中には何時出世するや。

答ふ、経論常途の説に任せば弗沙、底沙は三祇の中の仏、毘婆戸仏は三祇満百劫の初めに出づと答へ申すべし。学者の一義に云く、此の三仏の出世は経論の説不同なり。小乗の意は弗沙、底沙をば一仏の異名と云つて多分、毘婆戸仏をば明さず。大乗の意にては三仏を明し而も各別の仏なりと云ふなり云云。(28)

14の文は、「補処の智力久遠の事を知るやの事(宗要)」(29)という算題に対し論を進める箇所であるが、日隆は、一仏異名の語をいずれも天台宗の義や迹中の意としての引用が見られることが特徴的である。14では、天台宗の恵心流と檀那流における弥勒菩薩の扱いについて異義があるとしている。檀那流では大旨を知るべしと言い、弥勒菩薩は等覚の最後の僅かの所において元品の無明を断じるとし、妙覚所具の菩薩界であり、等覚と妙覚が一仏異名の弥勒菩薩であると規定する。また恵心流の義としては、補処（今生は迷いの世界に縛られているが、次生には仏の位処を継ぐことが決定している菩薩の位）には権教の補処、『法華経』迹門の補処、『法華経』本門の補処があるとする。その中において、久遠の事を知るものは、『法華経』本門の補処のみであることを知るべきであると結論づけている。この文では、檀那流の弥勒菩薩の補処について明示するために、一仏異名の語を使用していることが理解できる。

15は迹門の意として、五十二位中、十地と等覚との関係について、開合（ある時は開いて展開させ、ある時は合わせて一つにすること）の違いがあるとする。また、等覚と妙覚は一仏異名とも言われるため、十地と等覚・妙覚も同体とみなすこともできる。よって、十地中に等覚・妙覚が体具することは、十地が十品を断じることができれば、おのずと等覚・妙覚の二品も断ずることが可能であると解釈している。一方、本門の意としては、妙覚の報仏と等覚の上行は、諸経とは異なり、本門の等覚を以て迹門の妙覚を破すことであり、このように見れば矛盾しないと主張している。

16では、弗沙仏・底沙仏・毘婆尸仏の三仏は三祇百劫の時間の中において、いつ衆生教化のために世に出るのかという問いを設けている。この問題について日隆は、経・論の通説では、弗沙仏・底沙仏は三大阿僧祇劫（三蔵教の菩薩が修行して仏に成るまでの時間で、阿僧祇劫は無数・無間の極めて長い時間を言う）の中の仏であって、毘婆尸仏は三大阿僧祇劫の時間を満了した百劫の初めに出世すると答えている。さらにある学者の一つの義として、弗沙仏・底沙仏・毘婆尸仏の三仏の出世は、経・論によって説が一定でないことを紹介している。具体的には、小乗の意として弗沙仏・底沙仏を一仏異名とすることで、毘婆尸仏を明かさないでいる一方、大乗の意としては三仏を明かすが、それぞれ別の仏であると規定するからである。

次に、一仏二名と類似する説示として日隆の著述中において二重の仏名・二重の称名という語が各一箇所確認できた。そこで、この語の扱いについて確認すると以下のように述べられている。

17　八、南無帰命して仏弟子と為る事（総シテ表ス二未来ノ人ヲ一）「彼諸衆生」の下

18　此の人一とは、教一の如く迹中の三学六度万善万行を破迹顕本して十方三世の諸仏を本地の釈迦一仏に会して、一切の迹化他方の諸菩薩二乗等の九法界を本化上行に会す、上行は是れ本因妙、本因妙は即本果妙の釈尊、此の本因本果同体の南無釈迦牟尼仏南無釈迦牟尼仏と之を唱へ、前の教一の「名妙法蓮華」と教人合すれば、南無釈迦牟尼仏南無妙法蓮華経南無妙法蓮華経と之を唱ふるに成るなり云云

日道仰に云く、此の二重の仏名は、初の南無釈迦牟尼仏は本果妙の釈迦なり、後の南無釈迦牟尼仏は本因妙の釈迦なり、是れ即ち本門の意は教弥実位弥下して従果向因し玉ふ故に、釈尊も上行要付の会場には本果妙より本因妙に出でて末代易行の本尊と成るなり、故に二重の称名これあり云云[30]

17、18では、「南無帰依して仏弟子となる事」と題し、四一開会（『法華経』方便品において教・行・人・理の四法について説示された開会のこと）中、人一開会とは、教一開会と同様に仏の教化する衆生全てが本地の釈尊（久遠実成）一仏に会して、一切の諸仏菩薩二乗等の九法界を上行菩薩に会すことで、上行菩薩は本因妙、本因妙は本果妙の釈尊となるとする。この本因本果同体の南無釈迦牟尼仏と唱えて、教一開会の「妙法蓮華経と名づく」事と合わせると、南無釈迦牟尼仏南無釈迦牟尼仏、南無妙法蓮華経南無妙法蓮華経と唱えることとなる。また日道の説として、南無釈迦牟尼仏南無釈迦牟尼仏は二重の仏名と言い、前者を本果妙の釈尊、後者を本因妙の釈尊とする。本門の意では、「教いよいよ実なれば位いよいよ下し」「果より因に向かう」と解する故に、釈尊も上行要付の会場においては、本果妙より本因妙に出て、末法における易行の本尊となることを二重の称名と呼ぶ。よって、本果妙の釈尊、本因妙の釈尊に対しては二重の仏名と呼び、本門八品より見れば、本果妙より本因妙に至り、末法易行の本尊となることを二重の称名としている。

以上のことから、日隆の著述中に見える一仏異名の語は、天台宗の義やある学者の義、迹門の意としての使用が認められ、本門の立場よりの使用は確認できなかった。このことは、日隆が一仏二名と一仏異名の引用方法について、意図的に区別して使用した可能性を窺わせるものである。一方、二重の仏名・二重の称名の語の扱いとしては、日道の釈として、本果妙の釈尊と本因妙の釈尊を二重の仏名と定義する。そして、本門八品の立場を以て解釈することは、従果向因より末法易行の本尊となり、二重の称名であると規定している。

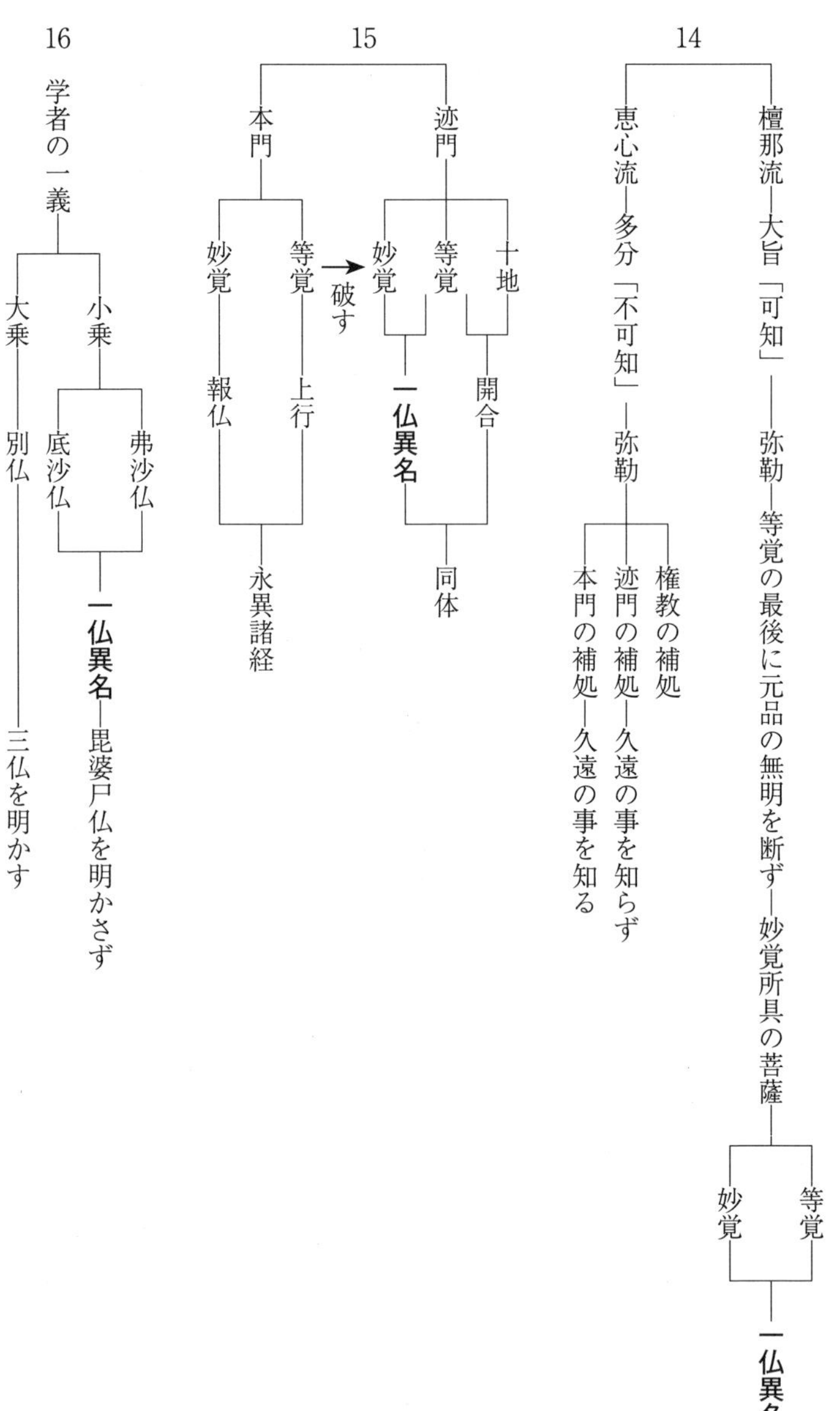
14
檀那流
大旨「可知」
弥勒
等覚の最後に元品の無明を断ず
妙覚所具の菩薩
等覚
妙覚
一仏異名
恵心流
多分「不可知」
弥勒
権教の補処
迹門の補処
久遠の事を知らず
本門の補処
久遠の事を知る
15
迹門
十地
等覚
妙覚
開合
一仏異名
同体
破す
本門
等覚
妙覚
上行
報仏
永異諸経
16
学者の一義
小乗
弗沙仏
底沙仏
一仏異名
毘婆尸仏を明かさず
大乗
別仏
三仏を明かす

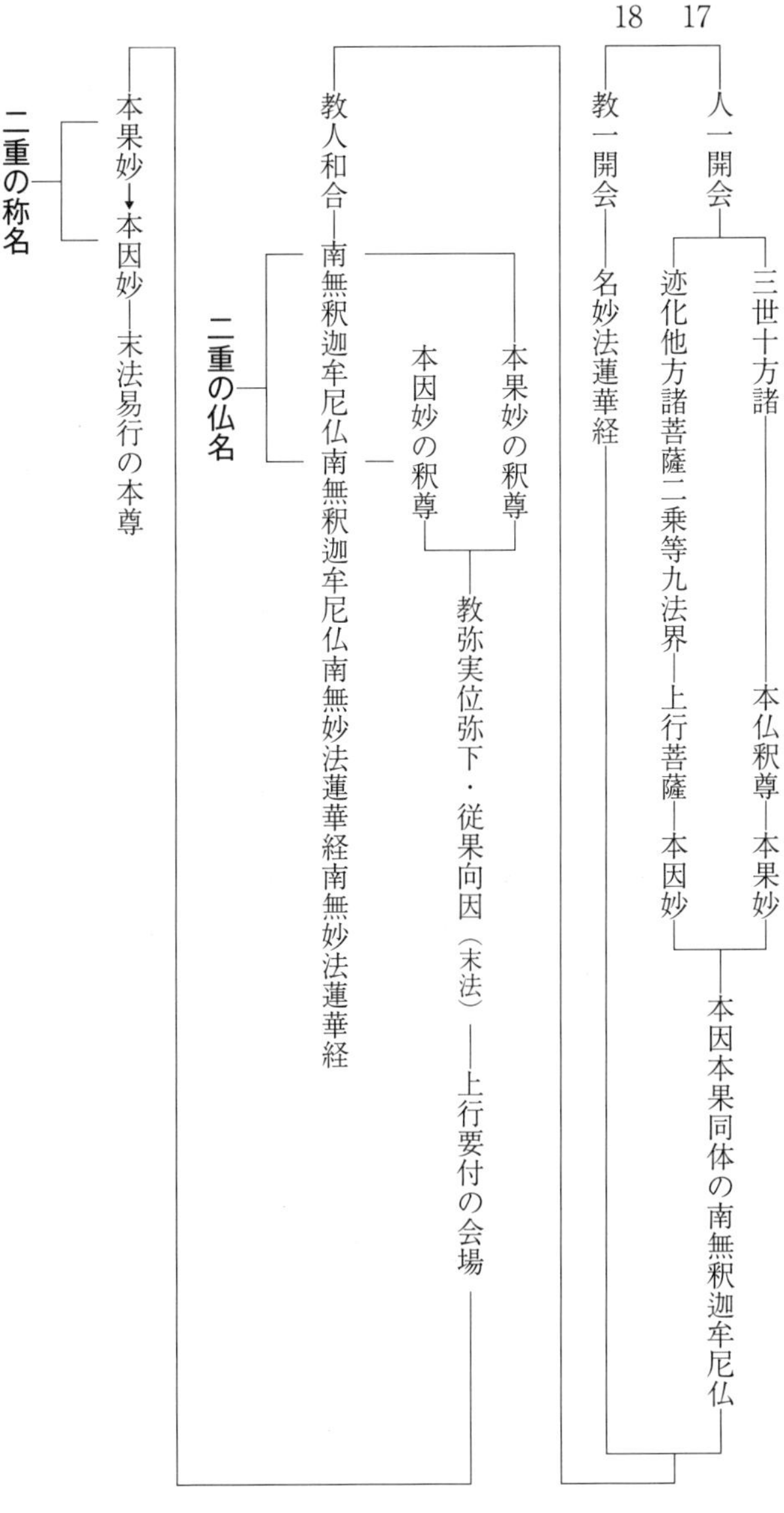

17　人一開会―三世十方諸―本仏釈尊―本果妙
　　　　　　―迹化他方諸菩薩二乗等九法界―上行菩薩―本因妙
　　―本因本果同体の南無釈迦牟尼仏

18　教一開会―名妙法蓮華経

教人和合―南無釈迦牟尼仏南無釈迦牟尼仏南無妙法蓮華経南無妙法蓮華経
　二重の仏名
　本果妙の釈尊・本因妙の釈尊―教弥実位弥下・従果向因（末法）―上行要付の会場

本果妙→本因妙―末法易行の本尊
　二重の称名

小　結

以上、日隆の著述に見える一仏二名の表記について考察してきた。日隆の一仏二名の解釈についてまとめると以下のようになる。

(一) 天台宗の義として一仏二名を解釈する場合、普賢菩薩を『法華経』の本尊となり得るのかについて考える時、法身同体の立場より見ることで普賢菩薩を一仏二名の等覚と定義する。また、従果向因権現出没の等覚は妙覚に合するとして等覚・妙覚は一仏二名であると解釈している。さらに、多宝仏の分身の有無について天台宗の意に疑義を呈し、多宝仏と釈尊が境智冥合することが一仏二名ではないのかと問うている。

(二) 日存・日道の口伝として一仏二名を解釈する場合、主に一仏二名を一品二半在世脱益の側面から論じている。また、日隆著述中において、日存・日道の口伝として一仏二名を明示することは、日隆教学の基礎となっただけでなく、より精緻な解釈を行うための方法の一つであったと推察される。

(三) 日隆の義として一仏二名を解釈する場合、本門八品上行要付の辺を以て本因本果の解釈を試み、釈尊を本果、上行菩薩を本因と規定し、釈尊即上行・上行即釈尊とすることが一仏二名の意であるとみなしている。また、一仏二名の語は見えないが、『観心本尊抄』四十五字段、『開目抄』本因本果の法門の解釈においても、日隆は一仏二名と同様、本因上行、本果釈尊と定義していることが看取できる。

(四) 一仏異名について解釈する場合、天台宗の義やある学者の義、迹門の意としての使用が認められ、本門の立場としての解釈は確認できなかった。このことは、日隆が一仏二名と一仏異名の引用方法について、意図的に区別して使用した可能性がある。一方、二重の仏名・二重の称名の扱いは、日道の釈として、本果妙の釈尊と本因妙の釈尊を二重の仏名とし、従果向因より末法易行の本尊となることを二重の称名と規定している。

これらの解釈から、日隆の標榜する一仏二名とは、末法における衆生を成仏の道へと導く教主として、上行菩薩を面とした釈尊でなければならないと考えていたと思量する。なぜなら、釈尊から直授され成仏へと向かうことができるのは釈尊在世の衆生のみであり、末法の衆生は下機下根とする徹底した凡夫意識を根底に持ち、上行菩薩を介することでのみ、初めて釈尊の功徳を享受できると思考したものと思われる。そのためには、上行菩薩と釈尊は一体不二の必要性があり、一仏二名の真実性を証明するために、三益論や顕本論、さらには九識の問題まで提示することで委細に検討がなされていることに気づくのである。

註

（1）この問題について浅井圓道「日蓮の遺文と本覚思想」（『本覚思想の源流と展開　法華経研究Ⅺ』、平楽寺書店、一九九一年、浅井圓道『日蓮聖人教学の探求』、山喜房仏書林、一九九七年再録）では、日蓮の因果論について久遠実成の因果と、九界の衆生の本因の関係性について触れていることが確認できる。

（2）一仏二名（異名）の引用箇所については、SAT『大正新修大蔵経』テキストデータベース二〇一五年度版、中華電子仏典協会『CBETA 2014』、『統合システム』二〇一七年度版等を参考とした。

（3）『隆全』第一一巻七三三頁。

（4）『隆教』第二巻一三二頁。

（5）『隆教』第二巻一三八頁。

（6）『隆教』第三巻四七頁。

（7）管見の限り、本書を確認することができなかった。しかし、良忠述『観経疏伝通記』「浄名妙記云。如二増上縁中一有力・無力已上」（『正蔵』第五七巻五二五頁a）、某『安養抄』「浄名妙記上云。若爾亦可娑婆即往於浄。何以従浄劫生此耶。」（『正蔵』第八四巻一三四頁c）等といった引用が見られることからも、『浄名妙記』の存在が窺える。

（8）『隆教』第二巻一三七頁以下。

（9）『観心本尊鈔講義』上巻五八七頁。

（10）『隆全』第八巻八六頁以下。

（11）『隆全』第八巻八五頁。

(12)『隆全』第八巻八五頁。
(13)『隆全』第八巻八五頁以下。
(14)『隆教』第二巻二八五頁以下。
(15)『隆全』第八巻六八頁以下。
(16)『隆教』第二巻一一八頁以下。
(17)『隆教』第二巻一三二頁。
(18)『隆教』第二巻一三二頁以下。
(19)この語句については管見の限り、『成仏法華肝心口伝身造鈔』(真蹟無)(『定遺』第三巻二一〇五頁)、『授決集』(『仏全』(仏書刊行会、一九一二年～一九二二年)第二六巻三四六頁、『正蔵』第七四巻二八八b以下)、『三宝住持集』(『伝全』(世界聖典刊行会、一九六六年～一九六八年・一九八八年)第五巻四〇二頁)等においてその記述が確認できるが、日隆がどの記述を参考にしたのかについては今後の研究課題としたい。
(20)『隆教』第五巻一六三頁。
(21)『隆教』第五巻一六二頁。
(22)『隆全』第三巻二四〇頁以下。
(23)『隆全』第三巻二四〇頁。
(24)『隆全』第八巻八六頁。
(25)なお、「一体異名」「同体異名」等の語については、日隆の著述中に散見できるが、これらの語の解釈については今後の研究課題としたい。
(26)『隆全』第八巻一七〇頁。
(27)『隆全』第一一巻八二三頁以下。
(28)『隆教』第一巻二六四頁。
(29)『隆全』第八巻一六四頁。
(30)『隆全』第一〇巻五二〇頁以下。

第二節　日隆以前の日蓮門下にみる「一仏二名」の表記

日隆は、『仁王経』『瓔珞経』『四十二字門』等を根拠として一仏二名を解釈するのではなく、『法華経』本門八品、及び日蓮遺文の中でも特に、『観心本尊抄』を中心とした遺文を前提として一仏二名論が展開されたものであることが理解できた。換言すれば、釈尊を本果、上行菩薩を本因と規定し、釈尊即上行・上行即釈尊と定義することが一仏二名論の中心であると首肯する。

では、日隆以外の日蓮門下諸師においても同様に、一仏二名の表記が見られるのか。また、もし一仏二名の語が見られるのであるならば、日隆の解釈と相違があるのか否かが改めて問題となる。そこで、第二節・第三節では、おおよそではあるが、日蓮門下諸師を日隆以前と以降に区分し、諸師の著述中に見える一仏二名の解釈について考察していきたい。そうすることで、一仏二名という限定的な側面ではあるが、その解釈を通じて、日隆が日蓮門下に与えた影響を推し量ることができるのではないかとも思量するからである。なお、理解を深めるために、【図3】一仏二名（異名）の表記が確認できる日蓮門下諸師の生没年一覧を作成した。【図3】では、生没年が不明の先師もおり確実性に欠ける部分もあるが、便宜上、日蓮門下の潮流について図示したものである。

【図3】一仏二名（異名）の表記が確認できる日蓮門下諸師の生没年一覧

鎌倉期（1185 ― 1333、諸説あり）	室町期（1336 ― 1573、諸説あり）	
日蓮(1222―1282)		
日全（1294 ― 1344）		
日順（1294 ― 1356 ―）		
日海（1336 ― 1389）		
	日隆(1385―1464)	
	日朝（1422 ― 1500）	
	日健（生没年不明）	
	日教（1428 ― 1489 ―）	
	日要（1436 ― 1514）	
	日忠（1438 ― 1503）	
	日澄（1441 ― 1510）	
	日現（1459 ― 1514）	
	日覚（1486 ― 1550）	
	日我（1508 ― 1586）	
	日辰（1508 ― 1576）	

第一項　等覚院日全『法華問答正義抄』

日隆以前の日蓮門下諸師の著述に見える一仏二名（異名）の表記は管見の限り、中山門流の等覚院日全（一二九四―一三四四）、日興門流の三位阿闍梨日順（一二九四―一三五六―）、身延門流の和泉房日海（一三三六―一三八九）の著述に確認できる。

日全は、中山門流の流れを汲み、帥公日高（一二五七―一三一四）の弟子とも大輔公日祐（一二九七―一三七四）の弟子とも言われ、一之江妙覚寺の開祖と伝えられている。身延山久遠寺第三世日進（一二七一―一三三四）に師事して抄物・相伝・口決を相承し、比叡山及び仙波檀林に遊学して天台教学を学んだ。日全の代表的著述である『法華問答正義抄』は、正慶から康永年間にかけて述作したもので、法華三部経の問答推研（一～一二巻）、浄土・真言・禅・天台の見聞（一三～二一巻）、法華天台止観勝劣事・当家の観心と行相（二二巻）をそれぞれ論じている。その教義的内容は、一切を題目の徳用とする首題法体の本迹を論じており、今時結縁の未来成仏を主張するもので、観心主義思想に対し否定的見解を示している。(1) 日全は『法華問答正義抄』において一仏二名の語が二箇所、一仏異名の語が一箇所確認できる。

①難云、去惑第四云、其一乗之子、初住[後]不レ索レ車文。若菩薩ニ有レ索レ車云ハゞ、此釈如何。　示云、既菩薩有レ索レ車、経釈共治定ニ此釈セバ如ヲバレ障文点之不レ索ヲレ車可レ続也。

一義云、約教時円菩薩ハノ不ヲバトレ索レ釈故約教釈ノトレ可レ致也。

一義云、今一乗子者、通途円菩薩等トノ非ニハズ。是等妙二覚一仏二名ノノ時事歟。是以今釈次上云、麁食者未レ了ニ六即一故、見ニ究竟即三点涅槃一、難ニ初五即三点涅槃一文。地体後見釈前後ヲ能々見テレ之可ニ料簡一也。所以ニ云、菩薩大[太]子、已乗ニ因車一、未レ得ニ果車一、故須ニ更索一。(2)

①では、難問として、伝教大師最澄（七六七—八二二）の『法華去惑』第四にある、「其一乗之子。初後不索車。(3)」の文を引用し、他の経論釈においては菩薩に車を求めると説かれている。そのため、『法華去惑』の説とは齟齬が生じ、他の経論釈は、車を求めないと続くべきであると主張している。この解釈について日全は、一義として、約教釈（一切経を化法四教・化儀四教の八教に約して判釈すること）の立場より円教の菩薩は車を求めないと解釈する。また一義には、一乗の子とは、一般に言われる円教の菩薩ではなく、等覚と妙覚が一仏二名する時のことを指すのかと問うている。その答えとして、『法華去惑』の「麁食者未了六即故。見究竟即三点涅槃。難初五即三点涅槃。(4)」の文を引き、「其一乗之子。初後不索車。」の文の前後をよく確認し判断すべきであるとしている。さらに、「菩薩太子。已乗因車。未得果車。故須更索。二乗小子。(5)」の文を引用し、菩薩の太子はすでに因車に乗り、まだ果車を得ていないため、当然なすべきこととして果車を求めると解釈している。

②爾ルニ何捨二慇懃ノ所望ヲ一強召二不所望ノ地涌ヲ一耶。況今ノ□〔経カ〕ヲ見ニ不レ可レ過二六度四弘誓ニ一也。六度既ニ三蔵ノ因時未断ノ菩薩行レ之。況等覚耶。就レ中尋二等覚・妙覚二覚差別ヲ一者、如二南岳釈一者、堪然寂静名為二妙覚一。権現出設〔没カ〕名為二等覚一云云。妙覚一仏二名等云云〈取意〉(6)。

②は、地涌の菩薩と普賢・文殊といった迹化の菩薩の相違について述べる箇所である。ここでは、釈尊は滅後の『法華経』弘通を所望する迹化の菩薩を捨てて、あえて地涌の菩薩を召し出したのかという問いを設けている。『法華経』では、六波羅蜜（布施・持戒・忍辱・精進・禅定・智慧）や四弘誓願（衆生無辺誓願度・煩悩無辺誓願断・法門無尽誓願知・無上菩提誓願証）に過ぎるものはないとしている。また六波羅蜜は、三蔵の因時未断の菩薩も修行してきたため、等覚が行じたことは言うまでも無い。さらに、等覚と妙覚の相違を尋ねると、慧思の解釈では堪然寂静（生滅を絶し煩悩を断った悟りの境地に静かに落ち着いていること）を妙覚とし、仏・菩薩が衆生を救済するために仮の姿をとって世に出現する

ことを等覚としており、等覚・妙覚の一仏二名と結論づけている。

③次菩提心論ノ中央ヒルサナノ文ハ、此ノ論偽論ナレトモ、中央ヒルサナノ釈許ハ不レ苦歟。釈迦・ヒルサナ一体異名ハ諸経ノ定説ナル故也。華厳経文及普賢経文顕然也。若爾者大日・ヒルサナ等者釈迦**一仏ノ異名**也ト可レ存。[7]

③では、不空（七〇五—七七四）の『菩提心論』における毘盧遮那の文について、日全は偽論であると主張し、釈尊と毘盧遮那仏は一体で異名であるとする説は、諸経では定説となっている。特に『大方広仏華厳経』と『仏説観普賢菩薩行法経』においては顕著であり、もしそうであると仮定すると、大日如来・毘盧遮那仏等は釈尊と一仏異名であると論断している。

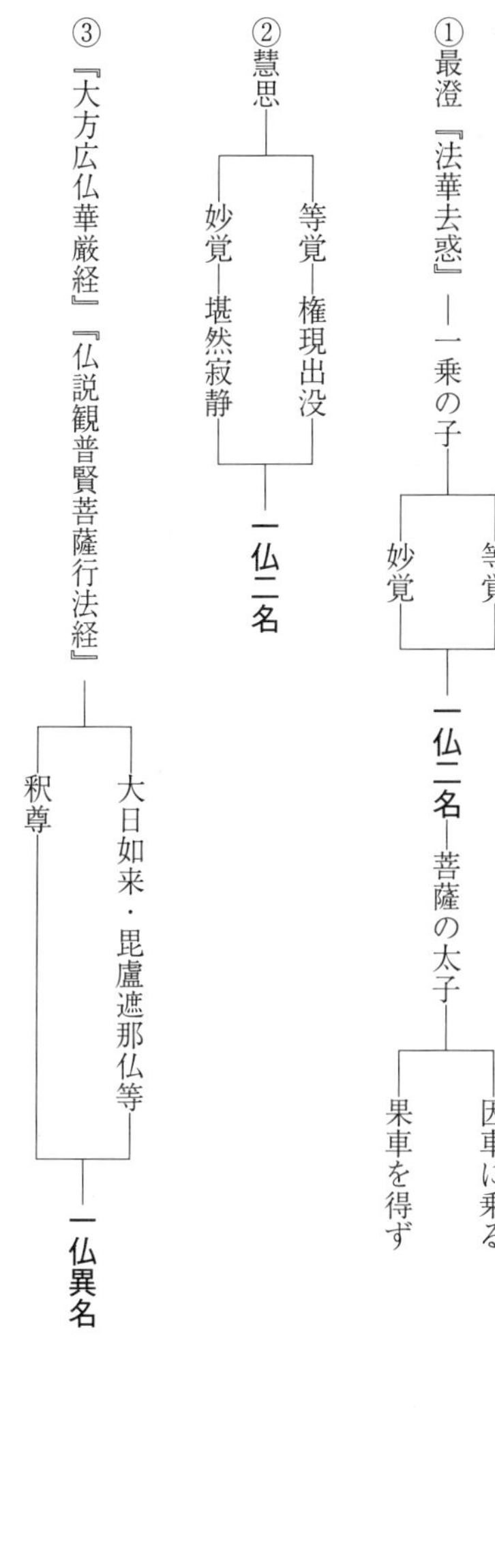

第二項　三位阿闍梨日順『従開山伝日順法門』

日順は、[8]永仁二年（一二九四）に甲斐国（山梨県）下山に生まれ、正安二年（一三〇〇）重須談所初代学頭、寂仙房日澄（一二六二―一三一〇）の白蓮阿闍梨日興（一二四六―一三三三）帰伏と共に富士へ赴き、翌年八歳の時に得度して日澄の弟子となり、後に日興の弟子に上がったとされる。延慶三年（一三一〇）には日澄が四十九歳で帰寂し、その後、比叡山等に遊学し、文保元年（一三一七）頃に重須談所第二代学頭に就任したとされる学匠である。また、延文元年（一三五六）八月十五日に『念真所破抄』[9]を著してから後の消息は不明である。[10]日順の教学思想は、日興門流の一部が主張する日蓮本仏論の萌芽は見られず、法本尊論者であったとされる。戒壇論については、富士山に戒壇を建立すべきとし、一致派教学に近かった西山本門寺第三世（実質開山）蔵人阿闍梨日代（一二九七―一三九四）の教学と比較して、反関東的な要素が多分にあることからも、日興門流教学の発展に寄与したことが指摘される。[11]そのような日順の教学思想を辿る中、『従開山伝日順法門』に一仏異名の表記が一箇所確認できる。『従開山伝日順法門』は、『日順雑集』の一部として収録され、真蹟はなく写本が存在するのみである。本書は、日順が重須談所学頭職にある時、日興より受けた教示や、自身が文保二年（一三一八）正月に御影堂にて行った講義、及び文和五年（一三五六）に重須郷南坊にての御書見聞等を記録したものと伝わり、述作年次は不明である。[12]

④一於二上行等菩薩一雖レ有二始成久成違目一倶等覚位也、釈云等妙二覚一仏異名文、迹化菩薩久成上行知不レ知論義也、
天台宗多分知申法華宗任二経文一不レ知レ之可レ得レ意也、経云不識一人文、釈云弥勒尚不達況余人文[13]

『従開山伝日順法門』では、上行等の菩薩において始成正覚と久遠実成の相違があるが、ともに等覚の位に居すとしている。それを証明するものとして、ある釈として、等覚と妙覚が一仏異名であると紹介している。これは、迹化の

菩薩は久遠実成の上行菩薩を知るか否かの論議であるとし、天台宗は知るとするが、法華宗は経文に任せて知らずと心得るべきであるとする。なぜなら、『法華経』従地涌出品には「一人も識らず」[14]とあり、ある釈[15]では、弥勒でさえ上行菩薩を識るに至らないということは、他の人も言うまでもないと述べられているためである。日順は、上行菩薩における始成正覚と久遠実成をともに等覚の位であるとし、その証拠として、とある釈の等妙二覚一仏異名を引用していることが分かる。

④上行等菩薩─┬始成正覚─┐
　　　　　　　└久遠実成─┘─等覚＝等覚妙覚**一仏異名**─迹化菩薩は久成の上行を知るか否か─┬天台宗─知る
　　└法華宗─知らず

第三項　和泉房日海『三種教相見聞』

藻原寺第四世日海は、初め天台宗の学僧であったが、宗を改めて身延山久遠寺第六世実教阿闍梨日院（一三一一―一三七三）の下に投じ、一山の学頭を務めた。下総中山（千葉県市川市）の学僧日祝や甲斐国小室の日顕らはその講義を受けたとされる。著書に『三種教相見聞』一〇巻、『初心行者位見聞』一五巻、『本尊相伝』『末法行儀相伝抄』『己証類聚集』『法華三昧料簡抄』等があり、教学上、見るべきものが多い。なお、日海は妙光寺に金塔を建立せんと発願し、自他宗を選ばず勧進し六万貫を以て建立を終えた。時に身延久遠寺第七世上行院日叡（一三五二―一四〇〇）より、不受謗施を責められ直ちに登山して改悔したという。康応元年（一三八九）九月八日に五十四歳を以て示寂した。[16]日海の教学は、中古天台本覚思想の影響を受けた理本覚思想であって、日朗・日興・日向・日常等の諸門流の相伝は、日海を媒介として展開していったことが指摘される。(17) 日海著述では、『三種教相見聞』において一仏異名の表記が確認できる。『三種教相見聞』は、正長元年（一四二八）十月十三日に日隆が書写した写本が本興寺に存在する。しかし、それが日海のものを指すのかについては今後の研究課題としたい。

⑤疑云、無量義久遠実成不レ説故三身常住義不レ可レ説レ之。何常住三身仏果云ヘルハ無量義三身云耶。

答云、如二本門一無量義常住三身不レ可レ説云事勿論也。但無相不相名為実相・能生法身一理、阿鼻依正猶具レ之常住也。何況報応二身耶。已実相一理・能生法身具二報応二身一云者、其所具報応二身何不二常住一耶。是等皆釈迦牟尼名ヒル［サ］ナナムト、説時三身倶一体、法身被二具足一三身常住云**一仏異名**非別体意也。本門寿量三身三体而互成レ用、而相即、而三身常住大異也。(18)

⑤では、『無量義経』は久遠実成を明かした教えはないために、法身・報身・応身の三身が常に変わらずに存在することは説かれていない。では、「常住三身仏果(19)」と言えるのは、『無量義経』に明かされる三身と言えるのかどうかという問いを設けている。その答えとして日海は、『法華経』本門のように『無量義経』は三身の常住を説かれていないとするが、「無相・不相を名付けて実相となす」の語を根拠として、能生の法身の一理の中に阿鼻の依報（その身の拠り所である一切の環境・国土）と正報（生を受けたものが、自らの過去の行為の報いとして得た身心）を備えているため常住であるとする。そのため、報身・応身の二身も言うまでも無く備えているのではないかと主張する説に対し、すでに最極の理は諸法実相の一理であるという意や、能生の法身に報身・応身を備えていると言うならば、備わった所の報身・応身は常住しないのかと再問している。しかしこれらは、釈尊を毘盧遮那と名付く南無と説く時、三身がともに一体となって、法身に具足されて三身常住した一仏異名の意であり、非別体の存在である意味である。よって、『法華経』

本門の如来寿量品は、三身三体にして互いに作用し、しかもそれらは差別なく溶け合って一体となるため、『無量義経』の説く三身常住とは大きな違いがあると結論づけている。

⑤『無量義経』―三身常住を説かず―無相不相名為実相の能生の法身―一理には常住―実相の一理・能生の法身―報身・応身を具す―所具の報身・応身―釈迦牟尼名ビルサナ―三身倶に一体―法身に具足―**一仏異名**―非別体

小結

以上、日隆以前にみる一仏二名（異名）の表記について確認してきた。

(一) 日全『法華問答正義抄』では、①最澄『法華去惑』にある一乗の子について、「因車に乗り、果車を得ず」という解釈を導き出すために等覚妙覚一仏二名を解釈している。②本化と迹化の菩薩の相違については、慧思の釈を手掛かりとし、等覚は仏・菩薩が衆生を救済するために仮の姿をとって世に出現することを指している。また妙覚は、生滅を絶し煩悩を断った悟りの境地に静かに落ち着くとし、このことを一仏二名であると結論づけている。③『法華経』以外の諸経では、大日如来・毘盧遮那仏等は釈尊と一仏異名と規定することが定説化されていることに関し、批判していることが分かる。

(二) 日順『従開山伝日順法門』では、④において、ある釈に述べられた等妙二覚一仏異名を根拠として、上行等の菩薩に始成正覚と久遠実成があり、それはともに等覚の位であるとしている。『従開山伝日順法門』がもし日順のものとするならば、日隆以前に上行菩薩と釈尊の関係性について一仏異名と指摘したものであることからも注目できよう。

（三）日海『三種教相見聞』では、「常住三身仏果」について、『無量義経』に明かされる三身は、釈尊を毘盧遮那と名づく南無と説く時、三身がともに一体となって、法身に具足されて三身常住という一仏異名で非別体の存在であるとしている。しかし、『法華経』本門如来寿量品では、三身三体にして互いに作用し、しかもそれらは差別なく溶け合って一つとなるため、『無量義経』の説く三身常住とは大きな違いがあると結論づけている。

日隆以前の著述に見える一仏二名の表記は、日全においては、慧思や最澄の解釈を基礎とした一仏二名論が展開されていることが分かる。日順は、日隆と相似した一仏二名の解釈がなされるが、写本のため日隆以前の著述とは断定し難い。そして、日海の場合、『無量義経』と『法華経』による三身の相違について、一仏異名として釈尊と毘盧遮那仏の関係性を論じたものであることが看取できる。

註

（1）執行海秀『日蓮宗教学史』六四頁、『日蓮宗事典』（日蓮宗宗務院、一九八一年）三五九頁、池田令道「『法華問答正義抄』の日蓮遺文をめぐって」（『興風』第一八号、二〇〇六年）、「《史料紹介》32　法華問答正義抄第二巻」（『日蓮教学研究所紀要』第三四号、二〇〇七年）所収。
（2）『興風叢書』第一二号（興風談所、二〇〇八年）二一四頁。
（3）『伝全』第二巻一三四頁。
（4）『伝全』第二巻一三三頁。
（5）『伝全』第二巻一三三頁。
（6）『興風叢書』第一一号（興風談所、二〇〇七年）九一頁。
（7）『興風叢書』第一三号（興風談所、二〇〇九年）一四八頁。
（8）日順の教学についての先行研究として、大黒喜道「日興門流における本因妙思想形成に関する覚書（二）」（『興風』第一五号、二〇〇三年）等が挙げられる。

(9)『宗全』第二巻三六四頁。

(10)『日蓮宗事典』六一二頁以下、富谷日震『本宗史綱』（日蓮本宗本山要法寺、一九九四年）一六六頁以下。

(11)執行海秀『日蓮宗教学史』四三頁以下、望月歓厚『日蓮宗学説史』八四頁以下、執行海秀『改訂新版　興門教学の研究』（山喜房仏書林、二〇一一年、『興門教学の研究』海秀舎、一九八四年初版）一二四頁以下、大黒喜道編著『日興門流上代事典』（興風談所、二〇〇〇年）四〇七頁以下。

(12)執行海秀『改定新版　興門教学の研究』一二八頁以下、『日興門流上代事典』四〇八頁以下。

(13)『宗全』第二巻三八二頁、『富要』（山喜房仏書林、一九五七年～一九五九年、創価学会、一九七四年～一九七九年、なお本研究では、山喜房仏書林版を使用する）第二巻九五頁では、『日順雑集』に収録されている。

(14)『正蔵』第九巻四〇頁c。

(15)『法華玄義』（『正蔵』第三三巻七七〇頁b）には、「弥勒尚不達。何況余人。」とある。

(16)『日蓮宗事典』六四八頁、大黒喜道「『三種教相見聞』解題」『興風叢書』第一九巻（興風談所、二〇一五年）四五九頁以下。

(17)執行海秀『日蓮宗教学史』六〇頁以下、望月歓厚『日蓮宗学説史』一〇七頁以下。

(18)『興風叢書』第一九巻一一二頁以下。

(19)『正蔵』第五六巻二一八頁c、『仏全』第三巻六三八頁。

第三節　日隆以降の日蓮門下にみる「一仏二名」の表記

日隆以前の日蓮門下諸師の著述中において、日隆の主張する一仏二名の解釈と類似したものとしては、日順『従開山伝日順法門』を挙げることができた。しかし、『従開山伝日順法門』は写本のみを有し、真蹟の存在が認められない。しかも一仏異名としての引用であるため、直ちに日隆が一仏二名の解釈について日順の影響を受けたと結論づけることは早計である。

本節では、日隆以降の日蓮門下諸師の著述にみる一仏二名（異名）の表記について考証することで、日隆教学が日蓮門下にどのような影響を及ぼしたのかについて検証していく。なお、日隆以後の日蓮門下諸師として、十六世紀までの学匠を対象とした。

日隆以後に見える一仏二名（異名）の語を概観すると管見の限り、一〇師計一七箇所を数えることができる。具体的な内訳としては、一致派では、身延門流の行学院日朝（一四二二―一五〇〇）の著述に二箇所、中山門流の弘経寺日健（生没年不明）の著述に一箇所、六条門流の円明院日澄（一四四一―一五一〇）の著述に七箇所確認できる。

また勝劣派では、八品門流の妙蓮寺日忠の著述に三箇所、日陣門流では侍従阿闍梨日現（一四五九―一五一四）の著述に三箇所、菩提心院日覚（一四八六―一五五〇）の著述に一箇所確認できる。さらに日興門流では、左京阿闍梨日教（一四二八―一四八九―）の著述に三箇所、三河阿闍梨日要（一四三六―一五一四）の著述に二箇所、進大夫阿闍梨日我（一五〇八―一五八六）の著述に三箇所、広蔵院日辰の著述に四箇所看取できる。注目できることとして、日興門流において一仏二名（異名）の語が多用されていることである。しかも、管見の限りであるが日興の著述中には、一仏二名の語は確認できない。この問題について考える時、日隆の一仏二名という解釈を通じて、日興門流教学への影響が見逃せないのではないかとも推察できる。さらに、日興門流諸師における日隆教学の受容、並びに批判対象としての影響を含めるならば、大石寺第九世日有（一四〇二―一四八二）をはじめ、日要、日我、日辰等が知られる所である。(1)そこで、一仏二名（異名）の解釈について、まず一致派の三師を概観し、次いで勝劣派の八品門流の日忠、日陣門流の二師、そして日興門流四師にみる一仏二名（異名）表記について考察し、日隆教学との相違について検証していきたい。

第一項　行学院日朝『観心本尊抄私記』『法華草案抄』

身延山久遠寺第十一世日朝は、身延山久遠寺発展の基礎を築き、室町時代の代表的な教学者であることが知られる。日朝は、明応八年（一四九九）円教院日意（一四四四―一五一九）に久遠寺を譲るまで、三十八年に渡り貫首職を務めた。教学面においては、日蓮遺文を蒐集し『録内御書』を書写すると共に『録外御書』の蒐集にも努めている。これらの遺文の註釈書として『御書見聞』（『朝師見聞』『朝師御書見聞』『朝抄』とも呼ばれ、現存は四四巻）があり、日蓮の伝記として『元祖化導記』二巻もある。『法華経』関係の註釈書としては『補施集』一一二巻、『法華講演抄』三六巻、『法華草案抄』一二巻等が挙げられる。(2)また、日朝の教学思想については先学によって委細な研究がなされており、中古天台本覚思想を基盤とした観心主義教学であったことが知られる。(3)本項では、『御書見聞』『法華草案抄』を検証した結果、一仏二名（異名）の語が見えるものとして、『観心本尊抄私記』に一仏異名一箇所、『法華草案抄』に一仏二名一箇所がそれぞれ確認できた。『観心本尊抄私記』は、日蓮遺文に註釈を加えた『御書見聞』中に収録されており、『補施集』の一部とする説もある。『観心本尊抄私記』において日朝は以下のように一仏異名を引用している。

①サテ釈尊ノ成道モ迹門ノ意ニテハ雖レ有ト二四句一猶以本下迹高也、又一代五時ノ説教皆以テ二此事ヲ一習様有レ之、所以華厳ハ以テ二地獄界ノ成道ヲ一為レ本ト、阿含ハ鬼、方等ハ畜、般若ハ修羅、法華ハ人界ノ成道ヲ以レ之為レ本ト、以テ二此等ヲ一等妙二覚**一仏異名**ト云ヘル

ハ般若法華一体ナル意ヲ顕スト云ル習有レ之、般若法華眼目異名ト云ヘル可レ思レ之、般若法開会、念処道品皆是摩訶衍ト云云、法華人開会、真是声聞トモ真阿羅漢トモ云是也、又法華ノ勝タル事ヲ云トシテ除般若波羅密等云云、能能可レ思二択之一(4)

①『観心本尊抄私記』において日朝は、とある習いとして法華と般若の関係性について言及する。その習いでは、釈尊の成道も迹門の意を以て解釈すれば、四句の成道（本下迹高・本迹倶下・本高迹下・本迹倶高）があり、本門を下とし、迹門を上とするものであるとしている。また一代五時の説教についても、本下迹高の意を以て解釈する。よって、華厳は地獄界の成道を本意とし、阿含は餓鬼界、方等は畜生界、般若は修羅界、法華は人界の成道をそれぞれ説くことを本意とする。これらを根拠として、等覚と妙覚が一仏異名と言えるのは、般若と法華が一体であるという意を顕すためであり、眼目の異名であると紹介している。この習いについて日朝は、般若は法開会の教えで念処道品（小乗教の代表的な修行方法である四念処と三十七道品）として全て大乗へとつながるとする。一方、法華は人開会の教えのため、真是声聞や真阿羅漢とも言え、法華が勝れた教えであることを主張せんがために般若波羅密等を除くと言い、これらの事柄について思惟して選択すべきであるとの結論を下している。また日朝は、「私云、此等事難二黙止一之間、事次之書二付之一了ンヌ(5)」と後述することからも、法華と般若を同列視する風潮に危惧していたと思われる。

次に『法華経』講述書である『法華草案抄』は、『法華講演抄』三六巻の大綱について述べられたものであるとされる。『法華草案抄』中、一仏二名の語が一箇所確認でき、提示すれば以下のようになる。

②依レ之起レ誓仏ノ説二法華一所ロヘ出デヽ証明セント願シ玉フ故也　疑云爾ハ証明ノ願ハ可二果位願一何ソ経ニハ其仏本行菩薩道時作大誓願ト宣ルヤ答是ハ学者成ル事有レ之果位ノ願ト云筋ハ如レ前

記云後方発願亦是鑑物但経文ハ因位ト説リ如何ト云時キ出世ノ仏ヲ下シテ因位ト説リ如何ト云時キ出世ノ仏ヲ下

シテ因位ト説歟是ハ一仏二名ノ等覚ヲ云才覚歟其時ハ八相成道ノ仏果ヲハ因位ニ下ス也一義云、如二経文一因位ノ願ト云也(6)

②では、証明仏の願は果位の願であるとされているが、『法華経』見宝塔品では、なぜ多宝仏がかつて菩薩の修行を実践された大誓願（因位の願）を述べているのかという問いを示している。その答えとして、学者による解釈では、果位の願というものは、『法華経』を説く仏の所へ出現して証明しようとする願であると定義する。しかし、『法華経』においては因位と説くため、証明仏の出世は因位を説くこととなり矛盾が生じる。この問題について、一仏二名の等覚とする機転を用いることで、その時は、釈尊が結縁の深い衆生を救うためにこの世で示した八種の姿を以て仏果を因位に下すものであると主張している。

日朝の場合、『観心本尊抄私記』では法華・般若を同等と見なす説を提示する際、一仏異名の語を使用していることが分かる。『法華草案抄』では、多宝仏の誓願を因位とすることは、証明仏の願が果位であることと矛盾が生じるため、八相成道の仏果を下すことで因位は一仏二名の等覚となると解釈している。

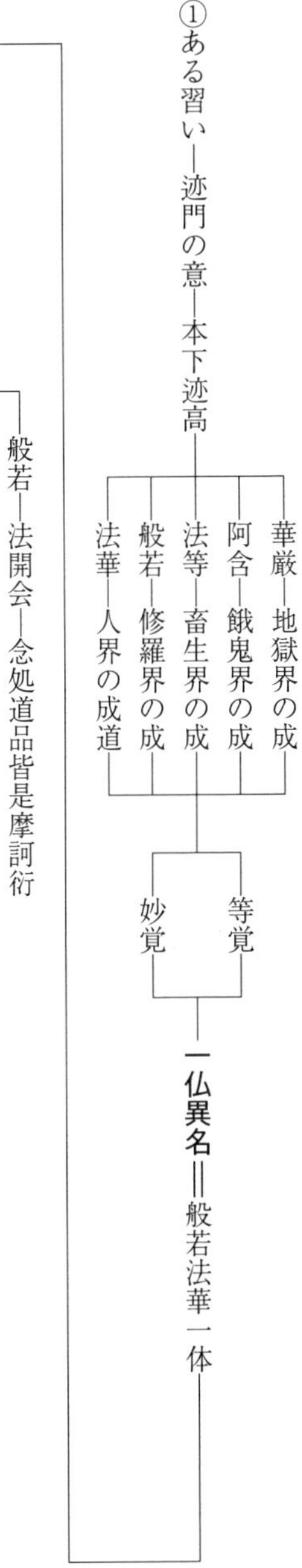

②
果位の願―仏が法華を説く仏の所へ出現して証明する願―八相成道の仏果
↕ 矛盾
因位の願―『法華経』見宝塔品による多宝仏の誓願―**一仏二名**の等覚
← 成道の仏果を下す

第二項　円明院日澄『法華啓運抄』『本迹決疑抄』

日澄は、京都本圀寺第十世成就院日円（一四二三―一四八九）の門に入って出家し、多くの著述をなして宗義を興隆した一致派の学匠である。出自は不明であるが、文明十一年（一四七九）頃、京都より伊豆に至り、三崎（神奈川県）に円明寺を開創し、鎌倉妙法寺に隠居したとされる（『本化別頭仏祖統紀』によると、日澄はこの頃鎌倉啓運寺をも創したという）。また、妙法寺において学室を設け、文明十五年（一四八三）頃より明応元年（一四九二）頃に渡って『法華経』を講じ、文亀二年（一五〇二）頃にこれをまとめて『法華啓運抄』五五巻を著した。明応元年には品川妙国寺の慶陽院日悦（―一四九〇―一五二八―）（日什門流）の『本迹勝劣抄』に対して『本迹決疑抄』二巻を著し、明応三年（一四九四）には比叡山の学僧円信の『破日蓮義』に対して『日出台隠記』二巻を著し反論した。この他、『助顕唱導文集』七巻、『本迹決要抄』二巻、『法界一念抄』、『嘉会宗義抄』二巻一、『法華神道秘決』四巻、『日蓮聖人註画讃』五巻等の著述があり、特に『日蓮聖人註画讃』は、後世の日蓮聖人伝に多大な影響を与えた。永正三年（一五〇六）、江川美盛の招きを受けて伊豆韮山に赴いて本立寺を創立し、同七年二月九日、七十歳にして入寂した。[7] 日澄の教学は、当時、日蓮宗一致派の主流であった観心主義教学に対し、事顕本論に立脚する教相主義を主張し、本迹を超越した超絶題目を提唱したことが指摘される。(8) 日澄の著述中、一仏二名（異名）の語は、『法華啓運抄』『本迹決疑抄』にそれぞれ確認できた。

『法華啓運抄』は、日澄の代表的な著述で『法華経』注釈書として知られる。本書は、日澄の独自な『法華経』解説書というよりも、文文句句について諸著の解釈を列記し、その中から一定の方向を目指そうという講述形態を取る。したがって、本文は各注釈書から集められた多数の引用文から成り立ち、引用文の間に断片的に「私云澄」等として日澄の解釈が述べられている。日澄の注釈態度は、天台三大部を基本としながら宗義と関連づけ、日蓮の『法華経』理解に導こうとしている。(9)『法華啓運抄』において、一仏二名（異名）の表記は六箇所確認でき、列挙すれば以下のようになる。

③　御書云此猟師現在長者成後九十一劫間人中天上楽受今最後斛飯王太子生サセ給　法華経第四巻　普明如来成へキヨシ仏仰カウムラセ給已上　伊抄云疏云賢愚経云弗沙仏末世已上　本経　毘婆支仏時又不レ云抜指随生一只云二変成一聚閻浮檀金一照二此舎一云云　如何一義云弗沙毘婆支一仏異名也重難云弗沙底沙毘婆支三仏弗沙底沙一仏見タレトモ毘婆支仏名別也如何一義云大師所覧本如レ此有乎或又今所レ云弗沙仏三仏中弗沙仏　非毘婆支仏同体異名ナル弗沙仏有レ之乎云云　疏云斛飯二子有長　摩訶男弟阿那律也乃是浄飯王之姪児斛飯王之次子世尊堂弟阿難之従兄羅云叔非二聊爾人一也已上(10)

④　問等覚位学無学中何哉　四十二字門云無垢名二無学一矣　付レ之因分未極位也何名二無学一哉　答等覚妙覚一仏二名心知也　師云有二口伝一事也云云　疏云是二千人或是学人或是無学人同是一流一時受レ記同一名号故別為二一品一

也矣(11)

⑤心此菩薩分所期果至　云心ニテ下方云也分云且云常因分等覚様聞タレトモ上杉生料簡以此菩薩究竟住ルソト云時分言縦妙覚内等覚也トモ等覚云ハン日分可云得心従果向因等覚トモ妙覚等覚トモ果分等覚トモ一仏二名等覚トモ云故等覚ト云ハン時分云且云ソト得意無相違也云々　疏云在下不属此空中　不属彼非彼非此即中道也矣　記云在下空故不属此界住於空故不属彼界以彼表無以此表有以空表中矣　輔記云以彼表無者意云夫色法眼見処可名為有下方眼既不見故可表無也矣(12)

⑥記云既云若仏及仏則顕弥勒不知を矣　若仏及仏云唯仏与仏意也此菩薩徳行唯仏与仏境界也自下等覚已還也サレハ記弥勒不知顕釈　観心本尊抄云如此高貴大菩薩矣唯仏与仏境界ナラハ住上品寂光一仏二名等覚菩薩事此釈弥極成也此十六字甚深秘文存也能々可留意也云々(13)

⑦示云菩薩寿者慈悲也是九法界慈悲也仏寿者報身如来智恵也　尋云応身慈悲菩薩慈悲不同如何　示云是嵯峨殿御談義ニモ義未出事也秘蔵事也是本地応身応身慈悲云也サテ外用応身皆菩薩慈悲云也外用応身ヲハ菩薩云也等妙二覚一仏二名義ニテ垂迹スレハ皆等覚云也妙覚湛然虚空ナル故仍八相仏従本垂迹等覚也所詮応身慈悲総体慈悲也阿伽陀薬如治衆病菩薩界慈悲別体慈悲如一薬一病治可秘之已上(14)

⑧約宗義云ハ、未是究竟分証人法此文可留意観音既不及究竟位分証菩薩也何閣究竟極証釈尊偏信観音乎他宗修行実顛倒セリ捨金取銀似タリ此分極相対如此異アリ又於菩薩其不同イハ、観音迹化菩薩後番末学也地涌本化大士前進前達也何閣本化菩薩信観音乎サレハ本化菩薩釈尊本因行体故実ニハ究竟人ナルヘシ一仏二

名ノ等覚ナル故也　法華論ノ十無上ノ中ノ第七化生無上ニ云ト指二地涌菩薩一ヲ云ヘり所レ攬ハル本門久遠所証ノ妙法蓮華経也人ハ常寂光ノ人也

人法共ニ此ノ品観音普門ノ人法ニハ大勝タリ本迹勝劣ノ重ヲ聖人ノ大ニ簡別シ玉フハ此重也云云(15)

③は、阿那律について解釈する箇所である。日澄は『上野殿御返事』（日興写本）の、過去世において一人の猟師が、飢饉の時に利吒という縁覚に一杯の稗の飯を供養した。その功徳によって、猟師は九十一劫もの長い間、長者となって人間界や天上界の楽を受け、最後に斛飯王の太子として生まれ、『法華経』五百弟子品では、将来必ず普明如来となるという記別を授かった(16)という箇所を引用している。このことは、伊抄（伊賀抄か）・疏（『法華文句私記』(17)か）等において『賢愚経』を引用し、弗沙仏の来世とあり、本経には毘婆尸仏の時とあり、抜指随生（指を抜くに随って生ず）とは言わない。ただ、変じて一聚の閻浮檀金（閻浮提の閻浮樹の下にあるとされる金。または、閻浮樹の林を流れる河から採取される金）となってこの精舎を照らすとはどういうことであろうかと問題提起する。この問題について日澄は、一義として弗沙と毘婆尸仏は一仏の異名であるとし、弗沙仏・底沙仏・毘婆尸仏の三仏中、弗沙仏・底沙仏は一仏として見ることができるが、毘婆尸仏は別体であるとする。その理由として、一義には、智顗が高覧した書物に以上のようにあることを提示する。また、ここで言う弗沙仏とは、三仏の中の弗沙仏ではなく、あくまで毘婆尸仏の同体異名である弗沙仏であり、『法華文句』には、釈尊の父である浄飯王の弟にあたる斛飯王には二人の子がおり、兄は摩訶男、弟を亜那律と定義している。すなわち、浄飯王の姪に該当し、釈尊・阿難の従兄弟であり、釈尊の十大弟子の一人である羅睺羅の叔父に当たる。よって、彼らは身分が保証された人である、といった文を引用している。

④では、等覚の位は学・無学のどちらにあたるのかという問いに対し、慧思の『四十二字門』を引用し、無垢を無学を名づくとする。また、等覚は因分未極の位であり、なぜ無学と名付けるのかという問いを設け、その解答として、等覚・妙覚は一仏二名であり、とある師による口伝の存在を明記し、その中で『法華文句』(18)を引用していることが分

かる。

⑤は、菩薩の身分として、修行の目的は果に至るという心のため、下方（地涌）であるとする。また、「分」や「且」と呼ぶことは一見、常住因分の等覚のように聞こえるが、恵心流の中でも杉生流の教えを思いはかって選り分けると、菩薩は究竟に住する時には、「分」は妙覚内の等覚であったとしても、等覚と言う限りは「分」と言うべきであるとする。よって、従果向因の等覚・妙覚の等覚・果分の等覚・一仏二名の等覚と言うために、等覚と言う時には「分」や「且」と呼ぶことを心得れば相違はないものであると規定している。

⑥では、『法華文句記』において「若仏及仏」[19]と述べられることは、弥勒菩薩の不知（知慧のないこと、愚かであること）を表したものであり、「唯仏与仏」の意である。また、この菩薩の功徳と行法は、「唯仏与仏」の境界であり、自下とは等覚以下とする。その理由として、『法華文句記』「則顕弥勒不知。」[20]や、『観心本尊抄』の「如レ是高貴大菩薩」[21]等の証文を挙げている。よって、「唯仏与仏」の境界は、最上の常寂光土（常・楽・我・浄の四徳を具える法身の浄土で、理想と現実、寂・静と光・動が本来一体である世界）に住し、一仏二名の等覚の菩薩となることは、この解釈によって成就し終えると主張している。

⑦では、応身の慈悲と菩薩の慈悲は相違があるのか否かについて問うている。その答えとして、嵯峨殿の談義として結論には至っていないとしつつも、本地の応身を応身の慈悲と定義している。また、外用（仏・菩薩等が衆生の機根に応じて外に現わす姿やはたらき）の応身を菩薩の慈悲とすることで、外用の応身は菩薩と規定する。すなわち、等覚妙覚を一仏二名とする義によって解釈すれば、垂迹することによって、みな等覚と言うとする。一方、妙覚は一切が自由に存在し変化する場としての空間であるために、釈尊が結縁の深い衆生を救うためにこの世で示した八種の姿は、本地の仏が衆生成仏のために種々の身を現じた等覚であるとする。つまり、応身の慈悲は、総体（全てをその中に含ん

だ）の慈悲であり、あらゆる病に効くという薬が種々の病を治療する譬えと同様である。また、菩薩界の慈悲については、別体（別々のものであること）の慈悲であり、一つの薬で一つの病を治療するものであるとし、これは秘伝の教えであるとしている。

そして⑧は、日澄が『法華経』観世音菩薩普門品について講じた箇所である。ここでは宗義として、『観音玄義』には、「今観世音未是究竟之人法。即是分証之人法。[22]」とあり、観音菩薩は究竟即の位に至らない分証即の位の菩薩である。究竟即に至る釈尊を差し置いて、他宗派の修行では観音菩薩を信仰し、正しい教えに逆らうことは、まさに金を捨てて銀を取る行為であると論断する。また、菩薩について不同があるのか否かについては、観音菩薩は迹化の菩薩、地涌の菩薩は本化の菩薩であり、本化を差し置いて観音菩薩を信仰する必要性についても疑義を呈している。なぜなら本化の菩薩は、釈尊が成仏する前において修行する本因妙時の行体であり、究竟即の人であるとする。すなわち、一仏二名の等覚であるためであり、天親が『法華論』に、『法華経』が無上の法門であることを十種に分類した中でも、第七に化生無上（仏が『法華経』より無数の地涌の菩薩を教化したように、一切衆生を教化することは無上であること）と説くことは、地涌の菩薩を指すとしている。この文の証拠としては、本門の久遠所証の『法華経』であり、人としては常寂光の人である。よって、人法ともに『法華経』観世音菩薩普門品より優れており、本迹勝劣を日蓮は選び分けたものであると結論づけている。

次に『本迹決疑抄』であるが、本書の発端は、日什門流の日悦が鎌倉妙国寺において、延徳二年（一四九〇）十一月『本迹勝劣之事』を著し、尊栄房日純を介してこれを比企谷妙本寺に送り、一致派の返答を求めたことにある。しかし、返答はなく、更に日悦は明応元年十二月九日、『本迹勝劣追加』を述して五六箇の疑問・難問を出して更に返答を求めた。当時、日澄は鎌倉妙法寺に住していたが、明応元年、これに応酬するために著されたのが『本迹決疑抄』二巻（三巻とも）とされる。[23] 本書において、一仏二名の語が一箇所確認できる。

⑨第廿九難云一念三千大事本門ニ限ルト云事　開目抄云一念三千ノ法門ハ但法華経本門寿量ノ文ノ底ニ秘シテシヅメタマへリ已上　観心本尊抄云不識一念三千者〇守護此人已上

答開目下文云ク説顕本門ノ十界ノ因果是即本因本果ノ法門也九界モ具無始ノ仏界仏界モ備無始ノ九界真ノ十界互具百界千如一念三千已上此ノ文ノ心説本因本果文カ可一念三千聞ヘタリ其故観心本尊抄ニ云ク寿量品ニ云ク如是我成仏已来〇復倍上数等云云此ノ経文ハ仏界所具ノ九界也已上　文ノ心ハ我成仏ハ仏界也本果妙也行菩薩道ハ九界也行菩薩道ト云フハ本果ノ仏ノ普現色身示九道身　行菩薩道ト云故ニ仏界所具ノ九界也妙覚ノ仏ノ権現出没　菩薩ト云也是則従果向因ノ等覚トモ一仏二名ノ等覚トモ云也是本因妙也此ノ因果ノ二ハ全ク不相離只指不変常住ノ辺云果指権現出没ノ方云因也仍因九界具無始ノ仏果果ノ仏界モ具無始ノ九界上文ノ底ニ秘シテ沈タリト云テ聽テ一念三千ハ十界互具ヨリ事首レリト判シ玉フ此ノ意也如此無始本有ノ十界互具顕テ其ヨリ事始テ一念三千ハ成ナリ[24]

⑨では、一念三千の法門は本門に限るのか否かという問いに対し、本門に限ることの証拠として、『開目抄』『観心本尊抄』を提示している。具体的には、仏界と九界の関係性について、『法華経』如来寿量品に説かれる「我成仏」という語は仏界の本果妙を表し、「行菩薩道」は九界を指す。本果妙の仏は、衆生を成仏へと導くために、種々の姿を顕して種々の願望を満たすことを菩薩道を行ずると言うために、仏界所具の九界であるとする。また、妙覚の仏が、衆生を救済するために仮の姿をとって世に出現することを菩薩と言い、このことは、従果向因（果の境界［仏界］から因の境界［九界］へと向かうこと）の等覚や一仏二名の等覚と言い、本因妙であると定義している。さらに、この因果は離れることはなく、不変常住を本果、権現出没を本因とすることで、本因の九界も無始の仏界を具し、本果の仏界も無

始の九界に具すと結論づける。このことを述べた日蓮遺文として日澄は、『開目抄』の「本門寿量品の文の底にしづめたり。龍樹天親知て、しかもいまだひろいいださず。但我が天台智者のみこれをいだけり。一念三千は十界互具よりことはじまれり。[25]」の文を引用している。

日澄の場合、『法華啓運抄』では、③弗沙仏と毘婆尸仏、④『四十二字門』を前提とした等覚の学・無学の問題、⑤杉生流の教学による妙覚と等覚、⑥「唯仏与仏」の境界、⑦応身の慈悲と菩薩の慈悲の相違、⑧観音菩薩と地涌の菩薩の勝劣等で一仏二名（異名）を用いている。また『本迹決疑抄』では、⑨一念三千の法門は本門に限ることを前提とした、仏界と九界の関係性について一仏二名とする解釈がなされる。

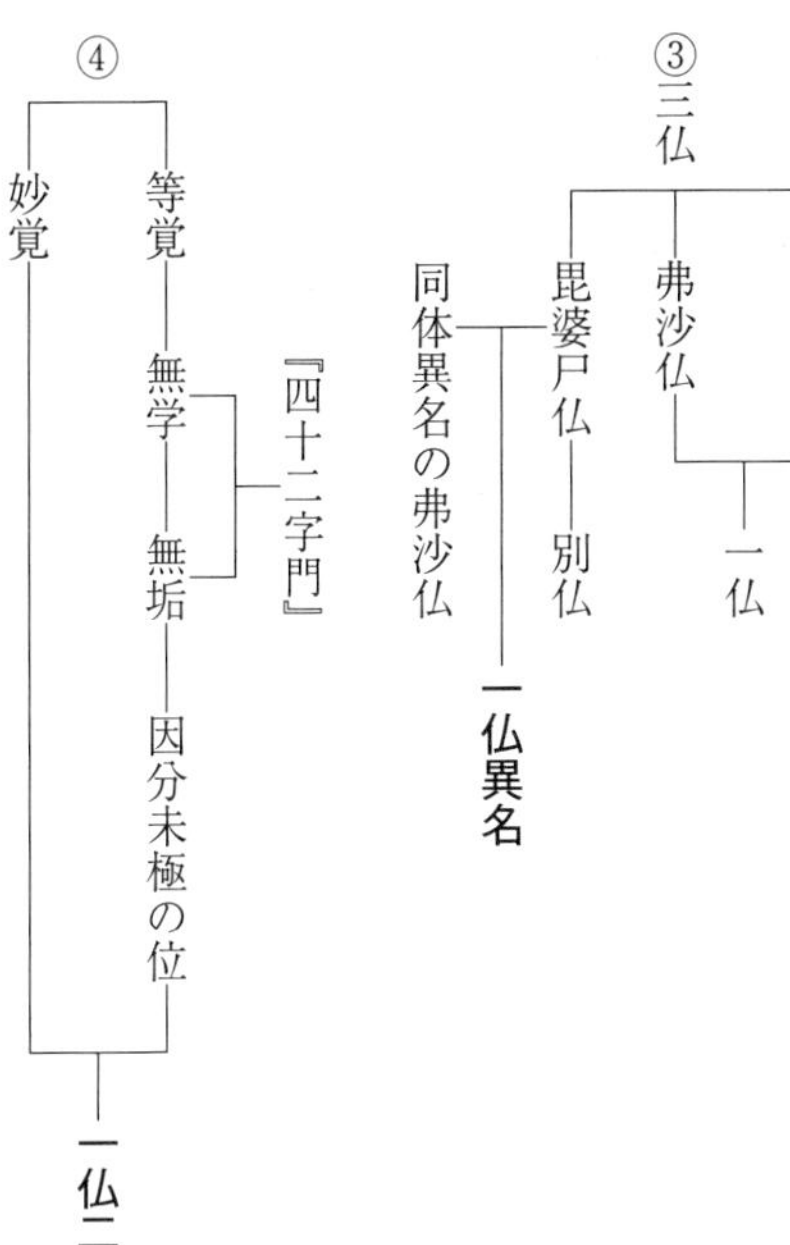

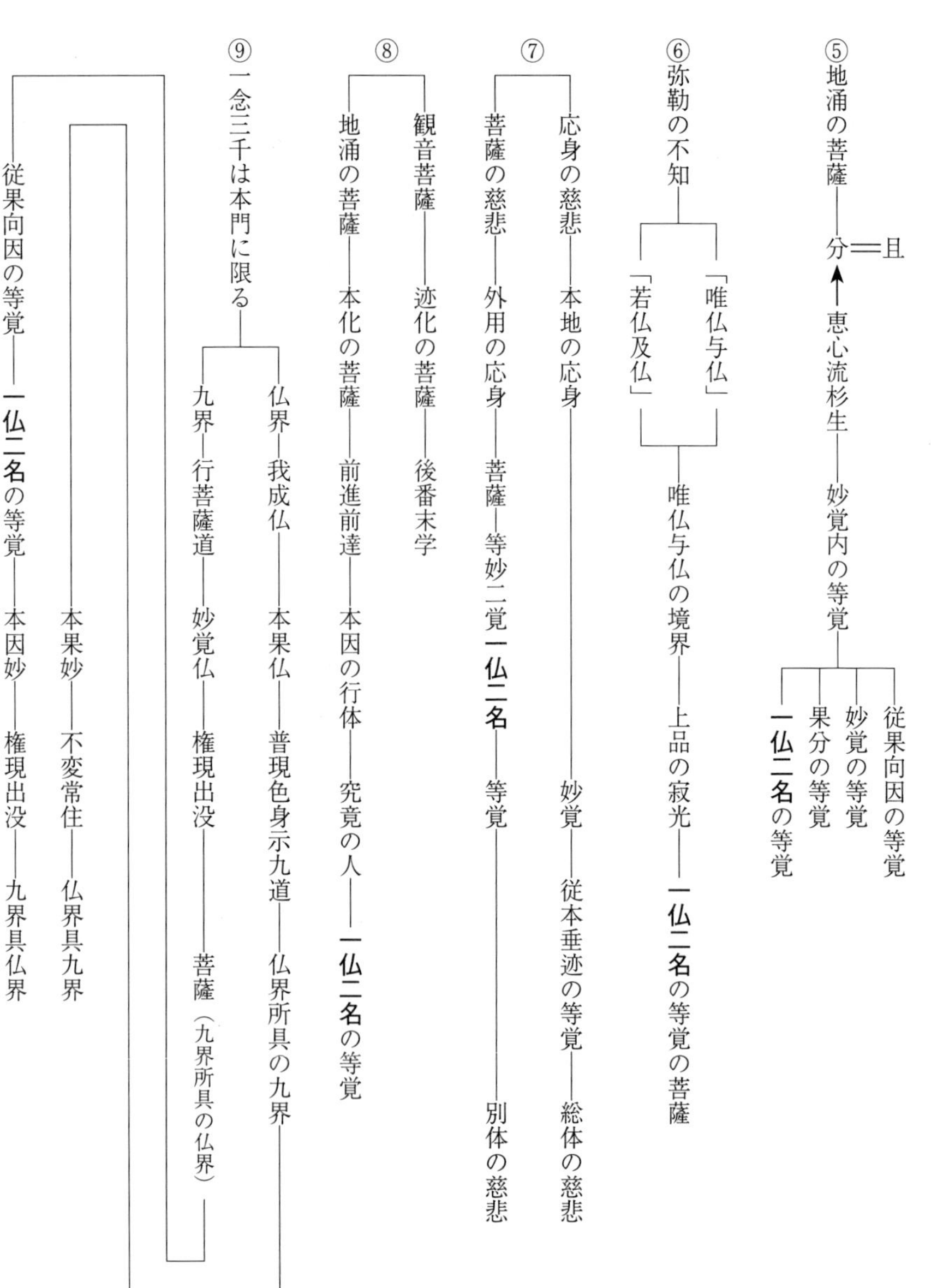
⑤
地涌の菩薩
分
且
恵心流杉生
妙覚内の等覚
従果向因の等覚
妙覚の等覚
果分の等覚
一仏二名の等覚
⑥
弥勒の不知
「唯仏与仏」
「若仏及仏」
唯仏与仏の境界
上品の寂光
一仏二名の等覚の菩薩
⑦
応身の慈悲
本地の応身
妙覚
従本垂迹の等覚
総体の慈悲
菩薩の慈悲
外用の応身
菩薩
等妙二覚一仏二名
等覚
別体の慈悲
⑧
観音菩薩
迹化の菩薩
後番末学
地涌の菩薩
本化の菩薩
前進前達
本因の行体
究竟の人
一仏二名の等覚
⑨
一念三千は本門に限る
仏界
我成仏
本果仏
普現色身示九道
仏界所具の九界
九界
行菩薩道
妙覚仏
権現出没
菩薩（九界所具の仏界）
本果妙
不変常住
仏界具九界
従果向因の等覚
一仏二名の等覚
本因妙
権現出没
九界具仏界

第三項　弘経寺日健『御書鈔』

日健は謎の多い学匠であり、文明から永正年間に渡り、京都において活躍したとされる。主な著述としては、日蓮遺文を註釈した『御書鈔』二五巻を挙げることができる。『御書鈔』は、日健・日禘・日能・日耀の四師が、日蓮遺文の録内御書一四七篇について講述し、それを筆録したものである。その内、『開目抄』上・中を日禘、『撰時抄』（真蹟現存）上・『報恩抄』（真蹟断片・真蹟曽存）下を日能、『観心本尊抄』を日耀が講述し、その他の全ての巻を日健が講述したことから、『健鈔』と称される。各編の講述は、初めに遺文の標題、大綱、述作の時処、縁由、対告者等について解説し、次いで本文を抽出して考察を加えている。ただ、『観心本尊抄』については、各条目を列ねて問答体によって解釈している。また、講述の終わりに著述の日付等を付記し、日蓮遺文の書誌学的考証を行っている。本書講述の詳細な年代は不明であるが、『本尊問答抄』（日興・日源写本）等に永正三年（一五〇六）と記されていることから、日健の講述は永正三年前後の永正年間に行われたものと考えられる。(26)『御書鈔』では、一仏二名の表記が『千日尼御前御書』（『国府尼御前御書』［真蹟現存］か）解釈において一箇所使用されている。

⑩　日月ニカゲヲ浮ル身也等　ト者。高祖ハ本地上行菩薩也。上行ト釈尊ハ一仏二名也。釈尊ハ恵日大聖尊トモ又観ハ三千大千世界トモ唯我一人トモ説ニ故。何レモ日月ト現ジ玉フ事無二異論一事也云云(27)

⑩は、『国府尼御前御書』の「いつとなく日月にかげをうかぶる身なり。(28)」の一文を講述したものと思われる。日健は、日蓮を上行菩薩とし、上行と釈尊は一仏二名であると定義している。なぜなら、釈尊は恵日大聖尊や観三千大千世界、唯我一人とも説き、いずれも日月と顕現される事と異論がないものとするためであると主張している。

第四項　妙蓮寺日忠『妙経直談抄』

妙蓮寺日忠は、十乗房・常住院と号したとされる。今出川菊亭家の出身といわれ、俗兄の日学とともに三井園城寺に入り、学頭まで進んだと伝わる。日学が日隆の教化を受けてその門に入ると、日忠も妙蓮寺に入り日慶を師とした。文明五年（一四七三）、日慶に抜擢されて、妙蓮寺道輪学室の創設と同時にその学頭となり、永享元年以来続いていた日隆門下との義絶を憂い、日学と協力し和融に奔走した。文明十五年（一四八三）には、『妙蓮寺本能寺両門和合決（学忠問答）』を作成し、日存、日道、日隆を妙蓮寺の歴世に加えて、両門は和睦を遂げた。また日忠は、本隆寺開基常不軽院日真（一四四四―一五二八）との道交が深く、保田妙本寺の日要とも関係があったとされ、文亀三年（一五〇三）、六十六歳で寂した。日忠は門下の教育に献身し、その教学は日隆・日慶二師の教学を組織大成するものであると言われ、日隆教学が日存・日道より相承し、研鑽を加えた三師合成体であるのに対し、この合成教学を達意的に説明したものであることが指摘される。[29] 著書に『観心本尊抄見聞』『妙経直談抄』等一一部を数えることができ、現在刊行されている著述を基に確認した結果、『妙経直談抄』に一仏二名一箇所、一仏異名が二箇所窺える。

⑪⑫法華已前の諸経に、或いは毘盧遮那仏と説く事もこれあり。これは先ず大日経なり。或いは盧舎那と説くもこれ

あり。華厳経に云く「我今盧舎那方座蓮華台云云」。これ権大乗の心なり。この外の小乗経には釈迦と説く。仍って、釈尊一仏の名字不同の利益なり。法身の一仏に又、色々の異名これあり。如如と云い、実相と云い、般若と云い、第一義と云う等は皆、法身の異名なり。法身の一仏に、既に種々の異名これあり。故に又、報身・応身にも種々の異名これあるべし。この入文の深旨を得て題号を釈する時、「如来とは十方三世の三仏三仏本化迹仏の通号なり云云」。如来とは諸仏の通号なり。別号は無尽なり。仍って、無尽なる名字の不同なるも釈尊一仏の利益なり。(30)

⑬増道損生して極位に至るの時は、妙覚の益これを挙げると聞こえたり。滅後の下種に約してこれを論ずる時は、本因妙の位の外に本果妙これなし。等覚の位は寿量品の意、一仏二名の等覚なり。経に、等覚の位は即ち妙覚の位なり。その因位の最初を論ずれば、「一念信解とは、即ちこれ本門立行の首なり」。その一念信解の位が三世の諸仏の出生の門なる故に、本因の外に本果を論ぜざる処が、滅後下種益の一品二半なり。(31)

『妙経直談抄』は、『法華宗本門弘経抄』の内容と相違することなく、迹面台家的な解釈の上に、内鑑本裏の当宗的な解釈を施したものである。(32)⑪、⑫では、一仏（色々の、種々の）異名の語が二箇所見られ、日忠は『法華経』が説かれる以前の諸経においては、釈尊を毘盧遮那と説かれることがあると問題提起する。具体的には『大日経』において、盧舎那とも説き、『華厳経』では、その教主である毘盧遮那仏が蓮華の台座に座るとあるが、これは権大乗の教えであるとする。また、他の小乗経においては釈尊と説くため、釈尊一仏の名字については違いがあるが、それぞれの利益を明かしているとする。このことは、法身の一仏に種々の異名があるためであり、如如・実相・般若等ということで、第一義としては全て法身の異名である。なぜなら、法身の一仏に種々の異名があり、報身・応身においても同様であることから、この解釈を基にして釈尊の題号を見れば、如来とは十方三世の種々の本化迹化の通号であるとする。よって、如来とは諸仏の通号であって、別号は無尽に存在するため、名字に違いがあるとしても釈尊一仏の利益を生ずると主張している。

次に⑬では、増道損生して仏道修行の至極の位に至る時には、妙覚による利益を挙げるという。また、滅後の下種に関してこれを論じる場合、本因妙の位の外には本果妙は存在しえず、等覚の位は『法華経』如来寿量品の意を指し、一仏二名の等覚であるとする。さらに経典には、等覚の位は即ち妙覚と位であると説かれ、その因位の根源を辿れば、一念信解（如来寿量品で明かされた釈尊の久遠実成を聞いて、ほんのわずかな一瞬でも信解することをいう）とは、本門に定められた修行の首題であるとしている。そして、この一念信解の位は、過去・現在・未来において、諸仏が出世するために経過すべき段階であり、おのずと本因の外に本果を論ずることはできない。よって、釈尊滅後において下種益より見た一品二半であると規定している。

日忠の場合、釈尊を毘盧遮那と説く義に対し、あくまで権大乗の教えであるとする。また、他の小乗経に釈尊の名字に相違があるとしても、釈尊一仏の利益を生ずると主張している。さらに、釈尊滅後の下種について論じる時、本因妙の位の外には本果妙は存在しえず、等覚の位は『法華経』如来寿量品の意を指し、一仏二名の等覚であるとする。これらの解釈からも日忠の一仏二名の義は、日隆教学を逸脱したものではないことが理解できる。

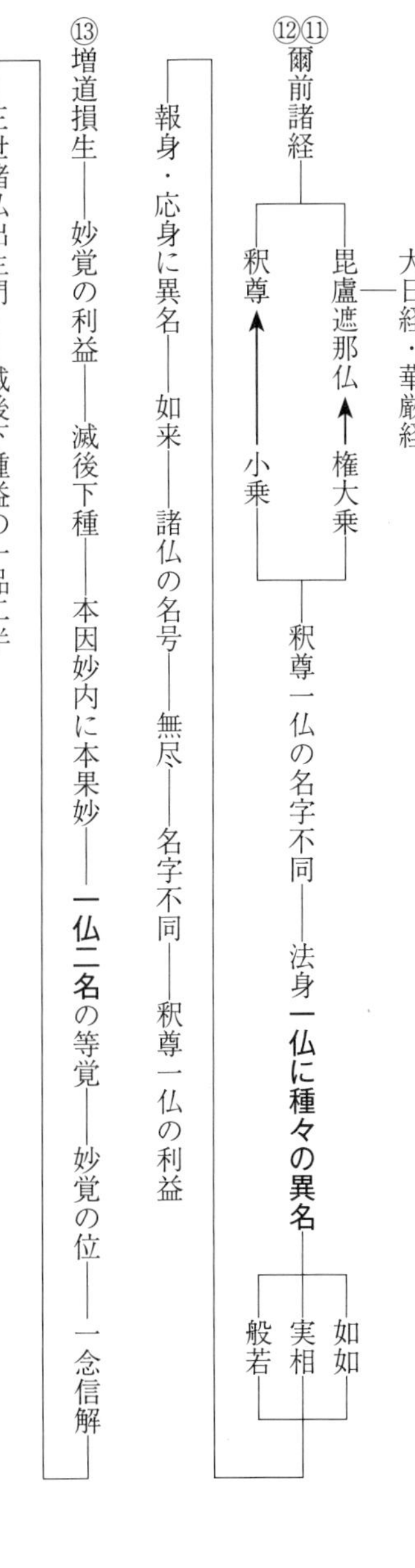

第五項　侍従阿闍梨日現『本迹高広義会釈』『本迹同異決私聞書』

越後本成寺第八世日現は、鷲津本興寺五世日暹のもとで得度し、学問に秀でていたことからも本成寺第八世を継承し、一六年間在職した。その間、京都本隆寺第二世日鎮（一四五四―一五三二）（本隆寺第三世日唱〔一四五八―一五四二〕との説有り）と一味法水の盟約を企てたが実現せず、後の日覚・日映における盟約の礎をなした。本成寺退山後、尾張（愛知県）、三河（愛知県）、遠江（滋賀県）を巡教し、各地で円光坊日陣（一三三九―一四一九）『本迹同異決』等の著述を中心に講義を行い、門下教育の興学に努めた学匠でもあることが知られる。日現の教学思想は、日陣門流伝統の如来寿量品正意を継承し、如来神力品に明かす付嘱の要法は正しく如来寿量品所顕の妙法であるとして、当時の本迹未分の観心主義教学に対し批判しているが、教学としてはまだ組織されるに至っていないとの指摘がある。(33)

そうした中、日現の著述中には一仏二名（異名）の表記が『本迹高広義会釈』二箇所、『本迹同異決私聞書』一箇所にそれぞれ確認できる。

> ⑭一義云（日伝義）迹化菩薩入末法成本化菩薩御座習也。去、千日尼御前御抄云、日蓮恋敷ク思召サハ日月拝玉フヘシ、イツト無ク日月影浮身也云云。此御抄時日月日蓮聖人可崇申也云云。（中略）入末法一向迹化菩薩不可有出世ナントハ不可申也。日現申、此一義亦以外僻事一義也。前条如述、久本本迹重立申時日月衆星等釈迦分身垂迹也云事尤可然。他引用御抄其心也。日月釈迦為垂迹上行菩薩一仏二名真応両身御振舞ナレバ日月可浮影事勿論也。仍高祖聖人上行菩薩御後身時日月浮影者也御掟判尤無余議也。(34)
>
> ⑮其上在世釈尊、末法高祖全非別体。釈尊即上行、上行即釈尊御座造立非二仏並出。涌出品疏心、釈尊真身、上行応身也云云。真応豈各別耶。真身如龍如池、応身如雨如蓮譬。池龍即雨花也。体用不同非更別体。一仏二名也。其上、釈尊・多宝本尊、高祖祖師御座可得意也。此義諸宗皆上古已来如此也。全不可有二仏並出失者也。(35)

『本迹高広義会釈』は、日昭門流の唯本院日伝（一四二一―一四六三）が著した『本迹高広義』中において、勝劣派を批判したことに対し、日現はその批判に答えるべく著したものが『本迹高広義会釈』四巻である。(36)『本迹高広義会釈』を概観すると、⑭、⑮の二箇所に一仏二名の表記が見られる。⑭では、日昭門流の日伝の義として、迹化の菩薩衆は末法に入って本化の菩薩となると伝授されてきた。その証拠として、『千日尼御前御抄』（『国府尼御前御書』(37)か）を挙げ、日蓮はいつでも日や月に姿を映しているのであるから、日月を拝することで日蓮に逢えることを提示し、末法では迹化の菩薩衆も衆生教化のために世に出ることを肯定している。一方、日現は日伝の説に対し、道理に合わないと批判する。日現によれば、久近本迹の立場より解釈すれば、日天子・月天子・明星天子等も釈尊が分身した垂迹仏であるということは道理に叶うことであり、他に引用される日蓮遺文もその旨を記したものである。また、日天子・月天子が釈尊の垂迹仏であるならば、上行菩薩は一仏二名であり、真身（法身）・応身の両身を備えるため、日や月に姿を映し出していることも当然である。よって、日蓮は上行菩薩の応現である時は、日や月に姿を映していると解釈することは疑いないものであると主張している。

⑮の文では、その前文に、

一、富士門流為ニ配立一禁ニ造仏読経一事、既ニ高祖ノ御代有ニ造仏読経一。(38)

との表題を掲げ、富士門流が主張する造仏・読経（『法華経』迹門部分）を禁止する問題に対し、日現は日蓮在世中に造仏・読経の事実があったことからも疑義を呈している。その上で⑮を確認すると、釈尊と日蓮の関係性について、在世の釈尊と末法の日蓮は一応別体ではないと定義する。釈尊即上行菩薩、上行菩薩即釈尊として捉えたならば、造立する場合、一つの国土世界に二体の仏が出現するという過失には該当しない。よって、『法華文句記』釈涌出品「次雨猛華盛譬見応也龍大池深譬知真也。見応下合譬也。見諸菩薩応相既多。必並証得弥法界真。(39)」の文の心は、釈尊は真身（法身）、上行菩薩は応身であるとし、真身と応身は別体ではないと規定している。なぜなら、龍大池深はすなわち雨猛華盛であり、体用（諸法の本体・本質とその作用・はたらきのこと。ここでは法身と応身）は不同ではあるが別体ではなく、一仏二名であると結論づける。また、釈尊と多宝仏は本尊であり、日蓮は本尊とはならず、あくまで祖師として心得るべきであり、このことは諸宗も一致するとして注意喚起している。

次いで『本迹同異決私聞書』では、一仏異名の表記が一箇所看取できる。

⑯近代八品所ト顕ツル立勝劣門葉、寿量品ヨリ神力品ヲ高ニ上申ツル立也　是先ハ上行菩薩ノ本門ノ妙法ヲ今日始メテ被ニ付属一給セ心フト得ル歟　上行菩

薩釈尊支分御弟子云事、真応二身菩薩、釈迦本因妙御姿云事不レ知歟　五百塵点劫已来一向本門寿量品妙法蓮華経修行習玉云　御抄御金言不レ知二千余回已来神力品妙法修習給心得歟　皆於此経此経皆於此品心得歟　諸御抄相違　委細会釈如レ別紙一寿量品本仏知見説時、亦無在世及滅度者説　高祖本門勧請段滅度多宝仏文証明多宝仏御書　**一仏異名**、真応二　釈迦・上行心得申下種導師釈迦上行、脱益導師釈迦上行也　去初従此仏菩薩結縁。還於此仏菩薩成就釈叶也。[40]

『本迹同異決私聞書』は、永正九年（一五一二）十月十六日より講談を開始されたものである。[41] ⑯によれば、日現当時において八品門流が立てた勝劣派一門の者は、如来寿量品より如来神力品を上に置くと主張しており、この勝劣の門葉とは誰を指しているのかについては不明である。ただ、両山第九世好学院日曦（一四六三―一五三二）と本隆寺日真が対立したとされる、いわゆる曦真問答は、大永二年（一五二二）十月十六日付で日真の護持此経に対する迹妙説の取り消しを迫ったことに端を発する。[42] しかし、曦真問答時には日現は遷化しており、これ以前となると妙蓮寺日忠を指している可能性も窺えるが推測の域を出ない。日現によると、当時の八品門流は、上行菩薩の付嘱された本門の妙法を、今日始めて付嘱されたものと理解しているのかと疑義を呈している。なぜなら、上行菩薩は釈尊の支分の弟子と同時に、法身仏（八品門流では報身仏と解する）・応身仏の二身の菩薩であって、釈尊の本因妙の姿であるということを知らないと批判する。また日蓮遺文において「五百塵点劫より已来た、一向に本門寿量品の妙法蓮華経を修行し習はせ玉ふ」[43]と述べられることも知らずに、上行菩薩は如来神力品の妙法を修習したとすることを糾弾している。さらに、『法華経』如来神力品第二十一の「皆於此経」を「皆於此品」と捉えることは、日蓮遺文の教えと相違すると主張している。日現は、如来寿量品には本仏が真実の姿を説く時、「また在世及び滅度の者も無し」と説いており、日蓮は本門を勧請する段において、滅後の多宝仏の文を証明多宝仏と述べている。よって、一仏の異名や真応二身の釈尊・

上行と心得ることで、下種の導師も釈尊・上行であり、脱益の導師も釈尊・上行となると定義している。

『本迹高広義会釈』では、久近本迹の立場より釈尊と上行菩薩は一仏二名であるとし、日伝の義を批判している。また釈尊と日蓮の関係性については、釈尊即上行菩薩、上行菩薩即釈尊と捉えることで、釈尊は真身（法身）、上行菩薩は応身とみなし、真応二身は一仏二名であるとする。『本迹同異決私聞書』においては、当時の八品門流が立てる勝劣判について批判を加え、上行菩薩は真応二身の菩薩であって、釈尊の本因妙の姿であると主張する。そして、釈尊・上行を一仏の異名や真応二身と定義し、下種の導師も釈尊・上行であり、脱益の導師も釈尊・上行となると結論づける。

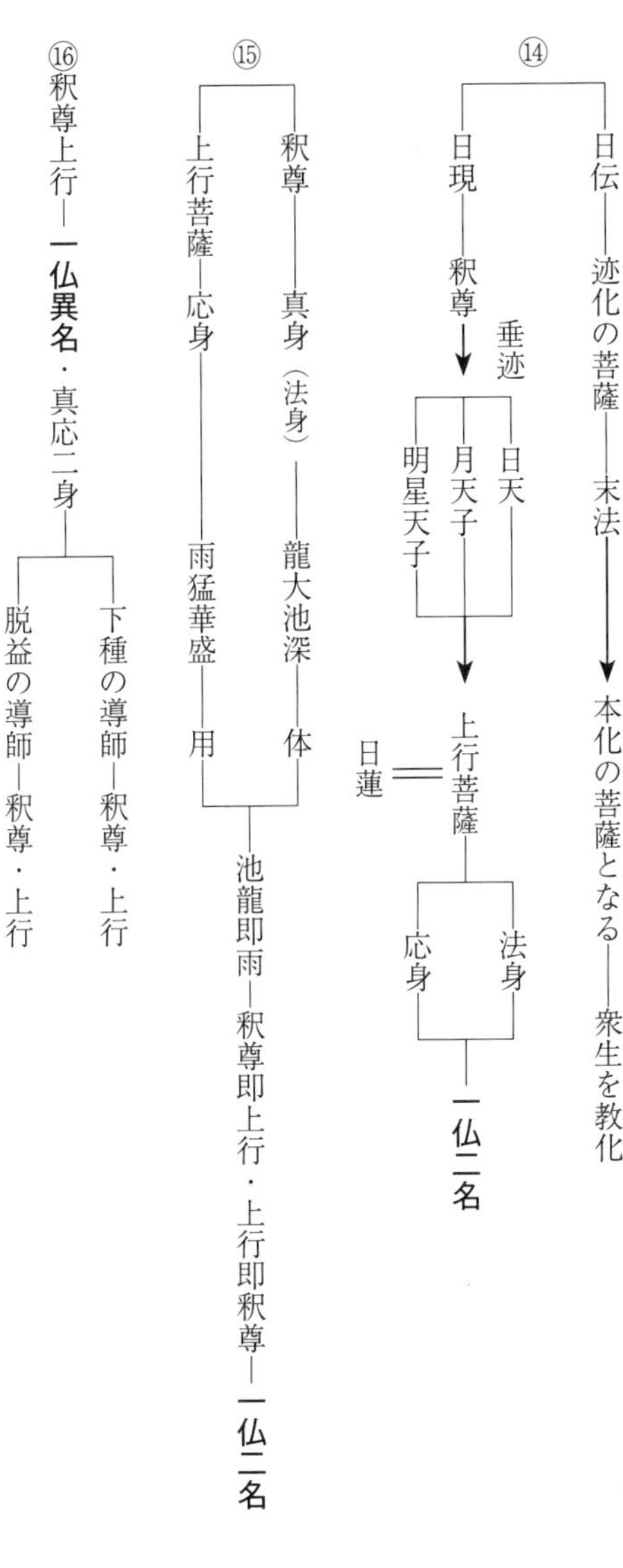

第六項　菩提心院日覚『発心共轍』

越後本成寺第九世日覚は、永正十年（一五一三）二十八歳の時に本成寺第八世日現の法灯を継承し、その後本禅寺再興に尽力したことから、中興日陣に次いで門流の準中興の祖と仰がれるに至っている。また、天文十二年（一五四三）九月十三日には本隆寺日映と日現以来の懸案であった本隆寺と一味法水通用の盟約を、本門如来寿量品の玄旨を以て、『法華経』最極要枢とする点において締結を実現したとされる。日覚の教学は、中古天台本覚思想の文献を摂取し、本迹未分の本門に如来寿量品を認める立場を主張したとされ、『法華経』一品二半を中心に置く伝統的な日陣門流教学の変革を試みたと指摘される。(44) こうした軌跡を辿る中、日覚著述において、一仏二名（異名）の表記が見られるものとして、『発心共轍』に三箇所確認できる。『発心共轍』とは八巻からなり、計一二〇の条目に分けて『法華経』註釈を試みたものである。本書における一仏二名（異名）の引用を確認すると以下のようになる。

⑰四句成道本覚仏所作習也。三身中無作応身所作事也。寿量三世常住益物、又地涌菩薩遣使還告益本涅槃妙功徳利益也。一仏二名真応二身化導是也。三世日蓮大士名乗特言説本門妙法濁悪衆生救護也。(45)

⑱菩薩先居実報土可云処、極果所居此菩薩住処定意、地涌釈尊所具菩薩界習也。当疏本末ヨリ〳〵一体見。但玄宗之極地云故上品寂光聞。サレトモ。妙楽。分到所期且云極地云時、中下寂光ナルヘシト論義在之。菩薩界筋分到云タレトモ釈尊支分一仏二名真応二身異実一体也。以非弥勒所知可知之。所以我常遊諸国国々中下寂光可在之故也。所詮本門寿量妙法信受人如此不思議依正可感得之者也。御釈云能居所居身土色心乃至信寿量教主金言唱南無妙○経故也等云々、已上住処。(46)

⑲又如二諸経一三身之名字不同。毘盧遮那云盧遮那云釈迦是。法身一仏上種々異名有レ之、(47)

⑰によると、四句の成道（四句〔本下迹高・本迹倶下・本高迹下・本迹倶高〕の成道のこと。久遠実成の本地仏が所化の菩薩の機根に対応して自在の利益を施すさまを説いたもの）とは、本仏の心・口・意のはたらきが現れたものと習うべきであるとする。三身の中には無作応身の心・口・意のはたらきが現れており、具体的には、如来寿量品の三世益物、地涌の菩薩の遺使還告の利益は本涅槃妙の功徳利益である。このことを日覚は一仏二名と定義し、真仏（法身）と応身仏の二身の化導であるとしている。そして、過去・現在・未来の三世に日蓮と名乗り本門の妙法を説き、濁悪の衆生を成仏へと導くと主張する。

次に⑱は、菩薩であるならば実報土（中道実相の観法を修した者がその果報として得る世界）に居すべきであるが、極果（仏果）が居る所に菩薩が住していると定めたことは、地涌の菩薩は釈尊所具の菩薩界であるためとしている。また、地涌の菩薩の住処を釈した『法華文句』には、「玄宗之極地」(48)とあるのは、上品の寂光であると考えられる。しかし、湛然が『法華文句記』に説く「分到所期。且云極地。(49)」の文は、中品・下品の寂光であるとする論議が存在する。これは、菩薩界の道筋から分かれたものであると思われるが、日覚の解釈では、地涌の菩薩は釈尊を支分する一仏二名であり、真仏・応身仏の二身の異なりを明示したものであって、実状は一体であると規定する。

そして⑲では、諸経においては三身の名字に不同が生じるとした上で、例えば、毘盧遮那や盧遮那、釈迦等もこれに該当する。また、法身の一仏の上においても多種の異名があるとして、いわゆる如如や実相・第一義・般若・楞厳等と名付けることについても同様であると結論づけている。

日覚は、無作応身の所作として三世益物・遺使還告の利益や、日蓮と名乗り本門の妙法を説き、濁悪の衆生を成仏へと導く場合、一仏二名と称している。また、地涌の菩薩の住処について、地涌の菩薩は釈尊所具の菩薩界であり、一仏二名で真仏・応身仏二身の異なりを明かしたもので、実状は一体であると解釈している。

⑰無作応身の所作―（三世益物／遺使還告）―一仏二名―（真仏の化道／応仏の化道）

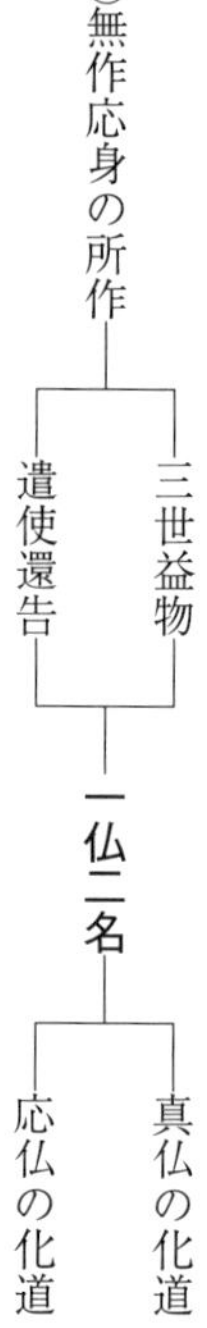

⑱（地涌の菩薩／釈尊）―一仏二名―（応身仏／真仏）―実状は一体

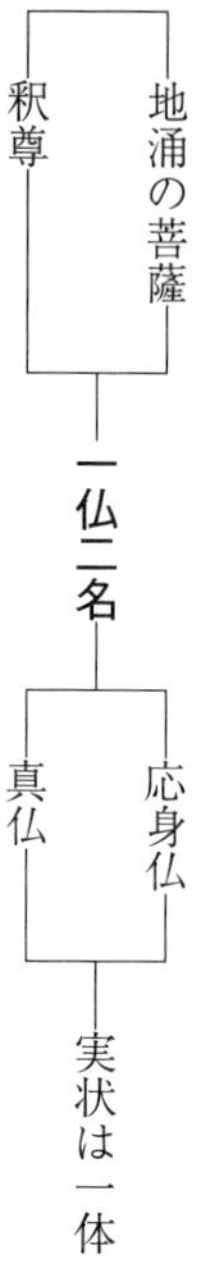

⑲爾前諸経―三身の名字不同―（毘盧遮那／盧舎那／釈迦）―一仏の上に種々の異名―（如如／実相／第一義／般若／楞厳）

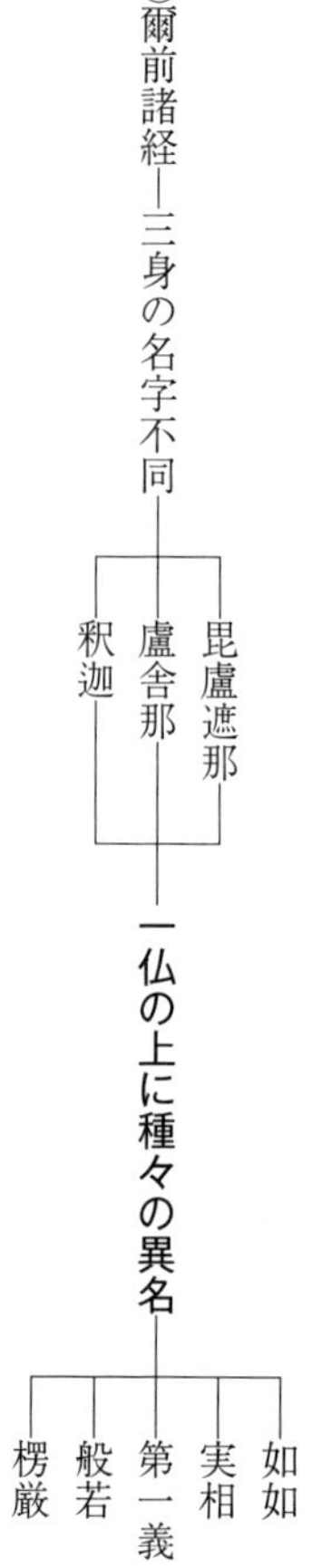

第七項　左京阿闍梨日教『百五十箇条』『穆作抄』

日教は、正長元年（一四二八）に出生し、日尊門流の弁阿闍梨日耀の弟子として、出雲国（島根県）馬来大坊（安養寺）に住したとされる。最初は本是院日叶と号し、後年左京阿闍梨日教と改め、顕応坊と称した。文明十二年（一四八〇）頃に日叶の記名で『百五十箇条』を著し、その後、間もなく大石寺日有の門に入ったとされる。そして延徳元年

（一四八九）十一月、日教六十二歳の時に『六人立義破立抄私記』[50]を著し、以後その消息は不明である。[51]日教の教学思想については、日有に入門する以前の著述（『百五十箇条』等）では、一部読誦や釈迦立造に関して寛容な姿勢が見受けられるが、入門後の著述（『穆作抄』等）では、日興門流教学の課題の一つである、本因妙思想や種脱本迹論の上に不読誦・不造像を主張している。[52]日教の著述において見られる一仏異名の語は『百五十箇条』二箇所、『穆作抄』一箇所の計三箇所が確認できる。『百五十箇条』は、その内容については雑然としており、前半は当時の天台宗の七箇法門に準拠しての日興門流教学や神祇門について述べられ、後半は『祈禱経』についての注釈が記されている。また、「御書云」としての『本因妙抄』『百六箇抄』、特に『百六箇抄』の引用が多く見える。[53]その後の著述である『穆作抄』では、本因妙思想や種脱本迹論の上に不読誦・不造像が明示され、特に釈尊・上行の互為主伴義や貫首本仏義は日教の特色であると指摘されている。[54]また大黒喜道氏は、『本因妙抄』『百六箇抄』について、日隆の義を受けて成立している可能性を示唆し、両抄を全面的に依拠する日教の教学思想について、日隆の存在を念頭に置いて考え直す必要があるとしている。[55]そこでまず、『百五十箇条』を見ると、一仏異名の語が二箇所確認できる。

㉑⑳百四十四　六波羅蜜自然在前之事、是は菩薩の行なり今の法華行者の菩薩に非ずと難ずべし、此経の行者は必菩薩なり上の如し諸仏国王ト是経夫人ト和合シテ共ニ是の菩薩の子を生ト文、諸菩薩衆信力堅固の者を除く者其十信と釈せり、十信は聞経の位也諸法実相種子の妙法を聞んが菩薩なり、当に知るべし此人是大菩薩と、あまつさへ法師品の時は若善男子善女人の当体本来の諸仏に法華の行者菩薩仏と見たり、去れば松野殿御抄云ニク、法華経を持つ人は皆仏也仏を謗して罪を得るなりと書せり、六波羅蜜自然在前は諸仏とも菩薩とも云はるゝなり、等妙二覚一仏異名と云フ此事なり、釈迦地涌菩薩誠に一仏ノ異名なり云云。[56]

⑳、㉑では、第一四四の条目として、大乗の菩薩が涅槃の境界に至るために実践すべき六種の徳目である六波羅蜜

が、自然と現在目の前に存在することが、菩薩行を指すとしている。これは、今の法華の行者の菩薩ではないという難問である。まず、『法華経』の行者は菩薩であることに異論はないとする。その証拠として、『無量義経』に、「多くの仏が国王でこの経典を夫人とし、その間に生まれる王子がこの経を受持する菩薩である」(57)という文がある。また、『法華経』方便品に説かれる「ただ信ずる力が強い多くの菩薩たちは例外である」(58)の文は、十信と解釈している。この十信は聞経の位で、諸法実相種子の妙法を聞く者が菩薩であり、法師品では「心して知るがよい。この人は偉大な菩薩である」(59)と説かれている。さらに法師品では、善男子・善女人の本性は本来の諸仏であり、法華の行者は菩薩・仏と説いている。そして『松野殿御返事』(60)（真蹟無）では、『法華経』を持つ者はみな仏であり、仏を謗ることは罪を得ると述べている。よって、六波羅蜜自然在前とは、諸仏や菩薩とも言え、等覚と妙覚が一仏異名である事を指し、釈尊と地涌の菩薩も一仏異名であると結論づけている。

次いで『穆作抄』では、以下の記述が確認できる。

> ㉒天台一流の諸徳の五百塵点の劫数の法門を仮設と云ふ道理なり、本門に望む仮設なり寿量品に至ッて如来復至他国とは御入滅なり、遣使還告は御使なり・此ノ御使を天台ならぬ諸宗は或用神通・或用舎利・或用経教云云、今家の章は四依と釈したまふ、此ノ四依本門の大導師に譲りたまふ上行菩薩にて御座すなり、日蓮聖人の如く本門の修行をなす人師これなし、去る時は勧持不軽の明文・上行菩薩の再誕にて御座す日蓮聖人と信し奉るが宗旨の本意なり、妙楽云ハく円は是レ聖法・聖人を極めしむ・人聖法を得る故に聖人と云ふ・仏と云ひ聖人と云ふは一体の異名なり、大聖世尊と説き又諸大聖衆又聖人と号す**一仏の異名**なり、此ノ教主を募る時・宝塔品に事を始め涌出品寿量品に説き顕し神力嘱累に事を窮むとは此ノ本門の教主を定めたまふ故なり(61)

㉒『穆作抄』において日教は、天台宗が主張する五百億塵点劫を仮説とする説を採用し、如来寿量品に説かれる遺

使還告を人四依（仏滅後に衆生の依りどころとなる四種の導師のこと）による解釈を試みている。日教によれば、人四依を上行菩薩と定義し、日蓮のように本門の修行をなした人師はおらず、勧持品・常不軽菩薩品の経説によって、上行菩薩の応現である日蓮を信じ奉ることが日興門流の本意であると結論づけている。この日教の説を証明するものとして、湛然の『摩訶止観輔行伝弘決』「円是聖法令レ成ニ極聖一。人得ニ聖法一故云ニ聖人一。」[62]の文を引用している。つまり、仏と聖人は一体の異名であり、大聖世尊（釈尊）と説いて諸大聖衆・聖人とも号することは、一仏異名であると結論づけている。また教主を慕る時、『新尼御前御返事』（真蹟曽存）に「宝塔品より事をこりて寿量品に説き顕し、神力品属累に事極て候し」[63]と述べ、この文は本門の教主を定めるためであると主張している。日教によるこれらの引用は、本門の教主を日蓮とすることを目的とし、釈迦脱仏日蓮本仏への展開が示唆される。

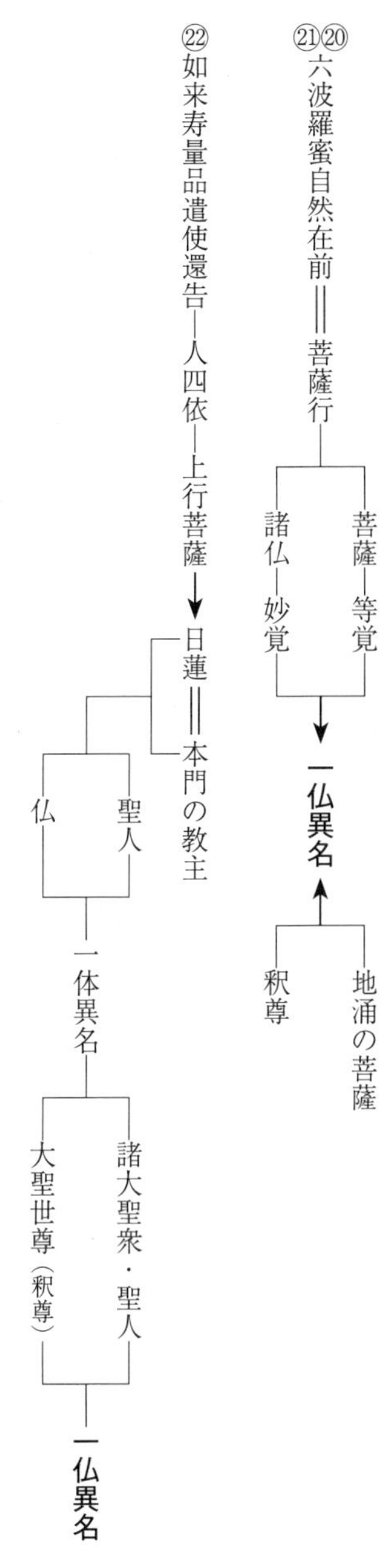

第八項　三河阿闍梨日要『大田抄聞書』『開目抄等法門聞書』

保田妙本寺第十一世日要は、永享八年（一四三六）九月十六日に日向国（宮崎県）細島において出生し、幼時に出家し、はじめ妙谷寺の支坊に住せる蓮光坊日慮に付き、後年学頭・本永寺日朝に師事したとされる。沙弥名を要学、通名を総持坊・三河阿闍梨と称した。壮年に及び妙本寺日永の後援を得て京都遊学し、その後、日隆の下に研鑽の劫を積んだと伝えられる。大平宏龍氏によると、尼崎本興寺に所蔵される『四帖抄』第三・四帖の日要書写本の奥書に以下のような記述が見られるとしている。

第三帖

（表紙）　惣持坊

法華天台両宗勝劣抄 四帖内第三（判別不能）

日要

第四帖

（同他筆）　寛正四年癸未九月七日　惣持坊

富士山小泉久遠寺書写之了　日要之[64]

この写本より、日要は二十八歳の時に小泉久遠寺において『四帖抄』を書写した事跡が窺えると同時に、日隆教学の摂取に励んでいたと考えられる。[65] その後、長享元年（一四八七）、日朝の譲りを受けて日向学頭坊を相続し、その披露のために延徳元年（一四八九）二月に妙本寺に登るが、その住山中に前住・日信の示寂に接し、そのまま推されて妙本寺十一代を継ぐ。以来、妙本寺興隆・教学振興に努め、永正十一年（一五一四）六月に里見義通が妙本寺を陣所としたため、病身の日要は戦乱を避けて下沢妙勝寺に転地し、同年十一月十六日に同地にて示寂した。(66) 日要の教学の特色としては、日蓮本仏論の発展、師弟血脈の尊重、信心唱題の重視等が挙げられる。しかし、日要筆日隆写本の存在や妙蓮寺日忠との交流等からも、日隆教学について是非を加える一方、根本思想においては日隆教学に負うものがあると指摘される。(67) 日要は『大田抄聞書』『開目抄等法門聞書』において一仏二名の語が確認できる。『大田抄聞書』とは、日要が『曽谷入道殿許御書』に本因妙下種の立場から詳細な注釈を加えた書で、一仏二名の語が一箇所確認できる。

㉒　一、尼崎流に、釈尊・上行は一仏の二名なり。熟脱の時は釈尊と名乗り、さて種の時は末法日蓮と名乗り玉ふと矣。是れまでは当流の意とこれ同じ。ただし其の釈尊・上行の実体は未だ顕われざる者なり。当流の意は、釈尊・上行とは、過去の信を由退（帯）正種せる機を世々番々に釈尊が出世成道して調熟し、今日寿量に現脱すれば軈て過去の本種に還るを云うなり。仍て雖脱在現具騰本種と矣。本種に移ると云うと還ると云うは大いに不同なり。当流の意は、本種に還ると云うが正意なり。(68)

㉒『大田抄聞書』では、尼崎流の義として釈尊と上行菩薩は一仏二名であり、熟脱の時は釈尊と名乗り、下種の時には日蓮と名乗るとしているが、釈尊と上行菩薩の実体については触れられていないと批判する。そこで日興門流では、釈尊と上行菩薩は過去の信を由退正種する機を、繰り返し経る多くの世において釈尊が出世・成道して調熟し、今日の如来寿量品において現在脱益すれば、過去の本種に還ると主張する。また『法華文句記』には、「脱は現に在りと雖も、具に本種を騰ぐ。(69)」とあり、本種に移るという意味と、本種に還るという意味では相違があり、日興門流では本種に還ると解すべきであるとしている。

次に『開目抄等法門聞書』は、一仏二名の語は一箇所確認できる。『開目抄等法門聞書』は、「日要云く」が三箇所、「日有云く」が四箇所ほど見えることからも、本書全体を日要の著作とすることはかなりの無理がある。また本書は、日要を中心とした諸義に日有の義が参照され、それに日郷門流の末寺が多く現存していた九州日向国の妙蔵房の聞書が一部合わされて、本書は成立しているとされる。よって、日要及びその周辺における成立ではないかとの指摘もあるが、[70]一応、日要の項において検討する。

㉓本果釈尊と顕われ現在にして五味を以て熟脱せしめ、脱の終りに本門を説き自身を密かに二身に分けて其の名を上行と号し、滅後下種の益を受けるとて菩薩尊形を示す本因妙の菩薩界と顕われ、下種顕益を成熟し玉ふなり。是れ即ち一仏二名の上行なり。去れば玄の七に云く、今日説本門付嘱一切諸仏所有之法。如此等有法付嘱千世界微塵菩薩法身弘経。十法界身遊諸国土即有冥顕両益也云云。[71]

㉓『開目抄等法門聞書』では、本果釈尊として現在に顕現することは、五味（乳味・酪味・生蘇味・熟蘇味・醍醐味の五つを五時である華厳・阿含・方等・般若・法華涅槃に配当して、釈尊一代の教説が説かれた次第順序としたもの）を以て熟脱し、脱益の終りに本門を説いて釈尊自身を釈尊・上行菩薩の二身に分けることは、滅後末法の衆生が下種の利益を享受するためであるとする。また、その尊形は菩薩であり、本因妙の菩薩界として顕現し、下種を顕す利益として成熟するものである。このことを一仏二名の上行と言い、『法華玄義』巻第七「今説本門。付嘱一切諸仏所有之法。兼得迹門法也。秘蔵之蔵。即是本迹中実相也。一切甚深之事。即是本迹中因果也。如此等法。付嘱千世界微塵菩薩法身地弘経。何但如生身此土他土弘経耶。十法界身遊諸国土。則有冥顕両益也。[72]」の文を引用している。

日要の場合、『大田抄聞書』では尼崎流の義として釈尊と上行菩薩は一仏二名であると引用するが、そこには実体は説かれていないと批判し、日興門流の義を展開している。また『開目抄等法門聞書』では、釈尊自身を釈尊・上行菩薩の二身に分ける理由として、末法下種の利益を得るためには、本因妙の菩薩界として顕現した釈尊の必要があるため、一仏二名と定義している。

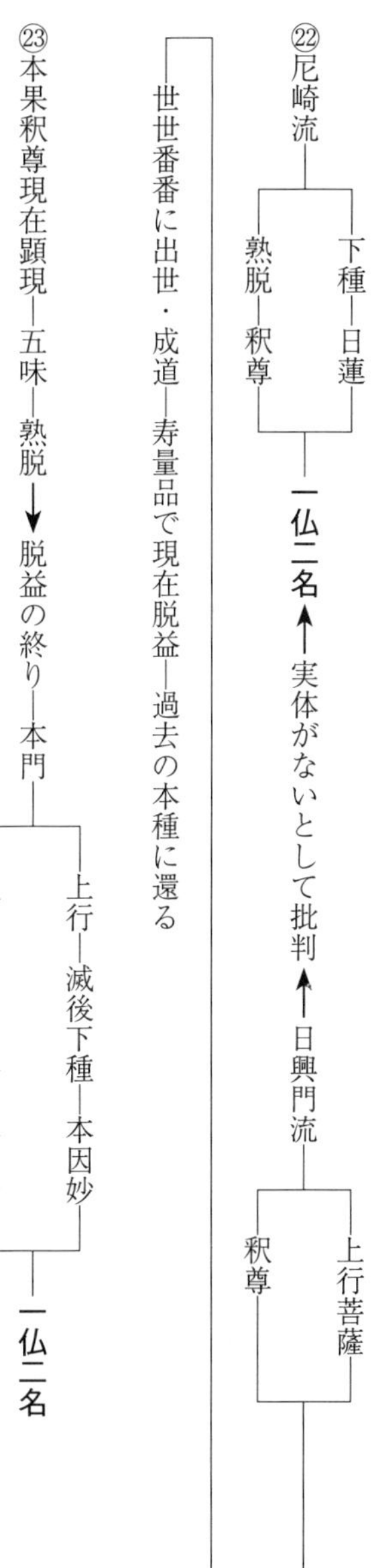

第九項　進大夫阿闍梨日我『観心本尊抄抜書』

保田妙本寺第十四世日我は、永正五年（一五〇八）九月十六日に日向国児湯郡佐土原郷有峰名、現在の宮崎県西都市岡富に出生し、乙都丸と称した。父は長友大炊助安治で、法号は要耳、母は妙義とされる。日我は六歳で日要に入弟して要賢と号したが、翌年日要は帰寂したため、日要後の学頭職にあった日杲（一四六八―一五四四）の指導下に入り、同時に叔父の日円や蓮住房日柔・蓮台坊日俊等に台当の学問を教授されている。天文六年（一五三七）頃、日我は妙本寺の住職に就任した。日我の著述中、一仏二名（異名）の語が見られるものとして、『観心本尊抄抜書』に二箇所確認できる。『観心本尊抄抜書』は『観心本尊抄』を註釈したものであり、日我は日要等によって構築された日郷門流の種脱本迹に基づく本因妙思想の立場からの注解を試みている。また、本書に見える日我の教学は、在世脱益の機根の観心は釈尊所説の本果妙の一念三千であり、脱益の機の本尊は本果妙の脱益の釈尊である。像法熟益の機の観心は、天台所証の止観の法であり、その熟益の機は天台を本尊とするものとしている。さらに、末法下種の衆生は、下種益の観心と本尊、つまり題目と日蓮でなければ成仏できないと主張する。そして、その点を明らかにしたものが日蓮の曼荼羅本尊であり、解説したのが『観心本尊抄』であると定義している。(73)

㉔富士門家の種脱の立様是也、全く十四品本門一品二半本門八品本門などと云事には不取合、久遠五百塵点より今日一代応仏の化儀は皆迹門也、上行涌出有て師弟の顕本をとげ互為主伴の時脱機の前には、三蔵如来而為境本の釈迦と顕はれ下種の機根には示同凡夫して理即名字の姿を顕し玉へり、於仏意全く偏頗無之**一仏異名**の御利益也、されば地涌の菩薩をば山門三井一同して仏地辺菩薩と云、真言には自性所生の菩薩と云権迹の家の沙汰如此(74)

㉕先外相は起後本門の宝塔品の三仏也、立還て見れば久遠本地無作三身寿量品の仏也、如何様に約束あるぞ下種の妙法受持の約束也、宝塔品の意は在世虚空会の約束也、本地自受用身釈尊初発心の弟子と遊す、寂滅道場にも迹門十四品にも不来とある則んば久遠元初の師弟也是を我弟子推せよと遊たり、弟子とは末法の我等衆生也於此重**一仏二名**互為主伴因果表裏成道可思之、仏既過去不滅○所化以同体也此時の所化は我弟子是を推せよと遊す重也雖近而不見と説是也(75)

㉔は、日興門流における種脱の立て方について述べたものであり、『法華経』本門十四品、本門一品二半、本門八品を本門とすべきではないと主張する。また、久遠五百億塵点劫より今日一代の応身の釈尊に至るまでの仏が、衆生を教導し感化することさえも全て迹門であると論断している。日我は、上行菩薩の涌現が明かされ師弟の顕本を遂げら

れることで、互為主伴する時、脱益の機根の前には三蔵如来而為境本としての釈尊が現れ、下種の機根の前には凡夫と同様に理即名字即の姿で現れるとする。このことは仏の本意であって偏りがないとし、一仏異名の利益であることを表明したものである。そのため、地涌の菩薩を比叡山延暦寺や三井園城寺では仏地辺菩薩と呼び、真言宗では自性所生の菩薩と言うとしている。

㉕では、如来寿量品で明かされた久遠本地無作三身の仏が外に現出した姿として、宝塔品の起後の三仏（釈迦仏・多宝仏・十方分身諸仏）を挙げ、下種の妙法を受持する約束があるとしている。宝塔品では、釈尊在世による虚空会の約束として、久遠実成が初発心時の弟子の相を示されたものとされる。なぜなら、寂滅道場（釈尊が初めて悟りを開いた場所）や、『法華経』迹門十四品においても来臨しないため、久遠実成の本果妙以前の本因時の師弟であると言える。この久遠元初の師弟の関係を、釈尊の弟子達は推して知るべしと主張する。また日我は、弟子とは我々末法の衆生を指し、このことは一仏二名・互為主伴・因果表裏の成道と言えるとする。さらに、『観心本尊抄』「仏すでに過去にも滅せず未来にも生ぜず。所化以て同体なり。[76]」の文を引用し、所化とは、「我が弟子これを推せよ」の文を示し、『法華経』如来寿量品の「近しと雖もしかも見えざらしむ。[77]」の文がこれを証明している。

日我は『観心本尊抄抜書』において、日興門流の下種とは、上行涌現による師弟の顕本を明かすことで、下種の機根の前には、釈尊は凡夫と同様に理即名字即の姿で現れることを一仏異名と規定する。また如来寿量品の仏を久遠元初の師（本果）、宝塔品の虚空会の在世釈尊を久遠実成が初発心時の弟子（本因）とすることで、この師弟の関係を一仏二名・互為主伴・因果表裏の成道と主張している。

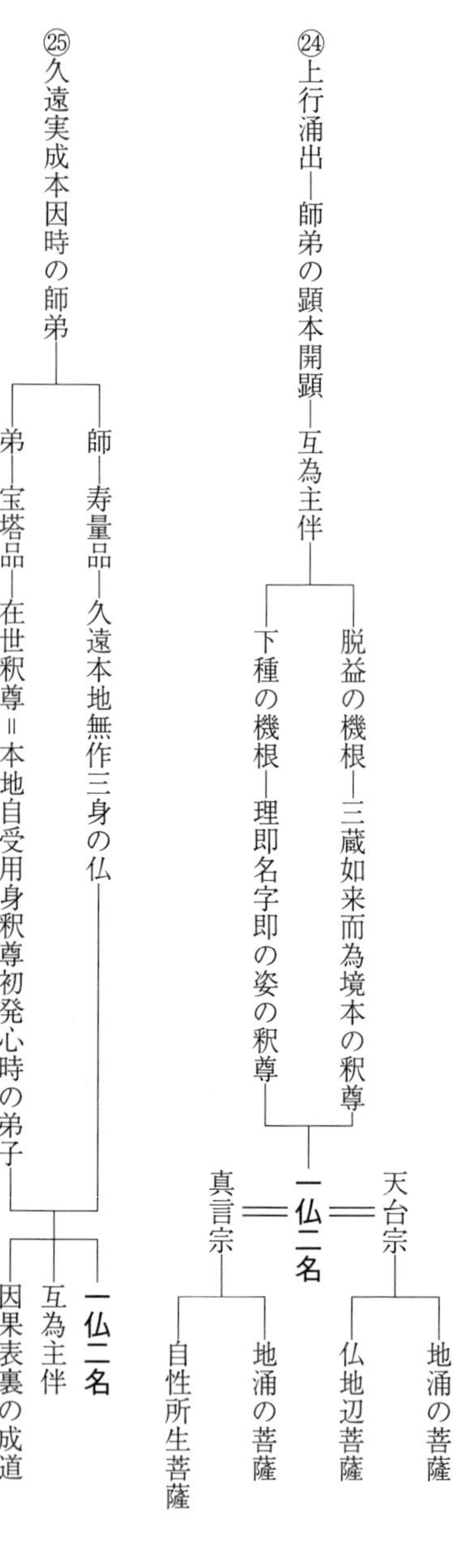

第十項　広蔵院日辰『開迹顕本法華二論義得意抄』『造仏論義』

京都要法寺第十三世日辰は、永正五年（一五〇八）八月二十六日に京都綾小路西洞院に出生し、八歳にして住本寺第十一世日法の室に入り、日法の示寂後は第十二世日在（一四七五―一五五五）に師事した。大永五年（一五二五）には、本隆寺日真の下で台当教学を修した。弘治元年（一五五五）十月には、日在の帰寂を受けて、要法寺の法灯を継承し、弘治二年（一五五六）六月より永禄二年（一五五九）にかけて甲駿（山梨県）地方の巡化に併せて、当時反目していた北山本門寺・西山本門寺・大石寺・小泉久遠寺の富士諸山の調停に尽力した。その結果、要法寺と西山本門寺の一味通用が西山本門寺第十二世日建（一五六〇―一六二五）との間に成り、また二度に渡る北山本門寺と西山本門寺の調停は不調に終わったものの、後に北山本門寺第九世日出と西山本門寺日建との間に和融が成立した。さらに、黒川寂円入道を遣わして大石寺第十三世日院（一五一七―一五八九）に書状を呈して通用を計り、日院はこれを拒否したが、大石寺第十四世日主（一五五四―一六一七）の時に、要法寺・大石寺の両山一寺の盟約が結ばれて、その後九代に渡る大石寺の法灯は要法寺より人材を継承した。日興門流では後年、「東我西辰」と謳われ、東国の日我と並びその教学的影響力には多大なものがある。(78)また日辰は、日興門流の日教の教学を論駁し、日要の教学については八品門流の亜流と評し、他門流の教学に対しては、当時、勝劣派の教学界を席巻した日隆教学の批判に傾倒した。日辰の教学は日真に依る所が大きく、如来寿量品正意、本果下種為体論については日真の説を継承したものと見られる。その特徴としては、日蓮本仏論とそれに基づく造像・読誦の堕獄論に疑義を呈し、釈尊本尊義及び釈尊造像・『法華経』一部読誦を主張した点にある。なお、日辰の本尊論には人・法の両義を認め、十界曼荼羅を法本尊・釈迦造像を人本尊と定めている。

こうした日辰の生涯を辿る中、その著述において一仏二名語が確認できるものとして『開迹顕本法華二論義得意抄』『造仏論義』が挙げることができる。『開迹顕本法華二論義得意抄』は六巻からなり、『法華経』二十八品と『無量義経』『普賢経』『鎮守論義』にそれぞれ論題を二箇ずつ設けて、論義を展開する設定となっている。ただし、実際には論義の展開に応じてかなりの数の問答が記されており、特に本門の中心である如来寿量品には論題も六箇を数え、分量的にも六巻の内の一巻半強が費やされている。また『造仏論義』は、当時の日興門流において主唱されていた釈尊不造像論に反駁して、人法本尊の内の人本尊としての釈尊造像を主張した書である。(79)これら二書中、『開迹顕本法華二論議得意抄』では一仏二名の語が一箇所確認できる。

㉖仍下種ノ時ハ上行菩薩似㆓同凡夫㆒、至㆓本門観行第四品五品相似㆒時ハ、上行菩薩亦現㆓菩薩身仏身㆒、至㆓本門初住㆒時ハ、上行菩薩現㆓釈迦仏身㆒可㆑説㆓寿量妙経㆒也、是レ一仏二名也、雖㆑然於㆓妙経㆒無㆓種熟脱妙法不同㆒也。(80)

㉖『開迹顕本法華二論義得意抄』では、下種の時には上行菩薩が凡夫に似た相で現れるとされる。本門の観心修行

を明かす分別功徳品では、四信五品中の第四品・兼行六度品（信解を実践に移して六波羅蜜を行ずる位）と第五品・正行六度品（六波羅蜜を専心に行じて如来寿量品の深意を実践する位）が六即の第四位の相似即に至る時、上行菩薩は菩薩身と仏身を示現する。また、本門の初住（五十二位の中、十住の第一・発心住のこと。一品の無明を断じて一分の中道を証し始める位）の位に至る時は、上行菩薩は釈尊の仏身を現して如来寿量品の『法華経』を説き、このことを一仏二名とするが、『法華経』において種熟脱の不同はないものと規定している。

次に『造仏論義』においては、一仏二名の語が三箇所見られる。

㉗又日要太田抄講云、尼崎流釈尊上行一仏二名也、熟脱時釈尊ト名乗リ、下種時末法ニ日蓮ト名乗リ玉フト被レ成、是迄ハ当流意ト同ジ、但釈尊上行実体未レ顕者也、当流日要意、釈尊上行者過去信為ニ由退聖種機一、世世番番釈尊出世成道調熟、今日於ニ寿量品一現脱、即還ニ過去本種一也[81]

㉘雖脱在現具騰本種文此会通意釈尊上行一体異名中種脱不同也、一仏二名故久遠元初報身即上行蓮祖也、次真間供養抄造仏、日眼女釈迦事、准ニ報恩抄本尊文一[82]

㉙次尼崎流会通与ニ日要会通一一往同再往異約束被レ成、当家諸流多分述ニ釈迦本地、上行垂迹義一、是一仏二名種脱時節行儀歟、是一往也、再往実釈迦ニ益総在也、次久遠元初報身即上行蓮祖ト云ハ、本因上行蓮祖即本果報身云意歟、然レドモ本地垂迹前後大乖角セリ、既本因本果主、本地自受用報身垂迹、上行菩薩再誕、本門大師日蓮ト判セリ[83]

㉗では、㉒日要『大田抄聞書』を引用していることが分かる。再説すると、尼崎門流では釈尊と上行菩薩は一仏二名であるとし、熟脱の時は釈尊、下種の時には末法では日蓮と名乗ると述べている。日辰はここまでの主張について

は賛同するが、日隆の説のままでは釈尊と上行菩薩の実体は未だ解明されていないと批判する。そこで日興門流の日要の説である、釈尊と上行菩薩は過去の信を由退正種する機を、繰り返し経る多くの世において釈尊が出世・成道して調熟し、今日の如来寿量品において現在脱益すれば、過去の本種に還る旨を引用している。またこのことは、㉘へと引き続き論が展開されている。

㉘は、㉗に続く文である。ここでは、日要の論の証拠として『法華文句』の「脱は現に在ると雖も、具に本種を騰ぐ。」[84]の文を引用し、この文を会通すれば釈尊と上行菩薩は一体異名であり、その中に種脱の不同があるとしている。これは一仏二名であるため、久遠実成の本果妙以前の本因時の報身は上行菩薩であり日蓮であると見える。その証拠として『真間釈迦仏御供養逐状』[85]（真蹟無）の造仏、並びに『日眼女釈迦仏供養事』[86]（真蹟曽存）は『報恩抄』[87]の本尊の文に準じるとしている。

そして㉙において日辰は、日隆の会通と日要の会通について一往は同じであるとしつつ、再往は異なるとする。なぜなら、日興門流の諸流派の多数は釈尊を本地、上行菩薩を垂迹の義としている。これは一仏の二名であって、種脱の時機に対する行儀であり、一往の義としている。そして再往の義としては、釈尊は種熟脱の三益が総在された存在であると定義している。さらに、久遠実成の本果妙以前の本因時の報身は上行菩薩であり、日蓮であるとすることについては、本因の上行・日蓮は本果の報身という意をなすのかと疑義を呈している。なぜなら、本地と垂迹の前後には大きな隔たりがあり矛盾が生じてしまう。このことについて日辰は、本因本果の主である本地自受用報身の垂迹は、上行菩薩の再誕である日蓮であるとして批判を加えている。

日辰は『開迹顕本法華二論義得意抄』において、上行菩薩は釈尊の仏身を現じて如来寿量品の『法華経』を説くことを一仏二名と解釈している。『造仏論義』では、日要『大田抄聞書』を引用し、釈尊と上行は一体異名であるが、種脱の不同を一仏二名として表記し、久遠元初の報身は上行・日蓮であるとしている。また日辰は、日興門流諸師が種脱の時機を以て釈尊を本地、上行を垂迹とすることを一仏二名と提唱することは、一往の立場でしかないと批判する。日辰は、再往の義として、釈尊は種熟脱の三益が総在した存在であり、報身の垂迹は上行菩薩の再誕日蓮であると主張することが看取できる。

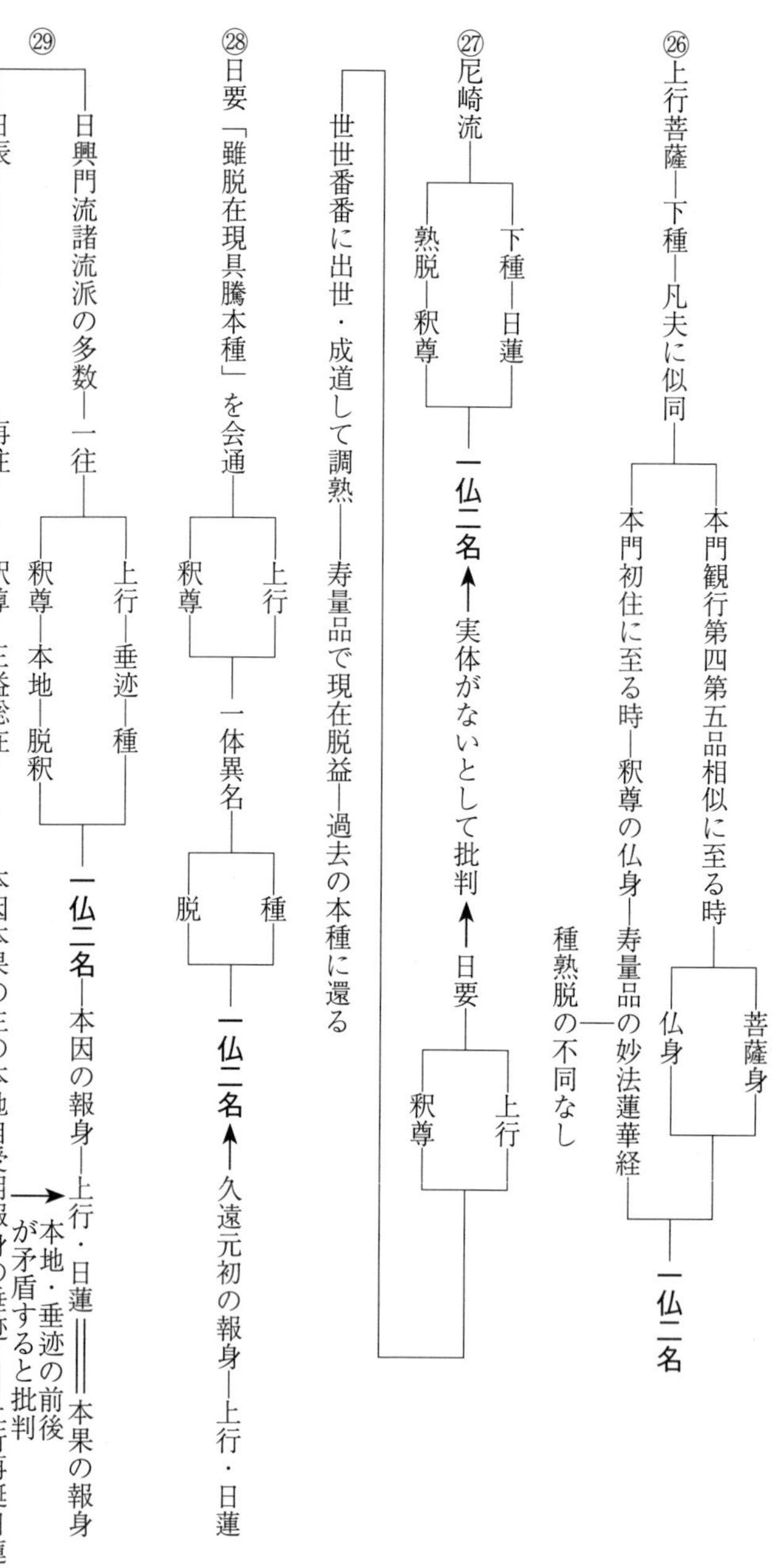

小　結

以上、日隆以後に見える一仏二名（異名）の表記について検討してきた。これらの諸師に見える一仏二名（異名）の解釈についてまとめると以下のようになる。

（一）日朝は、『観心本尊抄私記』において、ある習いとして迹門の立場より解釈すれば、般若と法華は一体であり、等覚妙覚一仏異名と引用する説を提示している。また『法華草案抄』では、多宝仏の誓願を因位と置くことは、仏が法華を説く仏の所へ出現して証明する（証明仏）という、果位の願と矛盾が生じるとして疑義を呈している。その問題を解決する要素として日朝は、八相成道の仏果を下すことで因位は一仏二名の等覚となると解釈している。

（二）日澄は、『法華啓運抄』に六箇所、『本迹決疑抄』に一箇所、それぞれ一仏二名（異名）の表記が確認できた。『法華啓運抄』では、③弗沙仏と毘婆尸仏、④『四十二字門』を基にした等覚の学・無学の問題、⑤恵心流の中でも杉生流の口伝による妙覚と等覚、⑥『法華経』方便品第二「唯仏与仏」の境界、⑦応身の慈悲と菩薩の慈悲の相違、⑧観音菩薩と地涌の菩薩の勝劣について、一仏二名（異名）を用いていることが看取できる。また『本迹決疑抄』では、⑨一念三千の法門は本門に限ることを前提とした、仏界と九界の関係性について一仏二名とする解釈がなされる。日澄は、上行菩薩と釈尊の関係において、一仏二名の語を以て解釈する箇所も見受けられるが、慧思の『四十二字門』や、恵心流の口伝についても排除せず、一仏二名の語を使用している。これらの解釈は、一仏二名を上行即釈尊と限定する日隆と比較して、一仏二名の幅を広めた活用方法であると言える。

（三）日健『御書鈔』中における、『国府尼御前御書』の講述として、釈尊は恵日大聖尊・観三千大千世界・唯我一人と説くことを根拠として、上行菩薩を一仏二名であると主張する。確かに『御書鈔』では、釈尊と上行菩薩を一仏二名とする記述が確認でき、一見、日隆の解釈と近似したものであると思われる。しかし『御書鈔』は、上行菩薩と釈尊の関係を簡略に述べているに過ぎず、本因本果の関係性等については触れられていない。そのため、この表記のみを以て、日隆の解釈と一致すると規定することは困難であると考える。

（四）日忠『妙経直談抄』では、一仏二名一箇所、一仏異名二箇所確認でき、⑪、⑫では、釈尊を毘盧遮那と説かれる事があると問題提起し、具体的に『大日経』『華厳経』を挙げ、これはあくまで権大乗の教えであるとする。また他の小乗経では、法身の一仏に種々の異名があり、報身・応身においても同様である。よって、この解釈を基にして釈尊の題号を見れば、如来とは十方三世の種々の本化迹化の通号であり、名字に違いがあるとしても釈尊一仏の利益を生ずると主張している。また⑬では、釈尊滅後の下種に関して論じる場合、本因妙の位の外には本果妙は存在しえず、等覚の位は『法華経』如来寿量品の意を指し、一仏二名の等覚であるとする。これらの文からも、八品門流の流れを汲む日忠の場合、その教学思想については日隆教学を逸脱したものではないことが理解できる。

（五）日現の⑭、⑮『本迹高広義会釈』では、日昭門流の日伝が主張する、末法では迹化の菩薩衆も衆生教化のために世に出るという義に対し、久近本迹の立場より、日天子・月天子が釈尊の垂迹仏であるならば、上行菩薩は一仏二名であるとして日伝の義を批判している。また釈尊と日蓮の関係性については、在世の釈尊と末法の日蓮は別体ではないと定義し、釈尊即上行菩薩、上行菩薩即釈尊とするならば、釈尊は真身（法身）、上行菩薩は応身とみなし、真身と応身は一仏二名であると捉えている。さらに⑯『本迹同異決私聞書』において、如来寿量品より如来神力品を上に置く、当時の八品門流が立てる勝劣義について批判する。その上で、上行菩薩は釈尊の支分の弟子と同時に、真仏・応身仏の二身の菩薩であって、釈尊の本因妙の姿であると主張する。そして、釈尊・上行を一仏の異名や真応二身の釈尊と定義し、下種の導師も釈尊・上行であり、脱益の導師も釈尊・上行となると結論づける。日現は日真門流との交流が深く、当時の八品門流に見える神力品正意を批判している。しかし日真は、如来寿量品正意を主張し独立する以前には八品門流と盛んに交流していることからも、日隆教学の影響を全く受けていないとは言い切れない。そのため、日現の一仏二名の解釈についても独自性は見られず、日隆の解釈の延長線上にあると解する。

（六）日覚『発心共轍』において、⑰では無作応身の所作として三世益物、遣使還告の利益を挙げ、このことを一仏二名と呼び、真仏と応身仏の二身の化導であるとしている。また、三世に日蓮と名乗り本門の妙法を説き、濁悪の衆生を成仏へと導くと主張している。⑱は、地涌の菩薩の住処について種々の論議があるが、地涌の菩薩は釈尊所具の菩薩界であり、一仏二名で真仏（法身）・応身仏二身の異なりを明かしたもので、実状は一体であると解釈している。⑲では、⑰、⑱とは異なり、実相・第一義等といった、法身の一仏の上において多種の異名があることを紹介する際に、一仏の異名の語を使用していることが分かる。日覚は本成寺第八世日現の法灯を継承し、本隆寺と一味法水の盟約を、本門如来寿量品の玄旨を以て『法華経』最極要枢とする点において締結を実現したことからも、日真教学の影響を受けていたと推察する。日覚は、中古天台本覚思想の影響を受けたとの指摘もあるが、⑰、⑱における一仏二名の解釈は日現と同様であり、⑲に見える一仏異名の解釈については独自性が窺える。

（七）日教は⑳『百五十箇条』において、六波羅蜜自然在前は菩薩行であるとし、それは諸仏や菩薩とも言え、等覚妙覚一仏異名はこの意であり、釈尊と地涌の菩薩も一仏異名であると結論づけている。㉑『穆作抄』では、上行菩薩の応現である日蓮を本門の教主とすることが、日興門流の本意であるとする。この論を証明するために、湛然の『摩訶止観輔行伝弘決』を引用し、釈尊と諸大聖衆・聖人は一仏異名であると解釈している。日教は、日隆の一仏二名の解釈と同様に、本因上行・本果釈尊を主張するが、そこでの釈尊の成仏は、釈尊本因時の上行菩薩の菩薩行こそ久遠実成の行じた自行であるため、上行菩薩は釈尊の師と定義する。さらに、上行菩薩の人界応生は日蓮であるため、日蓮は釈尊の師となるとして、日蓮本仏論を構成していったと思われる。

（八）日要の著述では、㉒『大田抄聞書』において、尼崎流の義では、釈尊と上行菩薩は一仏二名であるとし、熟脱の時は釈尊と名乗り、下種の時には日蓮と名乗ると紹介している。しかし、そこには釈尊と上行菩薩の実体は説かれていないと批判し、以下日興門流の義を展開している。㉓『開目抄等法門聞書』では、釈尊自身を釈尊・上行菩薩の二身に分ける理由として、末法の衆生が下種の利益を享受するためであるとする。またその尊形は、本因妙の菩薩界として顕現し、下種の顕益を成熟するものであり、このことを一仏二名の上行と定義している。日要の場合、日隆の下で研鑽に励んだ事実も確認できることから、日隆教学を批判しつつも、その影響は少なからず存在すると推察できる。

（九）日我は『観心本尊抄抜書』において、㉔日興門流における種脱の立て方について、上行菩薩が涌出し師弟の顕本を明かすことで、脱益の機根の前には三蔵如来而為境本の釈尊として現れるとする。一方、下種の機根の前には、凡夫と同様に理即名字即の姿で現れ、このことを一仏異名と規定している。また、地涌の菩薩のことを天台宗では仏地辺菩薩、真言宗では自性所生の菩薩と称することについても同様であると結論づけている。㉕では、如来寿量品の仏を久遠元初の師（本果）とし、見宝塔品に説く虚空会の在世釈尊を久遠実成が初発心時の弟子（本因）とすることで、この師弟の関係を一仏二名・互為主伴・因果表裏の成道とする。日我は、釈尊の本因本果を一体とする日隆の一仏二名の解釈を批判し、あくまで種脱の法体の異なりを説くことで種脱の勝劣を主張し、日蓮本仏論を展開していると首肯する。

（十）日辰は、『開迹顕本法華二論義得意抄』において㉖では、下種の時には上行菩薩が凡夫に似た相で現れるとし、本門の観行では上行菩薩は菩薩身と仏身を示現する。また本門初住に至る時は、上行菩薩は釈尊の仏身を現して如来寿量品を中心とした『法華経』を説き、一仏二名であると解釈している。『造仏論義』では、㉗において、㉒日要『大田抄聞書』を引用し、下種時の上行菩薩が本門の初住に至る時は、釈尊の仏身を現して如来寿量品中心の『法華経』を説くため、上行菩薩と釈尊の関係を一仏二名としている。㉘は㉗に引き続き、日要の論を会通すれば、釈尊と上行菩薩は一体異名であるが、種脱の不同があり、このことを一仏二名として表現していることが分かる。よって、久遠元初の報身は上行・日蓮であると規定する。㉙では、日辰は日隆と日要の会通について一往同・再往異とし、釈尊は三益総在の存在であると提示している。しかし、その他多数の日興門流諸師の場合、釈尊を本地、上行を垂迹とすることを一仏二名として表現し、種脱の時機による行儀であると提唱していた。この問題について日辰は、一往の立場の側面で解釈したに過ぎないと批判を加えている。日辰は、当時日興門流に流行しつつあった日蓮本仏論を打破するにあたって、その影響たらしめた日隆の本因下種論を打破する必要があると思考したのではないか。(88) そのためには、日真門流で学んだ本果下種論の重要性を宣揚し、如来寿量品を正意、久遠実成の実体を釈尊と規定することで、釈尊本仏・釈尊本尊論を実現できると思惟したと推察する。

これら、日隆以後に見える日蓮門下諸師の一仏二名（異名）の解釈から注目できることは、日現・日覚・日教・日要・日我・日辰の著述においては、いずれも日隆の一仏二名論の延長線上にあるようであり、日隆教学を批判対象とするための引用が多数を占めることが分かる。特に、日教・日要・日我といった日興門流諸師の著述では、日隆の一仏二名の解釈を基礎として日蓮本仏論へと展開していったことが垣間見える。つまり、一仏二名論に視座を置くことで、当時の日興門流における日隆教学の影響の一端を窺い知ることができよう。

註

（1）執行海秀『改定新版　興門教学の研究』一三七頁以下、一七〇頁以下、一九五頁以下等が挙げられる。
（2）室住一妙『行学院日朝上人』（身延教報社、一九五一年）、身延山久遠寺編『行学院日朝上人』（大東出版社、一九九九年）、『日蓮宗事典』六七七頁以下。
（3）執行海秀『日蓮宗教学史』八五頁以下、望月歓厚『日蓮宗学説史』一一六頁以下、北川前肇『日蓮教学研究』四〇四頁以下等が挙げられる。
（4）『宗全』第一六巻一五二頁。
（5）『宗全』第一六巻一五三頁。
（6）『法華草案抄』第五巻二一丁ウ以下。
（7）執行海秀『日蓮宗教学史』九四頁以下、望月歓厚『日蓮宗学説史』二二七頁以下。
（8）執行海秀『日蓮宗教学史』九五頁以下、望月歓厚『日蓮宗学説史』二二八頁以下。
（9）渡辺宝陽『日蓮宗信行論の研究』（平楽寺書店、一九七六年）一七四頁以下、『日蓮宗事典』三五〇頁。
（10）『法華啓運抄』第五巻一六丁ヲ。
（11）『法華啓運抄』第二八巻四丁ヲ
（12）『法華啓運抄』第三八巻一五丁ヲ以下。
（13）『法華啓運抄』第三九巻二六丁ヲ以下。
（14）『法華啓運抄』第四一巻三一丁ウ以下。
（15）『法華啓運抄』第五一巻七丁ヲ。
（16）『定遺』第二巻九八七頁以下。
（17）『仏全』第二一巻四三〇頁ａには、「文賢愚経云弗沙仏等者。経云毘婆尸仏。又不云抜指随生等。但云変成一聚閻浮檀金照比舎。」とある。
（18）『正蔵』第三四巻一〇七頁ｃ。
（19）『正蔵』第三四巻三二七頁ａ。

(20)『正蔵』第三四巻三二七頁a。
(21)『定遺』第一巻七一九頁。
(22)『正蔵』第三四巻八七九頁a。
(23)『日蓮宗事典』五七八頁以下。
(24)『日蓮宗資料』第九巻（法華ジャーナル、一九八六年）四七一頁以下。
(25)『定遺』第一巻五三九頁。
(26)『日蓮宗事典』一〇〇頁、六〇三頁、『日蓮聖人遺文辞典　歴史篇』（身延山久遠寺、一九八五年）三六一頁。
(27)『御書鈔』（本山本満寺、一九七六年）一〇九二頁。
(28)『定遺』第二巻一〇六四頁。
(29)『宗全』第九巻二頁以下、執行海秀『日蓮宗教学史』一二三頁以下、株橋諦秀「日忠上人の教学について」『法華宗全書　日忠1』（法華宗全書刊行会、二〇〇八年）別冊九頁。
(30)『法華宗全書　日忠1』一八三頁。
(31)『法華宗全書　日忠1』三五八頁。
(32)株橋諦秀「日忠上人の教学について」『法華宗全書　日忠1』別冊九頁。
(33)執行海秀『日蓮宗教学史』一〇九頁以下、望月歓厚『日蓮宗学説史』一二二頁以下、『日蓮宗事典』五九六頁。
(34)『法華宗全書（教義篇）』（法華宗（陣門流）宗務院、二〇〇二年）第七巻一一頁以下。
(35)『法華宗全書（教義篇）』第七巻一五五頁以下。
(36)『日蓮宗事典』五九六頁。
(37)『定遺』第二巻一〇六四頁。『国府尼御前御書』では、「日蓮こいしくをはせば、常に出る日、ゆうべにいづる月ををがませ給へ。いつとなく日月にかげをうかぶる身なり。」とある。しかし、『法華宗全書（教義篇）』第九巻一一頁頭註には、『千日尼御前御返事』（真蹟現存）（『定遺』第二巻一五四六頁）「日蓮がこいしくをはせん時には学乗房によませて御ちやうもんあるべし。」の文を該当箇所としている。
(38)『法華宗全書（教義篇）』第七巻一五五頁。

(39)『正蔵』第三四巻三二五頁a。
(40)『本迹同異決私聞書』下巻（法華宗宗務院教学部、一九七〇年）一二〇頁以下。
(41)『本迹同異決私聞書』上巻（法華宗宗務院教学部、一九七二年）一頁。
(42) 林真芳『日真教学の研究』（法華宗真門流宗務庁、一九七七年）二六頁以下。
(43) この遺文は『下山御消息』の可能性があるが、『定遺』第二巻一三一六頁では確認できない。しかし、平成新編日蓮大聖人御書編纂会編『平成新編日蓮大聖人御書』（日蓮正宗総本山大石寺、一九九四年）一一四〇頁には、「五百塵点劫より一向に本門寿量の肝心を修行し習ひ給へる上行菩薩等の御出現の時剋に相当たれり。」とあり、別の写本を底本としている可能性が窺える。
(44) 執行海秀『日蓮宗教学史』一一〇頁以下、望月歓厚『日蓮宗学説史』二二四頁以下、『日蓮宗事典』五八四頁以下。
(45)『法華宗全書（教義篇）』第一巻（法華宗（陣門流）宗務院、一九八〇年）二五〇頁。
(46)『法華宗全書（教義篇）』第二巻（法華宗（陣門流）宗務院、一九八二年）九〇頁以下。
(47)『法華宗全書（教義篇）』第二巻一五二頁。
(48)『正蔵』第三四巻一二五頁a。
(49)『正蔵』第三四巻三二四頁a。
(50)『宗要』第四巻二七頁。
(51)『日興門流上代事典』五四五頁以下。
(52) 執行海秀『日蓮宗教学史』一四三頁以下、『日興門流上代事典』五四六頁以下。
(53) 執行海秀『興門教学の研究』一五一頁以下、『日興門流上代事典』六八四頁以下。
(54) 執行海秀『興門教学の研究』一五七頁以下、『日興門流上代事典』七七〇頁以下、大黒喜道「日興門流における本因妙思想形成に関する覚書（一）」（『興風』第一四号、二〇〇二年）。
(55) 大黒喜道「日興門流における本因妙思想形成に関する覚書（一）」。
(56)『宗要』第二巻二四三頁以下。
(57)『正蔵』第九巻三八八頁a。

(58)『正蔵』第九巻五頁c。
(59)『正蔵』第九巻三〇頁c。
(60)『定遺』第二巻一二六四頁。
(61)『宗要』第二巻二五五頁以下。
(62)『正蔵』第四六巻二八一頁c。
(63)『定遺』第一巻八六七頁。
(64)大平宏龍「日隆聖人と東国法華宗」(『興隆学林紀要』創刊号、一九八六年)一一三頁以下。
(65)大黒喜道「日興門流における本因妙思想形成に関する覚書(一)」によれば、日要が日隆教学を研鑽した理由について、日要個人の判断ではなく、保田妙本寺第四世(実質開山)宰相阿闍梨日郷(一二九三—一三五三)門流の宗義研鑽の流れを汲んだものではないかと推察している。
(66)富谷日震『本宗史綱』二六三頁以下、『日興門流上代事典』五一三頁以下。
(67)執行海秀『日蓮宗教学史』一四〇頁以下、望月歓厚『日蓮宗学説史』二八八頁以下、『日興門流上代事典』五二五頁。
(68)『統合システム』所収「史料番号一五六〇」。
(69)『正蔵』第三四巻一五六頁c。
(70)『統合システム』所収『辞書事典』「日要「開目抄等法門聞書」」項。
(71)『統合システム』所収「史料番号一五六七」。
(72)『正蔵』第三三巻七七一頁a以下。
(73)執行海秀『興門教学の研究』一八二頁以下、富谷日震『本宗史綱』三六五頁以下、『統合システム』所収『辞書事典』「日我「観心本尊抄抜書」」項。
(74)『宗要』第四巻一七〇頁以下。
(75)『宗要』第四巻一八二頁。
(76)『定遺』第一巻七一二頁。
(77)『正蔵』第九巻四三頁b。

(78) 日辰の生涯について論じた先行研究として、富谷日震『玉城本山要法中興日震上人伝』(興門資料刊行会、二〇〇二年復刻版)、原日認『法灯よみがえる―広蔵院日辰上人―』(本山要法寺、一九七五年)、『日蓮宗事典』六六一頁、富谷日震『本宗史綱』三〇一頁以下等が挙げられる。

(79) 執行海秀『日蓮宗教学史』一四六頁以下、望月歓厚『日蓮宗学説史』二九七頁以下、『統合システム』所収『辞書事典』「日辰」項。

(80)『宗全』第三巻一五一頁。

(81)『宗全』第三巻四四七頁。

(82)『宗全』第三巻四四七頁。

(83)『宗全』第三巻四五二頁。

(84)『正蔵』第三四巻一五六頁c。

(85)『定遺』第一巻四五七頁。

(86)『定遺』第二巻一六二三頁以下。

(87)『定遺』第二巻一一九二頁以下。

(88) 大黒喜道「日興門流における本因妙思想形成に関する覚書(三)」(『興風』第一六号、二〇〇四年)。

第四節　天台宗諸師の著述にみる「一仏二名」の表記

日蓮門下諸師における一仏二名の義は、日隆の主張する一仏二名論とは別に、慧思『四十二字門』を根拠とするものが少なからず存在した。では、天台宗諸師の著述中に見える一仏二名（異名）の義は、慧思『四十二字門』を中心としたものであろうか。そこで、天台宗の諸学匠の著述に見える一仏二名（異名）の語を確認すると、管見の限り、一二師、一二書、計二二箇所を数えることができ、以下、諸師が引用する一仏二名（異名）の解釈について考察していく。なお、諸師の概略については、島地大等『天台教学史』、上杉文秀『日本天台史』、福田堯穎『天台学概論』、密教辞典編纂会『密教大辞典　縮刷版』等に依った。[1] さらに、中古天台の文献については、真偽について種々の問題を孕んでおり、この問題については先行研究に倣うものとする。

第一項　慈覚大師円仁『法華迹門観心絶待妙釈』（未）

天台宗延暦寺第三代座主、慈覚大師円仁は栃木県都賀郡の人で、俗姓は壬生氏とされる。九歳の時に同郡の大慈寺広智について出家したが、十五歳で比叡山に登り最澄に師事して、弘仁五年（八一四）三月に円頓大戒を受けた。その後止観業の学生として一二年の籠山行を修し、承和五年（八三八）入唐し、求法すること一〇年。全雅・元政・義真（七八一―八三三）等から密教を、宗叡（八〇九―八八四）・元侃等に悉曇、そして、志遠・宗頴等に天台学を受けた。帰国した翌年には、伝灯大法師・内供奉に任ぜられ、仁寿四年（八五四）に天台座主に任命された。円仁は、『金剛頂経疏』『蘇悉地経疏』等を撰述し、日本天台宗に真言密教を積極的に導入して天台密教（台密）の基礎を築いた。また、中国・五台山の念仏を移植して、天台浄土教の形成に寄与したことが知られる。管見の限り、円仁の著述中『法華迹門観心絶待妙釈』において一仏異名としての使用が確認できる。本書の真偽問題については諸説あり、島地大等『天台教学史』[2]・上杉文秀『日本天台史（正）』[3]・八木昊恵『恵心教学の基礎的研究』[4]・浅井圓道『上古日本天台本門思想史』[5]では真撰とみなす一方、八木昊恵氏は研究を進め、『恵心教学史の総合的研究』[6]では偽書であると指摘している。本研究では先行研究を参考としつつ、真偽未決としておく。

①開経云。諸仏国王是時夫人和合共生是菩薩子矣。一往車義縦義消レ文。報仏能照智。法身所照境。境智相応生。菩薩利生子。或極仏利生。名菩薩者。南岳大師四十二字門中。妙覚如来不レ現二八相一。湛如二虚空一。而無二所作一。妙覚為化。示レ有二所作一。名為二等覚一。是名二等覚妙覚一仏異名一而已。[7]

『法華迹門観心絶待妙釈』では、『法華玄義』迹門十妙の観心釈であり、十妙（境・智・行・位・三法・感応・神通・説法・眷属・利益）の中でも迹門中の心法の十妙について説述したものであるとされる。[8]本書において円仁は『無量義経』に、「諸仏の国王とこの経の夫人と和合して、共にこの菩薩の子を生ず。[9]」の文を引用し、報仏は能照の智であるとし、法身は所照の境であるとする。この境智は冥合して、菩薩は衆生を利益することで子となり、仏は衆生を利益することによって悟る。菩薩と名付けるのは、慧思の『四十二字門』によると、妙覚の如来は、釈尊が衆生を救うためにこの世で示した八種の姿（降都率・入胎・出胎・出家・降魔・成道・転法輪・入滅）を現さず、虚空のように所作も無い（衆生教化をしない立場）と規定する。一方、所作がある立場（衆生教化をする立場）を示せば、名を等覚といい、この等覚・妙覚を一仏異名と名付けたとして、円仁は慧思の『四十二字門』を引用して解釈していることが分かる。

この一仏異名として名付けられた等覚とは一般的に、①平等な悟り、②平等な悟りを得た者の意で仏の別称の一つ、③菩薩の修行階位五十二位の第五十一位で、仏の一歩手前にある者、[10]等とされる。また妙覚とは、①仏の不可思議な無上の悟り、仏果の位、②菩薩の修行階位である五十二位の最高位、四十二地の第四十二地、菩薩が修行によって到達する最後の位で、一切の煩悩を断じ尽くし、円満な智恵を備わった位。ただし、別教の妙覚は十二品の無明を断ずるだけであるから、円教の十行位の第二行にあたる、[11]等と定義しており、これらの解釈を逸脱するものではないと考えられる。

さらに、ここで引用される慧思の『四十二字門』とは、智顗や湛然の著作にはその一部が引かれ、[12]宝地坊証真（―一一三〇―一二一〇―）[13]の『三大部私記』にしばしば引用がなされている。本書は残念ながら現存しておらず、鎌倉初期まで比叡山に残存していたことが分かっている。[14]『四十二字門』は、日蓮も『注法華経』において、

四十二字門上云。般若経説二四十二字門一。涅槃説名二十四音一。華厳経説二四十二賢聖一。仁王経説為二十四忍一。[15]

と引用することからも、その存在が窺える。内容としては、島地大等氏は『般若経』所説の四十二字を以て四十二位に配し字字相入の義を以て位位相即の意を表したものと定義している。[16]また佐藤哲英氏は、梵字悉曇の四十二字につき、その各々の義門を論じたもので『四十二字陀羅尼門』とも言われ、『菩薩瓔珞本業経』（以下『瓔珞経』）の文を豊富に引用していることからも、慧思が『瓔珞経』を重要視していたことを指摘している。[17]これらの先行研究より、『四十二字門』の一端を知ることはできるが、その全貌については不明のままである。しかし、『法華迹門観心絶待妙釈』や、後述する証真『法華玄義私記』等に『四十二字門』の引用が見られることからも、一仏二名（異名）の表記の初見については、『四十二字門』であろうと推察できる。

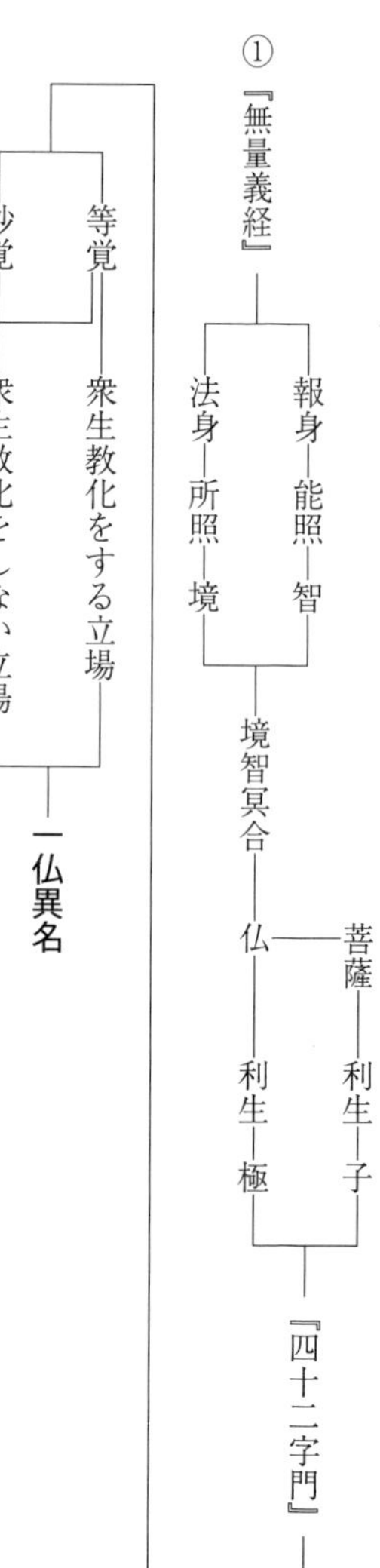

第二項　智証大師円珍『円多羅義集』（偽）

智証大師円珍は、天台宗延暦寺第五代座主で、園城寺中興の祖であり、天台宗寺門派の派祖とされる。香川県仲多度郡金倉の人で、俗姓は和気氏とされ空海の甥と伝わっている。十五歳で天台宗延暦寺初代座主、修禅大師義真に師事して顕密両教を学び、天長九年（八三二）、十九歳にして年分度者となり、受戒して円珍と改名した。嘉祥二年（八四九）に内供奉十禅師となり、次いで伝灯大法師位に就任した。仁寿三年（八五三）に入唐し、天台山で物外から止観と天台章疏を学び、開元寺の般若怛羅に梵字を習学して、青竜寺の法全から真言密教を受法した。天安二年（八五八）に帰国後は、比叡山山王院に居住し、同時に園城寺長吏に任命された。貞観五年（八六三）、園城寺で宗叡等に伝法阿闍梨位潅頂を授け、貞観八年（八六六）には園城寺は延暦寺別院となり、円珍はその別当となった。貞観十年（八六八）四月、天台宗延暦寺第四代座主、安恵（七九四―八六八）の入寂を受けて延暦寺第五代座主に就任し、次いで伝法潅頂道場として園城寺を下賜され、山門・寺門の分流が始まった。円珍の法系は寺門派・智証大師流と呼ばれ、天台密教

(台密) の一系列を形成している。円珍の著述について代表的なものとして、『法華論記』『授決集』等を挙げることができ、一仏二名の表記として、伝円珍『円多羅義集』(偽) に確認できる。

②道行寺沙門書云。三教三身本地迹仏故可二綱目一。三教三身一代本仏故可二大綱一。云云　三宝之文意在レ此。等妙覚一仏。**一仏二名**者意在二重玄門一。仍意挙二一体三宝之文一。妙覚上重玄門住二久遠実成元初一念一故可レ定。一体三宝久遠実成無始無終元初一念此耳。已上(18)

『円多羅義集』は、円珍の『授決集』の五十四条の次第の各条を口決によってその意趣を集録したものである。また、作者の製作態度は、胎蔵法門を中心とした円密一致の思想に基づいて叙述している。本書は、『授決集』が密教教義を重く説かなかった欠点を補い、阿字義に主力を注いで円密一致を説いており、円珍の著述ではなく中古天台の文献であることが知られる。(19) 本書の引用文を確認すると、道行寺沙門の書を引用し、まず三教(漸・頓・円)の三身において二種の立場があり、本地の迹仏であるゆえに爾前諸経とする立場。次に、三教の三身は釈尊一代の説法で開顕される久遠本仏であるゆえに、『法華経』を示す立場があると述べている。そのため、三宝(仏・法・僧)の文意があり、等覚・妙覚は一仏であるとする。さらに一仏二名とは、重玄門(等覚の位において凡夫以来の所修の禅定を修すること)にあって三宝一体の文を挙げることで、妙覚上の重玄門は久遠実成元初一念に住し、三宝一体は久遠実成の無始無終元初の一念を指すとしている。よって、『円多羅義集』に見える一仏二名の語は、道行寺のとある沙門の書を根拠としていることが分かる。

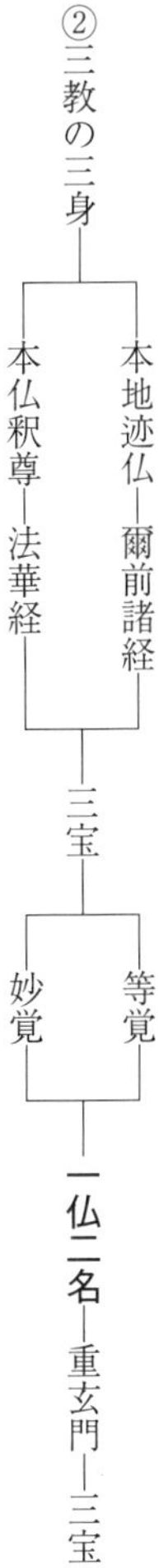

②三教の三身─┬─本地迹仏─爾前諸経─┬─三宝─┬─等覚─┬─**一仏二名**─重玄門─三宝一体
　　　　　　　└─本仏釈尊─法華経───┘　　　　└─妙覚─┘

第三項　五大院安然『胎蔵金剛菩提心義略問答抄』

五大院安然は、平安時代初期の天台宗の学僧で、天台密教を大成した学匠であることが知られる。最澄の俗縁で円仁の弟子を自認し、世に五大院先徳と称された。元慶元年（八七七）に入唐を志すも叶わず、その後、密教研究に邁進し、諸師から授法・相承される。晩年は比叡山の草堂寺の五大院に隠棲して著作に励み、『真言宗教時義』『胎蔵金剛菩提心義略問答抄』（以下『菩提心義抄』）『教時諍論』等を著している。安然は、空海の東寺密教を批判しつつ摂取し、天台密教の教理体系を完成させたとされている。またそれと同時に、空海の本覚義の影響を受けて、その後の中古天台教学の一大要素である本覚思想の基盤を用意したとされる。安然の著述では、『菩提心義抄』において一仏異名の表記が確認できる。

③大日宗云。東方宝幢仏謂菩提心猶二軍幢旗一。金剛頂宗云二東方是菩提心一故。以二大菩提心不動之義一名二不動仏一。
豈非二**一仏異名**一云云[20]

『菩提心義抄』は、法相宗の四智三身の義を対破するために台密の教判を論じた著述であるとされる。また、本書の内容は作者未詳（貞元録によれば潜真造）の『菩提心義』一巻と、龍樹（二世紀―三世紀頃）造・不空釈と称される『菩提心論』一巻とに依って菩提心義の解釈したものであることが指摘されている。[21] ③の文によると、大日宗（真言宗のこと。大日如来を教主本尊とし、『大日経』を依経とするゆえの呼称）では、東方は宝幢仏（真言密教で立てる胎蔵界曼陀羅中、台八葉院の五仏［大日・宝幢・開敷華王・無量寿・天鼓雷音］の一尊）の世界であり、その菩提心は軍幢旗（仏・菩薩のしるし）であるとする。一方、金剛頂宗では、阿比羅提世界に出現し大日如来のもとにおいて発心修行し、成仏して東方善快浄土を成就した阿閦仏が、不動の義という菩提心を持つため、不動仏と名付けられ、この二仏を一仏異名であるとしている。安然は、胎蔵界と金剛界にそれぞれ明かされる仏について解釈する場合、一仏異名の語を用いていることが理解できる。

③
大日宗―胎蔵界―宝幢仏―軍幢旗
金剛頂宗―金剛界―不動仏―不動の義
―一仏異名

第四項　恵心僧都源信『万法甚深最頂仏心法要』（偽）『御廟決』（偽）

恵心僧都源信（九四二―一〇一七）は、平安時代の天台宗の学僧で、比叡山横川恵心院を中心に活動したところから、恵心僧都や横川僧都と呼ばれる。奈良県葛城郡当麻郷の人で、父は卜部正親とされる。幼くして父と死別し、天暦四年（九五〇）、比叡山に登って後の天台宗延暦寺第十八代座主慈慧大師良源（九一二―九八五）に師事し、天台教学を学んだ。十三歳で得度受戒して源信と号し、学才が優れていたため十五歳で法華八講の講師に任ぜられ、その後も顕密二門の奥義を究めた。しかし、天禄年間（九七〇―九七三）には横川恵心院に隠棲し、修行と著述に専念した。寛和元年（九八五）には、日本浄土教の先駆的な著作『往生要集』三巻を完成して、後の法然による専修念仏義の成立に大きな影響を与えた。また横川に、二十五三昧会を結んで念仏三昧を修したとされる。寛弘三年（一〇〇六）には、『一乗要決』を著して法華の一乗思想を主張し、法相宗の五性各別・三乗真実一乗方便説を破折して、インド・中国より持ち越されていた三一権実論争に終止符を打った。日本天台宗の代表的流派・恵心流の派祖とされ、同門の覚運（九五三―一〇〇七）の檀那流と合わせて恵檀両流と称されている。源信の著述中、『万法甚深最頂仏心法要』（偽）では、一仏異名二箇所、『御廟決』（偽）では、一仏二名一箇所、一仏異名二箇所の表記を見ることができる。しかし、両書とも偽書の可能性が高く、直ちに源信の説であると断定するには考慮を要する。(22)

④大通大日［理仏第九識］一仏異名也。密意。四智互具十六智也。四徳四親近菩薩也。合二成十六大菩薩一。合二因円果満一。三十二仏也。合二本有五智一。三十七尊也。此一心所レ具理智也。故云二三十七尊住心城一。云云(23)

⑤又菩薩捨二等覚大悲一。開二妙覚悟一。又仏去二妙覚果満台一。立二返等覚大悲一。譬如下真言行者内証雖レ為二大日一。赴二大悲門一被中レ云金剛薩埵上。南岳釈云。等妙二覚［随縁不変　自証ハ妙覚化他ハ等覚ナリ］一仏異名。云云(24)

『万法甚深最頂仏心法要』は、『法華経』について解説を加えたものであり、『法華経』は万法の中にあって甚深の最頂の法門にして、仏の本旨を述べた肝要であるものであると定義している。(25) ④の文を見ると、大通仏と大日如来は一仏異名であり、密教の意においては、四智（大円鏡智・平等性智・妙観察智・成所作智）を互具した十六智である。また、四徳（常・楽・我・浄）四親近の菩薩（金剛界五仏の各々に親近して侍坐する四菩薩、大日如来・亜閦仏・宝生仏・阿弥陀仏・不空成就仏）であり、十六菩薩（東方世界の阿閦・須弥頂、東南方世界の師子音・師子相、南方世界の虚空住・常滅、西南方世界の帝相・梵相、西方世界の阿弥陀・度一切世間苦悩、西北方世界の多摩羅跋栴檀香神通・須弥相、北方世界の雲自在・雲自在王、東北方世界の壊一切世間怖畏・釈迦牟尼仏）でもあるとする。さらに、因位の修行が円満に具足し、無上円満の仏果の位を得ることで三十二仏となる。そして、本有の五智（四智に法界体性智を加えたもの）を合すれば三十七尊（真言密教の金剛界曼荼羅の中心になっている成身会の三十七体の諸尊のこと。中央の大日如来をめぐる四仏［阿閦・宝生・阿弥陀・不空成就］、四波羅蜜菩薩［金剛・宝・法・羯磨］、十六大菩薩［薩埵・王・愛・喜・宝・光・幢・咲・法・利・因・語・業・護・牙・拳］、八供養菩薩［嬉・鬘・歌・舞・香・華・燈・塗香］、四摂菩薩［鉤・索・鏁・鈴］の三十七尊）となり、一心を具する所の理智であると主張している。

⑤では、菩薩とは等覚の大悲を捨てて妙覚の悟りを開くものであり、仏とは、妙覚となるための菩薩の修行が完全に成就して、無上円満の仏果の位を得る修行をあえてせず、等覚の大悲に立ち返るものである。例えば、真言の行者の内証は、大日如来と一体となるとしても、大悲門に赴くことで金剛薩埵（『大日経』では大日如来の内眷属の上首として対告衆となり、胎蔵界曼荼羅では金剛部院の主尊、金剛界曼荼羅では羯磨会三十七尊、理趣会十七尊の一つで、顕教の普賢菩薩とは同体異名とされる）と言われることもある。このことについて、慧思の釈を引用することにより、等覚・妙覚は一仏異名であるとしている。

次いで『御廟決』では、一仏二名一箇所、一仏異名が二箇所確認できる。

⑥七。問。自受用身居二何土一耶。此算ノ大旨如二三身四土ノ算一也。但以二𑖀・𑖪𑖽二字ヲ一。配二寂光実報ノ二土ニ一。如レ次。以テ二自受用身𑖪𑖽字智ノ一。配二実報土ニ一。以テ二法身𑖀字ノ理ヲ一。配二寂光土ニ一事ハ。此施設一往配二対理智不二ノ実談ニ一。居二何ノ土ニ一可レ云。法華本門ノ所談。三身四土一体也。不レ可レ有二能居所居ノ別一。二界不レ可レ有ル。一如法界ノ色心也。雖レ然理智各別ノ時。等覚ハ金剛界ノ大日。妙覚胎蔵界ノ大日也。金剛界心者二位ノ中間也。等覚ハ因位ナレハ名レ理。即属二菩薩界一。妙覚ハ果位ナレハ名二智位ニ一。配二仏界ニ一時。等覚ハ対レ機示現説レ法他受用身也。妙覚ハ内証無定ナレハ。理性法身也。金剛心ハ上冥下契ナレハ。理智和合ノ自受用身也。故亘二二位ニ一居也。故ニ妙覚智法身。等覚他受用身。一体時自受用身也。等妙二覚**一仏二名**ノ此意也。(26)

⑦十一。問。元品無明ハ等覚智断歟。妙覚智断歟。此算。何ト云トモ無二相違一事也。経論ノ中。等覚妙覚ハ金剛心ノ三位。**一仏異名**ト見ヘタリ。又是一位ノ中ニ始中終ノ三アル也。三身也。三徳也。依テ所々ノ釈ニ。金剛心者。等覚ノ終リ妙覚ノ始ト云。此意歟。諸経論ノ有無不定。(27)

⑧此又密教意。妙覚者[梵字]字。等覚第三[梵字]字。金剛心者。第二[梵字]字也。第三字俗諦恒沙法門。随縁真如故金剛前有量云。妙覚本性不可得[梵字]字。金剛後無量釈也。始中終三位。如次応報法三身也。又胎金蘇三部大日也。此云本有三身。又云倶体倶用。如此得意。等覚有所断。妙覚無所断云。又妙覚智断云不違。一位故也。等覚妙覚一仏異名也。(28)

『御廟決』とは、良源の夢中の告によって源信が九〇の算題を記したものとされるが、中古天台初期の偽書である可能性が高い。内容は、顕密二門に渡って論証し、顕教では本迹二門、密教では胎蔵金剛両部により二而不二と定義している。(29)

⑥では、自受用身（三身の報身にあたる受用身を自受用身と他受用身に分けた内の一つ。随機方便に赴かない随自意の報身如来の意）はいずれの土地に居するのかと問うことで、三身四土（凡聖同居土・方便有余土・実報無障碍土・常寂光土）の問題についての算題を設けている。その答えとして、自受用身は智を以て実報無碍土に配し、法身の理を以て常寂光土に配すとする。また『法華経』本門の立場より論じれば、三身四土は一体であるとし、能居と所居の差はない。しかしながら、理と智を分けて解釈すると、等覚は金剛界の大日如来、妙覚は胎蔵界の大日如来となり、金剛心（菩薩の最後心。修行が完成する最後に起こす三昧）は、この二つの位の中間にあたるとする。また、等覚は因位で理と名付けるならば菩薩界に属し、妙覚が果位で智と名付けるならば仏界に配属される。さらに等覚は、機根に対して示現して法を説くため他受用身とし、妙覚は内証が無定であるため理性法身となる。そして、金剛心は理と智が和合した自受用身であるため、二つの位に渡って居すると考えられる。よって、妙覚の智の法身と、等覚の他受用身は一体時には自受用身であり、等覚妙覚の二覚は一仏二名であると規定している。

⑦では、元品の無明は等覚妙覚どちらの智を断ずるのかという算題を設け、相違は無いとした上で、等覚妙覚は金

剛心の三位、一仏異名であると答えている。また、一位の中に始中終の三位があり、それは三身や三徳（智徳・断徳・恩徳）であるとすることで、金剛心は等覚の終わりであり妙覚の始まりという。

さらに⑧では、⑦の文に続き、密教の意を以て解釈すれば、等覚・妙覚は胎蔵・金剛・蘇悉地の大日如来、本有の三身、倶体倶用（空・仮・中の三諦や法・報・応の三身等において、一つ一つが相互に他の体でもあり、同時に用でもある関係）と心得るべきであるとする。そのように考えると、等覚は断ずる所があり、妙覚は断ずる所がなく、妙覚智断と言うがその違いはない。そのため、等覚と妙覚は一仏異名であると結論づけている。

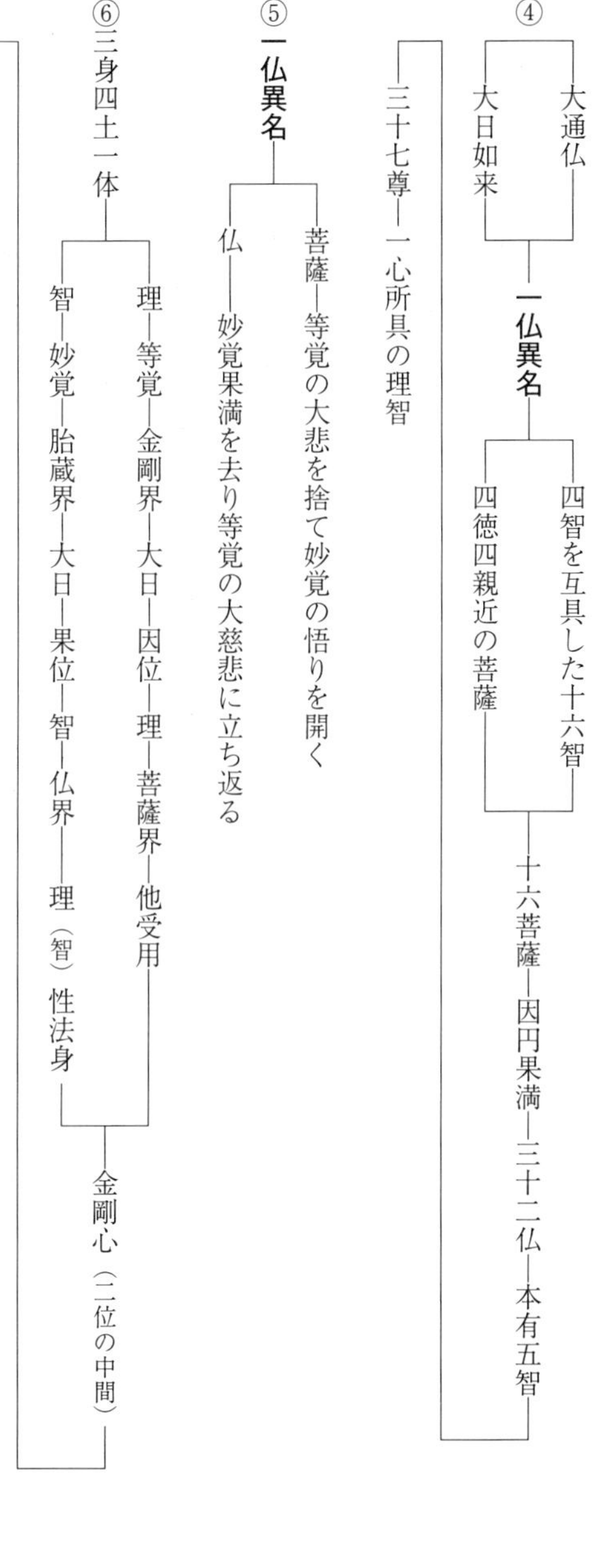

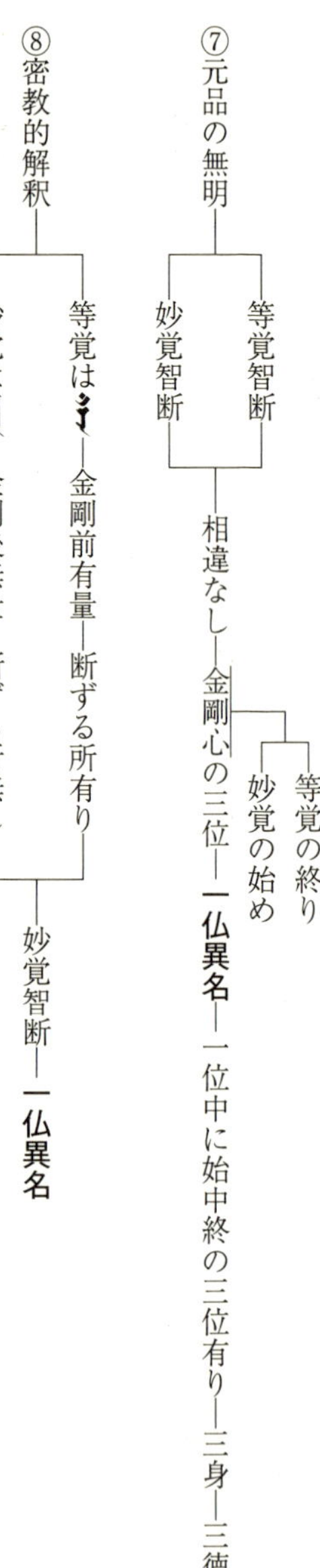

第五項　大原の長宴『四十帖決』

大原の長宴（一〇一六―一〇八一）は、台密十三流の一つで慈覚大師流の流れを汲み、法曼流の祖とされる。長宴は始め、慶命や寛円に従って顕密の学問を習い、後に、天台密教事相の大成者であり谷流の祖とされる谷阿闍梨皇慶（九七七―一〇四九）に師事し、真言について研鑽した。承保三年（一〇七六）には少僧都に任じ、後に山城の大原に住したため、大原の僧都とも称される。(30) 長宴の代表的な著述としては『四十帖決』を挙げることができる。『四十帖決』とは、長宴が皇慶に随従して胎行次・金行次・潅頂・諸尊法等の台密事相に関する各項目を質問し、皇慶は一一詳細に答えた。この問答口決を筆録したものが『四十帖決』となった。(31)『四十帖決』には、一仏異名の語が二箇所確認できる。

⑨又伝教大師鎮西ニシテ造立シ給ヘル七如来中四如来ヲハ共ニ名ク薬師ト見タリ伝ニ。若シ依ハ此意ニ。彼七仏ハ猶是薬師如来一仏ノ異名ナル歟。況ヤ先師密口ニ云ク。釈迦院無能勝者ト薬師仏是也ト。亦釈迦即薬師也。其東方七仏ノ釈尊ノ分身也。(32)

⑩又口伝云。釈迦薬師是一仏異名也。故無能勝是釈迦忿怒也。故又為薬師也。(33)

⑨では、最澄が鎮西（熊本県）において造立したと伝わる七如来（毘婆尸仏・尸棄仏・毘舎浮仏・拘楼孫仏・拘那含仏・迦葉仏・釈迦牟尼仏）中、四如来を薬師仏と名付けたという伝説を紹介している。この意に従うならば、七仏は薬師仏の一仏の異名であるのかという問いに対し、先師の口密として、釈迦院の無能勝明王とは薬師仏のことを指すとしている。また、釈尊は薬師仏であり、東方浄瑠璃世界の七仏は釈尊の分身であると規定する。

次に⑩では、口伝として釈尊と薬師仏は一仏異名であるとし、無能勝明王とは釈尊の憤怒の相を表したものであり、よって無能勝明王もまた薬師仏であるとしている。

⑨最澄の伝―七如来中四如来―薬師仏―**一仏異名**←先師の口密
　無能勝明王／釈尊―薬師仏―東方七仏の釈尊の分身

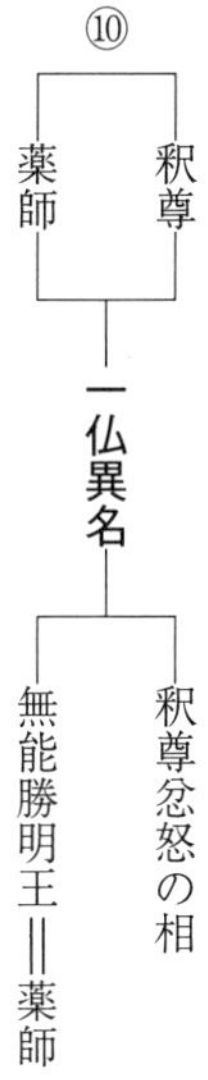

⑩釈尊／薬師―**一仏異名**―釈尊忿怒の相／無能勝明王＝薬師

第六項　東陽房忠尋『漢光類聚』（未）

東陽房忠尋（一〇六五―一一三八）は、平安末期の天台宗僧で、東陽房と称している。新潟県佐渡の生まれで、佐渡国司源忠季の子であり、幼少から比叡山に登り、長豪・覚尋より天台学を受け、三昧阿闍梨良祐に従って密教を学んだとされる。その後、京都の曼珠院に住して衆生教化し、保安元年（一一二〇）に勝蓮華院別当に補せられる。大治四年（一一二九）には北野別当に就き、翌年に天台宗延暦寺第四十六代座主に任ぜられて、大谷座主とも呼ばれた。主な著述には『疏記抄』『玄義抄』等が挙げられ、大治三年（一一二八）には『漢光類聚』四巻を著して、恵檀両流の同異などを論じたと伝えられる。『漢光類聚』においては、一仏二名の語が二箇所見えるが真偽未決の状態であり、大久保良順氏は、粟田口静明（―一二六八―一二八二―）をその作者と考えても事実に近いのではないかと推察している。(34) 内容としては、本覚法門の口伝を伝えるものとして初期のものに属した恵心流の見聞書である。また、慧思が講述した『略義』『略文』『心要』の三部の秘書を、智顗・最澄へと伝授された中において、特に『心要』に関する見聞をまとめたものとされる。なお、本書は本覚法門の口伝を伝えるものとしては早期に属し、その説く所が、後代に長く継承されてきた恵心流の見聞書であることも指摘される。(35)

⑪第二重義云。於二等覚一有二二種一。一自行等覚。二化他等覚也。二種中以二化他等覚智一断二元品無明一。此化他等覚
⑫妙覚同体等覚也。南岳釈云。本初発心唯朗等覚妙覚一仏二名矣。等覚智断見文皆是一仏二名等覚智断也。妙覚智断見文。簡二自行等覚一以二化他等覚一摂二妙覚一意也。(36)

⑪、⑫の文を見ると、等覚には二種類存在し、自行の等覚と化他行の等覚がある。二種の等覚の中でも化他行の等覚は、智を以て元品の無明を断ずるため、妙覚と同体の等覚とみなすことができる。慧思の解釈によると、根本の初めの発心時はただ、等覚妙覚を一仏二名という。また、「等覚は智を断ず」と見える文は、これ一仏二名の化他行の等覚による智を断ずることであるとしている。さらに、妙覚の智を断ずると見える文は、自行の等覚を省いて化他行の等覚を以て妙覚と摂する意であると主張している。

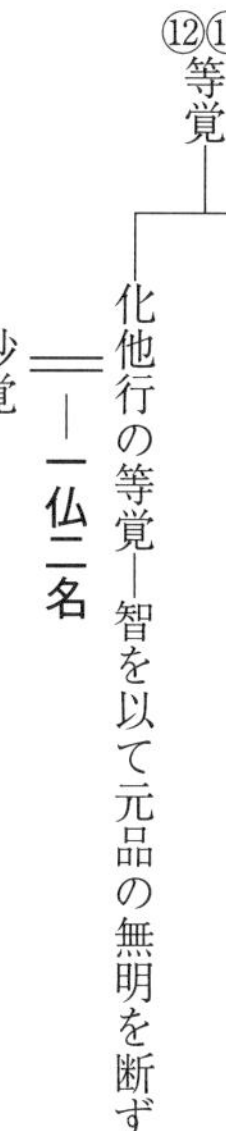

第七項　播磨の道邃『天台法華疏記義決』

播磨の道邃（一一〇七―一一五七）は、京都の人で、大江匡房の子とされ正覚と号した。嘉承二年（一一〇七）に出家して顕密両教を修め、康治二年（一一四三）に播磨姫路山に称名寺（後に正明寺）を開創し、次いで播磨国増位山随願寺の長吏に就任した。道邃の著述は数多く、『法華玄義釈籤要決』『法華疏記義決』『摩訶止観論弘決纂義』各一〇巻が知られる。道邃は、中古天台本覚思想の観心主義教学が流行する中、教相主義に立ち、客観的方法を以て天台三大部本末に解釈を加えたことが知られる。[37] その中でも、一仏二名の語が確認できる『法華疏記義決』は全一〇巻からなり、数百に及ぶ内外各種の典籍を引用するのみならず、別本異釈、異義異説に対して厳格な考証批判を加えたものであると評されている。[38] そういった中、⑬では一仏二名について以下のような記述が見られる。

⑬如来無色無心而寂二照一切法一。自レ仏已下一切菩薩照寂。為レ滅レ惑故照二於寂理一也。理通二下位一。従レ極而説。在二等覚位一。今昔二彼二恵一。随義転用。以尽二生滅之義一。照体寂故名レ滅。従レ体起用名レ生。又為レ滅レ惑故照寂為レ滅為二照境一故寂二照一切法一名二生起一。極果之名者。等覚是分極果。妙覚是究竟極果若依二南岳一。等妙二覚。**一仏二名**。[39]

この文を確認すると、如来は無色無心で一切の法は寂照（真理の本体と智恵のはたらき）であるため、仏界より下の菩薩界を照らし寂することで煩悩を滅する。このことを、寂は理を照らすと言い、この理は下の位にも通じるものであり、等覚の位では随義転用して生滅の義を尽くしている。また、極果（仏果）を得た者として、等覚の位では分の極果、妙覚の位では究竟の極果と定義する。このことを慧思の解釈に依り、等覚・妙覚という二つの正覚を一仏でありながら二つの名があると結論づける。

第八項　宝地房証真『法華玄義私記』

証真は、平安末から鎌倉初期にかけて活躍した天台宗の学僧で、俗姓は平氏、駿河守説定の子とされ房号は宝地房と称す。比叡山に登り、隆恵に恵心流、永弁には檀那流の法門をそれぞれ学び、聖昭について密教を受けた。宝処院で大蔵経を一六遍余り読破し、その間の源平の争乱を知らなかったと伝承される。後に、東塔の華王院で講席を張り、また宝地房に住して著作に専念し、代表作『三大部私記』を完成した。文治二年（一一八六）、大原の勝林院で法然の浄土義を聴聞し、文治五年（一一八九）、勅により論議の探題となって法印に任じられた。元久元年（一二〇四）には、延暦寺座主の慈円（一一五五―一二二五）の勧めで根本中堂での法華・仁王等の講会を再興した。一般的に証真の教学は、当時の天台宗に流行した観心偏重の口伝法門に対し、その是正のために専ら教相主義に立って天台教学を構築したことが知られる。

こうした証真の教学態度に対し、大久保良峻『天台教学と本覚思想』では、「証真が本覚思想を批判したということは、証真は本覚思想に立脚しないことを意味すると同時に、証真が批判した内容を本覚思想と捉えていることになり、果たしてそれでよいのかということである。(40)」と問題提起をしている。その結論として大久保氏は、「証真がこのような批判をしたことが妙に特筆される傾向があるとしても、証真の業績全般から言えば一部分であること、また、証真の教学が天台教学を中心にしたものでありながらも、円密一致という日本天台の基本線を遵守し、円仁、円珍、安然といった台密の学匠の説については、見解を異とする点があってもそれらを会釈し、意を汲まんとする態度が顕著であることなどである。更に言えば、証真が批判した本覚の概念は、確かに当時の日本天台宗の教学の性格を伝えるものと考えられるが、密教との関わりが中心となっているのであり、中古天台におけるいわゆる本覚思想文献に見られる教義全般を批判したものではない。(41)」と指摘し、証真の教学が必ずしも教相主義に立脚したものではないことを喚起している。

このような指摘を踏まえた上で、証真の著述を概観すると、『三大部私記』中、智顗の『法華玄義』全一〇巻の注釈書である『法華玄義私記』に一仏二名の表記が六箇所確認でき、一仏二名ついて詳しく論じていることが分かる。

⑭玄妙覚地者究竟解脱等者。問。南岳四十二字門云。等覚妙覚一仏二名。今為二二位一豈不二相違一。答。瓔珞経等為二別位一故。(42)

⑮問。若爾南岳判為二一仏一。豈不レ違レ経。有二何証拠一。答。彼文等覚是因非レ果。雖レ云二一仏二名一非レ謂二等覚是果一。(43)

⑯将レ明二此義一略開二四明一。一明二等覚唯因一。二詳二一仏二名一。三会二違文一。四述二異義一。(44)

⑰第二詳二一仏二名一者。彼云瓔珞経説。等覚菩薩住二頂寂定大願力一。住寿百劫修二千三昧一已入二金剛三昧一。復住寿千劫学二仏威儀神通化道一。入二仏処一坐二仏道場一超二度三魔一。復住寿万劫化二現成仏一。入二大定一等覚二諸仏二諦界外非有非無無二心無色一。因果二習永無二遺余一。現二同古仏一教二化衆生一。常行二中道一大楽無為。而生滅為レ異。而実非レ仏。現二仏神通一常住二本境一。解云。等覚菩薩実是仏。云何而言二生滅為異而実非仏現仏神通常住本境一。夫生滅異。此菩薩本願如此。[45]

⑱問曰。等覚如来非二是妙覚常住真仏一。云何而言二所愛尽一。答。但論二学心方便一言レ尽。妙覚非レ学。又妙覚等覚一仏二名。方便化二衆生一。権現二出没一功成果就。称為二等覚一。始終不変常住妙身名為二妙覚一。為レ化二衆生一方便説レ二。正有二一仏一其実無レ二已上略抄。[46]

⑲難云。彼明二等覚一唯在二因位一。如二前已説一。又彼依二瓔珞一。何以二等妙一為二一果位一。又経論中都無二此義一。又彼引二瓔珞一。従レ初至レ仏皆有二二身一。何以二仏応身一為二等覚応身一。又瓔珞云二妙覚二身常住一。豈ニ非三妙覚有二応身一耶。又云等覚現同二古仏一。若妙覚唯内証者。等覚何云レ同二古仏一耶。古仏即是妙覚形故。但瓔珞経不レ説レ現二仏身一者。妙覚即是仏。何云二現仏身一。等覚非レ仏。故須レ云二現仏身一也。或云。妙覚八相。前五相者内是妙覚。外是等覚。拠レ此方云二一仏二名一。妙覚成已現二八相一。[47]

⑭~⑰は、一連の文である。まず⑭では、『法華玄義』の「妙覚地とは究竟解脱[48]」等とした文を引用する。この文に対し証真は、慧思の『四十二字門』にある、「等覚妙覚一仏二名」とあるのは、二つの位があり相違があるのかという問いを設けている。その答えとして、『瓔珞経』等には別位となすことを提示している。続いて⑮では、慧思が一仏となすと判じたことは、『瓔珞経』の経説と相違が生じるとし、一仏二名を証明するいずれの証拠があるのかと再問す

る。その答えとして、慧思の文は、等覚は因果を表明したものでなく、一仏二名と言っても等覚は果を明かしたものではないとしている。さらに⑯では、この義を明かすために具体的に、(一)等覚はただ因を明かす、(二)一仏二名を詳しく述べる、(三)相違がある文について考察を加える、(四)異義を述べる、として四つの考察方法を提起する。そこで、(二)の箇所を詳しく検討した結果、⑰の文において証真は、一仏二名とは『瓔珞経』の説であるとし、そこではまず、等覚の菩薩についての本願や修行方法等について論じ、等覚の菩薩は仏であると結論づけている。

また、⑱の文においては、等覚如来は妙覚常住の真仏（法身）ではないのか、と問うた上で、その答えとして、妙覚は学にあらず、妙覚と等覚は一仏二名であるとする。これは、方便による衆生教化や権教において仏が顕現し果を成ずることである。証真はこれらの仏を等覚と称しており、始終不変常住の妙身の仏を妙覚と名付けている。よって、衆生を教化する方便は二種あり、まさに一仏であって二仏ではないと規定している。

そして⑲では、等覚の因位について検討する場合、『瓔珞経』に依る所であるとしつつ、等覚・妙覚は一つの果位となるのかと問うている。この義は諸経論中には無く、『瓔珞経』によると、仏に至るには、みな二身があるとしている。では、いずれの仏の応身を以て等覚の応身となすのかについては、『瓔珞経』の妙覚の二身は常住であるという文を引用している。さらに、妙覚は応身の相があり、等覚は古仏と同じとするならば、妙覚はただ仏の内証となる。そうすると、等覚は古仏と同様であるとする一方、古仏は妙覚の相貌であるために矛盾が生じてしまう。この問題について『瓔珞経』では、「仏身を現す」とは説かず、「妙覚は即ち仏である」とのみ述べている。では、なぜ仏身を現す必要があるのかについては、等覚は仏ではないために、仏身を示現する必要があるためであるとしている。また、妙覚は仏であるために仏身を示現する必要性がない。あるいは、妙覚の八相について思量する時、前の五相は妙覚に内在し、外の三相は等覚であるとして、これが一仏二名を証明したものであるとしている。つまり、妙覚は八相を示現し終わっているためであると結論づけている。

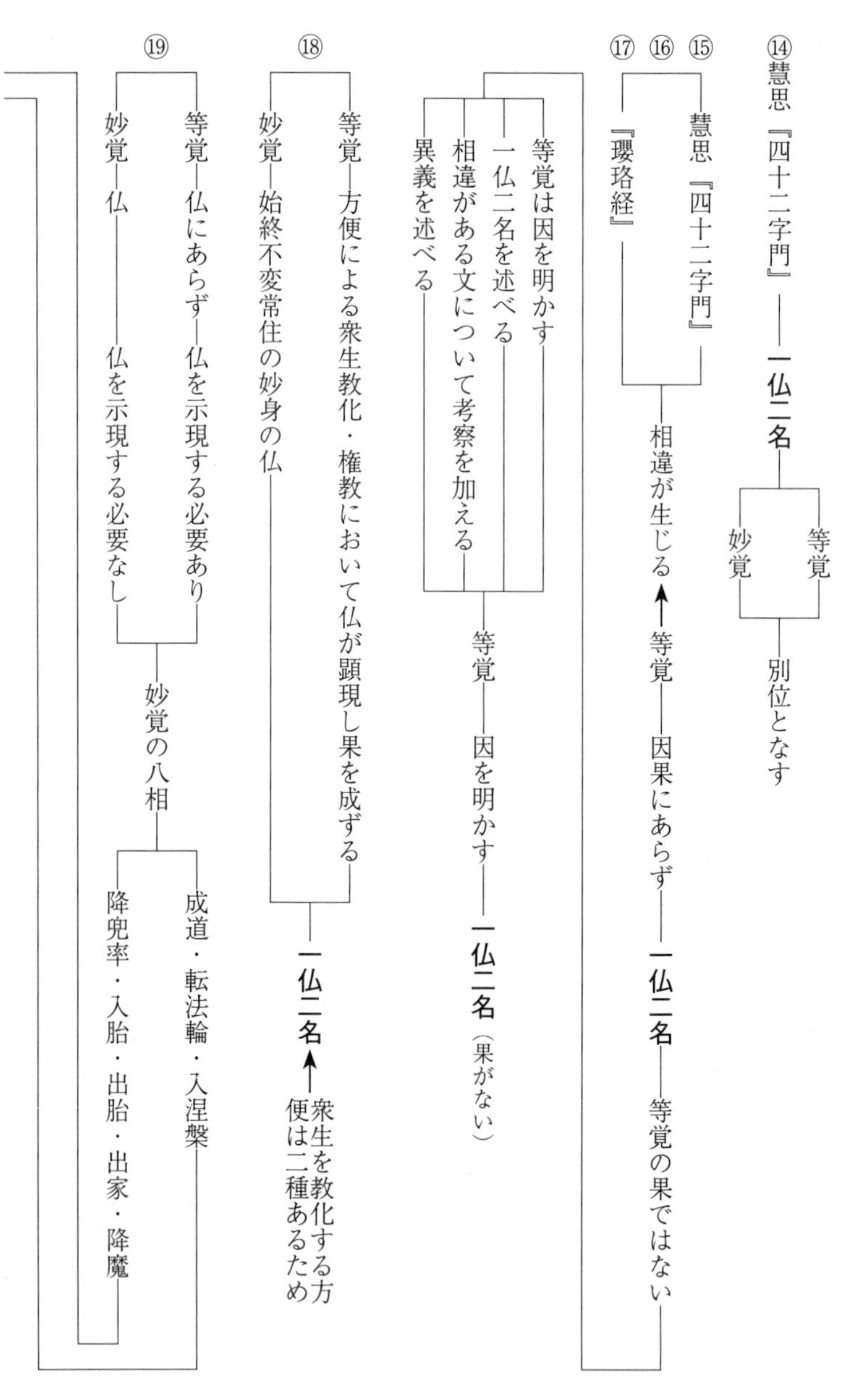

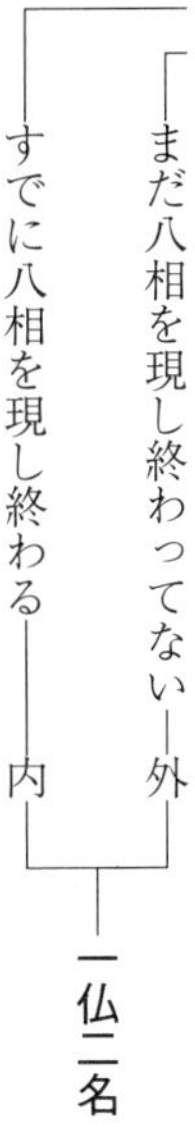

一仏二名──まだ八相を現し終わってない──外
　　　　　すでに八相を現し終わる──内

第九項　一乗房円琳『菩薩戒義疏鈔』

一乗房円琳（一一九〇―一二三七―）は、十七歳で証真について戒疏を学び、建保二年（一二一四）、二十五歳で我禅房俊芿より元照教学を学び、天台と戒律を相伝して、後に建仁寺第八代長老となったとされている。(49)『菩薩戒義疏鈔』六巻は、『梵網菩薩戒経』の注釈書である智顗『菩薩戒義疏』上下各巻につき、それぞれ三巻に分けて詳細に解説を加えたもので、現存する最古の末疏であり『円琳鈔』とも称される。(50)そのことからも、本書は円頓戒の正統性を説き、鎌倉期の戒律復興運動のおける重要な役割を果たしたと評されている。(51)円琳は『菩薩戒義疏鈔』において、『大品般若経』の初発心について説く箇所において、一仏二名の表記が確認できる。

⑳妙覚地者究竟解脱等者。問四十二字門南岳云。妙覚。等覚。一仏二名。今為二二位一。豈不レ違耶。答。云云(52)

⑳では、妙覚の位は究竟即の解脱者であるという表題を掲げ、慧思の『四十二字門』を引用し、妙覚と等覚を一仏二名としているが、この二つの位の違いについて問うている。その答えは「云云」として省略されており、以降は「無所断者名無上士者。(53)」として新たな表題となることからも、円琳の解釈の詳細については確認できない。

⑳妙覚地者究竟解脱等者──『四十二字門』──一仏二名──妙覚／等覚──二位──違いがある

第十項　恵光房澄豪『総持抄』

天台宗恵心流の学匠である恵光房澄豪（一二五九—一三五〇）の『総持抄』は、全一〇巻からなり、一・二巻は仏部、三・四・七の三巻は菩薩部、五・六巻は明王部、九巻は欠本、一〇巻は御即位印信、能延六月法、胎金曼荼羅雑事等、此等事相の種子、三形、印真言、図像、曼荼羅等、先師承澄法印の口決相承を細大漏らすことなく書き留めたものである。(54)『総持抄』に確認できる一仏二名の表記は一箇所確認でき、以下の通りである。

㉑於二顕教一有二補処之義一。謂権教実教補処也。於二権教補処一者。釈迦教道補処。実教補処者。等覚一仏二名之義也。
慈覚大師御釈云。権現出没。名為二等覚一。始終不変。名為二妙覚一矣(55)

㉑では、顕教において補処（今生は生死の迷いの世界に縛られているが、次生には仏の位処を継ぐことが決定している菩薩の位）の義があり、権教と実教は補処のための教えであるとする。よって権教の補処とは、釈尊が教道（言葉によって説かれた教説やその教説によって実践修行すること）するための補処であり、実教の補処とは、等覚の一仏二名の義であるとしている。このことは円仁の釈に、仏・菩薩が衆生を成仏へと導くために仮の姿をとって世に出現することは、名は等覚として顕している。また、始終共に形を変えることのない仏の名は、妙覚となすとする義を引用している。なお、円仁の釈については、管見の限り確認することができなかった。

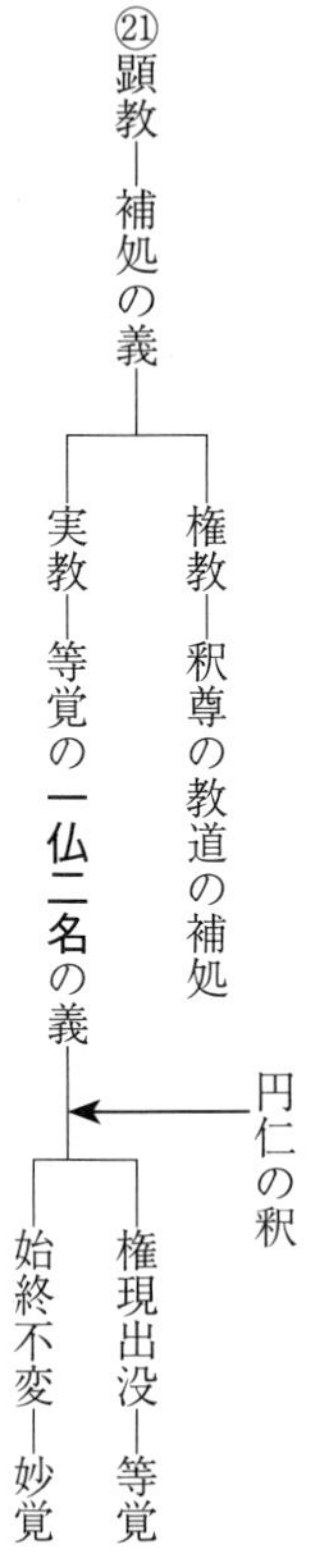

㉑顕教—補処の義
- 権教—釈尊の教道の補処
- 実教—等覚の**一仏二名**の義 ← 円仁の釈
  - 権現出没—等覚
  - 始終不変—妙覚

第十一項　宝幢院貞舜『天台名目類聚鈔』

貞舜は、貞和五年（一三四九）に生まれ、十六歳の貞治三年（一三六四）に出家し、比叡山西塔の宝園院に住した学僧である。比叡山では、五時講・十禅師講・慈慧講・勧学講などを勤め、広学竪義に登った後、柏原の円乗寺を復興して談義所を創立したのは、嘉慶二年（一三八八）から明徳五年（一三九四）の間と見られる。また、柏原の成菩提院の中興であり、成菩提院談義所の開基である。当院は仙波檀林の喜多院等と並んで、中世天台宗の主要な談義所の一つとして知られている。[56] 貞舜の『天台名目類聚鈔（七帖見聞）』一三巻は、天台法華教学の綱要である五時・四教を名目の上に詳述した、辞書的記述の入門書であることが指摘されている。[57] 貞舜は本書において、一仏二名を以下のように解釈していることが確認できる。

㉒尋云。不レ立二等覚一時接二第十地一歟将摂二妙覚一歟　答。但多分摂二第十地一也。疏十第十地入重玄門釈二此意一也。其上因果遙異也。以二因等覚一難レ摂二果位妙覚一事也。但瓔珞経中権現出没等覚云事在レ之。是妙覚仏権現示二等覚一相也。又一仏二名等覚云也。[58]

この文を整理すると、入重玄門において等覚の位を立てない場合、第十地に接するのか、妙覚に摂属するのかという問いを設け、第十地に接する説を採用している。その根拠としては、『法華文句』巻第十を引用し、因果の相違を述べていることが分かる。そして、因位の等覚を果位の妙覚に摂属することは困難であると結論づけている。ただし、『瓔珞経』中に権現出没の等覚という語を基盤として、妙覚の仏が衆生成仏のために仮の姿をとって世に出現することを提示し、このことを指して貞舜は一仏二名の等覚とであるとしている。

㉒『瓔珞経』
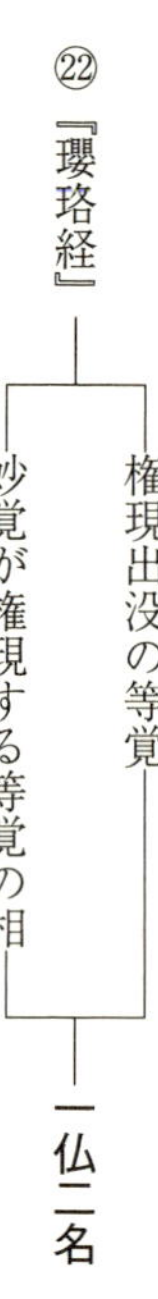

小　結

以上、天台宗諸師の一仏二名（異名）の解釈をまとめると以下のようになる。

(一)円仁『法華迹門観心絶待妙釈』では、『無量義経』の経説について、慧思の『四十二字門』を根拠としている。その上で、報身仏を能照の智、法身仏を所照の境と捉え、境智冥合することで、妙覚はあくまで衆生教化をしない立場であり、等覚が衆生教化をする立場を示すことで、両者が一仏異名であると定義している。

(二)『円多羅義集』では、道行寺沙門の書を引用して、三教の三身を、本地迹仏と本仏釈尊とに分けている。その中で、本地迹仏は爾前諸経を開顕する等覚、本仏釈尊は『法華経』を開顕する妙覚とし、両者は一仏二名であると解している。

(三)安然『菩提心義抄』では、大日宗は胎蔵界の宝幢仏を明かし、金剛頂宗では金剛界の不動仏をを明かすことで、両者は一仏異名であると密教的解釈を施している。

(四)『万法甚深最頂仏心法要』では、④密教の立場より大通仏と大日如来を一仏異名であると規定し、因円果満、本有の五智等を合し、その存在は本来的に五智を備えた三十七体の諸尊で一心所具の理智であると解釈している。⑤では、等覚の大悲を捨てて妙覚の悟りを開く菩薩と、等覚の大慈悲に立ち返る仏は一体であり、慧思の解釈を用いて一仏異名であると結論づけている。さらに『御廟決』では、⑥等覚を理とし、それは金剛界の大日如来の因位であり、菩薩界の他受用身を示したものであるとする。一方、妙覚は智とすることで、胎蔵界の大日如来の果位となり、理と智が和合した理性法身であることから両者が和合した場合、自受用身となり等覚・妙覚は一仏二名であるとしている。⑦、⑧では、元品の無明について、等覚・妙覚どちらの智を断ずるのかという算題を設け、等覚・妙覚は金剛心の三位、一仏異名であるとする。一方、密教的解釈として等覚は金剛前有量、妙覚は金剛後無量とすることで、等覚は断ずる所があり、妙覚は断ずる所がないと定義し、実質的に両者は相違がないとして一仏異名であると論じている。

（五）長宴『四十帖決』の引用では、⑨、⑩二箇所とも、薬師仏の一仏異名の対象として釈尊・七仏・無能勝明王等といった諸仏の関係性について提示していることが分かる。

（六）『漢光類聚』における解釈では、等覚は自行の等覚と化他行の等覚とを分け、慧思の解釈を用いて、化他行の等覚が智を以て元品の無明を断ずることにより、妙覚と一仏二名になるとしている。

（七）道邃『天台法華疏記義決』では、仏果を得た者の立場として、等覚を分の極果、妙覚を究竟の極果と規定し、慧思の解釈を引用することで、両者は一仏二名であると結論づけている。

（八）証真『法華玄義私記』に見る一仏二名の解釈は、『瓔珞経』並びに慧思の『四十二字門』を基礎としたと推察する。⑭では、慧思の『四十二字門』「等覚妙覚一仏二名」の文は、二つの位があるようであるが、『瓔珞経』等を依拠として別位となすとする。⑮は、慧思が主張する一仏二名は、『瓔珞経』の経説と相違が生じると疑義を呈し、その回答として、慧思の文は等覚は因を明かす一仏二名であるが、果を明かしたものではないとしている。⑯では、⑮の義を解釈する上で四種の解釈方法を提示し、その第二義として一仏二名について提言している。⑰は、一仏二名は『瓔珞経』の説であるとし、等覚の菩薩についての本願や修行方法等について論じ、等覚の菩薩は仏であると結論づける。⑱は、妙覚と等覚を一仏二名とする理由として、方便による衆生教化や権教において仏が顕現し果を成ずる場合は等覚と称する。一方、始終不変常住の妙身の仏を妙覚を称することで、衆生教化する方便は二種あることになり、一仏であって二仏ではないと規定している。そして⑲では、等覚の因位について解明を試みる際、『瓔珞経』に依りつつ、仏身顕現の必要性について、等覚は仏ではないため仏を示現する必要があり、八相を顕現し終わっていないとする。また、妙覚は仏であるため示現の必要性はなく、八相を顕現し終わっており、両者は内外の関係であり、一仏二名であると主張する。

（九）円琳は、『菩薩戒義疏鈔』において一仏二名の表紀が確認できるが、慧思の『四十二字門』を引用したものであり、円琳の具体的な解釈については確認できなかった。

（十）澄豪『総持抄』では、『法華経』における等覚の一仏二名の義として円仁の釈を引用し、権現出没の等覚と始終不変の妙覚があるとしている。

（十一）貞舜『天台名目類聚鈔』では、『瓔珞経』の権現出没の等覚という語を引用し、妙覚の仏が衆生を成仏へと導くために仮の姿で世に出現する必要性を提示している。そして、等覚妙覚の関係性を指して、貞舜は一仏二名の等覚というのであると結論づけている。

これら、天台宗諸師による一仏二名の解釈について注目できることとして、等覚と妙覚を一仏二名として見る場合、『瓔珞経』や慧思『四十二字門』を基礎として引用されている著述が多数を占めている。特に、証真『法華玄義私記』、貞舜『天台名目類聚鈔』の場合、等覚の因果についても標榜していることが注目できる。また、天台密教の立場を主張するものとして、大日如来と釈尊の関係性について論じる場合や、薬師仏や毘盧遮那仏の別名について明示する際、一仏異名の語を使用しているのが特徴的である。[59]

註

（1）円仁・円珍・安然の生涯についての先行研究は多数挙げられるが、ここでは、山田恵諦『慈覚大師』（比叡山延暦寺、一九六三年）、佐伯有清『慈覚大師伝の研究』（吉川弘文館、一九八六年）、斉藤圓眞訳注『慈覚大師伝』（山喜房仏書林、一九九二年）、佐伯有清『智証大師伝の研究』（吉川弘文館、一九八九年）、小和田和夫『智証大師円珍の研究』（吉川弘文館、一九九〇年）、末木文美士『平安初期仏教思想の研究―安然の思想形成を中心として―』（春秋社、一九九五年）、田村完爾「最澄の後継―天台密教を中心に―」①～⑨『正法』一三五号～一四三号（日蓮宗新聞社、二〇一三年～二〇一五年）等を参考とした。

（2）明治書院、一九二九年、中山書房、一九七一年再版、三五〇頁。

（3）破塵閣書房、一九三五年初版、国書刊行会、一九七二年再版、二九六頁。

（4）永田文昌堂、一九六二年、三六七頁以下。

（5）平楽寺書店、一九七三年、二七六頁以下。

（6）永田文昌堂、一九九六年、二八頁以下。

（7）『仏全』第二四巻七三頁。

（8）小野玄妙編『仏書解説大辞典』（大東出版社、一九三三年～一九七八年）第一〇巻七〇頁。

（9）『正蔵』第九巻三八八頁ａ。

（10）『日蓮聖人遺文辞典　教学篇』（身延山久遠寺、二〇〇三年）八八四頁。

（11）『日蓮聖人遺文辞典　教学篇』一一八六頁。

（12）『正蔵』第三三巻七三五頁ａ、『正蔵』第四六巻一五一頁ｃ等が挙げられる。

（13）瀧川善海「宝地房証真の研究序説―『四十二字門略鈔』等の作者について―」（『天台学論集』、一、教学部）。

（14）佐藤哲英「南岳慧思の『四十二字門』について」（『印度学仏教学研究』第一六巻二号、一九六八年）。

（15）山中喜八編『定本注法華経』上巻八〇頁。

（16）島地大等『天台教学史』八三頁。

（17）佐藤哲英「南岳慧思の『四十二字門』について」。

（18）『仏全』第二八巻一一四二頁。

(19)『仏書解説大辞典』第一巻三一四頁以下。
(20)『正蔵』第七五巻五五二頁a。
(21)『仏書解説大辞典』第七巻一八八頁以下、渋谷亮泰編『昭和現存天台書籍総合目録　増補版』(明文社、一九四〇年〜一九四三年初版、法蔵館、一九七八年)上巻四一三頁以下。
(22)八木昊恵『恵心教学史の総合的研究』一三八頁以下、一九三頁以下。
(23)『仏全』三三巻一六頁。
(24)『仏全』三三巻四九頁。
(25)『仏書解説大辞典』第一〇巻三〇二頁。
(26)『仏全』三二巻一三五頁。
(27)『仏全』第三二巻一五八頁。
(28)『仏全』第三二巻一五八頁。
(29)『仏書解説大辞典』第三巻三〇三頁。
(30)上杉文秀『日本天台史　(正)』四四四頁以下、福田堯穎『天台学概論』(三省堂、一九五四年、中山書房仏書林、一九九五年校訂再版)四七七頁。
(31)『仏書解説大辞典』第四巻一九一頁以下。
(32)『正蔵』第七五巻八八七頁c。
(33)『正蔵』第七五巻八八七頁c。
(34)『天台本覚論　日本思想体系9』(岩波書店、一九七三年)五七七頁。
(35)『天台本覚論　日本思想大系9』五七九頁。
(36)『正蔵』第七四巻三九八頁c以下。
(37)硲慈弘『日本仏教の開展とその基調』下巻二九頁以下。
(38)硲慈弘『日本仏教の開展とその基調』下巻三〇頁。
(39)『仏全』第一五巻二六四頁。

(40) 大久保良峻『天台教学と本覚思想』（法蔵館、一九九八年）七六頁。
(41) 大久保良峻『天台教学と本覚思想』七七頁。
(42)『仏全』第二一巻一八七頁。
(43)『仏全』第二一巻一八七頁。
(44)『仏全』第二一巻一八七頁。
(45)『仏全』第二一巻一八八頁。
(46)『仏全』第二一巻一八八頁。
(47)『仏全』第二一巻一九〇頁以下。
(48)『正蔵』第三三巻七三四頁c。
(49) 宮林昭彦「法然上人門流の戒系と円戒思想の展開　解説」（『浄土宗全書　続』第一一巻、山喜房仏書林、一九七四年）八頁、浄土宗大辞典編纂実行委員会『新纂浄土宗大辞典』（浄土宗、二〇一六年）一三五六頁。
(50) 円琳の先行研究は多岐に渡り、主なものとして、窪田哲正「円琳の『菩薩戒義疏鈔』について」（『印度学仏教学研究』第二六巻一号、一九七七年）、窪田哲正「円琳における七逆受戒の問題―証真・円琳・栄西の説をめぐって―」（『印度学仏教学研究』第三二巻二号、一九八四年）、山口興順「円琳撰『菩薩戒義疏鈔』について―引用典籍の考察を中心に―」（『大正大学大学院研究論集』第一八号、一九九四年）、利根川造行「円琳撰『菩薩戒義疏鈔』に見られる戒体説―引用された『円頓止観』の一文をめぐって―」（『天台学報』第四六号、二〇〇三年）、窪田哲正「円琳『菩薩戒義疏鈔』中の山家山外派説の記述について（2）蘊斉仁岳説論評を中心として」（『天台学報』第五三号、二〇一〇年）等が挙げられる。
(51) 中尾良信「円琳の『菩薩戒義疏鈔』について」（『印度学仏教学研究』第二七巻二号、一九七九年）一一七頁。
(52)『浄土宗全書　続』第一一巻二九頁a以下。
(53)『浄土宗全書　続』第一一巻二九頁b。
(54)『仏書解説大辞典』第七巻四八頁。
(55)『正蔵』第七七巻八一頁c。
(56)『正続　天台宗全書目録解題』（春秋社、二〇〇〇年）一二五頁。

(57)『正続　天台宗全書目録解題』一二五頁以下。

(58)『天全』第二二巻四六三頁b。

(59)なお、中国天台の学匠で一仏異名の語が確認できる人物として神智従義（一〇四二―一〇九一）が挙げられる。従義は、中国・北宋時代の天台宗の僧であり姓は葉氏、字は叔端、謚号は神智。温州平陽（浙江省）の人とされる。幼時に出家し、十七歳で四明知礼（九二〇―一〇二八）の正統である扶宗継忠に師事し、天台教学を学んだ。さらに諸国を巡り、大雲・真白・五峰・宝積・妙果の諸寺に歴住して、講説と著述に従事した。晩年は寿聖寺に住し、禅・華厳・法相等を破折して天台義を宣揚した。従義の著述として、『法華三大部補注』『金光明玄義順正記』『金光明文句新記』等がある。従義は四明知礼の系譜を汲み、島地大等『天台教学史』二一二頁以下では雑伝派に分類しているが、山外派の説も採用することもあり、後山外とも呼ばれているようである。『天台四教儀集解』全三巻は、高麗の諦観が天台三大部から主要箇所を抄録した『天台四教儀』を註釈したものであり、教相中心主義に立脚した著述であることが知られ、一仏異名の表記が確認できる。『天台四教儀集解』では、「旧華厳云或名二盧遮那一或名為二釈迦一故知只是**一仏異名**名耳故盧遮那亦報亦応若諸文中対二諸三法一則以二報智一対二於報身及般若等一故盧遮那是報智也」（『続蔵』第五七巻五四三頁a以下）とあり、旧訳の『華厳経』では毘盧遮那仏と釈尊は一仏であり名は異名であるとしている。よって、毘盧遮那仏は報身・応身でもあり、諸文中の三法（仏教の様々な理念を三種に分類したもの）に対し、報智を以て報身や般若等に相対するゆえに、毘盧遮那仏は報智であると結論づけている。

第五節　諸宗派諸師の著述にみる「一仏二名」の表記

天台宗諸師の解釈では、等覚と妙覚を定義する場合、その多くは『瓔珞経』、慧思『四十二字門』を根拠とした引用がなされていることが確認できた。また、天台密教の立場より、大日如来と釈尊の関係性について解釈する場合、一仏異名としての表現を用いて論が展開されることが多いことも分かった。本節では、諸宗派諸師の著述中にみる一仏二名（異名）の表記について検討する。考察対象としては、『大正新修大蔵経』『浄土宗全書』『続浄土宗全書』所収の著述を主な範囲とした。その結果、一仏二名（異名）の語は、七師、一〇書、計一六箇所の引用が確認できた。以下、各諸師の著述中に見える一仏二名（異名）の引用について考察していく。なお、諸師の概略及び教学思想については、先行研究に委ねることとする。

第一項　遍智院成賢『遍口抄』

遍智院成賢（一一六二―一二三一）は、遍智院僧正・宰相僧正と称される鎌倉初期の真言宗の僧である。京都醍醐寺の座主で、藤原成範の子とされる。幼少にして叔父・勝賢について出家し、醍醐寺三宝院に入って真言密教を修した。また、文治元年（一一八五）十一月十五日には、三宝院において勝賢より潅頂法を受けて遍智院に住し、建仁三年（一二〇三）三月、醍醐寺第二十五代座主となる。さらに、建永元年（一二〇六）七月には第二十七代座主に復任し、承元四年（一二一〇）二月には東寺の長者に加えられた。そして、建暦元年（一二一一）には、雨乞いの祈祷を修し、それを賞して僧正に任ぜられ、寛喜三年（一二三一）に七十歳で入寂した。[1]『遍口抄』は、成賢口述、道教（一二〇〇―一二三六）記、とされ、一仏二名の表記が一箇所確認できる。

①問。普賢延命一仏二名如何。答。普賢金剛薩埵同体也。(2)

『遍口抄』は六巻からなり、密教の事相上の諸口決約九〇条を記した書であることが知られる。(3)この文では、普賢菩薩の延命は一仏二名かどうかという問いを設けている。その答えとして、普賢菩薩は金剛薩埵（執金剛・金剛手の一形態、密教の付法八祖の第二祖で、法身大日如来の自内証の説法を結集して竜猛菩薩に伝えたとされる）と同体であるとしている。

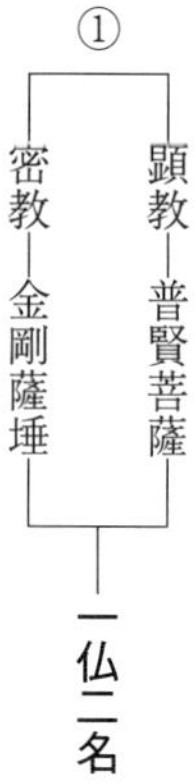

①
顕教―普賢菩薩
密教―金剛薩埵
―一仏二名

第二項　中性院頼瑜『大日経疏指心抄』『金界発恵抄』『秘抄問答』

中性院頼瑜（一二二六―一三〇四）は、杲宝（一三〇六―一三六二）・宥快（一三四五―一四一六）と並んで教相の三師と呼ばれ、真義真言宗の教学の基礎を築いた学匠である。頼瑜は、嘉禄二年（一二二六）に和歌山県那賀郡山崎村の土川家に出生した。始めは城南玄心阿闍梨に師事して得度し、次いで、高野山の道悟阿闍梨の下で得度授戒する。建長年間の初め頃に南都へ赴き、東大寺で三論・華厳、興福寺で瑜伽・唯識を学び、東大寺真言院において密乗秘訣を受ける。晩年には、興福寺等で行われている竪義を真言宗に取り入れたことで知られる。文永三年（一二六六）には大伝法院の学頭職に任ぜられ、文永四年（一二六七）に醍醐中性院に住し、嘉元二年（一三〇四）元旦に遷化した。(4)頼瑜の著述を概観すると、『大日経疏指心抄』では一仏二名の語が三箇所、『金界発恵抄』において一仏二名の語が一箇所、『秘抄問答』では一仏異名が一箇所見られる。

②問。以レ何可レ知二此等覚位一也。答。即説二五障一也。已次云当知行人則是位同二大覚一也文私云。此意等覚妙覚一仏二名故作二此釈一歟。然初地分証位也。(5)

③唯仏地障解脱道断文　此乃依二十一地十二地異一故。但因満位而言二三劫成仏一者。等妙二覚一仏二名之故。(6)

④又既毘盧遮那云二究竟阿闍梨一加二仏地一為二十重一也。但九地非境者。十地十一地開合異故。約二合門一云レ爾歟。或等妙二覚一仏二名故除二十地一歟。前文挙二金薩大日二種一者六無畏十重中各挙二終阿闍梨一顕二前阿闍梨体一故云二乃至一也。乃至言流二至毘盧遮那上一。(7)

『大日経疏指心抄』一六巻とは、新義真言の教学の創建にかかる著述の一つであり、『大日経住心品疏』の末註にして杲宝・宥快等の註釈に対比し、新義真言学徒の最も重要な注釈書であるとする。その内容は、経題、撰号、本文の一々を注釈したものである。(8)

②では、何を以て等覚の位を知ることができるのか、という問いを設けている。その答えとして、五障（煩悩障・業障・生障・法障・所知障）を説くことであるとする。次に、行人（修行者）は大覚（妙覚）と同等であり、頼瑜の解釈では、等覚・妙覚が一仏二名であると主張する。よって等覚の位とは、初地（見思の煩悩を断じた聖位の最初）、分証（別教では初地以上等覚までの十一位）の位であると規定している。

③では、仏地（修行の結果に到達した悟りの位）においての障は解脱の道を断ずる、という文について解釈する箇所である。この文について頼瑜は、十一地（等覚）と十二地（妙覚）は異なるためであるとする。ただし、因位の修行が円満に具足している位は三劫成仏（無限に長い時間を修行して初めて悟ること）であると言い、そのことは等覚と妙覚は一仏二名であるためとしている。

④では、毘盧遮那仏（大日如来）を究竟阿闍梨（金剛薩埵）と言い、仏地を加えれば十重（十地［仏の悟りを得るまでの修行段階を十種に分類したもの］としての使用か）となすとする。ただし、九地までは非境（邪非の対象・境界）者であり、十地と十一地は開いたり合わせることをすれば異なる。また、合わせると解釈した場合においても異なると言えるのか、あるいは、等覚妙覚一仏二名であるために第十地を除くのか、と問題提起している。この問題について頼瑜は、金剛薩埵と大日如来の二種を挙げ、六無畏（真言行者が無畏を得る位を六つに分けたもので、善無畏・身無畏・無我無畏・法無畏・法無我無畏・平等無畏）は十重中の各々の終りに阿闍梨を挙げ、前に阿闍梨の体を顕すことで「乃至」と言うとする。そして、この「乃至」とは、毘盧遮那仏の上に流れ至ると結論づけており、十地の扱いについて一仏二名を使用していることが窺える。

次に『金界発恵抄』では以下の記述が見られる。

⑤大日経宗三句既於二十地一論レ之。金剛頂宗五相何或通二地前一。或局二十地満後一矣当レ智。五相可レ在二十地位一也。於レ此有二二義一。一者。通達心初地住心已上。修習位義故云二修習菩提心一可レ悉レ之。成金剛心八地上。任運無劫用行。不二動揺一如二金剛一。故後二相是如レ次等覚妙覚。三摩羯磨雖レ異成二本尊身一。如二一仏二名一故。(9)

『金界発恵抄』は三巻からなり、延命院元杲（九一四—九九五）が作成した『金剛界念誦私記』を注釈したものである。頼瑜は、『金剛界念誦私記』を注釈するために多くの経軌、次第等を斟酌し、その内容は詳細を極めたものであり、「私云」と記した箇所について、頼瑜の多くの卓見があると指摘される。(10)

⑤の文によれば、大日経宗では、三句（仏の正智は菩提心を因、大慈悲を根、方便を究竟とすること）はすでに十地において論じられてきた。金剛頂宗では、五相（通達菩提心・修善提心・成金剛心・証金剛心・仏身円満）は、十地中いずれの地において論じられるのか、または十地を満行してからであるのかと問い、その答えとして、五相は十地中にあると

している。この意には二つの解釈があり、一点目として、通達菩提心は、行者の身中に本来自性清浄心が具備していることを観ずる位であるため、初地の中でも住心（真言門に入って三密の行を実践し、衆生自心の実相である一切智に安住すること。さらには、因・根・究竟の三句や順世八心、そして六十心や十地などの義が説かれる）であるとする。二点目として、修習菩提心とは、菩提心を身に付くまで修行することと定義する。すなわち、五相成身（真言密教における行者の身に本尊の仏身を完成させる五段階の観法）の第三である成金剛心（諸仏と自身が融通無碍であることを証得する）は、八地以上であり、自然に任せて自己の力を加えない修行方法で金剛の如く動揺せず、後の証金剛心・仏身円満は等覚・妙覚のようである。そして、三摩の儀式はそれぞれ異なっているが、本尊身を成ずるため、一仏に二名があるようなものであると結論づけている。

そして⑥『秘抄問答』では、一仏異名の表記が見え、これを確認すると以下のようになる。

⑥問。宝生与二多宝一同異如何　答。或云。一体云云　問。多宝東方宝浄世界仏也。宝生南方相違如何　答。或云。宝生多宝宝髻一仏異名也。[11]

『秘抄問答』一九巻（一七巻等の説もあり調巻不同）とは、は守覚親王の秘抄所載の諸尊法を問答体に詳説し、口伝を加えたものである。また、書中に「御口決」とあるのは報恩院元祖憲深の口伝であり、諸尊法を研究する際には最も便利な必要書であるとされる。[12]⑥の文は、宝生如来（真言密教で説く金剛界の五仏［大日・阿閦・阿弥陀・宝生・不空成就］の一つで、五智の一・平等性智の所成とされる。南方に位置し、宝性・宝勝等とも称する。事物間の平等性を見抜く智恵と福徳の宝を生ずる徳を具えた仏）と多宝如来（大宝・宝勝とも訳される。『法華経』見宝塔品第十一の冒頭において七宝で荘厳された宝塔に座して大地より涌出し、釈尊の所説がすべて真実たることを証明した仏）は同異があるのかという問いに対し、一体であると答えている。さらに、多宝如来は東方宝浄世界の仏であり、宝生如来は南方の仏であるが相違があるのかと再問する。

その答えとして、宝生如来・多宝如来による功徳は一仏の功徳であるものの、名は異なっているとして一仏異名であると結論づけている。

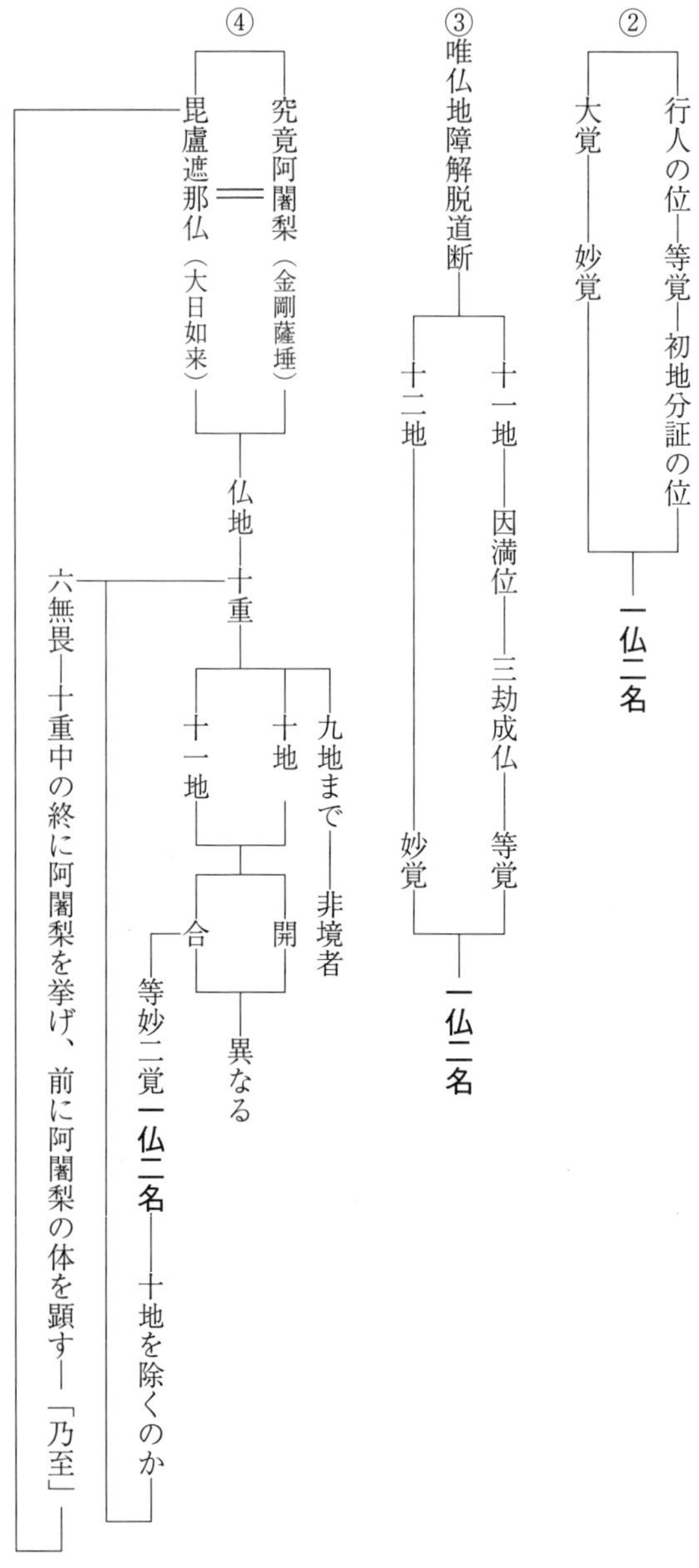

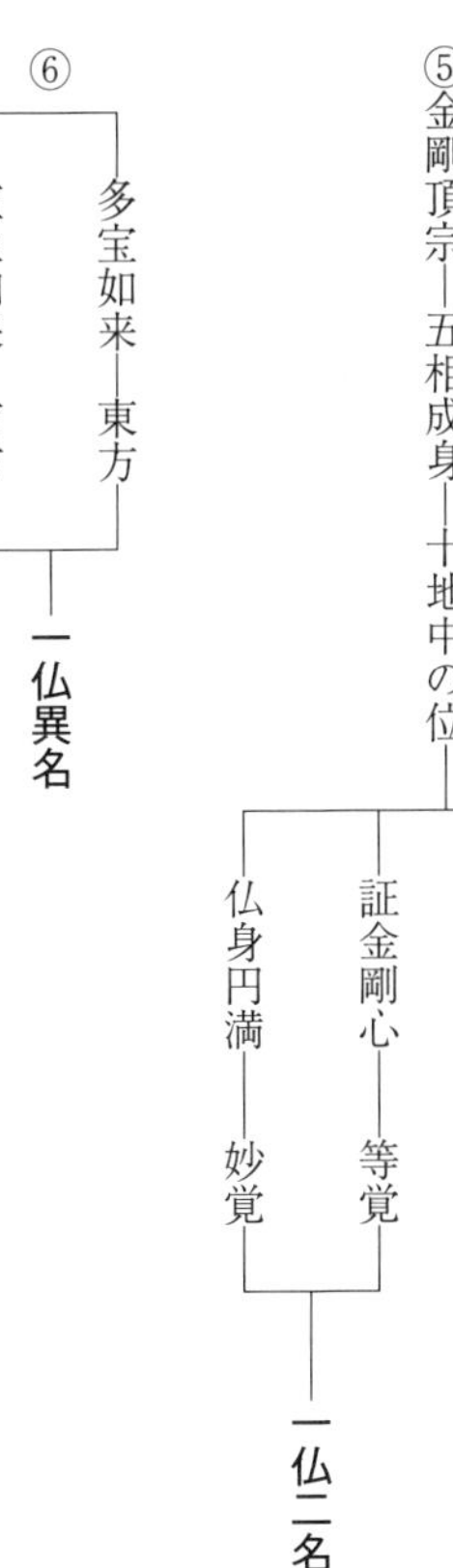

第三項　宗性『倶舎論本義抄』『華厳宗香薫抄』

宗性（一二〇二―一二九二）は、藤原隆兼の子で、十三歳で華厳宗の東大寺に入寺する。仁治二年（一二四一）権律師、寛元元年（一二四三）権少僧都、寛元四年（一二四六）に権大僧都となり、文応元年（一二六〇）には東大寺別当に任命された。宗性の著述中における一仏異名の表記として、『倶舎論本義抄（倶舎論明思抄）』[13]二箇所、『華厳宗香薫抄』一箇所の計三箇所看取できる。まず、『倶舎論本義抄』を確認すると以下の記述が見られる。

⑦問勝観仏。底沙仏。一仏歟　答。或云二一仏一。或云二別仏一。二義可レ有也。　両方。若一仏者。広勘二倶舎。婆沙。正理。顕宗等諸論之文一。釈迦菩薩。第三阿僧祇満所二逢事一仏名二勝観一。百劫位中。誦二一偈一所二讃歎一仏号二底沙一。若爾。三祇百劫。時分既異。勝観底沙。名号亦別。定可二別仏一。何云二一仏一哉。　若依レ之爾者。慈恩大師解釈中。勝観仏。底沙仏。可二一仏一見如何

答。勝観仏。底沙仏。同体異体。雖二軌難一レ定。且依二一義意一者。可レ云二**一仏異名**一也。其故見二慈恩大師処処解釈一。[14]

⑧自二他宗人師解釈一思レ之。毘婆尸仏。即勝観仏。勝観仏即弗沙仏。弗沙仏即底沙仏。同是一仏異名可レ云也。(15)

『倶舎論本義抄』四八巻は『阿毘達磨倶舎論』を注釈したものであり、⑦では勝観仏と底沙仏は一仏であるのかと問うている。その答えとして、一仏と別仏の二種の見解があるとし、一仏と解する場合、『阿毘達磨倶舎論』『阿毘達磨大毘婆沙論』『阿毘達磨順正理論』『阿毘達磨蔵顕宗論』等の論疏の文が参考となるとしている。これらの論疏によれば、釈迦菩薩が第三阿僧祇において、燃灯仏から毘婆尸仏に至る七万七千の仏を供養して、その間に六波羅蜜行を完成させ、衆生を教化する仏を勝観仏と名付けている。さらに、後の百劫の間に百福を修して相好を具す仏を底沙仏と号すとする。この三祇百劫は、勝観仏と底沙仏における成仏の時分と名号について異なることが分かる。よって、両者は別仏であるのか、一仏であるのかという問題が提起され、慈恩大師窺基（六三二―六八二）の解釈では一仏であると規定している。その理由として、勝観仏と底沙仏は同体であり異体でもあると標榜することから、このことは筋道が定まり難い問題であるが、一義の意に依ると一仏異名と言うべきであり、これが窺基の解釈であると宗性は紹介している。

⑧では、華厳宗以外の人師の解釈を踏まえた上で、毘婆尸仏は即ち勝観仏、勝観仏は即ち弗沙仏、弗沙仏は即ち底沙仏とすることは、一仏異名であると解釈している。

次に『華厳宗香薫抄』では以下のように述べている。

⑨而錠光仏者即燃灯仏云事。更非所諍。故六十華厳経云錠光如来明普照。八十華厳経云燃灯如来大光明。旧訳経名云錠光。新訳経号燃灯一仏異名。誰可疑之哉。(16)

『華厳宗香薫抄』は東大寺の尊勝院において法蔵（六四三―七一二）の『探玄記』を以て講本にあて、三〇講を勤修する際の種々の論議問答を抄出したものであり、七巻一三四題を挙げている。『華厳宗香薫抄』は、華厳教学上の種々の問題を提出し、かつこれを解説している点において、注目すべきであると指摘される。[17]⑨では、錠光仏は燃灯仏と同等の意を持ち、論争はないとしているが、旧訳の『六十華厳』では、錠光仏は普照（一切の方角を照らすこと）を明かし、新訳の『八十華厳』では燃灯仏は大光明を明かす。また、旧訳の経典では錠光仏と号し、新訳の経典では燃灯仏と称される。このことを宗性は一仏異名と定義し、疑いはないと結論づけている。

⑦ 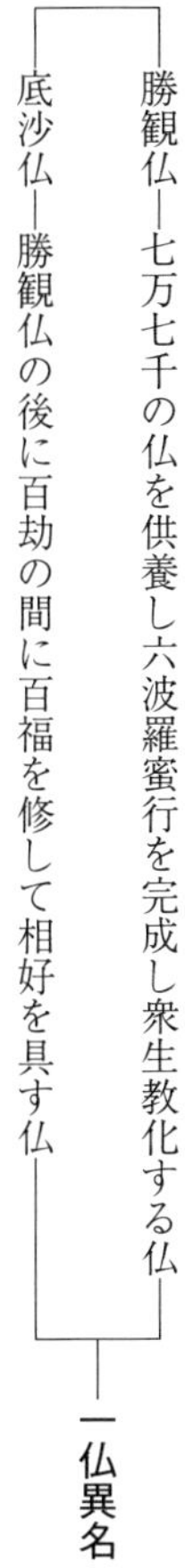
勝観仏―七万七千の仏を供養し六波羅蜜行を完成し衆生教化する仏
底沙仏―勝観仏の後に百劫の間に百福を修して相好を具す仏
―一仏異名

⑧華厳宗以外の人師
毘婆尸仏
勝観仏
弗沙仏
底沙仏
―一仏異名

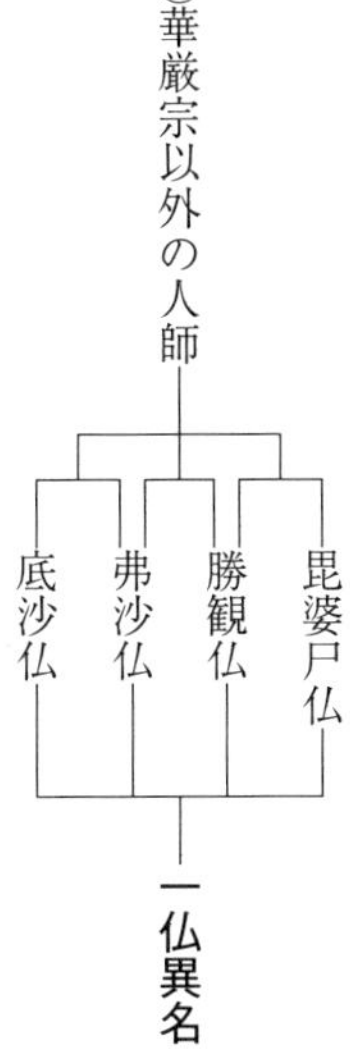

⑨
旧訳―六十華厳―錠光仏―普照を明かす
新訳―八十華厳―燃灯仏―大光明を明かす
―一仏異名

第四項　道教房顕意『浄土宗要集』

これまで真言宗、及び華厳宗の諸学匠の著述中に見える一仏二名（異名）の表記について考察してきた。本項以降は、念仏宗の系統に属する諸師の一仏二名（異名）の引用について見ていきたい。

浄土宗西山派の道教房顕意（一二三八―一三〇四）は、鹿児島県島津の医集院（いじゅいん）忠経の子として生まれ、浄土宗の聖達（せいだ）の門に入り得度する。次いで、浄土宗西山派深草流の祖である円空に師事し、京都嵯峨の竹林寺で講義したとされる。その後、深草の真宗院に移り、著述活動と布教に務めたようである。主な著述としては、『観無量寿疏楷定記』『当麻曼荼羅聞書』等、一〇〇巻を越え、西山流深草義を大成した。(18) 顕意の著述中、『浄土宗要集』において一仏異名の語が一箇所確認できる。本書は、西山深草派の祖、立信門下の然空（一二三六―一二八二）が弘安四年（一二八一）、西山往生院においてまとめた論題に、然空没後の弘安七年（一二八四）に顕意が回答を付したものとされる。(19) 具体的には、浄土宗義を教相・機・行・身土・雑の五部に分け、大綱四八箇条、綱目四三二箇条の計四八〇箇条に渡って論じた問答集である。(20)

⑩七十二。十二光仏者各別身相威儀示現耶

答。言レ爾何妨（アラン）。雖ニ是一仏異名一徳義既別。随レ徳現相無ニ違害一故。(21)

⑩『浄土宗要集』では、阿弥陀仏の十二種の異名である十二光仏（無量寿仏・無辺光仏・無碍光仏・無対光仏・炎王光仏・清浄光仏・歓喜光仏・智恵光仏・不断光仏・難思光仏・無称光仏・超日月光仏）は、別の分身の相があり、威儀や示現があるのかと疑問を投げかける。その答えとして、十二光仏それぞれ分身の相があり、威儀や示現があるとし、このことを一仏異名と解釈するが、十二光仏が成道へと至る正しい道については、それぞれに違いが存在する。よって徳に随え

ば、示現の相において矛盾が生じることを指摘している。

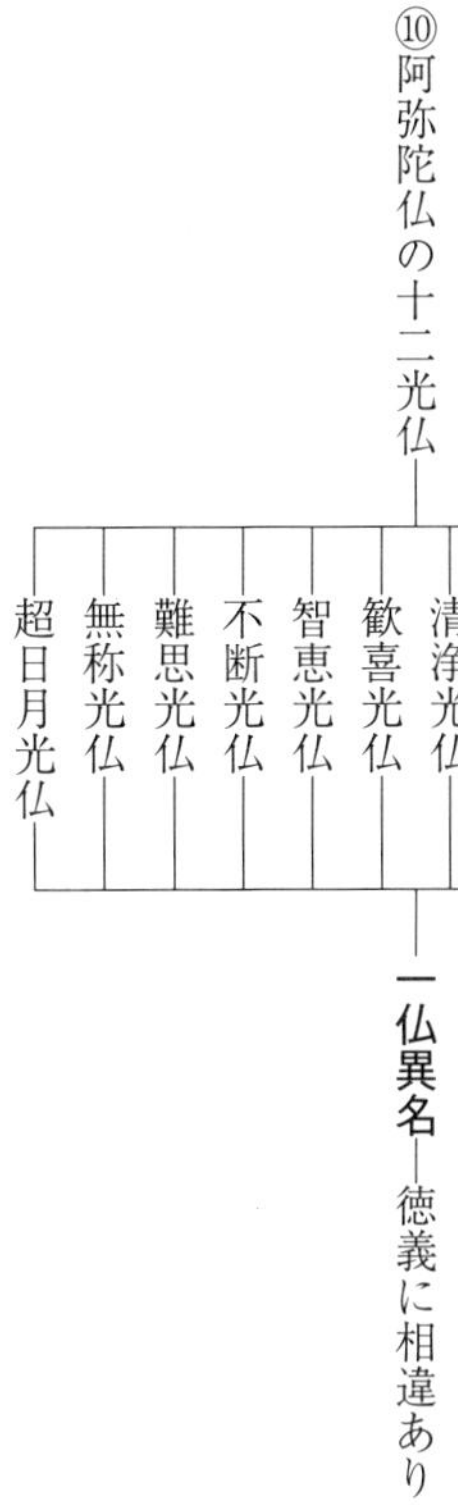

⑩阿弥陀仏の十二光仏
- 無量寿仏
- 無辺光仏
- 無碍光仏
- 無対光仏
- 炎王光仏
- 清浄光仏
- 歓喜光仏
- 智恵光仏
- 不断光仏
- 難思光仏
- 無称光仏
- 超日月光仏

—**一仏異名**—徳義に相違あり

第五項　道光了慧『天台菩薩戒義疏見聞』

道光了慧（一二四三—一三三〇）は相模国（神奈川県）鎌倉に生まれ、建長五年（一二五三）比叡山に登り尊慧に師事した。その後、法然浄土教に帰依した了慧は、その教義に異説が多いことに嘆き、法然の遺文・法語・消息等を集め、偽書等を判別・整理した。また、多くの著述を遺し、法然の思想を整理・統一するとともに、聖光・良忠という鎮西流が浄土宗の正統であることを対外的に位置づけた。[22] その中でも『天台菩薩戒義疏見聞』七巻は、智顗『菩薩戒義疏』の注釈書であり、円琳『菩薩戒義疏鈔』の注釈も見られる。本書は元徳二年（一三三〇）に完成したとされ、天台の一乗円頓戒を説き、南都の学説に対立したものである。(23)『天台菩薩戒義疏見聞』中において、一仏二名の表紀が四箇所確認でき、それらを見ていくと以下のようになる。

⑪　疏云妙覚地者究竟解脱等事

問南岳四十二字門云。妙覚等覚一仏二名。文今何為二二位一耶。(24)

⑫鈔不二審之一。略不レ答。答常用抄（亦名私用抄）下（永心）云。妙覚等覚一仏二名義。依二瓔珞経説一。南岳所レ述也。所以彼経（上巻）。説二妙覚位一。云二湛然明浄一。云二一切相尽一。是更不レ見二下地所見一故。又説二等覚一。云下於レ仏（下巻也）。名二菩薩一。於二菩薩一名上レ仏。又云二因果二習（上巻也）。無有遺余一。又八相成道。在二等覚位一説レ之。妙覚位無レ之。案二此経意一。妙覚仏居二常寂光土一。唯仏与仏境界也。而教二化衆生一之時。下二等覚位一。身相説法。令レ見二聞下位一。(25)

⑪、⑫は一連の文であり、この文によると、とある疏には、「妙覚の位である者は究竟即であり解脱を得ることができる事」(26)と題した標題を掲げている。これに対し道光は、慧思の『四十二字門』にある、「等覚妙覚一仏二名」とあるのは、二つの位があり相違があるのかという問いを設けている。この問題について、永心『常用抄』を引用し、等覚と妙覚を一仏二名とする義は『瓔珞経』による説であり、慧思も述べる所であるとしている。『瓔珞経』上巻には、妙覚の位は静かで清浄であり、一切の現象が尽くされた状態であると説く。これは菩薩の階位である十地のうち、階位の低い者では見ることができないとする。また等覚について説けば、『瓔珞経』下巻には、仏において菩薩と名付くことは、菩薩において仏の名をいう。さらに『瓔珞経』上巻には、因果を習得することは遺りを余すことはないと言い、仏の結縁の深い衆生を救うためにこの世で示した八種の姿は、等覚の位にあってこれを説くが、妙覚の位にはないとする。これらの経説の意を勘案すれば、妙覚の仏は寂光土に居し、ただ仏と仏とのみがあらゆる存在の真実を究め尽

くしている境界である。一方、衆生を教化する時には等覚の位に下り、種々の身体の相貌を以て説法し、下根の衆生に見聞きさせると主張している。

次いで⑬、⑭についても一連の文である。

⑬問曰。等覚如來。非㆓是妙覚常住真仏㆒云何。言㆓所愛尽㆒。答但論㆓学心㆒。方便言㆑尽。妙覚非㆑学。又妙覚等覚。一仏二名。方便化㆓衆生㆒。権現㆓出没㆒。功成果熟。称為㆓等覚㆒。始終不変。常住妙身。名為㆓妙覚㆒為㆑化㆓衆生㆒。方便説㆑二。正在㆓一仏㆒其実無㆑二。文(27)

⑭妙覚外用名㆓等覚㆒。故云㆓一仏二名㆒也。故等覚如來云。名通㆓二等覚㆒也。不㆑知㆓案内㆒人。付㆓一種㆒云。甚非也。
私云。四十二字門。云㆓本初発心㆒。唯期等覚㆒。或弥勒。云㆓後末是等覚妙覚㆒。皆妙覚外用。名㆓等覚㆒也。(28)

⑬では、等覚如来は妙覚が常住する真仏（法身）ではないのかと問うている。その答えとして道光は、方便を尽くして言うならば、妙覚は無学であり、妙覚と等覚は一仏二名といって、方便によって衆生を教化し、仏・菩薩が衆生を成仏へと導くために仮の姿をとって世に出現する。そのことによって積み上げた功徳が成熟し、仏果を得ることを等覚と称するとしている。また、等覚は始終不変であり、妙覚の身に常住し、妙覚と名付けて衆生を教化するため、一見、方便を二つ説くように見えるが、正に一仏であって、真実は二つとないと結論づけている。

続けて⑭では、妙覚が外用（仏・菩薩等が衆生の機根に応じて外に現す姿やはたらきを生じた時）する際には等覚と名付けることを一仏二名と定義することで、等覚如来・二等覚と言うとする。これを知らない者は、一側面の等覚だけを見て批判していると指摘している。さらに道光は、この説を援証する根拠として慧思の『四十二字門』を引用し、真実の初発心（初めて菩提心を起こして仏道に入ること）を起こすことを等覚、または弥勒菩薩と言うことで、後の末世において等覚・妙覚となるとする。よって一切衆生は、妙覚の外用によって等覚と名付けたものであると標榜している。

⑪『四十二字門』「等覚妙覚**一仏二名**」←等覚・妙覚二位に相違の有無―永心『常用抄』―等覚／妙覚―**一仏二名**

⑫『瓔珞経』―上巻―妙覚―湛然明浄―一切相尽―下地は所見できず―因果二習―無有遺余／下巻―等覚―仏を菩薩と名付く―菩薩を仏と名付く

⑬等覚如来は妙覚（法身）か―妙覚―寂光土―唯仏与仏の境界／等覚―衆生を教化する時―等覚に下る―身相説法―下位に見聞―等覚妙覚**一仏二名**―方便で衆生を教化―権現出没―功成果熟―等覚と称する―始終不変―妙覚に常住―衆生を教化―方便に見えるが一仏

⑭妙覚の外用時―等覚―**一仏二名**―等覚如来・二等覚―『四十二字門』―真実の初発心―等覚・弥勒←妙覚の外用

第六項　聖聡『大経直談要註記』

聖聡（一三六六―一四四〇）は、下総国（千葉県）千葉氏胤の子として武士の家に生まれ、当時は真言密教を学んでいたが、至徳二年（一三八五）に横曽根談所（茨城県）において聖冏の談義を聴聞し、浄土宗に帰依したとされる。明徳四年（一三九三）には、当時貝塚にあった古義真言宗光明寺を浄土宗に改宗し、増上寺を建立し、多くの弟子を育成したことからも、浄土宗の中興に尽力したことが指摘される。[29]また、聖聡の著述は二六部百数十巻に及ぶとされ、永享五年に成立した『大経直談要註記』は二四巻からなる。本書は、『無量寿経直談要註記』『大経要註記』とも呼ばれ、その内容は『無量寿経』の注釈書で、聖聡の晩年の著述であり、増上寺で行った『浄土三部経』の講義録がその原型になったと推定されている。[30]その中でも『大経直談要註記』において、一仏異名の語が一箇所確認できる。

⑮次六同者一世自在王同離垢浄王説者天宋観音大悲論説也彼論此経法蔵所対仏云世自在王故二世饒王同此経彼論**一仏異名**故也三法蔵比丘同彼斯論経同故四五劫思惟同彼此同故五四十二劫同彼此同故六二百一十億同彼斯同故已上[31]

⑮『大経直談要註記』では、六つの阿弥陀仏と同じ存在を提示している。一には、世自在王仏と同じくして、離垢世界（汚れのない清浄の世界）の王が説くには、観音菩薩が大悲論を説いているためである。この論は、『無量寿経』が法蔵比丘（阿弥陀仏の因位修行中の名前で、法蔵菩薩とも言う。『無量寿経』上巻によると、世自在王如来の在世中に一人の国王があり、如来の説法を聞いて菩提心を発し、王位を捨てて沙門となり法蔵と称した。法蔵は四十八の大願を立て、以来永劫の間仏道修行に励んで、本願を成就して阿弥陀仏と成ったと説かれている）に付された所において、付嘱した仏が世自在王であった。二に饒王仏（法蔵比丘の師であった過去仏であり、これが後に阿弥陀仏となった）と同じとは、『無量寿経』におけるこれらの論は一仏異名のためであると定義している。三には、法蔵比丘と同じくこの経論は同じためであるとする。四には、阿弥陀仏が四十八願を立てる前に五劫という長い時間の間、思いつめていたことと同様であること。五には、四十二劫という長い時間（十住・十行・十回向・十地・等覚・妙覚の四十二位を表したものであると解され、その時間が無限に長いことを言う）が同じということ。六に、二百一十億という長い期間、同じということは、阿弥陀仏と同じことを暗示してい

る。

⑮六同の第二 ── 阿弥陀仏／饒王仏 ── 一仏異名

第七項　義山『阿弥陀経随聞講録』

義山（一六四八―一七一七）は、京都に生まれ、字は良照とされる。寛文二年（一六六二）大和郡山（奈良県）の光伝寺に入って出家し、翌年増上寺の呑誉に従って修学するが、間もなく下野国（栃木県）大沢円通寺の聞証の室に入り研鑽を積んだ。義山は、多数の宗典類の校訂を行ったことで初学者に便宜を与え、宝永元年（一七〇四）には、『四十八巻伝』を校正し注解を加えた『翼賛』六〇巻の編者として知られる。(32) その中でも、一仏異名の語が『阿弥陀経随聞講録』一巻に一箇所確認できる。本書は、義山三経講録の一つとされ、その内容は、大意・釈名・入門解釈の三つからなり、浄土教の因由・大綱・経題等について、序分・正宗分・流通分の三段に分けて論じられている。(33)

⑯私云首経ノ十二光仏ハ同名異体ハ相伝ノ御義也記主ノ口筆抄ニ云問首経ニハ説二十二光仏一是レ前後入滅ノ仏ナリ何ソ今一仏ノ異名ナラン哉答同名異体ノ仏ナリ（已上）良栄云相伝ノ意ハ彼ノ首経ノ十二光仏ヲハ為二別仏一ト可二思択一ス也(34)

⑯では義山の問いとして、阿弥陀仏の十二種の異名である十二光仏は同名異体とする説を、先師の相伝の義として提示している。また、『口筆抄』という書では、『無量寿経』に十二光仏を説いているが、十二光仏は入滅時についてそれぞれ前後の不同があり、なぜ一仏異名とならないのかという疑義を呈する。その答えとして、同名異体の仏であ

るためであると主張していることが分かる。また良栄の説では、十二光仏は別仏であるとして、思惟して選択すべきであると注意を喚起している。

⑯

相伝の義――阿弥陀仏の十二光仏――同名異体

『口筆抄』――阿弥陀仏の十二光仏―前後入滅の仏――**一仏異名**ではない――同名異体

良栄――十二光仏――別仏

小　結

以上、諸宗派の学匠に見る一仏二名（異名）について概観してきた。これらをまとめると以下のようになる。

（一）成賢『遍口抄』では、顕教の普賢菩薩と密教の金剛薩埵において一仏二名であることが主張される。

（二）頼瑜の著述中において、『大日経疏指心抄』では一仏二名が三箇所、『金界発恵抄』では一仏二名が一箇所、『秘抄問答』では一仏異名が一箇所確認できた。『大日経疏指心抄』中、②、③、④では主に、大日如来と金剛薩埵の関係性を起因としつつ、十地の問題において等覚と妙覚を一仏二名として論じていることが理解できる。⑤『金界発恵抄』では、金剛頂宗の義として五相は十地中にあり、証金剛心・仏身円満は等覚・妙覚であり、三摩の儀式については相違があるが、本尊身を成ずるため、一仏二名であると結論づける。⑥『秘抄問答』では、多宝如来と宝生如来の相違について、功徳は一仏の功徳であるが、その名は異なるとして一仏異名と名付けている。

（三）宗性の場合、『倶舎論本義抄』⑦勝観仏と底沙仏、⑧毘婆尸仏と勝観仏、勝観仏と弗沙仏、弗沙仏と底沙仏、『華厳宗香薫抄』⑨錠光仏と燃灯仏について、それぞれ一仏異名の存在であることが理解できる。

(四) 顕意『浄土宗要集』では、阿弥陀仏の十二光仏は一仏異名であるとするが、成道へと至る道については、それぞれに違いが存在すると指摘する。

(五) 道光は、『天台菩薩戒義疏見聞』中において、一仏二名の表記が四箇所確認できた。具体的には、慧思の『四十二字門』にある、「等覚妙覚一仏二名」の文について、二種の位があり相違があるのかという疑問について、永心『常用抄』を引用し、『瓔珞経』が因由となることを提示している。また、等覚如来は妙覚が常住する真仏(法身)ではないのかという問題に対して、妙覚は無学であり、等覚は方便によって衆生を教化するため、妙覚と等覚は一仏二名とする。さらに、妙覚が外用する際には、等覚と名付けることを一仏二名と規定することで、等覚如来・二等覚と言う。

(六) 聖聡『大経直談要註記』では、阿弥陀仏と同じ存在を六種提示する中、その第二、饒王仏と阿弥陀仏の関係において、『無量寿経』について論じた上で一仏異名であると定義している。

(七) 義山『阿弥陀経随聞講録』では、阿弥陀仏の異名である十二光仏について『口筆抄』を引用し、十二光仏は入滅について前後があるため一仏異名とはならず、同名異体とする説を紹介している。

これら諸宗派諸師の一仏二名(異名)の解釈は、真言宗諸師は天台宗諸師と同様に、等覚と妙覚の関係について一仏二名の語を使用する傾向が窺え、その特徴として十地を考察対象にして論じられている箇所が多い。また、顕教の普賢菩薩と密教の金剛薩埵は一仏二名であるとする成賢の義も見られることからも、一仏二名の語は真言教学を解釈する上でも、少なからず使用されていることが分かる。さらに華厳宗の場合、宗性は主に釈尊以前に出現した諸仏を定義する上で一仏異名と表記している。[35] そして、浄土宗諸師においては、慧思『四十二字門』を根拠とした等覚・妙覚を一仏二名と主張する学匠がいる一方、阿弥陀仏の十二光仏について一仏異名として論じられていることが注目できる。しかし、日隆の主張する、本果釈尊と本因上行を一仏二名とする解釈は見られなかった。思うに、各宗派が依拠とする経典は種々あり、『法華経』を必ずしも釈尊出世の本懐と見なしていないことが一要因ではないだろうか。

註

(1) 密教辞典編纂会『密教大辞典　縮刷版』（法蔵館、一九八三年）一三二九頁以下。
(2)『正蔵』第七八巻六九六頁a。
(3)『仏書解説大辞典』第九巻三六八頁。
(4)『密教大辞典　縮刷版』二二二八頁以下。
(5)『正蔵』第五九巻六六四頁c。
(6)『正蔵』第五九巻七一〇頁c。
(7)『正蔵』第五九巻七一二頁b。
(8)『仏書解説大辞典』第七巻三九九頁、『密教大辞典　縮刷版』一五一六頁。
(9)『正蔵』第七九巻一一六頁c。
(10)『仏書解説大辞典』第三巻四二一頁、『密教大辞典　縮刷版』六六八頁。
(11)『正蔵』第七九巻三〇三頁a。
(12)『仏書解説大辞典』第九巻一〇四頁、『密教大辞典　縮刷版』一八五七頁。
(13)『正蔵』第六三巻所収、『仏全』第八五、八六、八七巻所収、また先行研究では、加藤宏道「宗性撰『倶舎論本義抄』の研究―体滅・用滅の諍論―」（『北畠典生教授還暦記念　日本の仏教と文化』永田文昌堂、一九九〇年）一六一頁等が挙げられる。
(14)『正蔵』第六三巻四五三頁a以下。
(15)『正蔵』第六三巻四五三頁b以下。
(16)『正蔵』第七二巻一三六頁a。
(17)『仏書解説大辞典』第三巻七六頁。
(18) 浄土宗大辞典編纂実行委員会編『新纂浄土宗大辞典』（浄土宗、二〇一六年）四一八頁。

(19)『新纂浄土宗大辞典』八〇四頁。
(20)『新纂浄土宗大辞典』八〇四頁、『仏書解説大辞典』第六巻八六頁以下。
(21)『正蔵』第八三巻四五五頁a。
(22)『新纂浄土宗大辞典』一一一二頁。
(23)『新纂浄土宗大辞典』一一〇一頁。
(24)『続浄土宗全書』（宗書保存会、一九一五年～一九二八年）第一一巻二〇一頁b。
(25)『続浄土宗全書』第一一巻二〇一頁b。
(26)なお、智顗講説潅頂記『菩薩戒義疏』『正蔵』第四〇巻五六五頁cには、「第七妙覚地者。究竟解脱無上仏智。」とある。また証真『法華玄義私記』『仏全』第二一巻一八七頁には、「玄妙覚地者究竟解脱等者。問。南岳四十二字門云。等覚妙覚一仏二名。今為二二位一豈不二相違一」とある。
(27)『続浄土宗全書』第一一巻二〇二頁a。
(28)『続浄土宗全書』第一一巻二〇二頁a。
(29)『新纂浄土宗大辞典』七五五頁。
(30)『新纂浄土宗大辞典』九九六頁、九九六頁。
(31)『浄土宗全書』（浄土宗宗典刊行会、一九〇七年～一九一四年）第一三巻一〇八頁b。
(32)『新纂浄土宗大辞典』三〇六頁以下。
(33)『仏書解説大辞典』第一巻四九頁。
(34)『浄土宗全書』第一四巻七三二頁b。
(35)なお、中国華厳宗における一仏異名の表記として、達天通理（一七〇一―一七八二）『首楞厳経指掌抄』を挙げることができる。通理は、清代華厳宗の中興の祖と仰がれる学匠で、その学識は律に通じただけでなく、『浄土経』『首楞厳経』『法華経』等にも精通していたことが知られる。通理の『首楞厳経指掌抄』では、一仏異名の語が一箇所確認でき、「合本号為十三。今始終二号既同或中間亦同。以仏道通同古今無異故。言相継一劫者。以是前前後後転相補処。未必即是一仏異名。然諸仏境界不可思議。但能成成就利益無所不可。」（『続蔵』第一六巻一八一頁a）とある。この文は、十二の仏に一仏を加え、十三号と呼ぶことについて述べている。ここでは、始めと終わりの仏名はすでに同じであることから、中間も同様であるとする。また仏道を通じては、古今においても違いがないために、一劫に一仏が出現すると考えられる。このことを、前前後後に転じた補処（今生は生死の迷いの世界に縛られているが、次生には仏の位処を継ぐことが決定している菩薩の位）の相であるとするが、未だこのことを一仏異名と規定することはできないとするため、諸仏の境界は不可思議であると主張している。

第五章　日隆にみる日本天台教学批判とその影響

第一節　慈覚大師円仁の著述引用

これまで日隆の教学思想を考察する中で、特に「一仏二名」という語をタームとして釈尊の本因本果について検討を加えてきた。日隆は種々の教学問題について検討する場合、天台三大部本末の引用は勿論のこと、天台宗諸師の引用が確認でき、かつ積極的に研鑽していると首肯する。例えば、一仏二名の解釈において、「其菩薩界常修常証無始無終。報仏如来常満常顕無始無終」等といった文が提示できる。この一文は日隆当時、日蓮門下において一般的な用語として扱われてきた可能性も否定できないが、安然『真言宗教時義』中に確認できるものであり、安然の著述を敢えて引用している可能性を示唆するものである。そうした場合、なぜ日隆は批判対象であるにも関わらず、安然の著述を自身の教義解釈の要素として引用したのかが問題となる。

そこで本章では、天台密教の教学者である円仁・円珍・安然の著述について、日隆がどのように引用・解釈をなしてきたのかについて見ていきたい。そのための前段階として、日本天台教学史上における円仁・円珍・安然の評価について先行研究より辿っていく。また、円仁・円珍・安然は天台密教形成・体系化を実現した先駆者であり、三師の教学思想についての研究成果は膨大である。よって本研究では、独自に天台教学史上における三師の評価については踏み込まず、先行研究を軸に概観する。次いで、実際に日隆が引用する円仁・円珍・安然の著述について検討する。(1)なお、円仁・円珍・安然の著述は散逸して伝わらないものも多く、真偽問題も孕んでいるため、本章では真偽問題についいては先行研究に倣うものとする。

第一項　近代日本天台教学史研究における円仁の評価

日隆の著述中に見える円仁の著述引用について考察する前段階として、円仁は日本天台教学史上、どのように評価されているのかを確認していく。そこで先行研究を概観すると、①島地大等『天台教学史』、②上杉文秀『日本天台史』、③浅井圓道『上古日本天台本門思想史』、等を挙げることができる。その中で、島地大等氏は以下のように述べている。

而して円仁は既に伝教大師の門下にして止観業の出身なる理由に依りて、其の思想上の立脚地は天台の思想に立てるものと速断することを得ず。勿論其れと密接の関係を有すれども而もその真の立脚地は遮那業に在り、即ち顕教に非ずして寧ろ密教を以て其の立脚となせるものなり。故に其の仏教観を見んには、先づ師が思想上の立脚地の密教にあることを忘るべからず。是れ師が生涯の精力を尽して其の講説に努めたる点の真言に存する所以並に師が台密の祖を以て推さるゝ所以なり。(2)

島地氏によると、円仁は智顗の思想に立っていると速断できないとし、真の立脚地は密教にあるとしていることが分かる。そして、円仁の仏教観は、生涯精力を尽して真言を取り入れてきたために台密の祖と言われる所以であると結論づけている。

次に上杉文秀氏によると、

慈覚大師の教判は、其の顕露秘密の名は智度論によると雖も、其意は全く異なって居るのである。即ち三乗の権教を以て顕教とし、之に対して一乗円頓の法門を説いた華厳も法華も皆密教と名くといふのである。是故に密教の中に於て、更に理密事密を別ち、事理不二円融の法門を談ずるを理密の教として、此に華厳・法華・維摩等を摂するのである。又其の事理不二の理密を談ずると同時に、六大無碍三密四曼の事相的秘密を説くものを以て、事理倶密の教として、之を一大円教と名けて、大日・金剛・蘇悉地等の経を此中に摂し、而して之を法華・華厳の円教の上に置いて、仏随自意真実の法門は正に此教にありとするのである。されば顕密の名及び出処は天台と同じけれども、其意義及び配属は全く天台を棄てゝしまってをる、但し法華一乗を理密として密教の部に属せしめたのは、空海師が天台を第八住心として単に顕教に属したものと、大に趣を異にするのである。此点が北嶺の立場であるといはるゝ所以であらう。(3)

とし、円仁の教判は、三乗の権教を顕教とし、華厳も法華も密教の中に包含するとしている。また、理密（理論だけの秘密の教えを説く経典のこと）と事密（印・真言・三昧耶形などの身・口・意の三密に渡る密教の事相を言う）とを分け、法華を理密に位置づけていることが分かる。さらに、事理倶密（事密と理密が共に具備していること）の教えとして、『大日経』『金剛頂経』『蘇悉地経』等を法華の円教の上に置くことで、真実の法門は真言三部経になるとし、顕密の名や出処は智顗と同じであるが、その意義や配属は智顗の教えを捨て去っていると指摘している。そして、法華を理密として密教の部に配属することは、空海とは違いがあり、この点が天台宗の立場である所以であると評している。

そして浅井圓道氏は、日蓮遺文に円仁が引用されることを指摘した上で以下のように述べている。

日蓮は、円仁の教判論的特色は理同事勝にあると言ったが、その理同とは、一行疏に随って、法華の諸法実相の理と密教の心実相の理、法華の久遠仏と大日の本初仏とは同一教理の異表現であるという判定を円仁が下した、ということを指すばかりでなく、円仁は、顕密兼修の叡山の教風を遵守するために、天台教学によって密教経典を解釈しようと意図した面があることを知らなければならぬ。(4)

浅井氏によると、日蓮遺文に見える円仁の教判の特色は、理同事勝（『法華経』と『大日経』を比較し、真俗一体などの円融相即の理は同じであるが、三密の事相を説く点では『大日経』が勝れるとする天台密教の説）にあるとしている。その理同とは、一行（六八三—七二七）の疏（『大日経義釈』か）に従って諸法実相の理と密教の心実相の理、久遠実成と大日如来の本初仏とが同一教理の異なった表現である判定を円仁が下したとするだけでなく、円仁は顕密兼修の比叡山の教風を守るために、天台教学を以て密教経典を解釈しようと意図した面があると主張している。

以上、三師の先行研究を確認してきたが、いずれも、円仁は天台の密教化に生涯をかけて尽くした人物であるということが理解できる。では実際に、日隆は円仁の著述についてどのように捉えていたのかを見ていきたい。

第二項　日隆の引用する円仁の著述

日本天台教学史上における円仁は、天台宗の密教化に尽力した人物であることが理解できた。しかし、円仁が天台宗の密教化を進めることは同時に、智顗や最澄の思想と乖離していく可能性を存すると推察する。では、日蓮遺文を面とし天台三大部本末を裏として捉えていた日隆は、円仁の著述についてどのように引用し解釈していったのであろうか。

そこで、日隆が引用したと思われる円仁の著述を概観すると、孫引きと思われるものを含め、『金剛頂大経王経疏』(5)（以下『金剛頂経疏』）一九箇所、『蘇悉地羯羅経略疏』(6)（以下『蘇悉地経疏』）八箇所、『法華迹門観心絶待妙釈』(7)八箇所、『法華本門観心十妙釈』(8)一箇所、『俗諦不生不滅論』(9)五箇所、『妙義口伝集』(10)二箇所、『真言所立三身問答』(11)一箇所、『三平等義』二箇所、『五相成仏私記』一箇所、伝源信『教観大綱』(12)四箇所、安然『真言宗教時義』(13)三箇所、引用典籍不明なものが六箇所、その他に寛平親皇『慈覚大師伝』(14)一箇所の計六三箇所を挙げることができる。(15)また、これらを列挙した【表13】を作成した。本節では【表13】を基に、日隆が引用する中でも、『金剛頂経疏』『蘇悉地経疏』『法華迹門観心絶待妙釈』『教観大綱』に注目して引用箇所を見ていくことにする。

凡例

①日隆の著述は（1）『法華宗本門弘経抄』、（2）『本門法華宗五時四教名目見聞』、（3）『法華天台両宗勝劣抄』、（4）『玄義教相見聞』、（5）『十三問答抄』、（6）『私新抄』、（7）『開迹顕本宗要集』、（8）『当家要伝』、（9）『本門戒体見聞』を確認した。

②表の最上段「番号」は、日隆著作の引用文に通し番号を施した。

③「円仁の著述名」は、『仏書解説大辞典』『昭和現存天台書籍総合目録　増補版』『補訂版　国書総目録』を参考とし、真撰と認められる場合は（真）、偽書と認められる場合は（偽）、真偽未決の場合は（未）、不明の場合は（不明）とした。また、孫引き等により引用典籍が円仁以外の場合も引用文を提示している。さらに、日隆の引用した著述名が円仁の著述名と相違が認められる場合、円仁の著述名の箇所に記載し、破線で区切っている。

④「該当頁」は、『正蔵』、『仏全』、『日蔵』、『伝全』、『恵全』、『続天』等の該当頁を記載した。ただし活字化されていない、又は該当頁が不明の場合は「不明」とした。

⑤「円仁の文」は、日隆の著述に引用されるものを指す。ただし引用中、異なる表記が認められるため、④の典籍を採用し引用した。なお、著述名のみの引用の場合もその旨記載した。

⑥「日隆の著述名」とは、日隆著述の出典箇所である。

⑦「日隆の引用文」とは、引用箇所を掲載し、円仁の著述と重なる箇所、書名、それに類する箇所等については太字を施した。

⑧本凡例は、第二節「智証大師円珍の著述引用」【表14】、第三節「五大院安然の著述引用」【表15】においても準ずるものとする。

【表13】日隆著述にみる円仁の著述引用一覧

番号	円仁の著述名	該当頁	円仁の文	日隆の著述名	日隆の引用文
1	『金剛頂大経王経疏』（真）	『正蔵』61・7b	『金剛頂大経王経疏』の書名のみ	『法華宗本門弘経抄』（『隆全』1・136）	彼の真言経に三世一念とは説くと云へども事の三世を明し、過去遠々の当初大日の久遠成道と云ふ事を説かず**金剛頂経の疏**に分明なり
2				『法華宗本門弘経抄』（『隆全』7・230）	又慈覚一期の作分疏釈は**金剛頂経等の二部の疏**より初めて諸の疏釈皆悉く真言を讃めて法華を下す故に、天台宗は滅し畢って真言宗と成るなり
3				『法華宗本門弘経抄』（『隆全』9・351）	日本国に帰朝し、叡山の東塔止観院の西に総持院と申す大講堂を立て御本尊は金剛界の大日如来、此の御前にして大日経の善無畏の疏を本として、**金剛頂経の疏七巻**、蘇悉地経の疏七巻、已上十四巻を造る
4				『法華天台両宗勝劣抄』（『法華宗全書　日隆1』99）	軈（やが）て**金剛頂経・蘇悉地経の二経の疏**を造りて、理同事勝の釈を設けて、山門乃至天下に弘む。
5				『開迹顕本宗要集』（『隆教』3・172）	大日経等には頓証の義を明し久遠成道をば明さざるなり。其の旨**金剛頂経疏**に分明なり云云。

6	7	8	9
『正蔵』61・9 a			『正蔵』61・39 b
如二金剛宝中之宝一。此経亦爾。諸経法中最為二第一一。三世如来髻中宝故。如二金剛戦具中勝一。此経亦爾。於二諸教中一而為二殊勝一。若学二此教一。不レ歴二劫数一破二煩悩賊一早成仏故也。所レ言頂者。是最勝義亦尊上義。謂此金剛教於二諸大乗法中一最勝無二過上一故。以レ頂名レ之。故雲阿闍梨釈云。金剛頂者。如二人之身頂最為レ勝。此教於二一切大乗法中一最為二尊上一。故名二金剛頂一也。又金剛頂者不二是喩名一。一切衆生心法界中。従レ本具二足金剛堅固最勝最尊義一。則於二理体一諸法与起。故法華云三是法住二法位一。今正顕二説此秘密理一故云二金剛頂一也。			毘盧遮那仏。雖レ云二不レ久現証一而成仏以来甚大久遠。所二以不レ説二所経劫数一者。於レ経各有二傍正義一故。彼法華為レ破二近成執一故広説二久成事一。
『法華宗本門弘経抄』（『隆全』9・348）	『法華宗本門弘経抄』（『隆全』9・350）	『法華宗本門弘経抄』（『隆全』9・355）	『法華宗本門弘経抄』（『隆全』9・326以下）
慈覚大師金剛頂経の頂の字を釈して云く、所レ言頂者於二諸大乗法中一最勝無二過上一故以レ頂名レ之乃至如二人之身頂最為レ勝一乃至法華云三是法住法位今正顕二説此秘密理一故云二金剛頂一也云云　又云如二金剛宝中之宝一此経亦爾諸経法中最為第一三世如来髻中宝故等云云　此の釈の心は法華最第一の経文を奪ひ取つて金剛頂経に付するのみならず「如二人之身頂最為レ勝」の釈の心は法華経の頭を切つて真言の頂とせり	今金剛頂経の疏に、今経の是法住法位の文之を引ひて「頂」の字を釈するも、体用本迹の意を以て甚深の極理を「頂」と名くる故に、「迹門正意在顕実相」の実相を頂と云つて、諸大乗経の円理と同ずるなり	又金剛頂経の疏に云く、法華云是法住法位今正顕二説此秘密理一故云レ頂也文	金剛頂経の疏に云く、毘盧遮那仏雖レ云二不レ久現証一而成仏已来甚大久遠所下以不レ説二経劫数一者於レ経各ゝ傍正義故文。

『正蔵』61・39b

二仏不レ異。是故大唐大興善寺阿闍梨云。彼法華久遠成仏。只是毘盧遮那仏。不レ可ニ異執一。又彼経為レ破ニ三乗近情一。広演ニ遠事一。今此経為レ破ニ顕教歴劫一。偏示ニ不久現証一。

番号	出典	本文
10	『法華宗本門弘経抄』（『隆全』9・327）	金剛頂経の疏に云く、彼法華久遠成仏只是此経毘盧舎那仏不レ可ニ異解一云云
11	『法華宗本門弘経抄』（『隆全』10・30以下）	之に依て覚大師の釈に云く、彼久遠仏只是此経毘盧遮那仏不レ可ニ異解一、又彼経為レ破ニ三乗近情一偏説ニ遠事一今此経為レ破ニ顕教歴劫一示ニ不久現証一　と云へり
12	『開迹顕本宗要集』（『隆教』1・83）	慈覚大師より之に背き真言を以て本門の上に置き三種教相の第三の上に真言を置きて、手作りに四種教相を立てて謗法と成り三五の遠塵に迷惑して、結句誹謗を致して、三乗の近情を破さんが為に三五の遠事を説く等と云へり。
13	『開迹顕本宗要集』（『隆教』1・425）	慈覚の金剛頂経の疏に云く、彼久遠仏者只是此経毘盧遮那仏也不レ可異解、又彼経為レ破ニ三乗近情一仮説ニ遠事一此経破ニ顕教歴劫一示ニ不久現証一と云へり。
14	『開迹顕本宗要集』（『隆教』1・447）	覚大師も彼経為レ破ニ三乗近情一説ニ遠事一此経為レ破ニ顕教歴劫一示ニ不久現証一と釈し給へり。
15	『開迹顕本宗要集』（『隆教』3・178）	覚大師の釈の如く三乗の近情を破さんが為なり。
16	『開迹顕本宗要集』（『隆教』4・431）	かかる殊勝なる時を三乗の近情を破せんが為なりと一辺に取るは誤りなり。
17	『開迹顕本宗要集』（『隆教』5・283）	慈覚大師は此の玄旨に迷惑して金剛頂経疏（巻第三）に彼久遠仏只是此経毘盧遮那仏、不レ可ニ異解一、又彼経為レ破ニ三乗近情一偏説ニ遠事一、今此経為レ破ニ顕教歴劫一示ニ不久顕説（正蔵本、現証）一、等と云て唯だ三乗の近情を破せんが為に三五遠事を説くとばかり意得たるは大僻見なり云云。

番号	著述	『正蔵』	本文	引用書	引用文
18		『正蔵』61・7 c	三密結要。諸経所レ無。五智奥源唯在二此教一。	『私新抄』（『宗全』8・228）	金剛頂経疏云**三密ノ結要ハ諸経ニ無キ所、五智奥蔵唯在此経**ト云ヘリ、此ノ文ハ三密加持ノ即身成仏限ルト二真言宗ニ一見ヘタリ
19	安然『真言宗教時義』（真）	『正蔵』75・403 c	金剛頂疏述二師説一云。法華明二久遠成仏一。此経明二頓証成仏一。二説雖レ異実是一仏。	『法華宗本門弘経抄』（『隆全』8・621）	天台学者の義に云く、**金剛頂の疏に師説を述べて云く、法華経明ニハシ二久遠成仏ヲ一此経明ニハス二頓証成仏ヲ一二説雖レ異、実是ナリトニレ一仏ナリ**文
20	『金剛頂大経王経疏』か	『正蔵』61・39 b	二仏不レ異。是故大唐大興善寺阿闍梨云。彼法華久遠成仏。只是毘盧遮那仏。	『法華宗本門弘経抄』（『隆全』9・364）	蘇悉地経の疏に云く、**二仏不レ異是故大唐大興禅師阿闍梨、彼法華久遠成仏只是此経毘盧遮那仏也**云云
21	『蘇悉地羯羅経略疏』（真）	『正蔵』61・389 a	『蘇悉地羯羅経略疏』の書名のみ	『法華宗本門弘経抄』（『隆全』9・351）	日本国に帰朝し、叡山の東塔止観院の西に総持院と申す大講堂を立て御本尊は金剛界の大日如来、此の御前にして大日経の善無畏の疏を本として、金剛頂経の疏七巻、**蘇悉地経の疏七巻**、已上十四巻を造る
22				『法華宗本門弘経抄』（『隆全』9・354）	此等の諸御抄の文、其の中に慈覚大師の**蘇悉地経の疏**の会通肝心なり
23				『法華宗本門弘経抄』（『隆全』9・354）	**蘇悉地経の疏**の五種の秘密の文を当宗より会通の事付たり三密の事 五種の妙行に約して之を談ずる事
24				『法華宗本門弘経抄』（『隆全』9・354）	疑ふて云く、撰時抄御引用の**蘇悉地経の疏**の顕示教秘密教、理秘密事理倶密の真言法華勝劣の会通をば、当門流としては如何が之を会すべきや。

No.	著者・書名	出典	本文	日隆引用書	日隆の文
25				『法華宗本門弘経抄』（『隆全』9・360頁）	慈覚大師之を知らずして真言門に移り謗法と成る**蘇悉地経等の疏**を造り、真言経は事理倶密、法華経は唯理秘密等と謬乱し玉ふなり。
26				『法華天台両宗勝劣抄』（『法華宗全書　日隆1』99）	軈て**金剛頂経・蘇悉地経の二経の疏**を造りて、理同事勝の釈を設けて、山門乃至天下に弘む。
27		『正蔵』61・401 b	然於二成仏一有二二種義一。謂凡位成仏。聖位成仏。	『私新抄』（『宗全』8・225以下）	**覚大師ノ蘇悉地経疏ニ云、於二成仏一有二二種義一、謂ク凡位ノ成仏、聖位ノ成仏**ト云ヘリ
28		不明	不明	『法華宗本門弘経抄』（『隆全』9・367）	慈覚等の大師先徳之を見て、同等の釈を造るなり、彼の蘇悉地経の疏に**法華の久遠成仏と云ふも、久遠の法身の方を取って同ぜしむるなり**
29	安然『真言宗教時義』（真）	『正蔵』75・439 a	蘇悉地疏云。教有二二種一。一顕示教。謂三乗教。世俗勝義未二円融一故。二秘密教。謂一乗教。世俗勝義一体融故。秘密教中亦有二二種一。一理秘密教。謂華厳般若維摩法華涅槃等。但説二世俗勝義不二一。未レ説二真言密印事一故。二事理倶密教。謂大日経金剛頂経蘇悉経等。亦説二世俗勝義不二一。亦説二真言密印事一故云云	『法華宗本門弘経抄』（『隆全』9・351以下）	金剛頂経の疏七巻、蘇悉地経の疏七巻、已上十四巻を造る、此の疏の肝心の釈に云く**教有二二種一一顕示教謂三乗教世俗勝義未二円融一故二秘密教謂一乗教世俗勝義一体融故秘密教中亦有二二種一一理秘密教、謂華厳般若維摩法華涅槃等但説二世俗勝義不二一未レ説二真言密印事一故二事理倶密教、謂大日経金剛頂経蘇悉経等亦説二世俗勝義不二一亦説二真言密印事一故等**云云

	書名	所在	引用文	引用書	内容
30	『法華迹門観心絶待妙釈』(未)	『仏全』24・64b以下	彼法相宗立二四智一者。大円鏡智。平等性智。妙観察智。成所作智。亦名二成力作智一。彼倶舎宗立二四智一者。我生已尽智。梵行已立智。所作已弁智。不受後有智。又名智。又名二無碍一。解法無碍。解辞無碍。解義無碍。解弁無碍。解無退智為レ性。真言宗。天台宗。立二五智一者。法界性智縁二中道遮照境一。	『法華天台両宗勝劣抄』(『法華宗全書　日隆1』146)	されば慈覚の御釈、迹門観心妙と云う文に、**「法華宗に四智を立つとは、大円境智・平等性智・妙観察智・成所作智、真言・天台に五智を立つとは、法界体性智は中道遮照境を縁ず（後略）」**と云えり。
31				『法華天台両宗勝劣抄』(『法華宗全書　日隆1』146)	**「故に真言・天台に五智を立つる」**とは判ずるなり。
32				『法華天台両宗勝劣抄』(『法華宗全書　日隆1』150以下)	次に、覚大師の四智五智の釈に至っては、この事は大謗法、大邪見、大僻見の虚言を云い出だしたるなり。この文は慈覚の御釈、迹門観心妙と云う文にこれあり。この正本は**「法相宗立四智者」**とあるを、「相」の一字を虫の喰(くら)いてこれあるを押して、「華」の字なりと移し取って、世に流布の要文集に「法華宗立四智者」と書き付けて、法華宗は劣り、天台宗は勝ると云いて、法華経を捨てて真言に同じ、真言止観同と云う事を云うなり。
33				『開迹顕本宗要集』(『隆教』4・496)	されば慈覚大師は**法華宗立二四智一天台真言立二五智一**と釈したまへり等と相承する時は、法華経迹本両門の迂廻入の外に別に止観観心の重の直達円頓の機これあるべしと覚えたり、如何。
34				『開迹顕本宗要集』(『隆教』4・499)	次に慈覚大師の釈と号して法華宗立四智者と云ふは、正本は**法相宗立四智者**にてあるを、余りに法華経より止観真言勝れたりと云ひたがって相の字を華の字に申し成して天下一同に謗法と成り畢んぬ。

番号	典籍	出典	引用文	日隆著作	本文
35				『開迹顕本宗要集』（『隆教』5・129）	尋ねて云く、迹門観心絶待妙［慈覚釈］に云く、**法華宗立ニツトハ四智ヲ一者**乃至**真言宗天台宗立ニツトハ五智ヲ一者**後略と判じたまふ。
36				『開迹顕本宗要集』（『隆教』5・129）	答ふ、日存聖人の仰せに云く、我山門に登山の時、不思議の縁に依り山上の御経蔵の正本の迹門観心絶待妙の直本を見るに、**法相宗立四智者**と書かれたる相の字をむしがくうて（虫が食うて）候を前後を能く〳〵見れば法相宗に四智を立つと釈せられて候を、余りに止観・法華の勝劣を言ひたがりて相の字を華の字にてありと虚言して一天下の諸本に法華宗と書きて諸人を謗法と成すなり。
37		『仏全』24・69a	今日以前唱ニ四十一位八相一。今唱ニ妙覚八相一。	『法華宗本門弘経抄』（『隆全』5・589以下）	答、之れあり。経に云く、是十六沙弥具ニ足シテ行ニ仏道ヲ一今現ニ在テ十方ニ一各得レ成ニスルコトヲ正覚ヲ一文　既に具足といふ、妙覚なるべしと聞へたり、仍て本朝大師の釈の中に今の文を引ひて**今日以前唱ヘ二四十一地ノ八相ヲ一今唱ニ妙覚ノ八相ヲ一**と云へり。
38	『法華本門観心十妙釈』（未）	『仏全』24・78a	今本十妙有ニ二妙一者。義推スルニ本仏必是浄土浄機。故於ニ法華一下ヒヌレハ入ニ於涅槃一。	『開迹顕本宗要集』（『隆教』3・290）	**義推とは本門に十妙を釈す、本涅槃妙と云ふは本門の経文にこれあるを引て本門に涅槃妙あれば久遠の諸仏等も法華を説いて入涅槃したまふと経文より義推するなり**云云。一義に云く、最初実成の成道は自行内証の成道なれば、自行の辺は必ず是れ浄土なるべしと義准するなり云云。此の事覚大師の本門観心妙及び安然の会異融通集に釈したまふ事これあり云云。

39	『俗諦不生不滅論』（真）	『仏全』24・94 b	法華云二世間相常住一故。亦本来寂滅相故。	『法華宗本門弘経抄』（『隆全』8・590）	時に覚大師之を受けて一巻の書を造り是れを俗諦不滅義と名く、此の書に俗諦不生不滅の義を成立し玉ふに、**「是法住二法位一世間相常住」**の文及び**「諸法従レ本来常自寂滅相」**の文を引き玉へり。
40				『法華宗本門弘経抄』（『隆全』9・548）	此の迹門の三身の本尊は所依常の報応なる故に、随つて所依常の**「世間相常住」**なり、されば覚大師此の文を引ひて俗諦常住の義を証し玉へり
41				『開迹顕本宗要集』（『隆教』3・344）	天台宗の義に云く、覚大師は俗諦常住の旨を証せんとして**世間相常住**の文を引き、常住は三世に亘る。三世常往なれば俗諦常住なり。
42				『開迹顕本宗要集』（『隆教』5・91）	慈覚大師は一巻の文を造り、**法華経の世間相常住**の文を引いて俗諦常住の義を委悉に書きたまへり。
43				『開迹顕本宗要集』（『隆教』3・451以下）	釈に実相必ズ諸法、諸法必ズ十如、十如必十界、十界必身土と判ぜり。身土実相と云ふ。豈に俗諦常住の義にあらずや。されば次下に**是法住法位世間相常住**と云へり。此の文を覚大師、俗諦常住の文証なりと称歎して真言に同じて俗諦常住の義を成したまへり。
44	『妙義口伝集』（偽）	『日蔵』79・318 a	寂光土有二幾門一耶。答曰。有二四問一。云云 問。其四門者何等耶。答曰。一法性一味門。二利益衆生門。三三身分別門。四悟有浅深門也。云云	『開迹顕本宗要集』（『隆教』1・171）	次ニ本朝大師の釈の中に寂光土の三身利益衆生これありと釈し給ふ事これあり。謂ゆる**寂光に四門あり、一には法性一味門、二に利益衆生門、三には三身分別門、四には悟有浅深門なり。**
45				『開迹顕本宗要集』（『隆教』4・392）	覚大師妙義集に云く、**問曰、寂光土有二幾門一耶、答、有二四門一、問、其四門者何者耶、答曰、一法性一味門、二利益衆生門、三三身分別門、四悟有浅深門**云云。

番号	書名	出典	本文	日隆の著作	日隆の記述
46	『真言所立三身問答』（未）	『正蔵』75・53b以下。『仏全』24・105b以下	問。若爾。随機三身・理内三仏。其異如何　答。若就二随機三身一者。法身通二法界一。報身遍不遍。応化但一世界等。故仏地論云。受用身土略有二二種一。一自受用。謂諸如来三無数劫所レ修無辺善根所感。周二遍法界一為二自受用一大法楽故。従レ初得レ仏尽二未来際一相続無変。如二諸仏功徳一諸菩薩亦不レ能レ見。但可レ得レ聞。如レ是浄土以二無量一故。諸仏雖レ見亦不レ能レ測二其量辺際一。二他受用。謂諸如来為レ令下地上諸菩薩衆受二大法楽一進中修勝行上。随レ宜而現。或劣或大或小。改転不定。如二変化土一。如レ是浄土以レ有レ辺故。地上菩薩及諸如来皆測二其量一。但就二地前一言。不レ能レ測。由二是二種差別一故。言二周円無際渺然難測一也。理内三身者。三身倶遍二法界一無レ有二優劣一	『開迹顕本宗要集』（『隆教』1・155）	慈覚の釈に**随機三身と理内三身**とを釈して、爾前は随他意の故に随機三身なる間三身離明して遍せず、今経は随自意仏意内証の理内三身なる故に他受用已下の応化身も法身自受用の如く法界に遍すべしと云つて、果頭の開未開をも沙汰せず
47				『開迹顕本宗要集』（『隆教』1・165）	覚大師の理内三身、随機三身の遍不遍の事。 前唐院の釈に云く、**若説二随機三身一者法身遍法界報身遍不遍応仏但一世界理内三身者三身倶遍法界　無レ有二優劣一**と云へり。
48	最澄談・円仁記か『三平等義』（未）	『伝全』3・453	『三平等義』の書名のみ	『法華宗本門弘経抄』（『隆全』6・83）	慈覚の**三平等義**に沙汰あり云云

49		『伝全』3・460	問此六処授記。為如来記。為菩薩記耶。答論云。五是如来記。一者菩薩記。	『法華宗本門弘経抄』（『隆全』6・132）	私に云く、此の**六処の授記**と云ふことは、覚大師の三平等義と云ふ抄と智証の論記に之れあり
50	『五相成身私記』（不明）	不明	不明	『法華宗本門弘経抄』（『隆全』8・127）	覚大師の五相成仏の私記に、**地涌四菩薩即地水火風四大也**云云
51	伝源信『教観大綱』（偽）	『恵全』3・534	覚大師云。無作三身。住寂光土。三眼三智。知見九界。垂迹施権。後説妙経。令昔恩者。皆成仏道矣。	『開迹顕本宗要集』（『隆教』1・171）	覚大師は**無作三身住寂光土**と釈し給へり。
52				『開迹顕本宗要集』（『隆教』1・177）	**無作三身住寂光土三眼三智 知見九界垂迹施権後説妙経令昔恩者 皆成仏道**と云へる是なり云云。
53				『開迹顕本宗要集』（『隆教』4・82）	是れ皆**無作三身住寂光土三眼三智知見九界**の仏知仏見の鑑照、是れ本果体具の地涌菩薩界の照機、本有の功徳なり。
54				『開迹顕本宗要集』（『隆教』4・308）	覚大師云く、**無作三身住寂光土三眼三智 知見九界**云云。
55	安然『真言宗教時義』（真）か	『正蔵』75・376cか	十界之中其菩薩界常修常証無始無終。故有報身常満常顕無始無終。	『開迹顕本宗要集』（『隆教』3・190）	慈覚の御釈に**其菩薩界常修常証**等と釈したまふとこれ同じ。
56	『法命集』か	不明	不明	『法華宗本門弘経抄』（『隆全』8・676）	法命抄に云く、覚大師の御釈の中に、「**応生の菩薩は多れども執近の謂なし**」と文点を読み玉へり
57	不明	不明		『法華宗本門弘経抄』（『隆全』8・466）	**慈覚一生の作文章疏**の文体は、弘法大師と同ふして、伝教大師には大に異なるなり

No.					
58				『法華宗本門弘経抄』（『隆全』8・480）	総じては慈覚大師已来の大師先徳の其の名其の章疏の名を隠くして之を引くべし
59				『開迹顕本宗要集』（『隆教』4・205）	慈覚・智証等の御釈にも、真言経には頓証の義を明し、長遠劫数を明かさずと釈したまへり。
60				『開迹顕本宗要集』（『隆教』5・87）	覚大師の御釈にも始起の有情をば仮説分に判じたまへり、何ぞ実義なりと云ふべけんや。
61				『開迹顕本宗要集』（『隆教』5・89）	慈覚大師は無始無終なりと云ひ、五大院は有始無終と云へり。
62				『開迹顕本宗要集』（『隆教』5・261以下）	覚大師は三周声聞於観行位退円乗本解と釈したまへり。
63	その他　寛平親皇撰『慈覚大師伝』（真）	『続天史伝2』69 a	大師造二経疏。成功已畢。中心独謂。此疏通仏意否乎。若不通仏意者。不流伝於世矣。仍安置仏像前。七日七夜。翹企深誠。勤修行祈願。至五日五更夢。当于正午。仰見日輪。而以弓射之。其箭当日輪。日輪即転動。夢覚之後。深悟通達於仏意。可伝於後世。	『法華宗本門弘経抄』（『隆全』9・352）	大師（慈覚）の伝に云く、大師造二経疏成功已畢心中独謂此疏通仏意否乎若不通仏意不流伝於世矣仍安置仏像前七日七夜。翹企深誠勤修祈請至五日五更夢当于正午仰見日輪而以弓射之其箭当日輪日輪即転動夢覚之後深悟通達於仏意可伝於後世等云云（中略）

第三項　『金剛頂経疏』

日隆が引用する円仁の著述の中で、最も多いものが『金剛頂経疏』である。『金剛頂経疏』とは、不空訳の『金剛頂経』を注釈したもので、古来より台密東密両家の学徒が依憑し尊重していたとされている。また、『法華経』の久遠実成説とこの経の不久現証説とを通釈して釈迦・大日は一仏であるとしており、台密独特の教相を説いていることが指摘されている。(16) 日隆が引用する『金剛頂経疏』は、書名のみの引用が五箇所、実際に引用がなされたものが一四箇所（【表13】20を『金剛頂経疏』の引用と認めた場合）、安然『真言宗教時義』からの引用も一箇所見られる。(17) その中で最も引用が多い箇所は、久遠実成と大日如来を一仏とする「彼法華久遠成仏。只是毘盧遮那仏。不㆑可㆓異執㆒。又彼経為㆑破㆓三乗近情㆒。広演㆓遠事㆒。今此経為㆑破㆓顕教歴劫㆒。偏示㆓不久現証㆒。(18)」の文である。これらの引用箇所を列挙すると以下の通りになる。なお、番号は【表13】中の番号を指し、【表13】に掲載した箇所については太字傍線を施している。

10　次に彼の真言経には体用本迹の分斉を明して久遠の本迹を明かさざるなり、其の体用本迹とは、大日経に云く、大日遍照力微塵為㆓衆生㆒八相成示㆓現衆生㆒同受㆑苦云云　此の分の体用本迹をば迹中の諸経に之を明すなり、今経本門には久遠の事の本迹之を明す、之を以て経王の支証と為すなり、故に彼の真言経の理本と、今経の事本とを同ぜしむるは以ての外の謬解なり、**金剛頂経の疏に云く、彼法華久遠成仏只是此経毘盧舎那仏不㆑可㆓異解㆒**云云(19)

11　天台学者の義に云く、顕本に於て事理の顕本あり、理の顕本を以て正意と為すと口伝するなり、理の顕本とは「如来秘密」と云ふ秘密の無作三身たる住本顕本本覚の無作三身本迹未分根本法華の重、止観の本理の三千自受用本覚の顕本なり、此の重の顕本をば顕説法華の本門には之を明さず、唯止観真言のみ独り之を明すなり。

次に事の顕本とは十重顕本の中の破迹顕本の重にして、三乗近成の執を破さんが為めの故に本意にはあらざるなり、之に依て覚大師の釈に云く、彼久遠仏只是此経毘盧遮那仏不レ可二異解一又彼経為レ破二三乗近情一偏説二遠事一今此経為レ破二顕教歴劫一示二不久現証一と云へり、顕密一同して近成の執を破して事成の本をば正意とは為さゞるなり。(20)

12 故に天台智者一代諸経の能開所開に就いて三種教相を判じ、此の諸仏の本師の本門妙法蓮華経をば第三教相師弟遠本の重に之を置いて、三千五百塵劫、根本法華を以て能開と為し、第一経王と為す。此の三五遠本の本地を明さざる真言経、念仏三経等の諸経を以て所開下劣の経と為す。更に第三教相の根本法華の上に最上の大法これなしと定め給ふ。天台、妙楽、伝教の御義を、慈覚大師より之に背き真言を以て本門の上に置き三種教相の第三の上に真言を置きて、手作りに四種教相を立てて謗法と成り三五の遠塵に迷惑して、結句誹謗を致して、三乗の近情を破さんが為に三五の遠事を説く等と云へり。此の事は諸人迷乱の重なり云云。(21)

13 事理顕本の中には何れを以て本意と為すやの事。

之に付き、天台当家の不同之れあるべし。然るに天台宗の義に云く、事理顕本の中に事成顕本と云ふは、十重顕本の中の第一破迹顕本の重にして、迹の近情を破せんが為なり。是れ本意にあらざるなり。故に真実の本と云ふは理成顕本なり。此の理成顕本とは如来内証無作本覚の直体、如来秘密の法体法爾の本有本覚の三身、於二諸教中一秘レ之不レ伝する法界遍照の無始無終の三身なり。是れ住本顕本の重にして本有本覚たる止観の本理三千己心遍照の一身一念遍二於法界一の顕本なり。されば先徳云く釈迦如来久遠寿量皆在二衆生一念心中一と云へり。是れ理成顕本の体なり。又慈覚の金剛頂経の疏に云く、彼久遠仏者只是此経毘盧遮那仏也不レ可二異解一、又彼経為レ破二三乗近情一仮説二遠事一此経破二顕教歴劫一示二不久現証一と云へり。此の文は迹の近情を破する事成顕本は本意にあらず理成顕本を以て正意と為すと云ふ事顕密一同の義なり。されば本門の増損法身の益の時も事成の本より理成の本を以て本意と為すと見えたり。これに依って記の九に云く「若但只信二事中遠寿一何能令三此諸菩薩等増道損生至二於極位一二至故信二解本地難思境智一」と云へり。此等の顕密の大旨を以て理成顕本を正意となすと云ふなり。(22)

14　五百塵点の劫数は実事なり、仮説と云ふは誤りなり。天台宗には両辺なる様なれども、落居は仮説と云ふ義を本と為すなり。所以に顕本の実義と云ふは、如来の内証無作本覚秘密の三身法体法爾の重は、非因非果にして無始無終本有本来の法体として、万法己々法爾として塵々法々に理、智、慈悲の三身を具し、法界遍照して三千依正無作の三身なり。仏と云ふも法界遍照、衆生と云ふも無始久遠なり。故に尊形に顕し修因感果を為すと云ふは始覚なり。久遠とは本覚なり、本覚と云ふは三世遠近を立てず、三世一念にして非近非遠なれば、法界は法性一理にして始めもなく終りもなし無始法爾已已本分にして、唯万法天真として証智円明なり。此れを本覚と云ひ久遠と云ふ。不生を以て久と為すと釈して万法依正不生なるを以て久遠と云ふ。若し爾らば事成の本に初めあって又譬に五百塵点と斉限を存せば是れ迹門始覚の法なり。何程久々遠々なりとも始めあらば始覚仏なり。久遠本覚仏にあらず。故に経に事成の本をば仮説なりと云て、是我方便諸仏亦然と云て既に方便と云ふ、実事にあらずと聞えたり。事成の本は十重顕本の中の破迹顕本の一辺なり。且らく三乗の近情を破せんが為の故に真実の顕本にあらざるなり。されば覚大師も彼経為レ破二三乗近情一仮説二遠事一此経為レ破二顕教歴劫一示二不久現証一と釈し給へり。此の釈も事成の本は方便なりと見えたり。又智証大師の法華科文に、破レ執二近情一以顕二久遠本一と云へり。是れも五百塵点の遠寿は方便なりと釈し給へり。又天台大師の御釈も、然善男子我実成仏已来と云ふ下は、明二破レ執遺レ迷以顕二久遠之本一と釈し給ひ、此の下に法、譬、合の三文あり。此の文の意は事本の五百塵数は所表の方便なり、無始無終非近非遠無作三身を法文に顕したりと釈し給ひて、事成の本をば是我方便と宣べ給へり。経文、天台の御釈、及び慈覚智証等の御釈悉く事成の五百塵点は方便なり仮説なり、是れ五住煩悩を表示するなり、表示と云ふは仮説なり。(23)

15時節を久遠と云ふは破迹顕本の重なり。是れ真実の顕本にあらざるなり。**覚大師の釈の如く三乗の近情を破さんが為なり。**真実の顕本と云ふは住本顕本の重にして、如来秘密と云ふ法体法爾無作三身の重の本理の三千是れなり。(24)

16此の久遠の時は教弥実位弥下の大悲なり。**かかる殊勝なる時を三乗の近情を破せんが為なりと一辺に取るは誤りなり。**(25)

17是の故に本門久遠下種の名字・観行の四信・五品の人は、父は大王の中の総大王の長寿金剛智の下種なる故に、退失せざるなり。此の如く三五下種顕るれば、真言経・華厳経等の得道の地住已上の諸大菩薩の根本種子は過去久遠の寿量品の事三千の妙法蓮華経にあり。故に真言・華厳無得道と云ふなり。此の経王の深義を顕さんが為に仏は三五塵劫を説きたまへり。之に依て記の四（五〇ウ〜五一ヲ）に云く、況迹化挙二三千墨点一本成喩二五百微塵一本迹事希、諸教不レ説云云。疏の八（一五ヲ）に云く、今法華論レ法［母］一切差別融通帰二一法一、論レ人［父］則師弟本迹倶皆久遠、二門悉与レ昔反難レ信難レ解云云。釈（記十五二ヲ）に云く以二二乗成仏一（諸本、再生敗種）為二心腑一（原、符）、以二顕本遠寿一為二其命一と云へり。されば此の三五遠化の化道の始終・種熟脱を明すことなくんば余経の為に所開となるべく、此の三五下種を明す故に能開と為り、結句真言・華厳等の諸経が無得道と成るなり。**慈覚大師は此の玄旨に迷惑して金剛頂経疏（巻第三）に彼久遠仏只是此経毘盧遮那仏、不可異解、又彼経為破三乗近情偏説遠事、今此経為破顕教歴劫示不久現説**（正蔵本、現証）**、等と云て唯だ三乗の近情を破せんが為に三五遠事を説くとばかり意得たるは大僻見なり**云云。(26)

これらの引用文について検討すると、10では、『真言経』（『大日経』『金剛頂経』『蘇悉地経』の真言三部経などを言う）には諸経においても明かされる体用（体と用の並称で、諸法の本体・本質とその作用とはたらきを指し、仏身では法身と応身の関係となる）の本迹を明かしているに過ぎず、久遠の本迹をを明かしていない。そのため、久遠の本迹を明かす『法華経』本門は、経王となる証拠となり、『真言経』の理本と『法華経』の事本を同等とみなす証拠として『金剛頂経疏』の引用を示し批判している。

11は、天台宗の学者の義として、顕本において事と理の顕本があり、理顕本を正意と口伝している。理顕本とは、住本顕本本覚の無作三身本迹未分根本法華の重であり、止観の根本理法の一念三千自受用本覚の顕本であるとする。この理顕本は、顕説法華の『法華経』本門には明かさず、真言にのみ明かされたものとしている。また、事顕本は十重顕本（破迹顕本・廃迹顕本・開迹顕本・会迹顕本・住本顕本・住迹顕本・住非迹非本顕本・覆迹顕本・住迹用本・住本用迹）中の破迹顕本の重であり、あくまで始成正覚から久遠実成を明かすためのものであって、本意ではないとし、その証拠として『金剛頂経疏』を挙げている。この主張に対し日隆は、円仁の解釈はあくまで顕密一致を示し、久遠実成を正意とすることは実現できないと論断している。

12では、智顗が三種教相を立て、諸仏の本師である『法華経』本門において師弟の遠近不遠近の相を置き、三千塵点劫・五百塵億点劫の過去の本地を明かすことで第一の経王となることを再確認する。すなわち、三千塵点劫・五百億塵点劫の過去を明かさない、『真言経』や『浄土三部経』(『無量寿経』『観無量寿経』『阿弥陀経』)はあくまで所開の経となる。しかし、円仁は『金剛頂経疏』において、『真言経』を以て『法華経』本門の上に置き、三種教相の第三教相の上に真言を置くことで手作りの四種教相なるものを立てた。このことを日隆は問題視し、円仁の説は多くの人を迷わせる原因となっていることを危惧している。

13では、理成顕本・事成顕本いずれが本意であるかという問いを立て、天台宗の義は、法界遍照無始無終の三身である理成顕本を本意とする。その証文として円仁の『金剛頂経疏』を引用し、迹門の始成正覚を破して久遠実成を明かす事成顕本は本意ではなく、理成顕本を以て正意とする事で、顕教と密教とが同一の義であるとする。つまり、『法華経』本門の増道損生する法身の利益の時も、事成の顕本より理成の顕本を以て本意としている。

14では、当家では五百億塵点劫を実説とするが、天台宗では実説・仮説両説が存在しており、結果的に仮説を採用する。その理由として、塵点劫が仮説とすることは、顕本の真実の姿は非因非果で、無始無終・本有本来の法体として一切の事象の本来あるがままの姿で、理・智・慈悲の三身を具足した無作三身である。そうであるならば、仏は法界を遍く照らし、衆生は無始久遠となる。また、久遠とは本覚を指し、過去・現在・未来の三世の遠近を立てず、三世が一念にして非近非遠となるため、法界は始めも終わりもない本来あるがままの姿で、煩悩のない正しい智慧が円満した状態を言う。さらに、事成顕本には始めがあり、五百億塵点劫に斉限があるとするならば始覚仏となり、久遠本覚の仏でなくなってしまう。よって、事成顕本は仮説であり、方便であり、実事ではない必要があり、そのため事成顕本は十重顕本中、破迹顕本の辺であると結論づけている。その証文として、円仁『金剛頂経疏』、円珍『法華科文』、智顗の釈を引用することで、五百億塵点劫の過去は方便であり仮説とする説の証拠を提示していることが理解できる。

15では、時節を久遠と言う場合、破迹顕本を指し、真実の顕本ではないとして円仁の釈を引用する。そして、真実の顕本は住本顕本であって、「如来秘密」という法体法爾・無作三身の重である本理三千であると天台宗の義を示している。

16は、日隆によれば、久遠の時というものは、「教いよいよ実なれば位いよいよ下し」という偉大な慈悲心を与えられる時であると主張する。すなわち、久遠という、とりわけ勝れた時を三乗の近情を破すために説かれたと解釈することは、誤りであると批判している。

そして17では、『法華経』に明かされる三五下種が顕現されることで、『真言経』『華厳経』等による得道の根本種子は、『法華経』如来寿量品が説く過去久遠の事具一念三千の妙法蓮華経に帰結される。すなわち、『真言経』『華厳経』等は無得道の教えであり、『法華経』の久遠下種による得道を明かすために三千塵点劫・五百億塵点劫を説いている。その証拠として、『法華文句』『法華文句記』等を引用し、『法華経』は化導の始終・種熟脱を明かすことがなければ所開の経となるが、三五下種を明かす故に能開の経となる。その結果、三五下種を明かさない『真言経』『華厳経』等は無得道の教えとなる。しかし、円仁はこのことを知らず、始成正覚を破して久遠実成を顕すためだけに三五塵点を仮に説くと主張しており、大変な間違いを犯している証拠として『金剛頂経疏』の文を引用していると思量する。

以上、円仁の『金剛頂経疏』「彼の久遠の仏は只是れ此の経の毘盧遮那仏なり。異解すべからず。又彼の経には三乗の近情を破さんがために仮りに遠事を説く。此の経には顕教の歴劫を破して不久現証を示す。」の引用が見られる八箇所を確認してきた。11~17の文から窺えることは、日隆は、『法華経』如来寿量品に明かされる久遠本仏と『真言経』に説かれる毘盧遮那仏を同一とみなすことに対し、批判していることが看取できる。それは、智顗・湛然・最澄と受け継がれてきた教えを、円仁が法華より真言を立てることで智顗・最澄の教義に違背し、天台宗が謗法の教えへと堕ちてしまったことへの批判とも捉えることができる。

さらに、日隆が三五塵点劫解釈の問題について実説を強調する一方、仮説を強調する立場である円仁を批判する根拠として『金剛頂経疏』を意図的に引用した可能性も示唆される。なぜなら、円仁は『法華経』が三五塵点を明かす理由として、ただ三乗の近情を破すために仮に説いたと主張することに対し、日隆は幾重にも批判を加えていることからも推察できよう。

第四項　『蘇悉地経疏』

日隆が円仁の著述を引用する中で、『金剛頂経疏』に次いで多いのが『蘇悉地経疏』である。『蘇悉地経疏』は、唐の善無畏（六三七―七三五）が訳出した『蘇悉地羯羅経』に円仁が注釈を加えたものである。内容は仏部・蓮華部・金剛部の三部法について真言の持誦法則・潅頂・諸曼荼羅等を説明し、妙果を得るための種々の成就法を説いている。[27]日隆の引用する『蘇悉地経疏』は八箇所確認でき、書名のみの引用が六箇所、引用文として使用している箇所が二箇所、その内一箇所は引用箇所が不明である。また、安然が『真言宗教時義』中において『蘇悉地経疏』を引用した箇所が一箇所ある。[28]そこで、実際に日隆が『蘇悉地経疏』をどのように引用しているのかを見ると、以下の文を挙げることができる。

25 然るに此くの如く迹本両門の希有不思議の易行の三密明明たるを、慈覚大師之を知らずして真言門に移り謗法と成る蘇悉地経等の疏を造り、真言経は事理倶密、法華経は唯理秘密等と謬乱し玉ふなり。[29]

27 凡位聖位即身成仏事

私云覚大師ノ蘇悉地経疏ニ云、於成仏有二種義、謂ク凡位ノ成仏、聖位ノ成仏ト云ヘリ此ハ真言秘経ノ意ヲ以テ如此判ジテ、凡位成仏ハ真言ノ正意ナル旨ヲ釈シ玉ヘリ、此ノ於凡位聖位分別重重ノ意可有之云云、天台宗ノ意ハ三周義与即身義倶聖位ノ即身成仏、止観ノ六即義ハ凡位即身成仏ト云ヘリ、此ノ凡位者名字観行ノ位ナルベシ、初住已上聖位即身成仏也、如此天台真言等ニ雖分別之、以当宗意見之、倶ニ聖位成仏也、真実ノ凡位即身成仏者本門ニ可明之、本門ハ一向ニ為滅後、故ニ本門ノ正機ハ流通末法ノ凡夫愚人ナルベシ[30]

29金剛頂経の疏七巻、蘇悉地経の疏七巻、已上十四巻を造る、此の疏の肝心の釈に云く教有二種顕示教謂三乗教世俗勝義未円融故二秘密教謂一乗教世俗勝義一体融　故秘密教中亦有二種一理秘密教、謂華厳般若維摩法華涅槃等但説世俗勝義不二未説真言密印事故二事理倶密教、謂大日経金剛頂経蘇悉経等亦説世俗勝義不二亦説真言密印事故等云云

釈の心は法華経と真言の三部との勝劣を定めさせ玉ふに、真言の三部経と法華とは所詮の理は同じく一念三千の法門なり、然れども密印と真言等の事法は法華経に闕けてをはせず、法華経は理秘密、真言の三部経は事理倶密なれば天地雲泥なりと書れたり[31]

25の引用は、『蘇悉地経疏』の書名のみが見られる。日隆によると、『法華経』迹門・本門の希有で不思議な易行の三密（秘密の三業、身密・口密・意密）が明らかであることを円仁は理解せず、真言の教えに移り謗法の書である『蘇悉地経疏』を作成した。その中では、『真言経』は事密と理密が具備しており、『法華経』は理密のみ説くことから、『法華経』が『真言経』より劣っていると解釈することは、誤りであると指摘している。

次に27では、「凡位と聖位の即身成仏の事」と題し、『蘇悉地経疏』を引用し、円仁は成仏において凡位と聖位の二

種類の成仏があるとしている。これは『真言経』の意を以て解釈すると、凡位の成仏は真言の正意であるため、凡位・聖位の違いがあることを心得る必要がある。また天台宗の意としては、三周説法（法説周・譬説周・因縁周）による成仏義と即身成仏の義は、共に聖位の即身成仏であり、止観の六即（理即・名字即・観行即・相似即・分真即・究竟即）の義は凡位の即身成仏とする。ここで言う凡位とは、名字即・観行即の位であり、初住以上の位は聖位の即身成仏であり、天台宗・真言宗等では、凡位・聖位の即身成仏を分別して捉えている。

一方、法華宗では、凡位・聖位の成仏は共に聖位の成仏になるとしている。その上で、真実の凡位の即身成仏とは、『法華経』本門に開顕されたもので、本門は一向に滅後の為にある法門であるとし、本門において正しく仏の教法を受け入れるべき機根は、流通末法の凡夫であり愚人であるためであると規定している。

さらに29の場合、『蘇悉地経疏』には確認できず、類似した文として安然『真言宗教時義』が挙げられるが、これを日隆が引用したのか否かについては不明である。ここでは一応、『蘇悉地経疏』に分類し解釈すると、『蘇悉地経疏』では観心釈を引用し、台密の立場より法華と真言の比較をしている。この引用文によると、教には顕示教と秘密教があり、顕示教は三乗教であるが、世俗諦（世間一般に認められている道理のこと）と勝義諦（世俗の真理に対する出世間の真理のこと）とが円融することができないとする。また、秘密教とは一乗教であり、世俗諦と勝義諦とが一体となるために、秘密教の中に二種類存在する。具体的には、理秘密教と言い、華厳・般若・法華・涅槃等を指し、世俗諦・勝義諦の不二を説くが、真言密印を説いていない教えである。二つ目は事理倶密教と言い、『大日経』『金剛頂経』『蘇悉地経』等を指し、世俗諦と勝義諦の不二を説き、さらには真言密印も説くと解釈している。日隆によれば、『蘇悉地経疏』の注釈の心は、『法華経』と『真言経』との勝劣を定めるためのもので、所詮の理は両者とも一念三千の法門である。しかしながら、密印と真言等の事相の法は、『法華経』には欠けて存在しておらず、『法華経』は理秘密、『真言経』は事理倶密の教えであるため雲泥の差があり、台密の立場である、『法華経』より『真言経』が勝れている証文として引用していることが理解できる。

これら『蘇悉地経疏』の引用から理解できることとして、日隆は『法華経』が『真言経』より劣っているとする説の根拠として、①理密・事密の問題、②凡位・聖位の成仏の問題、③顕示教・秘密教の問題等に焦点を当て解釈を加えていることが分かる。すなわち、これらの問題について、『法華経』の超勝性を示すための比較対象として、円仁の『蘇悉地経疏』を引用しているのではないだろうか。

第五項　『法華迹門観心絶待妙釈』（未）

『法華迹門観心絶待妙釈』の引用が見られる箇所は七箇所であり、いずれも同一箇所からの引用である。『法華迹門観心絶待妙釈』の内容としては、『法華玄義』迹門十妙の観心釈であるとされている。(32) そこで実際に日隆が引用する主な箇所を確認していくこととする。

30 **されば慈覚の御釈、迹門観心妙と云う文に、「法華宗に四智を立つとは、大円境智・平等性智・妙観察智・成所作**
31 **智、真言・天台に五智を立つとは、法界体性智は中道遮照境を縁ず（後略）」と云えり。**この文分明なり。纔（わずか）に法華宗と云う分は、猶中道智、法界体性智を明かさず、四智空仮の分斉を明かす。恐らくは別門に同ず。「四智心品は所依常なるが故に」の宗旨なり。尤も、法華宗を捨てて天台宗の分に就きて、止観根本法華、本迹未分、二夜不説の秘密甚深の極理を解行して、天台宗に入るべしと云う釈義なり。仍って法華宗と云う辺は、傍依の方便なり、天台宗と云う分は、正依実説の宗旨なり。この天台宗の重と真言宗の重とは合同なり。**「故に真言・天台に五智を**

立つる」とは判ずるなり。又真言宗と法華宗とは大に勝劣これあり。故に天台宗には、慈覚より已来、天台止観をもって真言に同じ、顕密一致の天台宗を弘通するなり。(33)

32 次に覚大師の四智五智の釈に至っては、この事は大謗法、大邪見、大僻見の虚言を云い出だしたるなり。この文は慈覚の御釈、迹門観心妙と云う文にこれあり。この正本は「法相宗立四智者」とあるを、「相」の一字を虫の噉いてこれあるを押して、「華」の字なりと移し取って、世に流布の要文集に「法華宗立四智者」と書き付けて、法華宗は劣り、天台宗は勝ると云いて、法華経を捨てて真言に同じ、真言止観同と云う事を云うなり。かかる虚偽を云い出だす者の、忽ちに堕獄せざるは不思議なり。この事余りに不審なるに依っての故に日存聖人は縁を取って直ちに彼の所に行きて、慈覚大師の御経蔵の正本を披覧あれば、法相宗の相の字を虫の噉ってある事は疑いなきなり。然るに、その前後に明らかに法相宗とこれありと仰せらるる事を、直ちに聴聞仕り畢ぬ。(34)

36 日存聖人の仰せに云く、我山門に登山の時、不思議の縁に依り山上の御経蔵の正本の迹門観心絶待妙の直本を見るに、法相宗立四智者と書かれたる相の字をむしがくうて（虫が食うて）候を前後を能くく見れば法相宗に四智を立つと釈せられて候を、余りに止観・法華の勝劣を言ひたがりて相の字を華の字にてありと虚言して一天下の諸本に法華宗と書きて諸人を謗法と成すなり。(35)

これらの文を確認すると、30、31では『法華迹門観心絶待妙釈』に、法華宗では四智（大円境智・平等性智・妙観察智・成所作智）を立てることに対し、天台宗・真言宗では、法界体性智（密教で立てる五智の一つで、大日如来の智慧のこと、第九・菴摩羅識を転じて得る智慧で、究極的な実在そのものを現す智）を加えた五智を立てるとした引用が見られる。その中で法華宗は、猶中道智や法界体性智を明かさず、四智は空諦・仮諦を明かすとし別門と同様であるとしている。また、法華宗を捨て天台宗に就くことは、止観勝法華劣として二夜（釈尊が覚りを開いた夜と入滅した夜。ここでは釈尊一代の説法を指す）不説である本迹未分根本法華を採り、秘密甚深の極理を理解・修行して天台宗に入るべきであるという釈義である。これに依るならば、法華宗は傍依の方便であり、天台宗は正依実説の宗派であると判じることができ、天台宗と真言宗の重を同一とみなすため、「真言・天台に五智を立てる」と判じることが可能である。しかし日隆によれば、真言宗と法華宗とは大いに勝劣があり、天台宗は円仁以来、天台止観を以て真言と同じとみなすことで、顕教と密教が一致した天台宗を弘通していると批判している。

また、32、36では円仁の四智五智の解釈について、大変な誤りが存在しているとしている。『法華迹門観心絶待妙釈』の正本では「法相宗立四智者」とあるのを、世に流通している要文集では「法華宗立四智者」と書き換えて、法華宗は劣り、天台宗・真言宗は勝れていると主張している。このような解釈が起こる原因として、日存が円仁の経蔵の正本を披見された際、法相宗の「相」の字が欠けていたことを日隆は聞き及んでいたことが記されている。よって日隆は、当時、止観と法華の勝劣を主張せんがために、これらの諸本を採用している状況に対し、強い憤りを感じていたことが窺える。

日隆は、「法華宗立四智者」の文をそのまま解釈し、天台宗・真言宗が勝れ、法華宗が劣るとする説に対し批判する視点と、「法相宗立四智者」の文を「法華宗立四智者」と改竄し、止観と法華の勝劣を加える当時の先師について批判する視点があることが理解できる。

第六項　恵心僧都源信『教観大綱』（偽）

日隆が円仁の文を引用する際、円仁の著述を直接引用することが多数を占める。しかし、円仁の著述には確認できず、他の先師の著述から円仁の説として引用していると思われる箇所が少なからず存在する。具体的には、先に触れた【表13】19、29安然『真言宗教時義』の他、伝源信『教観大綱』である。『教観大綱』の引用と思われるものは、【表13】51～54の四箇所確認でき、52、53では、「無作三身は寂光土に住す。」と引用する箇所において、「円仁云く」等といった文言は存在せず、日隆が円仁の文として引用したかどうかも不明である。また、日隆がこれらの引用文を採用する著述は、『開迹顕本宗要集』であることも注意を要する。なぜなら『開迹顕本宗要集』は、天台宗の宗要を日隆が当宗の立場より解釈を加えたものである。例えば51に、「他受用応化身は寂光土に遍するやの事。[36]」と題した問いに対し、その回答としての引用であることからも理解できよう。よって、これらの前提を踏まえ、以下、日隆の引用について検討していきたいと思う。

51**覚大師は無作三身住ハス二寂光土ニ一と釈し給へり。**既に十界三千万法寂光土にあり凡聖本有常恒なり。何ぞ他受用応化身遍せずして之を闕くべきや。[37]

51において日隆は、他受用応化身は寂光土に遍くとした立場より、円仁の「無作三身は寂光土に住す。」という文を引用し、その上で、

今は何にも本門寿量の無作三身の上にて寂光に遍すると遍せざるとを論ずべきものなり云云。[38]

と述べ、『法華経』如来寿量品の無作三身の上において、寂光が遍するか否かを論じなければならないと注意を促している。

次に54によると、「無作三身共に虚空を座と為し寂光土に居するや。(39)」という問いを設け、天台宗の義として円仁の説を引用している。

54　天台宗の義に云く、教門の所談には三身四土能居所居差別して之を論ずと雖も、今経開顕の実義顕れば三諦三観円融して三千万法一念に居し、三身四土互具相即して無作三身の覚体顕れ、虚空為座して常寂光土に居すと云ふ事、宝塔品已下の儀式に分明なり。（中略）如之、覚大師云く、無作三身住寂光土以三眼三智知見九界云云。此等の文理顕然なり。(40)

54では、天台宗の義として、教相門を論談するには三身四土（凡聖同居土・方便有余土・実報無障碍土・常寂光土）、能居所居を区別して論じなければならないとする。しかし、『法華経』開顕の実義が顕現すれば、三諦（空諦・仮諦・中諦）三観（従仮入空観・従空入仮観・中道第一義観）は円融することで三千万法が一念に居し、三身四土も互具相即して無作三身の覚体が顕れ、虚空を座となして常寂光土に居す。この事は、『法華経』見宝塔品以下の儀式に明らかであるとしており、日隆はその論を補強するために円仁の説を引用していると思われる。

さらに日隆は、三身において本迹の不同があるとも指摘している。

迹門の意は法身実相の辺は開権顕実する間爾前と異なりと雖も、報応果頭開顕を明さざる辺は爾前と之れ同じ。疏の九、記の九に迹門義同と釈せり。されども法身所依常に約して相即三身を明す。相即三身の辺にて虚空為座常寂光義を宝塔品より之を明す。(41)

日隆によれば、迹門の三身の意は、法身実相の辺において開権顕実する間は爾前経とは異なると言えるが、報身・応身の果頭開顕を明かさない辺においては爾前経と同様であるとしている。しかし法身を依り所に約すと、相即三身を明かすということになり、相即三身の辺において見れば、虚空を座となし常寂光の義を『法華経』見宝塔品以下に

おいて明かしたということになる。また日隆は、

本門八品を説て要を以て上行に付し、本涅槃妙滅後下種唱導に譲与す。此の如き教弥実位弥下の無作三身、教弥実位弥下の事の虚空を座と為し、教弥実位弥下の事寂光本国土妙に住し、易修易行の事行の妙法蓮華経を以て末世の悪人に授け、知らず覚らず即身成仏して証道八相を唱へて無作三身の覚位に居し自然に虚空為座して事寂光本国土妙の浄土に住する事、是れ併ら信力経力なり。(42)

と述べ、本門の三身の意として、本門八品を説いて要法を上行菩薩に付嘱し、本涅槃妙・滅後下種唱導を譲与するように、「教弥実位弥下」の無作三身は事の虚空を座となし、事寂光・本国土妙に住し、易修易行である事行の妙法蓮華経を以て末法の悪人に授ける。そうすることで即身成仏し、証道八相（釈尊が結縁の深い衆生を救うためにこの世で示した八種の姿、降都率・入胎・出胎・出家・降魔・成道・転法輪・入滅）を唱えて無作三身の覚位に居して、自然に虚空を座となして事寂光・本国土妙の浄土に住するとし、このことは信力であり経力であると結論づけている。

日隆は、三身の寂光土の問題について解釈を行う際、天台宗の立場として円仁の「無作三身は寂光土に住す。」という文を引用していることが分かる。そして、そこから発展させ、本門八品の立場より三身の寂光土の問題を明らかにし、天台宗と当宗の相違について明確にすることを目的とするために引用したと推考する。しかし、管見の限り円仁の著述中に見える該当箇所は確認できず、『教観大綱』において一応確認できたが、日隆が実際に『教観大綱』を底本として引用したかどうかについても不明である。

第七項　その他の著述

これまで、『金剛頂経疏』『蘇悉地経疏』『法華迹門観心絶待妙釈』『教観大綱』について、日隆の引用箇所を確認し

てきた。ここでは、先に挙げた四書ほどの引用は見られないが、日隆が引用する円仁の著述について見ていくこととする。まず『法華本門観心十妙釈』においては、『法華玄義』の本門十妙の本涅槃妙について述べられた「本に涅槃の寿命妙を開くとは、久遠の諸仏の灯明、迦葉仏等の如きは皆、法華において即ち涅槃に入る。義推するに、本仏は必ず是れ浄土浄機なり。[43]」の文に、円仁が解釈を加えた箇所である。

38義推とは本門に十妙を釈す、本涅槃妙と云ふは本門の経文にこれあるを引て本門に涅槃妙あれば久遠の諸仏等も法華を説いて入涅槃したまふと経文より義推するなり云云。一義に云く、最初実成の成道は自行内証の成道なれば、自行の辺は必ず是れ浄土なるべしと義准するなり云云。此の事覚大師の本門観心妙及び安然の会異融通集に釈したまふ事これあり云云。[44]

円仁の釈によれば義推とは、本門十妙（『法華経』迹門の十妙を前提として、『法華経』本門の如来寿量品の開遠顕本・開迹顕本の義に基づいて、久遠本仏の妙を十重に開いて論じたもので、本因妙・本果妙・本国土妙・本感応妙・本神通妙・本説法妙・本眷属妙・本涅槃妙・本寿命妙・本利益妙の十妙）を釈したもので、その中でも本涅槃妙とは『法華経』本門の経説にあることを根拠として、本門に涅槃妙があるならば久遠の諸仏も法華を説いて涅槃に入ると推しはかることができる。また、釈尊の久遠実成の成道は浄土か穢土かという問題に対し、自行の辺においては浄土であると円仁・安然が主張する箇所の引用が見られる。このことに対し、日隆は以下のように述べている。

而るに本門の意は一向諸経に異にして浄穢不二娑婆寂光一体と談じ、能化の仏も所化の衆生も本覚を好み、結句界内外の諸浄土を去つて無始久遠より已来此の娑婆三界を取り娑婆寂光一体の本覚の本国土と為して父子天性を結び、九界の衆生も娑婆寂光一体の事寂光に住して本化の王子と成りて本因妙に居し、本果妙父大王の釈尊と父子十界の本因本果互融して本国土に住して、本時自行唯与円合の顕本事円事行の三千妙法蓮華経なれば、十界一

念四十一体娑婆寂光一如の本国土の事寂光なり。故に本実成の成道は浄穢不二の浄土なり。(45)

日隆によれば、本門の意は諸経とは異なり、浄土と穢土、娑婆世界と寂光土は不二一体であるとする。つまり、仏や衆生も久遠より此の娑婆世界の三界を取り、娑婆・寂光一体の本覚の本国土に父（本果妙）子（本因妙）が互融することで顕本事円・事行の一念三千・妙法蓮華経を証得すれば、十界一念、四十一体、娑婆寂光一如の本国土の事寂光となる。よって、久遠実成の成道は浄土・穢土不二の浄土でなければならないとし、円仁・安然の説を批判している。

次に、『俗諦不生不滅論』では五箇所の引用が認められるが、いずれの引用も『法華経』に俗諦常住を明かす根拠として『法華経』方便品の「是の法は法位に住して、世間の相は常住なり」(46)の文を挙げているため、本項ではその他の著述の引用内に集録することにした。

42**慈覚大師は一巻の文を造り、法華経の世間相常住の文を引いて俗諦常住の義を委悉に書きたまへり。**此の俗諦常住の文は迹門に出でたれども、其の義分は本門寿量に至極するものなり云云。(47)

42では、円仁は一巻の書物を認（したた）め、その内容は『法華経』方便品の「世間相常住」の文を引き、その文を根拠として俗諦常住の義を解釈している。しかし、俗諦常住の文は『法華経』迹門に示されているが、その真実の義は『法華経』如来寿量品において極み尽くされるものであると日隆は主張している。

さらに、寂光土は四教による不同はあるのかという問いを設け、天台宗の義として円仁の『妙義口伝集』を引用していることが見られる。

45　寂光土に於て四教の不同ありや。

天台宗の義に云く、心地の四教とは三千宛然本覚顕照の上に法爾の四教これあり。故に寂光土に於ても四教の不同あるべきなり。之に依て覚大師**妙義集に云く、問曰、寂光土有㆓幾門㆒耶、答、有㆓四門㆒、問、其四門者何者耶、答**

曰ク、一ニ法性一味門、二ニ利益衆生門、三ニ三身分別門、四ニ悟有浅深門云云。既に利益衆生門これあり。知るべし、四教の不同これあるべしと云ふ事顕然なり。

当宗の義に云く、寂光に於て迹本事理の不同これあり。謂く、迹中理寂光とは身土別なき故に四教の不同あるべからず。唯法界悉く不変法性の一理なり。

次に本門八品の本因本果本国土の娑婆即寂光の本覚の事寂光は本因本果本国土の十界身土宛然として迹仏・本仏の三身の分別これあれば、本化・迹化の利益衆生不同にして本化・迹化の悟に本有の浅深これある故に、涌出品の初に前三後三の差別を立て、迹化には広略二門の蔵通別の迹法を付し、本化には要法円頓の本門の大法を付す。故に本地妙法蓮華経の法性一味門の上に随縁真如事円三千の法体の折伏門を立てて不軽の立行を示す。是れ本国土妙事寂光土の四教不同の相なり。是れ即ち不変が上の随縁、不二が上の而二、摂受が上の折伏、本迹一致が上の本迹勝劣、四教一念が上の四教不同なり。(48)

45によると、天台宗の義として心地の四教とは、三千宛然として本覚顕照の上に法爾の四教があるとする。そのため、寂光土において四教の不同があり、その証文として『妙義口伝集』を引用し、寂光土にいくつの門があるのかという問いに対し、法性一味門、利益衆生門、三身分別門、悟有浅深門の四門があるとしている。

一方当宗では、寂光土において迹門・本門・事・理の不同があり、迹中の理寂光土では身土に区別がないために四教の不同はない。それは、法界は不変で諸法の真実なる本性の意を示し、本門の事寂光土では、迹仏と本仏の三身の分別があるため、本化と迹化の利益を被る衆生も不同であり、悟りにおいても浅深がある。また、迹化には迹門の法を付嘱し、本化には本門の大法を付嘱することによって、本地の『法華経』の法性一味門の上に随縁真如、事円三千の法体の折伏門を立てることは不軽菩薩の修行を明かしている。それと同時に、本国土妙・事寂光土の四教が不同である相を明かすことで、天台宗との相違を明確にしていることが理解できる。

『真言所立三身問答』では、随機（衆生の素質や能力にしたがって教法を説くこと）三身と理内三身について不遍か否かという問いに対し、円仁の引用がなされている。

47　覚大師の理内三身、随機三身の遍不遍の事。

前唐院の釈に云く、若説二随機三身一者法身遍法界報身遍不遍応仏但一世界理内三身者三身倶遍法界　無レ有二優劣一と云へり。天台学者此の文を消して云く、随機三身とは爾前所説の三身なり。理内三身とは無作三身の相なり。故に権機は法体の如く感見せざる故に仏身に際限あるなり云云。(49)

47では、理内三身と随機三身は不遍か否かについて、円仁の解釈では、随機の三身を説けば法身は遍法界、報身は遍不遍、応身は一世界であるとする。また、理内の三身は共に遍法界であるため優劣はないとしている。しかし、天台宗の学者は円仁の文を採用せず、随機三身は爾前経が説く所の三身であり、理内三身とは無作三身の相であると主張している。日隆は、円仁の説を採用しない当時の天台宗の学者に対し批判する姿勢が窺え、さらには、この解釈を受けて自説を展開する。

此の随機三身を以て果頭開顕三世益物の三身と名づく。是故説レ教多付二下根一なれば此の本門教弥実位弥下の随機三身の要法を以て如来出世の本懐と為すなり。此の如き久遠本覚の随機三身は爾前迹門に分絶えたり、故に永異諸経と云ふ。法体法爾法中論三の理内三身は通諸味と釈して還つて迹中諸味に通ずるなり、故に迹門の意に属するなり。此の故に理内三身の遍より随機三身の遍法界は悪世悪人に遍する故に最勝なり。(50)

この文では、随機三身を以て円教の教えである『法華経』を開顕するため、三世益物の三身とも名付けている。なぜなら、『法華経』を説くことは下根の衆生に要法を付嘱するため、本門による教弥実位弥下の随機三身の要法を釈尊出世の本懐であるとしている。また、法体はありのままであり、法中論三（法身・報身・応身の三身中、法身を表として仏身を論ずること）の理内三身は爾前迹門の辺であるため、随機三身こそが悪世悪人にとっては最勝の教えであるとしていることが理解できる。日隆は、随機三身と理内三身を同列とみる円仁よりも、円仁以降の天台宗の学者が主張する随機三身を爾前の三身、理内三身を無作三身とする思想を批判せんがために『真言所立三身問答』の引用がなされているものと推察する。

『三平等義』(51)の引用では、六処（十二因縁の第五支で、感覚能力や知覚能力の六根〔眼・耳・鼻・舌・身・意〕のこと）の授記についての記述が見られる。

49　**私に云く、六処の授記と云うことは、覚大師の三平等義と云ふ抄と智証の論記に之れあり**、諸御抄の意を以て之を会して此くの如く記すものなり、当宗としては、談義法談の時、言を顕にして覚大師已来の人師の釈を引くべからず、唯々或る大師或る人師、惑る先徳と引くべし、其の所造の抄名をも云ふべからず、但し呵責の時は其の人其の抄をも引くべきなり。(52)

49では、六処の授記について解釈する場合、『三平等義』と円珍の『法華論記』(53)を日蓮遺文の意を以て解釈すべきであるとする。また日隆は注意すべき点として、談義法談の際に論疏を引く場合、「ある大師」「ある先徳」等と引き、著述名についても伏せ、呵責する場合には著者や著述名を引くべきであると指南している。

さらに、50『五相成仏私記』(54)については、地涌の四菩薩を地水火風に割り当てる引用が見られるものの、円仁の著述としては管見の限り確認はできなかった。51～54では、伝源信『教観大綱』にその引用が確認できるが、日隆が『教観大綱』を根拠として円仁の釈を引用したかどうかについては不明である。55は、安然の『真言宗教時義』に類似の文が見えるが、円仁の釈としては見出すことはできなかった。56では、「法命抄に云く」とあることからも、日隆が所持していた『法命集』(55)を指すものではないかと思われる。そして、57〜62は、円仁の文として日隆は引用しているが、円仁のいずれの著述に該当するのかについては不明であった。

なお、63については、円仁の生涯としての引用が見られる。63は円仁の著述ではなく寛平親皇『慈覚大師伝』からの引用と思われ、円仁の教学思想については直接的に述べたものではないので紹介に留めておく。

小　結

以上、日本天台教学史上の円仁の評価を概観し、日隆が引用する円仁の著述について考察してきた。日本天台教学史上における円仁は、日本天台宗に生涯を尽くして真言密教を積極的に導入し、天台密教（台密）の基礎を築いた人物として評価されている。しかし、日隆にとって円仁は、智顗・湛然・最澄へと続く法脈を、真言を取り入れることで途絶えさせてしまったという事実を非常に重く受けとめ、批判を展開したのではないかと思われる。

また、日隆が円仁の著述を引用する場合、各著述ごとに批判内容の相違が見られる。これらをまとめると以下のようになる。

(一)『金剛頂経疏』では、①『法華経』よりも『真言経』を重要視する立場についての批判。②理同事勝についての批判。③円仁は法身正意を主張するが、日隆は報身正意の立場より批判。④塵点劫解釈の問題について円仁は仮説を主張するが、日隆は実説の立場より批判する等といった傾向が窺える。

(二)『蘇悉地経疏』では、①理密・事密の問題。②凡位・聖位の成仏の問題。③顕示教・秘密教の問題等について、それぞれ解釈を加え、『法華経』の超勝性を示すための要素の一つとして引用される。

(三)『法華迹門観心絶待妙釈』では、①「法華宗立四智者」の文言をそのまま解釈し、天台宗・真言宗が勝れ、法華宗が劣るとする主張に対し非難する。②「法相宗立四智者」の文を「法華宗立四智者」と改竄していることに触れ、止観と法華の勝劣を加える当時の諸師について批判を加えている。

（四）伝源信『教観大綱』において確認できる『蘇悉地経疏』の引用は、日隆が実際に『教観大綱』を底本としたのかについては不明である。この引用文では、三身の寂光土の問題について円仁は迹門の三身の意を以て解釈しており、本門の三身の立場より批判を加えている。

（五）『法華本門観心十妙釈』では、義推について述べた後、釈尊の久遠実成の成道は浄土と主張する円仁について、日隆は釈尊の成道は浄土・穢土不二の浄土であると主張している。

（六）『俗諦不生不滅論』では、俗諦常住の義について、円仁は迹門の立場より解釈しており、日隆は本門寿量品において至極する立場を採っている。

（七）『妙義口伝集』では、寂光土において四教の不同があるとする円仁の主張を、日隆は寂光土において迹門・本門・事・理の不同があるとする立場より、円仁の説に対し鋭く切り込んでいる。

（八）『真言所立三身問答』では、随機三身と理内三身について、日隆は理内三身は爾前迹門の辺であり、随機三身こそが釈尊出世の本懐であるとする立場より、随機三身と理内三身を同列とみる円仁の解釈を批判している。さらに、円仁以降の天台宗の学者が主張する随機三身を爾前の三身、理内三身を無作三身とする思想については、円仁以上に強く糾弾している。

（九）『三平等義』では、六処の授記について『三平等義』『法華論記』を日蓮遺文の意を以て解釈すべきであるとする。また、談義法談の際に論疏を引く場合、著者・著述名をあえて伏せ、呵責する場合には明らかにすると指南していることが注目できる。

これら日隆の著述に見る円仁の著述引用は、単に円仁を天台教学に真言を取り入れたとして批判するのではなく、理同事勝の問題、塵点劫解釈の問題、仏の三身の問題等といった各々の教学内容に触れ、その内容についての著述を拾い上げることで批判を展開していることが看取できる。その中でも特に、『金剛頂経疏』『蘇悉地経疏』の引用箇所が多いことからも、この二書を中心とした批判がなされていることが指摘できる。また、塵点劫解釈の問題については、『金剛頂経疏』を塵点劫仮説とする根拠の一つとして重要視したものであると推察する。

註

（1）日隆の円仁・円珍・安然における著述引用は、『CBETA 2014』、SAT『大正新修大蔵経』テキストデータベース、『統合システム』等を参考とした。
（2）『天台教学史』二九五頁以下。
（3）『日本天台史　正』三一六頁以下。
（4）『上古日本天台本門思想史』（平楽寺書店、一九七三年）二九〇頁。
（5）『正蔵』第六一巻所収。
（6）『正蔵』第六一巻所収。
（7）『仏全』第二四巻所収。
（8）『仏全』第二四巻所収。
（9）『仏全』第二四巻所収。
（10）『日蔵』第七九巻所収。
（11）『正蔵』第七五巻所収。
（12）叡山学院編『恵心僧都全集』（比叡山図書刊行所、一九二七年）第三巻所収。
（13）『正蔵』第七五巻所収。

(14)『続天』史伝2所収。
(15)円仁『諸仏掌中要決』(『日蔵』第七九巻三二頁b)、『義綱集』(『日蔵』第七九巻四三頁a)中に、「皆在衆生。一念心中。」の文が確認できるが、日隆は円仁の釈として引用していないようであり、『諸仏掌中要決』『義綱集』は引用を控えた。
(16)『仏書解説大辞典』第三巻四八六頁以下、『昭和現存天台書籍総合目録　増補版』上巻四三三頁、『補訂版　国書総目録』(岩波書店、一九八九年～一九九一年)第三巻六〇八頁。
(17)『正蔵』第七五巻四〇三頁c。
(18)『正蔵』第六一巻三九頁b。
(19)『隆全』第九巻三二七頁。
(20)『隆全』第一〇巻三〇頁以下。
(21)『隆教』第一巻八二頁以下。
(22)『隆教』第一巻四二四頁以下。
(23)『隆教』第一巻四四六頁以下。
(24)『隆教』第三巻一七八頁。
(25)『隆教』第四巻四三一頁。
(26)『隆教』第五巻二八三頁。
(27)『仏書解説大辞典』第七巻八頁以下、『補訂版　国書総目録』第五巻三三八頁。
(28)『正蔵』第七五巻四三九頁a。
(29)『隆全』第九巻三六〇頁。
(30)『宗全』第八巻二二五頁以下。
(31)『隆全』第九巻三五一頁以下。
(32)『仏書解説大辞典』第一〇巻七〇頁、『昭和現存天台書籍総合目録　増補版』上巻九頁、『補訂版　国書総目録』第七巻三四七頁。
(33)『法華宗全書　日隆1』一四六頁。

(34)『法華宗全書　日隆1』一五〇頁以下。
(35)『隆教』第五巻一二九頁。
(36)『隆教』第一巻一七〇頁。
(37)『隆教』第一巻一七一頁。
(38)『隆教』第一巻一七一頁。
(39)『隆教』第四巻三〇八頁。
(40)『隆教』第四巻三〇八頁。
(41)『隆教』第四巻三〇八頁。
(42)『隆教』第四巻三〇九頁。
(43)『正蔵』第三三巻七六五頁c。
(44)『隆教』第三巻二九〇頁。
(45)『隆教』第三巻二九〇頁。
(46)『正蔵』第九巻九頁b。
(47)『隆教』第五巻九一頁。
(48)『隆教』第四巻三九一頁以下。
(49)『隆教』第一巻一六五頁。
(50)『隆教』第一巻一六五頁以下。
(51)『伝全』第三巻所収。また『三平等義』の著者については諸説あり、『仏書解説大辞典』第四巻一〇五頁、『補訂版　国書総目録』第三巻八三一頁、上杉文秀『日本天台史』二三一頁では最澄作であるとしている。また、『昭和現存天台書籍総合目録　増補版』上巻一六七頁によると円仁記であるとし、浅井圓道『上古日本天台本門思想史』五五頁では最澄談・円仁記であるとしている。そうした中、日隆は『三平等義』を円仁の著述であるとみなしていたことは刮目できよう。
(52)『隆全』第六巻一三一頁。
(53)『仏全』第二五巻二二三頁。

(54)『仏書解説大辞典』第三巻二六八頁以下、『昭和現存天台書籍総合目録　増補版』上巻四一九頁、『補訂版　国書総目録』第三巻四八一頁。『五相成仏私記』は、最澄、覚超（九五五―一〇三七）、長宴、円珍のものは確認できるが、円仁のものは確認できなかった。

(55)『法命集』についての先行研究は、尾上寛仲「法命集について」（『天台学報』第二三号、一九八一年、尾上寛仲『日本天台史の研究』山喜房仏書林、二〇一四年再録）に詳しい。

第二節　智証大師円珍の著述引用

本節では、天台宗延暦寺第五代座主で、天台宗寺門派の派祖であり、円仁と同様に天台密教の一系列を形成した円珍について注目していきたい。そのための研究方法としては、円仁の場合と同様、まず日本天台教学史上における円珍についての先行研究を概観し、次いで日隆の著述より円珍の著述について抽出を試みる。そして、日隆がどのような意図をもって円珍の著述引用がなされたのかについて考察する。

第一項　近代日本天台教学史研究における円珍の評価

日隆における円珍の著述引用を考察する前段階として、円珍は日本天台教学史上、どのように評価されているのかを確認していく。そこで、島地大等『天台教学史』、上杉文秀『日本天台史』、浅井圓道『上古日本天台本門思想史』等といった先行研究を概観すると、以下のように記している。

爰に於てか円珍の本意たるや畢竟顕劣密勝にありと謂はざるを得ざるに至る。されど若し一歩退けてこれを他面より見る時は、『大日経指帰』の文は既に大日一経を方等部に摂すべしとする唐土の老宿が所説を破するの余勢を駆って以て斯る勝劣判をなしゝに非ざる無きやを思はざるを得ず。乃ち『顕密一如本仏義』の文に之を証するに、円珍は既に顕教の三身殊に法華の無作三身を以て大日の三身と同一視し、此の二全く同にして殊異にあらずと謂へり。故に此の立脚よりして円珍の意志を更に深く探求するときは、直に以て顕劣密勝を主張したりとは断じ難くして、寧ろ円仁が所謂る事理二密の判を襲用したりとするも、而も顕露の勝劣を分別したりとは云ふべからざるべし。(1)

島地大等氏によると、円珍の本意として顕劣密勝であるとする一方、他方面よりみると、『法華経』の無作三身を大日の三身と同一視していることから、ただちに顕劣密勝を主張したと結論づけることに難色を示している。また、事密・理密の二密判を兼用する面も見られるため、顕露の勝劣を分別したものとは言い切れないとしている。

次に上杉文秀氏によると、

> 慈覚の顕密二教を相承する外に別に新しい名目を列ねてをらぬけれども、其解釈に至っては稍審かにすることを得た。即ち大日経を方等部に摂する唐朝の説には甚だ慊たらずとして、広く之を論じて、大日経は終窮の極説、無上の法門であるとして、慈覚の一大円教の名を襲用した。更に一行の釈によって其経文を差排して、人空・法空・第一義空・仏性一乗秘密とし、之を次での如く阿含・方等・華厳般若大日に配属し、終に仏性一乗を顕説する法華涅槃よりも、秘密の大日経を以て諸経の上位に置き、頓覚成仏、入実相の法門は唯是れ此の大日経にありとしたのである。然れば智証大師は法華と大日とを融會して、顕密一致といふ所は伝教大師を承くるやうではあるけれども、其教相判釈の上に来っては法華を顕教の部に属して、独り大日真言を秘密の一大円教とし、自ら法華に対して勝劣を判定したのである。これ実に智証の慈覚より一歩進めたる所といふべきである。かくて飽くまで一行を承用してかの空海の十住心を排斥したことは、又自ら北嶺の面目を持ち天台一家の教相を守ったものといふべきである。(2)

と指摘する。上杉氏によれば、円珍は円仁の顕密二教を相承する他に新たな名目を列ねていないが、法華・涅槃よりも秘密の『大日経』を以て諸経の上位に置き、『法華経』と『大日経』を融合して顕密一致を採る点については最澄の説を承けるとする。また教相判釈の上では、法華を顕教の部に属して、大日・真言を秘密の一大円教であると規定し、勝劣を判じていることが円珍が円仁より一歩進めた点であるとしている。そして、あくまで一行を承用して空海の十住心を排斥したことは、比叡山の面目を保ったものであると結論づけている。
そして浅井圓道氏は、日蓮遺文に円珍が引用されることを指摘した上で以下のように述べている。

日蓮も指摘したように、山門と寺門との間には不和が続いたが、円珍自身には円仁に対する対抗意識は認められない。円珍は寛平三年十月二十八にちの遺制に「園城寺は延暦寺末寺也」（智全一三四九下）と念書している。もし万一この遺制が山門側で捏造されたものであったとしても、円珍は著作の随所に或時或処の講義を引用し、その教説を尊重したから、少くとも教学的には円仁への対抗意識はなかったと断定してよい。故に円珍はひたすら円仁の密教興隆の大方針に賛同して、台密を充実すべく終生努力したのである。(3)

浅井氏は、比叡山と園城寺では不和が続いたとされるが、円珍は円仁に対する対抗意識は認められないとしている。また、円珍は円仁の密教興隆に賛同し、台密を充実するために尽力したと指摘する。

以上、三師の先行研究を概観してきた。円珍は教判において顕密勝劣を判じたとされる一方で、法華と真言を融合し顕密一致を採る側面もあることが分かる。また、円仁との教学の差異はあまり認められず、台密の興隆・発展に尽くした人物であるということが理解できた。では次に、日隆は円珍をどのように捉えていたのかを、実際に日隆の著述より辿っていく。

第二項　日隆の引用する円珍の著述

ここでは実際に、日隆が円珍の著述をどのように引用しているのかを確認することで、日隆の引用する円珍の著述について整理していきたい。なお、円珍の著述についても散逸して伝わらないものも多く、真偽問題も孕んでいるため、真偽問題については先行研究に委ね、日隆が円珍の著述として引用したものは一応記載し、考察対象に入れておく。

日隆が引用したと思われる円珍の著述は、管見の限り、『阿字秘釈』一八箇所、『寿量品妙義』三箇所、『阿若集』一六箇所、『法華論記』一四箇所、『授決集』一二箇所、『辟支仏義集』二箇所、『玄義略要』二箇所、『法華嘱累問答』一箇所、『講演法華儀』六箇所、『円多羅義集』九箇所、『添品法華科文』一箇所の計八四箇所を数えることができる。また、これらを列挙した**【表14】**を作成し、これを基に日隆の引用が特に多く見られる『阿字秘釈』『寿量品妙義』『法華論記』『阿若集』『授決集』『円多羅義集』等を中心として日隆の引用箇所について見ていきたい。

【表14】日隆著述にみる円珍の著述引用一覧

番号	円珍の著述名	該当頁	円珍の文	日隆の著述名	日隆の引用文
1	『阿字秘釈』（偽）	『仏全』24・116a 『仏全』28・2b	如来本寿。非二久近一随レ機示レ有二久近量一。一念即是久遠劫。久遠即此一刹那。	『法華宗本門弘経抄』（『隆全』3・182）	此の文に六十小劫と云ふを開迹顕本すれば五十小劫なり、五十小劫を縮めば又八箇年なり、八箇年は即無量劫なり、釈に云く、**一念非二一念一即是久遠劫無量非二無量一即是一刹那** 文
2	伝源信『教観大綱』（偽）	『恵全』3・546	山王院云。如来寿量ハ非二久近量一。随テレ機ニ示現。有リ二久近量一。一念非二一念一。即是久遠劫。無量非二無量一。即是一刹那矣。	『法華宗本門弘経抄』（『隆全』5・35）	答、此の事天下第一の大僻見なり、此くの如き学者等、事の本迹を以て法華第一の経旨を顕すことに迷惑して、『本門と云ふは、**一念非二一念一即是久遠劫、無量非二無量一即是一刹那**と云ふ是れ真実の顕本本覚なり、されば久遠の二字を「モトノマヽ」と読む、是れ最上の口伝なり、真実の本門なり』と口伝して
3	伝源信『万法甚深最頂仏心法要』（偽）	『仏全』33・30a	釈ニ云ク。一念非ス二一念ニ一。即チ是レ久遠劫ナリ。無量非ス二無量ニ一。即チ是レ一刹那ナリト。云云	『法華宗本門弘経抄』（『隆全』5・35以下）	行者己心の観心の「**一念非一念即是久遠劫**」の「本迹雖殊不思議一」の己心実相の理本に執着して、経王を顕す事本に迷乱したる習ひ損ひの学者、かゝることを云ひ出して謗法を起すなり

No.	出典	本文
4	『法華宗本門弘経抄』（『隆全』5・377）	釈に**一念非一念即是久遠劫**文　此の長短は長短共に希有にして共に経旨なり、但し流通滅後の信行の最要は、定短を正と為すなり
5	『法華宗本門弘経抄』（『隆全』6・143）	示して云く、今経は三乗即一乗の十界互具界如三千の妙法なり、若し爾らば声聞の辺は無数劫、菩薩の辺は速疾にして長短一如の御経なり、謂く「**一念非一念即是久遠劫無量非無量即是一刹那**」と談ずる御経なり
6	『法華宗本門弘経抄』（『隆全』10・429）	故に所覚の法華経又長短一如にして長短宛然なり、謂く「**一念非一念即是久遠劫 無量非無量即是一刹那**」と釈する此の意なり
7	『法華宗本門弘経抄』（『隆全』11・187）	故に「釈迦久遠寿量皆在衆生一念心中」と云わるゝ劫数なり、此の長劫は「**一念非一念即是久遠劫、無量非無量即是一刹那**」の難得の妙法なり、此の時は劫数還つて経王の勝用なり、此の故に今経は三五の遠塵を明すに依て能開の経王と云わるゝなり
8	『法華宗本門弘経抄』（『隆全』11・343）	既に本門の意は五百塵点即一念、一念即五百微塵なり、**一念非一念即是久遠劫、無量非無量即是一刹那なり、**何ぞ万二千歳を長劫なりと云はんや、此くの如き長短の二筋之れ有るべし
9	『名目見聞』（『名目見聞』287）	今経久遠劫長短一如　久近在一念故円頓云也。釈**一念非一念即是久遠劫無量非無量即是一刹那**　此意也。

番号	出典	本文
10	『法華天台両宗勝劣抄』（『法華宗全書　日隆1』104）	例せば、「一念は一念にあらず、即ちこれ久遠劫なり。無量は無量にあらず、即ちこれ一刹那なり」と云うが如し。本門の意は、長に即して短、短に即して而も久遠なり。
11	『開迹顕本宗要集』（『隆教』1・441）	釈迦如来久遠成道皆在衆生一念心中と釈し、一念非一念即是久遠劫無量非無量即是一刹那と釈するは是れなり。
12	『開迹顕本宗要集』（『隆教』2・31）	山王院大師は一念非一念即是久遠劫無量非無量即是一刹那とも釈して、時節は元より長短一如にして三世一念なるを、短を好む機に趣向する時は彼の天の四千歳を促めて四千歳と示し、又長を好む機には四千歳を引延べて機に示す。
13	『開迹顕本宗要集』（『隆教』2・368）	本門の意は随縁事円の旨を明し、三世久遠三世本有と云て常同の上に常別の義を明し、而も常同常別一念にして一念非一念即是久遠劫無量非無量即是一刹那にて、三世長短一如なり。
14	『開迹顕本宗要集』（『隆教』3・178）	無始無終三世一念にして、一念非一念即是久遠劫無量非無量即是一刹那にして我等の念々法界なる是れが久遠成道の体なり。
15	『開迹顕本宗要集』（『隆教』4・142）	故に長と云ふも短に即せば三五塵劫即一念にあり。一念又塵劫に遍す故に、一念非一念即是久遠劫無量非無量即是一刹那と釈せり。

16				『開迹顕本宗要集』（『隆教』4・167）	されば一念非ス二一念ニ一。即チ是レ久遠劫、無量非ス二無量ニ一。即チ是レ一刹那と云ひ、或は釈迦如来久遠成道皆在リ二衆生一念ノ心中ニ一と云て、是れ皆長短一如の上に三世宛然として長短これあり。
17				『開迹顕本宗要集』（『隆教』4・175）	三世一念なれば一念非二一念一即是久遠劫、無量非二無量一即是一刹那にて、既に三世長遠即無作三身の仏果の功徳なる故に時節あらず。
18				『開迹顕本宗要集』（『隆教』4・220）	「二云」と云ふ意は、本門報仏の本因本果自行所願の久遠長寿の五百塵点劫が顕れぬれば、長短一如にして一念非二一念一即是久遠劫、無量非二無量一即是一刹那の五百塵点劫を「二云」と云ふなり。
19	『寿量品妙義』（不明）	不明	不明	『法華宗本門弘経抄』（『隆全』5・316）	久近同時の会場に至ては、「一念非二一念一、即是レ久遠劫無量非二無量一、即是レ一刹那」山王院寿量品妙義にて今日即未来無数劫、無数劫即今日にて、三世同時の本門なり
20				『法華宗本門弘経抄』（『隆全』5・377）	故に一代超過極無上の経王には長短一如なる故に短と云ふも極短にして三世一念なり、釈に（山王院寿量品妙義）無量非二無量一即是レ一刹那云云
21				『法華宗本門弘経抄』（『隆全』8・548）	又云く、寿量品妙義山王院一念非二一念一即是レ久遠劫ナリ無量非二無量一即是レ一刹那ナリ文此の観心の意は、三千十法界円満の仏たる釈尊の久遠成道も、一切衆生の理性性得の本有の三因に之を具す

	22	23	24	25	26	27
出典	『阿若集』（偽）	伝源信『教観大綱』（偽）				
所在	『仏全』24・177b　『仏全』28・3b	『恵全』3・546				
本文	釈迦如来久遠。皆在ニ衆生一心中ニ云云。	山王院云。釈迦如来。久遠成道。皆在リ衆生ノ一念心中ニ矣				
引用書	『法華宗本門弘経抄』（『隆全』3・622）	『法華宗本門弘経抄』（『隆全』5・575）	『法華宗本門弘経抄』（『隆全』10・28）	『法華宗本門弘経抄』（『隆全』11・187）	『開迹顕本宗要集』（『隆教』1・395）	『開迹顕本宗要集』（『隆教』1・441）
引用文	次に本門の観妙に約して之を論ずれば「（山王院）**釈迦如来ノ久遠成道ハ皆在ニ衆生ノ一念心中ニ**」云云「一念心中」と云ふ「心」は三毒の心なり	又「**釈迦如来久遠成道皆在ニ衆生ノ一念ノ心中ニ**」と云へる無始本来よりの仏心、衆生心の心性に、三五塵点劫を具し、権教に値へば多劫と示し、法華に遭へば一念を示す	されば本門の意は現未と云ふも過去が家の現未なり、故に釈迦の久遠成道と云ふも只今我等が当体に之を備ふる「**釈迦如来久遠成道皆在ニ衆生ノ一念心中ニ**」と云へるは是れなり	故に「**釈迦久遠ノ寿量皆在リ（山王院）衆生ノ一念心中ニ**」と云わるゝ劫数なり、此の長劫は「一念非ニ一念ニ即チ是レ久遠劫、無量非ニ無量ニ即是一刹那」の難得の妙法なり、此の時は劫数還つて経王の勝用なり、此の故に今経は三五の遠塵を明すに依て能開の経王と云わるゝなり	久遠成道と云ふも昨日今日の間にある故に、五百塵数と云ふも五住の迷雲晴るれば唯一念の塵数なり。此の時は（山王院の釈なり）**釈迦如来ノ久遠成道皆在リ衆生ノ一念ノ心中ニ**と云はれてさしも遠々なる久遠も一念にあり。	（山王院）**釈迦如来ノ久遠成道ハ皆在リ衆生ノ一念ノ心中ニ**と釈し、一念非ズ一念ニ即チ是レ久遠劫ナリ無量ハ非ニ無量ニ即チ是レ一刹那ナリと釈するは是れなり。

No.	出典	本文
28	『開迹顕本宗要集』（『隆教』1・443）	既に三世一念なれば**釈迦如来久遠成道皆在衆生一念心中**にて、我等衆生の一念に久遠成道を具す、諸仏も亦之れも同じ。
29	『開迹顕本宗要集』（『隆教』3・178）	故に**釈迦久遠寿量皆在衆生一念心中**と云て、我等の念々歩々に久遠成道を唱へ六塵六作の法々悉く理智慈悲を備へ、法爾法然として自受用本覚の覚智の体なれば塵々久遠なり。
30	『開迹顕本宗要集』（『隆教』4・167）	されば**一念非一念**。**即是久遠劫、無量非無量即是一刹那**と云ひ、或は釈迦如来久遠成道皆在衆生一念心中と云て、是れ皆長短一如の上に三世宛然として長短これあり。
31	『開迹顕本宗要集』（『隆教』4・175）	即ち仏果の功徳の妙法の法体にして三千互融の功徳なり。故に**釈迦如来久遠成道皆在衆生一念心中**と云ふ。
32	『私新抄』（『宗全』8・86）	山王院云**釈迦如来久遠成道皆在衆生一念心中**云云
33	『私新抄』（『宗全』8・182）	己心備三世久遠成道非遠、**釈迦如来ノ久遠成道皆在衆生一念心中**云ヘル尤モ観心ノ要枢久遠成道ノ実義ヲ顕セリ
34	『私新抄』（『宗全』8・201）	本迹未分ニシテ法体ニキズ不付、是レ真ノ久遠成道ナルベシ、**釈迦如来久遠成道皆在衆生一念心中**ト是誠ノ果ハ久遠ノ実体也、久遠成道ト云ヲ顕心外不可有之

35				『私新抄』（『宗全』8・375）	一切衆生ノ心性ニ本来果徳ノ妙法円ニ満之ニ、非レ得タルニテ始ノ果位ノ万徳ヲ。釈迦如来久遠成道皆在衆生一念心中ト、如レ此明スニ宗旨ヲ事爾前迹門ニ分絶タリ、本門ニ談レ之。
36				『本門戒体見聞』（『法華宗全書　日隆2』239以下）	一念の信をもって盧遮那の位に登る。受者と仏と同体なり。「釈迦如来の久遠成道は皆な衆生の一念の心中にあり」と云えり。釈尊即己心、己心即三世十方の仏菩薩等なり。
37				『本門戒体見聞』（『法華宗全書　日隆2』275以下）	釈に「前略釈迦如来の久遠成道は皆な衆生の一念の心中にあり」と云える、我等と釈尊と同一体の本因妙の行者なり。
38	『法華論記』（真）	『仏全』25・45a	爾時世尊四衆囲繞。	『法華宗本門弘経抄』（『隆全』3・10）	義に云く、「爾時世尊四衆囲遶」の文を法華論並に論記等には通序と釈するなり
39		『仏全』25・60a	論ニ名大方広者無量大乗門随衆生根性住持成就者是第三科。標釈如レ前。大師釈曰。方等者。或言ニ広平一。今言レ方者法也。波若有ニ四種方法一。謂四門入ニ清涼池一即方也。所契之理平等大会即等也。	『法華宗本門弘経抄』（『隆全』6・615）	其の上論記に十七種の名の中の「大方広」とは、即ち平等大会なりと釈し玉へり、今本末釈に「平等大会」を釈する義と、大方広の義とは全く同じきなり
40		『仏全』25・71a	一往三蔵名為ニ小乗一。再往三教名為ニ小乗一。	『名目見聞』（『名目見聞』296以下）	次ニ本朝大師ノ釈ニ云ク一往ハ三蔵ヲ名テ為シ小乗ト再往ハ三教ヲ名テ為スト小乗ニ云々。此ノ文ノ意ハ一往ハ通別ヲモ雖トモ共ニ大乗ト再往ハ前三教ヲ共ニ為スル小乗ト也云々。此等ハ通途ノ沙汰スル処ノ小乗大乗ノ形也。

41		『仏全』25・88b	光照二十方一。准二宝塔一知。	『法華宗本門弘経抄』（『隆全』3・66以下）	論記に云く、**光照二十方一准二宝塔品一**文宝塔分身は十方より来る、爰に知りぬ十方を照すべく例同するなり、去れば神力品の経文解釈も十方の諸国を照すと云へり
42		『仏全』25・131a	若尊特仏与二丈六一共。是勝応仏相。	『開迹顕本宗要集』（『隆教』1・192）	次に金光明経疏の文に至つては、此れも丈六尊特合身仏と云ふは勝応の色相なりと心得ば相違なきものなり。仍て本朝大師は**丈六尊特共是勝応身**と釈し給へり。
43		『仏全』25・223a	言二授記一者。有二六処示現一。	『法華宗本門弘経抄』（『隆全』6・132）	私に云く、此の**六処の授記**と云ふことは、覚大師の三平等義と云ふ抄と智証の論記に之れあり
44		『仏全』25・261a	一身即三身。三身即一身。天然不動。神通無壅。幹用自在。仏於二三世一等有二三身一。於二諸教中一秘レ之不レ伝故。菩提心論云。唯此教中即身成仏。故是説二三摩地門一。於二諸教中一闕而不レ書。	『私新抄』（『宗全』8・227以下）	山王院大師真言天台ノ両宗令レ同レ之、於諸教中秘之不伝ノ言ヲ消シ玉フ時、論起第七云**一身即三身三身即一身天然不動○仏於三世等有三身於諸教中秘之不伝**、**故菩提心論云唯此教中即身成仏故是説三摩地法於諸経中闕而不書**云云、文意明也、顕密ノ即身成仏同レ之釈シ玉ヘル者也
45		『仏全』25・274b	本地因果倶常之寿長遠無極出二過三世一。	『開迹顕本宗要集』（『隆教』1・409）	本朝大師（山王院）の釈に云く、**本地因果倶常寿常寿無レ極出二過三世一**云云。
46	伝源信『教観大綱』（偽）	『恵全』3・547	山王院云。本地因果。倶常之寿。長遠無レ極。出二過三世一矣。	『開迹顕本宗要集』（『隆教』4・68）	次に本行菩薩道今猶未尽の経文に至ては、既に本因本果の本因妙なり、何ぞ当尽の義これあるべけんや。或る釈の中［山王院］に**本地因果倶常之寿常寿無レ極出二過三世一**と釈せり。猶未尽の言に至ては倶舎論に其の例証これあり云云。

番号	著述	所在	本文	引用書	引用文
47	『法華論記』（真）	『仏全』25・299b	第五十人聞二法華経一随喜功徳。路有二五十一。六祖為レ頌。毎二両功徳一結為二一句一。一処及利根。乃至第二十四五句。平正人相具見仏及聞法。或有二記本一。闕二末一句一。故数不足。須下依二二十五句一検中其数上耳。	『法華宗本門弘経抄』（『隆全』10・210以下）	論記に云く、第五十人聞二法華経一随喜 略有二五十一六祖但ゝ為レ頌毎二両功徳一結為二一句一一処及利根、乃至平正人相、見仏及聞法或有記本闕二末一句一故数不レ足須下依二二十五句一拾中其数上耳文
48		『仏全』25・316b	経云。諸有地獄餓鬼畜生及衆難処。皆能救済。歎二於救一レ難不レ言レ説レ経者。	『法華宗本門弘経抄』（『隆全』11・400）	経に見へずと云う難に至つては、本朝大師の中に経の「諸有地獄餓鬼畜生及衆難処皆能救済」の文を勘へ出し玉えり云云
49		不明	不明	『名目見聞』（『名目見聞』505）	論記中大乗根利 戒定慧随二一学一即得二余二一釈
50		不明	不明	『開迹顕本宗要集』（『隆教』4・198）	又論記［山王院］に云く、本因下種本果得道文。此等の解釈分明に本因本果下種なりと定めたまへり。
51	証真『法華文句私記』（真）	『仏全』22・235b	唐摺本并論記所レ引。同云二四十品尽一。	『法華宗本門弘経抄』（『隆全』11・821）	其の上唐摺本並に論記の所引は同じく「四十品尽」と云ふ上は、此の外に別義を存すべからずと云う一義これあり。
52	『授決集』（真）	『正蔵』74・281c 『仏全』26・331a	『授決集』の書名のみ	『開迹顕本宗要集』（『隆教』5・328）	三諦は実相法性の九識なれば、是れ本・迹の九識に不同ありと云ふ誠証なり。其の旨、禅門章及び授決集等に文明なり。

番号	出典	原文	日隆著作出典	日隆著作本文
53	『正蔵』74・283b　『仏全』26・335b　か	五味決三	『名目見聞』（『名目見聞』139）	山王院五味決下挙二十七種譬一四教五時通局釈玉へり
54	『正蔵』74・295b　『仏全』26・360b	経無二大小一。理無二偏円一。一切依レ人。仏説無（中略）久成之本。開権之妙。法華独妙独勝。	『開迹顕本宗要集』（『隆教』5・328）	又或る大師の御釈［授決集の上］に云く経無二大小一理無二偏円一一切依レ人仏説無用乃至久成之本開権之妙法華独妙独勝と釈し
55	『正蔵』74・301a　『仏全』26・372a　以下	今決曰。仏已心中所二修証一法即是証道。以二発心畢竟二不一レ別也。自証已後随二四種根一演二説諸法一。即是教道。以下教二化衆生一為中其大事上故。且如下仏乗為二証道一。以二三乗一為中教道上。以レ円為レ証。以二別通蔵一為二教道一。以二実智一為二証道一。以二権智一為二教道一。正体是証。後得是教。教権証実復各相兼。雖レ然権終帰レ教。実極帰レ証。証中之教究竟是実。教中之証終帰二方便一。若得二此趣一千車同レ轍（阿含是文字教。為二初心人一多用二言教一。例如三信行為二利根一。云云）昔承和年。使二入唐一間。覚大師領二衆於経蔵前一引レ諸如レ此。得者少不レ得者多。大師頗似レ不レ悦	『開迹顕本宗要集』（『隆全』4・253）	山王院大師、教証二道の大綱に付て決せらるる子細これあり、如何んが見えたるや。
56			『開迹顕本宗要集』（『隆全』4・259）	抑も本朝大師、教・証二道の大綱に付き決せらるる子細これあり、如何んが見えたるや。
57			『開迹顕本宗要集』（『隆全』4・264）	山王院大師、教証二道の大綱に付て決せらるる子細これあり、如何んが見えたるや。
58			『開迹顕本宗要集』（『隆教』4・264）	天台宗の義に云く、此の教証二道の法門は上代も天台一宗の大事として山王院大師、決を異朝に遣る、其の旨、授決集に見えたり。之に依て授決集に云く、今決曰、仏（原、何）己心中所二修証一法即是証道、以二発心畢竟二不レ別也、自証已後随二四種根一演宣二説諸法一、即是教道、以下教二化衆生一為中其大事上故、且以二仏乗一為二証道一、以二三乗一為二教道一、以レ円為二証一、以二別通蔵一為二教道一、以二実智一為二証道一、以二権智一為二教道一、正体是証、後得是教、教権証実復各相兼、雖レ然権極帰レ教、実極帰レ証、証中之教究竟是実、教中之証終帰二

番号	典拠	授決集本文	引用書	引用文
				方便ニ、若得レ此趣ヲ千車同レ徹、昔承和年、便入唐間、覚大師領レ衆於ニ経蔵前ニ引レ諸如レ此、得者少不レ得者多、大師頗似ニ不得一文。此の授決集の釈の教証二道の分別重々なり。其の中に決の本意は円を以て証道と為し、前三教を以て教道と為す、是れ所詮なり。此の如く能く能く教証二道の法門に達せば一家天台の教観には迷ふべからざるものなり云云。
59			『開迹顕本宗要集』(『隆教』4・265)	当宗の義に云く、彼の授決集の**教証二道**の分別重々なれども、其の詮要は**蔵通別を教道と為し、円教を証道と為して**、之を以て所詮と為す故に、権実・本迹の中には権実の意にして、三重教相中には初重教相の意なる間、迹門の心なり。故に教証二道の分別は未だ極成せず。
60			『開迹顕本宗要集』(『隆教』4・267)	此の如く久遠本覚**教証二道の法門**は玄文止の裏に内鑑密本して之を宣ぶ。外宜の事面には粗ぼ之を示す間未だ分明ならざれば学者の存知まれなる間、授決集にも之を決せず、天台宗の諸聖教にも之を書かず。諸御抄ばかりに明々了々なり。
61	『正蔵』74・308c 『仏全』26・388b	七仏則与ニ世俗七廟一同。	『法華宗本門弘経抄』(『隆全』6・126)	之に就ひて必ず七仏と取ること所表ありやと云ふに、山王院の授決集と云ふ抄に、**「與ニ俗七廟一同シ」**云へり、仍て世の礼に対し過去七仏と云ふなり

62	63	64	65	66
	『授決集』(真) 証真『法華文句私記』(真)	『辟支仏義集』(真)		『玄義略要』(真)
『正蔵』74・309a 『仏全』26・389a	『正蔵』74・298a 以下 『仏全』26・366b 『仏全』22・155b	『仏全』26・618a か		『仏全』26・558b か
弥勒超劫者。有レ経有レ証可レ見云云	此則従レ浅至レ深之次第也。何者十身次第浅深列レ之。	麟喩独覚出二無仏世一唯在二南州一。		蓮華八葉表二彼八教一。蓮台唯一表二八帰レ一。
『開迹顕本宗要集』(『隆教』1・222)	『開迹顕本宗要集』(『隆教』3・434)	『開迹顕本宗要集』(『隆教』2・163)	『開迹顕本宗要集』(『隆教』2・164)	『名目見聞』(『名目見聞』73以下)
されば本朝大師(山王院)の釈の中に弥勒超劫有レ経有レ論と釈して、釈迦弥勒共に同じく超劫して同時に発心すと釈し給へり。然るに諸経論の中に釈迦の超劫をのみ之を論じ、弥勒の超過を委しく之を説かざる事は是れ又解釈の定判分明なり。	或は又山王院の御釈に浅深の次第に約して之を列ぬと釈したまへり。此の義最も相叶へるなり。	支仏集に云く、麟喩亦来二仏所一廻心文。又支仏因縁論にも其の旨分明なり。	尋ねて云く、麟喩独覚、仏世に来るや。山王院天台宗の義に云く、上に云ふが如く、支仏集に云く、麟喩亦来二仏所一廻心文。支仏因縁論に云く、爾時世尊付会辟支仏乃至譬二犀角一と云へり。麟喩仏世に来ると云ふ事分明なり。	重尋云　就二超八円一慈覚智証諍有レ之云々。其相如何。答　智証門流義云以二法花円一不レ可レ摂二八教中円一八教中円者爾前諸部円　間帯二顕秘二不定一間不レ可レ摂二法花開顕円一也。即蓮華八葉表二彼八教一蓮台唯一、表レ八帰レ一云々。

番号	円珍著述	出典	本文	引用書	引用文
67				『開迹顕本宗要集』（『隆教』4・391）	此の蓮華の八葉とは八教なり、四教なり。本朝大師は**蓮華八葉表二彼八教一**後略等と釈したまへり。
68	『法華嘱累問答』（真）	『仏全』26・573a	問。何以得レ知レ不移二霊山一也。答。経云二移諸天人置於他土唯留此会一。故知不レ移二霊山一。問。経但云二唯留此会一。而不レ云レ留レ山。何言レ留二霊山一。答。経雖レ不レ言レ留レ山。而由レ留レ衆故留山之義明矣。問。言意云何乎。答。為レ令レ坐二分身一故浄二此土一。分身諸仏不レ至二霊山一唯遺二侍者一。既云レ留二旧衆一。故知不レ移二霊山一也。故記云。浄為レ安二諸仏一。霊山旧衆不レ移可二然。云云	『法華宗本門弘経抄』（『隆全』6・656）	加え、山王院の釈に云く、**問何以得レ知レ不レ移二霊山一也答、経云二移諸天人置於他土唯留此会一故知不レ移二霊山一問経云レ留二此会一而不レ云二留レ山住一豈留二霊山一答為レ令レ坐二分身一故浄二此土一分身諸仏不レ到二霊山一唯遺二侍者一既言レ留二会衆一故知不レ移二霊山一也故記云土浄為レ安二諸仏一霊山旧衆不レ移可レ然文**　此れは法華嘱累の前後と云ふ問答抄の文なり、助証に之を引き、公所にて言を顕して云ふべからざるなり云云
69	『講演法華儀』（偽）	『正蔵』56・193c　『仏全』27・923b	而陀羅尼菩薩者。観音異名也。	『法華宗本門弘経抄』（『隆全』10・215）	又山王院此れ等の説に依て**陀羅尼菩薩とは観音の名なりと云えり**
70				『法華宗本門弘経抄』（『隆全』10・217）	末法に入つて**陀羅尼菩薩と云ふを観音と云ふ**は、時機不相応の大謗法なり、諸法華宗の中に同意して観音と云ふは大々謗法なり。　疑ふて云く、経々及び山王院等の**観音の義**は誤り歟如何

	71	72	73	74	75
					『円多羅義集』（偽）
	『正蔵』56・197b 『仏全』24・142a 『仏全』27・931a以下				『仏全』28・1141b以下か
	答。入秘蔵有二機入。一以智入。二以信入。今為信入者。示所信之処。故云秘蔵。非已智分。				問。法華玄三教大綱与法華文句三教大綱何勝何劣。（中略）浄名疏云。円頓漸三教也等意曰。四乗名円故。円者名頓文也。漸者三教云也。
	『法華宗本門弘経抄』（『隆全』11・86）	『十三問答抄』（『宗全』8・478）	『本門戒体見聞』（『法華宗全書　日隆2』237）	『本門戒体見聞』（『法華宗全書　日隆2』267）	『名目見聞』（『名目見聞』78）
	次に本門円頓戒の機は名字即の人なり、戒は是れ信を以て正と為す、名字は信位なる故に、二種の機の中の信心入の機とこれ同じ、故に本門円戒の正機なり、之に依て山王院の云く、**入秘密蔵有二機**信此語是名成仏と云へり	尤日蓮宗トシテハ本門円戒機以信心入機可為本意事也。依之山王院云**入秘蔵有二機一以智慧入、二以信入、今為信者必可信之処故其秘蔵非己智分**云へり	山王院の釈に云く、「**秘密蔵に入るに二人の機あり。一は智恵をもって入る。二には信をもって入る。今は信者の為に信ずべき処を示す。故に秘蔵と云う。己が智分にあらず**」と云えり。	名字は信位なる故に、二種の機の中の信心入の機とこれ同じ。故に、本門の円戒の正機なり。これに依って山王院の云く、「**秘蔵に入るに二機あり**」「この語を信ずるは、これを成仏と名づく」と云えり。	智証大師唐決**大綱三教云事問**　唐土人師如玄十頓漸不定決　智証破之非一代大綱云頓漸円三教立　頓漸即爾前円即法華也、故此三教摂一代尤可云大綱。其証拠経云唯此一事実余二即非真以上。疏七余二者指頓漸見。**又浄名疏謂円頓漸三教也**以上。

番号	典拠	円珍の著述	引用書	引用文
76			『名目見聞』（名目見聞』79）	疑云　背二智証唐決一如何。答　智証唐決意難レ計者也、乍レ去頓漸円立頓漸第五判教下大綱得レ意、円云上如レ云初大意下指得レ意無二相違一者也。其故浄名疏文其証拠也、謂**円頓漸三教也**云々。
77	『仏全』28・1144a か	一五味決	『名目見聞』（『名目見聞』139）	山王院**五味決**下挙二十七種譬一四教五時通局釈玉へり
78	『仏全』28・1145b	一法華下摂八教中円教決	『名目見聞』（『名目見聞』74）	智証義約教相対意也云々。重尋云　**就二八教摂不摂一唐決有レ之**其相如何。
79	『仏全』28・1148a か	問。為二本名一為二迹名一。答。於二本名一非二迹名一。名二龍女実者一。於二実人一顕二法華勝用一是也。已上	『法華宗本門弘経抄』（『隆全』1・533）	一義に云く、四要品の外に提婆品を要品に取る事は異朝本朝共に之れ有り或は本朝大師中に**法華の勝用は提婆品に在り**と釈し給へり
80			『五帖抄』（『仏立宗義書』3・198）	加二此等一者。五要品六七要品トモ可レ云歟。サレハ山王院**法華勝用在二提婆品一**以上。
81	『仏全』28・1153b か	今謹案二此決意趣一者。龍女於二実者一為レ顕二法華勝用一。	『五帖抄』（『仏立宗義書』3・212）	又於二我朝一者自二上古一至レ今挙　諸宗成二尊敬一也。サレハ本朝先徳云。**法華勝用有二提婆品一**云ヘリ。勝用者悪人女人成仏意也。
82	『仏全』28・53a	所以不軽菩薩可レ名二大悲門菩薩一。	『法華天台両宗勝劣抄』（『法華宗全書　日隆1』15）	されば本朝大師は、**「不軽菩薩を大悲菩薩と名づくべし」**と判じたまえり。

番号	書名	出典	真偽	引用箇所	引用文
83				『法華天台両宗勝劣抄』(『法華宗全書　日隆1』184以下)	当宗は体内高孝の御子なり、諸宗は体外不孝の御子なり。豈に不孝の謗子を見て慈悲を垂れ、深く折伏を致さざらんや。折伏の不軽大士をば本朝大師は、**大悲菩薩**と名づけたまえり云云。
84	『添品法華科文』か(不明)	『仏書解説大辞典』8・153以下	不明	『開迹顕本宗要集』(『隆教』1・447)	又智証大師の**法華科文**に、破レ執二近情一以顕二久遠本一と云へり。是れも五百塵点の遠寿は方便なりと釈し給へり。

第三項　『阿字秘釈』(偽)『寿量品妙義』(不明)

日隆著述において円珍の著述を引用するものの中で、「一念一念に非ず、即ち是れ久遠劫、無量無量に非ず、即ち是れ一刹那なり」の語が、『阿字秘釈』と思われるものが一八箇所、『寿量品妙義』三箇所挙げることができる。『阿字秘釈』は、阿字が『法華経』の体であることを示したもので、『法華経』は阿字を表顕するばかりでなく、文文句句が皆悉く阿字本不生の理を示したものであるとする。しかし、本書は他書と比較して明瞭を欠くことや、巻末に「大中十二年六月十四日天台に於て」とあるが、六月八日に円珍はすでに帰国の途に着いていることからも偽書の可能性が高いとの指摘がある。(4) また、『寿量品妙義』という文献については、目録等においては確認できるが、詳細については不明である。(5)

日隆の著述中には「『阿字秘釈』に云く」等といった記述は確認できず、「寿量品妙義山王院」と記された箇所が存するのみである。また『阿字秘釈』では、「如来本寿。非二久近一随レ機示レ有二久近量一。一念即是久遠劫。久遠即此一刹那。[6]」とあり日隆の引用と相違が見られる。さらに、円珍の著述ではないが伝源信『教観大綱』に、「山王院云。如来寿量。非久近量。随機示現。有久近量。一念非一念。即是久遠劫。無量非無量。即是一刹那矣。[7]」とあり、円珍の説として『阿字秘釈』と類似した引用がなされている。そして、『万法甚深最頂仏心法要』（偽）では、「釈云。一念非一念。即是久遠劫。無量非無量。即是一刹那云云。[8]」とあり、『寿量品妙義』の記述と酷似していることが分かる。そのため、日隆が『教観大綱』や『万法甚深最頂仏心法要』を円珍の釈として孫引きした可能性も考えられるが、この問題については推測の域を出ない。よって本項では一応、円珍の著述引用のカテゴリーに分類して考察する。なお、番号は【表14】中の番号を指し、【表14】に掲載した箇所については太字・傍線を施している。

2尋ねて云く、天台学者の口伝に涅槃経に「無量億劫久已成仏」と云ひ「久具智断」と云ふ文を証として、大経に3発迹顕本を明すと云ふをば如何が心得べきや。

答、此の事天下第一の大僻見なり、此くの如き学者等、事の本迹を以て法華第一の経旨を顕すことに迷惑して、『本門と云ふは、一念非一念即是久遠劫、無量非無量即是一刹那と云ふ是れ真実の顕本本覚なり、されば久遠の二字を「モトノマヽ」と読む、是れ最上の口伝なり、真実の本門なり』と口伝して、釈尊所説の五百墨点の事本の経王を顕す顕本をば、件の塵数と散々に軽笑して止観の観心に好む処の「但観己心」の高広の理実本迹、**行者己心の観心の「一念非一念即是久遠劫」の「本迹雖殊不思議一」の己心実相の理本に執着して、経王を顕す事本に迷乱したる習ひ損ひの学者はかゝることを云ひ出して謗法を起こすなり**[9]

12　寿命相会すと云ふに於て多義あり、夫れの中に何れの義を以て正意と定むべきや。

天台宗の義に云く、時節不思議を以て相会の義を成ずる事は東陽の御義なり。所以に時節長短を論ずる事は六識迷情の所作なり。実には三世は一念なり、一念の上の三世なれば長短一如なり。何ぞ相会せざらんや。されば摂論には時節雖二無量一摂在二一刹那一とも云ひ、末師は若入二第一義一必無二長短一とも釈し、山王院大師は一念非二一念一即是久遠劫無量非二無量一即是一刹那とも釈して、時節は元より長短一如にして三世一念なるを、短を好む機に趣向する時は彼の天の四千歳を促めて四千歳と示し、又長を好む機には四千歳を引延べて機に示す。機に長短あれば時節は不思議にして一年二年も四千歳に相会し、無量無数劫も四千歳に相会するなり。此の証拠は仏本行集経なり。又今経の五十小劫謂如半日と説く、是れなり云云。

当宗の義に云く龍樹の大論に内鑑あり外宜あり。外宜の辺は後三教の意を明す。時節不思議と云ふ事は大小共に之を明し、殊に円教に之を明す。爾前迹門は同じく理を好む故に実相法身の理に約して時節不思議を明す。今天台宗の東陽の義も此の意なり。山王院の釈も理の久遠なり。是れ迹中指本の久遠なり。[10]

2、3、12の文を確認すると、日隆が引用する円珍の文はいずれも『寿量品妙義』『教観大綱』『万法甚深最頂仏心法要』の文であることが分かる。この文が『阿字秘釈』『寿量品妙義』のものか、『教観大綱』『万法甚深最頂仏心法要』より円珍の釈として引用したのか、さらには円珍の他の著述からの引用がなされたのかについては不明である。しかし、日隆がこの文を使用し、台密批判したことに変わりがないため、それぞれを確認していくこととする。

2、3の文には、天台宗の学者は、『涅槃経』に発迹顕本を明かすと口伝しているが、これをどのように理解すべきかという問いが設けられている。その答えとして、天台宗学者は天下第一の間違いであると日隆は批判する。なぜなら天台宗の学者は、事の本迹を以て『法華経』第一の経旨を明かすことを見誤り、本門は「一念は一念にあらず、即ちこれ久遠劫なり。無量は無量にあらず、即ちこれ一刹那なり。」とするためである。そしてこれを真実の顕本本覚であるとして、「久遠」を「もとのまま」と読むと口伝している。そうすることで、釈尊所説の五百億塵点劫による久遠実成の開顕を「件の塵数」等と言い、塵点劫解釈の問題について軽んじていることを糾弾している。また、これら天台宗の学者は、『摩訶止観』の観心を好み、己心を観ずることで理実本迹を選び、「一念は一念にあらず、即ちこれ久遠劫」や「本迹殊なりと雖も不思議一」に裏打ちされる、行者己心の実相の理本に執着している。そのために、『法華経』が経王である所以の一つである事本迹の教えに迷い、謗法を起こしていると日隆は批判していることが理解できる。

次に12の文では、寿命が相会するという問題について多くの義が存在するが、いずれの解釈を以て正意とすべきであるのかと問うている。そこで日隆は、まず天台宗の義を紹介し、時機の不思議を以て相会の義を成就することは、忠尋の義であるとする。また、時機の長短を論じることは眼・耳・鼻・舌・身・意の六識に迷った心が生じ、過去・現在・未来の三世は一念であり、一念の上の三世があれば長短は一如となるとする。このことについて、無著（四世紀―五世紀頃）の『摂大乗論』には「時節は無量と雖も摂ずんば一刹那在り」と言い、末師は、もし第一義に入れるならば必ず長短は無しと定義し、円珍は「一念は一念にあらず、即ちこれ久遠劫なり。無量は無量にあらず、即ちこれ一刹那なり」と解釈している。円珍によれば、時機は元から長短一如であり、三世が一念であるため短を好む機に向かう時は、兜率天の天人の寿命である四千歳と示し、長を好む機には四千歳を延ばす機を示している。そして機に長短があるならば、時機は不思議にして一年二年も四千歳と相会し、無量無数劫も四千歳に相会することになる。その証拠として『仏本行集経』を示し、『法華経』従地涌出品の「五十小劫。仏神力故。令三諸大衆謂レ如二半日一。[11]」と説くのはこの意であると主張している。

一方、当宗の義としては、龍樹の『大智度論』には内鑑と外宜があり、外宜の辺は後三教（通教・別教・円教）の意であり、時機不思議とは大乗小乗共にこの旨を明かすが、特に円教にこれを明かしているとする。しかし、爾前迹門は理を好むため、実相法身の理に約して時機の不思議を明かしたものになってしまう。よって、先に述べた忠尋の義もこの意味と同様であり、円珍の解釈についても理の久遠を表したものであると捉えることができ、これらは迹門の中の本門を指した久遠の意にすぎないとして両者の解釈を批判している。

第四項　『阿若集』（偽）

次に日隆は、「釈迦如来の久遠は皆衆生の一心の中に在り。」の文を、円珍の釈として引用する箇所が看取できる。この文は円珍以外にも、円仁『義綱集』(12)『諸仏掌中要決』(13)、安然『真言教時義』(14)、伝源信『万法甚深最頂仏心法要』(15)、等においても確認することができる。円珍の著述中では、『阿若集』にその記述が見られ、『阿若集』は、『教観日記』とも呼ばれ、円融一実の理観を三種教相（ここでは、毘盧遮那遍一切処の大悲観を指す）の理観として説いたものとされるが、偽書の疑いが濃厚である。(16)また『教観大綱』では、「山王院云。釈迦如来。久遠成道。皆リ衆生ノ一念心中ニ矣。」(17)とあり、山王院としての引用がなされていることも注目できる。そこで実際に日隆の引用箇所について見ていくと、以下の記述が確認できる。

26何ぞ新成の仏顕本せずと云ふべけんや。

　仍て衆生迷故成ニ多衆生一と云ふ日は衆生は因分に居して自他彼此の情量を存すと雖も、諸仏覚故会成ニ一体一して極果に至れば内証は法界遍照して自他の情量を絶して三世十方を一念に照し、（菩提心論）及達悟已無去来今すれば久遠と今日の差別もなく（弘の五）迷謂内外悟唯一心すれば久近は一念にして、**久遠成道と云ふも昨日今日の間にある故に、五百塵数と云ふも五住の迷雲晴るれば唯一念の塵数なり。此の時は（山王院の釈なり）釈迦如来ノ久遠成道皆在リ衆生ノ一念ノ心中ニ一と云はれてさしも遠々なる久遠も一念にあり。**迷ふ時は三世遠々にして久遠と思へども、悟る時は久近一念にして釈尊の久遠成道は即ち我等が一念に居し、念々歩々に五百塵点を経て行住坐臥の色心に本因本果を具し、本因本果法界遍照すれば身土依正塵々法々即当体蓮華当体妙法なれば因果倶時にして凡聖一念なり。此の本理を証して妙覚の位にかなひ、三世了達の智を得て三千遍法界の悟を開きながら顕本せずと云ふべけんや。[18]

26では、新成顕本の問題に対し、日隆は新成顕本を認める立場から疑問を投げかけている。具体的には、「衆生は迷う故に多くの衆生となる」[19]という引用文を挙げ、衆生が因分にある時は、自身や他人等が凡夫の迷情の心で思いはかることを存しているとする。また、極果に至ればその内証は法界を遍く照らし、三世十方を一念に照らすことは、『菩提心論』や『摩訶止観輔行伝弘決』巻第五に明示されているとする。しかし、それらは久遠実成と始成正覚を一念にあるとすることで、五百塵点劫の塵数を五住の煩悩と定義し、この煩悩を生滅するにはただ一念の塵数であるとしている。この時を指して、「皆在衆生一念心中」の文を引用し、久遠が一念にあることは、釈尊の久遠成道も我等が一念にあり、本因本果・法界を遍く照らせば身土と仏身が当体蓮華・当体妙法となり、因果同時にして凡夫と聖人が一念になるとする。この本理を証得して妙覚の位に叶うことで、三世の深い智慧を得る。そして、三千遍法界の悟りを開くとしながら、なぜ新成顕本しないのかと日隆は指摘して、天台宗の新成顕本の問題について疑義を呈していることが分かる。

30　雖二実教中一有レ長有レ短と云へる長の辺は退大の者に約すか、はた相続修の者に約すか。

天台宗の義に云く、長・短は機に在り、法の法体は長短一如にして長短宛然なり。されば釈尊往昔の因行を説くには一処には疾得菩提と説き、一処には無量阿僧企劫修習是難得と宣べ、或は三千塵点五百塵点の因行果徳の相、此等は仏果円満の上の長短一如の長短なり。故に三千塵点と云ふも、一念の全体なり。五百塵点と云ふも五十小劫謂如半日と云ふが如く、半日刹那の全体なり。**されば一念非ズ二一念ニ一即チ是レ久遠劫、無量非ズ二無量ニ一即チ是レ一刹那**

と云ひ、或は釈迦如来久遠成道皆在衆生一念心中と云て、是れ皆長短一如の上に三世宛然として長短これあり。故に四眼二智の辺は長短宛然なる長の辺に退者あり、短の辺に相続修者ありと云ふ心、何ぞこれなからんや。然りと雖も仏眼種智真空冥寂の辺は非長非短の相なり。此の如く五眼三智仏果円満の上の長短一如の長短の功徳を、機の方より一分一分之を取て、長短二機は相分れたり云云。

当宗の義に云く、爾前迹門の意は猶を対機を以て正と為す故に、若依実道定短為正と釈するなり。開迹顕本の上の純円唯本の正意は三五長劫なり。故に本門正意顕寿長遠寿長遠永異と定めたり。故に定短為正と云ふ短の辺は迹門爾前諸部の円に通ずと云へども、仏寿長遠の辺は永異諸経して更に通ぜざるなり。故に仏寿長遠の過去常の根本法輪を明す御経を能開の経王と為し、近々の短を明す経を所開の権経と為すなり。[20]

引用文が長くなったが、日隆の解釈では、「実教の中にも長短ありと雖も」という文の「長」という辺は退大の者を指すのか、または相続修の者を指すのかという問いを設け、天台宗の義として長短は機根にあり、法の法体は長短一如で同じであるとする。そのため、釈尊が過去に因行を説く時や場所により、「疾得菩提」や「無量阿僧祇劫修習是難得」と述べる。そして、三千塵点・五百億塵点の因行と果徳の相が仏果円満の上の長短一如の長短であるとし、三千塵点も一念の全体であり五百億塵点も半日刹那の全体であるとしている。その証拠として、「一念は一念にあらず」並びに「皆在衆生一念心中」の文を引用し、これらは全て長短一如の上に三世が同じものとして長短があるとし、天台宗の義を解釈する根拠として引用していることが分かる。

一方当宗では、開迹顕本の上の純円唯本の正意は三千塵点劫・五百億塵点劫という過去の長い時間を明かすことであり、その故に「本門の正意は寿の長遠を顕す。寿の長遠は永く異なる。」と定めている。よって、短の辺は爾前迹門にあたり、近い過去を明かすため所開の経とする一方、長の辺は過去常の根本法輪を明かす能開の経となると規定し、長短一如という一瞬の中に久遠があるとする天台宗の主張を批判していることが理解できる。

第五項　『法華論記』

日隆著述に見える『法華論記』と思われる引用は一四箇所（孫引きを含める）に上り、その内、引用箇所不明分を加えると一三種の文を引用していることが確認できる。『法華論記』は円珍の真撰とされ、その内容は『法華経』と『法華論』の二訳中、菩提流支（生没年不明）・曇林共訳の二巻本を対合し、『法華玄義』『法華文句』『法華玄義釈籤』『法華文句記』及び、東春の注を骨子として『法華論』の意を闡明しようとしたものであることが指摘されている。(21) ここで日隆の引用する『法華論記』の全箇所を紹介することは困難であるため、重要と思われる引用について考察していきたい。

40 **次本朝大師釈云一往三蔵名為二小乗一再往三教名為二小乗一云々。此文意一往通別雖レ共二大乗一再往前三教共為二小乗一也云々。此等通途沙汰処小乗大乗形也。**

日蓮宗云　此等大小意恐迹中権実対判分也。未レ顕二仏意実義一猶是有余不了意也云々。(22)

40では、本朝大師の釈として日隆は紹介しており、『法華論記』においてその記述が確認できたため、一応『法華論記』の引用であるものと仮定して検討していく。40は、『名目見聞』において、一往は三蔵（経・律・論）を小乗とし、再往は三教（蔵・通・別）を小乗とするという文を引用している。この文は、一般的に解釈する所の小乗・大乗の定義であるが、日蓮義の立場より解釈するならば、大乗・小乗の意は迹門の中の権実判の立場であるため、未だに仏意の真意を捉えていない不完全な説として、この引用文を批判している。

45 **本朝大師（山王院）の釈に云く、本地因果倶常寿常寿無レ極出二過三世一云云。**

開目抄に云く本門の十界の因果を説き顕す是れ即ち本因本果の法門なり。九界も無始の仏界に具し仏界も無始の九界に備って、真の十界互具百界千如一念三千なり云云。此の御抄の御心も本因の三千、本果の三千と定判あり。

此等の諸文悉く本門正在報身の本因本果事成の顕本は久遠常住の因果なれば無始無終にして、三千遍法界因、諸法実相円満果也と定判する其の本因本果に譬ふる五百塵点なる故に、五百と云ふも無始無終の五百にして無量無辺不可称計の五百なり。本因本果の因果の方は五百に譬へ、本と本との久遠無始無終なる方をば塵数の斉限なく不可称計にして、弥勒も知らざる辺に譬ふるなり。弥勒は既に等覚に居し於是事中亦所不達と云ふ不思議の塵数を、五百の言に迷ひて五百に斉限ありと云つて是れ真実にあらずとて、此の事成顕本の外に如来内証の無作三身の理本之れありと云ふは経釈を破る大僻見なり。[23]

45においても本朝大師の釈として、円珍の『法華論記』を引用していると思われる。ここでは、「本地の因果は倶常の寿であり、常寿は極まりなく三世に出過する。」といった文を引用している。日隆は、この文を引用した直後に『開目抄』の本因本果の法門を引用し、本因本果一念三千についての解釈を試みる。日隆によれば、この二文はいずれも、本門の正在報身（『法華経』の教主である釈尊は法・報・応の三身を具足する仏であるが、報身を中心とした仏格であるという意）に見える本因本果の事成顕本は、久遠常住の因果であって、無始無終であり遍於法界を因、諸法実相を果と定義する。その本因本果に譬えた五百億塵点劫は、無始無終の五百億塵点劫であるため無量無辺であり、数え知ることのできない五百億塵点劫であるとする。また、本因本果の因・果を五百億塵点劫に譬え、本と本を久遠無始無終とすることで塵数が斉限なく、はかり知ることのできないものとして弥勒菩薩も知らざるとした辺に譬えている。しかし、弥勒菩薩はすでに等覚の位に居しており、諸世界が無量無辺で数え知ることができないとする不思議の塵数を、五百という言葉に迷って五百億塵点劫に限りがあるため、真実にあらずと主張する者もいる。この主張は、事成顕本の外に如来の内証の無作三身の理顕本（時空の限定を超えたかたち［理］で本体・本地を顕すことで、有限な特殊相［事］を通して顕本する事顕本に対する語）があるとするため、『法華経』の解釈を破る大きな過ちであると日隆は批判している。日隆は、『法華論記』のこの一文を日蓮義を以て解釈を加えることで、塵点劫解釈の問題について、五百億塵点劫に斉限ありとする立場を批判するための一要素として引用していると考える。

50 **又論記［山王院］に云く、本因下種本果得道文。此等の解釈分明に本因本果下種なりと定めたまへり。**(24)

50の文は、「久遠下種は本因・本果に亘るや。三百帖(25)」という問いに対する天台宗の義を援証するための一文として本因本果下種の主張を紹介し、その根拠として『法華論記』を引用している。しかし、この文は『法華論記』中には確認できず、管見の限り円珍の他の著述についても見られない。そういった中、日隆はこの引用文の後に当宗の義として、

されば一切衆生得益の時は、因果不二の本果を以て面と為して釈尊の尊形を示し、又一切衆生最初下種の時は、因果不二の本因を以て面と為して地涌の尊形を示し父子の相を顕し下種を成ず。故に本因果種と云ふは、本因に即する本果にも下種を為すと云ふ事なり。(26)

と述べ、一切衆生が得脱の利益を得る時には、因果不二の本果の面から釈尊の尊形を示すとしている。一方、一切衆生最初下種の時においては、因果不二の本因を面として地涌の菩薩を尊形と明示することで、父子の相を顕現し下種を生じるとしている。そのため、この両面より解釈すれば「本因果種」であると言え、本因に即した本果においても下種を生じることができると解している。

なお、『法華論記』中には、世親釈・菩提流支訳・曇林筆録『妙法蓮華経憂波提舎』（『法華論』）を引用した、「報仏

如来真実浄土第一義諦之所摂故。」[27]の文が看取できる。この文は日隆の著述中に散見でき、その引用の多くは「法華論に云く」等といった書き出しが存在する。[28]しかし、「法華論記に云く」等といった書き出しは確認できなかったため、**【表14】**中には採用していない。

第六項　『授決集』

『授決集』は円珍の真撰とされ、円珍が弟子良勇（八五四―九二三）のために、在唐時に天台山禅林良諝から面授口決を得た覚書、及び平常書きを留め置いたものを集記して五十四条にしたものである。これを上下二巻に分け、『授決集』と名付けて良勇に授与したものであるとされる。そのため、三井圓成寺一門では本書を円珍が全生命を投じた著述であり、宗旨の秘奥を悉く集めた秘記であると尊重したため、本書は天台宗寺門派教学の根本権威をなす書であるとされている。[29]日隆はその著述中において、『授決集』のものと思われる引用が七箇所確認でき、57、58、63を挙げると以下のようになる。

57　山王院大師、教証拠二道の大綱に付て決せらるる子細これあり、如何んが見えたるや。

58　天台宗の義に云く、此の教証二道の法門は上代も天台一宗の大事として山王院大師、決を異朝に遣る、其の旨、授決集に見えたり。之に依て授決集に云く、今決曰、仏（原、何）己心中所修証法即是証道、以発心畢竟二不別也、自証已後随四種根演宣説諸法、即是教道、以教化衆生為其大事故、且以仏乗為証道以三乗為教道、以円為証道、以別通蔵為教道、以実智為証道、以権智為教道、正体是証、後得是教、教権証実復各相兼、雖然権極帰教、実極帰証、証中之教究竟是実、教中之証終帰方便、若得此趣千車同徹、昔承和年、便入唐間、覚大師領衆於経蔵前引諸如此、得者少不得者多、大師頗似不得文。此

の授決集の釈の教証二道の分別重々なり。其の中に決の本意は円を以て証道と為し、前三教を以て教道と為す、是れ所詮なり。此の如く能く能く教証二道の法門に達せば一家天台の教観には迷ふべからざるものなり云云。(30)

63或は山王院の御釈に浅深の次第に約して之を列ぬと釈したまへり。此の義最も相叶へるなり。

当宗の義に云く、此の事は私の義を存すべからず、御抄の御義に任すべきなり。仍ち守護国家論の初に云く、問テ曰ク無量義経ニ云ク初ニ説キ二四諦ヲ一乃至次ニ説キ二方等十二部経・摩訶般若・華厳海空ヲ一、如ンハ二此文ノ一者般若経ノ後ニ説ク二華厳経ヲ一相違如何ン、答テ曰ク浅深ノ次第ナル歟或ハ後分ノ華厳ナル歟と定判したまへり。此の中には一代浅深の次第と云ふ義を台家にも相違なき義として成さるる間、当宗の為にも子細なき義なり云云。(31)

57、58は、天台宗の義として述べた箇所で、教道（言葉によって説かれた教説やその教説によって実践修行すること）と証道（仏の道を修行してその教説の真理を証得すること）の二道の法門について、円珍の『授決集』を引用し論を展開している。『授決集』によれば、仏の己心の中に修証する所の法は証道であるとし、発心（菩提を求める心を起こすこと）や畢竟（究極・至極・最終などの意）といった二つの語は同一のものであるとする。また、自証（おのずから真理を悟ること）以降では、四種（因縁・約教・本迹・観心）の能力に随って諸法を宣説することを教道としている。次に、衆生教化を第一とすることは、仏乗（全ての衆生を救済し成仏させる偉大な唯一の教え）を以て証道とし、三乗（声聞・縁覚・菩薩）を以て教道と定義する。このことは、法華円教を証道とし、蔵教・通教・別教を教道、実智（真実の智慧）を証道とすることで、権智（方便の智慧）を教道となすとも言える。さらに、これらの正体は証道であり、後に得るものとしては教道であると規定している。また教道は、権教・証道を実教とし、それぞれは兼ねることもあるとする。よって、権教が極まることで教道に帰し、実教が極まることで証道に帰することは、証道の中の教道は究竟すれば実教となり、教道の中の証道は終に方便に帰するとしている。この『授決集』の解釈では、教道・証道の二道の分別は重なり合っており、その真意は法華円教を証道、蔵・通・別三教を教道とし、これらはあくまで所詮であり、教証二道の法門に達することで、天台宗において教相と観心について迷いがなくなると主張していることが分かる。

これを受けて日隆は、当宗の義として以下のように述べている。

> 当宗の義に云く、彼の授決集の教証二道の分別重々なれども、其の詮要は蔵通別を教道と為し、円教を証道と為して、之を以て所詮と為す故に、権実・本迹の中には権実の意にして、三重教相中には初重教相の意なる間、迹門の心なり。故に教証二道の分別未だ極成せず。此の上に第二第三教相五味主の上の教証二道の分別これあるべし。(32)

日隆によれば、『授決集』の教証二道は蔵教・通教・別教を教道とし、法華円教を証道とすることは所詮であり、あくまで権実判を示したもので三種教相中、初重教相を明示したにすぎないとして批判している。その上で、日隆の主張する教証二道とは、

> 故に爾前迹門は教道と成り、本門八品上行要付の三大秘法独り真実永異諸経の教弥実位弥下の易修易行の証道なり。(33)

と規定し、爾前迹門は教道、本門八品上行要付の三大秘法のみが真実の「永く諸経と異なる」「教いよいよ実なれば位いよいよ下し」とする易行の証道であると結論づけている。

63では、「般若を以て華厳の前に之を説くと云ふべきや。(34)」という算題に対し、天台宗の義として円珍の『授決集』を引用する。円珍の解釈では、浅深の次第によって般若と華厳の関係を列ねるべきであるとし、この義が最適であるとしている。また当宗の義としては、『守護国家論』を引用し、円珍と同じく一代浅深の次第という義について天台宗

と相違がないものとしていることが分かる。

第七項　『円多羅義集』（偽）

『円多羅義集』とは、『円多羅義集唐決』とも呼ばれている。その内容は、『授決集』の五十四条について口決を以てその意趣を集録したものとされ、胎蔵法門を中心とした円密一致の思想に基づいて叙述している。本書は、『授決集』が密教教義を重く説かなかった欠点を補い、阿字義に主力を注いで円密一致を説いている。また、阿字義を中心に置いて体系的に講述した口伝書であって、円珍の著述ではないと指摘される。(35) 日隆はその著述中において、『円多羅義集』の文を六種、計九箇所の引用が確認でき、主なものを挙げて検討していく。

76疑云　背二智証唐決一如何。
答　智証唐決意難レ計者也、乍レ去頓漸円立頓漸第五判教下大綱得レ意、円云上如レ云初大意下指得レ意無二相違一者也。其故浄名疏文其証拠也、謂円頓漸三教也云々。(36)

76は、「大綱三教事」(37)について論じられる箇所である。日隆は、『法華玄義』巻第十で説かれる大綱三種(38)について、大意・出意・明難・去取・判教と五つの文段に分け日蓮義より解釈を施す。その結論として大綱の三教とは、現在迹中の大綱であり、権実の大綱を指すとしている。しかしこの主張では、円珍の『円多羅義集』の解釈と相違を生じるとして疑問を投げかけている。その答えとして、『円多羅義集』の意は難問であるとしつつ、頓・漸・円と立てる頓・漸を日蓮義より解釈を試みた判教の下の大綱であると考え、円は大意の下を指すと心得れば相違はないものであるとする。またこのことは、『浄名経疏』に「円頓漸の三教」(39)とあることからも明らかであり、日蓮義を通して『円多羅義集』を解釈していることが窺える。

79　一義に云く、四要品の外に提婆品を要品に取る事は異朝本朝共に之れ有り或は本朝大師中に法華の勝用は提婆品に在りと釈し給へり(40)

79では、『法華経』の四要品（『法華文句記』には、方便品・安楽行品・如来寿量品・観世音菩薩普門品とある）について、提婆達多品を要品に採用することが日本天台・中国天台の学匠の説において存在することを指摘している。特に本朝大師の文として、「法華の勝用は提婆品に在り」と引用していることが明示され、日隆によれば提婆達多品を要品に指定する根拠として、あくまで悪人・女人の即身成仏を明かすためであり、(41)この説を採用しないと結論づけている。

82されば本朝大師は、「不軽菩薩を大悲菩薩と名づくべし」と判じたまえり。かくの如く、本因妙不軽折伏の照智をもって、上行要付の下種の妙法蓮華経を照了し、法爾の麁妙権実を立て、下種の法体を紀明し、下種は権乗に亘らず、偏えに本門に限り、爾前・迹門無得道と折伏するなり。この折伏を教主釈尊、本門八品を説いて上行に付し、上行又日蓮薩埵に付す。(42)

この文は、『四帖抄』に見える一文である。82では、折伏の行相について論が展開され、本朝大師の「不軽菩薩を大悲菩薩と名づくべし」の文を引用している。この引用文は、『円多羅義集』のものか否かについては日隆は言及しておらず、本朝大師と述べるのみである。日隆は本朝大師の説として、円珍だけでなく円仁等の著述を引用していることからも、直ちに本朝大師を円珍と規定することは注意を要する。82では、日隆は折伏の行相として不軽菩薩を大悲菩薩と名付けることとは、本因妙不軽菩薩の折伏の照らす智を以て上行要付の下種の妙法蓮華経を照らすとしている。また、麁妙（粗雑で劣っていることと精妙で勝れていること。荒々しいことと微妙でかすかなこと。麁法と妙法）権実を立てて下種の法体を明らかにすることで、下種は本門のみに限られ、爾前迹門は無得道であると折伏する。そして、この折伏を釈尊が本門八品を説いて上行菩薩に付嘱し、上行菩薩から日蓮へと付嘱されることが折伏の行相であり、82の引用文を通して折伏の行相をより明確にしようとしていることが窺える。

第八項　その他の著述

これまで、日隆の著述に見える、『阿字秘釈』『寿量品妙義』『阿若集』『法華論記』『授決集』『円多羅義集』の引用について検討を加えてきた。ここではその他の著述について考察していきたい。

まず日隆は、『辟支仏集』を二箇所引用していることが確認できる。『辟支仏集』は、辟支仏の要義はいかなるものであるのかについて諸経論の説を集録し批判したものであり、円珍の真撰であるとされている。(43) しかし、日隆の著述中に見える『辟支仏集』の引用は、円珍の文とは一致していない。また、本項では『大日本仏教全書』を参照しており、日隆が披見した『辟支仏集』が『大日本仏教全書』のものか否かについても不明である。そのため、日隆が異本の『辟支仏集』を参照したのか、または孫引きしたのかについても不明であるが、本項では一応、『辟支仏集』の項目において検討することとする。

64**支仏集に云く、麟喩亦来テ二仏所ニ一廻心ス文。又支仏因縁論にも其の旨分明なり。**但し此の如く麟喩仏所に来ると云ふは、今経の本迹二門の意なり。(44)

64では、天台宗の義として『辟支仏集』『辟支仏因縁論』は、麟喩（縁覚・辟支仏の一種で、常に一人で修行している独覚のこと。麒麟の角が一本であるさまに喩えられた語）は仏の所に来て、小乗より大乗、権教より実教、迹門より本門へと帰依する。このことは『法華経』の本迹二門の意であるとする一方、当宗の義として日隆は、

麟喩は久遠に下種して中間今日十方にして熟益を成ず、故に時機未熟権立小名して且く麟喩独覚の名を立て、下種内薫し時機純熟すれば、法華を説て開三開迹して脱益を得せしめ、脱を以て種に還り、父子天性の十界三千を

顕す。故に麟喩も部行も悉く今経の会座に来るなり。謂る身子迦葉等是れなり。(45)

と述べる。日隆によれば、麒喩独覚は久遠下種を受け中間・今日に熟益を成じ、時機は未熟であるため権教を立てて小乗と称するとしている。また、麒喩独覚の名を立てて下種を内包し、時機が純熟すれば法華を説いて開三顕一して脱益を実現することは、脱益から下種へと還り、父子が天性の十界三千を顕現する。そのため、麒喩独覚や部行独覚（声聞の時に仲間と共に第三果［阿那含果・不還果］まで得た者の内、第四果［阿羅漢果・無学果］を得る時に仏や教法から離れて独りで悟りを得る者）も、『法華経』の会座に来るとし、舎利弗や迦葉がその例である。よって、麒喩独覚の今日得脱を実現した根本は、あくまで久遠下種による成仏を実現したものであると主張していることが分かる。

『玄義略要』は、円珍が在唐留学中に著述したもので、『法華玄義』に対する円珍の見解のみを記したものではなく、清観・元璋・物外・良諝等の諸師の説を伝聞し論じたものとされることからも真撰とされている。(46) 日隆著述においては二箇所の引用が確認できる。

67**此の蓮華の八葉とは八教なり、四教なり。本朝大師は蓮華ノ八葉ハ表ス二彼ノ八教ヲ一後略等と釈したまへり。**此の四教八教総合の当体蓮華の妙法五字を十界依正塵々法々所具の三業三密の口密にて口唱すれば、我等が三業三密即当体蓮華の妙法五字なれば、念々歩々声々の口密の言音即四教八葉名相総在の総名妙法蓮華経なり。故に久成の釈尊口唱して上行の御口に移し、上行の御口より日蓮大士の御口に移し、及び一切衆生の口に移して下種を成ず。(47)

67『開迹顕本宗要集』において、蓮華の八葉は八教であり化法の四教（釈尊の一代聖教を教えの内容によって蔵・通・別・円の四種に分類したもの）・化儀の四教（釈尊一代の説教をその教化の方法によって頓教・漸教・不定教・秘密教の四種に分けて説示したもの）であるとし、本朝大師（円珍のことか）の釈として、『玄義略要』の蓮華の八葉は八教を表すといった文を引用している。また、この四教八教を総合した当体蓮華（森羅万法の当体を直ちに妙法蓮華経と観念すること）の妙法五字を、十界の依報・正報が塵塵法法（六根によって認識される一切の対象）に所具する三業・三密の口密において口唱する。そうすることで、当体蓮華の妙法五字は、一念一念・一歩一歩・一声一声の口密の言葉や音によって、四教八葉の名相を総在した妙法蓮華経となる。よって、久遠実成の釈尊が妙法五字を口唱することで、上行菩薩の口へと付嘱し、上行菩薩の口より日蓮の口へと付嘱され、一切衆生の口に付嘱することで末法下種を成ずることが叶うとしている。このことからも、日隆は円珍の『玄義略要』に説かれる一文を日蓮義を盛り込んで解釈することで、蓮華の八葉と妙法五字の関係性について提唱していることが分かる。

『法華嘱累問答』は円珍の真撰とされ、その内容は『法華経』嘱累品の位置について、鳩摩羅什（三四四―四〇九）訳『妙法蓮華経』は経中に置き、竺法護（―二三〇―三〇八―）訳の『正法華経』『法華論』は経末に置くことから、どちらが正しいのか問答形式で論じている。その中で円珍は『妙法蓮華経』を採用し、諸経における嘱累品経中の例を列挙して天台義の正統性を主張したものである。(48) 日隆は、著述中において『法華嘱累問答』の引用が一箇所確認できる。

68　加え、山王院の釈に云く、問何以得知不移霊山也　答、経云移諸天人置於他土唯留此会故知不移霊山問経云留此会而不云留山住豈留霊山　答為令坐分身故浄此土分身諸仏不到霊山唯遣侍者既言留会衆故知不移霊山也故記云土浄　為安諸仏霊山旧衆不移可然文　此れは法華嘱累の前後と云ふ問答抄の文なり、助証に之を引き、公所にて言を顕して云ふべからざるなり云云(49)

68では、「問、三変土浄の時霊山を移さざる歟(50)」との問いを設け三変土田（釈尊が神通力で三度国土を清浄に変じたこと）について検討する箇所である。ここで日隆は、三変土田の時は分身諸仏を座するためのものであって、霊山を移すものではないと定義している。この説を補強するために日隆は、円珍の『法華嘱累問答』を引用している。そして文末には、助証としては『法華嘱累問答』を引くことは容認しつつ、公場対決の場では本書の引用を控えるべきであると注意喚起している。よって日隆は、自身の教学理解を深めるために『法華嘱累問答』を引用しているのであって、教義論争のための証文としての使用については消極的であると首肯する。

『講演法華儀』は、『法華経』と『大日経』の一致、すなわち円密一致説を主張するために撰述したものとされ、偽書の疑いが強い。(51) その内容は、まず『無量義経』を釈し、次に『法華経』の意を示し、後に『普賢菩薩行法経』の大旨を述べている。本書はいずれも顕密両教に渡り、入真言の法門を解説したものであるとされる。(52) また、『講演法華儀』は日隆の著述中において六箇所確認できる。

71　次に本門円頓戒の機は名字即の人なり、戒は是れ信を以て正と為す、名字は信位なる故に、二種の機の中の信心入の機とこれ同じ、故に本門円戒の正機なり、之に依て山王院の云く、入ルニ二秘密蔵一ニ有二二機一信スル二此語一ヲ是名ヲ二成仏一と云へり、戒家の正意、二種の機の中には信心入の者正意なり(53)

71は、本門円戒の機根に関する問題について、日隆は名字即の愚人を本門円戒の機根と規定した上で、戒とは信心を以て正意となすと標榜する。その上で円珍の説として、秘密蔵（ここでは真言密教の教えではなく、『法華経』の一仏乗の教えのことを指すと思われる）に入るには二種の機があるとし、この語を信じることを成仏と言うとした文を引用している。この文を受けて日隆は、円珍の説を批判するのではなく、日蓮義の立場から、二種の機根の中において、信心を以て入る者を正意とし、信心に入る名字即の人を本門円戒の戒の機根であると主張している。

そして84では、「智証大師の法華科文に」とあるが、円珍の『法華科文』という文献ついては不明である。ただ、目録等には『添品法華科文』の存在が窺えることからも、(54) 日隆は『添品法華科文』を『法華科文』と記した可能性もある。また、他の天台宗諸師の『法華科文』を円珍の説として孫引きした可能性も否定できない。(55)

84　五百塵点の劫数は実事なり、仮説と云ふは誤りなり。天台宗には両辺なる様なれども、落居は仮説と云ふ義を本と為すなり。所以に顕本の実義と云ふは、如来の内証無作本覚秘密の三身法体法爾の重は、非因非果にして無始無終本有本来の法体として、万法已々法爾として塵々法々に理、智、慈悲の三身を具し、法界遍照して三千依正無作の三身なり。仏と云ふも法界遍照、衆生と云ふも無始久遠なり。故に尊形に顕し修因感果を為すと云ふは始覚なり。久遠とは本覚なり、本覚と云ふは三世遠近を立てず、三世一念にして非近非遠なれば、法界は法性一理にして始めもなく終りもなし無始法爾已己本分にして、唯万法天真として証智円明なり。此れを本覚と云ひ久遠と云ふ。不生を以て久と為すと釈して万法依正不生なるを以て久遠と云ふ。若し爾らば事成の本に初めあつて又譬に五百塵点と斉限を存せば是れ迹門始覚の法なり。何程久々遠々なりとも始めあらば始覚仏なり。久遠本覚仏にあらず。故に経に事成の本をば仮説なりと云て、是我方便諸仏亦然と云て既に方便と云ふ、実事にあらずと聞えたり。事成の本は十重顕本の中の破迹顕本の一辺なり。且らく三乗の近情を破せんが為の故に真実の顕本にあらざるなり。されば覚大師も彼経為レ破ニ三乗近情一仮説ニ遠寿一此経為レ破ニ顕教歴劫一示ニ不久現証一と釈し給へり。此の釈も事成の本は方便なりと見えたり。**又智証大師の法華科文に、破レ執ニ近情一以顕ニ久遠本一と云へり。是れも五百塵点の遠寿は方便なりと釈し給へり。**又天台大師の御釈も、然善男子我実成仏已来と云ふ下は、明ニ破レ執遺レ迷以顕ニ久遠之本一と釈し給ひ、此の下に法、譬、合の三文あり。此の文の意は事本の五百塵数は所表の方便なり、無始無終非近非遠無作三身を法文に顕したりと釈し給ひて、事成の本をば是我方便と宣べ給へり。経文、天台の御釈、及び慈覚智証等の御釈悉く事成の五百塵点は方便なり仮説なり、是れ五住煩悩を表示するなり、表示と云ふは仮説なり。(56)

この文は、日隆の塵点劫解釈の問題について述べる箇所であり、日隆教学の根幹をなすものであるため、長文であるが引用した。84の引用箇所については推測の域を出ないが、類似した文として、『法華文句』如来寿量品釈に確認できる。[57] ここで日隆は、「近情に執するを破し以て久遠の本を顕す。」と引用しており、その根拠を円珍の『法華科文』としていることが分かる。『法華科文』については先に述べた所であるが、84の文において日隆は、塵点劫解釈に関して五百億塵点劫という時間は実説であり、仮説ではないということを強調していることが分かる。

一方、天台宗では、塵点劫を実説・仮説の両説があり、実質的には仮説を実義とするため、顕本の実義は因果がなく無始無終で本有本来の法体として、三千依正無作の三身であるとする。また、久遠とは本覚、本覚とは三世を立てず、三世一念にして非近非遠であるため法界は法性一理にして、始めもなく終わりもないことを本覚や久遠であると定義している。さらに天台宗では、五百億塵点劫を譬えや斉限ありとするが、これは迹門の始覚の法であり、実事ではないとし、事成顕本とは十重顕本の破迹顕本を指し、これは三乗の近情を破すためであり、真実の顕本ではないとする。その証文として、円仁の文や、円珍『添品法華科文』、智顗『法華文句』等を引用していることが理解できる。なぜなら、これら天台密教諸師の著述は、事成の顕本が方便となり、五百億塵点劫の遠寿も方便で仮説であるとし、五住煩悩（衆生を三界九地の生死に執着させる、見一処住地惑・欲愛住地惑・色愛住地惑・有愛住地惑・無明住地惑の五種類の煩悩）を表示したものであると述べるため、日隆は塵点劫を仮説とする証拠を呈示しているのではないかと推察する。

小結

以上、日隆著述に見える円珍の著述引用について検討してきた。日隆は円珍ものと伝わるものを含めて一一書に及ぶ著述を引用していることが推定できる。これらをまとめると以下のようになる。

（一）『阿字秘釈』『寿量品妙義』の引用では、日隆の著述中に『阿字秘釈』の文献名は確認できなかった。また、日隆が『教観大綱』や『万法甚深最頂仏心法要』を円珍の釈として孫引きした可能性も考えられる。特に注目できる引用として、「一念は一念にあらず、即ちこれ久遠劫」の文を挙げることができ、日隆はこの文を根拠の一つとして、円珍の解釈は理の久遠を提示したものにすぎず、迹門の中の本門を指した久遠の意にすぎないとして批判していることが分かる。

(二)『阿若集』の引用では、「釈迦如来の久遠は皆衆生の一心の中に在り」の文が見え、日隆の著述中には『阿若集』の文献名は確認できなかった。この引用文は、円珍以外にも、円仁『義綱集』『諸仏掌中要決』、安然『真言教時義』、伝源信『教観大綱』『万法仏心法要』等においても看取できる。日隆は、この文を以て天台宗は三千塵点劫・五百億塵点劫の因行と果徳の相が仏果円満の上の長短一如の長短であると規定し、三千塵点劫も一念の全体であり五百億塵点劫も半日刹那の全体であると標榜している。そして、長短一如という一瞬の中に久遠があると主張する天台宗教義を批判していることが理解できる。

(三)『法華論記』の引用では、日隆が台密批判をする場合と、日蓮義の立場より解釈を加える二つの側面があることが注目できる。具体的には、大乗・小乗の義について検討する場合、円珍は迹門の中の権実判の立場を採るため、未だに仏意の真意を捉えていない不完全な説として批判している。一方、塵点劫解釈の問題について、『法華論記』の一文を日蓮義による解釈を加えることで、五百億塵点劫に斉限ありとする立場を批判するための一要素としての引用が窺える。

(四)『授決集』の引用では、天台宗の義として円珍の『授決集』を引用し、当宗の立場としても円珍と同じく、一代浅深の次第という義について相違がないものとしていることが分かる。一方、教道・証道の二道の分別については、『授決集』では法華円教を証道、蔵・通・別の三教を教道とすることは所詮であり、教相と観心について迷いがあると批判している。

（五）『円多羅義集』の引用では、『法華玄義』に説かれる大綱三種について、『円多羅義集』の説を日蓮義から解釈を加えることで、天台宗大綱の三教は現在迹中の大綱であり、権実の大綱を指した日隆の主張と相違はないとしている。また、『法華経』の四要品に提婆達多品を加える説として『円多羅義集』を引用し、提婆達多品は悪人・女人の即身成仏を明かすためとする『円多羅義集』の義を批判している。さらに、折伏の行相について、不軽菩薩を大悲菩薩と名付けることは、釈尊が本門八品を説いて上行菩薩に付嘱し、上行菩薩から日蓮へと付嘱することが折伏の行相であり、『円多羅義集』の引用文を以て折伏の行相をより明確にしようとしていることが窺える。

（六）その他の著述引用としては、『辟支仏集』では、天台宗の義として麟喩独覚は、仏の所に来て、小乗より大乗、権教より実教、迹門より本門へと帰依するとしている。しかし日隆は、麒喩独覚の今日得脱を実現した根本は、あくまで久遠下種による成仏を実現したものであるとして『辟支仏集』の説を批判している。

『玄義略要』では、蓮華の八葉は八教を表すといった文を引用し、日隆は『玄義略要』に説かれる一文を日蓮義を盛り込んで解釈することで、蓮華の八葉と妙法五字の関係性について定義していることが分かる。

『法華嘱累問答』では、三変土田について検討する場面において、日隆は三変土田の時は分身諸仏を座するためのものであって、霊山を移すものではないと主張し、この説を補強するために『法華嘱累問答』をあえて引用しているものと思われる。しかしこの引用は、一端は『法華嘱累問答』を引くことは容認しつつ、公場対決の場では本書の引用を控えるべきであると注意を促していることからも、あくまで助証としての引用であると推察する。

『講演法華儀』の引用では、本門円戒の機根に関する問題についての引用が見られ、『講演法華儀』の文を受けて日隆は、円珍の説を批判するのではなく、日蓮義の立場から、二種の機根の中において、信心を以て入る者を正意とし、信心に入る名字即の人を本門円戒の戒の機根であると結論づけている。

『法華科文』は円珍の著述には確認できず、『添品法華科文』の可能性や他の天台宗諸師の『法華科文』を孫引きした可能性を指摘した。日隆は天台宗の義として、五百億塵点を譬えや斉限ありとする主張に対し、この主張は迹門の始覚の法であり、実事ではなく、事成顕本とは十重顕本の破迹顕本を指し、これは三乗の近情を破すためであり真実の顕本ではないとする。その証文として、円仁の文や、円珍『法華科文』、智顗『法華文句』等を引用している。なぜなら、天台密教諸師の著述は、事成の顕本が方便となり、五百億塵点劫の遠寿を仮説とすることは、あくまで五住煩悩を表示したものであり、日隆は塵点劫を仮説とする証拠を呈示しているのではないかと思われる。

このように、日隆の著述中において円珍の著述と見られる箇所は、円珍の著述名を挙げて批判・解釈する場合や、著述名を挙げず一文のみを引用する等といった方法が用いられており、その引用方法は多岐に渡る。しかも、円珍の説として引用しながらも、その引用箇所は他師の著述からの孫引きや写本による引用の可能性が示唆されるため、直ちに円珍のものと断定することは早計である。いずれにしろ日隆は、円珍の説を、容認する箇所は確かに存在するが、そのほとんどが智顗や湛然による教義解釈から離れたものであると批判していることに気づくのである。

註

(1)『天台教学史』三二三頁以下。
(2)『日本天台史　正』三一六頁以下。
(3)『上古日本天台本門思想史』三七六頁。
(4)『仏書解説大辞典』第一巻八頁以下。
(5)『仏書解説大辞典』第五巻一一八頁には書名のみ確認できる。
(6)『仏全』第二四巻一一六頁a、『仏全』第二八巻二頁b。

(7)『恵全』第三巻五四六頁。
(8)『仏全』第三三巻三〇頁ａ。
(9)『隆全』第五巻三五頁以下。
(10)『隆教』第二巻三〇頁以下。
(11)『正蔵』第九巻四〇頁ａ。
(12)『日蔵』第七九巻四三頁ａ。
(13)『日蔵』第七九巻三二頁ｂ。
(14)『正蔵』第七五巻三八四頁ｂ。
(15)『仏全』第三三巻二四頁ａ。
(16)『仏書解説大辞典』第一巻二一頁以下。
(17)『恵全』第三巻五四六頁。
(18)『隆教』第一巻三九四頁以下。
(19)『仏全』第三三巻二四頁ａ、『正蔵』第七五巻三七七頁ｂ。
(20)『隆教』第四巻一六六頁以下。
(21)『仏書解説大辞典』第一〇巻九二頁以下、上杉文秀『日本天台史　正』三〇七頁、浅井圓道『上古日本天台本門思想史』三九一頁。
(22)『名目見聞』二九六頁以下。
(23)『隆教』第一巻四〇九頁。
(24)『隆教』第四巻一九八頁。
(25)『隆教』第四巻一九七頁。
(26)『隆教』第四巻一九九頁。
(27)『仏全』第二五巻二七五頁ａ。なお、『法華論』では、『正蔵』第二六巻九頁ｃに該当する。
(28)例えば、『隆全』第九巻五三二頁、五四四頁、第一一巻一〇頁、四三頁、『隆教』第一巻一二二頁、三三七頁、『法華宗全書

日隆2』二一七頁、三一三頁等、多数の引用が見られる。
(29)『仏書解説大辞典』第五巻一〇七頁以下、上杉文秀『日本天台史　正』三〇七頁、浅井圓道『上古日本天台本門思想史』三九一頁以下。
(30)『隆教』第四巻二六四頁。
(31)『隆教』第三巻四三四頁以下。
(32)『隆教』第四巻二六五頁。
(33)『隆教』第四巻二六六頁以下。
(34)『隆教』第三巻四三四頁。
(35)『仏書解説大辞典』第一巻三一四頁以下。
(36)『名目見聞』七九頁。
(37)『名目見聞』七七頁。
(38)『正蔵』第三三巻八〇六頁a。
(39)『維摩経略疏』(『正蔵』第三八巻七〇八頁b)を指すか。
(40)『隆全』第一巻五三三頁。
(41)『隆全』第一巻五三三頁以下。
(42)『法華宗全書　日隆1』一五頁。
(43)『仏書解説大辞典』第九巻一七二頁、浅井圓道『上古日本天台本門思想史』三九六頁。
(44)『隆教』第二巻一六三頁。
(45)『隆教』第二巻一六四頁。
(46)『仏書解説大辞典』第三巻一九七頁以下、浅井圓道『上古日本天台本門思想史』三九四頁。
(47)『隆教』第四巻三九一頁。
(48)『仏書解説大辞典』第一〇巻七八頁、浅井圓道『上古日本天台本門思想史』三九四頁以下。
(49)『隆全』第六巻六五六頁。

(50)『隆全』第六巻六五五頁。
(51)『仏書解説大辞典』第三巻三九九頁。
(52)上杉文秀『日本天台史　正』三〇七頁以下。
(53)『隆全』第一一巻八六頁。
(54)円珍の『添品法華科文』が確認できる目録等として、尊通『智証年譜』(『仏全』第二八巻一三九〇頁b)、祖徳『撰目類聚』(『仏全』第二八巻一四一二頁a、一四一五頁b、一四二五頁a)、敬光『唐房行履録』(『仏全』第一一三巻三一〇頁b、三五一頁a)等が挙げられる。
(55)日本天台宗諸師に見える『法華科文』の文献については、『仏書解説大辞典』第一〇巻二九頁、五六頁において、源信『法華経科文』『法華科文』、行賀『法華科文』の存在が窺え、『昭和現存天台書籍総合目録　増補版』上巻七頁、一三頁では、玄朗『法華科門』、源信『法華科門』を挙げている。また、『補訂版　国書総目録』第七巻三四三頁では、行賀『法華科文』が見える。
(56)『隆教』第一巻四四六頁以下。
(57)『正蔵』第三四巻一三〇頁a。

第三節　五大院安然の著述引用

本節では、平安時代初期の天台宗の学僧で天台密教の教理体系を完成させ、同時に、空海の本覚義の影響を強く受け、その後の中古天台教学の一大要素たる本覚思想の基盤を用意したとされる安然の著述引用について検討を加えていく。その方法としては前節同様、①日本天台教学史上における安然の位置づけについて、先行研究を概観することによりその特質を見る。②日隆が引用する安然の著述について通観し、どの程度の引用がなされているのかを確認する。③日隆がどのような意図を以て安然の著述を引用しているのかについて、それぞれ検討していくこととする。

第一項　近代日本天台教学史研究における安然の評価

安然は日本天台教学史上、どのように位置づけられているのかについて先行研究を概観すると、①島地大等『天台教学史』、②上杉文秀『日本天台史』、③大久保良峻『台密教学の研究』等を挙げることができる。(1) これらの先行研究を手掛かりとして、日本天台教学史上における安然の位置づけについて確認すると、島地大等氏は以下のように述べている。

五大院安然の台密に関する学説の成立したるはあたかも東密興起の後なるが故に、教相といはず事相と云はず共に影響を受けたるもの少なからずと雖も、また台密本来の根本思想に至つては毫もこれを動じたるものに非るは注意せざるべからず。否啻にその根本立脚を動ぜざるのみにあらず、また却つて益〻精密周到なる組織的教学を樹立し、北嶺真言の教判を大成したるは蓋し偉なりといふべし。(2)

『天台教学史』によれば、安然の台密教学の成立は、東密が興起した後であるために、教相や事相と共に影響を受けたものも少なからず存在するが、台密本来の根本思想については、相違が見受けられないと提唱する。そればかりか、根本思想に立脚してさらなる精密な教学の組織的教学を樹立し、台密の教判を大成したと評価している。

次に上杉文秀『日本天台史』では、安然の特筆すべきこととして以下のように標榜している。

安然和尚は多聞博識にして、所謂顕密の博士たるに背かずと雖も、天台史上に特筆すべきものは、実に北嶺真言の判教を確立した事にありといはねばならぬ。而して其教判の祖承は、無論、遠くは一行の大日経義釈、近くは慈覚の両経の疏（金剛頂、蘇悉地）に依つたのであるが、彼の智証と殆ど同時代にして粗〃其宗旨を一にするより観れば、智証と安然との関係は、南山に鼓を撃つて北山に舞ふの状況といふべきである。（中略）和尚は四一十門の宗教を建て、断乎として天台宗の改名を実行し、自ら真言宗と称して事理倶密の宗義を高標した。即ち純なる北嶺真言の判教を成立したことである。蓋し是れ、日本天台の外延的発展が最も其絶頂に達し、外は東寺・高野の真言に対峙し、内は叡山仏法の拡張を為すべき、史的機運の発動であるともいへるであらう。(3)

上杉氏の論によれば、安然は天台教学史上、台密の教判を確立したことにあるとしている。その教判は善無畏と、筆受者一行による『大日経義釈』を基礎として、円仁の『金剛頂経疏』『蘇悉地経疏』に依り、一代仏教を四一十門（四一とは、一切経が一密教に共通する性質や関係を取り出し、一般的な命題や法則を導き出す所以を仏・時・処・教の四項目に分けて述べる。十門とは、説・語・教・時・蔵・分・部・法・制・開・の十門に分けて仏一代の教相を解釈する綱目）に分け、事理倶密の宗義を確立したとしている。よって安然は、台密の判教を成立させたことで、日本天台の発展に貢献を果たした学匠であると指摘している。

そして、大久保良峻『台密教学の研究』では、安然を中心とした台密思想についての研究がなされている。

安然は空海以降の日本密教史上、最も注目すべき学匠の一人である。それは、空海を起点とする密教の集大成とも言うべき業績を残したことにもよる。

勿論、日本の密教を台密と東密という二つに大きく分類すれば、安然は台密を代表する学匠ということになり、その点がしばしば強調される。つまり、安然の教学は最澄以来の円密一致思想を基幹としているのであり、教判において空海説を容認することはない。しかし、空海の教学を摂取しつつも台密の大成を果たしたのである。(4)

大久保氏によると、安然は空海を起点とする天台密教の集大成とも言うべき業績を残した人物であると評価し、空海以降の日本密教史上の特筆すべき学匠の一人であると指摘している。さらに安然の教学は、最澄の円密一致思想を基幹とするため、空海による真言教学を直ちに容認せず、空海の教学を摂取しつつ、台密の大成を果たしたと結論づけている。

以上、先行研究の整理を試みてきたが、三氏とも安然の教学は真言密教の影響を受けたものであるということは否定できないとする。一方、天台教学を基底に置くことで、台密本来の根本思想を忘失することなく、『大日経義釈』を基礎として天台密教の教判を成立させた学匠であると評価していることが解される。

第二項　日隆の引用する安然の著述

日本天台教学史上における安然の評価として、天台密教の教判を樹立した学匠であることが理解できた。では、日隆が安然の著述をどのように引用しているのかを見ていくことで、日隆教学に見る安然批判とその影響について整理していきたい。なお、安然の著述は散逸して伝わらないものもあり、真偽問題も孕んでいる。本節においても、真偽問題については先行研究に委ね、日隆が安然の著述として引用したものは一応記載し、考察していくこととする。

日隆が引用したと思われる安然の著述は、管見の限り、『普通授菩薩戒広釈』(以下『広釈』)一九箇所、『教時諍』(5)七箇所、『真言宗教時義』(6)六七箇所、『胎蔵金剛菩提心義略問答抄』(7)（以下『菩提心義抄』）一九五箇所、『異本即身成仏義』(8)一箇所、『即身成仏義私記』(9)二箇所、『会異融通集』(10)三箇所、『要決法華知謗法論』(11)一箇所の計二九五箇所を挙げることができる。また、これらを列挙した【表15】を作成した。本節では【表15】を基に、日隆の引用が特に多く見られる『広釈』『教時諍』『真言宗教時義』、『菩提心義抄』を中心として日隆の引用箇所を考察していきたい。

【表15】日隆著述にみる安然の著述一覧

番号	安然の著述名	該当頁	安然の文	日隆の著述名	日隆の引用文
1	『普通授菩薩戒広釈』（真）	『正蔵』74・764b以下	前三戒証。歴二無量劫一。最後現身成仏。円乗戒証。受戒之日。即身六即成仏。前三戒身。有二犯不犯一。犯不犯境有二差別一故。雖二復犯一而戒法不レ失。円乗戒身。一切諸仏法皆是仏法。仏法之中。都無二犯戒一。無二犯戒一故。戒法常住。	『法華宗本門弘経抄』（『隆全』11・36）	之に依て広釈に云く、円乗戒身一切諸仏、皆是仏法、仏法之中都無二犯戒一無二犯戒一故戒法常住と云へり
2				『本門戒体見聞』（『法華宗全書　日隆2』212）	これに依って広釈に云く、「円乗の戒身は一切諸仏なり。皆これ仏法、仏法の中に都て犯戒なし。犯戒なき故に戒法は常住なり」と云えり。
3				『本門戒体見聞』（『法華宗全書　日隆2』238）	広釈に云く、「前三戒の証は無量劫を歴る。最後に現身を成仏す。円乗戒の証は受戒の日、即身に六即成仏す」と云えり。

No.	正蔵	原文	出典	釈
4	『正蔵』74・766b	華厳云。挙足下足。即是道場。当須下遍二一切処一之道場上。修二行真如法性之戒法一。善法悪法皆為二律儀一。一色一香更莫二退転一。	『法華宗本門弘経抄』（『隆全』11・36）	華厳経に云く、**真如法性戒法修行善法悪法皆悉律儀也一色一香無二退転者一**と云へり、此れ等の経文釈義分明なり、此れ等の経文釈義分明なり、迹門円乗の戒法常住にして金剛宝戒なるべしと云ふこと明鏡なるものなり
5			『本門戒体見聞』（『法華宗全書　日隆2』212）	華厳経に云く、「**真如法性の戒法を修行すれば、善法も悪法も皆な悉く律儀なり。一色一香も退転する者なし**」と云えり。これらの経文・釈義は分明なり。迹門の円乗の戒法は常住にして金剛宝戒なるべしと云うこと、明鏡なるものなり。
6	『正蔵』74・767c	浄行経是逆次之説。	『法華宗本門弘経抄』（『隆全』6・245）	次に浄行経をば五大院は**逆次の説なり**と釈し玉へり
7	『正蔵』74・769b	円乗初心。八魔遠逃。故名二不退一。五大明王常所二加持一。	『開迹顕本宗要集』（『隆教』5・252）	先徳の釈の中には**円教初心八魔遠逃、五大明王能所二加護一**と釈して、理慧相応して所行所言の如くなれば五種の金剛神之を守護すと云へり。
8	『正蔵』74・774b	諦信二此語一。是名二成仏一。	『法華宗本門弘経抄』（『隆全』11・86）	次に本門円頓戒の機は名字即の人なり、戒は是れ信を以て正と為す、名字は信位なる故に、二種の機の中の信心入の機とこれ同じ、故に本門円戒の正機なり、之に依て山王院の云く、入二秘密蔵一有二二機一**信二此語一是名二成仏一**と云へり
9			『十二問答抄』（『宗全』8・478）	五大院云**初信二此語一是名二成仏一**云へリ
10			『本門戒体見聞』（『法華宗全書　日隆2』237以下）	五大院の釈に云く、「**諦にこの語を信ず。これを成仏と名づく**」と云えり。これらの釈は、二種の機の中には信心入の者をもって戒機の正の意となす。

11				『本門戒体見聞』（『法華宗全書　日隆2』267）	**「この語を信ずるは、これを成仏と名づく」**と云えり。戒家の正意は、二種の機の中には信心入の者が正意なり
12		『正蔵』74・777c	能説二法華一。是名二持戒一。	『法華宗本門弘経抄』（『隆全』11・34）	安然和尚の広釈に云く、**能説ク二法華ヲ一是ヲ名ク二持戒ト一**文
13				『法華宗本門弘経抄』（『隆全』11・63）	安然の云く**能説ク二法華ヲ一是レ名ク二持戒ト一**と云へり
14				『十三問答抄』（『宗全』8・480）	先徳（安然広釈）云**能説法華是名持戒ト**云へり
15				『本門戒体見聞』（『法華宗全書　日隆2』211）	安然和尚の昿釈に云く、**「能く法華を説く、これを持戒と名づく」**文。尓前経の如く師に随って戒を持たず、但だこの経を信ずれば即ち戒を持つなり。
16				『法門戒体見聞』（『法華宗全書　日隆2』230）	当宗は、信者の善を生ず。これは持戒の者なり。安然の云く、**「能く法華経を説く、これを持戒と名づく」**と云えり。
17				『本門戒体見聞』（『法華宗全書　日隆2』239）	釈に云く、**「広く法華経を説く。これを持戒と名づく」**と云えり。今経の伝戒は和尚を須いず、白四羯磨せず、題目信心の当体にて即身成仏を論ず。
18		『正蔵』74・757a	書名のみの引用	『法華宗本門弘経抄』（『隆全』10・381）	又浄行経及び**菩薩戒の広釈**（安然）等に皆悉く値ふと云へり
19		不明	不明	『本門戒体見聞』（『法華宗全書　日隆2』267）	広釈に云く、**「能く失せざる」**の円頓戒なるべし。

20	『教時諍』(『教時諍論』)(真)	『正蔵』75・362a以下	第五次依教理浅深。初真言宗大日如来常住不変。一切時処説一円理諸仏秘密。最為第一。次仏心宗一代釈尊多施筌蹄。最後伝心。不滞教文。諸仏心処故為第二。次法華宗一代教迹権実偏円教観双共明一実。諸仏秘蔵故為第三。	『法華宗本門弘経抄』(『隆全』1・645)	教時諍論に**第一真言第二禅宗第三法華宗**等と云って天台伝教の義に背く謗法なり
21				『法華宗本門弘経抄』(『隆全』9・426)	或は安然余流の天台宗は、**第一真言、第二禅宗、第三法華宗**と見計し、或は慈覚余流の行人は、第一真言第二法華宗と執見して、天台妙楽所立の宗の一字を悉く倒して、真言宗の宗に成る迷乱見計を兼ぬる日より鑑照して、大乗上慢と釈し玉ふものなり
22				『法華天台両宗勝劣抄』(『法華宗全書日隆1』109)	謂く、五大院の教時諍論には、「**真言第一、仏心宗第二、法華宗第三**」と云えり。
23				『開迹顕本宗要集』(『隆教』2・227)	結句五大院先徳は**第一真言、第二禅宗、第三法華宗**と立てたまふ故に、天台己心中の止観の智水は悉く断尽して謗法者と成り畢んぬ。
24				『開迹顕本宗要集』(『隆教』3・81)	仍て五大院は**第一真言、第二禅宗、第三法華**と観心修行したまひし間道理なり云云
25				『開迹顕本宗要集』(『隆教』3・171)	次に教時義の因果の久遠に至ては、五大院先徳は以ての外の大僻見これあり。謂く、**真言第一、禅宗第二、法華宗第三**と立てたる人師なれば之を用ふべからず云云。
26				『開迹顕本宗要集』(『隆教』3・279)	先づ五大院の事は其の身は天台宗にて其の心は真言・禅宗なり。其の故は諸宗の勝劣を定むるに、**第一真言宗、第二仏心禅宗、第三天台法華宗**と定めたり。
27	『真言宗教時義』(真)	『正蔵』75・376c	十界之中其菩薩界常修常証無始無終。故有報身常満常顕無始無終。	『法華宗本門弘経抄』(『隆全』4・516)	此の久遠の十法界の中に、九法界地涌上行の辺は「**其菩薩界常修常証無始無終**」なり、本仏界釈尊の辺は「**報仏如来常満常顕無始無終**」なり

28	29	30	31	32	33	34	35
『法華宗本門弘経抄』（『隆全』8・69）	『法華宗本門弘経抄』（『隆全』8・85）	『法華宗本門弘経抄』（『隆全』8・218）	『法華宗本門弘経抄』（『隆全』8・268）	『法華宗本門弘経抄』（『隆全』8・276）	『法華宗本門弘経抄』（『隆全』8・584）	『法華宗本門弘経抄』（『隆全』8・606）	『法華宗本門弘経抄』（『隆全』9・655）
是れ一仏二名の師弟なり、謂る「**其菩薩界常修常証無始無終、報仏如来常満常顕無始無終**」と云へる此の意なり。	故に妙覚界の「**其菩薩界常修常証無始無終報仏如来常満常顕無始無終**」する報仏如来体具の菩薩なり	疑ふて云く、常の釈義等には本因本果は共に釈尊一仏の上の因果なりと云へり、何ぞ本因妙を以て地涌と云ふや。 答、釈に**其菩薩界常修常証無始無終、報仏如来常満常顕無始無終**文 此の菩薩界は本因妙の地涌なり報仏如来は本果妙の釈尊なり	然るに地涌の菩薩は「**其菩薩界常修常証無始無終、報仏如来常満常顕無始無終**」にて既に地涌は三世常恒の本有の菩薩界として久遠下種の相を示し	故に地涌上行等は三世本有の「**其菩薩界常修常証無始無終**」の信行の菩薩界なり	釈に「**其菩薩界常修常証無始無終、報仏如来常満常顕無始無終**」と云へり、此の「報仏如来」と云ふは本果妙の釈尊、即ち自受用身なり	此の時は六即の因果、初住已上の智と云うも、「**其菩薩界常修常証無始無終、報仏如来常満常顕無始無終**」の初住妙覚なり	故に「**其菩薩界常修常証無始無終、報仏如来常満常顕無始無終**」と云へる常修常証の本覚本有の大悲闡提の滅後利生の大菩薩なり

36				『法華宗本門弘経抄』（『隆全』11・183）	本門本覚の上行菩薩等は、久遠本仏本果本因の本因自性所生の太子王子たる「**其菩薩界常修常証無始無終報仏如来常満常顕無始無終**」する菩薩界なり
37				『名目見聞』（『名目見聞』469）	此時本有無作、応身居本有同居乃至無作報身居本有実報居而本有本覚**常満常顕無始無終**也。
38				『五帖抄』（『仏立宗義書』3・83）	釈**其菩薩界常修常証無始無終**。**報仏如来常満常顕無始無終**以上。其菩薩界者本有地涌也。報仏者本果釈尊也。
39				『私新抄』（『宗全』8・123）	**其ノ菩薩界ハ常修常証無始無終、報仏如来常満常顕無始無終**云云菩薩界者九界也。
40				『私新抄』（『宗全』8・357）	地涌ノ九界ハ鎮ニ釈尊ノ仏界ニ流入シテ**其菩薩界常修常証**セリ、釈尊仏界ハ常ニ地涌九界ト顕テ**報仏如来常満常顕**セリ
41				『十三問答抄』（『宗全』8・407）	故知因果釈尊上行ハ其体同体一身**其菩薩界常修常証無始無終、報仏如来常満常顕無始無終**等云ヘル形也
42				『開迹顕本宗要集』（『隆教』1・15）	是れ即ち**其菩薩界常修常証無始無終、報仏如来常満常顕無始無終**（五大院）と云へる本有因本有果にして更に本無今有の始起造作有為転変の因果にあらざるなり。
43				『開迹顕本宗要集』（『隆教』1・119）	法爾自然の智にして**其菩薩界常修常証無始無終報仏如来常満常顕無始無終**の法体なり。是れ本覚の自受用智無為常住の相貌なり。是れ天台宗相伝の義なり云云。
44				『開迹顕本宗要集』（『隆教』1・238以下）	然るに顕本の上に果頭開顕を顕し本迹を論ずる時は上行**菩薩を以て本因妙常修常証**の本有の菩薩と為し、**釈尊を以て本果妙常満常顕無始無終**本有の仏界と為し、十界の因果久遠の義を論ず。

No.			出典	本文
45			『開迹顕本宗要集』（『隆教』2・9以下）	次に本門の意は三千の万法無作三身にして**其菩薩界常修常証無始無終報仏如来常満常顕無始無終**したまふ
46			『開迹顕本宗要集』（『隆教』2・10）	妙覚遍照尊上の**其菩薩界常修常証**の三眼三智の知見、九界の無縁の利益を施す。
47			『開迹顕本宗要集』（『隆教』2・13）	故に第四依に文殊を取る事は、文殊は是れ**其菩薩界常修常証**の本有の菩薩界なり。
48			『開迹顕本宗要集』（『隆教』2・45）	是れ則ち本門の**其菩薩界常修常証無始無終報仏如来常満常顕無始無終**の本因妙上行菩薩には自行なく化他を以て自行と為す本覚立行の朽木書たり。
49			『開迹顕本宗要集』（『隆教』2・63）	故に中々煩悩を断ぜず無縁の大悲に乗ずる、是れ即ち本門の**其菩薩界常修常証**の本有菩薩界の本因妙の利生なり。
50			『開迹顕本宗要集』（『隆教』2・99）	**其の菩薩界は常修常証なり**、仏界の辺は常に成道を唱へて**常満常顕無始無終**なり。此の義分は法相宗の所立には大いに異なり。
51			『開迹顕本宗要集』（『隆教』2・103）	釈尊従果向因して仏身を本因妙上行の菩薩身と成し、**其菩薩界常修常証無始無終**の本有の菩薩界として久遠より娑婆三界の生死界に住して衆生を益す。
52			『開迹顕本宗要集』（『隆教』2・106）	此の本因本果は本来本有にして**其菩薩界常修常証無始無終報仏如来常満常顕無始無終**なり。故に本因は久遠本有の大悲の菩薩なり。是れ即ち地涌菩薩なり。或は不軽菩薩なり云云。

53	『開迹顕本宗要集』（『隆教』2・111）	されば上行等の菩薩は**其菩薩界常修常証　無始無終**の久遠本有の菩薩界なる故に、観音、文殊等の如き過未の成道これなし。
54	『開迹顕本宗要集』（『隆教』2・133）	是れ即ち**其菩薩界常修常証　無始無終　報仏如来常満常顕　無始無終**の本有常恒本因本果のことはざなり。故に等妙二覚は一仏二名なり。
55	『開迹顕本宗要集』（『隆教』3・190）	慈覚の御釈に**其菩薩界常修常証**等と釈したまふとこれ同じ。
56	『開迹顕本宗要集』（『隆教』4・82）	**其菩薩界常修常証**して衆機を照し物を益す。而も**報仏如来常満常顕無始無終**して本果の応用を顕す。
57	『開迹顕本宗要集』（『隆教』4・83）	此の本地真因の智とは本因本果一体の上の本果妙所具の本因妙にして、本仏界所具の菩薩界にして、**其菩薩界常修常証無始無終、報仏如来常満常顕無始無終**と云ふ無作本覚本有の本因本果なり。
58	『開迹顕本宗要集』（『隆教』4・86）	此の照機の辺は本果妙体具の本因妙、仏界所具の菩薩界の**其菩薩界常修常証無始無終**の地涌上行の大悲の照機なり。
59	『開迹顕本宗要集』（『隆教』4・87）	是れ即ち六即の当体、本因本果にして、**其菩薩界常修常証無始無終、報仏如来常満常顕無始無終の其菩薩界常修常証**の本因妙初住已上の外の功用なる故に更に斉限なきものなり。
60	『開迹顕本宗要集』（『隆教』4・178）	故に本因妙本有の菩薩界にして**其菩薩界常修常証無始無終**の勝用を示すとして、我自欲得是真浄大法と願示して本有の菩薩界の相を顕すなり。

61			『開迹顕本宗要集』（『隆教』4・433）	本因妙の菩薩と成て本果妙の父釈尊と父子因果互融して**其菩薩界常修常証無始無終、報仏如来常満常顕無始無終**する故に、上行菩薩は釈尊自性本具自体顕照の本有の菩薩界にして、三世常恒に下種の唱導と成り
62	『正蔵』75・377a	衆生迷故成二多衆生一。諸仏覚故会成二一仏一。	『開迹顕本宗要集』（『隆教』1・369）	仍て**衆生迷故成二多衆生一**と云ふ日は衆生因分に居す時は自他彼此の情量を存すと雖も、**諸仏覚故会成二一体一**して極果に至て内証法界遍照して自他の情量を離れ、三世十方を一念に照し及二達悟一已無二去来今一すれば、久遠今日の差別もなく迷謂内外悟唯一心すれば久近一念にして、久遠成道と云ふも昨日今日の間にあり
63			『開迹顕本宗要集』（『隆教』1・394）	仍て**衆生迷故成二多衆生一**と云ふ日は衆生は因分に居して自他彼此の情量を存すと雖も、**諸仏覚故会成二一体一**して極果に至れば内証は法界遍照して自他の情量を絶して、三世十方を一念に照し
64			『開迹顕本宗要集』（『隆教』5・82）	或は先徳の一処の釈の中には**衆生迷故成二多衆生一**、**諸仏覚故会成二一仏一**と云へり。
65			『開迹顕本宗要集』（『隆教』5・96）	五大院の云く、**衆生迷故成二多衆生一**、**諸仏覚故会成二一体一**文。

66	『正蔵』75・378b以下	若約㆓一心一心識義㆒則亦一心一真如此法。中都無㆓煩悩菩提生死涅槃凡夫諸仏㆒。故作㆓是説㆒。本無㆓成仏及不成仏㆒。若約㆓一切一心識義㆒則亦一切一真如法此中具有㆓煩悩菩提生死涅槃凡夫諸仏㆒。	『開迹顕本宗要集』（『隆教』3・77）	此の釈の意は一心一心識と一切一心識とに約して分身の異を判ずる時、軈て同教時義に此の二つの識を釈して云く、**若約**㆓**一心一心識義**㆒**即約**㆓**真如不変之義**㆒、**此中都無**㆓**煩悩菩提生死涅槃**㆒**本無**㆓**成仏及不成仏**㆒と釈して、一心一心識をば不変真如の理に約する故に二仏三仏の異を絶する間、弥陀・釈迦も一仏にして皆大日と一身なり。さて一切一心識を釈して云く、**若約**㆓**一心一心識義**㆒**即約**㆓**真如随縁之義**㆒**且説**㆓**衆生本来之仏**㆒**此中具有**㆓**煩悩菩提生死涅槃**㆒と釈して、是れをば随縁真如に約する故に、弥陀釈迦二仏既殊して、弥陀阿閦非㆓釈迦分身㆒と云ふ心これありと釈したまへり。
67	『正蔵』75・384b	天台本迹釈与㆓今宗因分久近㆒意同。故大日疏云。此経本地之身即是妙法蓮華最深秘密処。観心釈与㆓今宗果分一体㆒意同。故大日疏云。釈尊久遠寿量皆在㆓衆生一念心中㆒。	『法華宗本門弘経抄』（『隆全』1・643）	五大院先徳の教時義に**久遠に於て因分果分を立つ因分の久遠とは本門寿量品に説く処の五百墨点の塵数是れなり果分の久遠とは釈迦久遠の寿量皆在衆生一念心中**等と云える是れなり
68			『法華宗本門弘経抄』（『隆全』1・643以下）	之に依て教時義の第一に云く**天台の本迹釈と今宗の因分久遠と意同じ○観心釈は今宗の果分と一体にして意同じきが故**云云
69			『法華宗本門弘経抄』（『隆全』1・644）	五大院雅意に任せて私に**因果の久遠**を立て身は天台宗にして意は真言に移り慈覚に同じて天台の血脈を切つて謗法を成ずる者なり
70			『法華宗本門弘経抄』（『隆全』1・645）	次に教時義に**観心を以て果分の久遠と為し**万法一心の極理は諸部の円教に明す間爾前に通ずるなり

No.	出典	本文
71	『法華宗本門弘経抄』（『隆全』1・662）	五大院の教時義に**真言の果分の久遠を止観に同じ**久遠の本と云ふは法身の本なる故に唯是れ体用本迹の体、法身の理と云ふも衆生の一念心中なり久遠本迹と云ふは本果の釈尊妙覚果地の上の仏身久遠寿命長遠希なる事諸経に説かざる沖微なり衆生の一念心中の体理久遠は爾前諸経に専ら之を明すなり。更に本門希有に非ざるなり云云
72	『法華宗本門弘経抄』（『隆全』1・665）	故に知りぬ五大院の**真言果分の久遠**と云へるは大日の久遠なる故に理の久遠、観妙の久遠なり
73	『法華宗本門弘経抄』（『隆全』10・31）	爰を以て教時義には、**釈尊久遠寿量皆在衆生一念心中此宗同果分**と云へり
74	『法華天台両宗勝劣抄』（『法華宗全書　日隆1』116以下）	されば、久遠成道をば観心に約し、「**久遠の寿量は、皆衆生の一念の心中に在り**」と云いて、我等己心にも鎮に久遠成道を唱うと云って、因分の久遠・果分の久遠と云う事を口伝し出だして、法華経の久遠をば教に属し、因分と云い、止観をもって真言に同じ、真言止観をもって果分の久遠となす間、理をもって真実の久遠と思えり。尓らず。これ謬りなり。
75	『五帖抄』（『仏立宗義書』3・183）	サレハ五大院教時機立因分久遠果分久遠法華久遠成道属因分久遠下之。以止観観心同真言属果分久遠也。依之教時義云。**此経本地心即是妙○経。最深秘密処。此宗同因分久遠釈迦久遠寿量皆在衆生一念心中。**此宗同果分同云々。
76	『開迹顕本宗要集』（『隆教』1・369）	故に五百塵数の界数と云ふも五住の迷雲晴るれば唯一心の塵数なり。されば**釈尊如来久遠成道皆在衆生一念心中**と云へり。
77	『開迹顕本宗要集』（『隆教』1・425）	されば先徳云く**釈尊如来久遠寿量皆在衆生一念心中**と云へり。是れ理成顕本の体なり。

番号	安然著述	典拠	引用文	出典
78			之に依て教時義に云く、此経本地之身即是妙法蓮華経最深秘密処此宗同因分久遠、釈尊久遠寿量八皆在衆生一念心中此宗同果分久遠と云へり。	『開迹顕本宗要集』（『隆教』3・170）
79			次に教時義の因果の久遠に至ては、五大院先徳は以ての外の大僻見これあり。	『開迹顕本宗要集』（『隆教』3・171）
80			然るに此の教時義は大日経疏に依りて因果の久遠を立つ	『開迹顕本宗要集』（『隆教』3・171）
81			五大院の教時義に法華経の本地妙法蓮華経をば下して因分久遠と為し、観心の重の皆在衆生一念心中の久遠を高うして果分の久遠に属すと云へり。	『開迹顕本宗要集』（『隆教』3・172）
82			天台の末学此の旨を知らず法華の久遠成道を以て教に属し因分の久遠に下し、真言・止観を以て観心と為し果分の久遠に属する條、以ての外の大僻見なり。	『開迹顕本宗要集』（『隆教』3・173）
83			五大院先徳は此の観心の重は真言宗の果分の重と之を同ず。	『開迹顕本宗要集』（『隆教』5・224）
84	一代八千機見不同。	『正蔵』75・384c	次に梵網経の文をば、或る先徳の云く、一代八千機見不同と云へり	『法華宗本門弘経抄』（『隆全』8・518）
85			次に梵網経の文に至ては、先徳之を会せんとして一代八千機見不同と云へり。	『開迹顕本宗要集』（『隆教』3・159）

	正蔵	原文	出典	本文
86	『正蔵』75・389c	而法華中阿閦弥陀本是他仏。非二釈迦身一。又普賢文殊観音弥勒亦是他人。非二釈迦身一。今真言宗云二皆是一仏一身一。若法華説是実真言説可レ権。若真言説是実者法華説可レ権。何云レ同耶。答。法華経約二一切一心識一故云二阿閦弥陀一。是他仏身。又普賢等是非二釈迦身一。今真言宗約二一心一心識一故云二四方四仏四維四菩薩皆大日身一。然天台云下心仏及衆生是三無二差別一只心是一切法。只一切法是心。非レ縦非レ横。非レ一非レ異。芥爾一心必具中三千上。即是今真言宗一心一心識意。	『開迹顕本宗要集』（『隆教』3・35）	次に五大院の御釈の中に真言天台両宗の分身の相を釈したまふ事これあり。
87			『開迹顕本宗要集』（『隆聖』3・76以下）	教時義の第一に云く法華中阿閦・弥陀本是他仏非二釈迦分（原本ハ分の字ナ）身一、又普賢・文殊・観音・弥勒亦是他人非二釈迦身一、今真言宗云二皆是一仏一身一乃至何云レ同耶。答法華経約二一切一心識一故云二阿閦弥陀是他身一又普賢等是非二釈迦身一、今真言宗約二一心一心識一故云二四方四仏四維四土（原本ハ四菩薩）皆大日身一然天台云心仏及衆生是三無二差別一只心是一切法一切法是心非レ縦非レ横非レ一非レ異芥爾一心即（原本ハ必）具二三千一、即是真言宗一心一心識意也と釈したまへり。
88			『開迹顕本宗要集』（『隆聖』3・77）	是れをば随縁真如に約する故に、弥陀阿閦非二釈迦分身一と云ふ心これありと釈したまへり。
89			『開迹顕本宗要集』（『隆教』3・279以下）	当宗の義に云く、之に付て五大院先徳、顕密両宗に約して分身の相を釈する時、法華経をば一切一心識に約す。故に阿閦・弥陀は是れ他仏と云ひ、普賢等又釈迦の身にあらず、今真言宗は一心一心識に約する故に四方四仏四維四士皆大日の身なり等と釈して、真言の一心一心識は不変真如なる故に諸仏菩薩悉く法性身大日にして仏別不同なし、故に化道同の義にてこれあり。さて法華経の一切一心識は随縁真如なる故に諸仏菩薩差別して仏々不同なる故に、化道不同の義これありと云ふ。故に本門の随縁真如の時は化道不同なりと云ふ事、五大院の釈に分明なり。
90	『正蔵』75・403c	法華明二久遠成仏一。此経明二頓証成仏一。二説雖レ異実是一仏。	『私新抄』（『宗全』8・234）	釈云法華明二久遠成道一此経（金剛頂経）明二頓証成仏一ト云へり

番号	書名	所在	引用文	引用書	内容
91		『正蔵』75・414c	華厳般若維摩法華涅槃等唯理秘密。大日金剛頂等事理倶密云云	『法華宗本門弘経抄』（『隆全』9・371以下）	慈覚大師は伝教義真の御弟子、智証大師は義真慈覚の御弟子、安然和尚は安恵和尚の御弟子なり、此の三人の云く**法華天台宗は理秘密の即身成仏、真言宗は事理倶密の即身成仏**云云
92		『正蔵』75・439b	答。夫煩悩者応ㇾ在二衆生一。仏説経教有二何煩悩一。而有二此言一者彼論以二法華以前教一為二一船一。以二法華一為二一船一。以二涅槃一為二一船一云云。天台云。前番前熟已入二法華一。後番後熟留入二涅槃一云云故後熟者若法華未ㇾ断二煩悩一亦約二此人一。故云三法華為二煩悩所汚一。	『名目見聞』（『名目見聞』252）	**一教時義云夫煩悩者応ㇾ在二衆生一仏説経教有二何煩悩一○故後熟者○若於二法華一未ㇾ断二煩悩一亦約二此人一故云法華為二煩悩一所ㇾ斥**云へリ。
93		不明	不明（『政海類聚抄』の趣意か）	『開迹顕本宗要集』（『隆教』3・326）	先づ類聚抄には六義を挙ぐ、一義に云く、**法華に悟らざる人、涅槃に至て得悟する故に、法華は煩悩に染せらる等と云ふなり**。此れは五大院の教時義の意なり。
94	『胎蔵金剛菩提心義略問答抄』（真）	『正蔵』75・454a	貪体即覚体名二本覚理一也。	『法華宗本門弘経抄』（『隆全』2・331）	然りと雖も此の廃迹顕本の上に「顕本為事円」の住本顕本の事本顕れて**貪体即覚体**する時、中中に猶ほ里近く成りて、阿含三蔵三賢有学の当体

95	伝源信『教観大綱』（偽）	『恵全』3・541	菩提心義云。貪体即覚体。名二本覚理一也。	『法華宗本門弘経抄』（『隆全』3・270）	自受用本覚の**「貪体即覚体」**の理即の本覚の処に安住するは、観行即の行人智者の観心、是れ即ち教外別伝の法行観なり
96	等海『等海口伝抄』（真）	『天全』9・383b	五相成仏私記云。貪体即覚体名二本覚理一也。若覚二貪即菩提一名二始覚理一也矣。以二此御釈一習二本迹立行不同一也。是一流口伝也。	『法華宗本門弘経抄』（『隆全』3・358）	本門の心は教弥実位弥下の凡聖一如易行の本覚を尚み末代に応じて**貪体即覚体**の本覚を以て宗旨と為し諸宗超過の易行を修す
97				『法華宗本門弘経抄』（『隆全』4・11以下）	而も本因妙に即して事の三千を論じ、**「貪体即覚体名二本覚理一也」**と云ふが如く、実報寂光の真如の理より本時の娑婆事土に出で
98		『天全』9・537a	菩提心義云。貪体即覚体。名本覚理也等矣	『法華宗本門弘経抄』（『隆全』4・12）	久遠事常の本門**貪体即覚体の本覚**の法華経にして
99	伝忠尋『漢光類聚』（未）	『正蔵』74・411b	貪体即覚体名二本覚理一故三毒当体即仏体也。	『法華宗本門弘経抄』（『隆全』4・18）	朗然として悪世悪人を照す故に、**「貪体即覚体名二本覚理一也」**と云ふ秘中深秘の釈は浅略異なりと雖も、秘々中深秘の釈は還て浅略に同ずと云ふは本因妙の重なり
100				『法華宗本門弘経抄』（『隆全』4・30）	事円とは**「貪体即覚体名二本覚理一也」**の法体なり、此の事円本覚三千の妙法蓮華経を今の偈頌に密表するなり。
101				『法華宗本門弘経抄』（『隆全』4・80）	此の理極事遍の重、即ち**「貪体即覚体名二本覚理一也」**の釈の意なり
102				『法華宗本門弘経抄』（『隆全』4・579）	本覚と云ふは**「貪体即覚体　名二本覚理一也」**にて、聖より凡に還り、悟より迷に還り、妙覚究竟より理即名字に還り、本果妙より本因妙に出で丶、本因妙の凡地を以て真実の本覚と為す

番号	出典	本文
103	『法華宗本門弘経抄』（『隆全』4・579）	本果妙より本因妙名字信行の**貪体即覚体**の教弥実位弥下の本覚の位に会帰して果因不二の本覚易行の南無妙法蓮華経を以て本門八品を説ひて釈尊体具本因妙上行に付して末法下種に備ふること是れ釈尊出世の本懐なり
104	『法華宗本門弘経抄』（『隆全』4・625）	此の故に本門の意は本果妙より猶ほ本因妙名字信行を以て「**貪体即覚体**ナルヲ　**名**二**本覚理**ノ一**也**」と云つて本覚の実体と為す
105	『法華宗本門弘経抄』（『隆全』5・85）	不退の中にも「**貪体即覚体、名本覚理也**」「等覚一転入于名字即」して、六即一即の名字不退の本因妙の南無妙法蓮華経を、本因の上行に付して末代下種に授け
106	『法華宗本門弘経抄』（『隆全』5・194）	故に知んぬ本門は三世倶に凡夫即極の「**貪体即覚体**ナルヲ　**名**二**本覚**ノ**理**一**也**」の本因妙名字信行の信者と成るなり
107	『法華宗本門弘経抄』（『隆全』5・248）	三界の生死を離れ向きの界外の実報寂光に至るなり、本門の意は「**貪体即覚体**ナルヲ　**名**二**本覚理**ノ一**也**」と談ずるなり
108	『法華宗本門弘経抄』（『隆全』5・638）	此の宝所の実体は、**貪体即覚体**にして凡夫即極と示教利喜する故に是れ本覚の宝所なり
109	『法華宗本門弘経抄』（『隆全』6・388）	謂く信心即本覚とは信行は凡夫即極にして**貪体即覚体**なり
110	『法華宗本門弘経抄』（『隆全』6・457）	答、当時天台宗の末学の云く、「止観一部は本迹未分本覚の立行なり、故に弥陀大日も本覚の仏なり、観音薬王も本化なり、**貪体即覚体**なり、然も罪を犯すべき本覚なれば不浄水を食すべし」云云
111	『法華宗本門弘経抄』（『隆全』6・476）	是の「**貪体即覚体名**二**本覚**一」と云へる意なる故に、天親内鑑して本門流通易行の意を顕す心得、還つて今経の希規なり云云

No.	出典	本文
112	『法華宗本門弘経抄』（『隆全』6・650以下）	穢悪をも改めず、**「貪体即覚体名二本覚理一也」**と云ふが如く、娑婆の全体久遠なりと打ち照して本国土妙と為して
113	『法華宗本門弘経抄』（『隆全』7・7）	今当品の意は当体即理と向つて逆即是順の旨を明し、**「貪体即覚体名本覚理也」**と云ふが如く、提婆が五逆の体を改めずして天王如来の記を授く
114	『法華宗本門弘経抄』（『隆全』7・16）	「即事而真」の事円三千世間依正宛然の自受用智当体即理の即身成仏**「貪体即覚体名本覚理也」**の逆即是順の悪人女人の成仏は、併しながら本門の経力なり
115	『法華宗本門弘経抄』（『隆全』7・113）	故に国土も久遠、能居の釈尊上行も常住にして、本因妙凡身の肉身を備へて、能居所居共に凡聖浄穢一体にして、而も久遠常住なる故に、真の**貪体即覚体**の即身成仏なり。
116	『法華宗本門弘経抄』（『隆全』7・120）	本門の意は、所顕の法も**貪体即覚体**の本覚なり、能顕の釈尊上行の身も生仏一如の本覚の身体なり。
117	『法華宗本門弘経抄』（『隆全』7・210）	既に本覚を明す本覚は、**貪体即覚体**にて、迹中の諸経に斥ふ処の同居娑婆の穢悪を以て本国土妙の王宮と為し、十界久遠の即身成仏を談ず
118	『法華宗本門弘経抄』（『隆全』7・400）	**「貪体即覚体名本覚理也」**と云へる本覚顕照の勝用、寂而常照の事円事妙なりと顕了するは、迹面本密の迹面、無相安楽の天台伝教智者の能化所化の行相なり云云
119	『法華宗本門弘経抄』（『隆全』7・439）	随縁真如の事円は「煩悩即菩提生死即涅槃」を以て実体と為す、**「貪体即覚体名本覚理也」**と云うは是れなり
120	『法華宗本門弘経抄』（『隆全』7・527）	塵々の妄縁も即自受用本覚の智体と顕れ、**貪体即覚体**なれば、瞋癡又無始法爾の照智照見なり

番号	出典	引用
121	『法華宗本門弘経抄』（『隆全』7・531）	故に顕本事円と云ふ事円とは、「**貪体即覚体名本覚理也**」と云へる生仏一如の信行なり
122	『法華宗本門弘経抄』（『隆全』7・614）	貪欲即ち是れ道にして、**貪体即覚体**なる故に、貪欲の念々周遍法界して、三千具足の貪等なれば、煩悩即菩提して、邪々念還つて自受用智と顕る、故に後報を転じて無量生の苦報を免る、なり
123	『法華宗本門弘経抄』（『隆全』7・646）	証道の八相と云ふ証道は、本覚と云ふことなり、故に「**貪体即覚体名本覚理也**」と云へる**貪体即覚体**の八相なり
124	『法華宗本門弘経抄』（『隆全』8・8）	世界悉檀が家の四悉なり、是れ即ち「**貪体即覚体名本覚理也**」の教弥実位弥下の四悉の釈なり
125	『法華宗本門弘経抄』（『隆全』8・16以下）	理極事変の三千世間依正宛然寂而常照の重、**貪体即覚体**の「中々に猶ほ里近く成りにけり余りに山の奥を尋ねて」と云へる「猶ほ里近く成る」本因妙名字信行事具三千事行の妙法蓮華経の本覚易行の教観の上に論ずる処の本迹は、事の本迹なり
126	『法華宗本門弘経抄』（『隆全』8・405）	本覚とは**貪体即覚体**にて娑婆穢土を取つて本国土妙と為し、三蔵の事教を取つて顕本事円と為し
127	『法華宗本門弘経抄』（『隆全』8・421）	此の報仏所居の土又以て浄穢一体の本時の娑婆**貪体即覚体**の本覚の土なり
128	『法華宗本門弘経抄』（『隆全』8・564）	此の報仏所居の国土は、「**貪体即覚体名本覚理也**」と云ふが如く、三界即事成寂光と云ふ本国土妙なり
129	『法華宗本門弘経抄』（『隆全』8・574）	止観行者の我れ等が「一身一念遍於法界」して凡夫即極の「**貪体即覚体**」する本覚顕性の自受用の即身成仏を唱ふるなり

130	『法華宗本門弘経抄』（『隆全』8・578）	此の有為は随縁真如なり。故に「**貪体即覚体**」の本覚智を有為と云ふ
131	『法華宗本門弘経抄』（『隆全』8・584）	此の重は「**貪体即覚体**」の「逆即是順」の事円随縁の本覚海会の儀式なる故に、理極事遍して無為無作より有為有作の本覚顕照の事智に出で丶迷者を益する易修易行の自受用智を顕す
132	『法華宗本門弘経抄』（『隆全』8・590）	但し本門八品の重、教弥実位弥下の**貪体即覚体**の本覚の自受用智は、信智の自智なる故に、無為の上の久遠、事智の有為常住なり
133	『法華宗本門弘経抄』（『隆全』8・600）	其の下種の法は「発心畢竟二不別」する六即一念凡聖不二して名字妙覚一体なる「**貪体即覚体**」の本覚の妙法なり
134	『法華宗本門弘経抄』（『隆全』8・606）	本門の意は「逆即是順」して**貪体即覚体**の本覚を談じて惑智一体なる故に報命恵命共に斉限あるべからざるものなり
135	『法華宗本門弘経抄』（『隆全』8・611）	自ら**貪体即覚体**して本因妙名字の凡地に住して下種同輩の上行と成つて、聖人歟とすれば名字信行の即身成仏を自受法楽して之を唱ふ
136	『法華宗本門弘経抄』（『隆全』9・12）	下種の土本時の娑婆浄穢不二の事常寂光を以て本国土の王宮と為し、還つて**貪体即覚体**の本覚の易行を論ずるなり
137	『法華宗本門弘経抄』（『隆全』9・71）	本門の心は「逆即是順」の旨を明し「**貪体即覚体**」の本覚を談ずる故に、四土に約して又本覚を明す
138	『法華宗本門弘経抄』（『隆全』9・76）	此くの如き教弥実位弥下の「**貪体即覚体**」の本覚の本国土を三世に経て世々番番に五味の終りに之を顕本して

No.			出典	本文
139			『法華宗本門弘経抄』（『隆全』９・133以下）	次に釈尊上行は本覚智の仏菩薩なり、本覚と云うは「**貪体即覚体名二本覚理一也**」にて、「煩悩即菩提生死即涅槃」して、娑婆穢土を以て久遠常住の本国土妙と照し
140			『法華宗本門弘経抄』（『隆全』９・158）	結句娑婆同居を以て久成の本国土妙と為し、「**貪体即覚体名二本覚理一也**」の本覚の土と為して、「逆即是順」の本覚の土と顕す
141			『法華宗本門弘経抄』（『隆全』９・228）	但し仏の所見は界内外一体の**貪体即覚体の本覚**の三界、是れ本国土妙事寂光の三界なり
142			『法華宗本門弘経抄』（『隆全』９・269）	其の本覚とは**貪体即覚体**にして、煩悩生死の全体即菩提の智体なりと之を照して
143			『法華宗本門弘経抄』（『隆全』９・326）	故に「**貪体即覚体**」の本覚の妙法なり、故に釈尊、上行、妙法は久遠本覚の仏、菩薩、所付の法なり
144			『法華宗本門弘経抄』（『隆全』９・337）	法華本門は本覚の立行を好み、「**貪体即覚体**」して煩悩生死の全体、即菩提涅槃の妙法と打ち照す故に、「逆即是順」の易行を好む
145			『法華宗本門弘経抄』（『隆全』９・358）	此の三密の行は「逆則是順」する「**貪体即覚体名二本覚理一也**」と云へる本覚の三密なり
146			『法華宗本門弘経抄』（『隆全』９・381）	娑婆寂光一体なる本種の本国土妙に安住して、「**貪体即覚体**」の本覚を顕し、三蔵の事教に即して顕本事円の本覚を顕す
147			『法華宗本門弘経抄』（『隆全』９・397）	此の本覚の重と云ふは、「**貪体即覚体名本覚也**」にて、法性より貪体の凡地に還り、理より事に還り、界外の実報寂光より本時の娑婆三界に還つて、事寂光と照し本国土妙と為す
148			『法華宗本門弘経抄』（『隆全』９・397）	是れ即ち理極事遍の「**貪体即覚体**」の本覚の重なり

番号			出典	本文
149			『法華宗本門弘経抄』（『隆全』10・264）	本覚と云ふは「**貪体即覚体**」にて、断道に向ふ時も「断而不断」なり
150			『法華宗本門弘経抄』（『隆全』10・376）	本門の信者は凡聖一如の本覚の立行なり、故に「**貪体即覚体也**」の本覚の本仏なり
151			『法華宗本門弘経抄』（『隆全』10・421）	本門本覚の信行は「**貪体即覚体**」して凡夫麁悪の可思議の貪体を改めずして不思議絶妙の教弥実位弥下の妙法蓮華経なり
152			『法華宗本門弘経抄』（『隆全』10・434）	本覚は是れ「**貪体即覚体**」して逆即法界の逆縁の妙法なり
153			『法華宗本門弘経抄』（『隆全』10・435以下）	其の依報の土とは本覚の土なる故に「**貪体即覚体**」して、界内外の諸浄土を捨て、娑婆の穢土に還り、穢悪を改めずして久遠金剛土の事寂光と照して本国土妙と為す
154			『法華宗本門弘経抄』（『隆全』10・436）	依正は相順の法なり、所依の土既に「**貪体即覚体**」の「穢即浄」の本覚の土なり
155			『法華宗本門弘経抄』（『隆全』10・436）	随つて釈尊上行も本因本果共に娑婆穢悪の凡地の肉身を改めず**貪体即覚体**して、名字妙覚の一念に開きたる即身成仏の釈尊上行なり
156			『法華宗本門弘経抄』（『隆全』10・437）	此の故に本門八品上行付嘱の三大秘法の本門の本尊は、**貪体即覚体**の逆即是順の易行を以て実体と為す
157			『法華宗本門弘経抄』（『隆全』10・481）	娑婆寂光浄穢一体の「**貪体即覚体**」の本覚の事寂光なり
158			『法華宗本門弘経抄』（『隆全』10・549）	来つて滅後唱導の慈父と成り、是れ又聖を去つて凡を取り、**貪体即覚体**の本覚易行の菩薩なり

No.			出典	本文
159			『法華宗本門弘経抄』（『隆全』11・133）	所居の土又界内外の諸浄土を去つて還つて本時の娑婆三界を取つて本国土妙の王宮と為し、「**貪体即覚体名二本覚ノ理一也**」と云ふ本覚の土と成す
160			『法華宗本門弘経抄』（『隆全』11・326）	故に「**貪体即覚体名二本覚一也**」と云う意に相叶ふものなり
161			『法華宗本門弘経抄』（『隆全』11・473）	「**貪体即覚体名本覚理也**」と云ふ本国土妙の王宮とする本覚智を、久遠下種の父釈尊より相伝して、妙法蓮華経観世音普門する本覚智の観音は、真実の果報業煩悩の大火の機応これあるなり
162			『法華宗本門弘経抄』（『隆全』11・562）	三毒即自受用智の釈尊上行の本果本因との依正三千は、「**貪体即覚体名本覚理也**」の妙法蓮華経なる間、初に十番を以て界内の三毒を釈す
163			『法華宗本門弘経抄』（『隆全』11・572）	次に本門の意は**貪体即覚体**の本覚を談ずる故に、六塵六作の諸業の業体
164			『法華宗本門弘経抄』（『隆全』11・696）	故に厳王の実体とは「**貪体即覚体名本覚理也**」と云ふ本覚久遠の妙法蓮華経是れなり
165			『法華宗本門弘経抄』（『隆全』11・701）	久遠本覚の金剛の信智有つて「**貪体即覚体**」を好む故に、悪人に与ふるは聽て一念の信心即「発心畢竟二不別」する時、悪人の当位を改めずして即身成仏する故に
166			『玄義教相見聞』（『法華宗全書　日隆2』78）	これ即ち、下種の教主も本因妙の凡位に垂れ下りて下種の所化と互融して、凡夫即極の**貪体即覚体**の本覚の深法を成ずる。これは、本門事円の相なり。

167		『玄義教相見聞』（『法華宗全書　日隆2』81）	次に本門の意は、果頭開顕を明かし、久成の報仏の本因本果に即して十界久遠を顕わして事の三千を示し、猶を本果の三千を去って本因の三千に移りて「教弥（いよいよ）実なれば位弥（いよいよ）下し」の三千を顕わして**貪体即覚体**の本覚の立行を立つ。
168		『開迹顕本宗要集』（『隆教』1・20）	又此の本果本因本国土は凡夫即極娑婆即寂光の**貪体即覚体**の本覚の事円三千なり。
169		『開迹顕本宗要集』（『隆教』1・20）	此の**貪体即覚体**の本覚は釈尊上行大慈大悲下機を摂する教弥実位弥下の実体なり。
170		『開迹顕本宗要集』（『隆教』1・23）	次に本門を本覚と云ふ事は先づ本覚とは釈に**貪体即覚体名本覚理也**と定めたり。
171		『開迹顕本宗要集』（『隆教』1・23）	されば釈尊上行本因本果の成道は此の娑婆三界の肉身を改めず、肉身に即して即身成仏し給ふ故に**貪体即覚体**の本覚の久遠成道なり。
172		『開迹顕本宗要集』（『隆教』1・28）	本門の意は本覚を明す故に理を去り事に還り、菩提を去つて貪に還り**貪体即覚体**と向ふ
173		『開迹顕本宗要集』（『隆教』1・83）	仍て本門の本覚意と云ふは**貪体即覚体**して界外の諸浄土を去つて此の界内娑婆穢悪の処に還帰して
174		『開迹顕本宗要集』（『隆教』1・102）	仏も土も八相も久遠本覚にして理極事遍し**貪体即覚体名本覚**して、本門より三蔵の事教事の八相に還りて事理一如事円随縁本覚の八相を顕し
175		『開迹顕本宗要集』（『隆教』1・138）	故に悟より迷に出で浄土より娑婆穢土に出で本国土妙と為し、本門事妙より三蔵の事教に還り**貪体即覚体**の本覚を顕す。

番号			出典	本文
176			『開迹顕本宗要集』（『隆教』1・151）	かゝる**貪体即覚体**本覚の本門本尊の無作三身の他受用応化身なれば十界々如三千周遍法界すと云ふ事、更に疑ひ無きものなり。
177			『開迹顕本宗要集』（『隆教』1・231）	本覚と云ふは悟りより迷に出て深きより浅きに出で**貪体即覚体名本覚理也**する故に三蔵の三祇化他の事教を取て顕本事円に会する意を三蔵を以て本門の朽木書とは云ふなり。
178			『開迹顕本宗要集』（『隆教』1・286）	此の父子天性を顕す所居の土は教弥実位弥下の事寂光なり。此の事寂光とは**貪体即覚体**の本覚の土なり。
179			『開迹顕本宗要集』（『隆教』1・292）	釈に云く**貪体即覚体**ナルヲ　**名**ク二**本覚理**ノ一**也**と云ふ此の心なり。此の本覚と云ふは若従二別意一正在二報身一と云ふより出でたり。
180			『開迹顕本宗要集』（『隆教』1・303）	猶ほ大悲に下る時位弥下して本果妙より本因妙に下り住上より住前に下り悟より迷に出で、**貪体即覚体**の本覚の自受用身を示現して
181			『開迹顕本宗要集』（『隆教』1・327）	故に「**貪体即覚体**ナルヲ　**名**ケル二**本覚理**ノ一**也**」と云ふ娑婆即寂光本覚の土なり。
182			『開迹顕本宗要集』（『隆教』1・359）	仍て法華経は果分不思議の終極の法体にして本覚の旨を明し、煩悩生死を改めず**貪体即覚体**して凡下の衆生を以て正機と為し教弥実位弥下する故に
183			『開迹顕本宗要集』（『隆教』1・364）	殊に迹門より猶本門は下機を摂す、故に**貪体即覚体**の本覚を明し、本門の極妙より三蔵の正像末に還て当位即妙して本門に取登り
184			『開迹顕本宗要集』（『隆教』1・384）	仍て本門の意は本覚を談ずる故に、逆即是順の**貪体即覚体**の本覚の本因妙の修因に酬ひて感果する所居の土なる故に

番号	出典	本文
185	『開迹顕本宗要集』（『隆教』1・399）	**貪体即覚体名本覚也**と本因本果して、而も従果向因して上行要付を示し教弥実位弥下して、仏世正宗の高位より流通下位の易行に垂下する、是れ真実の本覚なり。
186	『開迹顕本宗要集』（『隆教』1・399）	故に不軽菩薩の衆生の三因を礼するは**貪体即覚体**の本覚の行なり。
187	『開迹顕本宗要集』（『隆教』1・404）	浄土を去て穢土を取て本土と為し、**貪体即覚体**の本覚の土なり。
188	『開迹顕本宗要集』（『隆教』1・404）	十界具足方名円仏する故に、釈尊も**貪体即覚体**の本覚の仏なり。
189	『開迹顕本宗要集』（『隆教』1・404）	是れ**貪体即覚体**の上行菩薩なり。上行等は久遠の九法界なり。
190	『開迹顕本宗要集』（『隆教』1・404）	妙法蓮華経も**貪体即覚体名本覚也**と云ふ本覚の法なり。
191	『開迹顕本宗要集』（『隆教』1・438）	本土と為し事寂光と為し、**貪体即覚体**の本覚浄土と為し、久遠下種種子の本土と為し釈尊上行の本土と為す。
192	『開迹顕本宗要集』（『隆教』2・21）	然るに本門八品上行要付の本因妙名字信行の四依は**貪体即覚体**の本覚の四依にして教弥実位弥下して
193	『開迹顕本宗要集』（『隆教』2・32）	因果不二の本因本果の報身の娑婆寂光一念の本国土妙の欲即中道の本覚の都卒の中天に居する事を顕せば、**貪体即覚体**の本覚の欲天の中天なり。
194	『開迹顕本宗要集』（『隆教』2・62）	仍て本門本覚の所談は**貪体即覚体名**二**本覚理**一**也**と云ふ故に、界内を改めずして本有の寂光と照し

番号	出典	本文
195	『開迹顕本宗要集』（『隆教』2・76）	諸苦は即ち**貪体即覚体**と打照して苦も本有なり楽も本有なりと照了する故に、大悲代受苦も本有の自受用智なりと談ずる間、苦に代て苦を受く。
196	『開迹顕本宗要集』（『隆教』2・78）	本門独り真実の断惑と成る故に本極法身の菩薩は妙覚体具の菩薩界として、**貪体即覚体**の本覚智に自在を得苦即法界の体達深遠なり。
197	『開迹顕本宗要集』（『隆教』2・81）	謂る本因本果本国土事の三千の妙法なれば、法体に本国土妙娑婆三界二十五有等の三悪四趣之を具し、**貪体即覚体**の本覚の苦体之を備ふ。
198	『開迹顕本宗要集』（『隆教』2・112）	次に本門の意は**貪体即覚体**の本覚を談ずる故に、従果向因して煩悩即菩提、生死即涅槃と示し、久遠より已来界内外の諸浄土を以て娑婆に摂し、娑婆三界を以て久遠の娑婆寂光一体の本国土と為す。
199	『開迹顕本宗要集』（『隆教』2・125）	名字即の発心畢竟二不別の本覚の妙覚に還て、**貪体即覚体名**ヲク二**本覚**ト一と名称して四十二品の無明を一品に合し名字即の信力を以て一念に頓断して、六即一即名字本覚の成道を唱えてこれあり。
200	『開迹顕本宗要集』（『隆教』2・140）	而るに此の本仏は本覚仏にして**貪体即覚体**する故に、法応を去て報身に移り、報身の中にも本果妙の寂より本因妙の照に垂下し、教弥実位弥下して滅後の衆生を照す。
201	『開迹顕本宗要集』（『隆教』2・142）	娑婆を以て**貪体即覚体の久遠本覚**事常寂光の本国土妙として、
202	『開迹顕本宗要集』（『隆教』2・142）	**貪体即覚体**の釈尊・上行九法界是れに居して、

203	『開迹顕本宗要集』（『隆教』2・142）	依正三千塵々法々**貪体即覚体**の自受用智を照了する時、諸法塵々己々の障の元品の無明は無明即法性して断ぜざるに自（おのずか）ら断ぜられたるなり。
204	『開迹顕本宗要集』（『隆教』2・143）	**貪体即覚体**の自性の妙覚智を発する時、忽ちに元品の無明の体の三惑を断じ、観行、相似、初住已上に別の三章体宗用三観三智三身の智を起して用の三惑を断じて
205	『開迹顕本宗要集』（『隆教』2・146以下）	此の智父の大王と法身実相の開権境母の妃と父母境智冥合の久成の本因本果の報身なる釈尊上行の、**貪体即覚体**の本覚智にてやす〳〵と断ずべきなり。
206	『開迹顕本宗要集』（『隆教』2・199）	此の本国土妙とは**貪体即覚体**の娑婆に即する事寂光の本土なれば、娑婆に即する方は即身、又寂光に即する方は成仏なり。
207	『開迹顕本宗要集』（『隆教』2・199）	故に本果本因と従果向因する**貪体即覚体**の本覚の即身成仏の釈尊上行より出生する二乗なれば、二乗も即身成仏なり。
208	『開迹顕本宗要集』（『隆教』2・379）	案位開して娑婆即事寂光と顕本して、**貪体即覚体**の本覚の信行下種の本国土妙の易行の土を所依の国土世間として、十法界の陰生三世間の依正互具せる十界界如三千の妙法
209	『開迹顕本宗要集』（『隆教』3・79）	此の故に不変真如と法身とは諸経の常談する間之を下し、不変真如の上の理極事遍の随縁真如事の三千事円の妙法の教弥実位弥下する**貪体即覚体**の本覚の易行を説き顕して八品を説いて上行に付す。
210	『開迹顕本宗要集』（『隆教』3・83）	本門の意は顕秘不二の本覚を談ずる故に、**貪体即覚体**して界外の浄土を去て界内の娑婆三界を取て事寂光と照し
211	『開迹顕本宗要集』（『隆教』3・85）	故に依正相順して所居の土も能居の釈尊上行も娑婆生身に即して**貪体即覚体**の本覚の即身成仏にてこれあり。

212			『開迹顕本宗要集』（『隆教』3・97）	教弥実位弥下云云。此の六字は**貪体即覚体名ヲル二本覚理ノト一也**の心なり。
213			『開迹顕本宗要集』（『隆教』3・99）	仍て本門の意は教弥実位弥下の易行を明す故に理極事遍して不変真如より随縁真如の事円に出で**貪体即覚体**の本覚を明す故に、界外の浄土より界内の娑婆三界に出でて娑婆三界の体を改めず久遠本来の事寂光なりと顕本して本国土妙に成れば
214			『開迹顕本宗要集』（『隆教』3・165以下）	此の成道は理極事遍して理円より事円に出で、理成の本より事成の本に出で、界内外の諸浄土より娑婆に出で、本国土妙事寂光と為し**貪体即覚体**する顕本事円の事成の成道は教弥実位弥下して下機を助くるなり。
215			『開迹顕本宗要集』（『隆教』3・193）	随て所居の土も方便・実報の次の極理の寂光より**貪体即覚体名本覚**して娑婆界に還り、娑婆即事寂光、事寂光即久遠娑婆にして
216			『開迹顕本宗要集』（『隆教』3・196）	故に能居の仏も従果向因して**貪体即覚体**する本覚の即身成仏、釈尊上行同体の久遠成道なり。
217			『開迹顕本宗要集』（『隆教』3・205）	仍て久遠下種の本土とは本因本果従果向因報身所居の本時の娑婆、娑婆寂光一体の事寂光の**貪体即覚体名本覚也**の本国土妙の体土、即ち久遠下種及末法下種の即身成仏の本土なり。
218			『開迹顕本宗要集』（『隆教』3・209）	故に知んぬ、久遠成道は要を以て上行に付し本涅槃妙を唱へて滅後を悉く上行に付し、本時の娑婆事寂光本国土妙の浄土を滅後に顕して浄土浄機と成し、**貪体即覚体**の本覚の即身成仏を唱へ、十界久遠の顕本を顕すなり。

番号			出典	本文
219			『開迹顕本宗要集』（『隆教』３・240）	仍て本門の意は本国土妙を明し界内外の諸浄土を捨て娑婆三界穢悪の土を取つて久遠常住の事寂光と照了して、**貪体即覚体**の本覚の本国土妙と為し、本果妙の釈尊、本因妙の上行之に居し一切衆生の王子を生し父子天性を結ぶ故に、釈尊上行即一切衆生、一切衆生即釈尊上行なり。
220			『開迹顕本宗要集』（『隆教』３・251）	界外の浄土を去つて娑婆即久遠事常寂光の本国土妙に住し、**貪体即覚体名本覚理也**と云ふ本覚を顕す、是れ真実の五味主なり。
221			『開迹顕本宗要集』（『隆教』３・329）	名字の信行は本覚の行にして**貪体即覚体**と向ふ故に煩悩に染せらるるなり。
222			『開迹顕本宗要集』（『隆教』３・331）	此の事の三千の妙法を本因本果する釈尊・上行等の本門三宝は皆悉く**貪体即覚体**して本覚に住す、故に煩悩の為に染せらるるなり。
223			『開迹顕本宗要集』（『隆聖』３・387以下）	仍て本門の意は永異諸経と云つて五味主なる間、**貪体即覚体**の本覚の逆即是順を明す。
224			『開迹顕本宗要集』（『隆教』４・18）	本覚と云ふは**貪体即覚体**して悟より迷に出で、妙覚より名字に還り、理より事に還り、深より浅に還り
225			『開迹顕本宗要集』（『隆教』４・35）	本覚と云ふは**貪体即覚体**して深より浅に還り、悟より迷に還り、迷悟一如なりと照了するを本覚と云ふ故に
226			『開迹顕本宗要集』（『隆教』４・41）	故に名字即の信行は教弥実位弥下の**貪体即覚体**の本覚の行なり。故に教弥実の方は利なり、位弥下の方は鈍なり。

番号			出典	本文
227			『開迹顕本宗要集』（『隆教』4・66）	然るに本門の意は本覚を談ずる間、**貪体即覚体**して九界迷情の因分の全体即果極無作の覚前の実仏と談じて、十界の因果を久遠本有と談じて因果倶に無始無終本来常住の法体なりと云て本因本果の二妙を立て、本因九界本果仏界十界々如三千互具して、因に三千を具し果に三千を具す
228			『開迹顕本宗要集』（『隆教』4・73）	悉く随縁事円の本覚智にて当位即妙と向ひ**貪体即覚体**と照了する故に、慧命も報命も無始の色心、久遠本有の妙境妙智と顕れて自受用本覚の色心の寿命なれば、更に斉限無く只だ是れ三千遍照の慧命・報命なり。
229			『開迹顕本宗要集』（『隆教』4・94）	仍て本門の意は、本覚を談じ**貪体即覚体**して、界内分段の死此生彼する連持命の貪体を即本有無作の覚体なりと当位即妙不改本位する故に
230			『開迹顕本宗要集』（『隆教』4・94）	所居の本国土も界内外諸浄土を去て界内分段の娑婆三界の連持報命の国土を取て、**貪体即覚体**の本覚の本国土妙の本土と為す。
231			『開迹顕本宗要集』（『隆教』4・94）	故に分段娑婆の色報の報命に即して即身成仏して**貪体即覚体**の本覚の成道を唱ふる故に、本覚の釈尊・上行なり。
232			『開迹顕本宗要集』（『隆教』4・103）	又久遠劫より娑婆寂光浄穢一体四土一念の本地の娑婆、**貪体即覚体**の本国土妙を本所居の土と為す
233			『開迹顕本宗要集』（『隆教』4・125）	本覚とは**貪体即覚体**と云ふ故に、三蔵の事教即本門の事円と談じ、娑婆即事寂光と云て迷情を改めず十界久遠と云ふ故に
234			『開迹顕本宗要集』（『隆教』4・144）	一生入妙覚の算は、本門本覚の意は**貪体即覚体**して凡夫一念即無作本覚如来なりと直達する、是れ一生妙覚の義なり。

235	『開迹顕本宗要集』（『隆教』４・274）	此の故に本覚と云ふは**貪体即覚体**と会する間、開迹顕本の時も最小乗最下劣の事教の有門に還て案位開して其の体を改めず三蔵事教即本門事円随縁真如なりと顕本し、所居の土と云ふも迹門始覚の弥陀・大日等の諸仏菩薩は此の娑婆を捨て十方の界内外諸浄土を取り本所居の土と為す
236	『開迹顕本宗要集』（『隆教』４・324）	然るに本門の意は本覚を談ずる故に、従果向因して**貪体即覚体**と向て教弥実位弥下と談ずる間、久遠の釈尊上行は煩悩生死を改めず煩悩即菩提生死即涅槃と照了して、凡身に即して妙覚に登る凡聖一如の即身成仏の本覚三身の釈尊上行なり。
237	『開迹顕本宗要集』（『隆教』４・401）	先づ本門本覚とは**貪体即覚体**にて迷情事事の法を捨てず其の当体を改めず無作三身の妙体なりと談ずる故に
238	『開迹顕本宗要集』（『隆教』４・423）	此の如く**貪体即覚体**の本覚の妙覚は爾前迹門に之を明さず、本門独り之を明す。
239	『開迹顕本宗要集』（『隆教』４・424）	円頓本門本覚の所談は煩悩即菩提生死即涅槃と云て無明法性一念にして**貪体即覚体**する故に、六即は一即、四十二位は一位、四十二品の無明は一品の無明、万行は是れ信行の一行なり。
240	『開迹顕本宗要集』（『隆教』４・426）	本門の意は依正万法に経て**貪体即覚体**の本覚を明し、先づ所居の土に約して本覚を明す。
241	『開迹顕本宗要集』（『隆教』４・444）	次に本門の意は**貪体即覚体**、娑婆即寂光の本覚を談ずる故に、仏も衆生も娑婆同居の外に界内外の浄土を求めず
242	『開迹顕本宗要集』（『隆教』４・503）	此の本門本覚と云ふは、本果釈尊も本因上行九界も所居の土の本国土も依正悉く**貪体即覚体**の本覚の依正なり、依正は必ず相順の法なり。

243			『開迹顕本宗要集』（『隆教』4・512）	本因本果一体にして而も従果向因して三世に本因妙の即身成仏の**貪体即覚体**の本覚の釈尊上行なる故、
244			『開迹顕本宗要集』（『隆教』4・512）	界内外の諸浄土を去り娑婆分段の土を取て娑婆即寂光の煩悩即菩提、生死即涅槃の本国土妙と照し、此の本国土も**貪体即覚体**の本覚の土、
245			『開迹顕本宗要集』（『隆教』4・512）	釈尊上行も**貪体即覚体**の本覚の仏菩薩にして能居所居相順して煩悩即菩提、生死即涅槃の即身成仏の本覚の身土なり。
246			『開迹顕本宗要集』（『隆教』4・517）	此の如く弥陀・大日等には**貪体即覚体**の本覚の経力・仏力これなし。
247			『開迹顕本宗要集』（『隆教』5・3）	顕本事円の**貪体即覚体**の本覚の所談は随縁真如の上の事理一如の事の互具之を明す
248			『開迹顕本宗要集』（『隆教』5・9）	此れを随縁真如事円の事具と云ひ、是れを**貪体即覚体**の本覚の事具とも云ふなり。
249			『開迹顕本宗要集』（『隆教』5・41）	凡夫即極、生仏一如と顕して教弥実位弥下の易修易行を以て**貪体即覚体**の本覚の信行を顕し、永異諸経の本門不思議の経力を示す間、六即一即と談じて名字信位を以て六即の根本と為す。
250			『開迹顕本宗要集』（『隆教』5・42）	肉眼に即して**貪体即覚体**と開発する肉眼即法界の本覚智の所縁なる故に、肉眼を以て三千界の外の十方法界の諸土を縁すべしと云ふこと、経釈分明なるものなり。
251			『開迹顕本宗要集』（『隆教』5・43以下）	本門本覚の意は、肉眼の全体仏眼にして生仏一如の六即なれば、**貪体即覚体**して肉眼遍照の五眼なれば、肉眼に三千を具し、三千眼にて法界三千界を縁ぜんこと疑なきものをや。

252			『開迹顕本宗要集』（『隆教』5・46）	故に**貪体即覚体**の本覚の釈尊上行なれば、肉身肉眼即十法界の本因本果の釈尊上行なり。
253			『開迹顕本宗要集』（『隆教』5・61）	此の久成の大王・王子は、大慈悲ある故に**貪体即覚体**の本覚を好んで界内外の諸浄土を去り、娑婆三界に還て娑婆即寂光と照して無量無辺の一大千界を以て合して本国土妙の一土と為し、本因本果本国土の十界依正互具界如三千事行の妙法蓮華経なれば、本覚力・経王経力これあり。
254			『開迹顕本宗要集』（『隆教』5・70）	故に所依の土既に**貪体即覚体**の娑婆即寂光の本覚の土なれば、能居の釈尊上行も肉身即妙覚の本覚の仏菩薩なれば経力あり仏力・菩薩力あり。
255			『開迹顕本宗要集』（『隆聖』5・131）	娑婆寂光一体の**貪体即覚体**の本覚の本国土妙に居したまふ釈尊上行も娑婆肉身を捨てず生仏一如の即身成仏の本因本果の釈尊上行を正報と為す本因本果本国土依正の十界如事三千の妙法蓮華経を所観の境の本尊と為し、本門八品に移す。
256			『開迹顕本宗要集』（『隆教』5・133）	此の六識の凡人の念々邪々の身体を改めず**貪体即覚体**して歩々当体無作本覚の三身の覚体なりと打向ふ時、凡人の当体即無作三身如来にして忽ちに即身成仏を得て
257			『開迹顕本宗要集』（『隆教』5・140）	天台宗の義に云く、止観は是れ円頓直達の本覚の菩提心にして菩提即菩提の発菩提心にして**貪体即覚体**の本覚の菩提心なり。
258			『開迹顕本宗要集』（『隆教』5・159）	仍て本覚九識の仏菩薩とは釈尊上行に限るなり。其の故は本覚とは**貪体即覚体**ナルヲ　**名**クル二**本覚**ノ**理**一ト**也**と釈して、
259			『開迹顕本宗要集』（『隆教』5・159）	能居・所居の依正同じく**貪体即覚体**の義これあるを本覚と云ふなり。

番号			出典	本文
260			『開迹顕本宗要集』（『隆教』5・159以下）	此の娑婆穢土を取て**貪体即覚体**の本覚の事寂光の本国土と成して、土に即して浄穢一体の即身成仏の本覚義を顕す。
261			『開迹顕本宗要集』（『隆教』5・160）	生仏一如の即身成仏の**貪体即覚体**の本覚の本果妙の父釈尊より本因妙上行等の本覚の王子を出生して、又本覚の上行より九界を出生して、十界久遠長寿の本覚の正報と本国土妙本覚の依報と、依正互融の本因本果本国土依正三千の妙法蓮華経ばかり真実の本覚の九識なり。
262			『開迹顕本宗要集』（『隆教』5・160）	此の如く妙法蓮華経と釈尊と上行とに凡聖一如、浄穢不二の即身成仏の**貪体即覚体**の本覚の経力・仏力・菩薩力これあり。
263			『開迹顕本宗要集』（『隆教』5・161）	此の本国土妙とは**貪体即覚体**の本覚の浄土なり。
264			『開迹顕本宗要集』（『隆教』5・171）	故に**貪体即覚体**の本覚智の九識をば明さず。
265			『開迹顕本宗要集』（『隆教』5・171以下）	結句悪人を以て正機と為して**貪体即覚体**の邪見即正の妙法を授く、是れ即ち教弥実位弥下の本覚の教法なり。
266			『開迹顕本宗要集』（『隆教』5・172）	故に能応の仏と申すも界外の法身にあらず、単の界内の応身にあらず、界内界外、生仏一如、因果具足の即身成仏の報身を以て教主と為す。是れ**貪体即覚体**の本覚の仏なり。
267			『開迹顕本宗要集』（『隆教』5・172）	弟子の上行又、師の釈尊の如く本覚の菩薩にして前三後三の六釈の意を以て後三の上行は教弥実位弥下して本国土妙の末世下機を助く、是れ又**貪体即覚体**の本覚の智九識の菩薩なり。

268			『開迹顕本宗要集』（『隆教』5・172）	此の如く顕本事円の**貪体即覚体**の易行の智の九識を以て真言経の能化・所化法身高尚の理の九識に望めば、理の九識還て八識と成るなり。
269			『開迹顕本宗要集』（『隆教』5・188）	故に所居依報の本国土も**貪体即覚体**の本覚の土なる故に、界内外の諸浄土を去り娑婆即寂光の即身成仏の土を取て本国土と為す。
270			『開迹顕本宗要集』（『隆教』5・235）	本門に本覚を談ずと云ふは、諸経に永異して界外の理寂光を去り界内娑婆三界の迷事の土を取り、**貪体即覚体**と打照して理悟を去り事迷に帰し自受用智と照す故に、此の依正三千を事円の三千・事行の妙法と名け、教弥実位弥下の本覚の妙法と云ふ。
271			『開迹顕本宗要集』（『隆教』5・250）	今経の円頓速疾の教門は、従果向因して本覚の旨を談じ、**貪体即覚体**して凡夫即極と示し凡聖一如の旨を談ずる故に、観行五品の位は未断惑なりと云へども円頓速疾の観念甚深にして退縁起るとも起念即行念即法界する故、更に退失の義これなきものなり。
272			『開迹顕本宗要集』（『隆教』5・289）	此の本因本果の六即は従果向因して教弥実位弥下する本覚の次位なる故に、**貪体即覚体**して凡聖一如・凡夫即極と談ずる故に、本因妙の名字信行を以て六即の根本となし、三世仏法の根本となす。
273			『開迹顕本宗要集』（『隆教』5・309）	故に下種の土の本国土妙も人界の穢悪に即し**貪体即覚体**の本覚の土を顕す。
274			『開迹顕本宗要集』（『隆教』5・310）	本門の意は還て人天の為に仏は出世したまへりと云ふ意これあり。是れ即ち本門の**貪体即覚体**の本覚の法相なり。

番号	出典	本文
275	『開迹顕本宗要集』(『隆教』5・347)	謂く、界内外の諸浄土を捨て此の娑婆を取て本国土妙の事寂光土と為し、**貪体即覚体名二本覚理一也**の本覚の利生を顕す。
276	『開迹顕本宗要集』(『隆教』5・391)	当位即妙して本果妙に叶ひて因果倶時三千遍照の当体蓮華の妙法の**貪体即覚体**の本覚智の定業転の智力を証得して、聽て界内外の諸浄土の不定業の土を去り此の本時の娑婆三界の五逆・十悪・誹謗正法の決定業の衆生聚集の国土を取り、久遠より本国土妙の王城と為す。
277	『開迹顕本宗要集』(『隆教』5・409)	決定業の二乗・闍王・調達・龍女等の一切の悪人の当体は本地の妙法蓮華経なりと云ふ**貪体即覚体**の本覚智顕るれば、真実の決定業転は本門八品上行要付の砌にて顕るべきものなり。
278	『開迹顕本宗要集』(『隆教』5・411)	此の本因本果の十界互具、凡聖一如の本覚の仏は又、本覚の本国土妙の事の浄土に居し、能居も**貪体即覚体**の仏身、
279	『開迹顕本宗要集』(『隆教』5・411)	所居も**貪体即覚体**の久遠の娑婆なる依正互具の本因本果本国土十界如の事の三千の妙法蓮華経
280	『開迹顕本宗要集』(『隆教』5・423)	其の本覚とは従果向因して理より事に出で、不変真如より随縁真如に出で、不二常同より而二常差別に出づ、是れ**貪体即覚体**の本覚義なり。
281	『開迹顕本宗要集』(『隆教』5・425)	本門の意は従果向因して本覚を談ずる故に、**貪体即覚体**して迷情の而二常差別を以て事円・随縁真如・自受用果海・折伏照智と談じて結句
282	『開迹顕本宗要集』(『隆教』5・428)	娑婆界の見思凡肉の身に即して妙覚仏と成り、凡聖一如の**貪体即覚体**の本覚の仏を本因本果の釈尊上行と云ふ。

No.	典拠	所在	本文	日隆の著作	日隆の文
283				『開迹顕本宗要集』（『隆教』5・429）	是れ又正報に順じ見思同体の三惑に即して、見思即法性の法性同体の三惑の惑智一体の即身成仏の**貪体即覚体**の本覚の本国土を顕して本門八品に移し教弥実位弥下して見思の凡人に逗じ、見思即法性の事行の妙法蓮華経を授くるなり。
284				『開迹顕本宗要集』（『隆教』5・431）	次に本門の意は本覚を談ずる故に、能居の釈尊上行も無始の久遠より娑婆界の見思の凡身を捨てず**貪体即覚体**して即身成仏を唱へ本覚の仏菩薩と成る故
285				『開迹顕本宗要集』（『隆教』5・431）	見思即法性とは、**貪体即覚体**の本覚の義なり。故に此の本国土には凡聖共に居す故に、本門八品に移し、上行要付して本涅槃妙滅後に移し、下機に逗ずるなり。
286				『開迹顕本宗要集』（『隆教』5・455）	此の如く本因妙久遠下種名字信行の南無妙法蓮華経は従果向因の教弥実位弥下の**貪体即覚体**の本覚の功徳甚深にして滅後の悪人を助くること諸経に勝れたり。
287		『正蔵』75・531a	又能発心雖㆓第六㆒識。而所発心必第八識。	『開迹顕本宗要集』（『隆教』5・134）	山王院並に五大院等は、**能発心とは第六識なり**、**所発心とは第九識なり**と釈したまへり。此の時は第九識と見たる釈は所発の菩提心に約すと心得れば違文と成らざるなり。
288	『真言宗教時義』か	『正蔵』75・377a	衆生迷故成㆓多衆生㆒。諸仏覚故会成㆓一仏㆒。	『開迹顕本宗要集』（『隆教』5・87）	菩提心義に云く、**衆生迷、故成㆓多衆生㆒**、**諸仏覚、故会成㆓一仏㆒**と云へり。
289	『異本即身成仏義』（未）	『正蔵』77・391b、395b、399c　『日蔵』83・50a	由㆓三密加持㆒自身本有三部諸尊速疾㆓顕発㆒故云㆓加持即身成仏㆒也。	『私新抄』（『宗全』8・228）	五大院釈云**由㆓三密加持自身本有ノ三部ノ諸尊速疾ニ顕発ス故ニ云㆓加持即身成仏㆒**也ト云へり

番号	書名	所収	備考	引用書	引用文
290	『即身成仏義私記』（真）	『仏全』24・179b	書名のみの引用	『法華宗本門弘経抄』（『隆全』7・108）	殊に安然の**即身成仏義私記**に釈し玉へり、所以に三処とは、一には三周の即身成仏なり
291				『私新抄』（『宗全』8・222）	依ラハ二慈覚安然恵心等釈ノ一者三処ノ即身成仏ノ不可レ有トルレ之安然ノ**即身成仏義ノ私記**ニ見ヘタリ
292	『会異融通集』（真）	『仏書解説大辞典』1・239　『昭和現存天台書籍総合目録』上・20以下	書名のみの引用	『開迹顕本宗要集』（『隆教』3・290）	此の事覚大師の本門観心妙及び安然の**会異融通集**に釈したまふ事これあり云云。
293				『開迹顕本宗要集』（『隆教』4・387）	止観にては玄義・文句に明す処の四教は所開と成るなり。其の旨、安然の**会異融通集**に釈したまへり。
294				『開迹顕本宗要集』（『隆教』4・476）	故に能所倶絶すれば六種一念の己心の四教なり。安然の**会異融通集**に此の如く釈したまへり。
295	『要決法華知謗法論』（偽）	『興風叢書（15）』要決法華知謗法論・助顕法華略記集	書名のみの引用	『法華宗本門弘経抄』（『隆全』8・545）	此の大僻見を諸門流の日蓮宗相伝して所々に之を弘め、結句謀書を造りて五大院の釈と号し、**要決法華知謗法論**と名くる八巻あり、其の第八の第三十に本仏迹仏の観心勝劣を明す下に、四重に本迹を釈して、今日寂場の本、大通の本、本門の本之を釈す

第三項　『普通授菩薩戒広釈』

日隆の著述中に見える、安然の著述と思われる引用箇所は、二九五箇所を数えることができた。その中で日隆は、『広釈』を六種（その他に書名のみの引用、引用箇所不明のものもある）、計一九箇所引用していることが確認できる。そもそも『広釈』とは、湛然の十二門戒儀に基づいて七衆（仏の教えを奉ずる僧俗男女を七種に分類したもので、比丘・比丘尼・

沙弥・式叉摩那・沙弥尼・優婆塞・優婆夷のこと）通授の菩薩戒儀を解釈したものとされる。[12]『広釈』の引用のほとんどは、「安然云く」や「『広釈』に云く」等といったように、安然の文と分かる引用方法であることが特徴的である。実際に日隆の引用について、主立った六種の引用を挙げると以下の通りになる。なお、番号は**【表15】**中の番号を指し、**【表15】**に掲載した箇所については太字・傍線を施している。

1次に金剛宝戒とは、此の戒無始本有として生仏一如の戒体なれば毀犯を論ぜず、故に金剛の堅固なるに譬ふ、既に「一得永不失」の戒と名けたり、一度持つと請乞ふより後尽期あること無く、戒の功徳無量無辺なり、何ぞ持犯を論ぜんや、**之に依て広釈に云く、円乗戒身一切諸仏、皆是仏法、仏法之中都無犯戒無犯戒故戒法常住と云へり**[13]

1では、金剛宝戒（戒を金剛にたとえたもの）について述べる文である。金剛宝戒の功徳は無量無辺であるため、持犯（戒律を保持することと破ること）を論じる必要がないという。その証拠として安然の『広釈』を引用し、『法華経』における戒身は一切諸仏であり仏法であるとすることで、戒を犯すこともなく戒法は常住であるとしている。この問題について日隆は、

此れ等の経文釈義分明なり、迹門円乗の戒法常住にして金剛宝戒なるべしと云ふこと明鏡なるものなり[14]

と述べ、それはあくまで『法華経』迹門の教えであり、本門の教えとは異なるものであると指摘していることが理解できる。

6又浄行経には釈迦昔し空王仏の所に於て六重戒を受け後大通智勝如来に値ふて王子と為る文　如何。

答、定め難し、大通の前にもやあらんと云つて、一辺の難を会するは、釈尊空王の発心、大通初住は、是れ果後の方便なり、故に定量すべからざることなり、**次に浄行経をば五大院は逆次の説なりと釈し玉へり**[15]

6では、『浄行優婆塞経』(16)において、『法華経』授学無学人記品に説かれる過去の空劫の時、最初に世に出現した空王仏は、六重戒（不殺生戒・不偸盗戒・不虚説戒・不邪婬戒・不説四衆過罪戒・不酤酒戒）を受けた後に、大通智勝仏に会う王子となると説かれているが、その意味についてどう捉えるべきかという問いを設けている。その答えとして日隆は、大通智勝仏以前に空王仏が存在するということは、果後の方便であり、安然の『広釈』には、『浄行優婆塞経』はあくまで通常とは逆の次第を以て説かれた説であると解釈していることを紹介している。その上で日隆は、

門流の義に云く、此の二仏の前後天台学者に於て今云ふが如く学者の異義なり、但し当宗の意、諸御抄は、悉く大通より前に仏ありと云ふことをば堅く依用し玉はざるものなり(17)

と主張し、当宗では大通仏より以前に仏があるということ（五百億塵点劫の過去に成道する久遠実成以外）は、採用しないと標榜している。

7先徳の釈の中には円教初心八魔遠逃、五大明王能所㆓加持㆒と釈して、理慧相応して所行所言の如くなれば五種の金剛神之を守護すと云へり。(18)

7の引用文であるが、『広釈』では「円乗初心。八魔遠逃。故名㆓不退㆒。五大明王常所㆓加持㆒。(19)」となっており、若干の相違が見られる。日隆も「先徳の釈」としているため、安然の著述とは直ちに断定はできないため、安然の『広釈』と推定して解釈すると、五大明王（不動明王・降三世明王・軍荼利明王・大威徳明王・烏枢沙摩明王）の金剛神の守護について記された一文であることが分かる。日隆が「先徳の釈」として人名を伏せた理由については、以下の記述が参考になると考えられる。

総じて末代謗者多き世には法華経と玄文止等の六十巻との名字をば顕に之を引くべし、其の外の余の経論、異朝本朝の大師先徳の釈義の名字を顕に云ふべからず、但々有る経論とも、有る釈中にとも、有る大師、有る先徳と

も云つて、文釈を引き而も当宗の宗義に合して之を講ずべきものなり、諸御抄に引き玉ふとて愚者充満の砌に之を引くべからざるなり。(20)

この記述によれば、末法では謗法者が多いため、『法華経』と天台三台部本末以外の経論疏について、素直に著者や著述名を引くことで、かえって誤りを犯す可能性を示唆している。そこで日隆はあえて、「ある経論」「ある先徳」等といった引用方法を用いて、日蓮教学の宗義に照らし合わせて論じるべきであることを指南している。

9尤日蓮宗トシテハ本門円戒機以二信心入一機可レ為二本意一事也依レ之山王院云入二秘蔵一有二二機一一以二智慧一入、二以信入、今為二信者一必可レ信レ之処故其秘蔵非二己智分一云ヘリ五大院云初信二此語一是名二成仏一云ヘリ戒家正意二種機中以二信心入一為二正意一事自本門円戒本意顕也、彼戒家所レ云信者是非二実信一且解行証与二信名一与其体非レ信、総爾前迹門ニハ真実信心ヲバ不レ可レ明レ之(21)

9の引用文中、安然は「諦信」と記す所、日隆は「初信」とし、『正蔵』本とは記載が異なっている。この点についても、日隆が他の写本を披見、又は孫引き等の可能性については否定できない。しかし、「五大院云く」との記載も見られるため、安然のものと仮定して考察を進めると、日隆は戒の問題を取り上げ、当宗の立場として、法華本門において修学すべき戒の機根は信心に入る機根を以て正意であるとしている。一方、円珍や安然は、智慧を第一とし、信心を第二と定義する。このことは、真実の信心の機根ではなく、解行証（教えの理解とそれに基づく実践修行、そしてその結果としての証果）に信心という名前を与えただけのものに過ぎない。つまり、円珍・安然による戒は爾前迹門における戒の捉え方であり、本門の立場とは相容れないため、批判対象としての引用であることが理解できる。

12　第三に迹門の円頓戒は四味三教の間に明さざる処の開権顕実の円戒なり、小乗権大乗の諸戒は、皆悉く今経迹門の円戒に至つて開会せらるゝ、一乗仏性戒の体内に処するなり、之に依て迹門絶待妙の戒は法華経に於て別の戒無く爾前の戒即法華経の戒なり、其の故は爾前人天の揚葉戒、小乗阿含経の二乗の瓦器戒、華厳方等般若観経等の歴劫菩薩の金銀戒の行者、法華経に至つて互に和会して一同と成る、所以に人天揚葉戒の人、二乗の瓦器菩薩の金銀戒を具し、菩薩の金銀戒に人天揚葉二乗瓦器菩薩を具す、余は以て知るべし、故に爾前の十界の人法華経に来至して皆持戒なり、故に法華経に云く、是名持戒と、**安然和尚の広釈に云く、能説二法華一是名二持戒一**文(22)

12の引用は、その他にも二箇所見られ、いずれも『法華経』見宝塔品の「是名持戒」(23)の文について、安然の釈を引用したものである。ここでは迹門の円頓戒（最澄が小乗戒を否定して立てた大乗戒のこと。円頓菩薩戒・一乗円頓戒・一乗戒・一心戒・金剛宝戒・仏性戒・円戒等とも称す）について述べたものであり、爾前諸経に説かれる諸々の戒は、『法華経』迹門の円戒に至って開会されるものであるとする。換言すれば、爾前諸経の戒は『法華経』迹門の戒に総在されると言うことができる。よって、爾前諸経において得道した者は、『法華経』迹門に至っては全て持戒者であり、日隆はその旨を以て安然の『広釈』を引用していると推察される。

18　問、（三百帖）文に「如レ是次第有二二万億仏一」文　爾れば不軽菩薩二万億の威音王仏の滅後像法の時に出世して皆同じく不軽行を修すと云うべしや。

答、経文には最初の威音王仏の滅後像法の中に出づると見えたり。（中略）之に依て　正法華には最後の威音王仏に値ふと見へたり、**又浄行経及び菩薩（安然）戒の広釈等に皆悉く値ふと云へり**、若し之に依て爾なりと云はゞ、経の現文には只最初の威音王仏に限ると見へたるものをや如何。

答、経文の如きんば先づ最初に限ると云ふべきなり、但し一辺の難に至つては不軽の行は果後の方便なれば時宜に随ふべきなり(24)

18は安然の著述名の引用のみに留まっているが、内容的には6と重なると言ってもよい。2では空王仏を対象としていたが、18では『法華経』常不軽菩薩品に説かれる威音王仏（『法華経』常不軽菩薩品第二十に説かれる仏名。劫は離衰、国は大成、同号の仏が二万億存在したとされる。常不軽菩薩はこの最初の威音王仏の像法の末に出現し、「我深敬汝等云云」の二十四字の題目を唱えて一切衆生を但行礼拝した結果、増上慢の四衆に迫害される。しかし、これが逆縁毒鼓の折伏行となって、不軽菩薩は六根清浄の功徳を得、また誹謗の四衆も再び『法華経』を聞いて成仏すると説かれる）を対象としている。『浄行優婆塞経』や安然の『広釈』では、最初の威音王仏に限る立場であると紹介し、日隆は、経文を素直に読めば最初の威音王仏に限るとすべきであるとして安然の釈を採用しているように思える。しかし、不軽菩薩の修行というものは、証果を得た後の方便の教えであり時宜に従う必要があると注意を促している。

以上、六種の『広釈』引用を概観してきた。日隆の『広釈』引用は、五大明王の加持についての引用以外、いずれも戒の問題についてのものである。その中で安然の戒は、迹門の立場で戒を論じたものであり、日隆の標榜する本門の立場での戒は、あくまで信心を受持することであると解する。その上で、あえて安然の著述を引用することで、台当異目を際立たせるための要素の一つとして引用したのではないだろうか。

第四項　『教時諍』

そもそも、『教時諍』と『教時諍論』は、先行研究では両書の関係について、当時、日本天台宗が平安期の初頭に新興するに及んで、法相・華厳・三論・真言等の諸大乗宗との間に教・時・仏・土等の諍論が隆盛し、各宗の学匠、各諍論を公表した時代を背景としている。また、これらの諍論の中心問題が教時論、即ち教判論であり、安然はこれらの諍論を総合して『教時諍論』及び『真言宗教時義』を述作し、日本仏教独自の教判論を建設したとされる。なお、『教時諍』は下巻に相当する部分が昭和三年に高野山宝寿院蔵中から発見され、新しく発見されたものは『教時諍論』

と記されている。[25] しかし浅井圓道氏は、「教時諍の下巻に相当するなら、教時諍と重複する分が多いのは不可解である。[26]」と指摘しており諸説あることが分かる。日隆が著名を明示して引用する場合、『教時諍論』として引用しており、引用文のみを含めると、一種、計七箇所確認できる。内容としては、いずれも教理浅深の問題で、「第一真言宗、第二仏心宗、第三法華宗[27]」と次第する箇所である。そこで日隆の文をいくつか挙げると以下のように引用していることが分かる。

20教時諍論に第一真言第二禅宗第三法華宗等と云つて天台伝教の義に背く謗法なり[28]

22　次に権実に迷う故に、教部に迷う。教部に迷う故に禅・念仏の権宗をもって法華経王の上に置く。謂く、五大院の教時諍論には、「真言第一、仏心宗第二、法華宗第三」と云えり。[29]

26故に本門の随縁真如の時は化道不同なりと云ふ事、五大院の釈に分明なり。当宗の意として如何が心得べきや。

答ふ、先づ五大院の事は其の身は天台宗にて其の心は真言・禅宗なり。其の故は諸宗の勝劣を定むるに、第一真言宗、第二仏心禅宗、第三天台法華宗と定めたり。故に身意各別の謗法者なり。[30]

これらの引用は、いずれも『教時諍』の、「第五次依教理浅深。初真言宗大日如来常住不変。一切時処説一円理諸仏秘密。最為第一。次仏心宗一代釈尊多施筌蹄。最後伝心。不滞教文。諸仏心処故為第二。次法華宗一代教迹権実偏円教観双共明一実。諸仏秘蔵故為第三。[31]」の趣意を示したものである可能性が認められ、『教時諍』中では日隆の引用する同一表現は確認できなかった。日隆が、『教時諍』の趣意として記されたのか、孫引き等による引用かどうかは不明である。しかし日蓮が『撰時抄』において、安然和尚と申叡山第一の古徳、教時諍論と申文に九宗の勝劣を立られたるに、第一真言宗・第二禅宗・第三天台法華宗・第四華厳宗等云云。(32)

との文が確認できることから、現存する『教時諍論』以外の異本においてこの文が存在していたことは否定できない。いずれにしろ日隆は、真言を第一とし、法華を第三とする立場を基底とする安然の主張を批判し、法華最勝を明確に提示していると言えよう。

第五項　『真言宗教時義』

『真言宗教時義』は、『真言宗教時問答』とも言い、『教時義』や『教時問答』とも略称される。内容としては、四一・十門の構成からなり、天台密教の教判を理論的に体系づけた重要書である。また、先に述べた安然の『教時諍』とも密接な関係にあり、この両書によって東密と相対する台密教判が確立されたと言われている。日隆の著述にはこの『真言宗教時義』の引用が多数なされており、引用箇所不明分を合計すると一〇種、計六七箇所の引用文が確認できる。これらの引用箇所について、主たるものを明示し解釈していきたい。

まず「十界之中其菩薩界常修常証無始無終。故有報身常満常顕無始無終。(33)」の文は三四箇所確認でき、『真言宗教時義』中最多である。なぜこの文を日隆が多用したのかについては、おそらく本門八品の立場でこの文を解釈することを目的としたためであると思われる。(34) その中で38では以下のように述べている。

38　尋云、御抄中以上行菩薩為本因妙事有之其相如何。

答、観心本尊抄被遊之也。本門意因果本有。釈尊地涌同体師弟一身因果也。釈其菩薩界常修常証無始無終。報仏如来常満常顕無始無終以上。其菩薩界者本有地涌也。報仏者本果釈尊也。此師弟同体常恒無始無終也云処本因妙菩薩界即地涌也聞。本因妙釈尊云方在世正説之聞辺也。本因妙地涌云方十界久遠下種辺也。是流通意也。所詮釈尊上行同体一切衆生最初下種時顕二本因上行一、得脱時顕二本果釈尊一也、此下種得脱衆生此娑婆世界可レ限也。余界以二分身迹化等一利レ之以上。(35)

38『五帖抄』において日隆は、まず日蓮遺文中に上行菩薩を以て本因妙となすとした内容はあるのか、という問いを設けている。その答えとして『観心本尊抄』において記されているとし、本門の意として因果とは本有であって釈尊と上行は同体の師弟であり、一身の因果であると理論づけている。さらに、日隆は安然の文を引用し、菩薩界とは本有の地涌の菩薩であり、報身仏とは本果の釈尊であるとしている。しかし、当引用文は「『真言宗教時義』に云く」や「安然云く」等といった引用がなされていない。よって安然の『真言宗教時義』の一文を引用したと断定はできない。ではなぜ38に注目したかというと、引用の冒頭に「釈に」という記述が見られるからである。これは、先に述べた註(20)に示されるように、読み手が誤って解釈しないようにするため、あえて著述名を伏せたものであると推察する。よって、安然の引用文とみなして論を進めていくならば、この引用文は、安然の語句を日蓮義を通して解釈しているように見受けられる。なお、この問題については『菩提心義抄』「貪体即覚体」の引用において後述することとする。

28故に発迹顕本して久遠下種の父大王報中論三無作三身の釈尊を顕し、十方応用土民の弥陀薬師は破廃されて悉く滅尽し畢んぬ、久遠本地唯我一人の独尊の父大王釈尊計り久遠常住にして、十方諸土の諸仏諸九界と、父大王釈尊と久遠本来の父子天性顕本して十界久遠を顕し、化導の始終種熟脱する一仏の始終を顕し已れば、迹門大通以来の化導の三益は悉く壊し畢んぬ、本門の三世益物、化導の始終、種熟脱と打ち顕して、中間今日頓漸五味の熟脱までも、本仏分身の応用と照了して、本門体内の三世益物なれば、三世本有として釈尊一仏の種熟脱なり、故に三世常恒に下種の時は上行の尊形なり、得脱の時は釈尊の尊形なり、**是れ一仏二名の師弟なり、謂る「其菩薩界常修常証無始無終、報仏如来常満常顕無始無終」と云へる此の意なり。**(36)

次いで28では、久遠実成の釈尊と阿弥陀仏や薬師仏の相違について述べ、諸仏の根本は釈尊一仏の種熟脱に帰することを主張する。また、下種の際には釈尊は上行の尊形となり、得脱の時には釈尊の尊形となるとし、このことを一仏二名と名付けている。この内容について安然の文を引用し、一仏二名の教義についての援証を施していることが分かる。

61　次に本化上行菩薩は本因果種して釈尊に父子天性を結び、**本因妙の菩薩と成て本果妙の父釈尊と父子因果互融して其菩薩界常修常証無始無終、報仏如来常満常顕無始無終する故に、上行菩薩は釈尊自性本具自体顕照の本有の菩薩界にして、三世常恒に下種の唱導と成り**本未有善の悪人を以て正機と為し、尽生界の大願を起し大悲闡提の菩薩と成て本果妙に至らざる本有の菩薩界なる故に、本門円教の住前住上、行・向・地・等覚悉く菩薩の尊形にて位に居し、而も下種を以て本意と為す。(37)

そして61では、上行菩薩は本因果種（本は因果を種とする）して釈尊に父と子の天性を結び、本因妙の菩薩となって本果妙の父である釈尊と父と子の因果が互融する。そこで安然の文を引用し、上行菩薩は釈尊の本来より具わった本有の菩薩として、過去・現在・未来の三世常恒に下種の教えを説き導く教主となり、本未有善（未下種）の悪人を成仏の正機とみなし、尽生界の大願（衆生無辺誓願度）を起こして、衆生の苦しみを救う慈悲心を有した菩薩となり、本果妙に至らない本有の菩薩界にいると規定している。これは、本門円教の菩薩の修行階位である五十二位の中の十住（別教の菩薩が修行すべき五十二の段階の内、第十一位から第二十位までの階位のこと。発心住・治地心住・修行心住・生貴心住・方便心住・正心住・不退心住・童真心住・法王子心住・潅頂心住）以前の住前、十住の第一位（初住）以上、十行、十回向、十地、等覚はみな菩薩の尊形をしてそれぞれの位に居して、下種による菩薩行を本意とすると主張している。

これらの引用文から、日隆は本因本果について論を展開する際、安然の著述を引用する場合が認められる。特に本因（上行菩薩）・本果（釈尊）という関係性を重要視し、末法の衆生は本因（上行菩薩＝日蓮）下種による成仏においてのみ成仏可能としていることが看取でき、一仏二名という論理を形成する上で重要な証文であったであろうと推察する。

なお、当時の日蓮門下においても、この文を引用していることが注目できる。例えば、日朝『開目抄私見聞』では以下の記述が見られる。

或義云其菩薩界常修常証本因、報仏如来常満常顕本果云云、(38)

日朝の場合、引用文は安然の義とはせず、「或る義に云く」としており、菩薩界の常修常証を本因、報身仏の常満常顕を本果と規定している。一方、日覚『発心共轍』では、

教時義第一云仏界本有十界十界之中其菩薩界常修常証無始無終報仏如来常満常顕無始無終矣。(39)

とあり、「教時義に云く」との記述が確認できることが注目できる。(40)

次に「衆生迷故成二多衆生一。諸仏覚故会成二一仏一。」(41)は、【表15】62～65に見られ、さらに288を含めると五箇所の引用が見られる。

62仍て衆生迷故成二多衆生一と云ふ日は衆生因分に居す時は自他彼此の情量を存すと雖も、諸仏覚故会成二一体一して極果に至て内証法界遍照して自他の情量を離れ、三世十方を一念に照し及二達悟一已無二去来今一すれば、久遠今日の差別もなく迷謂内外悟唯一心すれば久近一念にして、久遠成道と云ふも昨日今日の間にあり、故に五百塵数の界数と云ふも五住の迷雲晴るれば唯一念の塵数なり。(42)

62「衆生は迷う故に多くの衆生と成る。」という文は、衆生を因分とすれば、自他彼此（自他やかれこれを別々に見て、

上下・勝劣を論じること）と凡夫の迷った心で思いはかることがあるとする。しかし、「諸仏は覚る故に会して一体と成る。」として仏果に至り、その悟った真理は法界を遍く照らすことで自身と他者の情量を離れ、三世十方を一念に照らす。よって、久遠と今日の差別なく「迷いは内外（自他）といい、悟りは唯だ一心」(43)とすれば久遠実成と始成正覚は一念にして、久遠成道は昨日と今日の間にあるとしている。この文は、衆生を「因分」と規定する安然の教学思想について述べたものである。また、「因分」については「釈尊久遠寿量皆在二衆生一念心中一。」の引用において後述したい。

65五大院の云く、衆生迷故成二多衆生一、諸仏覚故会成二一体一文。是れは始起の有情あるが故に生・仏に増減なしと云ふことを釈したまふなり。(44)

65では、安然の説として始起の有情（衆生、仏性のあるもの）があるがために衆生と仏に増減はないと解釈している。さらに288では、「菩提心義に云く」とあるが、『菩提心義抄』において以下の文は存在せず、【表15】62〜65の『教時問答』の引用に同様の文が確認できる。日隆が異本や写本を引用したのか、著述名を錯誤、または孫引きによるものかについては不明であるが、一応ここで紹介しておきたい。

288天台宗の義に云く、五大院の先徳、始起の有情を立てたまへり。**菩提心義に云く、衆生迷、故成二多衆生一、諸仏覚、故会成二一仏一と云へり。**此の釈は瓔珞経の説に依り、実説とは云ひ難し。(45)

288によれば、天台宗の義として安然を引用し、有情の起こり始めについて解釈している。安然の説は、衆生は迷うゆえに多くの衆生となり、諸仏は覚るゆえに一仏と成るとしている。しかし、この解釈は『瓔珞経』によるものであり、実説とは言い難いものであると日隆は批判していることが分かる。

66教時義に此の二つの識を釈して云く、若約二一心一心識義一即約二真如不変之義一、此中都無二煩悩菩提生死涅槃一本

無二成仏及不成仏一と釈して、一心一心識をば不変真如の理に約する故に二仏三仏の異を絶する間、弥陀・釈迦も一仏にして皆大日と一身なり。さて一切一心識を釈して云く、若約二一心一心識義一即約二真如随縁之義一且説二衆生本来之仏一此中具有二煩悩菩提生死涅槃一と釈して、是れをば随縁真如に約する故に、弥陀釈迦二仏既殊して、弥陀阿閦非二釈迦分身一と云ふ心これありと釈したまへり。(46)

66は一箇所のみの引用であり、天台宗の義として紹介した文である。内容としては、真言宗と天台宗の分身の相について述べられており、二種の識について解釈されたものである。まず一心一心識とは、不変真如の理に約すと阿弥陀仏も釈尊も一仏であり、総じて大日如来と一身であるとする。また一切一心識を解釈すると、一心一心識を随縁真如に約すれば、阿弥陀仏と釈尊は別体であり阿弥陀仏は釈尊の分身ではないとする『真言宗教時義』の文を引用している。

さらに、安然はその著述中において、「釈尊久遠寿量皆在二衆生一念心中一。(47)」の文を使用していることが看取でき、ここでは安然と明示されていないもの、類似した文章を含め、【表15】では67〜83の計一七箇所の引用を挙げた。なぜならこの文は、安然以外にも円仁、円珍の著述中においても確認できることから、特に重要な一文であると首肯する。(48)

74　問うて云く、両宗の二乗成仏・久遠成道・一念三千の邪正如何。

答う、記小・久成の三千は今経の肝心、天台一宗の大法なり。然るに近来の学者習い絶して有名無実なり。その所以を顕さず。但だその名に任せて、その義を談ずる計りなり。更に三箇互融して、跨節の大綱に約して、談ずる事これなし。但だ記小をば、今日の得脱と意得、久成をば釈尊の成道久しき事と計り意得て、三五の塵数は仮説なり、久遠と云うは、もとのままと云う事なり等と云って、十界本有なるが、久遠の実体なり等と云うなり。

されば、久遠成道をば観心に約し、「久遠の寿量は、皆衆生の一念の心中に在り」と云いて、我等己心にも鎮

> に久遠成道を唱うと云って、因分の久遠・果分の久遠と云う事を口伝し出だして、法華経の久遠をば教に属し、因分と云い、止観をもって真言に同じ、真言止観をもって果分の久遠となす間、理をもって真実の久遠と思えり。尓らず。これ謬りなり。一念三千をも、唯だ、天台の能所の己心の三千と計り意得て、一代の法相は法華の迹本と云うは、一念三千の足・不足、具・不具の不同計りにして、一代の法相は三千と云う事をば知らざるなり。されば玄・文には、曽て一念三千なく、但だ三諦三観計りと思いて、止観計りに一念三千を明かすと談ずるなり。これ即ち、文底の意を知らざる故か。[49]

74『四帖抄』では、天台宗と当宗における、『法華経』による二乗作仏・久遠実成・一念三千の相違について問答する箇所である。日隆によれば、二乗作仏・久遠実成は『法華経』の肝心であり、天台宗のみの大法とすることは、有名無実の法門であると論断している。また、三箇（華厳・方等・般若の三時に説かれる円教）を互融して、爾前諸経に説かれる得道は、その全てが久遠本地の開顕に基づくものであることを論じたものではないとする。よって、天台宗の二乗作仏は始成正覚の得脱を心得るものであるとし、久遠実成は釈尊の成道が久遠の過去におけるものであるとのみ心得ており、三千塵点劫・五百億塵点劫は仮説と規定する。また久遠とは、もとのままという意味を指し、十界が本有であることが久遠の実体であると見なしている。さらに、久遠実成を観心を以て解釈すれば、「久遠実成の寿命は皆衆生の一念の心中にある」との文を引用し、我々衆生の己心においても永遠に久遠実成を唱えると言って、因分久遠・果分久遠という概念を口伝する。そして、「『法華経』に説かれる久遠というものを教に属し因分と名付けることは、止観をもって解釈すれば真言と同じである。また、真言・止観を果分の久遠とすることは、理を真実の久遠とする。」とした安然の文を引用し、この天台宗の教えは誤りであると糾弾している。その理由として天台宗では、一念三千を智顗の能所の己心の三千であると解釈し、釈尊一代の真実は一念三千であるということを知らないためであるとしている。また、『法華玄義』『法華文句』において、一念三千の法門は明かされておらず、三諦（空諦・仮諦・中諦）三観（仮から空に入る観従仮入空観・空から仮に入る観従空入仮観・中道第一義観）を説き、『摩訶止観』において、初めて一念三千を明かすとする。このように解釈する天台宗の義は、如来寿量品の久遠本地の開顕を弁えていないとして、日隆は安然の説を引用し、批判を展開している。

75　○尋云。於記小久成一念三千天台。当宗不同如何。

答。天台学者義。不知根源由来。唯記小久成一念三千一代諸経希有深法計得意也。所以二乗作仏爾前分絶今経迹門始明之。故迹門仲微也。久遠成道迹門猶不明之。況於爾前耶。是又本門秀美也。此両猶教相也。至止観明一念三千。一念三千先代未聞観心也。恐記小久成顕説法華明之。是法華宗分済也。一念三千観心根本法華重也。是天台宗云分也。如此以三千三観照記小久成唯己心二乗己心久遠也。**サレハ五大院教時機〔義〕立因分久遠果分久遠法華久遠成道属因分久遠下之。以止観観心同真言属果分久遠也。依之教時義云。此経本地心即是妙○経。最深秘密処。此宗同因分久遠釈迦久遠寿量皆在衆生一念心中。此宗同果分**云々。如此談処。天台宗義正歟邪歟能々可尋之以上。天台妙楽以法華経為止観所依経依経立行也。依経源也。能生也。父母也。主君也。立行止観流也。所生也。諸子也。所従也。何以流所生諸子所従勝源能生父母主君可立耶。況天台妙楽依法華経立止観更不依真言若自中古以真言為止観所依者如云雖云相承法門改転名号天台宗改天台立義二途不摂之謗者也。委如別紙以上。(50)

75『五帖抄』では、天台宗の学者は『法華経』の根源の由来も知らず、ただ単に二乗作仏・一念三千は一代諸経にはない『法華経』の深法であり、迹門では二乗作仏、本門では久遠実成を明かす顕説法華であるとし、一念三千を明かす『摩訶止観』こそが前代未聞の観心であり根本法華の重である旨を提示している。その証文として日隆は、安然の『真言宗教時義』を引用し、久遠を因分と果分に分け、因分久遠は久遠成道、果分久遠は真言止観とし、果分は久遠実成の寿命はみな衆生の一念の心中にあるとする著述内容に対し疑義を呈している。なぜなら、智顗や湛然は『法華経』こそが止観行の拠り所とし、依経立行とするからである。つまり、『法華経』は諸経の根源であり能生でもあるため『法華経』に依って止観行を立て、『真言経』には依らないと捉えている。しかし天台宗では、中古において真言を止観行の拠り所とすることは相承の法門であると主張しているが、改転というべきであり、名は天台宗であるが智顗の教義を改竄した謗法者であると批判していることが分かる。

67　二、本迹釈と観心釈と勝劣の事

68　天台宗の義に云く、観心釈は勝れ本迹釈は劣る丶なり所以に**五大院先徳の教時義に久遠に於て因分果分を立つ因分の久遠とは本門寿量品に説く処の五百塵点の塵数是れなり果分の久遠とは釈迦久遠の寿量皆在衆生一念心中等と云へる是れなり**、此の因果久遠の中には因分の久遠と云ふは四種釈の中の第三の本迹釈の重なり此の本門と云ふは顕説法華の分斉迂廻道の正機色心転入の迹本なり下劣なり、次に果分の久遠とは第四観心釈の重、久成行本と云ふ重なり此の観心とは方に知りぬ止観一部は是れ法華三昧之筌罤等と云へる止観の観心本迹未分根本法華の重是れなり、**之に依て教時義の第一に云く天台の本迹釈と今宗の因分久遠と意同じ○観心釈は今宗の果分と一体にして意同じきが故**云云　此の故に因分の久遠を説く法華経本門は下劣なり果分の久遠を明す真言を以て止観に同す故に第四観心の重の止観は法華に勝る丶事百千重なり等と天台宗に申すなり云云　此の事仏滅後第一の謬なり天下第一の大謗法なり(51)

67、68『法華宗本門弘経抄』においては、「本迹釈と観心釈について勝劣の事」と題し、天台宗の義として観心釈は勝れ、本迹釈は劣ると定義している。その証文として安然の『真言宗教時義』を引用し、久遠に因分・果分を立て、因分久遠は五百億塵点劫を指し、果分久遠は釈尊の久遠の寿命はみな衆生の一念心中にあるとする。この因分久遠は、智顗が『法華文句』において、『法華経』の文々句々の解釈に用いた四種釈（因縁釈・約教釈・本迹釈・観心釈）の中でも特に本迹釈の重であり、本門とは顕説法華であるとすることで劣っているとみなしている。一方、果分の久遠とは四種釈の観心釈の重であり、『摩訶止観』は法華三昧行の手ほどきとなる教えであり、止観行の観心は本迹未分根本法華の重になるとする。そこで安然の『真言宗教時義』を再度引用し、因分久遠を説く本門法華は劣っており、果分久遠を明かす真言を止観に代えることで、四種釈の観心釈の止観は法華よりも勝れていると論を展開する。

しかし日隆は、このことは天下第一の大謗法であると非難する。なぜなら、久遠を因分と果分に分けるという解釈は、『法華経』本門八品を中心とした教義解釈とは程遠く、止観勝法華劣を正意とする立場となるためである。また、日隆が中古天台本覚思想や台密思想に対して批判を行う場合、安然という名と『真言宗教時義』という著述名まで明らかにして批判していることが注目できる。特に74では、日蓮教学の教相論より批判が明示され、75、67、68では天台宗の観心偏重に対する批判を展開していることが見受けられる。[52]

84、85では「一代八千機見不同。[53]」の引用が見られ、84を挙げると以下の記述が見られる。

84　次に梵網経の文をば、或る先徳の云く、一代八千機見不同と云へり、是れ色究竟天より菩提樹下に至ることを八千変とすると云ふことなり、或は梵網経は華厳の結経なり[54]

84、85は共に、『梵網経』の文について「ある先徳」の説として引用している。84では、安然の説として推定して解釈すると、「一代八千機見不同」であるとしている。この意味は、色究竟天（色界の最上にある天界で、有頂天といい、大自在天が住む所）より、インド釈尊が悟った菩提樹下に到るまでのことを八千変であると紹介している。この引用文も天台宗の立場からの解釈を明示したものであり、この文の直後に日隆は、此れも彼の経に上行と五百微塵の証拠を挙げず、何ぞ久遠成道を明すと云ふべしやと云ふ諸御抄の意を以て之を会すべきなり云云(55)

と述べ、上行菩薩と五百億塵点劫の証拠を挙げずに、久遠成道を明かすと主張する説について批判していることが分かる。

86〜89では、天台宗と真言宗の分身の相の相違について安然の引用が付されている。

89　本門宗の意、不変真如の時は化道同、随縁真如の時は化道不同と云ふべきか。

当宗の義に云く、之に付て五大院先徳、顕密両宗に約して分身の相を釈する時、法華経をば一切一心識に約す。故に阿閦・弥陀は是れ他仏と云ひ、普賢等又釈迦の身にあらず、今真言宗は一心一心識に約する故に四方四仏四維四土皆大日の身なり等と釈して、真言の一心一心識は不変真如なる故に諸仏菩薩悉く法性身大日にして仏別不同なし、故に化道同の義にてこれあり。さて法華経の一切一心識は随縁真如なる故に諸仏菩薩差別して仏々不同なる故に、化道不同の義これありと云ふ。故に本門の随縁真如の時は化道不同なりと云ふ事、五大院の釈分明なり。当宗の意として如何が心得べきや。

答ふ、先づ五大院の事は其の身は天台宗にて其の心は真言・禅宗なり。(56)

この文によると、安然の『真言宗教時義』では、天台宗と真言宗の両宗に約して分身の相について解釈すれば、『法華経』は一切一心識に約すとする。また、阿閦仏や阿弥陀仏を他仏とし、普賢菩薩や釈尊の分身ではないと規定している。さらに真言宗では、一心一心識に約すと四方（東・西・南・北）、四仏（『大日経』では宝幢・開敷華王・鼓音・無量寿、『金剛頂経』では阿閦・宝生・阿弥陀・不空成就）、四維（西北・西南・東北・東南）、四土（法性土・自受用土・他受用土・変化土）は全て大日如来の身であると解釈している。よって、一心一心識は不変真如であるゆえに、諸仏菩薩は全て法性身の大日如来であって仏道の不同がないと定義する。

一方、『法華経』では、一切一心識は随縁真如によるために諸仏菩薩は差別があり、衆生を教化して仏道に導く教えは同共しないと解釈している。この解釈は台密思想による解釈論であり、本質は真言宗や禅宗の教学と一致するとして日隆は批判する。

90では、「法華明二久遠成仏一。此経明二頓証成仏一二説雖レ異実是一仏。(57)」の引用が一箇所確認できる。

90**釈云法華明二久遠成道一此経**（金剛頂経）**明二頓証成仏一ト云ヘリ**、毘盧遮那ノ無始無終ノ頓証成仏ハ華厳浄名般若等ノ諸大乗経ニ説レ之独リ非二大日経一、自レ元常住ナルヲ無始無終ト云ハ不レ顕二経勝用一、無常ナル報応ヲ久遠長寿ノ仏ト説ク是レ経ノ奇異ナルベシ(58)

この文は、「釈して」とのみ記載されており、日隆が安然の文を引用しているか否かについては断定できない。しかし、『真言宗教時義』において記述が認められるため、安然の著述の一文であると仮定して解釈していく。90では、『法華経』は久遠成道を明かす経典であるが、『金剛頂経』では頓証成仏（長期間の修行の過程を経ないで、直ちに覚ること）を明かしている。また、毘盧遮那仏における無始無終の頓証成仏は、『華厳経』『浄名経』（『維摩経』）『般若経』等の諸大乗経において説かれており、『大日経』にのみ説かれたものではない。そのため、元より常住であることを無始無終と主張するならば、『大日経』の超勝性を示したことにならないと指摘する。そして、無常である報身・応身を久遠長寿の仏と説くこと自体、奇妙であるとして、日隆は安然の説を否定する。

91においては、「華厳般若維摩法華涅槃等唯理秘密。大日金剛頂等事理倶密云云(59)」の文が引用されている。

91**慈覚大師は伝教義真の御弟子、智証大師は義真慈覚の御弟子、安然和尚は安恵和尚の御弟子なり、此の三人の云く法華天台宗は理秘密の即身成仏、真言宗は事理倶密の即身成仏**云云

伝教弘法の両大師何れもをろかならねども、

聖人は偏頗なき故に、慈覚智証安然の三師は身は伝教の山に栖むと雖も其の義は弘法東寺の心なり(60)

ここでは、円仁・円珍・安然の師弟関係について述べており、天台宗は理秘密の即身成仏であり、真言宗は事理倶密の即身成仏であると日隆は紹介している。そして、最澄・空海は尊重すべき先師で偏りがないとしながらも、両師以降の円仁・円珍・安然は身は比叡山とする一方、その心は高野山や東寺の教えの影響を受けているとして批判を加えている。

92では、『真言宗教時義』中、「夫煩悩者応レ在二衆生一。仏説経教有二何煩悩一。而有二此言一者彼論以二 法華以前教一為二一船一。以二法華一為二一船一。以二涅槃一為二一船一云云。天台云。前番前熟已入二法華一。後番後熟留入二涅槃一云云故後熟者若法華未レ断二煩悩一亦約二此人一。故云三法華為二煩悩所汚一。(61)」の引用文が一箇所確認できる。

92次至二涅槃論文一者会レ之三意有レ之。〈**一教時義云夫煩悩者応レ在二衆生一仏説経教有二何煩悩一〇故後熟者〇若於二法華一未レ断二煩悩一亦約二此人一故云法華為二煩悩一所レ斥云へり。**(62)

この文によると、『涅槃論』の文には三つの意があり、一つ目は『教時問答』にあるように、『法華経』説法の座に漏れて『涅槃経』の説法に移る五千人の増上慢の四衆・被移人天等のためには法華の教えは煩悩となる結果を及ぼすと示している。このように記述した後に日隆は、

如レ此三義初義約レ機次義迹門意、第三義本門意也。仍後二義約レ法可レ云也。(63)

と述べ、安然の『真言宗教時義』の義はあくまで機根に対して解釈したものであると指摘している。

93では『政海類聚抄』から『真言宗教時義』を引用していると思われる一文である。

93**先づ類聚抄には六義を挙ぐ、一義に云く、法華に悟らざる人、涅槃に至て得悟する故に、法華は煩悩に染せらる等と云ふなり。此れは五大**

院の教時義の意なり。(64)

この文は、『政海類聚抄』中における六つの義について挙げる箇所であると推察され、安然の『真言宗教時義』の説であると日隆は主張している。しかし管見の限り、この文は『真言宗教時義』中において確認できなかった。(65)

第六項　『胎蔵金剛菩提心義略問答抄』

『菩提心義抄』は、『真言宗教時義』『教時諍』に並ぶ天台真言宗の教判を論じた書である。本書述作の主目的は、法相宗の四智（大円鏡智・平等性智・妙観察智・成所作智）三身の義を対破するためにあったとされる。また、本書の内容は作者未詳（貞元録によれば潜真造）の『菩提心義』一巻と、龍樹造・不空三蔵釈と称される『菩提心論』一巻とに依って菩提心義の解釈したものとされる。(66) 日隆の引用する『菩提心義抄』は、三種一九五箇所あり、その中でも「貪体即覚体名二本覚理一也。(67)」の引用は一九三箇所にのぼる。しかしながらこの文は、「『菩提心義抄』に云く」や「安然云く」等の記載はしておらず、179「釈に云く」、257「天台宗の義に云く」等といった紹介に留まり、その他の箇所についても出典を明示されていない。また、当時の日蓮門下においてもあまり引用されていないようである。(68) この「貪体即覚体」の文について、『菩提心義抄』以外に引用される著述としては、伝源信『教観大綱』等を挙げることができ、「菩提心義云。貪体即覚体。名二本覚理一也。(69)」との記述が見られる。また大平宏龍氏は、日隆所持本が尼崎本興寺に格護されている等海（一三一七―一三四九―）『等海口伝抄』（『宗大事口伝抄』）より「五相成仏私記云。貪体即覚体名二本覚理一也。若覚二貪即菩提一名二始覚理一也矣。以二此御釈一習二本迹立行不同一也。是一流口伝也。(70)」「菩提心義云。貪体即覚体。名本覚理也等矣」(71) の文を紹介し、『菩提心義抄』を直接見た可能性も全く否定すべきではないとしている。(72) さらに、隆師が『菩提心義抄』を直接参照せられたにしろ、そうでないにしろ、『等海口伝抄』のこの引用を受けて、「貪体即覚体」という定義が、隆師の本覚義の思想的方面で、重要な位置にあることは、隆師自身の使用例の多さでも知られるのである。然るにその解釈に於いては、以下にのべる如く、中古天台の解釈とは異なるものといわねばならない。(73)

と指摘し、「貪体即覚体」という文が、他の文と比較して多く引用がなされている理由として、安然（台密・中古天台）による教義解釈方法を用いるのではなく、『法華経』本門八品の立場による解釈が展開されているためであるとの見解を提示している。よって、本項では、大平氏の指摘を踏まえた上で「貪体即覚体」の文における主たる箇所について考察する。

104 **此の故に本門の意は本果妙より猶ほ本因妙名字信行を以て「貪体即覚体　名ニ本覚理一」と云つて本覚の実体と為す**、されば末代の我等堅固の信心を以て妙法蓮華経を信じ奉れば、忽ちに本因妙名字信行本覚の位に登り、名字即ながら妙覚に登り、凡夫ながらに即身成仏して本因妙本覚の位に至つて、計らざるに三世諸仏の従本の座に列し、諸仏を以て垂迹と為すなり。止弘の第四に云く、華厳信為道元功徳母等云云(74)

まず104では、本門の意としては、本果妙より本因妙における名字信行を以て、「貪体即覚体名ニ本覚理一也。」と言うことで本覚の実体を表している。またそうであるならば、末法に生きる我等は堅固な信心を受持して『法華経』を信じ奉ることで、本因妙名字信行本覚の位に登ることが可能となる。それは、名字即でありながら妙覚に登り、凡夫でありながらに即身成仏して本因妙本覚の位に至ることで、三世諸仏の従本垂迹の座に列なり、諸仏を以て垂迹となすと結論づけている。そして、その証文として『摩訶止観輔行伝弘決』第四には、「華厳には、信を道の元、功徳の母等と為す」(75)の文を引用することで、日隆の見解を強固なものとしている。

179 真実の本覚と云ふは本門八品に限るものなり。土も教主も本覚なり。故に始覚と云ふは教弥権位弥高なり本門の上にも寿量品の通明三身の中の法身理本は教弥実位弥高の理本覚なる故に聖にひづむ間還て始覚に同ずるなり。真実の本覚と云ふは凡聖一如して凡を照し浄穢不二して穢を照し、修因感果し従果向因して断而不断と向ひ教弥実位弥下する是れ真実の本覚なり。**釈に云く貪体即覚体ナルヲ名ク二本覚ノ理ト一也と云ふ此の心なり。**(76)

179では、真実の本覚とは本門八品に限り明かされたものであるとし、仏国土も教主も本覚であるとする。また、始覚とは「教弥権弥高」であり、本門の上の如来寿量品に開顕される三身の中でも法身の理顕本はまだ、「教弥実位弥高」の理の本覚であるために、還って始覚と同様に捉える。しかし、真実の本覚は、凡聖一如であり凡夫を照らすものであるとする。そして、浄土・穢土が不二であり、穢土を照らし、修因感果（善悪の因を修して、苦・楽の果報を感得する）し従果向因（果の境界［仏界］から因の境界［九界］へと再び向かうこと）して断而不断（久遠）へと向かうことで「教弥実位弥下」となる。即ちこれが真実の本覚であり、安然の引用文を本門八品の見地より解釈すると、「貪体即覚体なるを本覚の理と名づくなり」としている。この文は、日隆が安然の引用文を用いて、本覚を解釈していることが窺える一文である。

一方、天台宗（台密・中古天台）の立場より「貪体即覚体」の文を日隆が引用した形跡を些かであるが確認できるので紹介しておきたい。

110　尋ねて云く、迹門流通止観の名字発菩提の観心には、当時止観宗に云ふが如く、余経権法を簡ぶべからざる歟如何

答、当時天台宗の末学の云く、「止観一部は本迹未分本覚の立行なり、故に弥陀大日も本覚の仏なり、観音薬王も本化なり、貪体即覚体なり、然も罪を犯すべき本覚なれば不浄水を食すべし」云云　是れ沙汰の外の邪義なり、天台妙楽の正路の止観は、一部悉く内鑑は本門、外宜は迹門流通の四安楽勧発普賢観等の観行五品の法行観なり、

故に諸御抄に智者の解行也云云(77)

110では、迹門流通分の止観行によって名字即が発菩提する観心について、当時の止観宗（天台宗）では、爾前諸経を選び取るのかどうかと問うている。その答えとして、当時の天台宗では、止観一部は本迹未分の本覚の立行とするため、阿弥陀仏や大日如来も本覚であると定め、観音菩薩・薬王菩薩も本化の菩薩であり、貪体即覚体であると規定している。また、これらの菩薩は罪を犯す本覚であるため、不浄の水を食したものであると喩えている。しかし日隆によれば、この解釈は誤ったものであり、智顗や湛然は止観行の内鑑冷然は本門であり、外適時宜では迹門流通分の四安楽行（身安楽行・口安楽行・意安楽行・誓願安楽行）、観行五品（随喜品・読誦品・説法品・兼行六度品・正行六度品）の法行観を示したものである。この証文として日蓮遺文には、「智者の解行（智者による教理の理解とその修行）」とあることを提示している。

また256では、

256 **此の六識の凡人の念々邪々の身体を改めず貪体即覚体して歩々当体無作本覚の三身の覚体なりと打向ふ時、凡人の当体即無作三身如来にして忽ちに即身成仏を得て**(78)

とあり、六識（眼根・耳根・鼻根・舌根・身根・意根の六根の認識器官を拠り所として、色・声・香・味・触・法の六境に対して見・聞・嗅・味・触・知の六種の了別作用を起こす。六識の体は一つであるが、それが働き出す門戸が六あるため六識という）について、凡人（貪体）の身体を改めず、「貪体即覚体」してありのままの無作本覚の三身（覚体）とする時、凡人は即無作三身如来（覚体）となって即身成仏するという、天台宗の見解で引用している。

257 **天台宗の義に云く、止観は是れ円頓直達の本覚の菩提心にして菩提即菩提の発菩提心にして貪体即覚体の本覚の菩提心なり。**(79)

さらに257では、天台宗の義として、止観は円頓止観（修行の階梯や能力の違いに関わらず、初めから直ちに純一実相を対象とし、行解ともに円満頓足なる観法）を達成した本覚の菩提心であり、「貪体即覚体」である本覚の菩提心としている。110、256、257の文はいずれも、日隆は「貪体即覚体」の語句について天台宗の立場（台密・中古天台）より解釈を施していることが確認できた。

そして287では、識の問題について安然の説を引用している。

287山王院並に五大院等は、能発心とは第六識なり、所発心とは第九識なりと釈したまへり。此の時は第九識と見たる釈は所発の菩提心に約すと心得れば違文と成らざるなり。[80]

この文によれば、安然は能発心というものは第六識であるとする。また、所発心とは第九識（物事を識別・認識する心の作用を九種に分けたもので、眼識・耳識・鼻識・舌識・身識・意識の六識に第七・末那識、第八・阿頼耶識、第九・阿摩羅識を加えたものを九識と総称する）の阿摩羅識であると解釈している。所発心を起こす際、九識が作用すると解釈するのは、発菩提心に約すと理解すれば、天台三大部本末との相違は見られないとして天台宗の義として紹介している。

以上、日隆の『菩提心義抄』引用について概観してきた。『菩提心義抄』では、「貪体即覚体名二本覚理一也。」の引用が圧倒的に多く確認できる。また、引用内容の多数が天台宗（台密・中古天台）による教義解釈ではなく、27～61『真言宗教時義』「十界之中其菩薩界常修常証無始無終。故有二報身常満常顕一無始無終。」の引用と同様に、本門八品の立場による解釈が展開されていることが注目できる。日隆の「貪体即覚体」についての解釈は、現実における貪体と覚体の区別は認め、その意味で貪体を覚体より劣ったものと見、その上で貪体を動ずることなく、それに即して覚体を顕す意味として使用していると大平氏は指摘している。[81]この指摘は、「貪体即覚体」の一文を見る上で大変参考となるものであると言えよう。

第七項　その他の著述

ここでは、先に挙げた四書ほどの引用は見られないが、日隆が引用する安然のその他の著述、『異本即身成仏義』『即身成仏義私記』『会異融通集』『要決法華知謗法論』について見ていきたいと思う。

『異本即身成仏義』とは、『即身成仏義』に対して異本が六本あり、これを『異本即身成仏義』と称した著述である。この六本には正本の『即身成仏義』と異なる所が多数あることが指摘されている。(82) また、浅井圓道氏は真偽未決とし、その理由として、「安然は従来に似ず、空海の教学を多分に摂取して自説を展開したからである」(83)と主張している。さらに、大久保良峻氏は撰者不明としているに留まっている。(84) なお【表15】では、『日蔵』本の引用箇所を掲載し、『正蔵』本については頁数のみを記載した。日隆著述については『私新抄』に一箇所確認できるが、著述名については触れられていない。

289次於二真言即身成仏一理具加持顕了ノ三種ノ不同ヲ立テリ、其ノ中ニ加持ノ即身成ハ密宗ニ限ルト見ヘタリ、五大院釈云由二三密加持自身本有ノ三部ノ諸尊速疾ニ顕発ス故ニ云二加持即身成仏一也ト云ヘリ(85)

この文は、真言宗の即身成仏について理具・加持・顕了の三種の不同を立てているが、加持による即身成仏は密教に限るとする根拠として安然の文を引用している。それに対し日隆は、

如レ此天台宗ニハ顕密ノ即身成仏一向令レ同也、此ヲバ高祖聖人堅ク破レ之、習ソコナヒノ天台宗ト被レ仰、此ノ根源慈覚智証等ヨリ起レル者也(86)

と述べる。日隆によれば、天台密教は顕教と密教の即身成仏を同一視したものであり、日蓮もこの教義理解を批判している。よって、慈覚・智証・安然等を以て台密の根源であるとしている。

次いで『即身成仏義私記』は、大久保良峻氏によると、最澄や円仁の教説に基づき、法華円教の立場で即身成仏思想を論じたものであり、安然の真骨頂は円密一致を追求した密教学であると指摘している。[87] 日隆は、『即身成仏義私記』を書名のみであるが、二箇所の引用が見られる。

290　天台宗の所談、三処の即身成仏の事

答、彼の天台の学者、即身成仏に於て真言天台の不同、爾前迹本等の種々の義勢を成ぜり、既に一夜の大業に及ぶ題目なり、其の所詮は三処の即身成仏にて之を談ずべし、其の旨慈覚安然恵心等の釈義に分明なり**殊に安然の即身成仏義私記に釈し玉へり、所以に三処とは、一には三周の即身成仏なり**、立処は文句の第四三周の義是れなり、二には提婆品の龍女の即身成仏なり、立処は文句の第八の即身成仏の義なり、三には止観の即身成仏なり、立処は止観の一の六即義是れなり云云[88]

日隆は、天台宗側の解釈として安然の『即身成仏義私記』を引用し、天台宗における即身成仏には三種存在し、第一義には三周説法（法説周・譬説周・因縁周。開三顕一の一仏乗義を声聞たちに理解させるために、まず一仏乗義の法理を説いて舎利弗を悟らせ［法説］、次に三車火宅の譬えを以て迦葉等を開悟させ［譬説］、最後に大通智勝仏の因縁を説いて富楼那等を悟らせた［因縁］もの）による即身成仏を示したものである。第二義には、『法華経』提婆達多品における龍女の即身成仏を明かしたものであるとし、第三義として、『摩訶止観』において明かされる即身成仏をそれぞれ明示している。しかし日隆は、安然の『即身成仏義私記』の説を採用せず、

此くの如く云ふ時は、龍女と止観との即身成仏は迹門流通の意なり、又三五下種の名字下種の凡位に約せば、三五七九の衆生悉く凡位の即身成仏なりと云へば、十法界の当位悉く十界久遠の本門の即身成仏なり。[89]

と主張しており、あくまで龍女成仏と止観における即身成仏は迹門の意であると規定する。その上で、三五七九（三

乗・五乗・七方便・九法界）の衆生における本門の成仏とは、三千塵点劫下種、五百億塵点劫下種による即身成仏であるとし、安然の説を批判していることが窺える。

『会異融通集』は、『法華玄義』の五章と『摩訶止観』の広略五十とを会して妙解妙行を知らしめたものであり、その中に顕密一致の旨を含んだ著述であるとされる。[90] 日隆は、『会異融通集』を安然のものとしたようであり、書名のみの引用が三箇所見られる。

> 294 故に能所倶絶すれば六種一念の己心の四教なり。安然の会異融通集に此の如く釈したまへり。此の止観の一心の四教と云ふも、止観一部の大旨は今約法華迹理の迹門、本迹一致の理円の止観なれば、今の六種四教も迹門の四教なり。[91]

294において日隆は、四教について安然の『会異融通集』を引用した上で、天台宗の四教は六種七種の四教を立てているが、それはあくまで『法華経』迹門の立場より解釈した四教であると主張していることが理解できる。

『要決法華知謗法論』とは、『法華経』を第一とした上で、華厳・法相・三論・禅・真言・成実・倶舎・律の八宗及び念仏への批判が展開され、中でも真言宗・浄土宗・禅宗への破折に力が注がれた書物であるとされている。しかし、安然は『教時諍』において、「第一真言宗・第二仏心宗・第三法華宗」[92]と提唱することからも、『要決法華知謗法論』の内容は、安然の思想とかけ離れていることが推察される。さらに、渡辺信朝「『要決法華知謗法論』に関する覚書」[93]によると、『要決法華知謗法論』は、「その内容を一読するに安然の思想・教学とは遠く隔たっており、奇妙とも思える日蓮遺文との一致や相似が殊のほか多く確認された。すなわち『要決法華論』は安然仮託の偽撰書であり、私はその成立に日蓮門下が関わっていることを殆んど直感した。[94]」とあり、日蓮門下による安然仮託の書であることを指摘している。[95] また渡辺氏は、『要決法華知謗法論』の引用について、天台宗関係の典籍には見られず、現在の所、『法華本門宗要抄』、円明院日澄『法華啓運抄』(96)、功徳院日通（一五五一—一六〇八）『三類符合集』(97)『文義同類抄』(98)等、日蓮門下の幾点かの典籍に確認できると指摘している。

これら日蓮門下の典籍以外にも、日隆の『法華宗本門弘経抄』において、『要決法華知謗法論』が書名のみの引用であるが一箇所確認できる。

295此の大僻見を諸門流の日蓮宗相伝して所々に之を弘め、結句謀書を造りて五大院の釈と号し、要決法華知謗法論と名くる八巻あり、其の第八の第三十に本仏迹仏の観心勝劣を明す下に、四重に本迹を釈して、今日寂場の本、大通の本、本門の本之を釈す、而も本門を以て迹に属し、第四の観心を以て本と為し、観心勝ると謬解するなり(99)

日隆は『要決法華知謗法論』を日蓮門下が安然の釈として作り上げた偽書であると論断している。この文は、当時の日蓮門下の思想的動向を知る上で重要な記述であると同時に、日隆在世において偽書を作成するという行為は一般的なことであったと推考できる記述である。現代において主張された『要決法華知謗法論』の真偽問題を、日隆は在世当時においてすでに日蓮門下によって造られた偽書であると断定していた。この文は、日隆が徹底して教観相資を重視する思想的一面を垣間見ることのできる一文として刮目できよう。

小結

以上、安然の日本天台教学史における位置づけについて確認し、日隆著述中の安然の著述引用について考察してきた。これらを整理すると、以下のようにまとめることができる。

（一）日本天台教学史上における安然の教学は、真言密教の影響を受けたものであるということは否定できない。その一方、天台教学を基底に置くことで、台密本来の根本思想を忘失することなく、『大日経義釈』を基礎として天台密教の教判を成立させた学匠であると評価されている。それに対して日隆は、安然が円仁・円珍が展開した台密思想を受け継ぎ体系化させたことで、智顗・湛然・最澄へと続く法脈を途絶えさせてしまったと批判している。

(二) 日隆の著述中の安然の著述引用は、管見の限り八書、計二九五箇所にのぼることが確認できた。

(三) 安然の著述の中で特に引用回数の多いものは、『真言宗教時義』「十界之中其菩薩界常修常証無始無終。故有二報身常満常顕一無始無終。」、『菩提心義抄』「貪体即覚体」の二文であることが分かった。これらの引用文は、必ずしも安然批判を目的として引用したのではなく、日蓮義を以て安然の引用文の解釈が展開されていることが注目できる。なぜならこれらの文は、日朝、日覚をはじめとする当時の日蓮門下の著述中においても散見されることから、日蓮門下諸師が天台教学を学ぶ上で常用的な文であったと思量する。よって、内鑑本密の意を以て安然の文を引用することで、天台宗の影響を受けた日蓮門下諸師に対し、自身が提唱する日蓮教学を勧奨することを目的の一つとして引用したのではないかとも推察できる。また、これらの引用文が注目できることとして、安然の名や著述名を明示していない点が挙げられる。その理由としては、談義、法談、公場対決においては、「ある大師」等と引くことを促すことからも、引用には細心の注意が払われていることが窺える。

(四) 日隆が安然批判のために引用した箇所については、『広釈』では戒の問題について、『教時諍』では、真言第一、法華第三とする立場等が挙げられる。日隆はそれぞれの課題に対し、安然の著述を適宜引用することで安然の解釈を批判し、法華本門最勝を主張している。

(五) 日隆が安然批判の中心として位置づけていた文は、『真言宗教時義』67~83「皆在衆生。一念心中。」の文であると考える。この文は、円仁・円珍においても同様の記述が見られ、安然の場合、特筆すべきこととして、久遠を因分と果分に分け、真言止観を果分久遠として勝れるとし、『法華経』如来寿量品を因分久遠として劣っていると解釈する点である。この解釈に対し日隆は、教観相資の立場より塵点劫実説を強調し、安然の主張する止観勝法華劣の観心主義を糾弾している。なぜなら、安然のみならず、円仁・円珍による教義解釈では、塵点劫を仮説と認めることとなり、教相破壊を引き起こし、題目を信心、下種するという『法華経』による成仏の根拠が破壊され、成仏の道が途絶えてしまうと日隆は危惧していたのではないだろうか。

註

（1）安然の生涯については、末木文美士『平安初期仏教思想の研究―安然の思想形成を中心として―』五八頁以下に詳しい。
（2）島地大等『天台教学史』三三〇頁以下。
（3）『日本天台史　正』三四一頁以下。
（4）『台密教学の研究』（法蔵館、二〇〇四年）三〇一頁以下。
（5）『正蔵』第六一巻所収。
（6）『仏全』第二四巻所収。
（7）『仏全』第二四巻所収。
（8）『仏全』第二四巻所収。
（9）『日蔵』第七九巻所収。
（10）『正蔵』第七五巻所収。
（11）『身延文庫典籍目録　中』（身延山久遠寺、二〇〇四年）三〇七頁、四二一頁、『興風叢書〔15〕要決法華知謗法論・助顕法華略記集』（興風談所、二〇一一年）。
（12）『仏書解説大辞典』第九巻二三一頁以下、『昭和現存天台書籍総合目録　増補版』上巻三五七頁。
（13）『隆全』第一一巻三六頁。
（14）『隆全』第一一巻三六頁。

(15)『隆全』第六巻二四五頁。
(16)『仏書解説大辞典』第六巻五一頁。
(17)『隆全』第六巻二四五頁。
(18)『隆教』第五巻二五二頁。
(19)『正蔵』第七四巻七六九頁b。
(20)『隆全』第五巻五〇二頁以下。また、『隆全』第六巻一三二頁等においても同様の内容が見られる。
(21)『宗全』第八巻四七八頁以下。
(22)『隆全』第一一巻三三頁以下。
(23)『正蔵』第九巻三四頁b。
(24)『隆全』第一〇巻三八一頁以下。
(25)『仏書解説大辞典』第二巻二七九頁以下、『昭和現存天台書籍総合目録　増補版』上巻四一八頁。
(26)『上古日本天台本門思想史』六三六頁。
(27)『正蔵』第七五巻三六二頁a以下。
(28)『隆全』第一巻六四五頁。
(29)『法華宗全書　日隆1』一〇九頁。
(30)『隆教』第三巻二七九頁。
(31)『正蔵』第七五巻三六二頁a以下。
(32)『定遺』第二巻一〇四一頁。
(33)『正蔵』第七五巻三七六頁c。
(34)大平宏龍「日隆聖人の中古天台義批判について」では、「貪体即覚体」という語を日隆が多量に引用する理由として、中古天台の解釈とは異なる解釈を施しているためであると指摘している。
(35)『仏立宗義書』第三巻八三頁。
(36)『隆全』第八巻六八頁以下。

(37)『隆教』第四巻四三三頁。
(38)『宗全』第一五巻二六二頁。
(39)『法華宗全書（教義篇）』（法華宗（陣門流）宗務院、一九八〇年）第一巻一七三頁。
(40)その他に、「十界之中其菩薩界常修常証無始無終。故有二報身常満常顕一無始無終。」の引用が見られるものとして、『宗全』第一六巻一五三頁、二二二頁、二二四頁、『宗全』第一七巻八〇頁、『御書鈔』（本山本満寺、一九七六年）上巻四九八頁、『御書鈔』下巻一五一七頁、『法華宗全書（教義篇）』第一巻一七二頁、一七四頁、『法華宗全書（教義篇）』第二巻一四一頁、二三三頁、二五〇頁等が挙げられる。
(41)『正蔵』第七五巻三七七頁a。
(42)『隆教』第一巻三六九頁。
(43)『正蔵』第四六巻二八九頁b。
(44)『隆教』第五巻九六頁。
(45)『隆教』第五巻八七頁。
(46)『隆教』第三巻七七頁。
(47)『正蔵』第七五巻三八四頁b。
(48)「皆在衆生。一念心中。」の引用が見られるものとして、円仁の著述では、『諸仏掌中要決』（『日蔵』第七九巻三二頁b）、『義綱集』（『日蔵』第七九巻四三頁a）、円珍の著述では、『阿若集』（『仏全』第二四巻一七七頁b、『仏全』第二八巻一二一六頁b）、伝源信『教観大綱』（『恵全』第三巻五四六頁）等を挙げることができる。
(49)『法華宗全書　日隆1』一一六頁以下。
(50)『仏立宗義書』第三巻一八三頁以下。
(51)『隆全』第一巻六四三頁以下。
(52)大平宏龍「日隆聖人の中古天台義批判について」では、日隆の中古天台批判の方法論について、①日蓮教学の教相論よりの批判、②原始天台の綱格よりの批判、③形態論的批判、④観心偏重批判の四種に分類している。
(53)『正蔵』第七五巻三八四頁c。

(54)『隆全』第八巻五一八頁。
(55)『隆全』第八巻五一九頁。
(56)『隆教』第三巻二七九頁。
(57)『正蔵』第七五巻四〇三頁c。
(58)『宗全』第八巻二三四頁。
(59)『正蔵』第七五巻四一四頁c。
(60)『隆全』第九巻三七一頁以下。
(61)『正蔵』第七五巻四三九頁b。
(62)『名目見聞』二五一頁以下。
(63)『名目見聞』二五二頁。
(64)『隆教』第三巻三二六頁。
(65)大平宏龍「『開迹顕本宗要集』考」では、『開迹顕本宗要集』成立に関して、『政海類聚抄』が重要な役割を果たしたことを指摘している。
(66)『仏書解説大辞典』第七巻一八八頁以下、『昭和現存天台書籍総合目録　増補版』上巻四一三頁以下。
(67)『正蔵』第七五巻四五四頁a。
(68)類似した記述として日朝『観心本尊抄私記』『宗全』第一六巻一七六頁では、「或義云、地獄破戒心饒益有情戒、餓鬼慳貪貪体即覚体、畜生愚癡還同本覚貌、修羅瞋恚又瞋恚癡亦復爾也云云。」等が挙げられるが『菩提心義抄』の引用とは考えにくい。
(69)『恵全』第三巻五四一頁。
(70)『天台宗全書』第九巻三八三頁b。
(71)『天台宗全書』第九巻五三七頁a。
(72)大平宏龍「日隆聖人の中古天台義批判について」。
(73)大平宏龍「日隆聖人の中古天台義批判について」。
(74)『隆全』第四巻六二五頁。

(75)『正蔵』第四六巻二七二頁c。
(76)『隆教』第一巻二九二頁。
(77)『隆全』第六巻四五六頁以下。
(78)『隆教』第五巻一三三頁。
(79)『隆教』第五巻一四〇頁。
(80)『隆教』第五巻一三四頁。
(81)大平宏龍「日隆聖人の中古天台義批判について」。
(82)『仏書解説大辞典』第一巻一〇二頁以下。
(83)『上古日本天台本門思想史』六三四頁。
(84)『台密教学の研究』三八頁。
(85)『宗全』第八巻二二八頁。
(86)『宗全』第八巻二二九頁。
(87)『台密教学の研究』三四一頁。
(88)『隆全』第七巻一〇八頁。
(89)『隆全』第七巻一一二頁。
(90)上杉文秀『日本天台史　正』三三五頁。
(91)『隆教』第四巻四七六頁。
(92)『正蔵』第七五巻三六二頁a以下趣意。
(93)『興風』第一九号、二〇〇七年。
(94)『興風』第一九号三七四頁以下。
(95)その他にも大平宏龍「『弘経抄』研究ノート」(『桂林学叢』第二六号)二五頁等が挙げられる。
(96)「謗論安然。羅什三蔵一人無謬。余ノ百七十六人将来ノ経論ハ皆彼入二私ノ言一。譬ヘハ如二乳ニ入レ水一ヲ、薬如レ加レ毒云云。」第四巻四四丁。

(97)「要決法花論云、安然作、第三之敵者、自二或有阿練若一至二軽賤人間一、諸禅律悪比丘等假二名寺主檀越等之威勢一悩二如説修行之上行等之使者一、経阿練若者謂禅律之寺也、以上」『本法寺文書　二』（大塚工藝社、一九八九年）一一六頁。

(98) 渡辺信朝「『要決法華知謗法論』に関する覚書」『興風』第一九号によれば、興風談所所蔵写本を引用し、「巻八　高祖聖人於佐渡国御問答ノ事」と紹介している。

(99)『隆全』第八巻五四五頁。

終章

本研究は「慶林坊日隆教学の研究」と題し全五章に渡り、日隆の足跡から著述活動、及び教学思想について考察してきた。ここで、これらの検討結果を再度纏めてみたい。

第一章「日隆の生涯と門流意識及び教学研鑽の方法」では、日隆の生涯と教学研鑽の方法等について様相を探ってきた。日隆はその生涯において、弘教活動の面では、寺院の建立・改宗・転派等、関係があったと伝承される寺院は、約一八箇寺を数えることができた。著述活動においては、三〇〇巻近くに及ぶ著述を著し、そのほとんどが五十二歳以降の執筆であった。日隆の生涯を顧みると、当時、日蓮門下の教学が観心主義教学に傾倒していたことを嘆き、『法華経』本門八品を主軸とした教観相資の教学を表明し、各地に教線拡大を試みた。また、自身滅後の教団の維持・安定を図るため、本能寺・本興寺を基盤に据え、晩年にも関わらず大部の著述や種々の法度を制定したと考える。

この行学二道に励む日隆の姿勢は、自身が日蓮の正統な継承者であるとの自覚に他ならない。その立場を裏づけるものとして、牛窓本蓮寺所蔵、日像筆曼荼羅本尊中に見える「門流第九日隆（花押）」の極書がある。この極書に示唆を受け、日隆の著述中に見える門流表記について検討した結果、日隆は日蓮より日朗・日像へと続く法脈を、妙本寺（妙顕寺）日霽から日存・日道へと次第し、自身が像門の第九番目の正統な継承者であるという意識を有していた。特に、日隆が日存・日道を法脈に加えていることは、両師を学問の師として仰ぐだけでなく、本化教学への回帰という志を目指したことにある。なぜなら、日隆の著述中には、日存・日道の口伝としての引用が散見され、日隆教学の淵底をなしていることからも理解できよう。

また日隆の執筆姿勢は、上古日本天台、日本中古天台、及び他の日蓮門下の教義問題に対し、『法華経』本門八品を中心とした日蓮義を以て解釈している。具体的には、広学主義を否定し、日蓮遺文を以て天台三大部本末の解釈を試み、『観心本尊抄』にある思想を基礎に置いた日蓮遺文の拝読を勧奨している。そうすることで、当時の中古天台本覚思想の影響を受けた日蓮の教義・教学を排除し、教観相資の日蓮教学の再興を目指した。しかし、昨今では、本覚思想の要素のある日蓮遺文について再検討される潮流も存在する。日蓮遺文を再検討し、従来偽書として扱われてきた日蓮遺文を肯定的に捉えることは、日隆の教学研鑽の側面より見れば相容れない。この潮流は、日隆在世中に流行した観心主義教学の時代へと回帰する要素を多分に含んでおり、日隆の教学研鑽の姿勢を今一度見直す必要があるだろう。

第二章「『法華宗本門弘経抄』述作と『三百帖』との連関性」では、日隆の著述中、『法華宗本門弘経抄』に着目し考察を進めた。そもそも日隆の著述数は膨大であり、どの著述を中心に据えて日隆の教学思想に迫っていくかが一つの課題であった。本研究では、日隆の教学思想を知る上で最も重要な著述は、『法華宗本門弘経抄』であるという立場を採った。その理由としては、『法華宗本門弘経抄』は全一一七巻に渡る日隆最大の著述で『法華経』注釈書であること、さらには、日隆六十九歳頃の晩年の著述であり、教学思想が完成された、いわゆる教学応用期の著述であるからである。その中で、『法華宗本門弘経抄』の述作次第については、『法華宗本門弘経抄』各品の解釈中に見える他の品名の引用を導き出すことができたが、確証が得られる説示は確認できなかった。

また、『法華宗本門弘経抄』に見える『三百帖』の引用では、一二八箇所の引用が指摘でき、薬王菩薩本事品釈以降の解釈については、『三百帖』の引用に基づく問題提起がなされ、次いでこの問題について詳細な検討を加えていく、という一連の流れが形成されていることが看取できた。『三百帖』は、当時の天台宗の談義所における初学者のための基礎的文献であることからも、『法華宗本門弘経抄』中には、初学者のためにこの問題を論じる等と類する記述も散見される。このことから日隆は、『三百帖』をあえて『法華宗本門弘経抄』中に引用することで、単に自身の教学研鑽の成果をまとめるだけでなく、門下教育まで視野に入れて述作していたのではないか。なお、その他の著述に見える『三百帖』引用については、『十三問答抄』一箇所、『開迹顕本宗要集』一六箇所確認できた。『十三問答抄』では、天台宗の学者の義を知る上での参考文献として『三百帖』を引用し、『開迹顕本宗要集』中での引用は、『法華宗本門弘経抄』同様、『三百帖』による問題提起から天台宗の義、当宗の義へと論を展開している。

第三章「日隆の教学思想概観」では、「本門八品正意論」「付嘱論」「機根論」「三益論」「時間論」について考察した。日隆の教学思想の特徴は、本門八品正意とも称する通り、『法華経』本門八品に主眼を置き、『法華経』一部八巻二八品のみならず、一代諸経をも包摂するものである。

本門八品正意論では、『法華経』一品二半と本門八品との関係性について、一品二半は在世脱益であるため不十分であるとする視点と、本門八品の下に一品二半も価値づける視点があり、後者の視点が本意であると考えられる。

付嘱論において日隆は、末法の衆生が成仏を実現するためには、全ての教えを総在する、上行付嘱がなされた『法華経』でなければならないと主張する。また、上行付嘱と総付嘱との関係性については、「所付の人」「所付の法」としての解釈を用いている。すなわち、「所付の人」として捉える場合、如来神力品を別付嘱、嘱累品を総付嘱と規定し、「所付の法」として論じる場合、如来神力品を総付嘱、嘱累品を別付嘱と定義する。なぜなら、日隆は、末法の衆生という認識に基づく成仏の根拠について、『法華経』如来寿量品で明かされた久遠下種の要法を、如来神力品・嘱累品において付嘱する末法下種に求めたからである。

機根論では、本已有善・本未有善の機について検討した。本已有善の機とは、三千塵点劫・五百億塵点劫の過去に下種を受けたものと規定し、釈尊在世に脱益を得る者や像法に調熟を得る者を指す。本未有善の機とは、末法の衆生を指し、戒・定・慧の三学を捨てて信を取る機根であって、修得の種子を有しないため下種の機根である。この下種の機根とは、『法華経』本門八品による南無妙法蓮華経（総名）を下種（末法下種）・信行することによってのみ、成仏が実現すると結論づけた。

三益論では、末法の衆生成仏という問題は、種・熟・脱の三益中、特に下種益を中心に据え、『法華経』と爾前諸経とを比較検討し、『法華経』の超勝性をより一層明確にしようとした。また、本迹間における三益の関係について、大通下種は爾前諸経と比較すれば教法としては優れているが、本門の久遠下種と比較すれば遠く及ばず、本門八品の立場からは無得道の教えである。さらに、如来寿量品を中心に解釈を加えるならば、三益が具足する久遠下種に集約された法華経観と言える。そして、本門八品の説相を依拠とする立場では、久遠下種のみならず末法下種をも開顕するため、上行菩薩に付嘱された南無妙法蓮華経（久遠下種の要法）を信心信行（末法下種）することで成仏が実現する。

時間論では、湛然の十双歎、日蓮遺文中に見える二十の大事、及び日隆の塵点劫解釈について考察した。湛然は、『法華経』のみに備わる法門として二十項目（十双歎）を挙げ、『法華経』の超勝性を主張する。その十双歎の中で日蓮は、三五の二法中、五百億塵点劫の久遠実成の開顕を重要視する。日隆の塵点劫解釈では、六つの視点より考察を試み、衆生成仏の根拠は久遠下種によるものであると捉え、釈尊が本因妙時に唱えた南無妙法蓮華経が下種の根源であることが看取できた。日隆は、久遠下種を説く『法華経』本門八品が諸経の王であり、久遠下種の退転こそが謗法行為にあたり、謗法罪を犯すことで九界の起因となり、末法の衆生は悪人であるという論理を構築している。また、久遠下種は五百億塵点劫の過去にあり、仏種を下す本仏釈尊とは、五百億塵点劫の過去に成道し、釈尊の「我本行菩薩道」、すなわち因位の時には上行菩薩となり、本果に至れば釈尊となる。よって、無量無辺の五百億塵点劫には、無量無辺の釈尊・上行（本因・本果）が存在し、これを以て五百億塵点劫と釈尊の永遠性を定義している。このように解せば、釈尊の経説は実説でなければならず、もしこれを仮説とするならば全ての教えが仮説となり、『法華経』と諸経との勝劣も不可能となる。すなわち、衆生を成仏へと導く教えを根本から覆す恐れがあると危惧する姿勢が窺えた。

第四章「一仏二名論の展開」では、久遠実成の釈尊の化導を考える上で、日隆教学の独自性を発揮したものとして、「一仏二名」という教義解釈に注目し考察を進めた。日隆の標榜する一仏二名とは、末法の衆生を成仏へと導く教主として、上行菩薩を面とした釈尊でなければならなかった。なぜなら、釈尊から直授され成仏が叶う者は、久遠下種を受けた釈尊在世の衆生のみであり、末法の衆生は下機下根のため、上行菩薩を介することによって、初めて釈尊の功徳を享受できると捉えていた。そのためには、上行菩薩と釈尊は一体不二の必要性があり、一仏二名の真実性を証明するために、三益論や顕本論、さらには九識の問題まで提示することによって委細な検討がなされていることに気づくのである。

また、日蓮門下諸師の著述中においても一仏二名（異名）の語が多数確認できた。具体的には、日隆以前に活躍した日全・日順・日海等が挙げられる。日全の『法華問答正義抄』では、等覚・妙覚を一仏二名として捉え、さらには、大日如来・毘盧遮那仏と釈尊を一仏異名とする。日順『従開山伝日順法門』は『日順雑集』に収録され、上行菩薩と釈尊の関係性について一仏異名として解釈していることに注目できる。しかし、本書は現存しておらず、文献としての信憑性が検討されねばならないだろう。日海『三種教相見聞』では、『無量義経』に明かす三身について、釈尊を毘盧遮那と名付けた場合、三身一体となり法身に具足することで三身常住という、一仏異名で非別体の存在になると主張する。

さらに、日隆以降の日蓮門下諸師の一仏二名（異名）の解釈について、日朝・日澄・日健・日忠・日現・日覚・日教・日要・日我・日辰の計十師の著述を検討した。日朝は、迹門の立場より、般若・法華を一体と捉え、等覚・妙覚を一仏異名とした。また、多宝仏の因位の願と、釈尊が法華を説く果位の願について、その矛盾を解決するために八相成道の仏果を下し、因位は一仏二名の等覚になると定めている。日澄の場合、上行菩薩と釈尊の関係について一仏二名と解釈する場面も見受けられる。その一方、慧思『四十二字門』や、恵心流の口伝についても排除せず、一仏二名の語を使用しており、日隆と比較して一仏二名の幅を広めた活用方法であると言える。日健は、一見、日隆の解釈と類似しているが、上行菩薩と釈尊の関係を簡略に述べているに過ぎず、本因本果の関係性等については触れていない。日忠は八品門流の系譜にあることからも、日隆の一仏二名の解釈から逸脱したものではなかった。そして、日現・日覚・日教・日要・日我・日辰の一仏二名の解釈は、日隆の一仏二名論の延長線上にあると推察でき、日隆教学批判を目的としての引用が見受けられる。特に、日興門流の日教・日要・日我は、日隆の一仏二名の解釈を基盤とした日蓮本仏論への展開が窺える。よって、一仏二名に視座を置くことで、当時の日興門流における日隆教学の影響の一端を知ることができた。

天台宗諸師の著述に見える一仏二名（異名）の引用では、十一師の著述を概観した。天台宗諸師による一仏二名の解釈は、等覚と妙覚を一仏二名（異名）として見る場合、『瓔珞経』や慧思『四十二字門』に基づいて引用する著述が多い。一方、証真『法華玄義私記』、貞舜『天台名目類聚鈔』では、等覚の因果について一仏二名としての解釈がなされている。また、台密教学では大日如来と釈尊の関係性について論じる場合や、薬師仏や毘盧遮那仏の別名について明示する際、一仏異名の語を使用しているのが特徴的である。

そして、諸宗派諸師の一仏二名（異名）の解釈では、真言宗諸師も天台宗諸師と同様に、等覚と妙覚の関係について一仏二名の語を使用する傾向があり、その特徴として、十地を考察対象にして論じられる。また、成賢は、顕教の普賢菩薩と密教の金剛薩埵を一仏二名と定義し、頼瑜の場合、宝生如来と多宝如来の同異を一仏異名として解釈する記述もある。つまり、一仏二名の解釈は、真言教学上においても応用されていると言える。一方、華厳宗において宗性は、釈尊以前に出現した諸仏を定義する上で一仏異名と表記している。そして、浄土教を宗旨とする諸師については、

『瓔珞経』・慧思『四十二字門』を根拠として等覚・妙覚を一仏二名とする解釈のみならず、阿弥陀仏と十二光仏・饒王仏等の諸仏について一仏二名（異名）としての展開を知ることができた。

第五章「日隆にみる日本天台教学批判とその影響」では、従来あまり指摘されてこなかった天台密教の系譜にある円仁・円珍・安然の著述が、日隆によってどのように引用され、解釈がなされてきたのかを考察した。

円仁の著述引用では、日隆は、単に円仁を天台教学に真言密教を取り入れたとして批判するのではなく、理同事勝の問題、塵点劫解釈の問題、仏の三身の問題等といった種々の教学内容に触れ、円仁著述の該当箇所を引用していた。その中でも、『金剛頂経疏』『蘇悉地経疏』の引用が多数を占めており、この二書を中心とした批判が展開される。特に、塵点劫解釈の問題については、『金剛頂経疏』を塵点劫仮説とする根拠の一つとして重要視していた。

円珍の著述引用では、日隆は円珍の伝承としての著述を含め、約一一書に及ぶ引用が確認できた。その中心は、『阿字秘釈』『阿若集』『法華論記』等であり、引用意図として、塵点劫解釈の問題、釈尊の本因本果等について批判したものである。しかし、『阿字秘釈』『阿若集』の書名は日隆の著述中において確認できず、その引用文は、伝源信『教観大綱』中にある「山王院云く」とする内容と一致する。そのため、孫引き等といった可能性が示唆される。

安然の著述引用については、引用回数の多いものとして、『真言宗教時義』「十界之中其菩薩界常修常証無始無終。故有二報身常満常顕一無始無終。」、『菩提心義抄』「貪体即覚体」の二文を提示した。これらの引用文は、必ずしも安然批判を目的としたものではなく、日蓮義を以て安然の引用文を解釈し、日隆教学に応用して使用していることに気づくのである。また、これらの文は、日朝、日覚を始めとする当時の日蓮門下の著述中において散見されることからも、日蓮門下諸師が天台教学を学ぶ上で常用的な文であったと思われる。このことからも日隆は、天台宗の影響を受けた日蓮門下諸師に対し、正統なる日蓮教学を主張・理解させることを主たる目的の一つとして引用したのではないかと推考する。

そして、日隆が円仁・円珍・安然の三師を批判する場合、久遠義解釈に対し共通する要文として「皆在衆生。一念心中。」の文を見出すことができた。殊に、日隆が安然を批判する矛先は、久遠を因分と果分に分け、真言止観を果分久遠として正意となし、『法華経』如来寿量品を因分久遠として劣るとする解釈に対してである。この解釈に対し日隆は、教観相資の立場より塵点劫実説を強調し、三師の主張する止観勝法華劣の観心主義教学を批判する。その理由は、三師の教義解釈では塵点劫を仮説と認めることとなり、教相破壊を引き起こし、題目を信心、下種するという『法華経』による成仏論の根拠を破壊してしまい、成仏の道が途絶えてしまうと危惧したことによるものではあるまいか。

以上、本研究を通して日隆は、自身を含めた末法の衆生は下機下根であるという、徹底した末法意識が根底にあったと考える。なぜならば、釈尊から直授され成仏が叶うのは釈尊在世の衆生（本已有善の機）のみであり、末法の衆生は下機下根（本未有善の機）のため、上行菩薩による末法下種を以て、初めて久遠下種の要法を享受できると考えるためである。こうした末法の衆生の成仏が実現するためには、釈尊から上行菩薩に付嘱された題目を信心、下種することでのみ可能と捉えるところから、一仏二名論が展開していったのではないか。このように考えると、日隆の天台密教諸師や当時の日蓮門下に対する批判は必然的なものであり、平安末以降、室町期の日隆在世に流行した観心主義に彩られた中古天台本覚思想を批判し、教観相資の立場からの超克を目指したことが知られるのである。

あとがき

振り返れば、法華宗（本門流）の一寺院に生まれながら、大学時代まで宗学というものにあえて距離を置いていたように思う。大学卒業を目前に控え、自身を培った糧は全て仏縁によるものであると考えるようになった。そのようなきっかけから、大学卒業と同時に法華宗興隆学林専門学校に入学し、本格的に宗学を学んでいった。興隆学林での日々は、仏道精神を遵守し、行学二道に励んだことは今でも鮮明に記憶している。平成十九年に宗学研究科を卒業し、それと同時に法華宗大本山本能寺に随身する機会を得た。本能寺では、自身の至らなさを自覚させられる毎日であったが、改めて宗学を学びたいという思いを駆り立たせる契機となった。そのことを元興隆学林専門学校非常勤講師（現大谷大学非常勤講師）清水洋平先生に相談した所、大学院進学を強く勧めて頂いたことで、研究者としての起縁を頂戴した。

平成二十年には、立正大学大学院文学研究科仏教学専攻修士課程に入学し、同年に立正大学日蓮教学研究所の研究生に採用された。日蓮教学研究所に所属することで、諸先生方の緻密な研究に常に接する機会を得られたことは、大変貴重な経験であった。

本書は、平成二十七年度博士学位請求論文「慶林坊日隆教学の研究」を基にして、補訂・増補を加え一書と成した。それらの初出を示せば、次の通りである。

〔初出一覧〕

第一章

第二節　「日隆の著述にみる門流意識について」（『宗教研究』第九〇巻別冊、二〇一七年）
「日隆聖人の門流意識について―著述中における門流表記と弘教活動を中心として―」（『桂林学叢』第二八号、二〇一七年）
第三節　「日隆聖人教学に関する一考察」（『日蓮教学研究所紀要』第三六号、二〇〇九年）
「『法華宗本門弘経抄』にみる宗学研鑽の特質について」（『興隆学林紀要』第一三号、二〇一三年）
第二章
第一節　「日隆著『法華宗本門弘経抄』の一考察―述作の次第を中心として―」（『日蓮教学研究所紀要』第三七号、二〇一〇年）
第二節　「日隆著述にみる『三百帖』引用について」（『日蓮教学研究所紀要』第四三号、二〇一六年）
第三章
第一節　「慶林坊日隆教学の一考察―一品二半と本門八品について―」（『印度学仏教学研究』第六〇巻二号、二〇一二年）
第二節　「『法華宗本門弘経抄』の一研究―本門八品思想について―」（『日蓮教学研究所紀要』第三八号、二〇一一年）
第三節　「慶林坊日隆教学の一研究―衆生救済について―」（『印度学仏教学研究』第六一巻二号、二〇一三年）
第四節　「日隆教学における三益論の一考察―『法華宗本門弘経抄』を中心として―」（『日蓮教学研究所紀要』第三九号、二〇一二年）

第五節　「日隆教学にみる三五の二法について」（『大学院年報』第三〇号、二〇一三年）

第四章

第一節　「日隆教学にみる一仏二名について」（『宗教研究』第八九巻別冊、二〇一六年）

第五章

第一節　「日隆聖人にみる慈覚大師円仁批判について」（『桂林学叢』第二五号、二〇一四年）

第二節　「日隆の塵点劫解釈についての一考察―智証大師円珍批判を中心として―」（『日蓮教学研究所紀要』第四〇号、二〇一三年）

「日隆聖人の著述にみる智証大師円珍の著述引用について」（『桂林学叢』第二七号、二〇一六年）

第三節　「日隆における日本天台史観の一考察―五大院安然作『真言宗教時義』を中心として―」（『印度学仏教学研究』第六三巻二号、二〇一五年）

「日隆教学にみる台密批判―五大院安然の著述引用を中心として―」（『大崎学報』第一七一号、二〇一五年）

本書が成るにあたっては、立正大学仏教学部宗学科の北川前肇先生・庵谷行亨先生・寺尾英智先生・原愼定先生・安中尚史先生・丹治恭子先生・武田悟一先生・本間俊文先生から御指導頂いた。これに加え、興隆学林専門学校の大平宏龍先生・株橋祐史先生・平島盛龍先生・和田晃尚先生・株橋隆真先生・石田智宏先生・三浦和浩先生・大平寛龍先生・日種隨翁先生・地見心澄先生にも、折にふれて御指導を頂戴した。また、立正大学日蓮教学研究所の同学諸氏には多大な御協力を頂いた。これらの御支援と御厚情なくして、今日まで研究を継続することは到底不可能であった。

博士論文の審査を務めて下さった、主査北川前肇先生・副査庵谷行亨先生・副査原愼定先生には、今日まで格別なる御指導を賜り学恩に感謝申し上げる次第である。とりわけ、主査の北川前肇先生・大平宏龍先生には、本書のために序文を賜った。北川前肇先生には、修士課程入学時、法華宗の僧侶という立場を自覚し、自身がなすべき研究の方向性を導いて頂き、博士論文完成に至るまで丁寧な指導を頂戴した。大平宏龍先生には、日隆教学の方法論について指導を賜り、学問研究の厳しさ、及び自身の研究方法について今一度見直すきっかけとなった。また、大平宏龍先生の研究成果がなければ、博士論文の完成に至ることはできなかった。

さらに、大本山本興寺貫首小西日遶猊下には、日隆聖人の生涯について多くの助言や資料を頂戴した。そして、法華宗陣門流教学部長布施義高先生、興風談所池田令道・大黒喜道・坂井法曄各先生、仏立図書館様には貴重な資料を提供頂いた。こうした機縁を以て本書が完成できたことに厚く御礼申し上げたい。

本書の校正・索引等については、立正大学仏教学部助教、畏友本間俊文先生、日蓮教学研究所研究員、水谷進良氏の協力を得た。また、本書の刊行を快諾頂いた、山喜房佛書林主浅地康平氏に対し深甚の謝意を表したい。本書出版に際しては、平成二十八年度（秋期）立正大学大学院文学研究科博士論文出版助成の機会を得た。本年度に出版助成の承認を受け、締め切りが平成三十年二月二十四日であったことは、奇しくも日隆聖人第五百五十五遠忌御逮夜に暗合し、仏縁の必然性を痛感した。

なお、本書は日隆教学研究の一端に触れたに過ぎず、先師先哲の研究に遠く及ばないばかりか、日隆教学を汚すことはないかとの忸怩たる思いがあり、過誤があれば筆者の責である。本研究を出発点として、引き続き教学研鑚に励み、より一層邁進する所存である。最後に、師僧であり祖父でもある萬國山太平寺開基、扇行院日唱（米澤立扇）上人には、高齢にも関わらず、身勝手な大学院進学を快諾頂いた。日唱上人の支えがなければ、博士論文を完成することは叶わなかった。本書の成ることを心待ちにしていた日唱上人であったが、平成二十九年九月十六日、法寿九十六歳を以て霊山へと旅立った。本書の完成を報告できなかったことは、遺弟として不徳の致す所で慚愧の念に堪えない。もし小恩の一分に報いることができるならば、小著を太平寺の御宝前に捧げ自受法楽を祈念させて頂きたい。

平成三十年一月十六日

米澤晋之助

I　人名

あ行

か行

さ行

た行

な行

は行

ま行

や行

ら行

わ行

Ⅱ　書名

あ行

か行

さ行

た行

な行

は行

ま行

や行

ら行

Ⅲ　事項

あ行

か行

さ行

た行

な行

は行

ま行

や行

ら行

索　　引

【凡例】 1．この索引は、「Ⅰ人名」「Ⅱ書名」「Ⅲ事項」の３部から成り、各部ごとに五十音順に配列した。

2．見出しの表記は適宜統一した。

3．（ ）内には、人名（房号、寺院の歴世等）、寺院名（所在地等）等の補足事項を記した。

著者略歴

米澤　晋之助（よねざわ　しんのすけ）

昭和54年　兵庫県加古川市に生まれる
平成16年　成城大学法学部法律学科卒業
平成19年　興隆学林専門学校宗学研究科卒業
平成22年　立正大学大学院修士課程（仏教学専攻）修了
平成28年　立正大学大学院博士後期課程（仏教学専攻）修了　博士（文学）
現　　在　興隆学林専門学校非常勤講師
論　　文　「慶林坊日隆教学の一考察――品二半と本門八品について―」（『印度学仏教学研究』60巻2号、平成24年）、「日隆教学にみる台密批判―五大院安然の著述引用を中心として―」（『大崎学報』171号、平成27年）等

立正大学大学院文学研究科研究叢書
慶林坊日隆教学の研究

平成30年２月16日　印刷
平成30年２月24日　発行

著　者　米　澤　晋之助
発行者　浅　地　康　平
印刷者　小　林　裕　生

発行所　株式会社　山喜房佛書林
〒113-0033　東京都文京区本郷5-28-5
電話(03)3811-5361　振替00100-0-1900

ISBN978-4-7963-0795-6　C3015